U0947562

税务干部
公共知识素养与通用业务
习题集

本书编写组◎编

金城出版社
GOLD WALL PRESS
·北京·

Copyright © 2022 GOLD WALL PRESS CO., LTD., CHINA
本作品一切权利归**金城出版社有限公司**所有，未经合法许可，严禁任何方式使用。

图书在版编目（CIP）数据

税务干部公共知识素养与通用业务习题集 / 本书编写组编. —北京：金城出版社有限公司，2022.6
ISBN 978-7-5155-2350-7

Ⅰ. ①税… Ⅱ. ①本… Ⅲ. ①税收管理－中国－干部培训－习题集 Ⅳ. ①F812.423-44

中国版本图书馆CIP数据核字（2022）第082438号

税务干部公共知识素养与通用业务习题集

作　　者	本书编写组
责任编辑	柴　桦
特约编辑	王　璐
责任校对	蔡传聪
开　　本	787 毫米 × 1092 毫米　1/16
印　　张	40
字　　数	830 千字
版　　次	2022 年 6 月第 1 版
印　　次	2022 年 6 月第 1 次印刷
印　　刷	固安华明印业有限公司
书　　号	ISBN 978-7-5155-2350-7
定　　价	109.00 元

出版发行	**金城出版社有限公司** 北京市朝阳区利泽东二路 3 号 邮编：100102
发 行 部	（010）84254364
编 辑 部	（010）64222699
总 编 室	（010）64228516
网　　址	http://www.jccb.com.cn
电子邮箱	jinchengchuban@163.com
法律顾问	北京市安理律师事务所　18911105819

编写说明

本书面向税务系统所有岗位人员，结合税务系统工作实际，紧贴数字人事“两测”大纲，从政治素养、法治素养、通用知识三个方面对相关重点内容进行了系统梳理与归纳。本书还收录了2022年组合式税费优惠政策、最新党纪党规、最新法律法规以及时政热点等习题作为开篇，便于广大税务人员了解当前热点内容。本书政策截至2022年6月。

本书专为税务系统领域人员打造，具有权威性、针对性和实用性等特点，旨在为广大税务干部提供公共基础知识学习的实用工具。每章均配套单项选择题、多项选择题、判断题、简答题或案例分析题，便于税务人员在学习相关知识后进行自我测试。

编写组

2022年6月

目 录

第二篇 法治素养

开篇

2021 年 5 月至 2022 年税收相关政策

一、2022年组合式减税降费政策

（一）《财政部 税务总局关于进一步实施小微企业所得税优惠政策的公告》（财政部 税务总局公告 2022 年第 13 号）

1.【单项选择题】2022 年，对小型微利企业年应纳税所得额超过 100 万元但不超过 300 万元的部分，计入企业所得税应纳税所得额的比例是（　）。

A. 12.5%　　B. 25%　　C. 50%　　D. 100%

【参考答案】B

【答案解析】根据《财政部 税务总局关于进一步实施小微企业所得税优惠政策的公告》（财政部 税务总局公告 2022 年第 13 号）第一条的规定，对小型微利企业年应纳税所得额超过 100 万元但不超过 300 万元的部分，减按 25% 计入应纳税所得额，按 20% 的税率缴纳企业所得税。

2.【单项选择题】A 企业经过判断符合小型微利企业条件。2022 年第二季度预缴企业所得税时，相应的累计应纳税所得额为 150 万元，那么 A 企业当季企业所得税的减免税额是（　）万元。

A. 5　　B. 7.5　　C. 32.5　　D. 37.5

【参考答案】C

【答案解析】根据《国家税务总局关于落实支持小型微利企业和个体工商户发展所得税优惠政策有关事项的公告》（国家税务总局公告 2021 年第 8 号）第一条的规定，对小型微利企业年应纳税所得额不超过 100 万元的部分，减按 12.5% 计入应纳税所得额，按 20% 的税率缴纳企业所得税。根据《财政部 国家税务总局关于进一步实施小微企业所得税优惠政策的公告》（财政部 总局公告 2022 年第 13 号）第一条的规定，对小型微利企业年应纳税所得额超过 100 万元但不超过 300 万元的部分，减按 25% 计入应纳税所得额，按 20% 的税率缴纳企业所得税。A 企业实际应纳所得税额 =100×12.5%×20%+（150－100）×25%×20%=2.5+2.5=5（万元）。减免税额 =150×25%－5=32.5（万元）。

3.【单项选择题】某小型微利企业 2022 年企业所得税应纳税所得额为 280 万元，则企业所得税应纳税额为（　）万元。

A. 11.5　　B. 20.5　　C. 28　　D. 70

【参考答案】A

【答案解析】根据《国家税务总局关于落实支持小型微利企业和个体工商户发展所得

税优惠政策有关事项的公告》（国家税务总局公告 2021 年第 8 号）第一条的规定，对小型微利企业年应纳税所得额不超过 100 万元的部分，减按 12.5% 计入应纳税所得额，按 20% 的税率缴纳企业所得税。根据《财政部 国家税务总局关于进一步实施小微企业所得税优惠政策的公告》（财政部 税务总局公告 2022 年第 13 号）第一条的规定，对小型微利企业年应纳税所得额超过 100 万元但不超过 300 万元的部分，减按 25% 计入应纳税所得额，按 20% 的税率缴纳企业所得税。应纳税额 =100 × 12.5% × 20% +（280 － 100）× 25% × 20%=11.5（万元）。

4.**【单项选择题】**在 2022 年小微企业所得税优惠政策中，所称小型微利企业，是指从事国家非限制和禁止行业，且同时符合年度应纳税所得额不超过 ______ 万元、从业人数不超过 ______ 人、资产总额不超过 ______ 万元等三个条件的企业。（　）

A. 100；100；500　　B. 100；300；3 000

C. 300；300；5 000　　D. 300；300；40 000

【参考答案】C

【答案解析】根据《财政部 国家税务总局关于进一步实施小微企业所得税优惠政策的公告》（财政部 税务总局公告 2022 年第 13 号）第二条的规定，小型微利企业，是指从事国家非限制和禁止行业，且同时符合年度应纳税所得额不超过 300 万元、从业人数不超过 300 人、资产总额不超过 5 000 万元等三个条件的企业。

5.**【判断题】**在 2022 年小微企业所得税优惠政策中，从业人数指标先根据（月初值＋季末值）÷2 计算出每月平均值，再根据全年各月平均值之和 ÷12 计算的全年平均值加以判定。（　）

【参考答案】×

【答案解析】根据《财政部 国家税务总局关于进一步实施小微企业所得税优惠政策的公告》（财政部 税务总局公告 2022 年第 13 号）第二条的规定，从业人数和资产总额指标，应按企业全年的季度平均值确定。具体计算公式如下：季度平均值＝（季初值＋季末值）÷2，全年季度平均值＝全年各季度平均值之和 ÷4。

（二）《财政部 税务总局关于进一步加大增值税期末留抵退税政策实施力度的公告》（财政部 税务总局公告 2022 年第 14 号）、《国家税务总局关于进一步加大增值税期末留抵退税政策实施力度有关征管事项的公告》（国家税务总局公告 2022 年第 4 号）

1.**【单项选择题】**以下小微企业纳税人，有可能适用增值税期末留抵退税政策的是（　）。

A. 甲企业纳税信用等级为 M 级

B. 乙企业申请退税前 36 个月曾发生骗取出口退税的情形

C. 丙企业申请退税前 36 个月曾因偷税被税务机关处罚过一次

D. 丁企业 2019 年 4 月 1 日至今已享受即征即退政策且不退回税款

【参考答案】C

【答案解析】根据《财政部 税务总局关于进一步加大增值税期末留抵退税政策实施力度的公告》（财政部 税务总局公告 2022 年第 14 号）第三条的规定，适用本公告政策的纳税人需同时符合以下条件：（1）纳税信用等级为 A 级或者 B 级；（2）申请退税前 36 个月未发生骗取留抵退税、骗取出口退税或虚开增值税专用发票情形；（3）申请退税前 36 个月未因偷税被税务机关处罚两次及以上；（4）2019 年 4 月 1 日起未享受即征即退、先征后返（退）政策。

2. **【单项选择题】**以下关于 2022 年交通运输等行业企业纳税人留抵退税的计算公式，正确的是（ ）。

A. 允许退还的增量留抵税额 = 增量留抵税额 × 进项构成比例 ×100%

B. 允许退还的存量留抵税额 = 增量留抵税额 × 进项构成比例 ×100%

C. 允许退还的增量留抵税额 = 增量留抵税额 × 进项构成比例 ×60%

D. 允许退还的存量留抵税额 = 增量留抵税额 × 进项构成比例 ×60%

【参考答案】A

【答案解析】根据《财政部 税务总局关于进一步加大增值税期末留抵退税政策实施力度的公告》（财政部 税务总局公告 2022 年第 14 号）第八条的规定，适用本公告政策的纳税人，按照以下公式计算允许退还的留抵税额：

允许退还的增量留抵税额 = 增量留抵税额 × 进项构成比例 ×100%；

允许退还的存量留抵税额 = 存量留抵税额 × 进项构成比例 ×100%。

3. **【单项选择题】**某纳税人 2021 年 5 月至 2022 年 4 月共取得增值税销售额 1 000 万元，其中：生产销售设备销售额 300 万元，提供交通运输服务销售额 300 万元，提供仓储服务销售额 200 万元，提供建筑服务销售额 200 万元。在判断是否适用增值税期末留抵退税政策时，该纳税人 2021 年 5 月至 2022 年 4 月发生的制造业等行业销售额占比为（ ）。

A. 20%　　B. 30%　　C. 60%　　D. 80%

【参考答案】D

【答案解析】根据《财政部 税务总局关于进一步加大增值税期末留抵退税政策实施力度的公告》（财政部 税务总局公告 2022 年第 14 号）第七条的规定，制造业等行业企业，是指从事《国民经济行业分类》中“制造业”“科学研究和技术服务业”“电力、热力、燃气及水生产和供应业”“软件和信息技术服务业”“生态保护和环境治理业”和“交通运输、仓储和邮政业”业务相应发生的增值税销售额占全部增值税销售额的比重超过 50% 的纳税人。该纳税人 2021 年 5 月至 2022 年 4 月发生的制造业等行业销售额占比为 80% [（300+300+200）÷1 000×100%]。

4.【单项选择题】某微型企业 2019 年 3 月 31 日的期末留抵税额为 100 万元，2022 年 4 月申请一次性存量留抵退税时，如果当期期末留抵税额为 120 万元，该纳税人的存量留抵税额为 ______ 万元；如果当期期末留抵税额为 80 万元，该纳税人的存量留抵税额为 ______ 万元。（ ）

A. 100；80　　B. 100；120

C. 120；80　　D. 120；100

【参考答案】A

【答案解析】根据《财政部 税务总局关于进一步加大增值税期末留抵退税政策实施力度的公告》（财政部 税务总局公告 2022 年第 14 号）第五条的规定，纳税人获得一次性存量留抵退税前，当期期末留抵税额大于或等于 2019 年 3 月 31 日期末留抵税额的，存量留抵税额为 2019 年 3 月 31 日期末留抵税额；当期期末留抵税额小于 2019 年 3 月 31 日期末留抵税额的，存量留抵税额为当期期末留抵税额。

5.【单项选择题】某纳税人 2019 年 3 月 31 日的期末留抵税额为 100 万元，2022 年 7 月 31 日的期末留抵税额为 120 万元。在 2022 年 8 月纳税申报期申请增量留抵退税时，如果此前未获得一次性存量留抵退税，该纳税人的增量留抵税额为 ______ 万元；如果此前已获得一次性存量留抵退税，该纳税人的增量留抵税额为 ______ 万元。（ ）

A. 100；120　　B. 20；120

C. 120；100　　D. 0；100

【参考答案】B

【答案解析】根据《财政部 税务总局关于进一步加大增值税期末留抵退税政策实施力度的公告》（财政部 税务总局公告 2022 年第 14 号）第四条的规定，纳税人获得一次性存量留抵退税前，增量留抵税额为当期期末留抵税额与 2019 年 3 月 31 日相比新增加的留抵税额；纳税人获得一次性存量留抵退税后，增量留抵税额为当期期末留抵税额。

6.【单项选择题】某制造业纳税人 2019 年 4 月至 2022 年 3 月取得的进项税额中，增值税专用发票 500 万元，道路通行费电子普通发票 100 万元，海关进口增值税专用缴款书 200 万元，农产品收购发票抵扣进项税额 200 万元。2021 年 12 月，该纳税人因发生非正常损失，此前已抵扣的增值税专用发票中，有 50 万元进项税额按规定作进项税额转出。该纳税人 2022 年 4 月按照《财政部 税务总局关于进一步加大增值税期末留抵退税政策实施力度的公告》（财政部 税务总局公告 2022 年第 14 号）的规定申请留抵退税时，进项构成比例为（ ）。

A. 50%　　B. 60%　　C. 75%　　D. 80%

【参考答案】 D

【答案解析】 根据《财政部 税务总局关于进一步加大增值税期末留抵退税政策实施力度的公告》（财政部 税务总局公告 2022 年第 14 号）第八条第二款的规定，进项构成比例，为 2019 年 4 月至申请退税前一税款所属期已抵扣的增值税专用发票（含带有“增值税专用发票”字样全面数字化的电子发票、税控机动车销售统一发票）、收费公路通行费增值税电子普通发票、海关进口增值税专用缴款书、解缴税款完税凭证注明的增值税额占同期全部已抵扣进项税额的比重。根据《国家税务总局关于进一步加大增值税期末留抵退税政策实施力度有关征管事项的公告》（国家税务总局公告 2022 年第 4 号）第二条的规定，在计算允许退还的留抵税额的进项构成比例时，纳税人在 2019 年 4 月至申请退税前一税款所属期内按规定转出的进项税额，无需从已抵扣的增值税专用发票（含带有“增值税专用发票”字样全面数字化的电子发票、税控机动车销售统一发票）、收费公路通行费增值税电子普通发票、海关进口增值税专用缴款书、解缴税款完税凭证注明的增值税额中扣减。进项构成比例 =（500+100+200）÷（500+100+200+200）×100%=80%。进项税额转出的 50 万元，在上述计算公式的分子、分母中均无需扣减。

7.**【单项选择题】** 某纳税人在 2019 年 4 月 1 日后，陆续获得留抵退税 100 万元。因纳税人想要选择适用增值税即征即退政策，于 2022 年 4 月 3 日向税务机关申请缴回留抵退税款，4 月 5 日，留抵退税款 100 万元已全部缴回入库。该纳税人在 4 月 10 日办理 2022 年 3 月（税款所属期）的增值税纳税申报时，正确的做法是（ ）。

A. 在《增值税纳税申报表附列资料（二）（本期进项税额明细）》第 22 栏“上期留抵税额退税”填写“100 万元”

B. 在《增值税纳税申报表附列资料（二）（本期进项税额明细）》第 22 栏“上期留抵税额退税”填写“−100 万元”

C. 在《增值税纳税申报表附列资料（二）（本期进项税额明细）》第 23 栏“其他应作进项税额转出的情形”填写“100 万元”

D. 在《增值税纳税申报表附列资料（二）（本期进项税额明细）》第 23 栏“其他应作进项税额转出的情形”填写“−100 万元”

【参考答案】 B

【答案解析】 根据《国家税务总局关于进一步加大增值税期末留抵退税政策实施力度有关征管事项的公告》（国家税务总局公告 2022 年第 4 号）第三条的规定，纳税人在缴回已退还的全部留抵退税款后，办理增值税纳税申报时，将缴回的全部退税款在《增值税及附加税费申报表附列资料（二）》（本期进项税额明细）第 22 栏“上期留抵税额退税”填写负数，并可继续按规定抵扣进项税额。

8.**【多项选择题】** 2022 年增值税期末留抵退税政策所称“制造业等行业”，除“制造业”之外，还包括（　）。

A. 科学研究和技术服务业　　B. 电力、热力、燃气及水生产和供应业

C. 软件和信息技术服务业　　D. 生态保护和环境治理业

E. 交通运输、仓储和邮政业

【参考答案】 ABCDE

【答案解析】 根据《财政部 税务总局关于进一步加大增值税期末留抵退税政策实施力度的公告》（财政部 税务总局公告 2022 年第 14 号）第七条的规定，制造业等行业企业，是指从事《国民经济行业分类》中“制造业”“科学研究和技术服务业”“电力、热力、燃气及水生产和供应业”“软件和信息技术服务业”“生态保护和环境治理业”和“交通运输、仓储和邮政业”业务相应发生的增值税销售额占全部增值税销售额的比重超过 50% 的纳税人。

9.**【多项选择题】** 在 2022 年增值税期末留抵退税政策中，下列可以纳入进项构成比例计算公式“分子”的票据有（　）。

A. 增值税专用发票　　B. 机票行程单

C. 收费公路通行费增值税电子普通发票　　D. 海关进口增值税专用缴款书

E. 解缴税款完税凭证

【参考答案】 ACDE

【答案解析】 根据《财政部 税务总局关于进一步加大增值税期末留抵退税政策实施力度的公告》（财政部 税务总局公告 2022 年第 14 号）第八条第二款的规定，进项构成比例，为 2019 年 4 月至申请退税前一税款所属期已抵扣的增值税专用发票（含带有“增值税专用发票”字样全面数字化的电子发票、税控机动车销售统一发票）、收费公路通行费增值税电子普通发票、海关进口增值税专用缴款书、解缴税款完税凭证注明的增值税额占同期全部已抵扣进项税额的比重。因此，定额发票、出租车发票（有旅客身份信息）、客运发票（有旅客身份信息）、火车票、机票行程单、过路过桥费纸质发票（桥、闸通行费）都不在计算留抵退税的范围内。

10.**【多项选择题】** 关于纳税人向主管税务机关申请退还存量留抵税额的时间，下列说法正确的有（　）。

A. 微型企业，可以自 2022 年 4 月纳税申报期起向主管税务机关申请一次性退还存量留抵税额

B. 小型企业，可以自 2022 年 5 月纳税申报期起向主管税务机关申请一次性退还存量留抵税额

C. 制造业等行业中型企业，可以自 2022 年 7 月纳税申报期起向主管税务机关申请一次性退还存量留抵税额

D. 制造业等行业大型企业，可以自 2022 年 10 月纳税申报期起向主管税务机关申请一次性退还存量留抵税额

E. 小微企业，可以自 2022 年 4 月纳税申报期起向主管税务机关申请一次性退还存量留抵税额

【参考答案】AB

【答案解析】根据《财政部 税务总局关于进一步加大增值税期末留抵退税政策实施力度的公告》（财政部 税务总局公告 2022 年第 14 号）第一条第（二）项、第二条第（二）项的规定，可知选项 A、B 正确。选项 C、D 原是《财政部 税务总局关于进一步加大增值税期末留抵退税政策实施力度的公告》（财政部 税务总局公告 2022 年第 14 号）的内容，但根据《财政部 税务总局关于进一步加快增值税期末留抵退税政策实施进度的公告》（财政部 税务总局公告 2022 年第 17 号）的规定，符合条件的制造业等行业中型企业，可以自 2022 年 5 月纳税申报期起向主管税务机关申请一次性退还存量留抵税额。因此，选项 C 错误。根据《财政部 税务总局关于进一步持续加快增值税期末留抵退税政策实施进度的公告》（财政部 税务总局公告 2022 年第 19 号）第一条的规定，符合条件的制造业等行业大型企业，可以自 2022 年 6 月纳税申报期起向主管税务机关申请一次性退还存量留抵税额。因此，选项 D 错误。选项 E 错在小微企业中的小型企业的退税时间是从 2022 年 5 月起。

11.**【多项选择题】**关于 2022 年留抵退税政策中的增量留抵税额和存量留抵税额，下列说法正确的有（ ）。

A. 纳税人获得一次性存量留抵退税前，增量留抵税额为当期期末留抵税额与 2019 年 3 月 31 日相比新增加的留抵税额

B. 纳税人获得一次性存量留抵退税后，增量留抵税额为当期期末留抵税额

C. 纳税人获得一次性存量留抵退税前，当期期末留抵税额大于或等于 2019 年 3 月 31 日期末留抵税额的，存量留抵税额为 2019 年 3 月 31 日期末留抵税额

D. 纳税人获得一次性存量留抵退税前，当期期末留抵税额小于 2019 年 3 月 31 日期末留抵税额的，存量留抵税额为当期期末留抵税额

E. 纳税人获得一次性存量留抵退税后，存量留抵税额为零

【参考答案】ABCDE

【答案解析】依据是《财政部 税务总局关于进一步加大增值税期末留抵退税政策实施力度的公告》（财政部 税务总局公告 2022 年第 14 号）第四条、第五条的规定。

12.**【多项选择题】**2022 年出台的留抵退税政策，明确了纳税人可申请存量留抵退税和增量留抵退税。关于留抵退税办理流程，下列说法正确的有（ ）。

A. 退税申请、受理、审核、退库等环节的相关征管事项仍按照现行规定执行

B. 纳税人应在纳税申报期内完成当期增值税纳税申报后申请留抵退税

C. 将 2022 年 4 月至 6 月的留抵退税申请时间，从申报期内延长至每月的最后一个工作日

D. 纳税人已申请并取得增值税存量留抵退税的，不得再申请增值税增量留抵退税

E. 无论增量还是存量，申请留抵退税的起始月份均为 2022 年 4 月

【参考答案】ABC

【答案解析】按照《财政部 税务总局关于进一步加大增值税期末留抵退税政策实施力度的公告》（财政部 税务总局公告 2022 年第 14 号）的相关规定，办理留抵退税的具体流程，包括退税申请、受理、审核、退库等环节的相关征管事项仍按照现行规定执行。另外，关于退税申请时间的一般性规定是，纳税人应在纳税申报期内完成当期增值税纳税申报后申请留抵退税。考虑到 2022 年退税力度大、涉及纳税人多，为做好退税服务工作，确保小微企业等市场主体尽快获得留抵退税，将 2022 年 4 月至 6 月的留抵退税申请时间，从申报期内延长至每月的最后一个工作日。需要说明的是，纳税人仍需在完成当期增值税纳税申报后申请留抵退税。选项 D，纳税人增值税存量留抵退税和增值税增量留抵退税并不互斥。选项 E，存量留抵退税的起始时间不全是 4 月份，符合条件的小型企业自 5 月纳税申报期起向主管税务机关申请一次性退还存量留抵税额。

13. **【判断题】**城市维护建设税的计税依据应当按照规定扣除期末留抵退税退还的增值税额。(　)

【参考答案】✓

【答案解析】依据是《中华人民共和国城市维护建设税法》第二条的规定。

14. **【判断题】**纳税人出口货物劳务、发生跨境应税行为，适用免退税办法的，相关进项税额可以用于退还留抵税额。(　)

【参考答案】×

【答案解析】根据《财政部 税务总局关于进一步加大增值税期末留抵退税政策实施力度的公告》（财政部 税务总局公告 2022 年第 14 号）第九条的规定，纳税人出口货物劳务、发生跨境应税行为，适用免退税办法的，相关进项税额不得用于退还留抵税额。

15. **【判断题】**纳税人完成当期增值税纳税申报后，才能申请留抵退税。(　)

【参考答案】✓

【答案解析】根据《财政部 税务总局关于进一步加大增值税期末留抵退税政策实施力度的公告》（财政部 税务总局公告 2022 年第 14 号）第十一条的规定，纳税人应在纳税申报期内，完成当期增值税纳税申报后申请留抵退税。

16. **【判断题】**制造业等行业中的大型企业，只能在 2022 年 10 月纳税申报期向主管

税务机关申请一次性退还存量留抵税额，逾期不受理退税申请。（ ）

【参考答案】×

【答案解析】根据《财政部 税务总局关于进一步加大增值税期末留抵退税政策实施力度的公告》（财政部 税务总局公告2022年第14号）第二条的规定，2022年10月为制造业等行业中的大型企业申请一次性存量留抵退税的起始时间，当期未申请的，12月底前各纳税申报期也可以按规定申请。

17.**【判断题】**某纳税人申请增值税留抵退税时符合申请留抵退税条件，并已完成退税，因纳税信用年度评价、动态调整等原因，纳税信用级别不再是A级或B级的，其已取得的留抵退税款需要退回。（ ）

【参考答案】×

【答案解析】根据《关于〈国家税务总局关于进一步加大增值税期末留抵退税政策实施力度有关征管事项的公告〉的解读》第二十条规定，纳税人申请增值税留抵退税，以纳税人向主管税务机关提交《退（抵）税申请表》时点的纳税信用级别确定是否符合申请留抵退税条件。已完成退税的纳税信用A级或B级纳税人，因纳税信用年度评价、动态调整等原因，纳税信用级别不再是A级或B级的，其已取得的留抵退税款不需要退回。

18.**【判断题】**个体工商户因不按照企业纳税信用评价方式开展评价，所以不适用小微企业增值税期末留抵退税政策。（ ）

【参考答案】×

【答案解析】根据《财政部 税务总局关于进一步加大增值税期末留抵退税政策实施力度的公告》（财政部 税务总局公告2022年第14号）第一条的规定，个体工商户适用小微企业增值税期末留抵退税政策。根据《国家税务总局关于进一步加大增值税期末留抵退税政策实施力度有关征管事项的公告》（国家税务总局公告2022年第4号）第四条的规定，适用增值税一般计税方法的个体工商户，可自本公告发布之日起，自愿向主管税务机关申请参照企业纳税信用评价指标和评价方式参加评价，并在以后的存续期内适用国家税务总局纳税信用管理相关规定。对于已按照省税务机关公布的纳税信用管理办法参加纳税信用评价的，也可选择沿用原纳税信用级别，符合条件的可申请办理留抵退税。

（三）《财政部 税务总局关于促进服务业领域困难行业纾困发展有关增值税政策的公告》（财政部 税务总局公告2022年第11号）

1.**【单项选择题】**2022年财政部、税务总局出台的关于促进生产、生活性服务业纾困发展有关增值税政策的公告，下列说法错误的是（ ）。

A. 生产性服务业纳税人延续进项税额加计10%抵扣政策

B. 生活性服务业纳税人延续进项税额加计15%抵扣政策

C. 该政策是一项长期政策

D. 执行期限延长至 2022 年 12 月 31 日

【参考答案】 C

【答案解析】 根据《财政部 税务总局 海关总署关于深化增值税改革有关政策的公告》（财政部 税务总局 海关总署公告 2019 年第 39 号）第七条的规定，自 2019 年 4 月 1 日至 2021 年 12 月 31 日，允许生产、生活性服务业纳税人按照当期可抵扣进项税额加计 10%，抵减应纳税额。根据《财政部 税务总局关于明确生活性服务业增值税加计抵减政策的公告》（财政部 税务总局公告 2019 年第 87 号）第三条的规定，生活性服务业纳税人应按照当期可抵扣进项税额的 15% 计提当期加计抵减额。根据《财政部 税务总局关于促进服务业领域困难行业纾困发展有关增值税政策的公告》（财政部 税务总局公告 2022 年第 11 号）第一条的规定，生产、生活性服务业增值税加计抵减政策，执行期限延长至 2022 年 12 月 31 日。

2.**【单项选择题】** 2022 年财政部、税务总局出台的关于促进航空和铁路运输企业纾困发展有关增值税政策的公告，下列说法错误的是（ ）。

A. 该政策是暂时性政策

B. 不缴纳的是增值税预缴税款

C. 不缴纳的是增值税应纳税款

D. 2022 年 2 月纳税申报期至文件发布之日已预缴的增值税予以退还

【参考答案】 C

【答案解析】 根据《财政部 税务总局关于促进服务业领域困难行业纾困发展有关增值税政策的公告》（财政部 税务总局公告 2022 年第 11 号）第二条的规定，自 2022 年 1 月 1 日至 2022 年 12 月 31 日，航空和铁路运输企业分支机构暂停预缴增值税。2022 年 2 月纳税申报期至文件发布之日已预缴的增值税予以退还。

3.**【多项选择题】** 2022 年财政部、税务总局出台的关于公共交通运输服务免征增值税的政策，下列属于适用免税政策的公共交通运输服务的有（ ）。

A. 轮客渡

B. 地铁

C. 出租车

D. 长途客运

E. 班车

【参考答案】 ABCDE

【答案解析】 根据《财政部 税务总局关于促进服务业领域困难行业纾困发展有关增值税政策的公告》（财政部 税务总局公告 2022 年第 11 号）第三条的规定，自 2022 年 1 月 1 日至 2022 年 12 月 31 日，对纳税人提供公共交通运输服务取得的收入，免征增值税。公共交通运输服务的具体范围，按照《营业税改征增值税试点有关事项的规定》（财税〔2016〕36号附件2）执行。公共交通运输服务，包括轮客渡、公交客运、地铁、城市轻轨、出租车、长途客运、班车。

（四）《国家税务总局 财政部关于延续实施制造业中小微企业延缓缴纳部分税费有关事项的公告》（国家税务总局公告2022年第2号）

1.**【单项选择题】**纳税人D属于制造业企业，于2019年12月20日成立，判断其销售额是否符合制造业中小微企业延缓缴纳2022年第一季度、第二季度部分税费政策的条件，销售额的所属期应该是（ ）。

A. 2020年1月至2020年12月　　B. 2020年10月至2021年9月

C. 2021年10月至2021年12月　　D. 2021年1月至2021年12月

【参考答案】D

【答案解析】根据《国家税务总局 财政部关于延续实施制造业中小微企业延缓缴纳部分税费有关事项的公告》（国家税务总局公告2022年第2号）第二条第（三）项的规定，可以享受延缓缴纳2022年第一季度、第二季度部分税费政策的制造业中小微企业要符合以下年销售额条件：截至2021年12月31日成立满一年的企业，按照所属期为2021年1月至2021年12月的销售额确定。

2.**【单项选择题】**纳税人E属于制造业企业，于2021年4月28日成立，截至2021年12月31日成立不满一年，其实际经营月份9个月，则关于判断其是否符合制造业中小微企业延缓缴纳2022年第一季度、第二季度部分税费政策的年销售额条件，以下说法正确的是（ ）。

A. 按照所属期为2021年4月至2021年12月的销售额确定

B. 按照所属期为2021年4月至2022年2月的销售额确定

C. 按照所属期截至2021年12月31日的销售额/实际经营月份×12个月的销售额确定

D. 按照所属期截至2022年2月28日实际申报期销售额/实际经营月份×12个月的销售额确定

【参考答案】C

【答案解析】根据《国家税务总局 财政部关于延续实施制造业中小微企业延缓缴纳部分税费有关事项的公告》（国家税务总局公告2022年第2号）第二条第（三）项的规定，可以享受延缓缴纳2022年第一季度、第二季度部分税费政策的制造业中小微企业要符合以下年销售额条件：截至2021年12月31日成立不满一年的企业，按照所属期截至2021年12月31日的销售额/实际经营月份×12个月的销售额确定。

3.【单项选择题】2022 年延续实施制造业中小微企业延缓缴纳部分税费政策，所称制造业中型企业是指国民经济行业分类中行业门类为制造业，且年销售额 ______ 的企业。制造业小微企业是指国民经济行业分类中行业门类为制造业，且年销售额 ______ 的企业。(　)

A. 1 000 万元以上（含 1 000 万元）2 亿元以下（不含 2 亿元）；1 000 万元以下（不含 1 000 万元）

B. 2 000 万元以上（含 2 000 万元）4 亿元以下（不含 4 亿元）；2 000 万元以下（不含 2 000 万元）

C. 200 万元以上（含 200 万元）4 000 万元以下（不含 4 000 万元）；200 万元以下（不含 200 万元）

D. 2 000 万元以上（含 2 000 万元）4 000 万元以下（不含 4 000 万元）；2 000 万元以下（不含 2 000 万元）

【参考答案】 B

【答案解析】 根据《国家税务总局 财政部关于延续实施制造业中小微企业延缓缴纳部分税费有关事项的公告》（国家税务总局公告 2022 年第 2 号）第二条第（二）项的规定，本公告所称制造业中型企业是指国民经济行业分类中行业门类为制造业，且年销售额 2 000 万元以上（含 2 000 万元）4 亿元以下（不含 4 亿元）的企业。制造业小微企业是指国民经济行业分类中行业门类为制造业，且年销售额 2 000 万元以下（不含 2 000 万元）的企业。

4.【单项选择题】2022 年符合条件的制造业小微企业，2022 年 1 月、2 月、3 月、4 月、5 月、6 月（按月缴纳）或者 2022 年第一季度、第二季度（按季缴纳）可以延缓缴纳企业所得税、个人所得税、国内增值税、国内消费税及附征的城市维护建设税、教育费附加、地方教育附加的比例为（　）。

A. 50%　　B. 60%　　C. 80%　　D. 100%

【参考答案】 D

【答案解析】 根据《国家税务总局 财政部关于延续实施制造业中小微企业延缓缴纳部分税费有关事项的公告》（国家税务总局公告 2022 年第 2 号）第二条第（一）项的规定，符合本公告规定条件的制造业中小微企业，在依法办理纳税申报后，制造业中型企业可以延缓缴纳本公告规定的各项税费金额的 50%，制造业小微企业可以延缓缴纳本公告规定的全部税费，延缓的期限为 6 个月。延缓期限届满，纳税人应依法缴纳相应月份或者季度的税费。

5.【多项选择题】纳税人 B 是年销售额 30 万元的制造业个体工商户，且实行简易申报，按季缴纳，纳税人无需操作确认缓缴相关税费，税务机关 2022 年 4 月暂不划扣其

2021 年第四季度缓缴的个人所得税、增值税、消费税及附征的城市维护建设税、教育费附加、地方教育附加。2022 年 10 月该个体工商户划扣应缴税费的属期包括（　）。

A. 2021 年第四季度　　B. 2022 年第一季度

C. 2022 年第二季度　　D. 2022 年第三季度

E. 2022 年第四季度

【参考答案】ABD

【答案解析】根据《国家税务总局 财政部关于延续实施制造业中小微企业延缓缴纳部分税费有关事项的公告》（国家税务总局公告 2022 年第 2 号）第一条、第二条的规定，税务机关 2022 年 4 月暂不划扣其 2021 年第四季度缓缴的个人所得税、增值税、消费税及附征的城市维护建设税、教育费附加、地方教育附加以及 2022 年第一季度的相关税费。相关税费继续延缓缴纳期限 6 个月，延长缓缴期限的税费在 2022 年 10 月划扣 2022 年第三季度应缴税费时一并划扣。

6.【判断题】适用《国家税务总局 财政部关于延续实施制造业中小微企业延缓缴纳部分税费有关事项的公告》（国家税务总局公告 2022 年第 2 号）的中小微企业和适用《财政部 税务总局关于中小微企业设备器具所得税税前扣除有关政策的公告》（财政部 税务总局公告 2022 年第 12 号）的中小微企业一样，都包含个人独资企业、合伙企业、个体工商户。（　）

【参考答案】×

【答案解析】根据《国家税务总局 财政部关于延续实施制造业中小微企业延缓缴纳部分税费有关事项的公告》（国家税务总局公告 2022 年第 2 号）的相关规定，该公告适用企业含个人独资企业、合伙企业、个体工商户。根据《财政部 税务总局关于中小微企业设备器具所得税税前扣除有关政策的公告》（财政部 税务总局公告 2022 年第 12 号）的相关规定，该公告适用的是征收企业所得税的企业，不含个人独资企业、合伙企业、个体工商户。

7.【判断题】纳税人 M 按季预缴申报企业所得税。2022 年 1 月申报税款属期为 2021 年四季度的企业所得税时，应缴纳税款 10 万元，按照相关政策规定，其缓缴期再延长 6 个月可推迟至 2022 年 10 月缴纳入库。2022 年 4 月，该企业完成 2021 年度的企业所得税年度纳税申报，结果显示汇算清缴可退税 2 万元。因此该企业可先申请办理 2 万元退税，待 2022 年 10 月，再将 2021 年四季度缓缴税款 10 万元缴纳入库。（　）

【参考答案】×

【答案解析】根据《国家税务总局 财政部关于延续实施制造业中小微企业延缓缴纳部分税费有关事项的公告》（国家税务总局公告 2022 年第 2 号）第三条的规定，在既有退税又有应缴税款的情况下，或者先缴纳税款，再申请退税，或者抵减应退税款后再缴纳剩余税款。但先申请退税后，再缴纳应纳税款是不可以的。相对而言，继续延缓缴纳 2021 年四季度的 10 万元预缴税款更有利于企业，因此，该企业可暂不办理退税业务，待 2022 年 10 月，先申请抵减 2 万元退税，再将剩余的 2021 年四季度缓缴税款 8 万元缴纳入库。

8. **【判断题】**2021 年第四季度已缓缴企业所得税的纳税人，若完成年度申报后产生应补企业所得税，纳税人无需办理延期申请，征管系统将自动延长汇算清缴应补税款的缴款期限。（ ）

【参考答案】✓

【答案解析】依据是《国家税务总局关于〈国家税务总局 财政部关于延续实施制造业中小微企业延缓缴纳部分税费有关事项的公告〉的解读》第十一条的规定。

（五）《财政部 税务总局关于中小微企业设备器具所得税税前扣除有关政策的公告》（财政部 税务总局公告 2022 年第 12 号）

1. **【单项选择题】**某中小微企业在 2022 年 2 月购入了一台单位价值为 900 万元的机器。该企业选择适用中小微企业设备器具所得税税前扣除有关政策，则该项固定资产在前 3 年企业所得税税前可以扣除的累计折旧额是（ ）万元。

A. 50　　B. 450　　C. 550　　D. 600

【参考答案】C

【答案解析】根据《财政部 税务总局关于中小微企业设备器具所得税税前扣除有关政策的公告》（财政部 税务总局公告 2022 年第 12 号）第一条的规定，最低折旧年限为 10 年的，单位价值的 50% 可在当年一次性税前扣除，其余 50% 按规定在剩余年度计算折旧进行税前扣除。该企业第 1 年可就单位价值的 50%，即 450 万元在 2022 年一次性扣除，此后 9 年，该固定资产在税前每年可以扣除的折旧额为 50 万元。前 3 年可以扣除 550 万元（450+100）。

2. **【多项选择题】**符合条件的中小微企业 2022 年购入以下固定资产，其中可以在 2022 年一次性扣除的有（ ）。

A. 480 万元的车辆　　B. 600 万元的电子设备

C. 300 万元的房屋　　D. 700 万元的家具

E. 900 万元的飞机

【参考答案】AB

【答案解析】根据《财政部 税务总局关于延长部分税收优惠政策执行期限的公告》（财政部 税务总局公告 2021 年第 6 号）的规定，购进的设备、器具，单位价值不超过 500 万元的，允许一次性计入当期成本费用在计算应纳税所得额时扣除。根据《财政部 税务总局关于中小微企业设备器具所得税税前扣除有关政策的公告》（财政部 税务总局公告 2022 年第 12 号）第一条的规定，中小微企业在 2022 年 1 月 1 日至 2022 年 12 月 31 日新购置的设备、器具，单位价值在 500 万元以上的，按照单位价值的一定比例自愿选择在企业所得税税前扣除。其中，《企业所得税法实施条例》规定最低折旧年限为 3 年的设备器具，单位价值的 100% 可在当年一次性税前扣除；最低折旧年限为 4 年、5 年、10 年的，单位价值的 50% 可在当年一次性税前扣除，其余 50% 按规定在剩余年度计算折旧进行税前扣除。根据《企业所得税法实施条例》第六十条的规定，固定资产计算折旧的最低年限如下：(1) 房屋、建筑物，为 20 年；(2) 飞机、火车、轮船、机器、机械和其他生产设备，为 10 年；(3) 与生产经营活动有关的器具、工具、家具等，为 5 年；(4) 飞机、火车、轮船以外的运输工具，为 4 年；(5) 电子设备，为 3 年。房屋不享受一次性扣除政策。电子设备 3 年折旧期可以一次性扣除。

3. **【判断题】**某交通运输企业是中小微企业，因 2022 年购入一台 550 万元的货车，选择适用中小微企业设备器具所得税税前扣除有关政策，则企业因选择适用该政策当年不足扣除形成的亏损，可在以后 8 个纳税年度结转弥补。(　)

【参考答案】×

【答案解析】根据《财政部 税务总局关于中小微企业设备器具所得税税前扣除有关政策的公告》(财政部 税务总局公告 2022 年第 12 号）第一条第二款的规定，企业选择适用上述政策当年不足扣除形成的亏损，可在以后 5 个纳税年度结转弥补，享受其他延长亏损结转年限政策的企业可按现行规定执行。根据《财政部 税务总局关于支持新型冠状病毒感染的肺炎疫情防控有关税收政策的公告》(财政部 税务总局公告 2020 年第 8 号）第四条的规定，受疫情影响较大的困难行业企业 2020 年度发生的亏损，最长结转年限由 5 年延长至 8 年。困难行业企业，包括交通运输业。因此企业因选择适用中小微企业设备器具所得税税前扣除政策当年不足扣除形成的亏损，可在以后 5 个纳税年度结转弥补，而 2020 年度发生的亏损可以在 8 年内弥补。

4. **【判断题】**中小微企业可根据自身生产经营核算需要自行选择享受设备器具所得税税前扣除有关政策，当年度未选择享受的，在剩余折旧期可以重新选择，但次数仅限一次。(　)

【参考答案】×

【答案解析】根据《财政部 税务总局关于中小微企业设备器具所得税税前扣除有关政策的公告》(财政部 税务总局公告 2022 年第 12 号）第五条的规定，中小微企业可根据自身生产经营核算需要自行选择享受上述政策，当年度未选择享受的，以后年度不得再变更享受。

（六）《财政部 税务总局关于进一步实施小微企业“六税两费”减免政策的公告》（财政部 税务总局公告2022年第10号）、《国家税务总局关于进一步实施小微企业“六税两费”减免政策有关征管问题的公告》（国家税务总局公告2022年第3号）

1.**【单项选择题】**关于2022年“六税两费”减免政策适用范围，下列说法错误的是（　）。

A. 增值税小规模纳税人都适用　　B. 小型微利企业都适用

C. 个体工商户都适用　　D. 企业所得税纳税人都适用

【参考答案】D

【答案解析】根据《财政部 税务总局关于进一步实施小微企业“六税两费”减免政策的公告》（财政部 税务总局公告2022年第10号）第一条的规定，由省、自治区、直辖市人民政府根据本地区实际情况，以及宏观调控需要确定，对增值税小规模纳税人、小型微利企业和个体工商户可以在50%的税额幅度内减征资源税、城市维护建设税、房产税、城镇土地使用税、印花税（不含证券交易印花税）、耕地占用税和教育费附加、地方教育附加。

2.**【单项选择题】**G公司于2021年6月成立，从事国家非限制和禁止行业，10月1日登记为增值税一般纳税人。2022年5月底前，G公司未按期办理首次汇算清缴申报，8月，G公司办理汇算清缴申报，确定不属于小型微利企业。G公司根据相关规定，分别于2022年4月和7月征期申报当年1～3月和4～6月的“六税两费”时，按照小型微利企业申报享受了减免优惠。G公司8月办理首次汇算清缴后，下列对G公司“六税两费”纳税的申报处理方法，正确的是（　）。

A. 只更正1～3月的“六税两费”

B. 只更正4～6月的“六税两费”

C. 应当更正1～3月和4～6月的“六税两费”

D. 1～3月和4～6月的“六税两费”都不必更正

【参考答案】B

【答案解析】按照企业所得税有关规定，G公司应当于2022年5月底前办理首次汇算清缴，且根据《国家税务总局关于进一步实施小微企业“六税两费”减免政策有关征管问题的公告》（国家税务总局公告2022年第3号）第一条第（二）项的规定，G公司7月征期申报4～6月的“六税两费”时，应当依据首次汇算清缴结果确定是否可享受税收优惠。逾期办理首次汇算清缴后，确定G公司不属于小型微利企业。因此，G公司7月征期申报的4～6月的“六税两费”不能享受减免优惠，应当进行更正申报，补缴减征的税款。根据《国家税务总局关于进一步实施小微企业“六税两费”减免政策有关征管问题的公告》（国家税务总局公告2022年第3号）第一条第（二）项、第（三）项的规定，G公司在规定的首次汇算清缴期截止时间前于4月征期申报2022年1～3月的“六税两费”不必进行更正。

3.**【单项选择题】**H公司于2020年7月成立，于9月1日登记为增值税一般纳税人。2021年5月，H公司办理了2020年度汇算清缴申报，结果确定是小型微利企业。H公司于2022年4月征期申报缴纳了1～3月的“六税两费”，7月征期申报缴纳了4～6月的“六税两费”。2022年8月，H公司根据税务机关有关执法决定文书，对2020年度汇算清缴申报进行了更正，确定不属于小型微利企业。H公司于2022年8月更正汇算清缴申报后，下列对H公司“六税两费”的纳税申报处理方法，正确的是（ ）。

A. 只更正2022年1～3月的“六税两费”

B. 只更正2022年4～6月的“六税两费”

C. 应当更正2022年1～3月和4～6月的“六税两费”

D. 2022年1～3月和4～6月的“六税两费”都不必更正

【参考答案】C

【答案解析】根据《国家税务总局关于进一步实施小微企业“六税两费”减免政策有关征管问题的公告》（国家税务总局公告2022年第3号）第一条第（一）项的规定，H公司2022年1月1日至6月30日的税款是否能够申报享受减免优惠，应当依据2020年度汇算清缴结果确定。H公司于2022年8月更正了2020年度的汇算清缴申报，最新结果确定不属于小型微利企业。根据《国家税务总局关于进一步实施小微企业“六税两费”减免政策有关征管问题的公告》（国家税务总局公告2022年第3号）第一条第（三）项的规定，H公司2022年1月1日至6月30日申报“六税两费”时不能够享受减免优惠，应当进行更正申报，补缴减征的税款。

4.**【多项选择题】**B公司于2020年6月成立，9月1日登记为增值税一般纳税人。2021年5月，B公司办理了2020年度汇算清缴申报，确定不属于小型微利企业。2022年4月，B公司办理了2021年度汇算清缴申报，确定是小型微利企业。关于B公司是否享受“六税两费”减免优惠，下列说法正确的有（ ）。

A. B公司于2022年4月征期申报3月的“六税两费”时，可以享受减免优惠

B. B公司于2022年4月征期申报3月的“六税两费”时，不可以享受减免优惠

C. B公司于2022年7月征期申报6月的“六税两费”时，可以享受减免优惠

D. B公司于2022年7月征期申报6月的“六税两费”时，不可以享受减免优惠

E. B公司于2022年8月征期申报7月的“六税两费”时，可以享受减免优惠

【参考答案】BDE

【答案解析】根据《国家税务总局关于进一步实施小微企业“六税两费”减免政策有关征管问题的公告》（国家税务总局公告2022年第3号）第一条第（一）项的规定，纳

税人 2021 年办理 2020 年度汇算清缴申报后确定不属于小型微利企业，申报 2022 年 1 月 1 日至 6 月 30 日的“六税两费”时，不能享受减免优惠。纳税人 2022 年办理 2021 年度汇算清缴申报后确定是小型微利企业，申报 2022 年 7 月 1 日至 2023 年 6 月 30 日的“六税两费”时，可以享受减免优惠。

5.**【多项选择题】**B 公司于 2020 年 6 月成立，9 月 1 日登记为增值税一般纳税人。2021 年 5 月，B 公司办理了 2020 年度汇算清缴申报，确定属于小型微利企业。2022 年 4 月，B 公司办理了 2021 年度汇算清缴申报，确定不是小型微利企业。关于 B 公司是否享受“六税两费”减免优惠，下列说法正确的有（　）。

A. B 公司于 2022 年 4 月征期申报 3 月的“六税两费”时，可以享受减免优惠

B. B 公司于 2022 年 4 月征期申报 3 月的“六税两费”时，不可以享受减免优惠

C. B 公司于 2022 年 7 月征期申报 6 月的“六税两费”时，可以享受减免优惠

D. B 公司于 2022 年 7 月征期申报 6 月的“六税两费”时，不可以享受减免优惠

E. B 公司于 2022 年 8 月征期申报 7 月的“六税两费”时，可以享受减免优惠

【参考答案】AC

【答案解析】根据《国家税务总局关于进一步实施小微企业“六税两费”减免政策有关征管问题的公告》（国家税务总局公告 2022 年第 3 号）第一条第（一）项的规定，纳税人 2021 年办理 2020 年度汇算清缴申报后确定属于小型微利企业，申报 2022 年 1 月 1 日至 6 月 30 日的“六税两费”时，可以享受减免优惠。纳税人 2022 年办理 2021 年度汇算清缴申报后确定不属于小型微利企业，申报 2022 年 7 月 1 日至 2023 年 6 月 30 日的“六税两费”时，不可以享受减免优惠。

6.**【多项选择题】**D 公司于 2021 年 6 月成立，从事国家非限制和禁止行业，12 月 1 日登记为增值税一般纳税人。D 公司于 2022 年 4 月 20 日按规定期限办理了 2021 年度汇算清缴，结果确定不属于小型微利企业。D 公司于 2023 年 5 月 8 日办理 2022 年度汇算清缴申报，确定是小型微利企业。以下说法正确的有（　）。

A. D 公司于 2022 年 4 月 23 日依照规定按次申报耕地占用税，可以申报享受减免优惠

B. D 公司于 2022 年 4 月 23 日依照规定按次申报耕地占用税，不可以申报享受减免优惠

C. D 公司于 2022 年 12 月 12 日根据本省有关规定办理 2022 年 1 ~ 5 月房产税申报，可以申报享受减免优惠

D. D 公司于 2022 年 12 月 12 日根据本省有关规定办理 2022 年 6 ~ 12 月房产税申报，可以申报享受减免优惠

E. D 公司在申报 2023 年 7 月 1 日至 2024 年 6 月 30 日的“六税两费”时，可以享受减免优惠

【参考答案】BE

【答案解析】根据《国家税务总局关于进一步实施小微企业“六税两费”减免政策有关征管问题的公告》(国家税务总局公告2022年第3号)第一条第(二)项的规定，按次申报的，自首次办理汇算清缴确定不属于小型微利企业之日起至次年6月30日，不得再申报享受“六税两费”减免优惠。因此，选项A错误，选项B正确。新设立企业办理首次汇算清缴后，按规定申报当月及之前的“六税两费”的，依据首次汇算清缴结果确定是否能够申报享受减免优惠。因此，D公司按规定申报2022年全年的房产税，包括办理首次汇算清缴当月及之前（即1～5月）的房产税和汇算清缴后（即6～12月）的房产税时，不能享受减免优惠。因此，选项C、D错误。D公司于2023年5月8日办理了2022年度汇算清缴申报，确定是小型微利企业，根据《国家税务总局关于进一步实施小微企业“六税两费”减免政策有关征管问题的公告》(国家税务总局公告2022年第3号)第一条第（一）项的规定，其在申报2023年7月1日至2024年6月30日的“六税两费”时，可以享受减免优惠。因此，选项E正确。

7.**【判断题】**C公司于2021年6月成立，从事国家非限制和禁止行业，12月1日登记为增值税一般纳税人。2022年3月31日的从业人数、资产总额分别为280人和4500万元。C公司于4月10日申报2022年3月的资源税和2022年1～6月房产税时，按小型微利企业享受了减免优惠，4月20日办理了2021年度汇算清缴，结果确定不属于小型微利企业。汇算清缴后，C公司需要对2022年4月10日申报2022年3月的资源税和2022年1～6月房产税进行更正。(　)

【参考答案】×

【答案解析】根据《国家税务总局关于进一步实施小微企业“六税两费”减免政策有关征管问题的公告》(国家税务总局公告2022年第3号)第一条第（二）项的规定，新设立企业按规定办理首次汇算清缴申报前，已按规定申报缴纳“六税两费”的，不再根据首次汇算清缴结果进行更正。

8.**【判断题】**I公司于2021年12月1日成立，从事国家非限制和禁止行业，2022年2月登记为增值税一般纳税人并于当月1日生效。2月末，I公司从业人数为200人，资产总额为3 000万元。I公司于2022年3月征期申报2月的“六税两费”时可以申报享受减免优惠。(　)

【参考答案】√

【答案解析】根据《国家税务总局关于进一步实施小微企业“六税两费”减免政策有关征管问题的公告》(国家税务总局公告2022年第3号)第二条的规定，增值税小规模纳税人按规定登记为一般纳税人的，自一般纳税人生效之日起不再按照增值税小规模纳税人适用“六税两费”减免政策。I公司在2月登记为增值税一般纳税人并于当月1日生效，因此于 3 月征期申报 2 月的“六税两费”时，不再按照增值税小规模纳税人享受减免优惠。但是，由于 I 公司 3 月申报期上月末的从业人数小于 300 人，并且资产总额小于 5 000 万元，符合《国家税务总局关于进一步实施小微企业“六税两费”减免政策有关征管问题的公告》（国家税务总局公告 2022 年第 3 号）第一条第（二）项新设立企业按小型微利企业享受减免优惠的标准，因此，可以按照小型微利企业享受减免优惠。

9.【判断题】J 个体工商户为增值税小规模纳税人，因业务发展较快，于 2022 年 7 月登记为增值税一般纳税人并于当月 1 日生效。J 个体工商户于 2022 年 7 月征期申报 4 ~ 6 月的“六税两费”时不得申报享受减免优惠。（　）

【参考答案】×

【答案解析】根据《国家税务总局关于进一步实施小微企业“六税两费”减免政策有关征管问题的公告》（国家税务总局公告 2022 年第 3 号）的相关规定，个体工商户无论是小规模纳税人还是一般纳税人，均适用“六税两费”减免优惠。

10.【判断题】纳税人自行申报享受“六税两费”减免优惠，不需额外提交资料。（　）

【参考答案】✓

【答案解析】根据《国家税务总局关于进一步实施小微企业“六税两费”减免政策有关征管问题的公告》（国家税务总局公告 2022 年第 3 号）第四条的规定，纳税人自行申报享受“六税两费”减免优惠，不需额外提交资料。

11.【判断题】2024 年办理 2023 年度汇算清缴后确定是小型微利企业的，自办理汇算清缴的次月 1 日至次年 6 月 30 日，纳税人可以申报享受“六税两费”减免优惠。（　）

【参考答案】×

【答案解析】根据《国家税务总局关于进一步实施小微企业“六税两费”减免政策有关征管问题的公告》（国家税务总局公告 2022 年第 3 号）第六条的规定，2024 年办理 2023 年度汇算清缴后确定是小型微利企业的，纳税人申报享受“六税两费”减免优惠的日期截止到 2024 年 12 月 31 日。

（七）《财政部　税务总局　科技部关于进一步提高科技型中小企业研发费用税前加计扣除比例的公告》（财政部　税务总局　科技部公告 2022 年第 16 号）

【单项选择题】科技型中小企业开展研发活动中实际发生的研发费用，未形成无形资产计入当期损益的，在按规定据实扣除的基础上，自 2022 年 1 月 1 日起，再按照实际发生额的 ______ 在税前加计扣除；形成无形资产的，自 2022 年 1 月 1 日起，按照无形资产成本的 ______ 在税前摊销。（　）

A. 50%；100%　　　　B. 75%；150%

C. 100%；200%　　D. 125%；250%

【参考答案】C

【答案解析】根据《财政部 税务总局 科技部关于进一步提高科技型中小企业研发费用税前加计扣除比例的公告》（财政部 税务总局 科技部公告2022年第16号）第一条的规定，科技型中小企业开展研发活动中实际发生的研发费用，未形成无形资产计入当期损益的，在按规定据实扣除的基础上，自2022年1月1日起，再按照实际发生额的100%在税前加计扣除；形成无形资产的，自2022年1月1日起，按照无形资产成本的200%在税前摊销。

（八）《国务院关于设立3岁以下婴幼儿照护个人所得税专项附加扣除的通知》（国发〔2022〕8号）

1.【单项选择题】以下各项支出中，个人所得税税前扣除标准与其他三项不同的是（　）。

A. 学前教育支出　　B. 学历教育支出

C. 学历（学位）继续教育支出　　D. 婴幼儿照护

【参考答案】C

【答案解析】根据《国务院关于设立3岁以下婴幼儿照护个人所得税专项附加扣除的通知》（国发〔2022〕8号）第一条的规定，纳税人照护3岁以下婴幼儿子女的相关支出，按照每个婴幼儿每月1 000元的标准定额扣除。根据《个人所得税专项附加扣除暂行办法》的相关规定，学前教育支出、学历教育支出也为1 000元/人。学历（学位）继续教育支出扣除标准为400元/月，最长不超过48个月。

2.【单项选择题】关于纳税人填报3岁以下婴幼儿照护专项附加扣除政策，下列说法不正确的是（　）。

A. 3岁以下婴幼儿的监护人，包括生父母、继父母、养父母，父母之外的其他人担任未成年人的监护人

B. 不是亲生父母不可以享受该项政策

C. 婴幼儿子女包括婚生子女、非婚生子女、养子女、继子女等受到本人监护的3岁以下婴幼儿

D. 无论婴幼儿在国内还是国外出生，其父母都可以享受扣除

【参考答案】B

【答案解析】根据《国务院关于设立3岁以下婴幼儿照护个人所得税专项附加扣除的通知》的官方解读，从婴幼儿出生的当月至年满3周岁的前一个月，纳税人可以享受这项专项附加扣除。该项政策的扣除主体是3岁以下婴幼儿的监护人，包括生父母、继父母、养父母，父母之外的其他人担任未成年人的监护人的，可以比照执行。不是亲生父

母也可以享受该项政策，但其必须是担任 3 岁以下婴幼儿监护人的人员。婴幼儿子女包括婚生子女、非婚生子女、养子女、继子女等受到本人监护的 3 岁以下婴幼儿。无论婴幼儿在国内还是国外出生，其父母都可以享受扣除。

3.**【多项选择题】**对于学前教育支出、学历教育支出、婴幼儿照护这三项个人所得税税前扣除项目，三者的相同点包括（ ）。

A. 扣除标准　　B. 扣除范围

C. 扣除方式　　D. 扣除时间

E. 留存资料

【参考答案】AC

【答案解析】根据《国家税务总局关于修订发布〈个人所得税专项附加扣除操作办法（试行）〉的公告》（国家税务总局公告 2022 年第 7 号）以及其他相关规定，扣除标准都是按照每月 1 000 元的标准定额扣除。扣除方式都是父母（监护人）可以选择由其中一方按照扣除标准的 100% 扣除，或者父母（监护人）双方各扣 50%。扣除范围显然是不一样的，分别对不同年龄段的子女。扣除时间婴幼儿照护为婴幼儿出生的当月至年满 3 周岁的前一个月。学前教育阶段，为子女年满 3 周岁当月至小学入学前一月。学历教育，为子女接受全日制学历教育入学的当月至全日制学历教育结束的当月。留存资料各不相同。纳税人子女处于学前教育阶段以及在境内接受教育的，专项附加扣除不需留存任何资料。子女在境外接受教育的，应当留存境外学校录取通知书、留学签证等境外教育佐证资料。纳税人享受 3 岁以下婴幼儿照护专项附加扣除，需要留存备查子女的出生医学证明等资料。

4.**【判断题】**对于 3 岁以下婴幼儿照护专项附加扣除政策，父母双方只能分别按扣除标准的 50% 扣除。（ ）

【参考答案】×

【答案解析】根据《国务院关于设立 3 岁以下婴幼儿照护个人所得税专项附加扣除的通知》（国发〔2022〕8 号）第二条的规定，对于 3 岁以下婴幼儿照护专项附加扣除政策，父母可以选择由其中一方按扣除标准的 100% 扣除，也可以选择由双方分别按扣除标准的 50% 扣除，具体扣除方式在一个纳税年度内不能变更。

（九）《国家税务总局关于小规模纳税人免征增值税等征收管理事项的公告》（国家税务总局公告 2022 年第 6 号）

1.**【单项选择题】**某小规模纳税人季度销售额 50 万元，适用 2022 年免征增值税政策，在办理免征增值税纳税申报时，正确的填写方法是（ ）。

A. 在《增值税及附加税费申报表（小规模纳税人适用）》“应征增值税不含税销售额（3% 征收率）”栏次填“0”

B. 将全部销售额填写在《增值税及附加税费申报表（小规模纳税人适用）》“其他免税销售额”栏次及《增值税减免税申报明细表》对应栏次

C. 将全部销售额填写在《增值税及附加税费申报表（小规模纳税人适用）》“小微企业免税销售额”栏次

D. 将全部销售额填写在《增值税及附加税费申报表（小规模纳税人适用）》“未达起征点销售额”栏次

【参考答案】 B

【答案解析】 根据《国家税务总局关于小规模纳税人免征增值税等征收管理事项的公告》（国家税务总局公告 2022 年第 6 号）第三条的规定，增值税小规模纳税人发生增值税应税销售行为，合计月销售额未超过 15 万元（以 1 个季度为 1 个纳税期的，季度销售额未超过 45 万元）的，免征增值税的销售额等项目应当填写在《增值税及附加税费申报表（小规模纳税人适用）》“小微企业免税销售额”或者“未达起征点销售额”相关栏次，如果没有其他免税项目，则无需填报《增值税减免税申报明细表》；合计月销售额超过 15 万元的，免征增值税的全部销售额等项目应当填写在《增值税及附加税费申报表（小规模纳税人适用）》“其他免税销售额”栏次及《增值税减免税申报明细表》对应栏次。

2. **【多项选择题】** 某小规模纳税人在 2022 年 3 月底前已经按 3% 征收率开具了增值税发票，4 月发现开票有误情形需要重新开具发票的，正确的做法是（　）。

A. 应按照 3% 的征收率开具红字发票

B. 应按照 1% 征收率开具红字发票

C. 在开具红字发票后，重新开具正确的蓝字发票

D. 在开具蓝字发票后，重新开具正确的红字发票

E. 可以开具免税的增值税普通发票

【参考答案】 AC

【答案解析】 根据《国家税务总局关于小规模纳税人免征增值税等征收管理事项的公告》（国家税务总局公告 2022 年第 6 号）第二条的规定，小规模纳税人在 2022 年 3 月底前已经开具增值税发票，发生销售折让、中止、退回或开票有误等情形需要开具红字发票的，应按照原征收率开具红字发票。即：如果之前按 3% 征收率开具了增值税发票，则应按照 3% 的征收率开具红字发票；如果之前按 1% 征收率开具了增值税发票，则应按照 1% 征收率开具红字发票。纳税人开票有误需要重新开具发票的，在开具红字发票后，重新开具正确的蓝字发票。

3. **【多项选择题】** 2018 年至 2020 年办理过转登记的纳税人，其转登记前尚未抵扣的进项税额以及转登记日当期的留抵税额按规定计入了“应交税费——待抵扣进项税额”

科目，关于此部分进项税额在 2022 年正确的处理方法包括（　）。

A. 可从销项税额中抵扣

B. 可分别计入固定资产、无形资产、投资资产、存货等相关科目，按规定在企业所得税或个人所得税税前扣除

C. 对无法划分的部分，在 2022 年度可一次性在企业所得税或个人所得税税前扣除

D. 可转入“应交税费——应交增值税（进项税额）”

E. 向税务机关申请留抵退税

【参考答案】 BC

【答案解析】 根据《国家税务总局关于小规模纳税人免征增值税等征收管理事项的公告》（国家税务总局公告 2022 年第 6 号）第四条的规定，2018 年至 2020 年，连续 3 年出台了转登记政策，转登记纳税人尚未申报抵扣的进项税额以及转登记日当期的期末留抵税额按规定需计入“应交税费——待抵扣进项税额”，用于对其一般纳税人期间发生的销售折让、退回等涉税事项产生的应纳税额进行追溯调整。目前，转登记政策已执行到期，对该科目核算的相关税额应如何处理，《国家税务总局关于小规模纳税人免征增值税等征收管理事项的公告》（国家税务总局公告 2022 年第 6 号）第四条明确规定，因转登记计入“应交税费——待抵扣进项税额”科目核算、截至 2022 年 3 月 31 日的余额，在 2022 年度可分别计入固定资产、无形资产、投资资产、存货等相关科目，按规定在企业所得税或个人所得税税前扣除，对此前已税前扣除的折旧、摊销不再调整；对无法划分的部分，在 2022 年度可一次性在企业所得税或个人所得税税前扣除。

4. **【判断题】** 2022 年 5 月，增值税小规模纳税人选择放弃免税并开具增值税专用发票的，应开具征收率为 1% 的增值税专用发票。（　）

【参考答案】 ×

【答案解析】 根据《国家税务总局关于小规模纳税人免征增值税等征收管理事项的公告》（国家税务总局公告 2022 年第 6 号）第一条的规定，增值税小规模纳税人适用 3% 征收率应税销售收入免征增值税的，应按规定开具免税普通发票。纳税人选择放弃免税并开具增值税专用发票的，应开具征收率为 3% 的增值税专用发票。

5. **【判断题】** 2022 年 4 月 1 日起，已经使用金税盘、税控盘等税控专用设备开具增值税发票的小规模纳税人，必须向税务机关换领税务 UKey 开具发票。（　）

【参考答案】 ×

【答案解析】 根据《国家税务总局关于小规模纳税人免征增值税等征收管理事项的公告》（国家税务总局公告 2022 年第 6 号）第五条的规定，已经使用金税盘、税控盘等税控专用设备开具增值税发票的小规模纳税人，可以继续使用现有设备开具发票，也可以自愿向税务机关免费换领税务 UKey 开具发票。

（十）《财政部 税务总局关于快递收派服务免征增值税政策的公告》（财政部 税务总局公告 2022 年第 18 号）

【判断题】 自 2022 年 1 月 1 日至 12 月 31 日，对符合条件的快递收派收入免征增值税。(　)

【参考答案】 ×

【答案解析】 根据《财政部 税务总局关于快递收派服务免征增值税政策的公告》（财政部 税务总局公告 2022 年第 18 号）的规定，自 2022 年 5 月 1 日至 2022 年 12 月 31 日，对纳税人为居民提供必需生活物资快递收派服务取得的收入，免征增值税。

二、2022年组合式减税降费以外其他税收政策

（一）《财政部 税务总局关于杭州 2022 年亚运会和亚残运会企业赞助有关增值税政策的公告》（财政部 税务总局公告 2022 年第 1 号）

【多项选择题】 关于杭州 2022 年亚运会、亚残运会及其测试赛免征增值税政策，下列说法正确的有（　）。

A. 适用杭州 2022 年亚运会、亚残运会及其测试赛免征增值税政策的企业仅限财政部、税务总局公告的赞助企业

B. 适用杭州 2022 年亚运会、亚残运会及其测试赛免征增值税政策的服务，仅限于赞助企业与组委会签订的赞助协议中列明的服务

C. 赞助企业应对赞助协议中列明的服务单独核算，未单独核算的，不得适用免税政策

D. 赞助企业如果已经向购买方开具了增值税专用发票，应将专用发票追回后方可申请办理免税

E. 赞助企业购进货物用于免税项目不得抵扣进项税额

【参考答案】 ABCDE

【答案解析】《财政部 税务总局关于杭州 2022 年亚运会和亚残运会企业赞助有关增值税政策的公告》（财政部 税务总局公告 2022 年第 1 号）第一条规定，对企业根据赞助协议向杭州亚运会组委会（以下简称组委会）免费提供的与杭州亚运会有关的服务，免征增值税。赞助企业按照本公告所附《杭州 2022 年亚运会、亚残运会及其测试赛赞助企业名单（第一批）》执行。选项 A 正确。该公告第二条的规定，适用免征增值税政策的服务，仅限于赞助企业与组委会签订的赞助协议中列明的服务。选项 B 正确。该公告第三条规定，赞助企业应对上述服务单独核算，未单独核算的，不得适用免税政策。选项 C 正确。该公告第四条规定，纳税人如果已经向购买方开具了增值税专用发票，应将专用发票追回后方可申请办理免税。凡专用发票无法追回的，一律照章征收增值税。选项

D 正确。根据《中华人民共和国增值税暂行条例》第十条的规定，选项 E 正确。

（二）《财政部 税务总局关于延续执行创业投资企业和天使投资个人投资初创科技型企业有关政策条件的公告》（财政部 税务总局公告 2022 年第 6 号）

【多项选择题】自 2022 年 1 月 1 日至 2023 年 12 月 31 日，延续执行创业投资企业和天使投资个人投资初创科技型企业有关政策。对于初创科技型企业，需同时符合的条件包括（　）。

A. 在中国境内（不包括中国港、澳、台地区）注册成立、实行查账征收的居民企业

B. 接受投资时，从业人数不超过 200 人，其中具有大学本科以上学历的从业人数不低于 30%；资产总额和年销售收入均不超过 3 000 万元

C. 接受投资时设立时间不超过 5 年（60 个月）

D. 接受投资时以及接受投资后 2 年内未在境内外证券交易所上市

E. 接受投资当年及下一纳税年度，研发费用总额占成本费用支出的比例不低于 20%

【参考答案】ACDE

【答案解析】根据《财政部 税务总局关于延续执行创业投资企业和天使投资个人投资初创科技型企业有关政策条件的公告》（财政部 税务总局公告 2022 年第 6 号）的规定，自 2022 年 1 月 1 日至 2023 年 12 月 31 日，对于初创科技型企业需符合的条件，从业人数继续按不超过 300 人、资产总额和年销售收入按均不超过 5 000 万元执行。《财政部 税务总局关于创业投资企业和天使投资个人有关税收政策的通知》（财税〔2018〕55 号）规定的其他条件不变。

（三）《国家税务总局关于办理 2021 年度个人所得税综合所得汇算清缴事项的公告》（国家税务总局公告 2022 年第 1 号）

1.**【单项选择题】**下列各项中，不可以在 2021 年度个人所得税综合所得汇算清缴税前扣除的是（　）。

A. 纳税人双方父母的大病医疗支出

B. 纳税人符合条件的子女教育、继续教育、住房贷款利息或住房租金、赡养老人专项附加扣除

C. 减除费用、专项扣除、依法确定的其他扣除

D. 纳税人符合条件的公益慈善事业捐赠

【参考答案】A

【答案解析】根据《国家税务总局关于办理 2021 年度个人所得税综合所得汇算清缴事项的公告》（国家税务总局公告 2022 年第 1 号）第四条的规定，选项 B、C、D 可享受

税前扣除政策。纳税人及其配偶、未成年子女符合条件的大病医疗支出可享受税前扣除政策，选项A错误。

2.【单项选择题】纳税人张先生户籍所在地为济南市槐荫区，经常居住地为天津市和平区，没有任职受雇单位。2021年从北京市海淀区某单位、上海市浦东新区某单位分别取得劳务报酬10万元和5万元，全年没有其他综合所得，那么以下税务机关中，张先生不能选择作为主管税务机关的是（　）。

A. 济南市槐荫区税务局　　B. 天津市和平区税务局

C. 北京市海淀区税务局　　D. 上海市浦东新区税务局

【参考答案】D

【答案解析】根据《国家税务总局关于办理2021年度个人所得税综合所得汇算清缴事项的公告》（国家税务总局公告2022年第1号）第九条的规定，纳税人没有任职受雇单位的，向其户籍所在地、经常居住地或者主要收入来源地的主管税务机关申报。主要收入来源地，是指一个纳税年度内向纳税人累计发放劳务报酬、稿酬及特许权使用费金额最大的扣缴义务人所在地。张先生从北京市海淀区某单位、上海市浦东新区某单位分别取得劳务报酬10万元和5万元，那么其主要收入来源地主管税务机关是北京市海淀区税务局。张先生可以在济南市槐荫区税务局、天津市和平区税务局或者北京市海淀区税务局之间，选择一处申报办理年度汇算。

3.【单项选择题】2021年度个人所得税综合所得汇算清缴结束以后，纳税人及为其代办年度汇算的单位需各自将办理2021年度汇算的相关资料留存5年，留存时间区间为（　）。

A. 自2021年1月1日至2025年12月31日

B. 自2022年1月1日至2026年12月31日

C. 自2021年7月1日至2026年6月30日

D. 自2022年7月1日至2027年6月30日

【参考答案】D

【答案解析】根据《国家税务总局关于办理2021年度个人所得税综合所得汇算清缴事项的公告》（国家税务总局公告2022年第1号）第八条第二款的规定，纳税人、代办年度汇算的单位，需各自将专项附加扣除、税收优惠材料等年度汇算相关资料，自年度汇算期结束之日起留存5年。

4.【多项选择题】2021年度个人所得税综合所得汇算清缴，无需办理年度汇算清缴的情形包括（　）。

A. 年度汇算需补税但综合所得收入全年不超过12万元的

B. 年度汇算需补税金额不超过400元的

C. 已预缴税额与年度汇算应纳税额一致的

D. 符合年度汇算退税条件但不申请退税的

E. 已预缴税额大于年度汇算应纳税额且申请退税的

【参考答案】ABCD

【答案解析】根据《国家税务总局关于办理2021年度个人所得税综合所得汇算清缴事项的公告》（国家税务总局公告2022年第1号）第二条、第三条的规定，选项A、B、C、D属于不需要办理年度汇算清缴的情形，选项E属于需要办理年度汇算的情形。

5.**【多项选择题】**2021年度个人所得税综合所得汇算清缴，需要办理年度汇算清缴的情形包括（ ）。

A. 已预缴税额大于年度汇算应纳税额且申请退税的

B. 纳税年度内取得的综合所得收入超过12万元且需要补税金额超过400元的

C. 因适用所得项目错误，造成纳税年度内少申报的

D. 因扣缴义务人未依法履行扣缴义务，造成纳税年度未申报综合所得的

E. 已预缴税额与年度应纳税额一致

【参考答案】ABCD

【答案解析】根据《国家税务总局关于办理2021年度个人所得税综合所得汇算清缴事项的公告》（国家税务总局公告2022年第1号）第三条的规定，选项A、B、C、D属于需要办理年度汇算清缴的情形，选项E属于不需要办理年度汇算清缴的情形。

6.**【多项选择题】**2021年度个人所得税综合所得汇算清缴的渠道包括（ ）。

A. 网络办　　B. 电话办

C. 邮寄办　　D. 大厅办

E. 传真办

【参考答案】ACD

【答案解析】根据《国家税务总局关于办理2021年度个人所得税综合所得汇算清缴事项的公告》（国家税务总局公告2022年第1号）第七条规定的规定，为便利纳税人，税务机关为纳税人提供高效、快捷的网络办税渠道。纳税人可优先通过自然人电子税务局办理年度汇算，税务机关将为纳税人提供申报表项目预填服务；不方便通过上述方式办理的，也可以通过邮寄方式或到办税服务厅办理。

7.**【多项选择题】**2021年度个人所得税综合所得汇算清缴的方式包括（ ）。

A. 请人办　　B. 自己办

C. 邮寄办　　D. 大厅办

E. 单位办

【参考答案】ABE

【答案解析】《国家税务总局关于办理2021年度个人所得税综合所得汇算清缴事项的

公告》（国家税务总局公告 2022 年第 1 号）第六条明确了办理年度汇算的三种方式：自己办、单位办、请人办。

8. **【判断题】**同时取得综合所得和经营所得的纳税人，在综合所得和经营所得申报中，除减除费用 6 万元以外，专项扣除、专项附加扣除以及依法确定的其他扣除不得重复申报减除。（ ）

【参考答案】×

【答案解析】根据《国家税务总局关于办理 2021 年度个人所得税综合所得汇算清缴事项的公告》（国家税务总局公告 2022 年第 1 号）第四条第二款的规定，同时取得综合所得和经营所得的纳税人，可在综合所得或经营所得中申报减除费用 6 万元、专项扣除、专项附加扣除以及依法确定的其他扣除，但不得重复申报减除。

9. **【判断题】**年度汇算期结束后，税务部门将为尚未办理申报的纳税人确定主管税务机关。（ ）

【参考答案】√

【答案解析】根据《国家税务总局关于办理 2021 年度个人所得税综合所得汇算清缴事项的公告》（国家税务总局公告 2022 年第 1 号）第九条第四款的规定。

10. **【判断题】**纳税人因申报信息填写错误造成年度汇算多退或少缴税款的，经税务机关提醒后及时改正的，不适用“首违不罚”原则，不能免予处罚。（ ）

【参考答案】×

【答案解析】根据《国家税务总局关于办理 2021 年度个人所得税综合所得汇算清缴事项的公告》（国家税务总局公告 2022 年第 1 号）第十条第（二）项的规定，纳税人因申报信息填写错误造成年度汇算多退或少缴税款的，纳税人主动或经税务机关提醒后及时改正的，税务机关可以按照“首违不罚”原则免予处罚。

11. **【判断题】**纳税人李先生 2021 年上半年在北京市海淀区某公司任职，下半年到深圳市宝安区某单位从事保险营销员工作。李先生可以在北京市海淀区税务局或者深圳市宝安区税务局之间选择办理年度汇算。（ ）

【参考答案】√

【答案解析】根据《国家税务总局关于办理 2021 年度个人所得税综合所得汇算清缴事项的公告》（国家税务总局公告 2022 年第 1 号）第九条的规定，纳税人有两处及以上任职受雇单位的，可自主选择向其中一处申报。对于保险营销员工作，单位按累计预扣法为其预扣预缴劳务报酬所得的个人所得税。上述北京、深圳两地两个单位均视为李先生的任职受雇单位，其可以在北京市海淀区税务局或者深圳市宝安区税务局之间选择办理年度汇算。

（四）《关于进一步规范网络直播营利行为促进行业健康发展的意见》（税总所得发〔2022〕25 号印发）

1.【多项选择题】网络直播平台应当每半年向所在地省级网信部门、主管税务机关报送存在网络直播营利行为的网络直播发布者的信息。具体包括（　）。

A. 个人身份　　　　B. 直播账号

C. 网络昵称　　　　D. 取酬账户

E. 收入类型及营利情况

【参考答案】ABCDE

【答案解析】根据国家互联网信息办公室、国家税务总局、国家市场监督管理总局联合印发的《关于进一步规范网络直播营利行为促进行业健康发展的意见》（税总所得发〔2022〕25 号）第二条第（一）项的规定，网络直播平台应当每半年向所在地省级网信部门、主管税务机关报送存在网络直播营利行为的网络直播发布者个人身份、直播账号、网络昵称、取酬账户、收入类型及营利情况等信息。

2.【判断题】网络直播平台应当在服务协议中强制要求网络直播发布者成立工作室或者个体工商户。（　）

【参考答案】×

【答案解析】根据国家互联网信息办公室、国家税务总局、国家市场监督管理总局联合印发的《关于进一步规范网络直播营利行为促进行业健康发展的意见》（税总所得发〔2022〕25 号）第二条第（三）项的规定，网络直播平台应当在服务协议中明确提示网络直播发布者在市场主体登记、税收等方面的权利义务，但不得强制要求网络直播发布者成立工作室或者个体工商户。

3.【判断题】网络直播发布者开办的企业和个人工作室，对其原则上采用核定征收方式计征所得税。（　）

【参考答案】×

【答案解析】根据国家互联网信息办公室、国家税务总局、国家市场监督管理总局联合印发的《关于进一步规范网络直播营利行为促进行业健康发展的意见》（税总所得发〔2022〕25 号）第四条第（二）项的规定，网络直播发布者开办的企业和个人工作室，应按照国家有关规定设置账簿，对其原则上采用查账征收方式计征所得税。

（五）《国家税务总局关于开展 2022 年“我为纳税人缴费人办实事暨便民办税春风行动”的意见》（税总纳服发〔2022〕5 号）

1.【单项选择题】2022 年便民办税春风行动的主题是（　）。

A. 我为纳税人缴费人办实事

B. 优化执法服务·办好惠民实事

C. 智慧税务助发展·惠企利民稳增长

D. 减税降费优服务，助复产促发展

【参考答案】C

【答案解析】根据《国家税务总局关于开展2022年“我为纳税人缴费人办实事暨便民办税春风行动”的意见》（税总纳服发〔2022〕5号）的规定，2022年以“智慧税务助发展·惠企利民稳增长”为主题，连续第9年开展“我为纳税人缴费人办实事暨便民办税春风行动”。

2.**【多项选择题】**关于2022年“我为纳税人缴费人办实事暨便民办税春风行动”，下列属于纳税服务需求快速响应举措的有（ ）。

A. 基本实现全国咨询“一线通答”

B. 加快推动咨询服务向以24小时智能咨询为主转变

C. 通过电子税务局、征纳互动平台等远程发起税费咨询求助，实现“办问协同”

D. 推出第二批全国统一的税务行政处罚“首违不罚”事项清单

E. 进一步推动涉税文书电子化推送，逐步实现“无接触”送达

【参考答案】ABCE

【答案解析】根据《国家税务总局关于开展2022年“我为纳税人缴费人办实事暨便民办税春风行动”的意见》（税总纳服发〔2022〕5号）第二条第（一）项的规定，整合优化知识库，推进知识库在全国共享共用，基本实现全国咨询“一线通答”。加快推动咨询服务向以24小时智能咨询为主转变。探索远程咨询和办税辅导新模式，纳税人缴费人可直接通过电子税务局、征纳互动平台等远程发起税费咨询求助，实现“办问协同”。进一步推动涉税文书电子化推送，逐步实现“无接触”送达。推出“首违不罚”事项清单属于优化执法方式，但不属于纳税服务需求快速响应举措。

3.**【多项选择题】**针对2021年度个人所得税汇算清缴，税务部门在便民办税春风行动中推出了优先退税的举措，主要针对的人群是（ ）。

A. 填报了大病医疗专项附加扣除的纳税人

B. 同时填报了赡养老人和子女教育两项专项附加扣除的纳税人

C. 填报了住房贷款利息专项附加扣除的纳税人

D. 填报了住房租金专项附加扣除的纳税人

E. 填报了继续教育专项附加扣除的纳税人

【参考答案】AB

【答案解析】据国家税务总局相关负责人介绍，在2021年度汇算清缴同时填报了赡

养老人和子女教育两项专项附加扣除，或填报了大病医疗专项附加扣除的纳税人，按照预约时间提交退税申请后，均可优先获得退税；3 月 16 日后无需预约，可直接申请办理年度汇算优先获得退税。

4.**【多项选择题】**中央经济工作会议指出，2022 年我国经济发展面临“三重压力”，这“三重压力”是（　）。

A. 需求收缩　　B. 资本扩张

C. 预期转弱　　D. 金融风险

E. 供给冲击

【参考答案】ACE

【答案解析】2022 年 3 月 5 日，李克强总理所作的《政府工作报告》提出，2022 年我国经济发展面临需求收缩、供给冲击、预期转弱三重压力，党中央、国务院部署实施新的组合式税费支持政策。

5.**【多项选择题】**2022 年，税务部门优化执法方式要推进简易处罚事项网上办理，实现的目标包括（　）。

A. 违法信息自动提醒　　B. 处罚流程全程网上办

C. 处罚个人信息网上公开　　D. 处罚结果实时传递

E. 处罚结果网上公示

【参考答案】ABD

【答案解析】根据《国家税务总局关于开展 2022 年“我为纳税人缴费人办实事暨便民办税春风行动”的意见》（税总纳服发〔2022〕5 号）第二条第（四）项的规定，推进简易处罚事项网上办理，实现违法信息自动提醒、处罚流程全程网上办、处罚结果实时传递。

6.**【多项选择题】**以下属于税务部门对老年人加强服务保障措施的有（　）。

A. 提供“一站式”综合服务

B. 优先办理服务

C. 推进办税缴费软件适老化改造

D. 线下办税缴费服务场所设置人工现金收付通道

E. 组建外语服务团队

【参考答案】ABCD

【答案解析】依据是《国家税务总局关于开展 2022 年“我为纳税人缴费人办实事暨便民办税春风行动”的意见》（税总纳服发〔2022〕5 号）第二条第（一）项、《国家税务总局办公厅关于税费征收过程中人民币现金收付有关事项的通知》（税总办函〔2021〕7 号）第一条的规定。

7.【多项选择题】2022 年，税务总局将推动将部分行政许可事项调整为其他权力事项，简化事项办理程序。这些将要被调整的行政许可事项包括（　）。

A. 对纳税人延期缴纳税款的核准

B. 对纳税人延期申报的核准

C. 对纳税人变更纳税定额的核准

D. 增值税专用发票（增值税税控系统）最高开票限额审批

E. 对采取实际利润额预缴以外的其他企业所得税预缴方式的核定

【参考答案】ABCE

【答案解析】根据《国家税务总局关于开展 2022 年“我为纳税人缴费人办实事暨便民办税春风行动”的意见》（税总纳服发〔2022〕5 号）第二条第（二）项的规定，推动纳税人延期缴纳税款、延期申报、变更纳税定额的核准，以及采取实际利润额预缴以外的其他企业所得税预缴方式的核定等 4 个事项，由行政许可事项调整为其他权力事项，简化事项办理程序。

三、2021年5月至2021年12月税收政策

（一）《国家税务总局关于企业所得税若干政策征管口径问题的公告》（国家税务总局公告 2021 年第 17 号）

1.【单项选择题】甲汽车生产企业通过红十字会将自产汽车无偿捐赠给市人民医院，已获得公益性捐赠票据。甲汽车生产企业在非货币性资产捐赠过程中发生的运费、保险费、人工费用等相关支出，未纳入公益性捐赠票据记载的数额中，关于这些相关捐赠支出正确的税务处理方法是（　）。

A. 作为企业相关费用按照规定在税前扣除

B. 不得在税前扣除

C. 年度利润总额的 12% 以内在税前扣除

D. 年度利润总额的 12% 以上部分不得在税前扣除

【参考答案】A

【答案解析】根据《国家税务总局关于企业所得税若干政策征管口径问题的公告》（国家税务总局公告 2021 年第 17 号）第一条的规定，企业在非货币性资产捐赠过程中发生的运费、保险费、人工费用等相关支出，凡纳入国家机关、公益性社会组织开具的公益捐赠票据记载的数额中的，作为公益性捐赠支出按照规定在税前扣除；上述费用未纳入公益性捐赠票据记载的数额中的，作为企业相关费用按照规定在税前扣除。

2.**【单项选择题】**2019年12月31日（核定征收期间），A公司购买并投入使用的车辆的购买价格是40万元。2022年1月1日，A公司征收方式改为查账征收，则2022年该车辆可以在税前扣除的金额是（ ）万元。

A. 10　　B. 4　　C. 40　　D. 20

【参考答案】A

【答案解析】根据《国家税务总局关于企业所得税若干政策征管口径问题的公告》（国家税务总局公告2021年第17号）第四条第（二）项的规定，企业核定征税期间投入使用的资产，改为查账征税后，按照税法规定的折旧、摊销年限，扣除该资产投入使用年限后，就剩余年限继续计提折旧、摊销额并在税前扣除。车辆的折旧年限为4年，核定期间已过去2年，剩余2年，每年10万元折旧可以在企业所得税税前扣除。

3.**【单项选择题】**以下财政补贴应按照权责发生制原则确认收入的是（ ）。

A. 对符合条件的各类企业特种作业人员、特种设备作业人员给予的培训补贴

B. 对吸纳登记失业半年以上人员或毕业年度高校毕业生就业，给予一次性吸纳就业补贴

C. 对不裁员或少裁员的参保企业，按规定给予失业保险费返还

D. 按销售货物、提供劳务服务的数量、金额的一定比例给予全部或部分资金支付的财政补贴

【参考答案】D

【答案解析】根据《国家税务总局关于企业所得税若干政策征管口径问题的公告》（国家税务总局公告2021年第17号）第六条的规定，企业按照市场价格销售货物、提供劳务服务等，凡由政府财政部门根据企业销售货物、提供劳务服务的数量、金额的一定比例给予全部或部分资金支付的，应当按照权责发生制原则确认收入。除上述情形外，企业取得的各种政府财政支付，如财政补贴、补助、补偿、退税等，应当按照实际取得收入的时间确认收入。

4.**【多项选择题】**境外投资者在境内从事混合性投资业务，同时符合两种情形的，境内被投资企业向境外投资者支付的利息应视为股息，不得进行税前扣除。这两种情形分别是（ ）。

A. 该境外投资者与境内被投资企业构成关联关系

B. 境外投资者所在国家（地区）将该项投资收益认定为权益性投资收益，且不征收企业所得税

C. 被投资企业接受投资后，需要按投资合同或协议约定的利率定期支付利息

D. 有明确的投资期限或特定的投资条件，并在投资期满或者满足特定投资条件后，被投资企业需要赎回投资或偿还本金

E. 投资企业对被投资企业净资产不拥有所有权

【参考答案】AB

【答案解析】根据《国家税务总局关于企业所得税若干政策征管口径问题的公告》（国家税务总局公告2021年第17号）第三条的规定，境外投资者在境内从事混合性投资业务，满足《国家税务总局关于企业混合性投资业务企业所得税处理问题的公告》（国家税务总局公告2013年第41号）第一条规定的条件的，可以按照该公告第二条第（一）项的规定进行企业所得税处理，但同时符合以下两种情形的除外：(1)该境外投资者与境内被投资企业构成关联关系；(2)境外投资者所在国家（地区）将该项投资收益认定为权益性投资收益，且不征收企业所得税。同时符合上述第(1)项和第(2)项规定情形的，境内被投资企业向境外投资者支付的利息应视为股息，不得进行税前扣除。

5.**【判断题】**××铁路集团公司2021年购买满铁文物用于历史展示，计提的折旧、摊销费用，不得在税前扣除。(　)

【参考答案】✓

【答案解析】根据《国家税务总局关于企业所得税若干政策征管口径问题的公告》（国家税务总局公告2021年第17号）第五条的规定，企业购买的文物、艺术品用于收藏、展示、保值增值的，作为投资资产进行税务处理。文物、艺术品资产在持有期间，计提的折旧、摊销费用，不得税前扣除。

6.**【综合题】**天泰公司为上市公司，其相关交易或事项如下：

(1)经相关部门批准，天泰公司于2021年1月1日按面值发行分期付息、到期一次还本的可转换公司债券200 000万元，发行费用为3 200万元，实际募集资金已存入银行专户。根据可转换公司债券募集说明书的约定，可转换公司债券的期限为3年，自2021年1月1日起至2023年12月31日止；可转换公司债券的票面年利率为：第一年1.5%，第二年2%，第三年2.5%；可转换公司债券的利息自发行之日起每年支付一次，起息日为可转换公司债券发行之日即2021年1月1日，付息日为可转换公司债券发行之日起每满一年的当日，即每年的1月1日；可转换公司债券在发行1年后可转换为天泰公司普通股股票，初始转股价格为每股10元（每股面值1元）。

(2)2022年1月1日、2023年1月1日、2024年1月1日，天泰公司支付年度可转换公司债券利息，并将应付未付利息一并转为股票。

(3)大水公司购买了天泰公司的可转换公司债券，并在2023年1月1日选择将应收未收利息一并转为股票。

回答下列问题：

(1)**【多项选择题】**关于购买天泰公司的可转换债券的大水公司的税务处理，下列说法正确的有(　)。

A.大水公司在其持有期间按照约定利率取得的利息收入，应当依法申报缴纳企业所

得税

B. 大水公司在其持有期间按照约定利率取得的利息收入，应当作为股息所得不缴纳企业所得税

C. 大水公司可转换债券转换为股票时，将应收未收利息一并转为股票的，该应收未收利息即使会计上未确认收入，税收上也应当作为当期利息收入申报纳税

D. 转换后以该债券购买价、应收未收利息和支付的相关税费为该股票投资成本

【参考答案】ACD

【答案解析】根据《国家税务总局关于企业所得税若干政策征管口径问题的公告》（国家税务总局公告 2021 年第 17 号）第二条第（一）项的规定，购买方企业购买可转换债券，在其持有期间按照约定利率取得的利息收入，应当依法申报缴纳企业所得税。购买方企业可转换债券转换为股票时，将应收未收利息一并转为股票的，该应收未收利息即使会计上未确认收入，税收上也应当作为当期利息收入申报纳税；转换后以该债券购买价、应收未收利息和支付的相关税费为该股票投资成本。

(2)【多项选择题】关于天泰公司的税务处理，下列说法正确的有（　）。

A. 天泰公司发生的可转换债券的利息，按照规定可以在税前扣除

B. 天泰公司按照约定将购买方持有的可转换债券和应付未付利息一并转为股票的，其应付未付利息视同已支付，按照规定在税前扣除

C. 天泰公司按照约定将购买方持有的可转换债券和应付未付利息一并转为股票的，其应付未付利息不得在税前扣除

D. 天泰公司发生的可转换债券的利息，不得在税前扣除

【参考答案】AB

【答案解析】根据《国家税务总局关于企业所得税若干政策征管口径问题的公告》（国家税务总局公告 2021 年第 17 号）第二条第（二）项的规定，发行方企业的税务处理：发行方企业发生的可转换债券的利息，按照规定在税前扣除。发行方企业按照约定将购买方持有的可转换债券和应付未付利息一并转为股票的，其应付未付利息视同已支付，按照规定在税前扣除。

（二）《国家税务总局关于修订部分税务执法文书的公告》（国家税务总局公告 2021 年第 23 号）

1.【单项选择题】新修订的《不予税务行政处罚决定书》的使用说明增加“初次违法且危害后果轻微并及时改正的”，这体现的税务处理原则是（　）。

A. 首违不罚　　B. 首问负责　　C. 首票服务　　D. 一事不二罚

【参考答案】A

【答案解析】根据《国家税务总局关于修订部分税务执法文书的公告》（国家税务总局公告2021年第23号）的相关规定，《不予税务行政处罚决定书》的使用说明增加“初次违法且危害后果轻微并及时改正的”，即首违不罚的情形。

2.【单项选择题】根据《行政处罚法》的有关要求，新修订的税收执法文书将《税务行政处罚事项告知书》《社会保险费行政处罚事项告知书》中听证提出时间改为（　）。

A.“行政机关告知后三日内提出”　　B.“行政机关告知后五日内提出”

C.“行政机关告知后七日内提出”　　D.“行政机关告知后十日内提出”

【参考答案】B

【答案解析】根据《国家税务总局关于修订部分税务执法文书的公告》（国家税务总局公告2021年第23号）的相关规定，《行政处罚法》调整执法文书的具体内容，将《税务行政处罚事项告知书》《社会保险费行政处罚事项告知书》中听证提出时间改为“行政机关告知后五日内提出”。

3.【单项选择题】《税务行政处罚决定书（简易）》《社会保险费行政处罚决定书（简易）》将简易处罚标准调整为公民______元，法人或者其他组织______元。（　）

A. 50；1 000　　B. 100；1 000　　C. 200；3 000　　D. 300；3 000

【参考答案】C

【答案解析】根据《国家税务总局关于修订部分税务执法文书的公告》（国家税务总局公告2021年第23号）的相关规定，调整《税务行政处罚决定书（简易）》《社会保险费行政处罚决定书（简易）》简易处罚标准，将标准分别提高到公民200元，法人或者其他组织3 000元。

4.【多项选择题】国家税务总局新修订的部分税务执法文书，增加部分文书的内容要素包括（　）。

A. 增加地址要素　　B. 增加证据要素

C. 增加纳税人识别号　　D. 增加违法事实

E. 增加处罚依据

【参考答案】ABC

【答案解析】根据《国家税务总局关于修订部分税务执法文书的公告》（国家税务总局公告2021年第23号）的相关规定，增加部分文书的内容要素包括：增加地址要素，在《税务行政处罚决定书》《税收保全措施决定书》《税收强制执行决定书》《社会保险费行政处罚决定书》等文书中列明地址；增加证据要素，在《税务行政处罚决定书》《不予税务行政处罚决定书》《社会保险费行政处罚决定书》增加列明证据的要求；增加纳税人识别号，在文书中增加统一社会信用代码或有效身份证件号码。

（三）《国家税务总局 国家发展改革委 生态环境部关于落实从事污染防治的第三方企业所得税政策有关问题的公告》（国家税务总局 国家发展改革委 生态环境部公告 2021 年第 11 号）

1.【多项选择题】税务部门在对第三方防治企业所得税优惠政策的后续管理中，对享受优惠的企业是否符合一定条件有疑义的，将会启动转请核查程序。此类条件包括（ ）。

A. 从事环境保护设施运营服务的年度营业收入占总收入的比例不低于 60%

B. 具备检验能力，拥有自有实验室，仪器配置可满足运行服务范围内常规污染物指标的检测需求

C. 保证其运营的环境保护设施正常运行，使污染物排放指标能够连续稳定达到国家或者地方规定的排放标准要求

D. 具有良好的纳税信用，近三年内纳税信用等级未被评定为 C 级或 D 级

E. 具有至少 5 名从事本领域工作且具有环保相关专业中级及以上技术职称的技术人员，或者至少 2 名从事本领域工作且具有环保相关专业高级及以上技术职称的技术人员

【参考答案】BC

【答案解析】根据《国家税务总局 国家发展改革委 生态环境部关于落实从事污染防治的第三方企业所得税政策有关问题的公告》（国家税务总局 国家发展改革委 生态环境部公告 2021 年第 11 号）第三条第（二）项的规定，税务部门在后续管理过程中，对享受优惠的企业是否符合《财政部 税务总局 国家发展改革委 生态环境部关于从事污染防治的第三方企业所得税政策问题的公告》（财政部 税务总局 国家发展改革委 生态环境部公告 2019 年第 60 号）第二条第（五）项、第（六）项规定条件（即为选项 B、C）有疑义的，可转请《环境污染治理范围》所列的同级生态环境或发展改革部门核查。

2.【单项选择题】生态环境或发展改革部门收到同级税务部门因第三方防治企业所得税优惠政策疑义而转来的核查资料后，将核查结果反馈同级税务部门的时间是（ ）个月内。

A. 1　　B. 2　　C. 3　　D. 6

【参考答案】B

【答案解析】根据《国家税务总局 国家发展改革委 生态环境部关于落实从事污染防治的第三方企业所得税政策有关问题的公告》（国家税务总局 国家发展改革委 生态环境部公告 2021 年第 11 号）第三条第（三）项的规定，生态环境或发展改革部门应在收到核查要求后两个月内，将核查结果反馈同级税务部门。

（四）《北京 2022 年冬奥会和冬残奥会及其测试赛增值税退税管理办法》（国家税务总局公告 2021 年第 13 号发布）

1.【单项选择题】如果符合 2022 年冬奥会退税政策，退税主体发生的货物或服务采

购支出发生时间必须是（   ）。

A. 2019 年 6 月 1 日至 2021 年 12 月 31 日

B. 2019 年 6 月 1 日至 2022 年 12 月 31 日

C. 2021 年 1 月 1 日至 2022 年 12 月 31 日

D. 2021 年 7 月 1 日至 2023 年 3 月 31 日

【参考答案】B

【答案解析】根据《北京 2022 年冬奥会和冬残奥会及其测试赛增值税退税管理办法》（国家税务总局公告 2021 年第 13 号发布）第二条的规定，2019 年 6 月 1 日至 2022 年 12 月 31 日，国际奥委会及其相关实体和国际残奥委会及其相关实体（以下称退税实体）因从事与北京 2022 年冬奥会和冬残奥会及其测试赛相关的工作，在中国境内发生的指定清单内的货物或服务采购支出对应的增值税额，可按照本办法的规定向税务机关申请退还（以下称冬奥会退税）。

2.**【单项选择题】**以下不属于 2022 年冬奥会退税方式的是（   ）。

A. 手机预申报汇算退税

B. 委托涉税专业服务机构作为税务代理人代其申请退税

C. 委托其他单位及个人代其申请退税

D. 自行申请退税

【参考答案】A

【答案解析】根据《北京 2022 年冬奥会和冬残奥会及其测试赛增值税退税管理办法》（国家税务总局公告 2021 年第 13 号发布）第三条的规定，退税实体可以自行申请冬奥会退税，也可以自愿委托涉税专业服务机构或其他单位及个人作为税务代理人代其申请冬奥会退税。

3.**【单项选择题】**负责受理 2020 年冬奥会退税申请的税务机关是（   ）。

A. 北京市税务局

B. 销售方主管税务机关

C. 任意一个有出口退税审批权的税务机关

D. 购买方主管税务机关

【参考答案】A

【答案解析】根据《北京 2022 年冬奥会和冬残奥会及其测试赛增值税退税管理办法》（国家税务总局公告 2021 年第 13 号发布）第五条的规定，国家税务总局北京市税务局负责统一受理冬奥会退税申请。

4.**【单项选择题】**对于发票符合冬奥会退税条件且不存在增值税涉税风险疑点的，销售方主管税务机关完成审核的时限是（   ）个工作日内。

A. 1　　B. 3

C. 10　　D. 20

【参考答案】C

【答案解析】根据《北京 2022 年冬奥会和冬残奥会及其测试赛增值税退税管理办法》（国家税务总局公告 2021 年第 13 号发布）第十一条的规定，发票符合冬奥会退税条件且不存在增值税涉税风险疑点的，销售方主管税务机关应自其收到退税申请之日起 10 个工作日内完成审核，并出具准予退税的《税务事项通知书》。

5.**【单项选择题】**销售方主管税务机关 2021 年 8 月 4 日收到一笔 2022 年冬奥会退税申请，8 月 9 日发现存在增值税涉税风险疑点，则风险疑点排查时间最长是（　）。

A. 8 月 4 日之后 10 个工作日内　　B. 8 月 4 日之后 20 个工作日内

C. 8 月 9 日之后 10 个工作日内　　D. 8 月 9 日之后 20 个工作日内

【参考答案】D

【答案解析】根据《北京 2022 年冬奥会和冬残奥会及其测试赛增值税退税管理办法》（国家税务总局公告 2021 年第 13 号发布）第十二条的规定，发票符合冬奥会退税条件但存在增值税涉税风险疑点的，销售方主管税务机关应暂停办理退税，并进行风险疑点排查。风险疑点已排除的，继续按照本办法第十一条的规定办理退税；风险疑点无法排除的，按照本办法第十三条的规定处理。风险疑点排查时间不计入冬奥会退税办理时间，但自发现风险疑点之日起 20 个工作日内，销售方主管税务机关应明确风险疑点排查结果。

6.**【单项选择题】**北京 2022 年冬奥会及测试赛增值税退税的申请时间是（　）。

A. 2021 年 7 月 1 日至 2022 年 12 月 31 日

B. 2021 年 7 月 1 日至 2023 年 3 月 31 日

C. 2019 年 6 月 1 日至 2022 年 12 月 31 日

D. 2019 年 7 月 1 日至 2023 年 3 月 31 日

【参考答案】B

【答案解析】根据《北京 2022 年冬奥会和冬残奥会及其测试赛增值税退税管理办法》（国家税务总局公告 2021 年第 13 号发布）第四条的规定，冬奥会退税的申请时间，为 2021 年 7 月 1 日至 2023 年 3 月 31 日。

7.**【多项选择题】**冬奥会退税流程主要包括五个环节，分别是（　）。

A. 确定清单　　B. 申请退税

C. 受理退税　　D. 审核退税

E. 税款退库

【参考答案】ABCDE

【答案解析】根据《北京 2022 年冬奥会和冬残奥会及其测试赛增值税退税管理办法》

（国家税务总局公告 2021 年第 13 号发布）的规定。

8.【多项选择题】销售方主管税务机关在审核 2022 年奥运会增值税退税申请时，发票存在不予退税的情形包括（　）。

A. 发票上记载的采购支出项目不属于或不全部属于《指定清单》列明的货物或服务项目范围的

B. 被定性为虚开发票的

C. 已用于进项税额抵扣、增值税差额扣除、申报出口退税、申请留抵退税或其他退税的

D. 已作废或已相应开具红字发票的

E. 存在增值税风险疑点但已排除的

【参考答案】ABCD

【答案解析】根据《北京 2022 年冬奥会和冬残奥会及其测试赛增值税退税管理办法》（国家税务总局公告 2021 年第 13 号发布）第十三条的规定，发票存在以下情形的不予退税，销售方主管税务机关应自其收到退税申请之日起 10 个工作日内完成审核，并出具不予退税的《税务事项通知书》：(1) 发票上记载的采购支出项目不属于或不全部属于《国际奥委会及其相关实体采购货物或服务的指定清单》（以下简称《指定清单》）列明的货物或服务项目范围的；(2) 被定性为虚开发票的；(3) 已用于进项税额抵扣、增值税差额扣除、申报出口退税、申请留抵退税或其他退税的；(4) 已作废或已相应开具红字发票的；(5) 存在增值税风险疑点且无法排除的；(6) 国家税务总局规定的其他情形。销售方主管税务机关对上述发票不予退税，不影响对其他符合冬奥会退税条件的发票办理退税。

9.【判断题】2020 年冬奥会退税实体再次申请退税时，《北京 2022 年冬奥会和冬残奥会及其测试赛增值税退税证明》（以下简称《退税证明》）和《北京 2022 年冬奥会和冬残奥会及其测试赛增值税退税办理委托协议》（以下简称《委托协议》）未发生变化的，无需再次提供。（　）

【参考答案】√

【答案解析】根据《北京 2022 年冬奥会和冬残奥会及其测试赛增值税退税管理办法》第六条第三款的规定，退税实体再次申请退税时，《退税证明》和《委托协议》未发生变化的，无需再次提供。

10.【判断题】国家税务总局指定的受理北京 2022 年冬奥会和冬残奥会及其测试赛增值税退税的 5 个办税服务厅全部为北京市税务局所辖的办税服务厅。（　）

【参考答案】×

【答案解析】根据《北京 2022 年冬奥会和冬残奥会及其测试赛增值税退税管理办法》

（国家税务总局公告 2021 年第 13 号发布）第七条的规定，国家税务总局指定的 5 个办税服务厅，有 3 个为北京市税务局所辖的办税服务厅，另 2 个是张家口市税务局所辖的办税服务厅。

11.【判断题】北京申请冬奥会退税的发票只能是增值税专用发票。(　)

【参考答案】×

【答案解析】根据《北京 2022 年冬奥会和冬残奥会及其测试赛增值税退税管理办法》（国家税务总局公告 2021 年第 13 号发布）第八条的规定，本办法第六条第一项所称发票，是指增值税专用发票、增值税普通发票和机动车销售统一发票。上述发票包括纸质发票和电子发票。

（五）《财政部　税务总局　人力资源社会保障部　国家乡村振兴局关于延长部分扶贫税收优惠政策执行期限的公告》（财政部　税务总局　人力资源社会保障部　国家乡村振兴局公告 2021 年第 18 号）

1.【多项选择题】以下扶贫税收优惠政策执行期限延长至 2025 年 12 月 31 日的有（　）。

A. 毕业年度内自主创业税收政策　B. 支持和促进贫困人口创业就业税收政策

C. 企业扶贫捐赠企业所得税政策　D. 扶贫货物捐赠免征增值税政策

E. 西部大开发企业所得税政策

【参考答案】ABCD

【答案解析】根据《财政部 税务总局 人力资源社会保障部 国家乡村振兴局关于延长部分扶贫税收优惠政策执行期限的公告》（财政部 税务总局 人力资源社会保障部 国家乡村振兴局公告 2021 年第 18 号）的规定，《财政部 税务总局 人力资源社会保障部 国务院扶贫办关于进一步支持和促进重点群体创业就业有关税收政策的通知》（财税〔2019〕22 号）、《财政部 税务总局 国务院扶贫办关于企业扶贫捐赠所得税税前扣除政策的公告》（财政部 税务总局 国务院扶贫办公告 2019 年第 49 号）、《财政部 税务总局 国务院扶贫办关于扶贫货物捐赠免征增值税政策的公告》（财政部 税务总局 国务院扶贫办公告 2019 年第 55 号）中规定的税收优惠政策，执行期限延长至 2025 年 12 月 31 日。选项 E《财政部 税务总局 国家发展改革委关于延续西部大开发企业所得税政策的公告》（财政部 税务总局 国家发展改革委公告 2020 年第 23 号），明确执行期自 2021 年 1 月 1 日至 2030 年 12 月 31 日。

2.【判断题】某招用建档立卡贫困人口的企业自 2019 年 1 月 1 日至 2021 年 12 月 31 日连续三年享受按实际招用人数予以定额依次扣减增值税、城市维护建设税、教育费附加、地方教育附加和企业所得税的税收优惠。2022 年因该政策延续，所以该企业仍然可以享受。(　)

【参考答案】×

【答案解析】根据《财政部 税务总局 人力资源社会保障部 国家乡村振兴局关于延长部分扶贫税收优惠政策执行期限的公告》（财政部 税务总局 人力资源社会保障部 国家乡村振兴局公告 2021 年第 18 号）的规定，《财政部 税务总局 人力资源社会保障部 国务院扶贫办关于进一步支持和促进重点群体创业就业有关税收政策的通知》（财税〔2019〕22 号）执行期限延长至 2025 年 12 月 31 日，该文件规定以前年度已享受重点群体创业就业税收优惠政策满 3 年的，不得再享受该税收优惠政策。

（六）《财政部 税务总局关于继续实施企业改制重组有关土地增值税政策的公告》（财政部 税务总局公告 2021 年第 21 号）

1.【单项选择题】位于市区的某制造企业，2021 年 12 月销售一栋改制重组前购置的旧办公楼，取得含增值税收入 1 000 万元，缴纳印花税 0.5 万元，因无法取得评估价格，公司提供了购房发票，该办公楼购于 2014 年 1 月，购价为 400 万元，缴纳契税 12 万元（能提供契税完税凭证）。已知该公司选择简易计税办法计算增值税，则该公司销售办公楼计算土地增值税时，可扣除项目金额的合计数是（　）万元。

A. 639.6　　B. 604.1　　C. 550.3　　D. 575.93

【参考答案】D

【答案解析】根据《财政部 税务总局关于继续实施企业改制重组有关土地增值税政策的公告》（财政部 税务总局公告 2021 年第 21 号）第六条的规定，按购房发票确定扣除项目金额的，按照改制重组前购房发票所载金额并从购买年度起至本次转让年度止每年加计 5% 计算扣除项目金额，购买年度是指购房发票所载日期的当年。可知扣除项目金额的合计数 =400×（1+5%×8）+12+0.5+（1 000 － 400）÷（1+5%）×5%×（7%+3%+2%）=560+12.5+3.43=575.93（万元）。

2.【多项选择题】以下暂免征收土地增值税的有（　）。

A. 非公司制企业改制为有限责任公司或股份有限公司，国有土地使用权随之转移

B. 企业改制重组将房地产转移、变更到被投资的房地产开发企业

C. 两企业合并，原企业将房地产转移、变更到合并后的企业

D. 企业分设为两个或两个以上与原企业投资主体相同的企业，对原企业将房地产转移、变更到分立后的企业

E. 个人在改制重组时以房地产作价入股进行投资，对其将房地产转移、变更到被投资的企业

【参考答案】ACDE

【答案解析】根据《财政部 税务总局关于继续实施企业改制重组有关土地增值税政策的公告》（财政部 税务总局公告 2021 年第 21 号）第一、二、三、四条的规定，选项 A、

C、D、E 暂免征收土地增值税。根据该公告第五条的规定，改制重组有关土地增值税政策不适用于房地产转移任意一方为房地产开发企业的情形，因此选项 B 须征收土地增值税。

（七）《财政部　税务总局关于完善资源综合利用增值税政策的公告》（财政部　税务总局公告 2021 年第 40 号）

1.【多项选择题】纳税人从事《资源综合利用产品和劳务增值税优惠目录（2022 年版）》所列的资源综合利用项目，其申请享受增值税即征即退政策时，关于发票与凭证条件，下列说法正确的有（　）。

A. 纳税人在境内收购的再生资源，应按规定从销售方取得增值税发票

B. 适用免税政策的，应按规定从销售方取得增值税普通发票

C. 销售方为依法依规无法申领发票的单位或者从事小额零星经营业务的自然人，应取得销售方开具的收款凭证及收购方内部凭证，或者税务机关代开的发票

D. 纳税人从境外收购的再生资源，应按规定取得海关进口增值税专用缴款书，或者从销售方取得具有发票性质收款凭证、相关税费缴纳凭证

E. 纳税人应当取得发票或凭证而未取得的，该部分再生资源对应产品的销售收入不得适用即征即退规定

【参考答案】ABCDE

【答案解析】依据是《财政部 税务总局关于完善资源综合利用增值税政策的公告》（财政部 税务总局公告 2021 年第 40 号）第三条第（二）项的规定。

2.【判断题】增值税一般纳税人销售自产的资源综合利用产品，可以选择适用简易计税方法依照 3% 征收率计算缴纳增值税，或适用一般计税方法计算缴纳增值税。（　）

【参考答案】×

【答案解析】根据《财政部 税务总局关于完善资源综合利用增值税政策的公告》（财政部 税务总局公告 2021 年第 40 号）第一条的规定，从事再生资源回收的增值税一般纳税人销售其收购的再生资源，可以选择适用简易计税方法依照 3% 征收率计算缴纳增值税，或适用一般计税方法计算缴纳增值税。而增值税一般纳税人销售自产的资源综合利用产品，可以申请享受增值税即征即退政策。

四、2021年至2022年政治、党内法规

（一）《中共中央关于加强对“一把手”和领导班子监督的意见》

1.【单项选择题】对各级“一把手”来说，最有效的监督是（　）。

A. 自上而下的监督　　B. 自下而上的监督

C. 同级监督　　D. 群众监督

【参考答案】 A

【答案解析】 根据《中共中央关于加强对“一把手”和领导班子监督的意见》第一条的规定，对各级“一把手”来说，自上而下的监督最有效。

2.**【单项选择题】** 破解同级监督难题，关键在（　）。

A. 党委常委会　　B.“一把手”

C. 纪委书记　　D. 领导班子其他成员

【参考答案】 A

【答案解析】 根据《中共中央关于加强对“一把手”和领导班子监督的意见》第一条的规定，破解同级监督难题，关键在党委常委会，要用好批评和自我批评武器，增强主动监督、相互监督的自觉。

3.**【单项选择题】** 完善领导班子议事规则，重要事项须提交领导班子会议讨论，领导班子成员应当充分发表意见，意见分歧较大时，正确的做法是（　）。

A. 暂缓表决　　B. 由领导班子投票表决

C. 由党委书记决定　　D. 由群众投票表决

【参考答案】 A

【答案解析】 根据《中共中央关于加强对“一把手”和领导班子监督的意见》第三条第（十）项的规定，完善领导班子议事规则，重要事项须提交领导班子会议讨论，领导班子成员应当充分发表意见，意见分歧较大时应当暂缓表决，对会议表决情况和不同意见应当如实记录、存档备查。

4.**【多项选择题】** 破解对“一把手”监督和同级监督难题，必须要做到（　）。

A. 明确监督重点　　B. 压实监督责任

C. 细化监督措施　　D. 健全制度机制

E. 保持一团和气

【参考答案】 ABCD

【答案解析】 根据《中共中央关于加强对“一把手”和领导班子监督的意见》第一条的规定，破解对“一把手”监督和同级监督难题，必须明确监督重点，压实监督责任，细化监督措施，健全制度机制。

5.**【多项选择题】** 加强党组织自上而下的监督，上级“一把手”必须抓好下级“一把手”，内容包括（　）。

A. 要将监督下级“一把手”情况作为每年述职的重点内容

B. 对下级新任职“一把手”应当开展任职谈话

C. 同下级“一把手”定期开展监督谈话，对存在苗头性、倾向性问题的进行批评教育

D. 同下级“一把手”定期开展监督谈话，对存在轻微违纪问题的及时予以诫勉

E. 上级“一把手”通过督促检查、提出整改建议等方式，推动下级“一把手”切实履行职责

【参考答案】ABCD

【答案解析】根据《中共中央关于加强对“一把手”和领导班子监督的意见》第二条第（三）项的规定，选项A、B、C、D均符合题意。选项E，纪检机关应当通过抓好组织实施和督促检查、提出整改建议等方式，推动第一责任人切实履行职责，而不应是上级“一把手”和下级“一把手”之间。

6.**【多项选择题】**关于加强上级党组织对下级单位领导班子民主生活会的指导，提高民主生活会质量，下列说法正确的有（ ）。

A. 上级党委（党组）统一确定或者批准下级单位领导班子民主生活会主题

B. 上级党组织领导班子成员有计划地参加下级单位领导班子民主生活会

C. 组织部门应当会同纪检机关对下级单位领导班子民主生活会进行督促检查和指导，重点检查“一把手”开展批评和自我批评是否态度鲜明，民主生活会是否真正红脸出汗

D. 对下级党组织不按规定召开的严肃指出并纠正，对走过场的责令重新召开

E. 对下级党组织所辖地区、部门、单位发生重大问题的，督促下级领导班子及时召开专题民主生活会

【参考答案】ABCDE

【答案解析】根据《中共中央关于加强对“一把手”和领导班子监督的意见》第四条第（十八）项的规定，加强上级党组织对下级单位领导班子民主生活会的指导，提高民主生活会质量。党委（党组）要履行组织开好民主生活会的领导责任，统一确定或者批准下级单位领导班子民主生活会主题，上级党组织领导班子成员有计划地参加下级单位领导班子民主生活会。组织部门应当会同纪检机关对下级单位领导班子民主生活会进行督促检查和指导，重点检查“一把手”开展批评和自我批评是否态度鲜明，民主生活会是否真正红脸出汗。对不按规定召开的严肃指出并纠正，对走过场的责令重新召开。对下级党组织所辖地区、部门、单位发生重大问题的，督促下级领导班子及时召开专题民主生活会。

7.**【判断题】**纪委书记发现领导班子成员存在重要问题的，向上级纪委和同级党委主要负责人报告，全面准确反映情况。（ ）

【参考答案】✓

【答案解析】 根据《中共中央关于加强对“一把手”和领导班子监督的意见》第三条第（十四）项的规定，纪委书记应当牢固树立报告问题是本职、该报告不报告是失职的意识。发现领导班子成员有苗头性、倾向性问题的，及时进行提醒。发现存在重要问题的，向上级纪委和同级党委主要负责人报告，全面准确反映情况。

8. **【判断题】**“一把手”在民主生活会和组织生活会上，要按照末位发言的原则开展批评和自我批评。（ ）

【参考答案】 ×

【答案解析】 根据《中共中央关于加强对“一把手”和领导班子监督的意见》第三条第（八）项的规定，坚持民主生活会和组织生活会制度，“一把手”要带头开展批评和自我批评。

（二）《中国共产党组织工作条例》

1. **【单项选择题】** 根据《中国共产党组织工作条例》，党的组织工作的主线是（ ）。

A. 培养忠诚干净担当的高素质干部组织体系建设

B. 加强党的长期执政能力建设、先进性和纯洁性建设

C. 组织体系建设

D. 发挥基层党组织战斗堡垒作用和党员先锋模范作用

【参考答案】 B

【答案解析】 根据《中国共产党组织工作条例》第三条的规定，党的组织工作以加强党的长期执政能力建设、先进性和纯洁性建设为主线，以党的政治建设为统领，以组织体系建设为重点。

2. **【单项选择题】** 党的地方委员会在本地区发挥总揽全局、协调各方的领导作用，全面领导本地区经济社会发展，全面负责本地区党的建设，履行的职责是（ ）。

A. 把方向、谋大局、定政策、促改革　　B. 把方向、谋大局、作决策、保落实

C. 把方向、管大局、作决策、保落实　　D. 把方向、管大局、定政策、促改革

【参考答案】 C

【答案解析】 根据《中国共产党组织工作条例》第十二条的规定，党的地方委员会在本地区发挥总揽全局、协调各方的领导作用，全面领导本地区经济社会发展，全面负责本地区党的建设，履行把方向、管大局、作决策、保落实职责。坚持和完善党的地方组织工作制度，健全议事决策和监督机制，增强整体功能，提高领导水平，把党的地方组织建设成为坚决听从党中央指挥、管理严格、监督有力、班子团结、风气纯正的坚强组织。

3. **【单项选择题】** 干部工作在党中央集中统一领导下，实行的管理体制是（ ）。

A. 分类指导管理的体制　　B. 分级指导管理的体制

C. 分类分级管理的体制　　D. 分级分类管理的体制

【参考答案】 D

【答案解析】 根据《中国共产党组织工作条例》第二十条的规定，干部工作实行党中央集中统一领导下分级分类管理的体制。

4.**【多项选择题】** 党的组织工作是一种实践活动，它的主要内容包括（　）。

A. 党的组织体系建设　　B. 领导班子和干部队伍建设

C. 人才队伍建设　　D. 党员队伍建设

E. 党的文化建设

【参考答案】 ABCD

【答案解析】 根据《中国共产党组织工作条例》第二条的规定，党的组织工作是以党的组织体系建设、领导班子和干部队伍建设、人才队伍建设、党员队伍建设为主要内容的实践活动，是巩固党的执政基础、实现党的全面领导、完成党的全部工作的重要保证，是党领导人民不断夺取革命、建设、改革胜利的优良传统和独特优势。根据《中国共产党宣传工作条例》的相关规定，党的宣传工作是为实现党的主张和奋斗目标动员组织党员、干部和群众所进行的理论武装、舆论引导、思想教育、文化建设、文明培育等工作和活动。因此，选项 E 属于党的宣传工作范畴。

5.**【多项选择题】** 在推进中国特色社会主义事业中起把方向、谋大局、定政策、促改革作用，在党的组织体系中被称作“大脑”和“中枢”的是（　）。

A. 中央委员会　　B. 中央书记处

C. 中央政治局　　D. 中央政治局常务委员会

E. 中央组织部

【参考答案】 ACD

【答案解析】 根据《中国共产党组织工作条例》第十一条的规定，党的中央委员会、中央政治局、中央政治局常务委员会是党的组织体系的大脑和中枢，在推进中国特色社会主义事业中把方向、谋大局、定政策、促改革。选项 B 是中央政治局及其常务委员会的办事机构。选项 E 是中国共产党中央委员会主管人事、党建方面工作的综合职能部门，是党中央在党的组织工作方面的助手和参谋。

6.**【多项选择题】** 各级党组织和全体党员必须做到“两个维护”，坚持党员个人服从党的组织，少数服从多数，下级组织服从上级组织，全党各个组织和全体党员服从（　）和（　）。

A. 党的全国代表大会　　B. 党的基层组织

C. 党的中央委员会　　D. 党的地方委员会

E. 国家监察委员会

【参考答案】AC

【答案解析】根据《中国共产党组织工作条例》第十八条的规定，各级党组织和全体党员必须坚决维护习近平总书记党中央的核心、全党的核心地位，坚决维护党中央权威和集中统一领导，坚持党员个人服从党的组织，少数服从多数，下级组织服从上级组织，全党各个组织和全体党员服从党的全国代表大会和中央委员会。

7.【多项选择题】党的基层组织是党在社会基层组织中的战斗堡垒，是党的全部工作和战斗力的基础。各领域党的基层组织的功能包括（ ）。

A. 宣传党的主张　　B. 贯彻党的决定

C. 领导基层治理　　D. 团结动员群众

E. 推动改革发展

【参考答案】ABCDE

【答案解析】根据《中国共产党组织工作条例》第十三条的规定，党的基层组织是党在社会基层组织中的战斗堡垒，是党的全部工作和战斗力的基础。坚持大抓基层的鲜明导向，以提升组织力为重点，大力加强企业、农村、机关、学校、医院、科研院所、街道社区、社会组织等基层党组织建设，推进组织设置和活动方式创新，增强党组织政治功能，选优配强党组织带头人，把各领域党的基层组织建设成为宣传党的主张、贯彻党的决定、领导基层治理、团结动员群众、推动改革发展的坚强战斗堡垒。

8.【判断题】中央组织部领导各级组织部门工作，上级组织部门指导下级组织部门工作。（ ）

【参考答案】×

【答案解析】根据《中国共产党组织工作条例》第五条第三款的规定，中央组织部指导各级组织部门工作，上级组织部门指导下级组织部门工作。

9.【判断题】发展党员应当按照控制总量、优化结构、提高质量、发挥作用的总要求，把工作业绩标准放在首位。（ ）

【参考答案】×

【答案解析】根据《中国共产党组织工作条例》第十五条的规定，发展党员应当按照控制总量、优化结构、提高质量、发挥作用的总要求，把政治标准放在首位。

（三）《信访工作条例》

1.【单项选择题】对信访人直接提出的信访事项，不能当场告知的，有关机关、单位书面告知信访人的时间是（ ）。

A. 5 日内　　B. 10 日内　　C. 15 日内　　D. 30 日内

【参考答案】 C

【答案解析】 根据《信访工作条例》第二十三条第二款的规定，对信访人直接提出的信访事项，有关机关、单位能够当场告知的，应当当场书面告知；不能当场告知的，应当自收到信访事项之日起 15 日内书面告知信访人，但信访人的姓名（名称）、住址不清的除外。

2. **【单项选择题】** 信访人对信访处理意见不服的，可以自收到书面答复之日起 _____ 日内请求原办理机关、单位的上一级机关、单位复查。收到复查请求的机关、单位应当自收到复查请求之日起 _____ 日内提出复查意见，并予以书面答复。（　）

A. 7；7　　B. 10；10　　C. 15；15　　D. 30；30

【参考答案】 D

【答案解析】 根据《信访工作条例》第三十五条的规定，信访人对信访处理意见不服的，可以自收到书面答复之日起 30 日内请求原办理机关、单位的上一级机关、单位复查。收到复查请求的机关、单位应当自收到复查请求之日起 30 日内提出复查意见，并予以书面答复。

3. **【多项选择题】** 信访工作应当遵循的原则包括（　）。

A. 坚持党的全面领导　　B. 坚持以人民为中心

C. 坚持落实信访工作责任　　D. 坚持依法按政策解决问题

E. 坚持源头治理化解矛盾

【参考答案】 ABCDE

【答案解析】 根据《信访工作条例》第五条的规定，信访工作应当遵循下列原则：(1) 坚持党的全面领导。把党的领导贯彻到信访工作各方面和全过程，确保正确政治方向。(2) 坚持以人民为中心。践行党的群众路线，倾听群众呼声，关心群众疾苦，千方百计为群众排忧解难。(3) 坚持落实信访工作责任。党政同责、一岗双责，属地管理、分级负责，谁主管、谁负责。(4) 坚持依法按政策解决问题。将信访纳入法治化轨道，依法维护群众权益、规范信访秩序。(5) 坚持源头治理化解矛盾。多措并举、综合施策，着力点放在源头预防和前端化解，把可能引发信访问题的矛盾纠纷化解在基层、化解在萌芽状态。

4. **【多项选择题】** 各级机关、单位及其工作人员应当根据各自职责和有关规定，依法按政策及时就地解决群众合法合理诉求，维护正常信访秩序，正确的做法包括（　）。

A. 诉求合理的解决问题到位　　B. 诉求无理的思想教育到位

C. 生活困难的帮扶救助到位　　D. 行为违法的依法处理

E. 对属于本系统下级机关、单位职权范围的，拒绝接收

【参考答案】 ABCD

【答案解析】 根据《信访工作条例》第二十七条的规定，各级机关、单位及其工作人员应当根据各自职责和有关规定，按照诉求合理的解决问题到位、诉求无理的思想教育到位、生活困难的帮扶救助到位、行为违法的依法处理的要求，依法按政策及时就地解决群众合法合理诉求，维护正常信访秩序。根据《信访工作条例》第二十三条第一款的规定，对属于本系统下级机关、单位职权范围的，应当转送、交办有权处理的机关、单位，并告知信访人转送、交办去向。

5. **【判断题】** 信访处理意见书应当载明信访人投诉请求、事实和理由、处理意见及其法律法规依据，请求事由合理但缺乏法律依据的，应当作出解释说明。（　）

【参考答案】 ✓

【答案解析】 根据《信访工作条例》第三十二条第（二）项 的规定，信访处理意见书应当载明信访人投诉请求、事实和理由、处理意见及其法律法规依据，请求事由合理但缺乏法律依据的，应当作出解释说明。

6. **【判断题】**《信访工作条例》仅适用于信访政府机关。（　）

【参考答案】 ×

【答案解析】 根据《信访工作条例》第二条的规定，本条例适用于各级党的机关、人大机关、行政机关、政协机关、监察机关、审判机关、检察机关以及群团组织、国有企事业单位等开展信访工作。

（四）习近平总书记在北京冬奥会、冬残奥会总结表彰大会上的讲话

【多项选择题】 北京冬奥精神包括（　）。

A. 胸怀大局　　B. 自信开放

C. 迎难而上　　D. 追求卓越

E. 共创未来

【参考答案】 ABCDE

【答案解析】 依据是习近平总书记在北京冬奥会、冬残奥会总结表彰大会上的讲话。

第一篇

政治素养

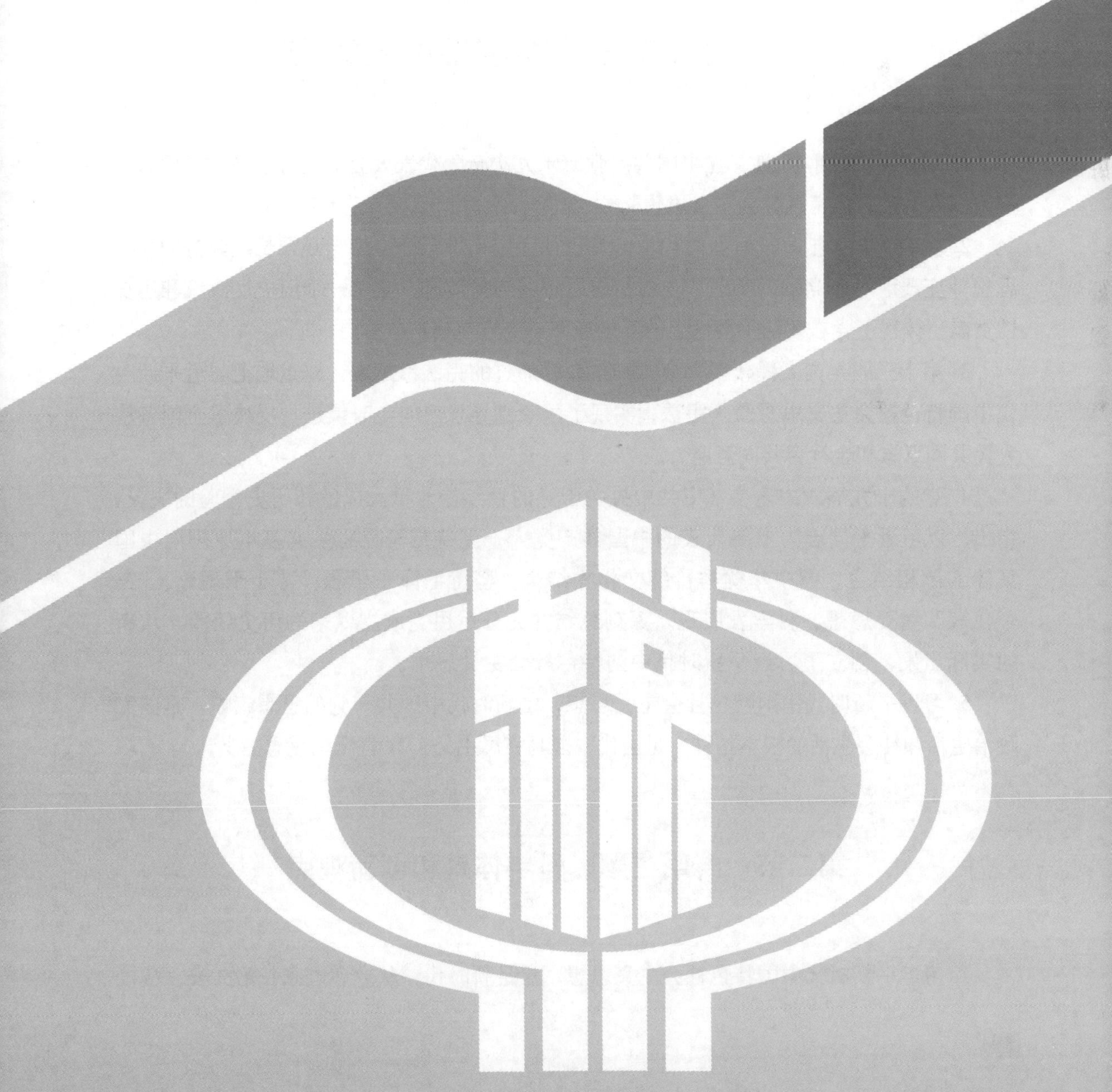

第一章
习近平新时代中国特色社会主义思想

第一节　理论渊源、实践基础和时代特征

1. 2017 年 10 月 18 日，在中国共产党第十九次全国代表大会上，习近平总书记首次提出“新时代中国特色社会主义思想”。

2. 党的十九大把习近平新时代中国特色社会主义思想确立为党必须长期坚持的指导思想并庄严地写入党章，实现了党的指导思想的与时俱进。这是一个历史性决策和历史性贡献，体现了党在政治上理论上的高度成熟、高度自信。

3. 第十三届全国人民代表大会第一次会议通过的宪法修正案，郑重地把习近平新时代中国特色社会主义思想载入宪法，实现了国家指导思想的与时俱进，反映了全国各族人民共同意志和全社会共同意愿。

4. 党的十九届六中全会《中共中央关于党的百年奋斗重大成就和历史经验的决议》指出，以习近平同志为主要代表的中国共产党人，坚持把马克思主义基本原理同中国具体实际相结合、同中华优秀传统文化相结合，坚持毛泽东思想、邓小平理论、“三个代表”重要思想、科学发展观，深刻总结并充分运用党成立以来的历史经验，从新的实际出发，创立了习近平新时代中国特色社会主义思想。

5. 习近平新时代中国特色社会主义思想，是新时代中国共产党的思想旗帜，是国家政治生活和社会生活的根本指针，是当代中国马克思主义、21 世纪马克思主义。

第二节　鲜明主题、科学体系和创新观点

1. 习近平新时代中国特色社会主义思想，立足新时代，从党和国家长治久安、从社

会主义前途命运的高度，深刻回答了中国特色社会主义进入新时代中国共产党举什么旗、走什么路、以什么样的精神状态、担负什么样的历史使命、实现什么样的奋斗目标等一系列根本问题，向世界再次昭告中国既不走封闭僵化的老路，也不走改旗易帜的邪路，而是坚定不移走中国特色社会主义道路的鲜明立场，为新时代的中国指明了前进方向。

2. 党的十九大报告指出习近平新时代中国特色社会主义思想的核心内容是“八个明确”和“十四个坚持”。“八个明确”是这一思想最为核心关键的组成部分，是起支撑作用的四梁八柱。“十四个坚持”的基本方略，涵盖坚持党的领导和“五位一体”总体布局、“四个全面”战略布局，涵盖国防和军队建设、维护国家安全、对外战略，是对党的治国理政重大方针、原则的最新概括，是实现“两个一百年”奋斗目标、实现中华民族伟大复兴中国梦的“路线图”和“方法论”。

3. 中国共产党第十九届中央委员会第六次全体会议通过的《中共中央关于党的百年奋斗重大成就和历史经验的决议》在党的十九大报告“八个明确”的基础上，用“十个明确”对习近平新时代中国特色社会主义思想的核心内容作了进一步概括。

4.“十个明确”是指：

（1）明确中国特色社会主义最本质的特征是中国共产党领导，中国特色社会主义制度的最大优势是中国共产党领导，中国共产党是最高政治领导力量，全党必须增强“四个意识”、坚定“四个自信”、做到“两个维护”。

（2）明确坚持和发展中国特色社会主义，总任务是实现社会主义现代化和中华民族伟大复兴，在全面建成小康社会的基础上，分两步走在本世纪中叶建成富强民主文明和谐美丽的社会主义现代化强国，以中国式现代化推进中华民族伟大复兴。

（3）明确新时代我国社会主要矛盾是人民日益增长的美好生活需要和不平衡不充分的发展之间的矛盾，必须坚持以人民为中心的发展思想，发展全过程人民民主，推动人的全面发展、全体人民共同富裕取得更为明显的实质性进展。

（4）明确中国特色社会主义事业总体布局是经济建设、政治建设、文化建设、社会建设、生态文明建设五位一体，战略布局是全面建设社会主义现代化国家、全面深化改革、全面依法治国、全面从严治党四个全面。

（5）明确全面深化改革总目标是完善和发展中国特色社会主义制度、推进国家治理体系和治理能力现代化。

（6）明确全面推进依法治国总目标是建设中国特色社会主义法治体系、建设社会主义法治国家。

（7）明确必须坚持和完善社会主义基本经济制度，使市场在资源配置中起决定性作用，更好发挥政府作用，把握新发展阶段，贯彻创新、协调、绿色、开放、共享的新发展理念，加快构建以国内大循环为主体、国内国际双循环相互促进的新发展格局，推动高质量发展，统筹发展和安全。

（8）明确党在新时代的强军目标是建设一支听党指挥、能打胜仗、作风优良的人民军队，把人民军队建设成为世界一流军队。

（9）明确中国特色大国外交要服务民族复兴、促进人类进步，推动建设新型国际关系，推动构建人类命运共同体。

（10）明确全面从严治党的战略方针，提出新时代党的建设总要求，全面推进党的政治建设、思想建设、组织建设、作风建设、纪律建设，把制度建设贯穿其中，深入推进反腐败斗争，落实管党治党政治责任，以伟大自我革命引领伟大社会革命。

这些战略思想和创新理念，是党对中国特色社会主义建设规律认识深化和理论创新的重大成果。

5.“十四个坚持”是指：

（1）坚持党对一切工作的领导。党政军民学，东西南北中，党是领导一切的。必须增强政治意识、大局意识、核心意识、看齐意识，自觉维护党中央权威和集中统一领导，自觉在思想上政治上行动上同党中央保持高度一致，完善坚持党的领导的体制机制，坚持稳中求进工作总基调，统筹推进“五位一体”总体布局，协调推进“四个全面”战略布局，提高党把方向、谋大局、定政策、促改革的能力和定力，确保党始终总揽全局、协调各方。

（2）坚持以人民为中心。人民是历史的创造者，是决定党和国家前途命运的根本力量。必须坚持人民主体地位，坚持立党为公、执政为民，践行全心全意为人民服务的根本宗旨，把党的群众路线贯彻到治国理政全部活动之中，把人民对美好生活的向往作为奋斗目标，依靠人民创造历史伟业。

（3）坚持全面深化改革。只有社会主义才能救中国，只有改革开放才能发展中国、发展社会主义、发展马克思主义。必须坚持和完善中国特色社会主义制度，不断推进国家治理体系和治理能力现代化，坚决破除一切不合时宜的思想观念和体制机制弊端，突破利益固化的藩篱，吸收人类文明有益成果，构建系统完备、科学规范、运行有效的制度体系，充分发挥我国社会主义制度优越性。

（4）坚持新发展理念。发展是解决我国一切问题的基础和关键，发展必须是科学发展，必须坚定不移贯彻创新、协调、绿色、开放、共享的发展理念。必须坚持和完善我国社会主义基本经济制度和分配制度，毫不动摇巩固和发展公有制经济，毫不动摇鼓励、支持、引导非公有制经济发展，使市场在资源配置中起决定性作用，更好发挥政府作用，推动新型工业化、信息化、城镇化、农业现代化同步发展，主动参与和推动经济全球化进程，发展更高层次的开放型经济，不断壮大我国经济实力和综合国力。

（5）坚持人民当家作主。坚持党的领导、人民当家作主、依法治国有机统一是社会主义政治发展的必然要求。必须坚持中国特色社会主义政治发展道路，坚持和完善人民代表大会制度、中国共产党领导的多党合作和政治协商制度、民族区域自治制度、基层群众自治制度，巩固和发展最广泛的爱国统一战线，发展社会主义协商民主，健全民主制度，丰富民主形式，拓宽民主渠道，保证人民当家作主落实到国家政治生活和社会生活之中。

（6）坚持全面依法治国。全面依法治国是中国特色社会主义的本质要求和重要保障。必须把党的领导贯彻落实到依法治国全过程和各方面，坚定不移走中国特色社会主义法治道路，完善以宪法为核心的中国特色社会主义法律体系，建设中国特色社会主义法治体系，建设社会主义法治国家，发展中国特色社会主义法治理论，坚持依法治国、依法执政、依法行政共同推进，坚持法治国家、法治政府、法治社会一体建设，坚持依法治国和以德治国相结合，依法治国和依规治党有机统一，深化司法体制改革，提高全民族法治素养和道德素质。

（7）坚持社会主义核心价值体系。文化自信是一个国家、一个民族发展中更基本、更深沉、更持久的力量。必须坚持马克思主义，牢固树立共产主义远大理想和中国特色社会主义共同理想，培育和践行社会主义核心价值观，不断增强意识形态领域主导权和话语权，推动中华优秀传统文化创造性转化、创新性发展，继承革命文化，发展社会主义先进文化，不忘本来、吸收外来、面向未来，更好构筑中国精神、中国价值、中国力量，为人民提供精神指引。

（8）坚持在发展中保障和改善民生。增进民生福祉是发展的根本目的。必须多谋民生之利、多解民生之忧，在发展中补齐民生短板、促进社会公平正义，在幼有所育、学有所教、劳有所得、病有所医、老有所养、住有所居、弱有所扶上不断取得新进展，深入开展脱贫攻坚，保证全体人民在共建共享发展中有更多获得感，不断促进人的全面发展、全体人民共同富裕。建设平安中国，加强和创新社会治理，维护社会和谐稳定，确保国家长治久安、人民安居乐业。

（9）坚持人与自然和谐共生。建设生态文明是中华民族永续发展的千年大计。必须树立和践行绿水青山就是金山银山的理念，坚持节约资源和保护环境的基本国策，像对待生命一样对待生态环境，统筹山水林田湖草系统治理，实行最严格的生态环境保护制度，形成绿色发展方式和生活方式，坚定走生产发展、生活富裕、生态良好的文明发展道路，建设美丽中国，为人民创造良好生产生活环境，为全球生态安全作出贡献。

（10）坚持总体国家安全观。统筹发展和安全，增强忧患意识，做到居安思危，是我们党治国理政的一个重大原则。必须坚持国家利益至上，以人民安全为宗旨，以政治安全为根本，统筹外部安全和内部安全、国土安全和国民安全、传统安全和非传统安全、自身安全和共同安全，完善国家安全制度体系，加强国家安全能力建设，坚决维护国家主权、安全、发展利益。

（11）坚持党对人民军队的绝对领导。建设一支听党指挥、能打胜仗、作风优良的人民军队，是实现“两个一百年”奋斗目标、实现中华民族伟大复兴的战略支撑。必须全面贯彻党领导人民军队的一系列根本原则和制度，确立新时代党的强军思想在国防和军队建设中的指导地位，坚持政治建军、改革强军、科技兴军、依法治军，更加注重聚焦实战，更加注重创新驱动，更加注重体系建设，更加注重集约高效，更加注重军民融合，实现党在新时代的强军目标。

（12）坚持“一国两制”和推进祖国统一。保持香港、澳门长期繁荣稳定，实现祖国完全统一，是实现中华民族伟大复兴的必然要求。必须把维护中央对香港、澳门特别行政区全面管治权和保障特别行政区高度自治权有机结合起来，确保“一国两制”方针不会变、不动摇，确保“一国两制”实践不变形、不走样。必须坚持一个中国原则，坚持“九二共识”，推动两岸关系和平发展，深化两岸经济合作和文化往来，推动两岸同胞共同反对一切分裂国家的活动，共同为实现中华民族伟大复兴而奋斗。

（13）坚持推动构建人类命运共同体。中国人民的梦想同各国人民的梦想息息相通，实现中国梦离不开和平的国际环境和稳定的国际秩序。必须统筹国内国际两个大局，始终不渝走和平发展道路、奉行互利共赢的开放战略，坚持正确义利观，树立共同、综合、合作、可持续的新安全观，谋求开放创新、包容互惠的发展前景，促进和而不同、兼收并蓄的文明交流，构筑尊崇自然、绿色发展的生态体系，始终做世界和平的建设者、全球发展的贡献者、国际秩序的维护者。

（14）坚持全面从严治党。勇于自我革命，从严管党治党，是我们党最鲜明的品格。必须以党章为根本遵循，把党的政治建设摆在首位，思想建党和制度治党同向发力，统筹推进党的各项建设，抓住“关键少数”，坚持“三严三实”，坚持民主集中制，严肃党内政治生活，严明党的纪律，强化党内监督，发展积极健康的党内政治文化，全面净化党内政治生态，坚决纠正各种不正之风，以零容忍态度惩治腐败，不断增强党自我净化、自我完善、自我革新、自我提高的能力，始终保持党同人民群众的血肉联系。

以上 14 条，构成新时代坚持和发展中国特色社会主义的基本方略。

6. 习近平新时代中国特色社会主义思想立足于为人民谋幸福、为民族谋复兴、为世界谋大同。

7. 世界正经历百年未有之大变局。习近平新时代中国特色社会主义思想，正是在把握世界发展大势、应对全球共同挑战、维护人类共同利益的过程中创立并不断丰富发展的。

8. 我国正处于实现中华民族伟大复兴的关键时期，经济已由高速增长阶段转向高质量发展阶段。

9. 以习近平同志为核心的党中央，以巨大的政治勇气和强烈的责任担当，直面重大挑战、重大风险、重大阻力、重大矛盾，统筹推进“五位一体”总体布局，协调推进“四个全面”战略布局，在改革创新中爬坡过坎，在攻坚克难中奋勇前行，推动党和国家事业取得历史性成就、发生历史性变革。

10. 习近平新时代中国特色社会主义思想，坚持把马克思主义基本原理同中国具体实际相结合、同中华优秀传统文化相结合，彰显了中国特色社会主义的深厚文化底蕴，实现了中华优秀传统文化的赓续传承与弘扬光大。

11. 习近平总书记是习近平新时代中国特色社会主义思想的主要创立者，为习近平新时代中国特色社会主义思想的创立发挥了决定性作用、作出了决定性贡献。这一思想的创立和发展，凝结了党和人民实践经验和集体智慧，彰显了中国精神的时代精华。

12. 习近平新时代中国特色社会主义思想作为马克思主义中国化最新成果，思想主题就是中国特色社会主义，历史使命就是坚持和发展社会主义。

13. 习近平新时代中国特色社会主义思想，包括新时代坚持和发展中国特色社会主义的总目标、总任务、总体布局、战略布局和发展方向、发展方式、发展动力、战略步骤、外部条件、政治保证等基本问题，并根据新的实践对经济、政治、法治、科技、文化、教育、民生、民族、宗教、社会、生态文明、国家安全、国防和军队、“一国两制”和祖国统一、统一战线、外交、党的建设等各方面作出新的理论概括和战略指引。

14. 习近平新时代中国特色社会主义思想坚持运用辩证唯物主义和历史唯物主义解决新时代重大理论和实践问题，既讲是什么、为什么，又讲怎么看、怎么办，既部署“过河”的任务，又指导解决“桥或船”的问题，生动体现了马克思主义世界观和方法论的统一。

15. 深入学习贯彻习近平新时代中国特色社会主义思想是当前和今后一个时期全党的首要政治任务，必须在学懂、弄通、做实上下功夫。

16. 中国特色社会主义进入新时代，这个新时代，是承前启后、继往开来、在新的历史条件下继续夺取中国特色社会主义伟大胜利的时代；是决胜全面建成小康社会、进而全面建设社会主义现代化强国的时代；是全国各族人民团结奋斗、不断创造美好生活、逐步实现全体人民共同富裕的时代；是全体中华儿女勠力同心、奋力实现中华民族伟大复兴中国梦的时代；是我国日益走近世界舞台中央、不断为人类作出更大贡献的时代。

17. 新时代新就新在我国社会主要矛盾发生新变化，党的理论创新实现新飞跃，党和国家事业确立新目标，中国和世界关系开创新局面，中国共产党展现新面貌。

18. 中国特色社会主义进入新时代，我们实现了从“赶上时代”到“引领时代”的伟大跨越。

19. 百年未有之大变局，概括起来说，就是当前国际格局和国际体系正在发生深刻调整，全球治理体系正在发生深刻变革，国际力量对比正在发生近代以来最具革命性的变化，世界范围呈现出影响人类历史进程和趋向的重大态势。

20. 中华民族伟大复兴，是造成世界百年未有之大变局的重要原因；世界面临百年未有之大变局，给中华民族伟大复兴带来重大机遇。

21. 当今世界百年未有之大变局，最突出的特点就是“东升西降”，中国日益走近世界舞台中央。

22. 我国社会主要矛盾的变化，没有改变我们对我国社会主义所处历史阶段的判断，我国仍处于并将长期处于社会主义初级阶段的基本国情没有变，我国是世界最大发展中国家的国际地位没有变。

23. 以党的十一届三中全会为标志，我们党领导人民进行社会主义建设，主要分为改革开放前和改革开放后两个历史时期。无论改革开放前的历史时期，还是改革开放后的历史时期，本质上都是我们党领导人民进行社会主义建设的实践探索，二者紧密联系、一脉相承。

24. 习近平总书记强调："对改革开放前的历史时期要正确评价，不能用改革开放后的历史时期否定改革开放前的历史时期，也不能用改革开放前的历史时期否定改革开放后的历史时期。"

25."四个自信"就是中国特色社会主义道路自信、理论自信、制度自信、文化自信。

26. 要不断推进中国特色社会主义伟大事业、创造新的伟大奇迹，必须始终坚定"四个自信"。

27. 我国国家制度和国家治理体系具有多方面的显著优势。党的十九届四中全会从13个方面进行了系统概括，主要是：坚持党的集中统一领导，坚持人民当家作主，坚持全面依法治国，坚持全国一盘棋，坚持各民族一律平等，坚持公有制为主体、多种所有制经济共同发展和按劳分配为主体、多种分配方式并存，坚持共同的理想信念、价值理念、道德观念，坚持以人民为中心的发展思想，坚持改革创新、与时俱进，坚持德才兼备、选贤任能，坚持党指挥枪，坚持"一国两制"，坚持独立自主和对外开放相统一。这13个方面的显著优势，是决定中国特色社会主义制度优越性和先进性的主要因素，是我们坚定"四个自信"的基本依据。

28. 始终代表最广大人民根本利益，是中国特色社会主义制度的本质属性，是我国国家制度和国家治理体系有效运行、充满活力的根本所在。

29. 集中力量办大事，是中国特色社会主义制度的显著优势，是我们成就事业的重要法宝。

30. 善于自我完善、自我发展，是中国特色社会主义制度的鲜明品格，是中国特色社会主义持续焕发生机活力的根本动因。

31. 在实现中华民族伟大复兴的关键时期，必须大力弘扬将革命进行到底的精神，坚定不移推进新时代伟大社会革命，引领中国特色社会主义事业不断从胜利走向新的胜利。

32. 我国经济社会发展取得了巨大成就，但随着社会生产力的快速发展，生产关系、上层建筑中的不适应问题也不断产生。只有坚持推进社会革命，不断调整生产关系、完善上层建筑，才能更好地解放和发展生产力。

33. 党的初心和使命是党的性质宗旨、理想信念、奋斗目标的集中体现。

34. 我们党从诞生之日起就是中国最广大人民根本利益的忠实代表，始终坚守为中国人民谋幸福、为中华民族谋复兴的初心和使命，并一以贯之地体现到党的全部奋斗之中。

35. 不忘初心、牢记使命，是加强党的建设的永恒课题，是全体党员、干部的终身课题。

36. 以人民为中心是我们党的根本立场。

37. 人民对美好生活的向往就是我们的奋斗目标。

38. 满足人民对美好生活的向往，关键要靠发展。发展是解决一切问题的总钥匙。

39. 必须毫不动摇走高质量发展之路，着力解决发展不平衡不充分的问题，在更高水平上更好满足人民日益增长的美好生活需要。

40. 人民是我们党领导和执政的力量源泉，是决定党和国家前途命运的根本力量。习近平总书记指出："时代是出卷人，我们是答卷人，人民是阅卷人。"

41. 群众路线是我们党的生命线和根本工作路线。

42. 党除了工人阶级和最广大人民群众的利益，没有自己特殊的利益。

43. 中国共产党一经成立，就义无反顾肩负起实现中华民族伟大复兴的历史使命。

44. 实现伟大梦想，必须进行伟大斗争、建设伟大工程、推进伟大事业。

45. 全面建成小康社会，是"两个一百年"奋斗目标的第一个百年奋斗目标，全面建成小康社会不是终点，而是新起点，必须乘势而上开启全面建设社会主义现代化国家新征程，向第二个百年奋斗目标进军。

46. 打赢脱贫攻坚战，为实现第一个百年奋斗目标打下了坚实基础，在中华民族几千年发展史上首次整体消除了绝对贫困现象，为人类减贫事业作出了历史性贡献，为全球减贫治理提供了中国智慧和中国方案。

47. 习近平总书记强调："脱贫摘帽不是终点，而是新生活、新奋斗的起点。"当前，我国发展不平衡不充分的问题仍然突出，我们要巩固拓展脱贫攻坚成果，坚决防止发生规模性返贫现象。

48. 新发展阶段，就是全面建设社会主义现代化国家、向第二个百年奋斗目标进军的阶段，是我们党带领人民迎来从站起来、富起来到强起来历史性跨越的新阶段，是我国社会主义发展进程中的一个重要阶段。

49. 党的十八大以来，中国特色社会主义进入新时代，中华民族伟大复兴展现出更加光明的前景。

50. 党的十九大站在新的更高的历史起点上，对实现第二个百年奋斗目标作出分两个阶段推进的战略安排，提出到2035年基本实现社会主义现代化，到本世纪中叶把我国建成富强民主文明和谐美丽的社会主义现代化强国。

51. 党的十九届五中全会提出2035年远景目标，进一步明晰了我国基本实现社会主义现代化的宏伟蓝图。

52. 在新时代，围绕如何全面建设社会主义现代化这一重大问题，习近平总书记明确指出实现社会主义现代化和中华民族伟大复兴是坚持和发展中国特色社会主义的总任务，系统谋划了分两步走全面建成社会主义现代化强国的战略安排，有力指导和推动我国社会主义现代化建设迈出坚实步伐。

53. 我国发展仍处于重要战略机遇期，但机遇和挑战都有新的发展变化。对于重要战略机遇期，我们的判断是危和机并存、危中有机、危可转机，机遇更具有战略性、可塑性，挑战更具有复杂性、全局性，挑战前所未有，应对好了，机遇也就前所未有。

54. 党的十一届三中全会开启了改革开放和社会主义现代化建设历史新时期，拉开了改革开放大幕，社会主义中国的面貌发生了翻天覆地的变化。

55. 党的十八届三中全会开启了全面深化改革、系统整体设计推进改革的新时代，对全面深化改革作出总部署、总动员，改革在新的历史起点上再出发。

56. 党的十八届三中全会提出全面深化改革，明确全面深化改革总目标是完善和发展中国特色社会主义制度、推进国家治理体系和治理能力现代化。

57. 党的十八届三中全会公报指出，中央成立全面深化改革领导小组，负责改革总体设计、统筹协调、整体推进、督促落实。

58. 改革开放是决定当代中国命运的关键一招，也是决定实现“两个一百年”奋斗目标、实现中华民族伟大复兴的关键一招。

59. 全面深化改革要始终站稳人民立场，坚持以人民为中心的改革价值取向。

60. 全面深化改革必须坚持党的集中统一领导。

61. 全面深化改革既要摸着石头过河，又要加强顶层设计。

62. 全面依法治国是坚持和发展中国特色社会主义的本质要求和重要保障，事关我们党执政兴国，事关人民幸福安康，事关党和国家事业发展。在“四个全面”战略布局中，全面依法治国具有基础性、保障性作用。

63. 中国特色社会主义法治道路的核心要义，就是要坚持党的领导，坚持中国特色社会主义制度，贯彻中国特色社会主义法治理论，这充分体现了我国社会主义性质，具有鲜明的中国特色、实践特色、时代特色。

64. 公正司法是维护社会公平正义的最后一道防线。

65. 勇于自我革命是我们党最鲜明的品格，也是我们党最大的优势。

66. 新时代党的建设总要求：坚持和加强党的全面领导，坚持党要管党、全面从严治党，以加强党的长期执政能力建设、先进性和纯洁性建设为主线，以党的政治建设为统领，以坚定理想信念宗旨为根基，以调动全党积极性、主动性、创造性为着力点，全面推进党的政治建设、思想建设、政治建设、作风建设、纪律建设，把制度建设贯穿其中，深入推进反腐败斗争，不断提高党的建设质量，把党建设成为始终走在时代前列、人民衷心拥护、勇于自我革命、经得起各种风浪考验、朝气蓬勃的马克思主义执政党。

67. 党的政治建设是党的根本性建设。旗帜鲜明讲政治是我们党作为马克思主义政党的根本要求。

68. 思想建设是党的基础性建设，坚定理想信念是党的思想建设的首要任务。

69. 忠诚干净担当是领导干部必须具备的政治品格。

70. 习近平总书记鲜明指出，作风建设永远在路上。必须把力戒形式主义、官僚主义摆在突出位置，驰而不息、持之以恒地抓下去、抓到底。

71. 严明党的纪律，首要的就是严明政治纪律。政治纪律是我们党最重要、最根本、最关键的纪律。

72. 深入推进反腐败斗争，必须不断深化标本兼治，一体推进不敢腐、不能腐、不想腐。

73. 创新、协调、绿色、开放、共享的新发展理念，具有丰富的科学内涵和具体的实践要求。

74. 党的十九届四中全会将公有制为主体、多种所有制经济共同发展，按劳分配为主体、多种分配方式并存，社会主义市场经济体制等作为社会主义基本经济制度。

75. 坚持社会主义市场经济改革方向，核心问题是处理好政府和市场的关系，使市场在资源配置中起决定性作用，更好发挥政府作用。

76. 现阶段，我国经济发展的基本特征就是由高速增长阶段转向高质量发展阶段。

77. 深化供给侧结构性改革，推动经济高质量发展，总的要求是“巩固、增强、提升、畅通”八字方针。

78.“三去一降一补”就是指去产能、去库存、去杠杆、降成本、补短板。

79. 坚持公有制为主体、多种所有制经济共同发展是我们党确立的一项大政方针。

80. 要坚持科技自立自强，健全社会主义市场经济条件下的新型举国体制，打好关键核心技术攻坚战。

81. 农业农村农民问题是关系国计民生的根本性问题，要把实施乡村振兴战略作为新时代“三农”工作总抓手，促进农业高质高效、乡村宜居宜业、农民富裕富足。

82. 走中国特色社会主义政治发展道路，必须坚持党的领导、人民当家作主、依法治国有机统一。党的领导是人民当家作主和依法治国的根本保证，人民当家作主是社会主义民主政治的本质特征，依法治国是党领导人民治理国家的基本方式。

83. 人民代表大会制度是坚持党的领导、人民当家作主、依法治国有机统一的根本制度安排。

84. 中国共产党领导的多党合作和政治协商制度是我国的一项基本政治制度。

85. 民族区域自治制度是我国的一项基本政治制度，是中国特色解决民族问题的正确道路的重要内容和制度保障。

86. 基层群众自治制度作为我国的一项基本政治制度，是社会主义民主政治建设的基础和重要组成部分。

87. 坚定文化自信，必须发展中国特色社会主义文化，坚定不移走中国特色社会主义文化发展道路。

88. 党的十九届四中全会从新时代党和国家事业全局出发，把坚持马克思主义在意识形态领域指导地位作为一项根本制度明确提出和全面部署。

89. 党的十八大以来，我们坚持倡导富强、民主、文明、和谐，倡导自由、平等、公正、法治，倡导爱国、敬业、诚信、友善的社会主义核心价值观。

90. 伟大的抗疫精神就是生命至上、举国同心、舍生忘死、尊重科学、命运与共的精神。

91. 中国共产党的领导是中国特色社会主义最本质的特征。党的领导制度是我国的根本领导制度。

92. 党的十八届六中全会正式明确了习近平总书记在全党和党中央的核心地位，党的十九大把习近平总书记党中央的核心、全党的核心地位写入党章。

93. 坚决维护党中央权威和集中统一领导，是党的领导的最高原则。

94. 民主集中制是我们党的根本组织原则和领导制度，是马克思主义政党区别于其他政党的重要标志。

95. 发展中国特色社会主义是一项长期的艰巨的历史任务，必须准备进行具有许多新的历史特点的伟大斗争。

第三节　党的十九大以来的重要决议

一、党的十九大

1. 党的十九大回顾和总结了党的十八大以来党和国家事业的历史性变革和历史性成就，作出中国特色社会主义进入了新时代、我国社会主要矛盾发生转化等重大政治判断，深刻阐述新时代中国共产党的历史使命，确定新时代的奋斗目标和战略安排，对新时代推进中国特色社会主义伟大事业和党的建设新的伟大工程作出全面部署。

2. 党的十九大主题：不忘初心，牢记使命，高举中国特色社会主义伟大旗帜，决胜全面建成小康社会，夺取新时代中国特色社会主义伟大胜利，为实现中华民族伟大复兴的中国梦不懈奋斗。

3. 党的十九大总结的十个方面历史性成就：经济建设取得重大成就、全面深化改革取得重大突破、民主法治建设迈出重大步伐、思想文化建设取得重大进展、人民生活不断改善、生态文明建设成效显著、强军兴军开创新局面、港澳台工作取得新进展、全方位外交布局深入展开、全面从严治党成效卓著。

4. 新时代中国共产党的历史使命：实现中华民族伟大复兴。

5.“四个伟大”：进行伟大斗争；建设伟大工程；推进伟大事业；实现伟大梦想。

6. 一个重大思想：习近平新时代中国特色社会主义思想。党的十八大以来，中国取得了许多历史性成就，其中最伟大的成就之一，就是我党经过艰辛探索，创立了习近平新时代中国特色社会主义思想。党的十九大报告和党的十九大通过的党章修正案把这一思想确立为党的行动指南，这是党的十九大的一个突出亮点和重大的历史贡献。

7. 两个重要时期：一是从 2017 年起到 2020 年，全面建成小康社会决胜期；二是从党的十九大到党的二十大，两个一百年奋斗目标的历史交汇期。

8.“两步走”：第一个阶段，从 2020 年到 2035 年，在全面建成小康社会的基础上，再奋斗 15 年，基本实现社会主义现代化。第二个阶段，从 2035 年到本世纪中叶，在基本实现现代化的基础上，再奋斗 15 年，把我国建成富强民主文明和谐美丽的社会主义现代化强国。

9. 中国共产党人的初心和使命，就是为中国人民谋幸福，为中华民族谋复兴。这个初心和使命是激励中国共产党人不断前进的根本动力。

10. 推动全党尊崇党章，增强政治意识、大局意识、核心意识、看齐意识。

11. 实现中华民族伟大复兴是近代以来中华民族最伟大的梦想。

12. 全党要更加自觉地坚定党性原则，勇于直面问题，敢于刮骨疗毒，消除一切损害党的先进性和纯洁性的因素，清除一切侵蚀党的健康肌体的病毒，不断增强党的政治领导力、思想引领力、群众组织力、社会号召力，确保我们党永葆旺盛生命力和强大战斗力。

13. 伟大斗争，伟大工程，伟大事业，伟大梦想，紧密联系、相互贯通、相互作用，其中起决定性作用的是党的建设新的伟大工程。

14. 从全面建成小康社会到基本实现现代化，再到全面建成社会主义现代化强国，是新时代中国特色社会主义发展的战略安排。

15. 我国经济已由高速增长阶段转向高质量发展阶段，正处在转变发展方式、优化经济结构、转换增长动力的攻关期。建设现代化经济体系是跨越关口的迫切要求和我国发展的战略目标。建设现代化经济体系，必须把发展经济的着力点放在实体经济上，把提高供给体系质量作为主攻方向，显著增强我国经济质量优势。

16. 经济体制改革必须以完善产权制度和要素市场化配置为重点，实现产权有效激励、要素自由流动、价格反应灵活、竞争公平有序、企业优胜劣汰。

17.《中共中央关于制定国民经济和社会发展第十四个五年规划和二〇三五年远景目标的建议》中明确提出，完善现代税收制度，健全地方税、直接税体系，优化税制结构，适当提高直接比重，深化税收征管制度改革。我国直接税主要包括企业所得税和个人所得税，因此，我国直接税税制的完善将围绕以上两大主体税种展开。同时，还要进一步完善地方税体系。

18. 实行高水平的贸易和投资自由化便利化政策，全面实行准入前国民待遇加负面清单管理制度，大幅度放宽市场准入，扩大服务业对外开放，保护外商投资合法权益。凡是在我国境内注册的企业，都要一视同仁、平等对待。

19. 发挥社会主义协商民主重要作用。有事好商量，众人的事情由众人商量，是人民民主的真谛。协商民主是实现党的领导的重要方式，是我国社会主义民主政治的特有形式和独特优势。

20. 人民政协是具有中国特色的制度安排，是社会主义协商民主的重要渠道和专门协商机构。人民政协工作要聚焦党和国家中心任务，围绕团结和民主两大主题，把协商民主贯穿政治协商、民主监督、参政议政全过程，完善协商议政内容和形式，着力增进共识、促进团结。

21. 中国特色社会主义文化，源自于中华民族五千多年文明历史所孕育的中华优秀传统文化，熔铸于党领导人民在革命、建设、改革中创造的革命文化和社会主义先进文化，植根于中国特色社会主义伟大实践。

22. 全党必须牢记，为什么人的问题，是检验一个政党、一个政权性质的试金石。带领人民创造美好生活，是我们党始终不渝的奋斗目标。

23. 就业是最大的民生。

24. 坚持房子是用来住的、不是用来炒的定位，加快建立多主体供给、多渠道保障、租购并举的住房制度，让全体人民住有所居。

25. 完成生态保护红线、永久基本农田、城镇开发边界三条控制线划定工作。

26. 加强军队党的建设，开展"传承红色基因、担当强军重任"主题教育，推进军人荣誉体系建设，培养有灵魂、有本事、有血性、有品德的新时代革命军人，永葆人民军队性质、宗旨、本色。

27. 一个中国原则是两岸关系和平发展的政治基础。

28. 旗帜鲜明讲政治是我们党作为马克思主义政党的根本要求。党的政治建设是党的根本性建设，决定党的建设方向和效果。保证全党服从中央，坚持党中央权威和集中统一领导，是党的政治建设的首要任务。

29. 用新时代中国特色社会主义思想武装全党。思想建设是党的基础性建设。共产主义远大理想和中国特色社会主义共同理想，是中国共产党人的精神支柱和政治灵魂，也是保持党的团结统一的思想基础。

二、党的十九届历次全会重要决议

1. 党的十九届二中全会于 2018 年 1 月 18 日至 19 日在北京举行。全会审议通过了

《中共中央关于修改宪法部分内容的建议》。

（1）宪法是国家的根本法，是治国安邦的总章程，是党和人民意志的集中体现。

（2）现行宪法颁布以来，在改革开放和社会主义现代化建设的历史进程中、在我们党治国理政实践中发挥了十分重要的作用，有力坚持了中国共产党领导，有力保障了人民当家作主，有力促进了改革开放和社会主义现代化建设，有力推动了社会主义法治国家建设进程，有力维护了国家统一、民族团结、社会稳定。

（3）我国现行宪法是符合国情、符合实际、符合时代发展要求的好宪法，是充分体现人民共同意志、充分保障人民民主权利、充分维护人民根本利益的好宪法，是推动国家发展进步、保证人民创造幸福生活、保障中华民族实现伟大复兴的好宪法，是我们国家和人民经受住各种困难和风险考验、始终沿着中国特色社会主义道路前进的根本法治保障。

（4）维护宪法尊严和权威，是维护国家法制统一、尊严、权威的前提，也是维护最广大人民根本利益、确保国家长治久安的重要保障。

（5）依法治国首先要坚持依宪治国，坚持依法执政首先要坚持依宪执政。

（6）1954 年我国第一部宪法诞生。

（7）1982 年宪法公布施行后，根据我国改革开放和社会主义现代化建设的实践和发展，分别于 1988 年、1993 年、1999 年、2004 年、2018 年进行了 5 次修改。

（8）自 2004 年修改宪法以来，党和国家事业又有了许多重要发展变化。为更好发挥宪法在新时代坚持和发展中国特色社会主义中的重大作用，需要对宪法作出适当修改，把党和人民在实践中取得的重大理论创新、实践创新、制度创新成果上升为宪法规定。

（9）把党的十九大确定的重大理论观点和重大方针政策特别是习近平新时代中国特色社会主义思想载入国家根本法，体现党和国家事业发展的新成就新经验新要求，在总体保持我国宪法连续性、稳定性、权威性的基础上推动宪法与时俱进、完善发展，为新时代坚持和发展中国特色社会主义、实现“两个一百年”奋斗目标和中华民族伟大复兴的中国梦提供有力宪法保障。

（10）习近平新时代中国特色社会主义思想是马克思主义中国化最新成果，是当代中国马克思主义、21 世纪马克思主义，是党和国家必须长期坚持的指导思想。

2. 党的十九届三中全会，于 2018 年 2 月 26 日至 28 日在北京举行。全会审议通过了《中共中央关于深化党和国家机构改革的决定》和《深化党和国家机构改革方案》。

（1）深化党和国家机构改革的指导思想是，全面贯彻党的十九大精神，坚持以马克思列宁主义、毛泽东思想、邓小平理论、“三个代表”重要思想、科学发展观、习近平新时代中国特色社会主义思想为指导，适应新时代中国特色社会主义发展要求，坚持稳中求进工作总基调，坚持正确改革方向，坚持以人民为中心，坚持全面依法治国，以加强党的全面领导为统领，以国家治理体系和治理能力现代化为导向，以推进党和国家机构职能优化协同高效为着力点，改革机构设置，优化职能配置，深化转职能、转方式、转作风，提高效率效能，为决胜全面建成小康社会、开启全面建设社会主义现代化国家新征程、实现中华民族伟大复兴的中国梦提供有力制度保障。

（2）深化党和国家机构改革，必须贯彻坚持党的全面领导、坚持以人民为中心、坚持优化协同高效、坚持全面依法治国的原则。

（3）深化党和国家机构改革的首要任务是，完善坚持党的全面领导的制度，加强党对各领域各方面工作领导，确保党的领导全覆盖，确保党的领导更加坚强有力。

（4）党的十九届三中全会提出，转变政府职能，优化政府机构设置和职能配置，是深化党和国家机构改革的重要任务。

3. 党的十九届四中全会于 2019 年 10 月 28 日至 31 日在北京召开。会议审议通过了《中共中央关于坚持和完善中国特色社会主义制度、推进国家治理体系和治理能力现代化若干重大问题的决定》。

（1）坚持和完善中国特色社会主义制度、推进国家治理体系和治理能力现代化的总体目标是，到我们党成立 100 年时，在各方面制度更加成熟更加定型上取得明显成效；到 2035 年，各方面制度更加完善，基本实现国家治理体系和治理能力现代化；到新中国成立 100 年时，全面实现国家治理体系和治理能力现代化，使中国特色社会主义制度更加巩固、优越性充分展现。

（2）坚持和完善党的领导制度体系，提高党科学执政、民主执政、依法执政水平。必须坚持党政军民学、东西南北中，党是领导一切的，坚决维护党中央权威，健全总揽全局、协调各方的党的领导制度体系，把党的领导落实到国家治理各领域各方面各环节。

（3）要建立不忘初心、牢记使命的制度，完善坚定维护党中央权威和集中统一领导的各项制度，健全党的全面领导制度，健全为人民执政、靠人民执政各项制度，健全提高党的执政能力和领导水平制度，完善全面从严治党制度。

（4）要完善国家行政体制，优化政府职责体系，优化政府组织结构，健全充分发挥中央和地方两个积极性体制机制。

（5）必须坚持社会主义基本经济制度，充分发挥市场在资源配置中的决定性作用，更好发挥政府作用，全面贯彻新发展理念，坚持以供给侧结构性改革为主线，加快建设现代化经济体系。

（6）坚持和完善共建共治共享的社会治理制度，保持社会稳定、维护国家安全。社会治理是国家治理的重要方面。

（7）坚持和完善生态文明制度体系，促进人与自然和谐共生。必须践行“绿水青山就是金山银山”的理念，坚持节约资源和保护环境的基本国策，坚持节约优先、保护优先、自然恢复为主的方针，坚定走生产发展、生活富裕、生态良好的文明发展道路，建设美丽中国。

(8) 必须健全党统一领导、全面覆盖、权威高效的监督体系，增强监督严肃性、协同性、有效性，形成决策科学、执行坚决、监督有力的权力运行机制，构建一体推进不敢腐、不能腐、不想腐体制机制，确保党和人民赋予的权力始终用来为人民谋幸福。

(9) 坚持和完善中国特色社会主义制度、推进国家治理体系和治理能力现代化，是全党的一项重大战略任务。

4. 党的十九届五中全会，于2020年10月26日至29日在北京举行。全会审议通过了《中共中央关于制定国民经济和社会发展第十四个五年规划和二〇三五年远景目标的建议》。

(1) 全会高度评价决胜全面建成小康社会取得的决定性成就。

(2) 党的十九届五中全会认为“十三五”时期，全面深化改革取得重大突破，全面依法治国取得重大进展，全面从严治党取得重大成果，国家治理体系和治理能力现代化加快推进，中国共产党领导和我国社会主义制度优势进一步彰显。

(3) 脱贫攻坚成果举世瞩目，5575万农村贫困人口实现脱贫。

(4) 当今世界正经历百年未有之大变局，新一轮科技革命和产业变革深入发展，国际力量对比深刻调整，和平与发展仍然是时代主题，人类命运共同体理念深入人心，同时国际环境日趋复杂，不稳定性不确定性明显增加。

(5) 我国已转向高质量发展阶段，制度优势显著，治理效能提升，经济长期向好，物质基础雄厚，人力资源丰富，市场空间广阔，发展韧性强劲，社会大局稳定，继续发展具有多方面优势和条件。

(6) 我国发展不平衡不充分问题仍然突出，重点领域关键环节改革任务仍然艰巨，创新能力不适应高质量发展要求，农业基础还不稳固，城乡区域发展和收入分配差距较大，生态环保任重道远，民生保障存在短板，社会治理还有弱项。

(7) 全党要统筹中华民族伟大复兴战略全局和世界百年未有之大变局，深刻认识我国社会主要矛盾变化带来的新特征新要求，深刻认识错综复杂的国际环境带来的新矛盾新挑战，增强机遇意识和风险意识，立足社会主义初级阶段基本国情，保持战略定力，办好自己的事。

(8) 2035年基本实现社会主义现代化远景目标：我国经济实力、科技实力、综合国力将大幅跃升，经济总量和城乡居民人均收入将再迈上新的大台阶，关键核心技术实现重大突破，进入创新型国家前列；基本实现新型工业化、信息化、城镇化、农业现代化，建成现代化经济体系；基本实现国家治理体系和治理能力现代化，人民平等参与、平等发展权利得到充分保障，基本建成法治国家、法治政府、法治社会；建成文化强国、教育强国、人才强国、体育强国、健康中国，国民素质和社会文明程度达到新高度，国家文化软实力显著增强；广泛形成绿色生产生活方式，碳排放达峰后稳中有降，生态环境根本好转，美丽中国建设目标基本实现；形成对外开放新格局，参与国际经济合作和竞争新优势明显增强；人均国内生产总值达到中等发达国家水平，中等收入群体显著扩大，基本公共服务实现均等化，城乡区域发展差距和居民生活水平差距显著缩小；平安中国建设达到更高水平，基本实现国防和军队现代化；人民生活更加美好，人的全面发展、全体人民共同富裕取得更为明显的实质性进展。

（9）“十四五”时期经济社会发展指导思想：要高举中国特色社会主义伟大旗帜，深入贯彻党的十九大和十九届二中、三中、四中、五中全会精神，坚持以马克思列宁主义、毛泽东思想、邓小平理论、“三个代表”重要思想、科学发展观、习近平新时代中国特色社会主义思想为指导，全面贯彻党的基本理论、基本路线、基本方略，统筹推进经济建设、政治建设、文化建设、社会建设、生态文明建设的总体布局，协调推进全面建设社会主义现代化国家、全面深化改革、全面依法治国、全面从严治党的战略布局，坚定不移贯彻创新、协调、绿色、开放、共享的新发展理念，坚持稳中求进工作总基调，以推动高质量发展为主题，以深化供给侧结构性改革为主线，以改革创新为根本动力，以满足人民日益增长的美好生活需要为根本目的，统筹发展和安全，加快建设现代化经济体系，加快构建以国内大循环为主体、国内国际双循环相互促进的新发展格局，推进国家治理体系和治理能力现代化，实现经济行稳致远、社会安定和谐，为全面建设社会主义现代化国家开好局、起好步。

（10）“十四五”时期经济社会发展必须遵循的原则：坚持党的全面领导，坚持以人民为中心，坚持新发展理念，坚持深化改革开放，坚持系统观念。

（11）坚持创新在我国现代化建设全局中的核心地位，把科技自立自强作为国家发展的战略支撑，加快建设科技强国。

（12）坚持扩大内需这个战略基点，加快培育完整内需体系，把实施扩大内需战略同深化供给侧结构性改革有机结合起来，以创新驱动、高质量供给引领和创造新需求。要畅通国内大循环，促进国内国际双循环，全面促进消费，拓展投资空间。

（13）坚持和完善社会主义基本经济制度，充分发挥市场在资源配置中的决定性作用，更好发挥政府作用，推动有效市场和有为政府更好结合。

（14）要激发各类市场主体活力，完善宏观经济治理，建立现代财税金融体制，建设高标准市场体系，加快转变政府职能。

（15）坚持把解决好“三农”问题作为全党工作重中之重，走中国特色社会主义乡村振兴道路，全面实施乡村振兴战略，强化以工补农、以城带乡，推动形成工农互促、城乡互补、协调发展、共同繁荣的新型工农城乡关系，加快农业农村现代化。

（16）要保障国家粮食安全，提高农业质量效益和竞争力，实施乡村建设行动，深化农村改革，实现巩固拓展脱贫攻坚成果同乡村振兴有效衔接。

（17）坚持马克思主义在意识形态领域的指导地位，坚定文化自信，坚持以社会主义核心价值观引领文化建设。

(18) 推动绿色发展，促进人与自然和谐共生。

(19) 坚持绿水青山就是金山银山理念，坚持尊重自然、顺应自然、保护自然，坚持节约优先、保护优先、自然恢复为主，守住自然生态安全边界。

(20) 要建设更高水平开放型经济新体制，全面提高对外开放水平，推动贸易和投资自由化便利化，推进贸易创新发展，推动共建“一带一路”高质量发展，积极参与全球经济治理体系改革。

(21) 坚持把实现好、维护好、发展好最广大人民根本利益作为发展的出发点和落脚点，尽力而为、量力而行，健全基本公共服务体系，完善共建共治共享的社会治理制度，扎实推动共同富裕，不断增强人民群众获得感、幸福感、安全感，促进人的全面发展和社会全面进步。

(22) 实现“十四五”规划和2035年远景目标，必须坚持党的全面领导，充分调动一切积极因素，广泛团结一切可以团结的力量，形成推动发展的强大合力。

5. 中国共产党第十九届中央委员会第六次全体会议于2021年11月8日至11日在北京召开。全会审议通过《中国共产党第十九届中央委员会第六次全体会议公报》。

(1) 全会充分肯定党的十九届五中全会以来中央政治局的工作。成功举办庆祝中国共产党成立100周年系列活动，中共中央总书记习近平发表重要讲话，正式宣布全面建成小康社会，激励全党全国各族人民意气风发踏上向第二个百年奋斗目标进军的新征程。

(2) 全党要坚持唯物史观和正确党史观，从党的百年奋斗中看清楚过去我们为什么能够成功、弄明白未来我们怎样才能继续成功，从而更加坚定、更加自觉地践行初心使命，在新时代更好坚持和发展中国特色社会主义。

(3) 中国共产党自1921年成立以来，始终把为中国人民谋幸福、为中华民族谋复兴作为自己的初心使命，始终坚持共产主义理想和社会主义信念，团结带领全国各族人民为争取民族独立、人民解放和实现国家富强、人民幸福而不懈奋斗，已经走过一百年光辉历程。党和人民百年奋斗，书写了中华民族几千年历史上最恢宏的史诗。

(4) 新民主主义革命时期，党面临的主要任务是，反对帝国主义、封建主义、官僚资本主义，争取民族独立、人民解放，为实现中华民族伟大复兴创造根本社会条件。在革命斗争中，以毛泽东同志为主要代表的中国共产党人，把马克思列宁主义基本原理同中国具体实际相结合，对经过艰苦探索、付出巨大牺牲积累的一系列独创性经验作了理论概括，开辟了农村包围城市、武装夺取政权的正确革命道路，创立了毛泽东思想，为夺取新民主主义革命胜利指明了正确方向。

(5) 社会主义革命和建设时期，党面临的主要任务是，实现从新民主主义到社会主义的转变，进行社会主义革命，推进社会主义建设，为实现中华民族伟大复兴奠定根本政治前提和制度基础。在这个时期，以毛泽东同志为主要代表的中国共产党人提出关于社会主义建设的一系列重要思想。毛泽东思想是马克思列宁主义在中国的创造性运用和发展，是被实践证明了的关于中国革命和建设的正确的理论原则和经验总结，是马克思主义中国化的第一次历史性飞跃。党领导人民自力更生、发愤图强，创造了社会主义革命和建设的伟大成就，实现了中华民族有史以来最为广泛而深刻的社会变革，实现了一穷二白、人口众多的东方大国大步迈进社会主义社会的伟大飞跃。

（6）改革开放和社会主义现代化建设新时期，党面临的主要任务是，继续探索中国建设社会主义的正确道路，解放和发展社会生产力，使人民摆脱贫困、尽快富裕起来，为实现中华民族伟大复兴提供充满新的活力的体制保证和快速发展的物质条件。党的十一届三中全会以后，以邓小平同志为主要代表的中国共产党人，团结带领全党全国各族人民，深刻总结新中国成立以来正反两方面经验，围绕什么是社会主义、怎样建设社会主义这一根本问题，借鉴世界社会主义历史经验，创立了邓小平理论，确立社会主义初级阶段基本路线，明确提出走自己的路、建设中国特色社会主义，科学回答了建设中国特色社会主义的一系列基本问题，制定了到二十一世纪中叶分三步走、基本实现社会主义现代化的发展战略，成功开创了中国特色社会主义。

（7）党的十三届四中全会以后，以江泽民同志为主要代表的中国共产党人，团结带领全党全国各族人民，坚持党的基本理论、基本路线，加深了对什么是社会主义、怎样建设社会主义和建设什么样的党、怎样建设党的认识，形成了“三个代表”重要思想，确立了社会主义初级阶段公有制为主体、多种所有制经济共同发展的基本经济制度和按劳分配为主体、多种分配方式并存的分配制度，开创全面改革开放新局面，推进党的建设新的伟大工程，成功把中国特色社会主义推向二十一世纪。

（8）党的十六大以后，以胡锦涛同志为主要代表的中国共产党人，团结带领全党全国各族人民，在全面建设小康社会进程中推进实践创新、理论创新、制度创新，深刻认识和回答了新形势下实现什么样的发展、怎样发展等重大问题，形成了科学发展观，推进党的执政能力建设和先进性建设，成功在新形势下坚持和发展了中国特色社会主义。

（9）党的十八大以来，中国特色社会主义进入新时代。党面临的主要任务是，实现第一个百年奋斗目标，开启实现第二个百年奋斗目标新征程，朝着实现中华民族伟大复兴的宏伟目标继续前进。党领导人民自信自强、守正创新，创造了新时代中国特色社会主义的伟大成就。以习近平同志为主要代表的中国共产党人，坚持把马克思主义基本原理同中国具体实际相结合、同中华优秀传统文化相结合，坚持毛泽东思想、邓小平理论、“三个代表”重要思想、科学发展观，深刻总结并充分运用党成立以来的历史经验，从新的实际出发，创立了习近平新时代中国特色社会主义思想。

（10）“两个确立”：党确立习近平同志党中央的核心、全党的核心地位，确立习近平新时代中国特色社会主义思想的指导地位，反映了全党全军全国各族人民共同心愿，对新时代党和国家事业发展、对推进中华民族伟大复兴历史进程具有决定性意义。

（11）习近平新时代中国特色社会主义思想是当代中国马克思主义、二十一世纪马克思主义，是中华文化和中国精神的时代精华，实现了马克思主义中国化新的飞跃。

（12）习近平同志为核心的党中央，以伟大的历史主动精神、巨大的政治勇气、强烈的责任担当，统筹国内国际两个大局，贯彻党的基本理论、基本路线、基本方略，统揽伟大斗争、伟大工程、伟大事业、伟大梦想，坚持稳中求进工作总基调，出台一系列重大方针政策，推出一系列重大举措，推进一系列重大工作，战胜一系列重大风险挑战，解决了许多长期想解决而没有解决的难题，办成了许多过去想办而没有办成的大事，推动党和国家事业取得历史性成就、发生历史性变革。

（13）党的十八大以来，在坚持党的全面领导上，党中央权威和集中统一领导得到有力保证，党的领导制度体系不断完善，党的领导方式更加科学，全党思想上更加统一、政治上更加团结、行动上更加一致，党的政治领导力、思想引领力、群众组织力、社会号召力显著增强。

（14）在全面从严治党上，党的自我净化、自我完善、自我革新、自我提高能力显著增强，管党治党宽松软状况得到根本扭转，反腐败斗争取得压倒性胜利并全面巩固，党在革命性锻造中更加坚强。

（15）在经济建设上，我国经济发展平衡性、协调性、可持续性明显增强，国家经济实力、科技实力、综合国力跃上新台阶，我国经济迈上更高质量、更有效率、更加公平、更可持续、更为安全的发展之路。

（16）在全面深化改革开放上，党不断推动全面深化改革向广度和深度进军，中国特色社会主义制度更加成熟更加定型，国家治理体系和治理能力现代化水平不断提高，党和国家事业焕发出新的生机活力。

（17）在政治建设上，积极发展全过程人民民主，我国社会主义民主政治制度化、规范化、程序化全面推进，中国特色社会主义政治制度优越性得到更好发挥，生动活泼、安定团结的政治局面得到巩固和发展。

（18）在全面依法治国上，中国特色社会主义法治体系不断健全，法治中国建设迈出坚实步伐，党运用法治方式领导和治理国家的能力显著增强。

（19）在文化建设上，我国意识形态领域形势发生全局性、根本性转变，全党全国各族人民文化自信明显增强，全社会凝聚力和向心力极大提升，为新时代开创党和国家事业新局面提供了坚强思想保证和强大精神力量。

（20）在社会建设上，人民生活全方位改善，社会治理社会化、法治化、智能化、专业化水平大幅度提升，发展了人民安居乐业、社会安定有序的良好局面，续写了社会长期稳定奇迹。

（21）在生态文明建设上，党中央以前所未有的力度抓生态文明建设，美丽中国建设迈出重大步伐，我国生态环境保护发生历史性、转折性、全局性变化。

（22）在国防和军队建设上，人民军队实现整体性革命性重塑、重整行装再出发，国防实力和经济实力同步提升，人民军队坚决履行新时代使命任务，以顽强斗争精神和实际行动捍卫了国家主权、安全、发展利益。

（23）在维护国家安全上，国家安全得到全面加强，经受住了来自政治、经济、意识形态、自然界等方面的风险挑战考验，为党和国家兴旺发达、长治久安提供了有力保证。

（24）在坚持“一国两制”和推进祖国统一上，党中央采取一系列标本兼治的举措，坚定落实“爱国者治港”“爱国者治澳”，推动香港局势实现由乱到治的重大转折，为推进依法治港治澳、促进“一国两制”实践行稳致远打下了坚实基础；坚持一个中国原则和“九二共识”，坚决反对“台独”分裂行径，坚决反对外部势力干涉，牢牢把握两岸关系主导权和主动权。

（25）在外交工作上，中国特色大国外交全面推进，构建人类命运共同体成为引领时代潮流和人类前进方向的鲜明旗帜，我国外交在世界大变局中开创新局、在世界乱局中化危为机，我国国际影响力、感召力、塑造力显著提升。中国共产党和中国人民以英勇顽强的奋斗向世界庄严宣告，中华民族迎来了从站起来、富起来到强起来的伟大飞跃。

（26）中国共产党百年奋斗的历史意义：党的百年奋斗从根本上改变了中国人民的前途命运，中国人民彻底摆脱了被欺负、被压迫、被奴役的命运，成为国家、社会和自己命运的主人，中国人民对美好生活的向往不断变为现实；党的百年奋斗开辟了实现中华民族伟大复兴的正确道路，中国仅用几十年时间就走完发达国家几百年走过的工业化历程，创造了经济快速发展和社会长期稳定两大奇迹；党的百年奋斗展示了马克思主义的强大生命力，马克思主义的科学性和真理性在中国得到充分检验，马克思主义的人民性和实践性在中国得到充分贯彻，马克思主义的开放性和时代性在中国得到充分彰显；党的百年奋斗深刻影响了世界历史进程，党领导人民成功走出中国式现代化道路，创造了人类文明新形态，拓展了发展中国家走向现代化的途径；党的百年奋斗锻造了走在时代前列的中国共产党，形成了以伟大建党精神为源头的精神谱系，保持了党的先进性和纯洁性，党的执政能力和领导水平不断提高，中国共产党无愧为伟大光荣正确的党。

（27）一百年来，党领导人民进行伟大奋斗，积累了宝贵的历史经验，这就是：坚持党的领导，坚持人民至上，坚持理论创新，坚持独立自主，坚持中国道路，坚持胸怀天下，坚持开拓创新，坚持敢于斗争，坚持统一战线，坚持自我革命。

（28）党的二十大是我们党进入全面建设社会主义现代化国家、向第二个百年奋斗目标进军新征程的重要时刻召开的一次十分重要的代表大会，是党和国家政治生活中的一件大事。全党要团结带领全国各族人民攻坚克难、开拓奋进，为全面建设社会主义现代化国家、夺取新时代中国特色社会主义伟大胜利、实现中华民族伟大复兴的中国梦作出新的更大贡献，以优异成绩迎接党的二十大召开。

第四节 习题演练

一、单项选择题

1. 习近平新时代中国特色社会主义思想的核心内容是（ ）。

A.“十个明确”“十四个坚持”　　B. 坚持党的领导

C.“八个明确”“十四个坚持”　　D.“五位一体”“四个全面”

【参考答案】 A

【答案解析】 2021 年 11 月 11 日，中国共产党第十九届中央委员会第六次全体会议通过《中共中央关于党的百年奋斗重大成就和历史经验的决议》，在党的十九大报告“八个明确”的基础上，用“十个明确”对习近平新时代中国特色社会主义思想的核心内容作了进一步概括。

2. 构成新时代坚持和发展中国特色社会主义基本方略的是（ ）。

A.“十四个坚持”　　B.“十四条构想”

C.“十四条规律”　　D.“十四条要求”

【参考答案】 A

【答案解析】 党的十九大报告阐述了习近平新时代中国特色社会主义思想，其提出的“十四个坚持”构成新时代坚持和发展中国特色社会主义基本方略。

3. 习近平新时代中国特色社会主义思想明确：统筹推进“五位一体”总体布局、协调推进“（ ）”战略布局，“十二五”规划胜利完成，“十三五”规划顺利实施，党和国家事业全面开创新局面。

A. 四个伟大　　B. 全面小康　　C. 四个全面　　D. 四个自信

【参考答案】 C

【答案解析】 习近平新时代中国特色社会主义思想指出，明确中国特色社会主义事业总体布局是“五位一体”、战略布局是“四个全面”，强调坚定道路自信、理论自信、制度自信、文化自信。

4. 在“十四五”战略布局中，明确提出协调推进全面建设社会主义现代化国家、（ ）、全面依法治国、全面从严治党的战略布局。

A. 全面发展民主　　B. 全面推动社会建设

C. 全面对外开放　　D. 全面深化改革

【参考答案】 D

【答案解析】党的十九届五中全会指出，协调推进全面建设社会主义现代化国家、全面深化改革、全面依法治国、全面从严治党的战略布局。

5. 全面深化改革的总目标是完善和发展中国特色社会主义制度，推进国家治理体系和治理能力（　）。

A. 科学化　　B. 信息化　　C. 现代化　　D. 先进性

【参考答案】C

【答案解析】党的十八届三中全会指出，全面深化改革的总目标是完善和发展中国特色社会主义制度，推进国家治理体系和治理能力现代化。

6. 习近平新时代中国特色社会主义思想，明确中国特色社会主义最本质的特征是（　）。

A. 中国共产党领导　　B. 社会主义初级阶段

C. 民主协商制度　　D. 为人民服务

【参考答案】A

【答案解析】习近平新时代中国特色社会主义思想，明确中国特色社会主义最本质的特征是中国共产党领导，中国特色社会主义制度的最大优势是中国共产党领导，党是最高政治领导力量，提出新时代党的建设总要求，突出政治建设在党的建设中的重要地位。

7. 在庆祝中国共产党成立100周年大会上，习近平总书记指出："中国共产党为什么能，中国特色社会主义为什么好，归根到底是因为（　）！"

A. 党不断推进马克思主义中国化时代化并用以指导实践

B. 党坚持全心全意为人民服务

C. 马克思主义行

D. 有习近平新时代中国特色社会主义思想科学指引

【参考答案】C

【答案解析】略。

8. 党的十九大报告中指出，（　）是发展的根本目的。

A. 经济快速发展　　B. 增进民生福祉

C. 实现"中国梦"　　D. 壮大综合国力

【参考答案】B

【答案解析】党的十九大报告强调，坚持在发展中保障和改善民生。增进民生福祉是发展的根本目的。必须多谋民生之利、多解民生之忧，在发展中补齐民生短板、促进社会公平正义，在幼有所育、学有所教、劳有所得、病有所医、老有所养、住有所居、弱有所扶上不断取得新进展，深入开展脱贫攻坚，保证全体人民在共建共享发展中有更多获得感，不断促进人的全面发展、全体人民共同富裕。

9. 加强党的建设的永恒课题和全体党员、干部的终身课题是（　）。

A.“三严三实”　　B.“两学一做”

C.“三讲”　　D.“不忘初心、牢记使命”

【参考答案】 D

【答案解析】 党的十九届四中全会通过的《中共中央关于坚持和完善中国特色社会主义制度 推进国家治理体系和治理能力现代化若干重大问题的决定》指出，把不忘初心、牢记使命作为加强党的建设的永恒课题和全体党员、干部的终身课题，形成长效机制，坚持不懈锤炼党员、干部忠诚干净担当的政治品格。

10. 中国特色社会主义的本质要求和重要保障是（　）。

A. 全面从严治党　　B. 全面建成小康社会

C. 全面依法治国　　D. 全面深化改革

【参考答案】 C

【答案解析】 党的十九大报告指出，全面依法治国是中国特色社会主义的本质要求和重要保障。

11. 中国特色社会主义制度的本质属性是（　）。

A. 中国共产党始终代表最广大人民根本利益

B. 坚持人民当家作主

C. 坚持公有制为主体

D. 坚持各民族一律平等

【参考答案】 A

【答案解析】 中国共产党始终代表最广大人民根本利益，是中国特色社会主义制度的本质属性，是我国国家制度和国家治理体系有效运行、充满活力的根本所在。

12. 发展是解决我国一切问题的基础和关键，发展必须是科学发展，必须坚定不移贯彻发展理念。发展理念是指（　）。

A. 创新、协调、绿色、开放、共享　　B. 创造、协调、生态、开放、共享

C. 创新、统筹、绿色、开放、共享　　D. 创造、统筹、生态、开放、共享

【参考答案】 A

【答案解析】 党的十九大报告指出，发展是解决我国一切问题的基础和关键，发展必须是科学发展，必须坚定不移贯彻创新、协调、绿色、开放、共享的发展理念。

13. 决定党的建设方向和效果的是（ ）。

A. 党的思想建设　　B. 党的政治建设

C. 党的作风建设　　D. 党的纪律建设

【参考答案】B

【答案解析】党的十九大报告指出，党的政治建设是党的根本性建设，决定党的建设方向和效果，事关统揽推进伟大斗争、伟大工程、伟大事业、伟大梦想。

14. 当前和今后一个时期，我国发展仍然处于的时期是（ ）。

A. 重要战略机遇期　　B. 重要战略攻坚期

C. 重大战略机遇期　　D. 重要战略转型期

【参考答案】A

【答案解析】党的十九届五中全会明确指出，我国发展仍然处于重要战略机遇期。

15. 党的十九大报告提出的“四个伟大”是指（ ）。

A. 伟大斗争、伟大建设、伟大成就、伟大理想

B. 伟大斗争、伟大工程、伟大事业、伟大梦想

C. 伟大战斗、伟大工程、伟大成就、伟大梦想

D. 伟大战斗、伟大建设、伟大事业、伟大理想

【参考答案】B

【答案解析】改革开放以来，在我们党的许多重要文献中把伟大事业同伟大工程联系起来。党的十八届六中全会将伟大斗争、伟大工程、伟大事业并提，突出了新的时代条件下我们党治国理政的重要战略支撑。党的十九大把伟大斗争、伟大工程、伟大事业、伟大梦想作为一个统一整体提出，这是我们党的一个重大理论创新，进一步明确了党在新时代治国理政总战略、引领全局的总蓝图、谋划工作的总坐标。

16. 综合分析国际国内形势和我国发展条件，从 2020 年到本世纪中叶可以分两个阶段来安排。第一个阶段，在全面建成小康社会的基础上，再奋斗 15 年，基本实现社会主义现代化。第二个阶段，在基本实现现代化的基础上，再奋斗 15 年，把我国建成富强民主文明和谐美丽的社会主义现代化强国。第一阶段是指（ ）。

A. 2020 年到本世纪中叶　　B. 2035 年到 2045 年

C. 2020 年到 2035 年　　D. 2035 年到本世纪中叶

【参考答案】C

【答案解析】在党的十九大报告中，习近平总书记指出，综合分析国际国内形势和我国发展条件，从 2020 年到本世纪中叶可以分两个阶段来安排。第一个阶段，从 2020 年到 2035 年，在全面建成小康社会的基础上，再奋斗 15 年，基本实现社会主义现代化。

17. 党的十九届六中全会通过的《中共中央关于党的百年奋斗重大成就和历史经验的决议》深刻总结了“两个确立”决定性意义。“两个确立”是指（ ）。

A. 党确立习近平总书记党中央的核心、全党的核心地位，确立党中央权威和集中统一领导

B. 党确立习近平同志党中央的核心地位，确立习近平同志全党的核心地位

C. 党确立习近平同志党中央的核心、全党的核心地位，确立习近平新时代中国特色社会主义思想的指导地位

D. 党确立习近平新时代中国特色社会主义思想的指导地位，确立习近平同志党中央的核心、全党的核心地位

【参考答案】C

【答案解析】《中共中央关于党的百年奋斗重大成就和历史经验的决议》指出，党确立习近平同志党中央的核心、全党的核心地位，确立习近平新时代中国特色社会主义思想的指导地位，反映了全党全军全国各族人民共同心愿，对新时代党和国家事业发展、对推进中华民族伟大复兴历史进程具有决定性意义。

18. 中国特色社会主义进入新时代，我国社会主要矛盾已经转化为（ ）。

A. 人民日益增长的美好生活需要和高水平不平衡的发展之间的矛盾

B. 人民日益增长的幸福生活需要和不平衡不充分的发展之间的矛盾

C. 人民日益增长的幸福生活需要和不充分不平衡的发展之间的矛盾

D. 人民日益增长的美好生活需要和不平衡不充分的发展之间的矛盾

【参考答案】D

【答案解析】党的十九大报告指出，中国特色社会主义进入新时代，我国社会主要矛盾已经转化为人民日益增长的美好生活需要和不平衡不充分的发展之间的矛盾。

19. 指导党和人民实现中华民族伟大复兴的正确理论是（ ）。

A. 中国特色社会主义道路　　B. 中国特色社会主义理论体系

C. 中国特色社会主义制度　　D. 中国特色社会主义文化

【参考答案】B

【答案解析】党的十九大报告指出，中国特色社会主义理论体系是指导党和人民实现中华民族伟大复兴的正确理论。

20. 习近平总书记指出，一个国家、一个民族发展中更基本、更深沉、更持久的力量是（ ）。

A. 道路自信　　B. 理论自信　　C. 制度自信　　D. 文化自信

【参考答案】D

【答案解析】党的十九大报告指出，文化自信是一个国家、一个民族发展中更基本、更深沉、更持久的力量。

21. 党的十九大报告指出，我国经济正处在转变发展方式、优化经济结构、转换增长动力的攻关期，下列关于我国经济发展阶段的说法中，正确的是（　）。

A. 已由高速增长阶段转向高质量发展阶段

B. 已由高速增长阶段转向中速增长阶段

C. 已由高质量发展阶段转向高速增长阶段

D. 已由中速增长阶段转向高速增长阶段

【参考答案】A

【答案解析】党的十九大报告指出，我国经济已由高速增长阶段转向高质量发展阶段，正处在转变发展方式、优化经济结构、转换增长动力的攻关期，建设现代化经济体系是跨越关口的迫切要求和我国发展的战略目标。

22. 我们党的最大政治优势是密切联系群众，党执政后的最大危险是（　）。

A. 脱离群众　　B. 权力腐败　　C. 以权谋私　　D. 钱权交易

【参考答案】A

【答案解析】党的十九大报告指出，我们党的最大政治优势是密切联系群众，党执政后的最大危险是脱离群众。

23. 为建立新民主主义的新中国制定了正确路线方针政策，使全党在思想上政治上组织上达到空前统一和团结的党的会议是（　）。

A. 党的七大　　B. 党的八大　　C. 党的六大　　D. 党的九大

【参考答案】A

【答案解析】《中共中央关于党的百年奋斗重大成就和历史经验的决议》指出，党的七大为建立新民主主义的新中国制定了正确路线方针政策，使全党在思想上政治上组织上达到空前统一和团结。

24.“两个一百年”奋斗目标的历史交汇期是指（　）。

A. 从 2020 年到 2035 年　　B. 从党的十九大到党的二十大

C. 从党的二十大到党的二十一大　　D. 从 2035 年到本世纪中叶

【参考答案】B

【答案解析】从党的十九大到党的二十大的 5 年，正处在实现“两个一百年”奋斗目标的历史交汇期，第一个百年目标要实现，第二个百年奋斗目标要开篇。

25. 维护社会公平正义的最后一道防线是（　）。

A. 公正司法　　B. 科学立法　　C. 严格执法　　D. 全民守法

【参考答案】 A

【答案解析】 公正司法是维护社会公平正义的最后一道防线。

26. 我们立党立国、兴党强国的根本指导思想是（ ）。

A. 毛泽东思想　　B. 邓小平理论

C. 马克思主义　　D. 中国特色社会主义

【参考答案】 C

【答案解析】 党的十九届六中全会审议通过《中共中央关于党的百年奋斗重大成就和历史经验的决议》指出，马克思主义是我们立党立国、兴党强国的根本指导思想。党之所以能够领导人民在一次次求索、一次次挫折、一次次开拓中完成中国其他各种政治力量不可能完成的艰巨任务，根本在于坚持解放思想、实事求是、与时俱进、求真务实，坚持把马克思主义基本原理同中国具体实际相结合、同中华优秀传统文化相结合，坚持实践是检验真理的唯一标准，坚持一切从实际出发，及时回答时代之问、人民之问，不断推进马克思主义中国化时代化。

27.“两个一百年”奋斗目标的第一个百年奋斗目标是（ ）。

A. 全面建设小康社会　　B. 全面建成社会主义现代化国家

C. 全面建成小康社会　　D. 全面实现共同富裕

【参考答案】 C

【答案解析】 全面建成小康社会，是“两个一百年”奋斗目标的第一个百年奋斗目标，全面建成小康社会不是终点，而是新起点，必须乘势而上开启全面建设社会主义现代化国家新征程，向第二个百年奋斗目标进军。

28. 下列选项中，被党的十九大报告称为最大的民生的是（ ）。

A. 住房　　B. 教育　　C. 医疗　　D. 就业

【参考答案】 D

【答案解析】 党的十九大报告指出：“就业是最大的民生。要坚持就业优先战略和积极就业政策，实现更高质量和更充分就业。大规模开展职业技能培训，注重解决结构性就业矛盾，鼓励创业带动就业。提供全方位公共就业服务，促进高校毕业生等青年群体、农民工多渠道就业创业。”

29. 决定成立中央全面深化改革领导小组，构建全面深化改革领导机制是在（ ）。

A. 党的十八大　　B. 党的十九大

C. 党的十八届四中全会　　D. 党的十八届三中全会

【参考答案】 D

【答案解析】 党的十八届三中全会决定成立中央全面深化改革领导小组，构建全面深化改革领导机制。

30. 中国共产党人的初心和使命是（　）。

A. 为中国人民谋幸福，为中华民族谋未来

B. 为中国人民谋生活，为中华民族谋复兴

C. 为中国人民谋幸福，为中华民族谋复兴

D. 为中国人民谋生活，为中华民族谋未来

【参考答案】C

【答案解析】党的十九大报告指出，中国共产党人的初心和使命，就是为中国人民谋幸福，为中华民族谋复兴。

二、多项选择题

1. 在庆祝中国共产党成立100周年大会上，习近平总书记首次概括了伟大建党精神。下列属于“伟大建党精神”内容的有（　）。

A. 坚持真理、坚守理想　　B. 践行初心、担当使命

C. 不怕牺牲、英勇斗争　　D. 对党忠诚、不负人民

【参考答案】ABCD

【答案解析】在庆祝中国共产党成立100周年大会上，习近平总书记指出，“一百年前，中国共产党的先驱们创建了中国共产党，形成了坚持真理、坚守理想，践行初心、担当使命，不怕牺牲、英勇斗争，对党忠诚、不负人民的伟大建党精神，这是中国共产党的精神之源。”

2. 中国特色社会主义事业总体布局是“五位一体”，“五位一体”总体布局除了经济建设，还包括（　）。

A. 政治建设　　B. 文化建设　　C. 社会建设　　D. 生态文明建设

【参考答案】ABCD

【答案解析】中国特色社会主义事业总体布局是“五位一体”。“五位一体”总体布局是指经济建设、政治建设、文化建设、社会建设、生态文明建设五位一体总体布局。

3. 党的十九大报告强调，全党要更加自觉地增强“四个自信”，既不走封闭僵化的老路，也不走改旗易帜的邪路，保持政治定力，坚持实干兴邦，始终坚持和发展中国特色社会主义。下列属于“四个自信”的有（　）。

A. 道路自信　　B. 理论自信　　C. 制度自信　　D. 文化自信

【参考答案】ABCD

【答案解析】“四个自信”：道路自信、理论自信、制度自信、文化自信。

4. 要强化不敢腐的震慑，坚持反腐败（ ）。

A. 无禁区　　B. 全覆盖　　C. 零容忍　　D. 防止“灯下黑”

【参考答案】ABC

【答案解析】党的十九大报告指出，当前，反腐败斗争形势依然严峻复杂，巩固压倒性态势、夺取压倒性胜利的决心必须坚如磐石。要坚持无禁区、全覆盖、零容忍，坚持重遏制、强高压、长震慑，坚持受贿行贿一起查，坚决防止党内形成利益集团。

5. 党的十九届六中全会提出，一百年来，党领导人民进行伟大奋斗，积累了宝贵的历史经验，包括（ ）。

A. 坚持党的领导，坚持人民至上，坚持理论创新

B. 坚持独立自主，坚持中国道路

C. 坚持胸怀天下，坚持开拓创新

D. 坚持敢于斗争，坚持统一战线，坚持自我革命

【参考答案】ABCD

【答案解析】《中共中央关于党的百年奋斗重大成就和历史经验的决议》指出，一百年来，党领导人民进行伟大奋斗，积累了宝贵的历史经验，这就是：坚持党的领导，坚持人民至上，坚持理论创新，坚持独立自主，坚持中国道路，坚持胸怀天下，坚持开拓创新，坚持敢于斗争，坚持统一战线，坚持自我革命。以上十个方面，是经过长期实践积累的宝贵经验，是党和人民共同创造的精神财富，必须倍加珍惜、长期坚持，并在新时代实践中不断丰富和发展。

6. 党的十九大报告指出，党内存在尚未得到根本解决的突出问题有（ ）。

A. 思想不纯　　B. 组织不纯　　C. 作风不纯　　D. 学风不正

【参考答案】ABC

【答案解析】党的十九大报告指出，全党要清醒认识到，我们党面临的执政环境是复杂的，影响党的先进性、弱化党的纯洁性的因素也是复杂的，党内存在的思想不纯、组织不纯、作风不纯等突出问题尚未得到根本解决。

7. 下列选项，属于党的十九大大会主题的内容有（ ）。

A. 不忘初心，牢记使命，高举中国特色社会主义伟大旗帜

B. 决胜全面建成小康社会

C. 夺取新时代中国特色社会主义伟大胜利

D. 为实现中华民族伟大复兴的中国梦不懈奋斗

【参考答案】ABCD

【答案解析】党的十九大大会主题：不忘初心，牢记使命，高举中国特色社会主义伟大旗帜，决胜全面建成小康社会，夺取新时代中国特色社会主义伟大胜利，为实现中华

民族伟大复兴的中国梦不懈奋斗。

8. 下列属于党面临的“四种危险”的有（ ）。

A. 精神懈怠危险　　B. 能力不足危险

C. 脱离群众危险　　D. 外部环境危险

【参考答案】ABC

【答案解析】党的十九大报告指出，深刻认识党面临的精神懈怠危险、能力不足危险、脱离群众危险、消极腐败危险的尖锐性和严峻性，坚持问题导向，保持战略定力，推动全面从严治党向纵深发展。

9. 培育党内政治文化要弘扬的共产党人价值观有（ ）。

A. 忠诚老实　　B. 公道正派　　C. 实事求是　　D. 清正廉洁

【参考答案】ABCD

【答案解析】党的十九大报告强调，弘扬忠诚老实、公道正派、实事求是、清正廉洁等价值观，坚决防止和反对个人主义、分散主义、自由主义、本位主义、好人主义，坚决防止和反对宗派主义、圈子文化、码头文化，坚决反对搞两面派、做两面人。

10. 下列属于我们党面临的“四大考验”的有（ ）。

A. 执政考验　　B. 改革开放考验

C. 市场经济考验　　D. 外部环境考验

【参考答案】ABCD

【答案解析】党的十九大报告强调：“全党要清醒认识到，我们党面临的执政环境是复杂的，影响党的先进性、弱化党的纯洁性的因素也是复杂的，党内存在的思想不纯、组织不纯、作风不纯等突出问题尚未得到根本解决。要深刻认识党面临的执政考验、改革开放考验、市场经济考验、外部环境考验的长期性和复杂性，深刻认识党面临的精神懈怠危险、能力不足危险、脱离群众危险、消极腐败危险的尖锐性和严峻性，坚持问题导向，保持战略定力，推动全面从严治党向纵深发展。”

11. 全党全国各族人民要紧密团结在党中央周围，高举中国特色社会主义伟大旗帜，锐意进取，埋头苦干，为实现三大历史任务而奋斗，这三大历史任务是指（ ）。

A. 实现共产主义　　B. 推进现代化建设

C. 完成祖国统一　　D. 维护世界和平与促进共同发展

【参考答案】BCD

【答案解析】党的十九大报告指出，全党全国各族人民要紧密团结在党中央周围，高举中国特色社会主义伟大旗帜，锐意进取，埋头苦干，为实现推进现代化建设、完成祖国统一、维护世界和平与促进共同发展三大历史任务，为决胜全面建成小康社会、夺取新时代中国特色社会主义伟大胜利、实现中华民族伟大复兴的中国梦、实现人民对美好生活的向往继续奋斗！

12. 习近平总书记在党史学习教育动员大会上指出，在全党开展集中性学习教育，党的创造力、凝聚力、战斗力显著提高，不断增强党的四种能力。下列选项中，属于这四种能力的有（ ）。

A. 自我净化　　B. 自我完善　　C. 自我发展　　D. 自我提高

【参考答案】ABD

【答案解析】“四种能力”是指党的自我净化、自我完善、自我革新、自我提高能力。

13. 改革开放以来我们取得一切成绩和进步的根本原因，归结起来就是（ ）。

A. 开辟了中国特色社会主义道路　　B. 坚持了“一个中心、两个基本点”
C. 形成了中国特色社会主义理论体系　　D. 确立了中国特色社会主义制度

【参考答案】ACD

【答案解析】《中国共产党章程》总纲指出，改革开放以来我们取得一切成绩和进步的根本原因，归结起来就是：开辟了中国特色社会主义道路，形成了中国特色社会主义理论体系，确立了中国特色社会主义制度，发展了中国特色社会主义文化。

14. 关于习近平新时代中国特色社会主义思想载入宪法，下列选项中，正确的有（ ）。

A. 体现党和国家事业发展的新成就新经验新要求

B. 习近平新时代中国特色社会主义思想是马克思主义中国化最新成果

C. 习近平新时代中国特色社会主义思想是当代中国马克思主义、21 世纪马克思主义

D. 是党和国家必须长期坚持的指导思想

【参考答案】ABCD

【答案解析】上述所有选项都是党的十九届二中全会公报内容。

15. 深化党和国家机构改革的首要任务是（ ）。

A. 完善坚持党的全面领导的制度　　B. 加强党对各领域各方面工作领导
C. 确保党的领导全覆盖　　D. 确保党的领导更加坚强有力

【参考答案】ABCD

【答案解析】上述所有选项都是党的十九届三中全会公报内容。

16. 自党的十一届三中全会以来，关于我国社会主要矛盾的变化，下列选项中正确的有（ ）。

A. 在社会主义改造基本完成以后，我国所要解决的主要矛盾是人民日益增长的物质文化需要同落后的社会生产之间的矛盾

B. 随着中国特色社会主义进入新时代，我国社会主要矛盾已经转化为人民日益增长

的美好生活需要和不平衡不充分的发展之间的矛盾

C. 建设社会主义是一次伟大的长征，走过社会主义初级阶段至少需要上百年时间，在这个进程中，社会主要矛盾不是一成不变的

D. 我国社会主要矛盾的转化，反映了我国社会主义所处历史阶段发生了变化

【参考答案】ABC

【答案解析】党的十九大报告指出，我国社会主要矛盾的变化，没有改变我们对我国社会主义所在历史阶段的判断，我国仍处于并长期处于社会主义初级阶段的基本国情没有变，我国是世界最大发展中国家的国际地位没有变。

17. 下列选项中，属于五四运动以来我国发生的三大历史性事件的有（　）。

A. 建立中国共产党　　B. 抗日战争胜利

C. 成立中华人民共和国　　D. 推进改革开放和中国特色社会主义事业

【参考答案】ACD

【答案解析】习近平总书记在庆祝改革开放 40 周年大会上的讲话指出，建立中国共产党、成立中华人民共和国、推进改革开放和中国特色社会主义事业，是五四运动以来我国发生的三大历史性事件，是近代以来实现中华民族伟大复兴的三大里程碑。

18. 改革开放取得成功的关键和根本原因包括（　）。

A. 坚持党的领导　　B. 思想解放

C. 创新人才培养　　D. 全面从严治党

【参考答案】AD

【答案解析】2018 年 4 月 13 日，习近平总书记在庆祝海南建省办经济特区 30 周年大会上指出，坚持党的领导，全面从严治党，是改革开放取得成功的关键和根本。改革开放的过程就是思想解放的过程。

19. 我国发展仍处于重要战略机遇期，但机遇和挑战都有新的发展变化。这种“新的发展变化”主要表现为（　）。

A. 危和机并存、危中有机、危可转机

B. 机遇更具有战略性、可塑性

C. 挑战更具有复杂性、全局性

D. 挑战前所未有，应对好了，机遇也前所未有

【参考答案】ABCD

【答案解析】《习近平新时代中国特色社会主义思想学习问答》指出，我国发展仍处于重要战略机遇期，但机遇和挑战都有新的发展变化。习近平总书记强调，对于重要战略机遇期，我们的判断是危和机并存、危中有机、危可转机，机遇更具有战略性、可塑性，挑战更具有复杂性、全局性，挑战前所未有，应对好了，机遇也前所未有。

20. 加强社会保障体系建设。坚持房子是用来住的、不是用来炒的定位，加快建立（　）。

A. 多主体供给的住房制度　　B. 多渠道保障的住房制度

C. 租购并举的住房制度　　D. 多部门监管的住房制度

【参考答案】ABC

【答案解析】党的十九大报告指出，坚持房子是用来住的、不是用来炒的定位，加快建立多主体供给、多渠道保障、租购并举的住房制度，让全体人民住有所居。

三、判断题

1. 实现伟大梦想，必须建设伟大工程。这个伟大工程就是我们党正在深入推进的中国特色社会主义新的伟大工程。（　）

【参考答案】×

【答案解析】实现伟大梦想，必须建设伟大工程。这个伟大工程就是我们党的建设的新的伟大工程。

2. 中国特色社会主义，既坚持了科学社会主义基本原则，又根据时代条件赋予其鲜明的中国特色。中国特色社会主义是社会主义，不是别的什么主义。（　）

【参考答案】√

【答案解析】习近平总书记在新进中央委员会的委员、候补委员学习贯彻党的十八大精神研讨班上的讲话指出，我们党始终强调，中国特色社会主义，既坚持了科学社会主义基本原则，又根据时代条件赋予其鲜明的中国特色。这就是说，中国特色社会主义是社会主义，不是别的什么主义。

3. 党的十九届三中全会提出，坚决打赢脱贫攻坚战，建立解决相对贫困的长效机制。（　）

【参考答案】×

【答案解析】坚决打赢脱贫攻坚战，建立解决相对贫困的长效机制是党的十九届四中全会提出的。

4. 党的十九届五中全会提出，坚持法治在我国现代化建设全局中的核心地位，把依法治国作为国家发展的战略支撑。（　）

【参考答案】×

【答案解析】党的十九届五中全会提出，坚持创新在我国现代化建设全局中的核心地位，把科技自立自强作为国家发展的战略支撑。

5. 改革开放是决定当代中国命运的关键一招，也是决定实现“两个一百年”奋斗目

标、实现中华民族伟大复兴的关键一招。( )

【参考答案】✓

【答案解析】略。

6. 习近平新时代中国特色社会主义思想，科学回答了“新时代坚持和发展什么样的中国特色社会主义、怎样坚持和发展中国特色社会主义”的时代课题。( )

【参考答案】✓

【答案解析】略。

7. 党的十九大报告指出，我国经济保持中高速增长，国内生产总值稳居世界第一。( )

【参考答案】×

【答案解析】国内生产总值稳居世界第二。

8. 习近平总书记指出，要提拔重用牢固树立“四个意识”和“四个自信”、坚决维护党中央权威、全面贯彻执行党的理论和路线方针政策、忠诚干净担当的干部。( )

【参考答案】✓

【答案解析】党的十九大报告指出，坚持正确选人用人导向，匡正选人用人风气，突出政治标准，提拔重用牢固树立“四个意识”和“四个自信”、坚决维护党中央权威、全面贯彻执行党的理论和路线方针政策、忠诚干净担当的干部，选优配强各级领导班子。

9. 党的一切工作必须以最广大人民根本利益为最高标准。( )

【参考答案】✓

【答案解析】党的一切工作必须以最广大人民根本利益为最高标准。我们要坚持把人民群众的小事当作自己的大事，从人民群众关心的事情做起，从让人民群众满意的事情做起，带领人民不断创造美好生活。

10. 当前和今后一个时期，我国经济发展面临的问题，供给和需求两侧都有，但矛盾的主要方面在需求侧。( )

【参考答案】×

【答案解析】2016 年 1 月，习近平总书记在重庆调研时强调，当前和今后一个时期，制约我国经济发展的因素，供给和需求两侧都有，但矛盾的主要方面在供给侧。要加大供给侧结构性改革力度，重点是促进产能过剩有效化解，促进产业优化重组，降低企业成本，发展战略性新兴产业和现代服务业，增加公共产品和服务供给，着力提高供给体系质量和效益，更好满足人民需要，推动我国社会生产力水平实现整体跃升，增强经济持续增长动力。

11. 全党必须牢记，为什么人的问题，是检验一个政党、一个政权性质的试金石。（ ）

【参考答案】 √

【答案解析】 党的十九大报告指出，全党必须牢记，为什么人的问题，是检验一个政党、一个政权性质的试金石。

12. 党的十九大报告指出，党的领导是社会主义民主政治的本质特征。（ ）

【参考答案】 ×

【答案解析】 人民当家作主是社会主义民主政治的本质特征。

13. 社会主义核心价值观中“自由、平等、公正、法治”是个人层面的价值取向。（ ）

【参考答案】 ×

【答案解析】 社会主义核心价值观中，“自由、平等、公正、法治”是社会层面的价值取向；“爱国、敬业、诚信、友善”是个人层面的价值准则。

14. 党的十九大报告提出，要以提升组织力为重点，突出政治功能，把企业、农村、机关、学校、科研院所、街道社区、社会组织等基层党组织建设成为宣传党的主张、贯彻党的决定、领导基层治理、团结动员群众、推动改革发展的坚强战斗堡垒。（ ）

【参考答案】 √

【答案解析】 略。

15. 党的十九届五中全会提出了到2035年全面实现社会主义现代化远景目标。（ ）

【参考答案】 ×

【答案解析】 党的十九届五中全会提出了到2035年基本实现社会主义现代化远景目标。答题时要区分“基本实现”和“全面实现”。

16. 实现“两个一百年”奋斗目标、实现中华民族伟大复兴的中国梦，不断提高人民生活水平，必须坚定不移把改革作为党执政兴国的第一要务。（ ）

【参考答案】 ×

【答案解析】 实现“两个一百年”奋斗目标、实现中华民族伟大复兴的中国梦，不断提高人民生活水平，必须坚定不移把发展作为党执政兴国的第一要务。

17. 转变政府职能，优化政府机构设置和职能配置，是深化党和国家机构改革的重要任务。（ ）

【参考答案】 √

【答案解析】 略。

18. 习近平总书记指出，全面深化改革总目标是完善和发展中国特色社会主义制度、推进国家治理体系和治理能力现代化。（ ）

【参考答案】√

【答案解析】习近平新时代中国特色社会主义思想，明确全面深化改革总目标是完善和发展中国特色社会主义制度、推进国家治理体系和治理能力现代化。

19. 党的十九大指出，必须坚持和完善我国社会主义基本经济制度和分配制度，毫不动摇巩固和发展公有制经济，毫不动摇鼓励、支持、引导非公有制经济发展，使市场在资源配置中起基础性作用，更好发挥政府作用。（ ）

【参考答案】×

【答案解析】党的十九大指出，必须坚持和完善我国社会主义基本经济制度和分配制度，毫不动摇巩固和发展公有制经济，毫不动摇鼓励、支持、引导非公有制经济发展，使市场在资源配置中起决定性作用。

20. 勇于自我革命是中国共产党区别于其他政党的显著标志。（ ）

【参考答案】√

【答案解析】《中共中央关于党的百年奋斗重大成就和历史经验的决议》指出，勇于自我革命是中国共产党区别于其他政党的显著标志。

四、简答题

1. 请谈谈中国共产党百年奋斗的历史意义。

【参考答案】

党的十九届六中全会总结了中国共产党百年奋斗的历史意义：

（1）党的百年奋斗从根本上改变了中国人民的前途命运。

（2）党的百年奋斗开辟了实现中华民族伟大复兴的正确道路。

（3）党的百年奋斗展示了马克思主义的强大生命力。

（4）党的百年奋斗深刻影响了世界历史进程。

（5）党的百年奋斗锻造了走在时代前列的中国共产党。

2. 2017年10月24日，中国共产党第十九次全国代表大会通过了关于《中国共产党章程（修正案）》的决议。请你谈谈这次党章有哪些方面的修改？（至少写出6个）。

【参考答案】

（1）把习近平新时代中国特色社会主义思想写入党章。

（2）把中国特色社会主义文化写入党章。

（3）把实现中华民族伟大复兴的中国梦写入党章。

（4）党章根据我国社会主要矛盾的转化作出相应修改。

(5) 把推进国家治理体系和治理能力现代化写入党章。

(6) 把供给侧结构性改革、“绿水青山就是金山银山”写入党章。

(7) 把人类命运共同体、“一带一路”写入党章。

(8) 把全面从严治党、四个意识写入党章。

(9) 把“党是领导一切的”写入党章。

(10) 把实现巡视全覆盖、推进“两学一做”写入党章。

第二章
新时代共产党员的党性修养

第一节　党的历史和传统

一、党的初心和使命

中国共产党一经诞生，就把为中国人民谋幸福、为中华民族谋复兴确立为自己的初心使命。一百年来，中国共产党团结带领中国人民进行的一切奋斗、一切牺牲、一切创造，归结起来就是一个主题：实现中华民族伟大复兴。

二、党的历史和贡献

1. 为了实现中华民族伟大复兴，中国共产党团结带领中国人民，浴血奋战、百折不挠，创造了新民主主义革命的伟大成就。我们经过北伐战争、土地革命战争、抗日战争、解放战争，以武装的革命反对武装的反革命，推翻帝国主义、封建主义、官僚资本主义三座大山，建立了人民当家作主的中华人民共和国，实现了民族独立、人民解放。新民主主义革命的胜利，彻底结束了旧中国半殖民地半封建社会的历史，彻底结束了旧中国一盘散沙的局面，彻底废除了列强强加给中国的不平等条约和帝国主义在中国的一切特权，为实现中华民族伟大复兴创造了根本社会条件。中国共产党和中国人民以英勇顽强的奋斗向世界庄严宣告，中国人民站起来了，中华民族任人宰割、饱受欺凌的时代一去不复返了！

2. 为了实现中华民族伟大复兴，中国共产党团结带领中国人民，自力更生、发愤图强，创造了社会主义革命和建设的伟大成就。我们进行社会主义革命，消灭在中国延续几千年的封建剥削压迫制度，确立社会主义基本制度，推进社会主义建设，战胜帝国主义、霸权主义的颠覆破坏和武装挑衅，实现了中华民族有史以来最为广泛而深刻的社会变革，实现了一穷二白、人口众多的东方大国大步迈进社会主义社会的伟大飞跃，为实现中华民族伟大复兴奠定了根本政治前提和制度基础。中国共产党和中国人民以英勇顽强的奋斗向世界庄严宣告，中国人民不但善于破坏一个旧世界、也善于建设一个新世界，只有社会主义才能救中国，只有社会主义才能发展中国！

3. 为了实现中华民族伟大复兴，中国共产党团结带领中国人民，解放思想、锐意进取，创造了改革开放和社会主义现代化建设的伟大成就。我们实现新中国成立以来党的历史上具有深远意义的伟大转折，确立党在社会主义初级阶段的基本路线，坚定不移推进改革开放，战胜来自各方面的风险挑战，开创、坚持、捍卫、发展中国特色社会主义，实现了从高度集中的计划经济体制到充满活力的社会主义市场经济体制、从封闭半封闭到全方位开放的历史性转变，实现了从生产力相对落后的状况到经济总量跃居世界第二的历史性突破，实现了人民生活从温饱不足到总体小康、奔向全面小康的历史性跨越，为实现中华民族伟大复兴提供了充满新的活力的体制保证和快速发展的物质条件。中国共产党和中国人民以英勇顽强的奋斗向世界庄严宣告，改革开放是决定当代中国前途命运的关键一招，中国大踏步赶上了时代！

4. 为了实现中华民族伟大复兴，中国共产党团结带领中国人民，自信自强、守正创新，统揽伟大斗争、伟大工程、伟大事业、伟大梦想，创造了新时代中国特色社会主义的伟大成就。党的十八大以来，中国特色社会主义进入新时代，我们坚持和加强党的全面领导，统筹推进“五位一体”总体布局、协调推进“四个全面”战略布局，坚持和完善中国特色社会主义制度、推进国家治理体系和治理能力现代化，坚持依规治党、形成比较完善的党内法规体系，战胜一系列重大风险挑战，实现第一个百年奋斗目标，明确实现第二个百年奋斗目标的战略安排，党和国家事业取得历史性成就、发生历史性变革，为实现中华民族伟大复兴提供了更为完善的制度保证、更为坚实的物质基础、更为主动的精神力量。中国共产党和中国人民以英勇顽强的奋斗向世界庄严宣告，中华民族迎来了从站起来、富起来到强起来的伟大飞跃，实现中华民族伟大复兴进入了不可逆转的历史进程！

三、党的传统和灵魂

1. 党的优良传统是党在政治上、思想上、组织上、工作上、生活上等方面的精神特质和红色基因，具有穿越时空、辉映未来的永恒价值。

毛泽东在党的七大上首次概括了党的独特的三大优良作风：理论联系实际、密切联系群众、批评和自我批评。在中国共产党即将取得全国执政地位的前夕，毛泽东在

党的七届二中全会上谆谆告诫全党：务必使同志们继续地保持谦虚、谨慎、不骄、不躁的作风，务必使同志们继续地保持艰苦奋斗的作风。党在红船精神的基础上形成的井冈山精神、苏区精神、长征精神、延安精神、西柏坡精神，保证了党同人民群众的血肉联系，赢得了民心，赢得了江山，实现了马克思主义与中国实际相结合的第一次历史性飞跃。

新中国成立后，中国共产党以“进京赶考”的姿态坚持以严格的纪律和规矩加强执政党的建设。依靠“两个务必”，在一穷二白的条件下，形成了比较完整的国民经济体系。在改革开放和现代化建设新时期即将来临的前夕，邓小平在党的十一大上，要求全党恢复和发扬党的优良传统和作风。在改革开放和现代化建设新的征途上，中国共产党继续发扬党的优良传统，取得了对外开放和发展社会主义市场经济条件下领导国家建设的硕果，实现了人民生活从温饱向小康的历史性转变。党的优良传统是共产党人必须遵循的党性原则。共产党人秉持对共产主义的共同理想、全心全意为人民服务的宗旨意识、中国特色社会主义的坚定信念，也就有了严格的政治纪律和政治规矩，做到“心中有党、心中有民、心中有责、心中有戒”。坚定崇高的政治理想、政治信念以及由此产生的忠贞不渝的革命意志，始终是中国共产党人战胜各种艰难险阻，保持政治本色，不断夺取革命、建设、改革胜利的强大力量源泉。

党历来重视干部思想教育。坚持以马克思主义为指导不断认识世界、改造世界是共产党人的思想遵循和制胜法宝。党成立时就把马克思主义鲜明地镌刻在自己的旗帜上，始终坚持理论联系实际的作风，始终坚持把马克思主义基本原理同中国具体实际相结合，不断形成革命、建设、改革的正确路线方针政策，不断开辟中国人民救国、建国、兴国的正确道路。也正是因为党将思想建设放在党的建设的首位，坚持用科学理论武装党员、教育人民，才能不断增强挽救祖国、振兴中华的自觉性和坚定性，一往无前地为实现国家富强和民族振兴而奋斗。

党的优良传统不但是党员个人的意识表现，更是党的整体共识。中国共产党按照马克思主义建党原则，建立了由党的中央组织、地方组织和基层组织构成的科学严密的组织体系，使全党形成一个统一整体，形成共同奋斗的合力。党在长期的革命、建设、改革的实践中，坚持民主基础上的集中和集中指导下的民主相结合，正确规范了党内政治生活和党内关系，保证了党的路线方针政策科学制定和有效执行，不断增强了党的创造力、凝聚力、战斗力，长期保证了国家统一、民族团结和社会稳定。

习近平总书记指出：“坚持思想建党和制度治党紧密结合。从严治党靠教育，也靠制度，二者一柔一刚，要同向发力、同时发力。”古往今来，治国治党的规律在于德法合治，这是中华民族长期维系国家统一、民族团结和社会稳定的宝贵的政治文化传统。纪律是刚性的，是规范党员越轨行为之最后屏障；优良传统是柔性的，是抑制人的不良行为的内心防线，对人的行为和思想的作用主要是自律；二者如车之两轮，鸟之两翼，辩证统一于从严治党。

2. 党的灵魂。

党的十八大报告指出：“对马克思主义的信仰，对社会主义和共产主义的信念，是共产党人的政治灵魂，是共产党人经受住任何考验的精神支柱。”习近平总书记在庆祝中国共产党成立 100 周年大会上的讲话指出，马克思主义是我们立党立国的根本指导思想，是我们党的灵魂和旗帜。中国共产党为什么能，中国特色社会主义为什么好，归根到底是因为马克思主义行！

3. 伟大建党精神。

习近平总书记在庆祝中国共产党成立 100 周年大会上的讲话中指出，一百年前，中国共产党的先驱们创建了中国共产党，形成了坚持真理、坚守理想，践行初心、担当使命，不怕牺牲、英勇斗争，对党忠诚、不负人民的伟大建党精神，这是中国共产党的精神之源。

第二节 党的理想和信念

一、党的信仰与理想

《共产党宣言》是中国共产党人的信仰之源。习近平总书记指出：“我们共产党人的根本，就是对马克思主义的信仰，对共产主义和社会主义的信念，对党和人民的忠诚。”

共产主义远大理想和中国特色社会主义共同理想，是中国共产党人的精神支柱和政治灵魂，也是保持党的团结统一的思想基础。要把坚定理想信念作为党的思想建设的首要任务，教育引导全党牢记党的宗旨，挺起共产党人的精神脊梁，解决好世界观、人生观、价值观这个“总开关”问题，自觉做共产主义远大理想和中国特色社会主义共同理想的坚定信仰者和忠实实践者。

二、党的路线与政治原则

中国共产党在社会主义初级阶段的基本路线是：领导和团结全国各族人民，以经济建设为中心，坚持四项基本原则，坚持改革开放，自力更生，艰苦创业，为把我国建设成为富强民主文明和谐美丽的社会主义现代化强国而奋斗。

党在社会主义初级阶段的基本路线作为党的政治路线，是党和国家的生命线、人民的幸福线，必须坚决捍卫、坚定执行。

坚持社会主义道路、坚持人民民主专政、坚持中国共产党的领导、坚持马克思列宁主义毛泽东思想这四项基本原则，是我们的立国之本。在社会主义现代化建设的整个过程中，必须坚持四项基本原则，反对资产阶级自由化。

三、党的纲领

党的纲领包括最高纲领和基本纲领两部分。党的最高纲领是实现共产主义。现阶段党的基本纲领包括经济、政治、文化、社会和生态 5 个方面，即党在社会主义初级阶段的基本奋斗目标和基本政策，这是整个社会主义初级阶段的奋斗纲领。

四、党的根本性建设

党的政治建设是党的根本性建设，决定党的建设方向和效果，事关统揽推进伟大斗争、伟大工程、伟大事业、伟大梦想。要以党的政治建设为统领，把政治标准和政治要求贯穿党的思想建设、组织建设、作风建设、纪律建设以及制度建设、反腐败斗争始终，以政治上的加强推动全面从严治党向纵深发展，引领带动党的建设质量全面提高。要把党的政治建设融入党和国家重大决策部署的制定和落实全过程，做到党的政治建设与各项业务工作特别是中心工作紧密结合、相互促进。

第三节　党的性质和宗旨

党的性质：中国共产党是中国工人阶级的先锋队，同时是中国人民和中华民族的先锋队，是中国特色社会主义事业的领导核心，代表中国先进生产力的发展要求，代表中国先进文化的前进方向，代表中国最广大人民的根本利益。

党的宗旨：全心全意为人民服务。

第四节　党的纪律和规矩

一、党的纪律和规矩的时代内涵

党的十八大以来，以习近平同志为核心的党中央从战略和全局的高度，对加强党的纪律建设、增强全党纪律性作出新部署新要求。在十八届中央纪委二次全会上，习近平总书记强调要严明党的政治纪律；在三次全会上，他又重点强调要严明党的组织纪律；在五次全会上，习近平总书记强调，“要加强纪律建设，把守纪律讲规矩摆在更加重要的位置”，对遵守政治规矩进行了全面阐释，并提出“五个必须”的重点要求。新形势下，党中央强调守纪律、讲规矩，切中了时弊，抓住了根本，有着很强的现实针对性，不仅对进一步从严治党和深化反腐败工作提出了新的更高要求，为广大党员干部牢固树立纪律和规矩意识指明了方向，而且丰富了党的纪律建设理论。

二、党的纪律和规矩的现实意义

守纪律、讲规矩是中国共产党的优良传统和宝贵经验；守纪律、讲规矩是全面从严治党的必然要求；守纪律、讲规矩是反腐败斗争取得压倒性胜利的迫切需要；守纪律、讲规矩是重构良好政治生态的重大举措；守纪律、讲规矩是保持党的先进性、纯洁性的实现途径。

三、党的纪律和规矩的主要内容

党章是全党必须遵循的总章程，也是总规矩。党章集中体现了党的性质和宗旨、党的理论和路线方针政策、党的重要主张，规定了党的重要制度和体制机制，在党内具有最高的权威性和最大的约束力，是全党必须共同遵守的根本行为规范。党章就是党的根本大法，是全党必须遵循的总规矩。

党的纪律是刚性约束。党规党纪严于国家法律，党的各级组织和广大党员干部不仅要模范遵守国家法律，而且要按照党规党纪以更高标准严格要求自己，坚定理想信念，践行党的宗旨，坚决同违法乱纪行为作斗争。党纪就是红线，处分就是惩戒。党的纪律是多方面的，政治纪律、组织纪律、财经纪律、工作纪律和生活纪律等都是党员干部必须自觉遵守的规矩。

国家法律是党员干部必须遵守的规矩。当前，一个立足中国国情和实际、适应改革开放和社会主义现代化建设需要、集中体现党和人民意志的，以宪法为统帅，以宪法相关法、民法商法等多个法律部门的法律为主干，由法律、行政法规、地方性法规等多个层次的法律规范构成的中国特色社会主义法律体系已经形成，这些都是党员干部必须自觉遵守的规矩。党员干部要对法律怀有敬畏之心，牢记法律红线不可逾越、法律底线不可触碰，带头遵守法律，带头依法办事。

党在长期实践中形成的优良传统和工作惯例也是重要的党内规矩。对我们这么大一个执政党来讲，全面从严治党、加强党的建设的任务艰巨繁重，光有成文的规矩不够，还得有不成文的规矩。党章等党内规章制度、党的纪律和国家法律，这些是成文的规矩。这些成文的规矩不可能囊括所有对党员干部的要求，不可能穷尽对党员干部思想和行为应当规范的所有事项，还必须以不成文的规矩作为补充，使党员干部在任何时候、任何情况下都心有所畏、言有所戒、行有所止，使管党治党没有空白、不留盲区。

第五节　习题演练

一、单项选择题

1. 习近平总书记在党史学习教育动员大会上指出，要教育引导全党深刻认识党的性质宗旨，坚持一切为了人民、一切依靠人民，始终把人民放在心中最高位置、把（　）作为奋斗目标，推动改革发展成果更多更公平惠及全体人民，推动共同富裕取得更为明显的实质性进展，把 14 亿中国人民凝聚成推动中华民族伟大复兴的磅礴力量。

A. 人民对美好生活的向往

B. 人民对改善生活质量

C. 人民对富裕生活的向往

D. 人民对国家强大的向往

【参考答案】 A

【答案解析】 依据是 2021 年 2 月 20 日习近平总书记在党史学习教育动员大会上的重要讲话。

2. 关于党规党纪，下列说法错误的是（　）。

A. 党的纪律是多方面的，政治纪律、组织纪律、廉洁纪律、群众纪律、工作纪律和

生活纪律等都是党员干部必须自觉遵守的规矩

B. 党在长期实践中形成的优良传统和工作惯例也是重要的党内规矩

C. 国家法律是党员干部必须遵守的规矩，国家法律严于党规党纪

D. 党章是全党必须遵循的总章程，也是总规矩

【参考答案】 C

【答案解析】 党规党纪严于国家法律，党的各级组织和广大党员干部不仅要模范遵守国家法律，而且要按照党规党纪以更高标准严格要求自己。

3. 指导党和人民实现中华民族伟大复兴的正确理论是（ ）。

A. 中国特色社会主义道路　　B. 中国特色社会主义理论体系

C. 中国特色社会主义制度　　D. 中国特色社会主义文化

【参考答案】 B

【答案解析】 中国特色社会主义道路是实现社会主义现代化、创造人民美好生活的必由之路，中国特色社会主义理论体系是指导党和人民实现中华民族伟大复兴的正确理论，中国特色社会主义制度是当代中国发展进步的根本制度保障，中国特色社会主义文化是激励全党全国各族人民奋勇前进的强大精神力量。

4. 毛泽东提出的“两个务必”要求的内容是务必使同志们继续地保持（ ）的作风，务必使同志们继续地保持艰苦奋斗的作风。

A. 勤政、爱民、不骄、不躁

B. 谦虚、谨慎、不骄、不躁

C. 谦虚、谨慎、勤政、爱民

D. 谦虚、爱民、不骄、不躁

【参考答案】 B

【答案解析】 在党的七届二中全会上，毛泽东提出了“两个务必”。其内容是务必使同志们继续地保持谦虚、谨慎、不骄、不躁的作风，务必使同志们继续地保持艰苦奋斗的作风。

5. 把习近平新时代中国特色社会主义思想写入我们党的行动指南，这是党的十九大的一个重大历史贡献。习近平新时代中国特色社会主义思想回答的重大时代课题是（ ）。

A. 新形势下实现什么样的发展，怎样发展

B. 新时代坚持和发展什么样的中国特色社会主义、怎样坚持和发展中国特色社会主义

C. 什么是社会主义、怎样建设社会主义和建设什么样的党、怎样建设党

D. 我国正处于并将长期处于社会主义初级阶段

【参考答案】 B

【答案解析】 党的十八大以来，以习近平同志为主要代表的中国共产党人，顺应时

代发展，从理论和实践结合上系统回答了新时代坚持和发展什么样的中国特色社会主义、怎样坚持和发展中国特色社会主义这个重大时代课题，创立了习近平新时代中国特色社会主义思想。

6. 中国特色社会主义最本质的特征和中国特色社会主义制度的最大优势是（　）。

A. 中国共产党的领导　　B. 坚持改革开放

C. 以经济建设为中心　　D. 坚持依法治国

【参考答案】A

【答案解析】《中国共产党章程》总纲指出，中国共产党的领导是中国特色社会主义最本质的特征，是中国特色社会主义制度的最大优势。党政军民学，东西南北中，党是领导一切的。

7. 党的纲领包括最高纲领和基本纲领两部分。现阶段中国共产党的基本纲领是（　）。

A. 实现共产主义　　B. 中国特色社会主义事业总体布局

C. 实现中华民族伟大复兴　　D. 全面依法治国

【参考答案】B

【答案解析】党的基本纲领是党在社会主义初级阶段的基本路线在经济、政治、文化、社会、生态文明等方面的展开，是建设有中国特色社会主义的基本目标和基本政策，即中国特色社会主义事业总体布局。

8. 全党同志要坚定“四个自信”，贯彻党的基本理论、基本路线、基本方略。“四个自信”是指（　）。

A. 路线自信、理论自信、制度自信、文化自信

B. 道路自信、理论自信、制度自信、文化自信

C. 道路自信、理论自信、体制自信、文化自信

D. 道路自信、理论自信、制度自信、思想自信

【参考答案】B

【答案解析】习近平在庆祝中国共产党成立95周年大会上的重要讲话指出，全党要坚定道路自信、理论自信、制度自信、文化自信。

9. 党的根本性建设，决定党的建设方向和效果，事关统揽推进伟大斗争、伟大工程、伟大事业、伟大梦想。党的根本性建设是（　）。

A. 政治建设　　B. 思想建设　　C. 作风建设　　D. 纪律建设

【参考答案】A

【答案解析】党的政治建设是党的根本性建设，决定党的建设方向和效果，事关统揽推进伟大斗争、伟大工程、伟大事业、伟大梦想。

10.《中国共产党章程》总纲指出，我们党的最大政治优势是______，党执政后的最大危险是______。

A. 密切联系群众；脱离群众　　B. 为人民服务；脱离人民

C. 批评和自我批评；消极腐败　　D. 全面从严治党；脱离群众

【参考答案】A

【答案解析】《中国共产党章程》总纲指出，我们党的最大政治优势是密切联系群众，党执政后的最大危险是脱离群众。党风问题、党同人民群众联系问题是关系党生死存亡的问题。党在自己的工作中实行群众路线，一切为了群众，一切依靠群众，从群众中来，到群众中去，把党的正确主张变为群众的自觉行动。

11. 党的建设的首位是（　）。

A. 政治建设　　B. 思想建设　　C. 作风建设　　D. 纪律建设

【参考答案】B

【答案解析】注重从思想上建党，即将思想建设放在党的建设的首位，这是中国共产党自身建设的显著特点和政治优势，是马克思主义中国化的重大突破，是我们党加强自身建设的基本原则和重要法宝，也是全面从严治党的鲜明特色。

12. 中国共产党在长期的革命斗争中形成了一整套优良作风。毛泽东把它们概括为三大作风，具体为：理论联系实际的作风、密切联系群众的作风和（　）。

A. 勇于自我革命的作风　　B. 为人民服务的作风

C. 艰苦奋斗的作风　　D. 批评与自我批评的作风

【参考答案】D

【答案解析】中国共产党的三大作风是：理论联系实际、密切联系群众、批评与自我批评的作风。

13.《中国共产党章程》是中国共产党管党治党的总章程、总规矩，是中国共产党最根本的党内法规。现行的《中国共产党章程》经中国共产党第十九次全国代表大会部分修改，（　）通过。

A. 2018 年 10 月 18 日　　B. 2017 年 10 月 24 日

C. 2017 年 10 月 26 日　　D. 2018 年 10 月 24 日

【参考答案】B

【答案解析】现行的《中国共产党章程》由中国共产党第十九次全国代表大会部分修改，2017 年 10 月 24 日通过。

14. 现行的《中国共产党章程》，增写了必须坚持以（　）为中心的发展思想。

A. 改革　　B. 创新　　C. 人民　　D. 政治建设

【参考答案】 C

【答案解析】《中国共产党章程》总纲指出，必须坚持以人民为中心的发展思想，坚持创新、协调、绿色、开放、共享的发展理念。

15. 四项基本原则是我们的立国之本。四项基本原则包括：坚持社会主义道路、坚持人民民主专政、坚持马克思列宁主义毛泽东思想和（　）。

A. 坚持中国共产党的领导　　B. 坚持改革开放

C. 坚持以经济建设为中心　　D. 坚持全心全意为人民服务

【参考答案】 A

【答案解析】《中国共产党章程》总纲指出，坚持社会主义道路、坚持人民民主专政、坚持中国共产党的领导、坚持马克思列宁主义毛泽东思想这四项基本原则，是我们的立国之本。在社会主义现代化建设的整个过程中，必须坚持四项基本原则，反对资产阶级自由化。

16. 现行的《中国共产党章程》，增写了培育和践行社会主义核心价值观的内容。在社会主义核心价值观中，个人层面的价值取向是（　）。

A. 爱国、敬业、诚信、友善　　B. 富强、民主、文明、和谐

C. 自由、平等、公正、法治　　D. 爱国、守法、明礼、诚信

【参考答案】 A

【答案解析】 党的十八大提出，倡导富强、民主、文明、和谐，倡导自由、平等、公正、法治，倡导爱国、敬业、诚信、友善，积极培育和践行社会主义核心价值观。富强、民主、文明、和谐是国家层面的价值目标，自由、平等、公正、法治是社会层面的价值取向，爱国、敬业、诚信、友善是公民个人层面的价值准则，这24个字是社会主义核心价值观的基本内容。

17. 中国共产党执政兴国的第一要务是（　）。

A. 发展　　B. 创新　　C. 改革　　D. 复兴

【参考答案】 A

【答案解析】《中国共产党章程》总纲指出，发展是我们党执政兴国的第一要务。必须坚持以人民为中心的发展思想，坚持创新、协调、绿色、开放、共享的发展理念。

18. 中国特色社会主义事业"五位一体"总体布局是经济建设、政治建设、文化建设、社会建设和（　）。

A. 制度建设　　B. 生态文明建设

C. 作风建设　　D. 法治建设

【参考答案】 B

【答案解析】《中国共产党章程》总纲指出，必须按照中国特色社会主义事业"五位一体"

总体布局和“四个全面”战略布局，统筹推进经济建设、政治建设、文化建设、社会建设、生态文明建设，协调推进全面建成小康社会、全面深化改革、全面依法治国、全面从严治党。

19.《关于新形势下党内政治生活的若干准则》指出，我们党的优良传统和政治优势是（　）。

A. 密切联系群众　　B. 批评和自我批评

C. 开展严肃认真的党内政治生活　　D. 自我革命

【参考答案】C

【答案解析】开展严肃认真的党内政治生活，是我们党的优良传统和政治优势。在长期实践中，我们党坚持把开展严肃认真的党内政治生活作为党的建设重要任务来抓，形成了以实事求是、理论联系实际、密切联系群众、批评和自我批评、民主集中制、严明党的纪律等为主要内容的党内政治生活基本规范，为巩固党的团结和集中统一、保持党的先进性和纯洁性、增强党的生机活力积累了丰富经验，为保证完成党在各个历史时期中心任务发挥了重要作用。

20. 中国特色社会主义事业“四个全面”战略布局是全面建成小康社会、（　）、全面依法治国和全面从严治党。

A. 全面深化改革　　B. 全面改革开放

C. 全面脱贫攻坚　　D. 全面建设中国特色社会主义

【参考答案】A

【答案解析】2014 年 12 月，习近平总书记在江苏调研时将“三个全面”上升到了“四个全面”，要“协调推进全面建成小康社会、全面深化改革、全面推进依法治国、全面从严治党，推动改革开放和社会主义现代化建设迈上新台阶”，新增了“全面从严治党”。

21. 中国共产党第一代中央领导集体的核心是（　）。

A. 陈独秀　　B. 李大钊　　C. 毛泽东　　D. 邓小平

【参考答案】C

【答案解析】习近平总书记在纪念毛泽东同志诞辰 120 周年座谈会上的讲话指出，毛泽东同志是伟大的马克思主义者，伟大的无产阶级革命家、战略家、理论家，是马克思主义中国化的伟大开拓者，是近代以来中国伟大的爱国者和民族英雄，是党的第一代中央领导集体的核心，是领导中国人民彻底改变自己命运和国家面貌的一代伟人。

22. 中国特色社会主义道路的开创者是（　）。

A. 毛泽东　　B. 邓小平　　C. 江泽民　　D. 习近平

【参考答案】B

【答案解析】习近平总书记在纪念邓小平同志诞辰 110 周年座谈会上的讲话指出，邓

小平同志是全党全军全国各族人民公认的享有崇高威望的卓越领导人，伟大的马克思主义者，伟大的无产阶级革命家、政治家、军事家、外交家，久经考验的共产主义战士，中国社会主义改革开放和现代化建设的总设计师，中国特色社会主义道路的开创者，邓小平理论的主要创立者。

23. 我们党一切行动的根本出发点和落脚点是（　）。

A. 建设社会主义强国　　B. 实现中华民族的复兴

C. 巩固党的执政地位　　D. 全心全意为人民服务

【参考答案】D

【答案解析】习近平总书记在纪念毛泽东同志诞辰120周年座谈会上的讲话指出：全心全意为人民服务，是我们党一切行动的根本出发点和落脚点，是我们党区别于其他一切政党的根本标志。

24. 中国共产党的根本政治立场是（　）。

A. 阶级立场　　B. 人民立场　　C. 农民立场　　D. 工人立场

【参考答案】B

【答案解析】习近平总书记在庆祝中国共产党成立95周年大会上的讲话指出，人民立场是中国共产党的根本政治立场，是马克思主义政党区别于其他政党的显著标志。

25. 检验一个政党、一个政权性质的试金石是（　）。

A. 为什么人、靠什么人的问题　　B. 实不实行民主

C. 搞不搞法治　　D. 讲不讲人权

【参考答案】A

【答案解析】习近平总书记在纪念红军长征胜利80周年大会上的讲话指出，在新的长征路上，全党必须牢记，为什么人、靠什么人的问题，是检验一个政党、一个政权性质的试金石。

26. 中华民族近代以来最伟大的梦想是（　）。

A. 实现民族独立和人民解放　　B. 实现中国人民的共同富裕

C. 实现中华民族的伟大复兴　　D. 推动构建人类命运共同体

【参考答案】C

【答案解析】习近平总书记指出，实现中华民族伟大复兴，就是中华民族近代以来最伟大的梦想。

27. 首次确立了毛泽东同志在红军和党中央的领导地位的会议是（　）。

A. 古田会议　　B. 遵义会议

C. 瓦窑堡会议　　D. 党的七大

【参考答案】B

【答案解析】习近平总书记在纪念红军长征胜利80周年大会上的讲话指出，遵义会议是我们党历史上一个生死攸关的转折点，这次会议确立了毛泽东同志在红军和党中央的领导地位。

28. 马克思主义博大精深，归根到底就是一句话：（ ）。

A. 消灭私有制　　B. 实现共产主义

C. 无产阶级专政　　D. 为人类求解放

【参考答案】D

【答案解析】习近平总书记在纪念马克思诞辰200周年大会上的讲话指出，马克思主义博大精深，归根到底就是一句话，为人类求解放。

29. 中国共产党人的信仰之源是（ ）。

A. 马克思主义　　B.《中国共产党章程》

C. 习近平新时代中国特色社会主义思想　　D. 科学发展观

【参考答案】A

【答案解析】习近平总书记指出："我们共产党人的根本，就是对马克思主义的信仰，对共产主义和社会主义的信念，对党和人民的忠诚。"

30.《中国共产党廉洁自律准则》包括《党员廉洁自律规范》和（ ）。

A.《党员领导干部廉洁自律守则》　　B.《领导干部廉洁自律守则》

C.《党员领导干部廉洁自律规范》　　D.《领导干部廉洁自律规范》

【参考答案】C

【答案解析】《中国共产党廉洁自律准则》包括《党员廉洁自律规范》和《党员领导干部廉洁自律规范》两个部分。

二、多项选择题

1. 习近平总书记在学习贯彻党的十九大精神研讨班开班式上发表重要讲话时提出的"五个过硬"除了信念过硬，还包括（ ）。

A. 政治过硬　　B. 责任过硬

C. 能力过硬　　D. 作风过硬

【参考答案】ABCD

【答案解析】2018年1月5日，习近平总书记在学习贯彻党的十九大精神研讨班开班式上发表重要讲话，强调要把我们党建设好，必须抓住"关键少数"。中央委员会成员和省部级主要领导干部必须做到信念过硬，政治过硬，责任过硬，能力过硬，作风过硬。

2. 新形势下加强和规范党内政治生活，必须以党章为根本遵循，坚持党的政治路线、思想路线、组织路线、群众路线，着力增强党内政治生活的政治性、时代性、原则性、战斗性，着力增强党的“四种能力”，具体包括（　）。

A. 自我净化的能力　　B. 自我完善的能力

C. 自我革新的能力　　D. 自我提高的能力

【参考答案】ABCD

【答案解析】新形势下加强和规范党内政治生活，必须以党章为根本遵循，坚持党的政治路线、思想路线、组织路线、群众路线，着力增强党内政治生活的政治性、时代性、原则性、战斗性，着力增强党自我净化、自我完善、自我革新、自我提高能力，着力提高党的领导水平和执政水平、增强拒腐防变和抵御风险能力，着力维护党中央权威、保证党的团结统一、保持党的先进性和纯洁性，努力在全党形成又有集中又有民主、又有纪律又有自由、又有统一意志又有个人心情舒畅生动活泼的政治局面。

3. 中国共产党的性质是（　）。

A. 中国工人阶级的先锋队　　B. 中国人民和中华民族的先锋队

C. 中国特色社会主义事业的领导核心　　D. 代表全体共产党员的利益

【参考答案】ABC

【答案解析】《中国共产党章程》规定，中国共产党是中国工人阶级的先锋队、中国人民和中华民族的先锋队、中国特色社会主义事业的领导核心、代表中国先进生产力的发展要求、代表中国先进文化的前进方向、代表中国最广大人民的根本利益。

4. 坚持和加强党的全面领导，最重要的是坚决做到“两个维护”，具体指的是（　）。

A. 坚决维护党中央权威和集中统一领导

B. 坚决维护中国特色社会主义道路的指导作用

C. 坚决维护习近平总书记党中央的核心、全党的核心地位

D. 坚决维护党章这一根本遵循

【参考答案】AC

【答案解析】坚持和加强党的全面领导，最重要的是坚决维护党中央权威和集中统一领导；坚决维护党中央权威和集中统一领导，最关键的是坚决维护习近平总书记党中央的核心、全党的核心地位。

5. 习近平总书记对推进中央和国家机关党的政治建设作出重要指示中，对于中央和国家机关各级党组织和广大党员干部提出要做到“三个表率，一个模范”的要求。“三个表率”是指（　）。

A. 在深入学习贯彻新时代中国特色社会主义思想上作表率

B. 在始终同党中央保持高度一致上作表率

C. 在坚决贯彻落实党中央各项决策部署上作表率

D. 在要彰显政治统领，坚持问题导向，融入业务工作，健全制度机制，严格责任落实上作表率

【参考答案】ABC

【答案解析】习近平总书记在2018年全国组织工作会议上强调，对于中央和国家机关各级党组织和广大党员干部，要做到“三个表率，一个模范”：在深入学习贯彻新时代中国特色社会主义思想上作表率；在始终同党中央保持高度一致上作表率；在坚决贯彻落实党中央各项决策部署上作表率；建设让党中央放心、让人民群众满意的模范机关。

6. 2021年7月1日，习近平总书记在庆祝中国共产党成立100周年大会上的讲话中首提伟大建党精神，其具体内容包括（ ）。

A. 坚持真理、坚守理想　　B. 践行初心、担当使命

C. 不怕牺牲、英勇斗争　　D. 对党忠诚、不负人民

【参考答案】ABCD

【答案解析】一百年前，中国共产党的先驱们创建了中国共产党，形成了坚持真理、坚守理想，践行初心、担当使命，不怕牺牲、英勇斗争，对党忠诚、不负人民的伟大建党精神，这是中国共产党的精神之源。

7. 根据《中国共产党章程》，以下属于党员必须履行的义务的有（ ）。

A. 认真学习马克思列宁主义、毛泽东思想、邓小平理论、“三个代表”重要思想、科学发展观、习近平新时代中国特色社会主义思想，学习党的路线、方针、政策和决议，学习党的基本知识，学习科学、文化、法律和业务知识，努力提高为人民服务的本领

B. 切实开展批评和自我批评，勇于揭露和纠正违反党的原则的言行和工作中的缺点、错误，坚决同消极腐败现象作斗争

C. 自觉遵守党的纪律，首先是党的政治纪律和政治规矩，模范遵守国家的法律法规，严格保守党和国家的秘密，执行党的决定，服从组织分配，积极完成党的任务

D. 在党的会议上有根据地批评党的任何组织和任何党员，向党负责地揭发、检举党的任何组织和任何党员违法乱纪的事实，要求处分违法乱纪的党员，要求罢免或撤换不称职的干部

【参考答案】ABC

【答案解析】“在党的会议上有根据地批评党的任何组织和任何党员，向党负责地揭发、检举党的任何组织和任何党员违法乱纪的事实，要求处分违法乱纪的党员，要求罢免或撤换不称职的干部”是党员的权利。选项A、选项B、选项C为党员必须履行

的义务。

8. 中国共产党在社会主义初级阶段的基本路线包括（ ）。

A. 领导和团结全国各族人民

B. 以经济建设为中心，坚持四项基本原则，坚持改革开放

C. 自力更生，艰苦创业

D. 为把我国建设成为富强民主文明和谐美丽的社会主义现代化强国而奋斗

【参考答案】 ABCD

【答案解析】《中国共产党章程》总纲指出，中国共产党在社会主义初级阶段的基本路线是：领导和团结全国各族人民，以经济建设为中心，坚持四项基本原则，坚持改革开放，自力更生，艰苦创业，为把我国建设成为富强民主文明和谐美丽的社会主义现代化强国而奋斗。

9. 2016 年 10 月 27 日，中国共产党第十八届中央委员会第六次全体会议通过的《关于新形势下党内政治生活的若干准则》指出，新形势下加强和规范党内政治生活，重点对象包括（ ）。

A. 各级领导机关　　B. 各级领导干部

C. 县处级以上领导干部　　D. 全体党员

【参考答案】 AB

【答案解析】 2016 年 10 月 27 日，中国共产党第十八届中央委员会第六次全体会议通过的《关于新形势下党内政治生活的若干准则》指出，新形势下加强和规范党内政治生活，重点是各级领导机关和领导干部，关键是高级干部特别是中央委员会、中央政治局、中央政治局常务委员会的组成人员。

10. 党的纪律是党的各级组织和全体党员必须遵守的行为规则。党的纪律主要包括（ ）。

A. 政治纪律、组织纪律　　B. 廉洁纪律、群众纪律

C. 工作纪律、生活纪律　　D. 经济纪律

【参考答案】 ABC

【答案解析】 2018 年 8 月，中共中央新修订的《中国共产党纪律处分条例》指出，党章是最根本的党内法规，是管党治党的总规矩。党的纪律是党的各级组织和全体党员必须遵守的行为规则。党的纪律包括政治纪律、组织纪律、廉洁纪律、群众纪律、工作纪律、生活纪律等。

11. 下列属于对党员纪律处分的有（ ）。

A. 严重警告　　B. 降职　　C. 留党察看　　D. 开除党籍

【参考答案】 ACD

【答案解析】《中国共产党纪律处分条例》第八条规定，对党员的纪律处分种类包括：(1) 警告；(2) 严重警告；(3) 撤销党内职务；(4) 留党察看；(5) 开除党籍。

12. 改革开放以来我们取得一切成绩和进步的根本原因，归结起来有（ ）。

A. 开辟了中国特色社会主义道路　　B. 形成了中国特色社会主义理论体系

C. 确立了中国特色社会主义制度　　D. 发展了中国特色社会主义文化

【参考答案】 ABCD

【答案解析】《中国共产党章程》总纲指出，改革开放以来我们取得一切成绩和进步的根本原因，归结起来就是：开辟了中国特色社会主义道路，形成了中国特色社会主义理论体系，确立了中国特色社会主义制度，发展了中国特色社会主义文化。

13. 关于党员，以下说法正确的有（ ）。

A. 年满 18 岁的中国工人、农民、军人、知识分子和其他社会阶层的先进分子，承认党的纲领和章程，愿意参加党的一个组织并在其中积极工作、执行党的决议和按期交纳党费的，可以申请加入中国共产党

B. 中国共产党党员必须全心全意为人民服务，必须牺牲个人的一切，为实现共产主义奋斗终身

C. 中国共产党党员永远是劳动人民的普通一员

D. 中国共产党党员是中国工人阶级的有共产主义觉悟的先锋战士

【参考答案】 ACD

【答案解析】 选项 B 的正确表述应为："中国共产党党员必须全心全意为人民服务，不惜牺牲个人的一切，为实现共产主义奋斗终身。"

14. 中国共产党人的精神支柱和政治灵魂是保持党的团结统一的思想基础。中国共产党人的理想信念包括（ ）。

A. 共产主义远大理想　　B. 中国特色社会主义共同理想

C. 中国特色社会主义远大理想　　D. 实现中华民族的伟大复兴

【参考答案】 AB

【答案解析】 共产主义远大理想和中国特色社会主义共同理想，是中国共产党人的理想信念，是中国共产党人的精神支柱和政治灵魂，也是保持党的团结统一的思想基础。

15. 党的十九大指出，我国当今的三大历史任务是（ ）。

A. 推进现代化建设　　B. 完成祖国统一

C. 全面建成小康社会　　D. 维护世界和平与促进共同发展

【参考答案】 ABD

【答案解析】 党的十九大指出，全党全国各族人民要紧密团结在党中央周围，高举中国特色社会主义伟大旗帜，锐意进取，埋头苦干，为实现推进现代化建设、完成祖国统一、维护世界和平与促进共同发展三大历史任务，为决胜全面建成小康社会、夺取新时代中国特色社会主义伟大胜利、实现中华民族伟大复兴的中国梦、实现人民对美好生活的向往继续奋斗！

16. 批评和自我批评是我们党强身治病、保持肌体健康的锐利武器，也是加强和规范党内政治生活的重要手段。关于批评和自我批评，下列说法正确的有（ ）。

A. 批评和自我批评必须坚持实事求是，讲党性不讲私情、讲真理不讲面子

B. 要坚持“批评——团结——批评”，按照“照镜子、正衣冠、洗洗澡、治治病”的要求

C. 党员、干部必须严于自我解剖，对发现的问题要深入剖析原因，认真整改。对待批评要有则改之、无则加勉，不能搞无原则的纷争

D. 党内工作会议的报告、讲话以及各类工作总结，上级机关和领导干部检查指导工作，不要讲成绩和经验，要多讲问题和不足

【参考答案】 AC

【答案解析】 选项 B 表述应为坚持“团结——批评——团结”，选项 D 表述应为既要讲成绩和经验，又要讲问题和不足。

17. 习近平新时代中国特色社会主义思想，明确了全面深化改革总目标是（ ）。

A. 坚持党对一切工作的领导

B. 决胜全面建成小康社会，开启全面建设社会主义现代化国家新征程

C. 完善和发展中国特色社会主义制度

D. 推进国家治理体系和治理能力现代化

【参考答案】 CD

【答案解析】 党的十八届三中全会审议通过的《中共中央关于全面深化改革若干重大问题的决定》提出，全面深化改革的总目标是完善和发展中国特色社会主义制度，推进国家治理体系和治理能力现代化。

18. 关于党员的权利，以下说法正确的有（ ）。

A. 党员有参加党的有关会议，阅读党的有关文件，接受党的教育和培训的权利

B. 党员可以在党的会议上有根据地批评党的任何组织和任何党员，向党负责地揭发、检举党的任何组织和任何党员违法乱纪的事实，要求处分违法乱纪的党员，要求罢免或撤换不称职的干部

C. 党员行使表决权、选举权，有被选举权

D. 除党中央外，其他党的任何组织无权剥夺党员的权利

【参考答案】 ABC

【答案解析】《中国共产党章程》第四条指出，党的任何一级组织直至中央都无权剥夺党员的上述权利。

19. 党员领导干部廉洁自律规范包括（ ）。

A. 廉洁从政，自觉保持人民公仆本色　B. 廉洁用权，自觉维护人民根本利益

C. 廉洁修身，自觉提升思想道德境界　D. 廉洁齐家，自觉带头树立良好家风

【参考答案】 ABCD

【答案解析】 2015 年 10 月，中共中央印发的《中国共产党廉洁自律准则》包括《党员廉洁自律规范》和《党员领导干部廉洁自律规范》两个部分。《党员领导干部廉洁自律规范》规定，廉洁从政，自觉保持人民公仆本色；廉洁用权，自觉维护人民根本利益；廉洁修身，自觉提升思想道德境界；廉洁齐家，自觉带头树立良好家风。

20. 根据《中国共产党章程》的规定，党的基层组织，根据工作需要和党员人数，经上级党组织批准，可以设立的组织有（ ）。

A. 党的基层委员会　B. 总支部委员会

C. 支部委员会　D. 县（自治县）党的委员会

【参考答案】 ABC

【答案解析】《中国共产党章程》第三十条规定，企业、农村、机关、学校、科研院所、街道社区、社会组织、人民解放军连队和其他基层单位，凡是有正式党员 3 人以上的，都应当成立党的基层组织。党的基层组织，根据工作需要和党员人数，经上级党组织批准，分别设立党的基层委员会、总支部委员会、支部委员会。县（自治县）党的委员会属于党的地方组织，因此选项 D 不符合题意。

三、判断题

1. 艰苦奋斗是共产党人的政治本色，是中国共产党和人民军队在长期革命和建设过程中形成的优良传统。（ ）

【参考答案】 ✓

【答案解析】 略。

2. 切实开展批评和自我批评，勇于揭露和纠正工作中的缺点、错误，坚决同消极腐败现象作斗争是党员必须履行的义务。（ ）

【参考答案】 ×

【答案解析】 根据《中国共产党章程》第三条的规定，“纠正工作中的缺点”应为

“纠正违反党的原则的言行和工作中的缺点”。

3. 发展党员，必须把政治标准放在首位，经过党的支部，坚持全面吸收的原则。（ ）

【参考答案】 ×

【答案解析】《中国共产党章程》第五条规定，发展党员，必须把政治标准放在首位，经过党的支部，坚持个别吸收的原则。

4. 党的纪律是党的各级组织和全体党员必须遵守的行为规则。（ ）

【参考答案】 √

【答案解析】 略。

5. 中国特色社会主义远大理想，是中国共产党人的精神支柱和政治灵魂，也是保持党的团结统一的思想基础。（ ）

【参考答案】 ×

【答案解析】 共产主义远大理想和中国特色社会主义共同理想，是中国共产党人的精神支柱和政治灵魂，也是保持党的团结统一的思想基础。

6. 我国正处于并将长期处于社会主义初级阶段。（ ）

【参考答案】 √

【答案解析】 略。

7. 党除了工人阶级和最广大人民群众的利益，没有自己特殊的利益。（ ）

【参考答案】 √

【答案解析】 略。

8. 延长预备党员预备期是党纪处分的一种。（ ）

【参考答案】 ×

【答案解析】《中国共产党发展党员工作细则》第三十二条规定，预备党员预备期满，党支部应当及时讨论其能否转为正式党员。认真履行党员义务、具备党员条件的，应当按期转为正式党员；需要继续考察和教育的，可以延长一次预备期，延长时间不能少于半年，最长不超过1年；不履行党员义务、不具备党员条件的，应当取消其预备党员资格。党纪处分种类分为5种：即警告、严重警告、撤销党内职务、留党察看、开除党籍。

9.《中国共产党章程》明确，坚持正确利益观，推动构建人类命运共同体。（ ）

【参考答案】 ×

【答案解析】“利益观”应为“义利观”。

10. 坚持党的领导、人民当家作主、改革开放有机统一是社会主义政治发展的必然要求。(　)

【参考答案】×

【答案解析】习近平在中国共产党第十九次全国代表大会上的报告中指出，坚持党的领导、人民当家作主、依法治国有机统一是社会主义政治发展的必然要求。

11. 党的十九大以来，中国特色社会主义进入新时代。(　)

【参考答案】×

【答案解析】党的十八大以来，中国特色社会主义进入新时代。

12. 一百年来，中国共产党团结带领中国人民进行的一切奋斗、一切牺牲、一切创造，归结起来就是一个主题：实现中华民族伟大复兴。(　)

【参考答案】√

【答案解析】略。

13. 中国共产党以毛泽东思想、邓小平理论、“三个代表”重要思想、科学发展观、习近平新时代中国特色社会主义思想作为自己的行动指南。(　)

【参考答案】×

【答案解析】中国共产党以马克思列宁主义、毛泽东思想、邓小平理论、“三个代表”重要思想、科学发展观、习近平新时代中国特色社会主义思想作为自己的行动指南。

14. 坚持真理、坚守理想，践行初心、担当使命，不怕牺牲、英勇斗争，对党忠诚、不负人民的伟大建党精神是中国共产党的精神之源。(　)

【参考答案】√

【答案解析】略。

15. 党的最高纲领是实现社会主义现代化。(　)

【参考答案】×

【答案解析】党的最高纲领是实现共产主义。

16. 党员对党的决议和政策如有不同意见，必须把自己的意见向党的上级组织直至中央提出。(　)

【参考答案】×

【答案解析】党员对党的决议和政策如有不同意见，在坚决执行的前提下，可以声明保留，并且可以把自己的意见向党的上级组织直至中央提出。

17. 党的三大作风，是毛泽东同志在党的八大提出来的，即理论联系实际、密切联系群众、批评与自我批评的作风。(　)

【参考答案】×

【答案解析】党的三大作风，是毛泽东同志在党的七大所作的《论联合政府》中提出来的，即理论联系实际、密切联系群众、批评与自我批评的作风。

18. 党的政治建设是党的根本性建设，决定党的建设方向和效果，事关统揽推进伟大斗争、伟大工程、伟大事业、伟大梦想。（ ）

【参考答案】√

【答案解析】略。

19. 中国共产党的领导是中国特色社会主义最本质的特征，是中国特色社会主义制度的最大优势。

【参考答案】√

【答案解析】略。

20. 党的纪律是党的基层组织和全体党员必须遵守的行为规则。（ ）

【参考答案】×

【答案解析】党的纪律是党的各级组织和全体党员必须遵守的行为规则。

四、简答题

1. 党的十九届六中全会通过的《中共中央关于党的百年奋斗重大成就和历史经验的决议》指出："党确立习近平同志党中央的核心、全党的核心地位，确立习近平新时代中国特色社会主义思想的指导地位。"这是党的十九届六中全会的一个重大政治决定和重大政治成果，为我们进一步增强"四个意识"、坚定"四个自信"、做到"两个维护"奠定了坚实政治基础、提出了明确思想要求。请结合"两个确立"的具体内涵，谈谈你的认识。

【参考答案】

（1）"两个确立"是党的十八大以来最重要的政治成果，习近平总书记的核心地位是被实践证明当之无愧的历史选择，习近平新时代中国特色社会主义思想实现了马克思主义中国化新的飞跃。

（2）"两个确立"反映了全党全军全国各族人民共同心愿，对新时代党和国家事业发展、对推进中华民族伟大复兴历史进程具有决定性意义。

（3）"两个确立"的明确，是党坚持辩证唯物主义和历史唯物主义的方法论，用具体历史的、客观全面的、联系发展的观点来看待党的百年奋斗历史得出的重大判断。

（4）"两个确立"是"两个维护"的根本政治前提和政治认知。只有思想上真正理解、树立起"两个确立"，才能在政治行为上坚决地做到"两个维护"。

(5) 全党同志只有在思想上牢固树立和明确“两个确立”，才能坚定自觉地同以习近平同志为核心的党中央保持思想上、政治上和行动上的高度一致，高举旗帜、听党指挥，凝聚起新时代勇毅奋进的磅礴力量，在中华民族伟大复兴进入不可逆转的历史进程中战胜一切艰难险阻，夺取最后的胜利。

2. 中国共产党要领导全国各族人民实现“两个一百年”奋斗目标、实现中华民族伟大复兴的中国梦，必须紧密围绕党的基本路线，坚持党要管党、全面从严治党，加强党的长期执政能力建设、先进性和纯洁性建设，以改革创新精神全面推进党的建设新的伟大工程，以党的政治建设为统领，全面推进党的政治建设、思想建设、组织建设、作风建设、纪律建设，把制度建设贯穿其中，深入推进反腐败斗争，全面提高党的建设科学化水平。党的建设必须实现哪些基本要求?

【参考答案】

(1) 坚持党的基本路线。全党要用邓小平理论、“三个代表”重要思想、科学发展观、习近平新时代中国特色社会主义思想和党的基本路线统一思想，统一行动，并且毫不动摇地长期坚持下去。

(2) 坚持解放思想，实事求是，与时俱进，求真务实。一切从实际出发，理论联系实际，实事求是，在实践中检验真理和发展真理。

(3) 坚持全心全意为人民服务。党在自己的工作中实行群众路线，一切为了群众，一切依靠群众，从群众中来，到群众中去，把党的正确主张变为群众的自觉行动。

(4) 坚持民主集中制。必须充分发扬党内民主，尊重党员主体地位，保障党员民主权利，发挥各级党组织和广大党员的积极性创造性。必须实行正确的集中，牢固树立政治意识、大局意识、核心意识、看齐意识，坚定维护以习近平同志为核心的党中央权威和集中统一领导，保证全党的团结统一和行动一致，保证党的决定得到迅速有效的贯彻执行。

(5) 坚持从严管党治党。要把严的标准、严的措施贯穿于管党治党全过程和各方面。坚持依规治党、标本兼治，坚持把纪律挺在前面，加强组织性。

第三章
新时代党的建设

第一节　新时代党的建设的主线、总要求和布局

习近平总书记在党的十九大报告中与时俱进地提出了新时代党的建设总要求。这个总要求具有高度的思想性、理论性和很强的政策性、指导性，充分体现了党的十八大以来以习近平同志为核心的党中央坚持党的领导、加强党的建设、推进全面从严治党的创新成果和新鲜经验，丰富发展了马克思主义建党学说，进一步回答了“建设什么样的党、怎样建设党”这一历史性课题，标志着我们党对执政党建设规律的认识达到新的高度，对于深入推进党的建设新的伟大工程具有纲领性作用。

一、 新时代党的建设的主线

加强党的长期执政能力建设、先进性和纯洁性建设。这是新时代党的建设的主线。党的执政地位不是与生俱来的，也不是一劳永逸的。始终保持党的先进性和纯洁性，历来是马克思主义政党建设的根本要求和永恒主题，也是我们党赢得人民信赖和拥护的根本条件。党的十九大报告对党的建设主线实现了继承基础上的发展，这蕴含着对实现执政使命长期性、艰巨性的深远考量，昭示了长期执政条件下提高党的执政能力和领导水平、保持党的先进性和纯洁性永远在路上、一刻不能停歇。各级党组织和广大党员干部特别是主要领导干部要坚持忠诚、干净、担当，切实提高政治能力和执政本领，始终保持正视问题的自觉和刀刃向内的勇气，清除一切侵蚀党的健康肌体的病毒，不断厚植执政基础、巩固执政地位、完成执政使命。

二、新时代党的建设总要求

党的十九大报告提出了新时代党的建设总要求，即坚持和加强党的全面领导，坚持党要管党、全面从严治党，以加强党的长期执政能力建设、先进性和纯洁性建设为主线，以党的政治建设为统领，以坚定理想信念宗旨为根基，以调动全党积极性、主动性、创造性为着力点，全面推进党的政治建设、思想建设、组织建设、作风建设、纪律建设，把制度建设贯穿其中，深入推进反腐败斗争，不断提高党的建设质量，把党建设成为始终走在时代前列、人民衷心拥护、勇于自我革命、经得起各种风浪考验、朝气蓬勃的马克思主义执政党。

三、新时代党的建设总体布局

全面推进党的政治建设、思想建设、组织建设、作风建设、纪律建设，把制度建设贯穿其中，深入推进反腐败斗争。党的建设总体布局突出了政治建设的统领地位和纪律建设这个管党治党的治本之策，反映了党的十八大以来全面从严治党实践和理论探索创新的重大成果，抓住了新时代推进党的建设新的伟大工程的关键，实现了党的建设总体布局的重大发展。

在新时代党的建设总体布局中，各项建设都有各自的地位和作用。政治建设是根本性建设，具有统领地位，发挥统领作用；思想建设是基础性建设，筑牢中国共产党人的精神支柱和政治灵魂。同时，各项建设又相互支撑、相互贯通，从而成为一个有机统一的整体。比如，无论是政治建设、思想建设、组织建设、作风建设、纪律建设，还是深入推进反腐败斗争，都离不开制度建设，制度建设必然要体现在党的各项建设中。深入推进反腐败斗争，不断反腐惩恶、激浊扬清，涵养风清气正的政治生态，既与作风建设、纪律建设紧密相关，也与政治建设、思想建设、组织建设密切相关，更离不开制度建设的支撑。因此，全面推进新时代党的建设新的伟大工程，必须按照新时代党的建设总体布局，将党的建设作为一个有机整体来推进，任何一个方面都不能偏废。

四、新时代党的建设的根本目的和根本原则

坚持和加强党的全面领导。这明确了新时代党的建设的根本目的和根本原则。党的领导是中国特色社会主义最本质特征和最大优势。党政军民学，东西南北中，党是领导一切的。在当今中国，我们党是中国最高政治领导力量，居于总揽全局、协调各方的领导

地位。哪个领域、哪个方面、哪个环节缺失了弱化了党的领导，都会削弱党的力量，损害党和人民事业。在坚持和发展中国特色社会主义、实现中华民族伟大复兴的整个历史进程中，必须毫不动摇地全面加强和改善党的领导，绝不能削弱、更不能放弃党的领导。

五、新时代党的建设的根本方针

始终坚持党要管党、全面从严治党。新的征程上，我们要牢记打铁必须自身硬的道理，增强全面从严治党永远在路上的政治自觉，以党的政治建设为统领，继续推进新时代党的建设新的伟大工程，不断严密党的组织体系，着力建设德才兼备的高素质干部队伍，坚定不移推进党风廉政建设和反腐败斗争，坚决清除一切损害党的先进性和纯洁性的因素，清除一切侵蚀党的健康肌体的病毒，确保党不变质、不变色、不变味，确保党在新时代坚持和发展中国特色社会主义的历史进程中始终成为坚强领导核心。

六、新时代党的建设的根本目标

把党建设成为始终走在时代前列、人民衷心拥护、勇于自我革命、经得起各种风浪考验、朝气蓬勃的马克思主义执政党。这是新时代党的建设的根本目标或者叫总目标。这“五句话”既有各自丰富的内涵，更构成了一个统一的整体，集中体现了党的性质、宗旨、纲领和新时代共产党人的价值取向、政治定力、使命担当，充分彰显了我们党作为马克思主义执政党的先进性纯洁性，彰显了我们党引领时代潮流、与时俱进的鲜明品格，彰显了我们党为中国人民谋幸福、为中华民族谋复兴的立党初心。

第二节　党的政治建设

一、加强党的政治建设的总体要求

加强党的政治建设，必须高举中国特色社会主义伟大旗帜，全面贯彻党的十九大精神，坚持以马克思列宁主义、毛泽东思想、邓小平理论、“三个代表”重要思想、科学发展观、习近平新时代中国特色社会主义思想为指导，坚持党的基本理论、基本路线、基本方略，落实新时代党的建设总要求，增强“四个意识”，坚定“四个自信”，坚决维护习近平总书记党中央的核心、全党的核心地位，坚决维护党中央权威和集中统一领导，把准政治方向，坚持党的政治领导，夯实政治根基，涵养政治生态，防范政治风险，永葆政治本色，提高政治能力，把我们党建设得更加坚强有力，确保我们党始终成为中国特色社会主义事业的坚强领导核心，为实现“两个一百年”奋斗目标和中华民族伟大复兴的中国梦提供坚强政治保证。

二、坚定政治信仰

加强党的政治建设，必须坚持马克思主义指导地位，坚持用习近平新时代中国特色社会主义思想武装全党、教育人民，夯实思想根基，牢记初心使命，凝聚同心共筑中国梦的磅礴力量。

（一）坚持用党的科学理论武装头脑

要深入学习习近平新时代中国特色社会主义思想，加强思想政治教育，推动学习教育往深里走、往心里走、往实里走，真正做到学深悟透、融会贯通、真信笃行，巩固全党全国人民团结奋斗的共同思想基础。要坚定理想信念，牢固树立共产主义远大理想和中国特色社会主义共同理想，挺起共产党人的精神脊梁，坚决防止不信马列信鬼神、不信真理信金钱，坚决反对各种歪曲、篡改、否定马克思主义的错误思想。要坚定“四个自信”，坚信中国特色社会主义是科学社会主义理论逻辑和中国社会发展历史逻辑的辩证统一，是当代中国发展进步的根本方向，是全面建成小康社会、全面建成社会主义现代化强国、实现中华民族伟大复兴的必由之路。领导干部要带头学理论、强信念，筑牢信仰之基，补足精神之钙，把稳思想之舵。实施年轻干部理想信念宗旨教育计划，大力培养造就具有坚定共产主义信仰和较高马克思主义理论素养的社会主义建设者和接班人。

（二）坚定执行党的政治路线

党在社会主义初级阶段的基本路线作为党的政治路线，是党和国家的生命线、人民的幸福线，必须坚决捍卫、坚定执行。越是面临严峻复杂的国际国内形势，越是处于中华民族伟大复兴的关键时期，越要保持清醒头脑和战略定力，全面贯彻执行党的政治路线，把以经济建设为中心同坚持四项基本原则、坚持改革开放两个基本点统一于中国特色社会主义伟大实践，绝不能有丝毫偏离和动摇。坚持党的政治路线，必须全面贯彻实施新时代中国特色社会主义基本方略，统筹推进“五位一体”总体布局和协调推进“四个全面”战略布局，为实现“两个一百年”奋斗目标不懈努力。全党制定执行大政方针，要从党的政治路线出发；部署推进党和国家事业发展重大战略、重大任务、重大工作，要紧紧围绕党的政治路线来进行。各地区各部门确定工作思路、工作部署、政策措施，要自觉同党的政治路线对标对表、及时校准偏差。要坚决同一切违背、歪曲、否定党的政治路线的言行作斗争。

（三）坚决站稳政治立场

政治立场事关根本。全党必须始终坚定马克思主义立场，坚持党性和人民性相统一，坚决站稳党性立场和人民立场。要坚持以党的旗帜为旗帜、以党的方向为方向、以党的意志为意志，始终做到在党言党、在党忧党、在党为党，任何时候都同党同心同德。要坚持以人民为中心，立党为公、执政为民，践行全心全意为人民服务的根本宗旨，树立真挚的人民情怀，把人民放在心中最高位置，始终相信人民，紧紧依靠人民，把人民对美好生活的向往作为奋斗目标。要把对党负责和对人民负责高度统一起来，想问题、作决策、办事情都从人民利益出发，崇尚实干、勤政为民，把精力和心思用在稳增长、促改革、调结构、惠民生、防风险、保稳定上，着力解决人民群众最关心最直接最现实的利益问题，努力让人民群众有更多获得感、幸福感、安全感。

三、坚持党的政治领导

党是最高政治领导力量，党的领导是中国特色社会主义最本质的特征，是中国特色社会主义制度的最大优势。加强党的政治建设，必须坚持和加强党的全面领导，完善党的领导体制，改进党的领导方式，承担起执政兴国的政治责任。

（一）坚决做到“两个维护”

事在四方，要在中央。坚持和加强党的全面领导，最重要的是坚决维护党中央权威和集中统一领导；坚决维护党中央权威和集中统一领导，最关键的是坚决维护习近平总书记党中央的核心、全党的核心地位。要教育引导党员干部从历史和现实、理论和实践、国内和国际的结合上深刻认识、强化认同，不断增强拥护核心、跟随核心、捍卫核心的思想自觉政治自觉行动自觉，始终同以习近平同志为核心的党中央保持高度一致，做到党中央提倡的坚决响应、党中央决定的坚决执行、党中央禁止的坚决不做。要以党章为根本依据，不断完善保障“两个维护”的制度机制，严格执行《关于新形势下党内政治生活的若干准则》《中国共产党重大事项请示报告条例》等党内法规，加强对贯彻执行党的路线方针政策和决议情况的督促检查，完善党中央重大决策部署和习近平总书记重要指示批示贯彻落实的督查问责机制。要以正确的认识、正确的行动坚决做到“两个维护”，坚决防止和纠正一切偏离“两个维护”的错误言行，不得搞任何形式的“低级红”“高级黑”，决不允许对党中央阳奉阴违做两面人、搞两面派、搞“伪忠诚”。

（二）完善党的领导体制

坚持党总揽全局、协调各方，建立健全坚持和加强党的全面领导的制度体系，为把党的领导落实到改革发展稳定、内政外交国防、治党治国治军各领域各方面各环节提供坚实制度保障。研究制定党领导经济社会各方面重要工作的党内法规。健全党中央集中统一领导重大工作的体制机制。完善地方党委、党组、党的工作机关实施党的领导的体制机制。建立健全国有企业党委（党组）和农村、事业单位、街道社区等的基层党组织发挥领导作用的制度规定。贯彻落实宪法规定，制定和修改有关法律法规要明确规定党领导相关工作的法律地位。将坚持党的全面领导的要求载入人大、政府、法院、检察院的组织法，载入政协、民主党派、工商联、人民团体、国有企业、高等学校、有关社会组织等的章程，健全党对这些组织实施领导的制度规定，确保其始终在党的领导下积极主动、独立负责、协调一致地开展工作。

（三）改进党的领导方式

着眼于党把方向、谋大局、定政策、促改革，强化战略思维、创新思维、辩证思维、法治思维、底线思维，正确制定和坚决执行党的路线方针政策，不断增强党的政治领导力、思想引领力、群众组织力、社会号召力。要坚持民主集中制这一根本领导制度，善于运用民主的办法汇集意见、科学决策，善于通过协商的方式增进共识、凝聚力量，同时善于集中、敢于担责，防止议而不决、决而不行。要坚持群众路线这一基本领导方法，不断增强群众工作本领，大兴调查研究之风，改进和创新联系群众的途径方法，坚持走好网上群众路线，汇集民智民力，善于通过群众喜闻乐见方式宣传党的理论和路线方针政策，把党的主张变为群众自觉行动。坚决反对“四风”特别是形式主义、官僚主义。要坚持依法执政这一基本领导方式，注重运用法治思维和法治方式治国理政，善于使党的主张通过法定程序成为国家意志、转化为法律法规，自觉把党的领导活动纳入制度轨道。

四、提高政治能力

加强党的政治建设，关键是要提高各级各类组织和党员干部的政治能力。必须进一步增强党组织政治功能，彰显国家机关政治属性，发挥群团组织政治作用，强化国有企事业单位政治导向，不断提高党员干部特别是领导干部政治本领。

（一）增强党组织政治功能

政治属性是党组织的根本属性，政治功能是党组织的基本功能，要认真贯彻落实新时代党的组织路线，不断强化各级各类党组织的政治属性和政治功能。党中央是党的最高领导机关，是党的组织体系的大脑和中枢，对党和国家事业发展重大工作实行集中统一领导，涉及全党全国性的重大方针政策问题只能由党中央作出决定和解释。地方党委要在党中央和上级党委领导下，全面领导本地区经济社会发展，全面负责本地区党的建设，坚决纠正党的领导弱化、党的建设缺失、全面从严治党不力问题。党的基层组织要着力提升组织力，突出政治功能、强化政治引领，下大气力解决软弱涣散问题。党支部要担负起直接教育党员、管理党员、监督党员和组织群众、宣传群众、凝聚群众、服务群众的职责，发挥好战斗堡垒作用。党组要在批准其设立的党组织领导下，在本部门本单位发挥好把方向、管大局、保落实的重要作用，确保党中央和上级党组织决策部署在本部门本单位贯彻落实。党的各级纪委要进一步强化党内监督专责机关的职能定位，全面监督执纪问责，坚决维护党章党规党纪的严肃性和权威性。党的工作机关要更好发挥党委参谋助手作用，提高履职尽责的政治性和有效性，力求参当其时、谋当其用，更好服务党委决策、抓好决策落实。党员要强化党的意识和组织观念，自觉做到思想上认同组织、政治上依靠组织、工作上服从组织、感情上信赖组织。所有党组织和全体党员都必须牢固树立“一盘棋”意识，在党中央集中统一领导下齐心协力、步调一致开展工作，形成党的组织体系整体合力。

（二）彰显国家机关政治属性

中央和地方各级人大机关、行政机关、政协机关、监察机关、审判机关、检察机关本质上都是政治机关，旗帜鲜明讲政治是应尽之责。要始终坚持在党的领导下依法实施经济社会管理活动，坚决贯彻落实党的基本理论、基本路线、基本方略，积极主动将党的领导主张和重大决策部署转化为法律法规和政策政令，转化为对经济社会管理的部署安排和工作活动，转化为领导体制、工作机制和管理方式方法创新，转化为推动经济社会发展的实际效果。国家机关履行职责、开展工作，要提高政治站位，把准政治方向，注重政治效果，考虑政治影响，坚决防止和纠正把政治与业务割裂开来、对立起来的错误认识和做法，确保政治和业务融为一体、高度统一。

（三）发挥群团组织政治作用

工会、共青团、妇联等群团组织是党领导下的政治组织，政治性是群团组织的灵魂。各群团组织要认真履行政治职责，充分发挥联系人民群众的桥梁和纽带作用，加大政治动员、政治引领、政治教育工作力度，更好承担起引导群众听党话、跟党走的政治任务，把自己联系的群众最广泛最紧密地团结在党的周围。要坚定不移坚持党的领导，坚定不移走中国特色社会主义群团发展道路，不折不扣落实党中央关于群团改革的决策部署，切实增强群团组织的政治性、先进性、群众性。

（四）强化国有企事业单位政治导向

国有企业是中国特色社会主义的重要物质基础和政治基础，事业单位承担着满足人民群众日益增长的公益服务需求职责，都是我们党执政兴国的重要依靠力量。国有企事业单位必须始终坚持党的领导，坚决贯彻执行党的路线方针政策，认真落实党中央关于推进国有企事业单位改革发展的决策部署，切实加强本单位党的建设工作，充分发挥党组织重要作用，保证本单位工作坚持正确政治方向、取得良好政治效果。

（五）提高党员干部政治本领

党员干部特别是领导干部要加强政治能力训练和政治实践历练，切实提高把握方向、把握大势、把握全局的能力和辨别政治是非、保持政治定力、驾驭政治局面、防范政治风险的能力。要在大是大非面前态度鲜明、立场坚定，始终在政治立场、政治方向、政治原则、政治道路上同以习近平同志为核心的党中央保持高度一致。要善于从政治上研判形势、分析问题，自觉在党和国家工作大局下想问题、做工作，做到一切服从大局、一切服务大局。要强化忧患意识、风险意识，增强政治敏锐性和政治鉴别力，对容易诱发政治问题特别是重大突发事件的敏感因素、苗头性倾向性问题，对意识形态领域各种错误思潮、模糊认识、不良现象，保持高度警惕，做到眼睛亮、见事早、行动快。要提高风险处置能力，及时阻断不同领域风险转换通道，防止非公共性风险扩大为公共性风险、非政治性风险演变为政治风险。要增强斗争精神，强化政治担当，敢于亮剑、善于斗争，发现违反政治纪律、危害政治安全的行为坚决抵制，做勇于斗争的“战士”，不做爱惜羽毛的“绅士”，严防对挑战政治底线的错误言论和不良风气听之任之、逃避责任、失职失察。

五、净化政治生态

加强党的政治建设，必须把营造风清气正的政治生态作为基础性、经常性工作，浚其源、涵其林，养正气、固根本，锲而不舍、久久为功，实现正气充盈、政治清明。

（一）严肃党内政治生活

营造良好政治生态，必须严格执行《关于新形势下党内政治生活的若干准则》，着力提高党内政治生活质量，努力在全党形成又有集中又有民主、又有纪律又有自由、又有统一意志又有个人心情舒畅生动活泼的政治局面。增强党内政治生活的政治性，强化政治教育和政治引领，让党员干部经常接受政治体检，打扫政治灰尘，净化政治灵魂，增强政治免疫力，坚决防止和克服党内政治生活忽视政治、淡化政治、不讲政治的倾向。增强党内政治生活的时代性，主动适应信息时代新形势和党员队伍新变化，积极运用互联网、大数据等新兴技术，创新党组织活动内容方式，推进“智慧党建”，使党内政治生活始终充满活力，坚决防止和克服党内政治生活不讲创新、不讲活力、照搬照套的倾向。增强党内政治生活的原则性，坚持按原则开展党的工作和活动，按原则处理党内各种关系，按原则解决党内矛盾和问题，严格执行党的组织生活制度，认真召开民主生活会和组织生活会，提高“三会一课”质量，落实谈心谈话、民主评议党员和主题党日等制度，坚持和完善重温入党誓词、党员过“政治生日”等政治仪式，使党内生活庄重、严肃、规范，坚决防止和克服党内政治生活不讲原则、平淡化庸俗化随意化的倾向。增强党内政治生活的战斗性，坚持以整风精神开展批评和自我批评，勇于思想交锋、揭短亮丑，旗帜鲜明坚持真理、修正错误，统一意志、增进团结，建立健全民主生活会列席指导、及时叫停、责令重开、整改通报等制度，坚决防止和克服党内政治生活一团和气、评功摆好、明哲保身的倾向。

（二）严明党的政治纪律和政治规矩

政治纪律是党最根本、最重要的纪律，是净化政治生态的重要保证。要把坚决做到“两个维护”作为首要政治纪律，在全党持续深入开展忠诚教育，开展“守纪律、讲规矩”模范机关创建和先进个人评选活动，教育督促党员干部始终对党忠诚老实，决不允许在重大政治原则问题上、大是大非问题上同党中央唱反调，搞自由主义。严格执行《中国共产党纪律处分条例》，严肃查处违反政治纪律的行为，通过严明政治纪律带动党的其他纪律严起来。坚持“五个必须”，必须维护党中央权威，决不允许背离党中央要求另搞一套；必须维护党的团结，决不允许在党内培植个人势力；必须遵循组织程序，决不允许擅作主张、我行我素；必须服从组织决定，决不允许搞非组织活动；必须管好领导干部亲属和身边工作人员，决不允许他们擅权干政、谋取私利。严肃查处“七个有之”问题，把政治上蜕变的两面人及时辨别出来、清除出去，坚决防止党内形成利益集团攫取政治权力、改变党的性质，坚决防止山头主义和宗派主义危害党的团结、破坏党的集中统一。

（三）发展积极健康的党内政治文化

营造良好政治生态，离不开党内政治文化的浸润滋养。坚持“三严三实”，大力弘扬忠诚老实、公道正派、实事求是、清正廉洁等价值观，充分利用各类爱国主义教育基地和党性教育基地对广大党员干部进行教育和熏陶，增强党员干部的政治定力、纪律定力、道德定力、拒腐定力。大力倡导清清爽爽的同志关系、规规矩矩的上下级关系、干干净净的政商关系，弘扬正气、树立新风。推动中华优秀传统文化创造性转化、创新性发展，培育党员干部政治气节、政治风骨。发扬革命文化，传承红色基因，弘扬革命精神，教育党员干部正确处理公和私、义和利、是和非、正和邪、苦和乐的关系。弘扬社会主义先进文化，推进社会主义核心价值观宣传教育，引导党员干部带头做社会主义核心价值观的坚定信仰者、积极传播者、模范践行者。坚决抵制庸俗腐朽的政治文化，自觉抵制商品交换原则对党内生活的侵蚀，狠刹权权交易、权钱交易、权色交易等不正之风，破除关系学、厚黑学、官场术等封建糟粕，坚决防止和反对个人主义、分散主义、自由主义、本位主义、好人主义，坚决防止和反对宗派主义、圈子文化、码头文化。

（四）突出政治标准选人用人

选人用人是政治生态的风向标。要坚持党管干部原则，贯彻新时期好干部标准，始终把政治标准放在第一位，注重选拔任用牢固树立“四个意识”、自觉坚定“四个自信”、坚决做到“两个维护”、全面贯彻执行党的理论和路线方针政策、忠诚干净担当的干部，对政治不合格的干部实行“一票否决”，已经在领导岗位的坚决调整。严格执行《党政领导干部选拔任用工作条例》，在选人用人中进一步突出政治标准，强化政治把关。制定实施《党政领导干部考核工作条例》，建立健全领导干部政治素质识别和评价机制，强化对干部政治忠诚、政治定力、政治担当、政治能力、政治自律等方面的深入考察考核，坚决把政治上的两面人挡在门外。匡正选人用人风气，坚持不懈整治选人用人上的不正之风，对任人唯亲、说情打招呼、跑官要官、买官卖官、拉票贿选等行为发现一起查处一起，对“带病提拔”的干部实行倒查，对政治标准把关不严的严肃处理。严格执行干部选拔任用工作纪实制度，对私自干预下级或者原任职地方和单位选人用人的，记录在案并严肃追究责任。

（五）永葆清正廉洁的政治本色

坚决反对腐败，建设廉洁政治，是涵养政治生态的必要条件和重要任务。强化不敢腐的震慑，坚持反腐败无禁区、全覆盖、零容忍，坚持重遏制、强高压、长震慑，运用监督执纪“四种形态”，重点查处党的十八大以来不收敛、不收手，问题线索反映集中、群众反映强烈，政治问题和经济问题交织的腐败案件，严肃查处违反中央八项规定精神的问题，持续保持反腐败高压态势。扎紧不能腐的笼子，健全党和国家监督体系，加强对权力运行的制约和监督，通过改革和制度创新切断利益输送链条。特别要针对管人管钱管物管项目的单位和岗位，查找廉政风险点，通过科学管理、严格监督和发挥巡视利剑作用，切实管住权力，坚决反对特权行为和特权现象，让人民群众真正感受到清正干部、清廉政府、清明政治就在身边。增强不想腐的自觉，领导干部特别是高级干部要带头加强党性修养，知敬畏、存戒惧、守底线，坚决防范被利益集团“围猎”，持之以恒锤炼政德，明大德、守公德、严私德，带头遵守《中国共产党廉洁自律准则》，注重家庭家教家风，自觉做廉洁自律、廉洁用权、廉洁齐家的模范。

第三节　党的思想建设

党的十八大以来，以习近平同志为核心的党中央着眼于中国特色社会主义的伟大实践、着眼于全面深化改革过程中党肩负的历史使命、着眼于中国共产党自身建设所面临的实际问题，积极探索党的建设新规律，在理论性创新和实践性创新两条维度同时展开，提出了一系列新思想和新观点，一方面体现出时代性、系统性、创新性等鲜明特征，另一方面展示出新时期以习近平同志为核心的党中央充满政治定力、富有担当精神的品格，厚植知识储备，葆有思维活力以及厉行严细认真、长抓实干的作风。

一、党的思想理论创新

党的十八大以来，以习近平同志为核心的党中央，围绕新的重大时代课题进行了艰辛的理论探索，取得了重大理论创新成果，形成了习近平新时代中国特色社会主义思想。党的十九大明确把习近平新时代中国特色社会主义思想确立为党的指导思想，为在新时代坚持和发展中国特色社会主义提供了思想武器和行动指南。党的十九届六中全会指出，党确立习近平同志党中央的核心、全党的核心地位，确立习近平新时代中国特色社会主义思想的指导地位。

二、　“不忘初心、牢记使命”主题教育

2017 年 10 月 18 日，习近平总书记在党的十九大报告中指出，在全党开展“不忘初心、牢记使命”主题教育，用党的创新理论武装头脑，推动全党更加自觉地为实现新时代党的历史使命不懈奋斗。2019 年 5 月 13 日，中共中央政治局召开会议，决定从 2019 年 6 月开始，在全党自上而下分两批开展“不忘初心、牢记使命”主题教育。

“不忘初心、牢记使命”主题教育总要求是：守初心、担使命，找差距、抓落实。根本任务是：深入学习贯彻习近平新时代中国特色社会主义思想，锤炼忠诚干净担当的政治品格，团结带领全国各族人民为实现伟大梦想共同奋斗。具体目标是：实现理论学习有收获、思想政治受洗礼、干事创业敢担当、为民服务解难题、清正廉洁作表率。

2020 年 9 月，中共中央办公厅印发了《关于巩固深化“不忘初心、牢记使命”主题教育成果的意见》。

三、党史学习教育

2021年2月1日下午，习近平总书记在同各民主党派中央、全国工商联负责人和无党派人士代表欢聚一堂，共迎佳节。习近平总书记指出，中共中央决定，2021年在全党开展中共党史学习教育，激励全党不忘初心、牢记使命，在新时代不断加强党的建设。2021年2月，中共中央印发《关于在全党开展党史学习教育的通知》，就党史学习教育作出部署安排。

在全党开展党史学习教育，是党中央立足党的百年历史新起点、统筹中华民族伟大复兴战略全局和世界百年未有之大变局、为动员全党全国满怀信心投身全面建设社会主义现代化国家而作出的重大决策。全党同志要做到学史明理、学史增信、学史崇德、学史力行，学党史、悟思想、办实事、开新局，以昂扬姿态奋力开启全面建设社会主义现代化国家新征程，以优异成绩迎接建党一百周年。

2022年3月，中共中央办公厅印发《关于推动党史学习教育常态化长效化的意见》。

四、党的意识形态工作

意识形态工作是党的一项极端重要的工作。党的十九大报告提出，要牢牢掌握意识形态工作领导权。2018年8月21日，习近平总书记在全国宣传思想工作会议上强调，要始终坚持党对意识形态工作的领导权，建设具有强大凝聚力和引领力的社会主义意识形态。加强党对意识形态工作的全面领导，要切实解决对意识形态工作“不想抓”“不敢抓”“不会抓”的问题。

第四节　党的组织建设

一、党组织设置及其职责

（一）党的中央组织

党的全国代表大会每5年举行一次，由中央委员会召集。中央委员会认为有必要，或者有三分之一以上的省一级组织提出要求，全国代表大会可以提前举行；如无非常情况，不得延期举行。

党的全国代表大会的职权是：

1. 听取和审查中央委员会的报告。

2. 审查中央纪律检查委员会的报告。

3. 讨论并决定党的重大问题。

4. 修改党的章程。

5. 选举中央委员会。

6. 选举中央纪律检查委员会。

党的全国代表会议的职权：讨论和决定重大问题；调整和增选中央委员会、中央纪律检查委员会的部分成员。调整和增选中央委员及候补中央委员的数额，不得超过党的全国代表大会选出的中央委员及候补中央委员各自总数的五分之一。

党的中央委员会每届任期 5 年。中央委员会全体会议由中央政治局召集，每年至少举行一次。中央政治局向中央委员会全体会议报告工作，接受监督。在全国代表大会闭会期间，中央委员会执行全国代表大会的决议，领导党的全部工作，对外代表中国共产党。

党的中央政治局、中央政治局常务委员会和中央委员会总书记，由中央委员会全体会议选举。中央委员会总书记必须从中央政治局常务委员会委员中产生。中央政治局和它的常务委员会在中央委员会全体会议闭会期间，行使中央委员会的职权。

中央书记处是中央政治局和它的常务委员会的办事机构；成员由中央政治局常务委员会提名，中央委员会全体会议通过。

中央委员会总书记负责召集中央政治局会议和中央政治局常务委员会会议，并主持中央书记处的工作。

党的中央军事委员会组成人员由中央委员会决定，中央军事委员会实行主席负责制。

每届中央委员会产生的中央领导机构和中央领导人，在下届全国代表大会开会期间，继续主持党的经常工作，直到下届中央委员会产生新的中央领导机构和中央领导人为止。

中国人民解放军的党组织，根据中央委员会的指示进行工作。中央军事委员会负责军队中党的工作和政治工作，对军队中党的组织体制和机构作出规定。

（二）党的地方组织

党的省、自治区、直辖市的代表大会，设区的市和自治州的代表大会，县（旗）、自治县、不设区的市和市辖区的代表大会，每 5 年举行一次。

党的地方各级代表大会的职权：

1. 听取和审查同级委员会的报告。

2. 审查同级纪律检查委员会的报告。

3. 讨论本地区范围内的重大问题并作出决议。

4. 选举同级党的委员会，选举同级党的纪律检查委员会。

党的省、自治区、直辖市、设区的市和自治州的委员会，每届任期 5 年。党的县

(旗)、自治县、不设区的市和市辖区的委员会，每届任期 5 年。

党的地方各级委员会全体会议，每年至少召开两次。党的地方各级委员会在代表大会闭会期间，执行上级党组织的指示和同级党代表大会的决议，领导本地方的工作，定期向上级党的委员会报告工作。

党的地方各级委员会全体会议，选举常务委员会和书记、副书记，并报上级党的委员会批准。党的地方各级委员会的常务委员会，在委员会全体会议闭会期间，行使委员会职权；在下届代表大会开会期间，继续主持经常工作，直到新的常务委员会产生为止。

党的地方各级委员会的常务委员会定期向委员会全体会议报告工作，接受监督。党的地区委员会和相当于地区委员会的组织，是党的省、自治区委员会在几个县、自治县、市范围内派出的代表机关。它根据省、自治区委员会的授权，领导本地区的工作。

（三）党的基层组织

企业、农村、机关、学校、科研院所、街道社区、社会组织、人民解放军连队和其他基层单位，凡是有正式党员 3 人以上的，都应当成立党的基层组织。党的基层组织，根据工作需要和党员人数，经上级党组织批准，分别设立党的基层委员会、总支部委员会、支部委员会。党的基层委员会、总支部委员会、支部委员会每届任期 3 年至 5 年。

党的基层组织是党在社会基层组织中的战斗堡垒，是党的全部工作和战斗力的基础。党的基层组织的基本任务是：

1. 宣传和执行党的路线、方针、政策，宣传和执行党中央、上级组织和本组织的决议，充分发挥党员的先锋模范作用，积极创先争优，团结、组织党内外的干部和群众，努力完成本单位所担负的任务。

2. 组织党员认真学习马克思列宁主义、毛泽东思想、邓小平理论、“三个代表”重要思想、科学发展观、习近平新时代中国特色社会主义思想，推进“两学一做”学习教育常态化制度化，学习党的路线、方针、政策和决议，学习党的基本知识，学习科学、文化、法律和业务知识。

3. 对党员进行教育、管理、监督和服务，提高党员素质，坚定理想信念，增强党性，严格党的组织生活，开展批评和自我批评，维护和执行党的纪律，监督党员切实履行义务，保障党员的权利不受侵犯。加强和改进流动党员管理。

4. 密切联系群众，经常了解群众对党员、党的工作的批评和意见，维护群众的正当权利和利益，做好群众的思想政治工作。

5. 充分发挥党员和群众的积极性创造性，发现、培养和推荐他们中间的优秀人才，鼓励和支持他们在改革开放和社会主义现代化建设中贡献自己的聪明才智。

6. 对要求入党的积极分子进行教育和培养，做好经常性的发展党员工作，重视在生产、工作第一线和青年中发展党员。

7. 监督党员干部和其他任何工作人员严格遵守国家法律法规，严格遵守国家的财政经济法规和人事制度，不得侵占国家、集体和群众的利益。

8. 教育党员和群众自觉抵制不良倾向，坚决同各种违纪违法行为作斗争。

各级党和国家机关中党的基层组织，协助行政负责人完成任务，改进工作，对包括行政负责人在内的每个党员进行教育、管理、监督，不领导本单位的业务工作。

二、民主集中制建设

民主集中制是无产阶级政党和社会主义国家机构的根本组织原则和领导制度，其基本含义是民主基础上的集中和集中指导下的民主相结合。

《中国共产党章程》规定，党的民主集中制的基本原则是：

1. 党员个人服从党的组织，少数服从多数，下级组织服从上级组织，全党各个组织和全体党员服从党的全国代表大会和中央委员会。

2. 党的各级领导机关，除它们派出的代表机关和在非党组织中的党组外，都由选举产生。

3. 党的最高领导机关，是党的全国代表大会和它所产生的中央委员会。党的地方各级领导机关，是党的地方各级代表大会和它们所产生的委员会。党的各级委员会向同级的代表大会负责并报告工作。

4. 党的上级组织要经常听取下级组织和党员群众的意见，及时解决他们提出的问题。党的下级组织既要向上级组织请示和报告工作，又要独立负责地解决自己职责范围内的问题。上下级组织之间要互通情报、互相支持和互相监督。党的各级组织要按规定实行党务公开，使党员对党内事务有更多的了解和参与。

5. 党的各级委员会实行集体领导和个人分工负责相结合的制度。凡属重大问题都要按照集体领导、民主集中、个别酝酿、会议决定的原则，由党的委员会集体讨论，作出决定；委员会成员要根据集体的决定和分工，切实履行自己的职责。

6. 党禁止任何形式的个人崇拜。要保证党的领导人的活动处于党和人民的监督之下，同时维护一切代表党和人民利益的领导人的威信。

三、党的基层组织建设

（一）《中国共产党党和国家机关基层组织工作条例》

党的十八大以来，以习近平同志为核心的党中央对全面从严治党、加强机关党的建设作出一系列重要部署。根据新的形势、任务和要求，2019 年 11 月，中共中央政治局会议对 2010 年 6 月印发的《中国共产党党和国家机关基层组织工作条例》予以修订。该条例主要内容有：

1. 机关基层党组织在上级党的委员会或者党的机关工作委员会和本单位党组（党委）（包括不设党组、党委的单位领导班子，下同）领导下，协助本单位负责人完成任务，改进工作，对包括本单位负责人在内的每个党员进行教育、管理、监督，不领导本单位业务工作。

2. 机关党员 100 人以上的，设立党的基层委员会。党员不足 100 人的，因工作需要，经上级党组织批准，也可以设立党的基层委员会。党的基层委员会由党员大会或者党员代表大会选举产生，每届任期一般为 5 年。机关党的代表大会代表实行任期制。

3. 机关党员 50 人以上、100 人以下的，设立党的总支部委员会。党员不足 50 人的，因工作需要，经上级党组织批准，也可以设立党的总支部委员会。党的总支部委员会由党员大会选举产生，每届任期一般为 3 年。

4. 机关正式党员 3 人以上的，成立党支部。正式党员 7 人以上的党支部，设立支部委员会；正式党员不足 7 人的党支部，设 1 名书记，必要时可以设 1 名副书记。党的支部委员会和不设支部委员会的支部书记、副书记，每届任期一般为 3 年。机关基层党组织应当严格执行任期制度，任期届满按期进行换届选举。书记、副书记选举产生后，报上级党组织批准。

5. 机关党的基层委员会和不设党的基层委员会的总支部委员会的书记，应当由本单位党员负责人担任。党员人数和直属单位较多的机关党的基层委员会，设专职副书记。党支部书记原则上由本单位党员主要负责人担任。书记、副书记在任期内职务变动，应当征得上级党组织同意。

6. 机关党的基层委员会应当设立机关党的纪律检查委员会。机关党的纪律检查委员会书记由机关党的基层委员会副书记担任。机关党的总支部委员会和支部委员会设立纪律检查委员。机关党的纪律检查委员会在同级机关党的基层委员会和上级机关纪检监察工作委员会双重领导下进行工作，接受派驻纪检监察组的业务指导和监督检查。

7. 机关党的基层委员会（含不设党的基层委员会的总支部委员会、支部委员会）的基本职责：

（1）深入学习和贯彻习近平新时代中国特色社会主义思想，坚持和落实中国特色社会主义根本制度、基本制度、重要制度，宣传和执行党的路线、方针、政策，宣传和执行党中央、党的上级组织和本组织的决议，充分发挥党组织战斗堡垒作用和党员先锋模范作用，积极创先争优，团结、组织党内外干部和群众，努力完成本单位所担负的任务。

（2）推进“两学一做”学习教育常态化制度化，组织党员深入学习党的创新理论，学习党的路线、方针、政策和决议，学习党的基本知识和党史、新中国史、改革开放史，学习党章党规党纪和国家法律法规，学习业务知识和经济、政治、文化、社会、生态文明等各方面知识。

(3) 对党员进行教育、管理、监督和服务，严格党的组织生活，维护和执行党的纪律，监督党员切实履行义务，保障党员权利不受侵犯。监督党员干部和其他任何工作人员严格遵守国家法律法规，加强党风廉政建设，坚决同各种违纪违法行为作斗争。

(4) 密切联系群众，经常了解群众对党员、党的工作的批评和意见，了解群众诉求，维护群众正当权利和利益。

(5) 对要求入党的积极分子进行教育、培养和考察，做好发展党员工作。

(6) 做好思想政治工作和意识形态工作，推进机关社会主义精神文明建设，培育和践行社会主义核心价值观。

(7) 协助党组（党委）管理机关基层党组织和群团组织的干部；配合组织人事部门对机关领导干部进行考察、考核和民主评议，对机关干部的选拔任用和奖惩提出意见。

(8) 领导机关工会、共青团、妇女组织等群团组织，支持这些组织依照各自的章程独立负责地开展工作。

(9) 按照党组织的隶属关系，领导直属单位党的工作。

8. 机关党的纪律检查委员会的职责是监督、执纪、问责，主要包括：

(1) 维护党章和其他党内法规，经常对党员进行遵守纪律的教育，作出关于维护党纪的决定。

(2) 检查党组织和党员贯彻执行党的路线、方针、政策和决议的情况，对党组织和党员领导干部履行职责、行使权力进行监督。

(3) 协助机关党的基层委员会推进全面从严治党、加强党风建设和组织协调反腐败工作。

(4) 受理处置党员群众检举举报，开展谈话提醒、约谈函询。

(5) 按照有关规定，检查、处理党组织和党员违反党章和其他党内法规的案件，决定或者取消对这些案件中的党员的处分；进行问责或者提出责任追究的建议。

(6) 受理党员控告和申诉；保障党员权利。

9. 党的组织生活制度包括：开好民主生活会和组织生活会，认真开展批评和自我批评。经常分析党员思想状况，提高“三会一课”质量，落实谈心谈话、民主评议党员和主题党日等制度，完善重温入党誓词、入党志愿书等活动。党员领导干部应当自觉参加双重组织生活，推动所在党支部建设成为先进党支部。稳妥有序处置不合格党员。

10. 建立健全党内关怀帮扶长效机制。关心党员思想、学习、工作和生活，了解党员需求，及时反映涉及党员切身利益的重要情况。关心关爱因公殉职、牺牲党员的家庭和因公伤残党员。认真做好离退休干部职工党员、流动党员的服务工作，为生活困难党员提供帮助。

11. 机关基层党组织应当加强对党员特别是党员领导干部的日常监督，保证党员严格遵守党章党规党纪、严格遵守和执行制度、做到忠诚干净担当，维护党的团结和统一，增强党组织的创造力、凝聚力、战斗力。具体包括：

(1) 定期检查、通报党员参加组织生活的情况，向上级党组织报告党员领导干部参加双重组织生活的情况。

(2) 督促开好党员领导干部民主生活会，加强对本单位内设机构和直属单位党员领导干部民主生活会的指导。

(3) 机关基层党组织专职副书记列席本单位党员领导干部民主生活会和党组（党委）以及本单位负责人召开的有关会议。

(4) 了解并掌握机关党员以及领导干部的思想、作风和工作情况，及时向上级党组织和本单位党组（党委）反映。

(5) 了解党员、干部落实廉政风险防控措施情况，发现问题及时向上级党组织和本单位党组（党委）报告。

(6) 每年至少召开 1 次机关党员干部大会，听取本单位主要负责人通报工作情况。

(7) 做好群众来信来访工作。

(8) 支持党员行使监督权利，履行监督义务，防止各种形式的打击报复。

12. 机关基层党组织应当对党员、干部平时多过问、多提醒，及时发现和纠正苗头性、倾向性问题，问题严重的向上级党组织报告。对违反党纪的党组织和党员依规依纪恰当予以处理。

13. 机关专职党务工作人员的配备，一般占机关工作人员总数的 1% 至 2%。机关工作人员较少的单位，应当保证有专人负责。机关党建任务较重、工作力量不足的单位，应当适当增加人员。机关专职党务工作人员的编制，列入机关行政编制。

14. 党组（党委）领导机关和直属单位党组织的工作，履行全面从严治党主体责任。党组（党委）主要负责人履行第一责任人职责，其他成员按照“一岗双责”要求抓好职责范围内党建工作。党组（党委）每年在本单位一定范围内通报抓机关党建工作情况、接受评议。对党组织关系实行属地管理的下级单位党建工作，党组（党委）应当加强与其所在地党委的沟通配合，及时研究解决重要问题。对归口领导或者管理的单位党建工作，党组（党委）应当加强监督指导，履行全面从严治党相关责任。

15. 机关党的基层委员会（含不设党的基层委员会的总支部委员会、支部委员会）的设置调整、换届、委员会组成以及机关党的纪律检查委员会的组成，书记、副书记的任免等，经党组（党委）讨论决定后，报党的机关工作委员会审批。

16. 机关党的基层委员会审批预备党员或者预备党员转正，应当提前报党组（党委）讨论决定。机关不设党的基层委员会的总支部委员会、支部委员会接收预备党员或者讨论预备党员转正，应当经党组（党委）审核把关后，报党的机关工作委员会审批。

17. 党组（党委）按照干部管理权限，讨论决定处分党员有关事项，在作出党纪处分决定前应当与派驻纪检监察组交换意见。处分决定生效后，有关处分决定和材料应当按照要求报机关纪检监察工作委员会备案。

18. 开展党组织书记抓基层党建述职评议考核工作。按照有关规定，党的机关工作委员会书记每年向同级党委述职，机关基层党组织书记每年向上级党组织述职，接受评议考核。

19. 机关基层党组织开展活动，所需财政资金列入本单位部门预算，保障“三会一课”、主题党日、党员和入党积极分子教育培训、学习调研等需要。党费主要作为党员教育经费的补充。

（二）《中国共产党支部工作条例（试行）》

2018 年 11 月印发的《中国共产党支部工作条例（试行）》是我们党历史上第一部关于党支部工作的基础主干法规，是新时代党支部建设的基本遵循。主要内容包括：

1. 党支部是党的基础组织，是党组织开展工作的基本单元，是党在社会基层组织中的战斗堡垒，是党的全部工作和战斗力的基础，担负直接教育党员、管理党员、监督党员和组织群众、宣传群众、凝聚群众、服务群众的职责。

2. 成立党支部的要求：凡是有正式党员 3 人以上的，都应当成立党支部。党支部党员人数一般不超过 50 人。正式党员不足 3 人的单位，应当按照地域相邻、行业相近、规模适当、便于管理的原则，成立联合党支部。为期 6 个月以上的工程、工作项目等，符合条件的，应当成立党支部。为执行某项任务临时组建的机构，党员组织关系不转接的，经上级党组织批准，可以成立临时党支部，临时党支部一般不发展党员、处分处置党员，不收缴党费，不选举党代表大会代表和进行换届。

3. 各级党和国家机关中的党支部承担的重点任务：围绕服务中心、建设队伍开展工作，发挥对党员的教育、管理、监督作用，协助本部门行政负责人完成任务、改进工作。

4. 党支部党员大会：党支部党员大会是党支部的议事决策机构，由全体党员参加，一般每季度召开 1 次。党支部党员大会议题提交表决前，应当经过充分讨论。表决必须有半数以上有表决权的党员到会方可进行，赞成人数超过应到会有表决权的党员的半数为通过。

5. 党支部委员会：有正式党员 7 人以上的党支部，应当设立党支部委员会，作为党支部日常工作的领导机构。党支部委员会由 3 ~ 5 人组成，一般不超过 7 人。党支部委员会设书记和组织委员、宣传委员、纪检委员等，必要时可以设 1 名副书记。村、社区党支部委员会每届任期 5 年，其他基层单位党支部委员会一般每届任期 3 年。

党支部委员会会议一般每月召开 1 次，会议须有半数以上委员到会方可进行。重要事项提交党员大会决定前，一般应当经党支部委员会会议讨论。

6. 党小组：党员人数较多或者党员工作地、居住地比较分散的党支部，按照便于组织开展活动原则，应当划分若干党小组，并设立党小组组长。党小组组长由党支部指定，也可以由所在党小组党员推荐产生。党小组会一般每月召开1次，组织党员参加政治学习、谈心谈话、开展批评和自我批评等。

7. 主题党日：党支部每月相对固定1天开展主题党日，组织党员集中学习、过组织生活、进行民主议事和志愿服务等。

8. 民主评议党员：党支部一般每年开展1次民主评议党员，组织党员进行党性分析，可以结合组织生活会一并进行。程序为：个人自评、党员互评、民主测评，最后由党支部委员会会议或者党员大会根据评议情况和党员日常表现情况，提出评定意见。

9. 谈心谈话：党支部应当经常开展谈心谈话。党支部委员之间、党支部委员和党员之间、党员和党员之间，每年谈心谈话一般不少于1次。

10. 党支部书记的职责：主持党支部全面工作，督促党支部其他委员履行职责、发挥作用，抓好党支部委员会自身建设，向党支部委员会、党员大会和上级党组织报告工作。党支部书记应当具备良好政治素质，一般应当具有1年以上党龄。机关、国有企业、事业单位，党支部书记一般由本部门本单位主要负责人担任，也可以由本部门本单位其他负责人担任。党支部书记每年应当至少参加1次县级以上党组织举办的集中轮训。党支部书记每年应当向上级党组织和党支部党员大会述职，接受评议考核。

11. 领导和保障：各级党委（党组）应当把党支部建设作为最重要的基本建设，定期研究讨论、加强领导指导，切实履行主体责任。县级党委每年至少专题研究1次党支部建设工作。各级党委（党组）书记应当带头建立党支部工作联系点，带头深入基层调查研究，发现和解决问题，总结推广经验。抓党支部建设情况应当列入各级党委书记抓基层党建工作述职评议考核的重要内容。

四、党员的教育与管理

（一）党员教育管理是党的建设基础性经常性工作

党组织应当加强党员教育管理，引导党员坚定共产主义远大理想和中国特色社会主义共同理想，增强“四个意识”、坚定“四个自信”，捍卫“两个确立”、做到“两个维护”，增强党性，提高素质，认真履行义务，正确行使权利，充分发挥先锋模范作用。

（二）党员教育管理遵循的原则

1. 坚持党要管党、全面从严治党，将严的要求落实到党员教育管理工作全过程和各方面，党员领导干部带头接受教育管理。

2. 坚持以党的政治建设为统领，突出党性教育和政治理论教育，引导党员遵守党章党规党纪，不忘初心、牢记使命。

3. 坚持围绕中心、服务大局，注重党员教育管理质量和实效，保证党的理论和路线方针政策、党中央决策部署贯彻落实。

4. 坚持从实际出发，加强分类指导，尊重党员主体地位，充分发挥党支部直接教育、管理、监督党员作用。

（三）党员教育基本任务

1. 加强政治理论教育，突出党的创新理论学习，组织党员学习党的基本理论、基本路线、基本方略，学习马克思主义基本原理和党的基本知识，引导党员坚定理想信念，增强党性修养，努力掌握并自觉运用马克思主义立场观点方法。

2. 突出政治教育和政治训练，严格党内政治生活锻炼，教育党员旗帜鲜明讲政治，提高政治觉悟和政治能力，严守政治纪律和政治规矩，永葆共产党人政治本色，做到“四个服从”，在思想上政治上行动上同以习近平同志为核心的党中央保持高度一致。

3. 强化党章党规党纪教育，引导党员牢记入党誓词，坚持合格党员标准，自觉遵守党的纪律，带头践行社会主义核心价值观，培养高尚道德情操，培育良好思想作风、学风、工作作风、生活作风和家风。加强宪法法律法规教育，引导党员尊法学法守法用法。

4. 加强党的宗旨教育，引导党员践行全心全意为人民服务的根本宗旨，贯彻党的群众路线，提高群众工作本领，密切联系服务群众。

5. 进行革命传统教育，引导党员学习党史、国史、改革开放史、社会主义发展史和中华优秀传统文化，铭记党的奋斗历程，弘扬党的优良传统，传承红色基因，践行共产党人价值观，激发爱国主义热情。

6. 开展形势政策教育，围绕贯彻执行党和国家重大决策、推进落实重大任务，宣讲党的路线方针政策，解读世情国情党情，回应党员关注的问题，引导党员正确认识形势，把思想和行动统一到党中央要求上来。

7. 注重知识技能教育，根据党员岗位职责要求和工作需要，组织引导党员学习掌握业务知识、科技知识、实用技术等，帮助党员提高综合素质和履职能力，增强服务本领。

（四）党员日常教育管理主要方式

1.“三会一课”制度。党员领导干部应当参加双重组织生活。

2. 党支部每月开展 1 次主题党日，组织党员集中学习、过组织生活、进行民主议事和开展志愿服务等。

3. 党员应当按期交纳党费。党组织应当做好党费收缴、使用和管理工作。

4. 党支部每年至少召开 1 次组织生活会，也可以根据工作需要随时召开，一般以党员大会、党支部委员会会议或者党小组会形式进行。

5. 党支部一般每年开展1次民主评议党员。民主评议党员可以结合组织生活会一并进行。

6. 基层党组织应当注重分析党员思想状况和心理状态，党组织负责人应当经常同党员谈心谈话，有针对性地做好思想政治工作。

7. 市、县党委或者基层党委每年应当组织党员集中轮训。党员每年集中学习培训时间一般不少于32学时。

8. 党组织应当按照党中央部署要求，组织党员认真参加党内集中学习教育。

9. 党组织应当充分发挥党员的先锋模范作用，结合不同群体党员实际，通过树立、学习身边的榜样，设立党员示范岗、党员责任区，开展设岗定责、承诺践诺等，引导党员做好本职工作，干在实处、走在前列，创先争优，在联系服务群众、完成重大任务中勇于担当作为，做到平常时候看得出来、关键时刻站得出来、危急关头豁得出来。

10. 党组织应当坚持从严教育管理和热情关心爱护相统一，从政治、思想、工作、生活上激励关怀帮扶党员。

（五）党籍和党员组织关系管理

1. 经党支部党员大会通过、基层党委审批接收的预备党员，自通过之日起，即取得党籍。

2. 对因私出国并在国外长期定居的党员，出国学习研究超过5年仍未返回的党员，一般予以停止党籍。停止党籍的决定由保留其组织关系的党组织按照有关规定作出。对与党组织失去联系6个月以上、通过各种方式查找仍然没有取得联系的党员，予以停止党籍。停止党籍的决定由所在党支部或者上级党组织按照有关规定作出。停止党籍2年后确实无法取得联系的，按照自行脱党予以除名。

对停止党籍的党员，符合条件的，可以按照规定程序恢复党籍。对劝其退党、劝而不退除名、自行脱党除名、退党除名、开除党籍的，原则上不能恢复党籍，符合条件的可以重新入党。

3. 每个党员都必须编入党的一个支部、小组或者其他特定组织。有固定工作单位并且单位已经建立党组织的党员，一般编入其所在单位党组织。没有固定工作单位，或者单位未建立党组织的党员，一般编入其经常居住地或者公共就业和人才服务机构、园区、楼宇等党组织。

4. 党员工作单位、经常居住地发生变动的，或者外出学习、工作、生活6个月以上并且地点相对固定的，应当转移组织关系。

税务系统外出超过6个月的党员应按规定转接组织关系，异地执行稽查检查、巡视巡察、督查督导等专项工作任务，党员超过3人、时间超过1个月的团队要设立临时党支部。

（六）党员监督和组织处置

1. 对党员不按照规定参加党的组织生活、不按时交纳党费、流动到外地工作生活不与党组织主动保持联系的，以及存在其他与党的要求不相符合的行为、情节较轻的，党组织应当采取适当方式及时进行批评教育，帮助其改进提高。

2. 对缺乏革命意志，不履行党员义务，不符合党员条件，但本人能够正确认识错误、愿意接受教育管理并且决心改正的党员，党组织应当作出限期改正处置，限期改正时间不超过 1 年。对给予限期改正处置的党员应当采取帮助教育措施。

3. 党员理想信念缺失，政治立场动摇，已经丧失党员条件的；信仰宗教，经党组织帮助教育仍没有转变的；因思想蜕化提出退党，经教育后仍然坚持退党的；为了达到个人目的以退党相要挟，经教育不改的，劝其退党，劝而不退的；限期改正期满后仍无转变的，劝其退党，劝而不退的，具有上述情形之一，按照规定程序给予除名处置。

4. 没有正当理由，连续 6 个月不参加党的组织生活，或者不交纳党费，或者不做党所分配的工作，按照自行脱党予以除名。

（七）流动党员管理

1. 基层党组织应当加强流动党员管理，对外出 6 个月以上并且没有转移组织关系的流动党员，应当保持经常联系，跟进做好教育培训、管理服务等工作。

2. 流入地党组织应当协助做好流动党员日常管理。按照组织关系一方隶属、参加多重组织生活的方式，组织流动党员就近就便参加组织生活。流动党员可以在流入地党组织或者流动党员党组织参加民主评议。

3. 对具备转移组织关系条件的流动党员，流出地和流入地党组织应当衔接做好转接工作。高校党组织对组织关系保留在学校的高校毕业生流动党员，应当继续履行管理职责。党员组织关系保留时间一般不超过 2 年，对符合转出组织关系条件的及时转出。对出国（境）学习研究党员，由原就读高校或者工作单位党组织保留其组织关系，每半年至少与其联系 1 次。出国（境）学习研究党员返回后按照规定恢复组织生活。

第五节　党的作风建设

一、党的作风建设的内涵和意义

我们党来自人民、植根人民、服务人民，一旦脱离群众，就会失去生命力。加强作风建设，必须紧紧围绕保持党同人民群众的血肉联系，增强群众观念和群众感情，不断厚植党执政的群众基础。凡是群众反映强烈的问题都要严肃认真对待，凡是损害群众利益的行为都要坚决纠正。坚持以上率下，巩固拓展落实中央八项规定精神成果，继续整治“四风”问题，坚决反对特权思想和特权现象。重点强化政治纪律和组织纪律，带动廉洁纪律、群众纪律、工作纪律、生活纪律严起来。坚持开展批评和自我批评，坚持惩前毖后、治病救人，运用监督执纪“四种形态”，抓早抓小、防微杜渐。赋予有干部管理权限的党组相应纪律处分权限，强化监督执纪问责。加强纪律教育，强化纪律执行，让党员、干部知敬畏、存戒惧、守底线，习惯在受监督和约束的环境中工作生活。

二、党的优良传统作风

党的三大优良作风：理论联系实际，密切联系群众，批评与自我批评的作风。

理论联系实际的作风，就是把马克思主义的基本原理同中国革命、建设和改革的具体实际相结合，一切从实际出发，实事求是的作风。理论联系实际的作风，是我们党的思想路线的基本内容，是党具有旺盛创造力的关键所在，是我们党的胜利之本。

密切联系群众的作风，就是一切为了群众，一切依靠群众，从群众中来，到群众中去。它是我们党的优良作风和政治优势，是党的群众路线，是我们战胜敌人、克服困难的法宝。

批评与自我批评的作风，是指开展积极的思想斗争，坚持真理，修正错误。它是解决党内矛盾和人民内部矛盾的基本方法，是保持党的纯洁性和提高党的战斗力的有力武器，是我们取得革命、建设和改革胜利的可靠保证。

三、反对“四风”

“四风”问题是指形式主义、官僚主义、享乐主义和奢靡之风。

2013 年 6 月 18 日，在北京召开中国共产党的群众路线教育实践活动工作会议。习近平总书记在会议上强调，这次教育实践活动的主要任务聚焦到作风建设上，集中解决形式主义、官僚主义、享乐主义和奢靡之风这“四风”问题。要对作风之弊、行为之垢来一次大排查、大检修、大扫除。这“四风”是违背党的性质和宗旨的，是当前群众深恶痛绝、反映最强烈的问题，也是损害党群干群关系的重要根源。“四风”问题解决好了，党内其他一些问题解决起来也就有了更好条件。

四、中共中央八项规定及其实施细则精神

（一）中共中央八项规定

中共中央政治局2012年12月4日召开会议，审议中央政治局关于改进工作作风、密切联系群众的八项规定。

1. 中央政治局全体同志要改进调查研究，到基层调研要深入了解真实情况，总结经验、研究问题、解决困难、指导工作，向群众学习、向实践学习，多同群众座谈，多同干部谈心，多商量讨论，多解剖典型。

2. 要精简会议活动，切实改进会风，严格控制以中央名义召开的各类全国性会议和举行的重大活动，不开泛泛部署工作和提要求的会，未经中央批准一律不出席各类剪彩、奠基活动和庆祝会、纪念会、表彰会、博览会、研讨会及各类论坛；提高会议实效，开短会、讲短话，力戒空话、套话。

3. 要精简文件简报，切实改进文风，没有实质内容、可发可不发的文件、简报一律不发。

4. 要规范出访活动，从外交工作大局需要出发合理安排出访活动，严格控制出访随行人员，严格按照规定乘坐交通工具，一般不安排中资机构、华侨华人、留学生代表等到机场迎送。

5. 要改进警卫工作，坚持有利于联系群众的原则，减少交通管制，一般情况下不得封路、不清场闭馆。

6. 要改进新闻报道，中央政治局同志出席会议和活动应根据工作需要、新闻价值、社会效果决定是否报道，进一步压缩报道的数量、字数、时长。

7. 要严格文稿发表，除中央统一安排外，个人不公开出版著作、讲话单行本，不发贺信、贺电，不题词、题字。

8. 要厉行勤俭节约，严格遵守廉洁从政有关规定，严格执行住房、车辆配备等有关工作和生活待遇的规定。

（二）中央八项规定实施细则主要内容

2017年10月27日，十九届中共中央政治局召开会议，研究部署学习宣传贯彻党的十九大精神，审议《中共中央政治局贯彻落实中央八项规定的实施细则》。

1. 改进调查研究。

（1）注重实际效果。安排中央政治局委员（含中央政治局常委，下同）到基层调研要紧紧围绕调研主题，实事求是地安排考查内容，为领导同志深入基层、深入群众、深入实际创造条件，既要到工作开展好的地方去总结经验，更要到困难较多、情况复杂、矛盾尖锐的地方去调研解决问题。在考察点上，要使领导同志有更多的自主活动，力求准

确、全面、深入了解情况，防止调研工作走形式、走过场。中央政治局常委可结合分管工作听取省（自治区、直辖市）工作汇报，一般不召开全省（自治区、直辖市）性工作汇报会和由省级几个领导班子成员参加的会议。各考察点现场要真实，不能为迎接考察装修布置，更不能弄虚作假。汇报工作时要讲真话、报实情。

（2）减少陪同人员。中央政治局常委到地方考察调研，陪同的中央和国家机关有关部门负责同志不超过 5 人，省（自治区、直辖市）陪同的负责同志不超过 3 人；其他中央政治局委员到地方考察调研时，陪同的中央和国家机关有关部门负责同志不超过 2 人，省（自治区、直辖市）由 1 位负责同志陪同，省（自治区、直辖市）主要负责同志可不陪同。中央政治局委员到地方考察调研，不搞层层多人陪同，市（地、州、盟）、县（市、区、旗）只安排 1 位负责同志陪同；考察企事业单位和条条管理部门时，其在异地的上级单位和主管部门的负责同志不到现场陪同。

（3）简化接待工作。中央政治局委员在地方考察调研期间，不张贴悬挂横幅标语，不安排群众迎送，不铺设迎宾地毯，不摆放花草，不组织专场文艺表演，不安排超规格套房，一般不安排接见合影，不赠送各类纪念品或土特产，不安排宴请，不上高档菜肴，自助餐也要注意节俭。除工作需要外，不安排中央政治局委员到名胜古迹、风景区参观。中央政治局常委外出考察时根据工作需要可由空军安排飞机，也可乘坐民航飞机；其他中央政治局委员外出考察乘坐民航班机，如有特殊情况需要乘坐空军飞机，须经中央办公厅报中央批准。

（4）改进警卫工作。中央政治局委员的警卫工作，要坚持有利于联系群众的原则，实行内紧外松的警卫方式，减少扰民。中央政治局委员出行时要减少交通管制，不得封路。中央政治局委员如因工作需要前往名胜古迹、风景区考察，一律不得封山、封园、封路。在公务活动现场，要合理安排警力，尽可能缩小警戒控制范围，不清场闭馆，不得停止、限制正常的生产经营活动。警卫部门要根据中央关于改进工作作风、密切联系群众的要求，进一步修改完善有关安全警卫工作的具体规定，严格按照相关规定部署组织警卫工作，不得违反规定扩大警卫范围、提高警卫规格。

2. 精简会议活动和文件简报。

（1）减少会议活动。各地区各部门要本着务实高效的原则，严格清理、切实减少各类会议活动，能不开的坚决不开，可以合并的坚决合并。各部门召开本系统全国性会议，每年不超过 1 次。未经中央批准，不在地方任职的中央政治局委员一律不出席各类剪彩、奠基活动和庆祝会、纪念会、表彰会、博览会、研讨会及各类论坛等，在地方任职的中央政治局委员出席上述活动也要从严掌握。要严格会议活动审批程序，以党中央、国务院名义召开的全国性会议和举行的重大活动，由中央办公厅、国务院办公厅统筹安排。中央各议事协调机构及其办公室、中央和国家机关各部门召开的全国性会议和举行的重要活动，须经中央办公厅、国务院办公厅审核后报批，涉外会议和重要活动还须送中央外办、外交部审核。

（2）控制会议活动规模和时间。严格控制各类会议活动规模，减少参加人员。各部门召开的全国性会议，只安排与会议内容密切相关的部门参加，人数不超过300人，时间不超过2天，不请各省（自治区、直辖市）党委和政府主要负责同志、分管负责同志出席。中央政治局常委不出席各部门召开的工作会议。要坚持开短会、讲短话，力戒空话、套话。各类会议活动不安排中央政治局委员接见会议代表并合影。

（3）提高会议活动效率和质量。各地区各部门要充分运用现代信息技术手段改进会议形式，提高会议效率。全国性会议可视情采用电视电话会议形式召开，在不涉密且技术条件允许的情况下，有的会议可直接开到基层。电视电话会议的主会场和分会场都要控制规模、简化形式，不请外地同志到主会场参会，各地分会场布置要因地制宜、精简节约。需要安排讨论的会议，要精心设置议题，充分安排讨论时间，提高讨论深度。中央政治局委员会见外宾的形式、地点可灵活安排，注重实效。

（4）严格控制会议活动经费。各地区各部门举办会议活动，要严格执行有关规定，厉行节约，反对铺张浪费。严禁提高会议用餐、住宿标准，严禁组织高消费娱乐、健身活动。会议活动现场布置要简朴，工作会议一律不摆花草、不制作背景板。严禁以任何名义发放纪念品。

（5）减少各类文件简报。凡国家法律法规和党内法规已作出明确规定的，一律不再制发文件。没有实质内容、可发可不发的文件简报，一律不发。由部门发文或部门联合发文能够解决的，不再由中共中央、国务院（含中央办公厅、国务院办公厅）转发或印发。未经党中央、国务院批准，中央和国家机关各部门、各议事协调机构不得向地方党委和政府发布指示性公文，不得要求地方党委和政府报文。各地区各部门要严格按程序报文，不得多头报文。各部门报送党中央、国务院的简报原则上只保留1种。各部门内设机构和下属单位的简报，一律不报送党中央、国务院。

（6）提高文件简报的质量和时效。各地区各部门应严格按照中央办公厅、国务院办公厅的有关要求，对文件和简报资料的报送程序和格式进行规范，加强综合协调和审核把关，切实提高运转效率。文件要突出思想性、针对性和可操作性，严格控制篇幅；简报要重点反映重要动态、经验、问题和工作建议等内容，减少一般性工作情况汇报。各地区各部门要加快推进机关信息化建设，积极推广电子公文和二维条码应用，逐步实现文件和简报资料网络传输和网上办理，减少纸质文件和简报资料，降低运行成本，提高工作效率。

3. 规范出访活动。

（1）合理安排出访。围绕外交工作需要合理制定年度出访总体方案，中央政治局委员每人每年出访不超过1次，时间不超过10天。中央政治局常委每次出访不超过4个国家（包括经停国家），其他中央政治局委员每次出访不超过3个国家（包括经停国家）。

中央政治局常委同一期出访安排不超过 2 人；中共中央总书记、国务院总理根据工作需要安排出访，原则上不安排同期出访。出席全球性或地区性会议、双边和多边机制活动、外国执政党重要会议以及特殊情况需要出访的，另行报批。

(2) 控制随行人员。严格根据工作需要安排陪同人员和工作人员，中共中央总书记、国务院总理出访，陪同人员（不含领导同志配偶和我驻往访国大使夫妇，下同）不超过 6 人，工作人员总数原则上不超过 50 人，其他中央政治局常委出访，陪同人员不超过 5 人，工作人员不超过 40 人；其他中央政治局委员出访，陪同人员不超过 4 人，工作人员不超过 16 人。出席全球性或地区性会议、双边机制性会晤活动，陪同人员根据实际需要经中央外办或外交部报中央批准。

(3) 规范乘机安排。严格按照规定乘坐交通工具，中共中央总书记、国务院总理出访乘坐专机，其他中央政治局常委出访根据工作需要可乘坐民航包机或班机，如需乘坐民航包机，须经中央外办报中央批准；其他中央政治局委员出访乘坐民航班机，一律不乘坐民航包机。中央政治局委员一律不乘坐私人包机、企业包机和外国航空公司包机。

(4) 简化机场迎送和接待工作。中央政治局常委出访抵离京时，可安排出访主办部门、中国民航局各 1 位负责同志到机场迎送，其他部门不安排负责同志前往迎送；其他中央政治局委员出访抵离京时，不安排有关部门负责同志前往机场迎送。中央政治局委员出访，各有关驻外使领馆不安排中资机构、华侨华人和留学生代表到机场迎送。驻外使领馆和其他驻外机构一律不得向代表团赠送礼品，外方所赠礼品应严格按国家有关规定处理。

(5) 加强统筹协调。中央政治局委员出访，由中央外办商有关部门统筹安排，年度出访计划每年 1 月底前报中央批准，当年年中进行 1 次综合协调。年度出访计划和年中协调安排经中央批准后，有关单位原则上不再临时安排中央政治局委员出访。

4. 改进新闻报道。

(1) 简化中央政治局委员出席会议活动新闻报道。要根据工作需要、新闻价值、社会效果决定是否报道。出席一般性会议和活动不作报道。要按照精简务实、注重效果的原则，进一步压缩数量、字数和时长，有的可刊播简短消息，有的只报标题新闻。中央政治局委员新闻报道中的职务称谓根据会议活动主题内容确定，不必报道担任的全部职务。要遵循新闻传播规律，进一步优化中央政治局委员会议活动报道内容和结构，调整播发顺序，除涉及重大会议活动和重大事件外，一般可安排在报刊、电视的头条新闻之后，以突出民生和社会新闻，增强传播效果。除具有全局意义和重大影响的会议活动外，一般情况下不安排广播电视直播。除中共中央总书记外，其他中央政治局委员出席会议活动，中央电视台报道时不出同期声。

(2) 精简全国性会议活动新闻报道。经中央批准举办的全国性会议活动，除中共中央总书记外，中央政治局常委出席的，文字稿不超过 1 000 字，中央电视台新闻联播播出时间不超过2分钟；其他中央政治局委员出席的，文字稿不超过500字，中央电视台新闻联播不作报道，晚间新闻播出时间不超过1分钟，未经中央批准的不作报道。中央各类议事协调机构及其办公室召开的会议，原则上不作报道；特殊情况需作报道的，须报中央批准，字数和时长参照上述标准执行。

（3）规范中央政治局委员考察调研活动新闻报道。考察调研活动新闻报道要多反映群众关心的实质性内容，更好贴近实际、贴近生活、贴近群众。除中共中央总书记外，中央政治局常委考察调研时，随行中央媒体记者一般不超过5人，其中包括2名摄像记者、1名编辑、1名摄影记者和1名文字记者，地方媒体一般不派记者参加；中央媒体报道中央政治局常委考察调研活动，新华社发文字信息通稿不超过1 000字，中央电视台新闻联播播出时间不超过3分钟，不刊发侧记、特写、综述等。其他中央政治局委员的考察调研活动如需公开报道，新华社发文字消息通稿不超过800字，可安排在中央电视台晚间新闻播出，时间不超过1分钟。

（4）简化治丧活动新闻报道。担任“四副两高”以上领导职务的领导同志逝世后，中央政治局委员出席遗体送别活动的，新华社消息稿中只列名报道中央政治局常委和曾担任中共中央总书记、国家主席、中央军委主席职务的同志名单，其他中央政治局委员不再列名。中共中央总书记出席可配发慰问亲属的照片，其他中央政治局委员一般不配发照片。中央电视台新闻联播可播出中央政治局常委和曾担任中共中央总书记、国家主席、中央军委主席职务的同志送别画面，不再播出其他中央政治局委员画面。省部级领导干部及社会知名人士逝世后，中央政治局委员出席遗体送别活动或以其他方式表示哀悼、慰问的，中央电视台不报道，新华社消息稿中不列名报道中央政治局委员名单。

（5）简化诞辰纪念活动新闻报道。曾任中央政治局常委职务的已故党和国家领导人的诞辰纪念活动，中央政治局常委出席并讲话的，文字稿不超过1 000字，中央电视台新闻联播播出时间不超过2分钟，讲话全文另发，人民日报摘发座谈会发言；中共中央总书记出席的纪念活动，可适当放宽有关标准。曾任其他领导职务的已故党和国家领导人的诞辰纪念活动，中央政治局常委出席，中央有关领导同志出席并讲话的，文字稿不超过300字，中央电视台新闻联播播出时间不超过1分钟，讲话全文另发，人民日报不摘发座谈会发言。

（6）优化中央政治局委员外事活动新闻报道。提高外事报道针对性，增加信息量，减少一般性报道。中央政治局委员同日会见多批外宾或多位中央政治局委员同日分别会见同一批外宾，人民日报、中央电视台新闻联播、晚间新闻发一条综合消息，不单独报道每场会见。除中共中央总书记、国务院总理外，中央政治局委员出访，人民日报、中央电视台新闻联播每个国家综合报道1次，新闻消息稿不超过1 200字，电视新闻时间不超过3分钟。除中共中央总书记外，其他中央政治局委员不发侧记、特写、综述等其他形式报道；其他中央政治局委员出访期间会见外国元首、政府首脑等活动可作报道，新闻消息稿不超过500字，不配发照片，可安排在中央电视台晚间新闻中播出，时间不超过1分钟，出访的其他活动一般不作报道。出访活动新闻报道的报纸截稿时间为凌晨1时，新闻联播截稿时间为19时20分，此后主要政治局委员的外事活动，可在次日安排报道。

(7) 规范重大专项工作新闻报道。中央政治局委员受中央委托到地方指导特大抢险救灾、处理重大安全事故、处理重大突发事件等重大专项工作，在应急阶段，文字稿不超过1 000字，中央电视台新闻联播节目播出时间不超过2分钟；上述专项工作转入常态后，中央电视台新闻联播节目一般只综合报道工作进展情况，不单独报道中央政治局委员参加活动或讲话，改由晚间新闻节目报道，文字稿不超过500字，晚间新闻播出时间不超过1分钟。

(8) 规范其他新闻报道。经中央批准，中央政治局常委和从中央政治局常委职务上退下来的同志出版著作等作品，由新华社播发简短出版消息，字数不超过200字，中央电视台不作报道。除经中央批准的重大展览和文艺演出活动外，中央政治局委员参观展览、观看一般性文艺演出以及出席其他文艺活动，一律不作报道。中央政治局委员给部门、地方的指示、批示等一般不作报道。

(9) 加强新闻报道统筹协调。探索运用网络等新手段加强中央主要领导同志与群众的直接联系。充分发挥中央职能部门的作用，中央政治局委员的新闻报道工作由中央宣传部负责统筹协调和日常管理，并督促指导中央新闻媒体落实有关规定。涉及中央重大会议活动的新闻报道工作，中央宣传部商中央办公厅统筹安排。领导同志处不直接向新闻单位就报道字数、时长、版面、画面等提出要求，有关要求可按中央规定，由中央宣传部向新闻单位提出或由新闻单位根据实际情况自行确定。从中央政治局常委职务上退下来、仍担任国家机构主要负责人的领导同志，新闻报道工作仍按原标准执行；如有特殊情况，由中央宣传部研究解决。

5. 加强督促检查。

(1) 改进工作作风、密切联系群众，关系党的形象，关系党和人民事业成败。各级党政机关和领导干部要坚持以人为本、执政为民，带头改进工作作风，带头深入基层调查研究，带头密切联系群众，带头解决实际问题。各地区各部门要严格按照本细则，结合实际情况，制定涵盖各级领导干部的更加具体、更便于操作的贯彻落实办法，狠抓落实，确保抓出成效。

(2) 各地区各部门要严格执行本细则，每年年底对执行情况进行1次专项检查，并将检查结果分别报送中央办公厅、国务院办公厅。

(3) 中央办公厅、国务院办公厅要定期督促检查。每年底通报执行情况，并向中央政治局常委会议、中央政治局会议汇报执行情况，对违反规定的要建议有关部门进行处理。各级纪检监察机关要把监督执行本细则作为改进党风政风的一项经常性工作来抓。

审计部门每年要对各地区各部门会议活动等经费的使用情况进行审查。

（4）人大、政协、军队、人民团体机关参照本细则执行。

第六节　党的纪律建设

党的十八大以来，党先后修订、出台了《关于新形势下党内政治生活的若干准则》《中国共产党廉洁自律准则》《中国共产党党内监督条例》《中国共产党纪律处分条例》《中国共产党问责条例》等，纪律建设的制度法规越来越健全。

1. 在党的十九大上，习近平总书记明确提出新时代党的建设总要求，强调要“全面推进党的政治建设、思想建设、组织建设、作风建设、纪律建设，把制度建设贯穿其中，深入推进反腐败斗争，不断提高党的建设质量”。在党的历史上第一次把纪律建设与政治、思想、组织、作风、制度等方面建设并列，创造性地形成了党的建设总体布局，彰显了纪律建设的地位和作用，深化发展了对党的纪律建设的认识。

2. 党章规定，“坚持把纪律挺在前面，加强组织性纪律性，在党的纪律面前人人平等”“自觉遵守党的纪律，首先是党的政治纪律和政治规矩”“党的纪律主要包括政治纪律、组织纪律、廉洁纪律、群众纪律、工作纪律、生活纪律”。重点是强化政治纪律和组织纪律，带动廉洁纪律、群众纪律、工作纪律、生活纪律严起来，这些规定在强调党的六大纪律的总体内涵的同时，把政治纪律和组织纪律提到突出位置加以重点强调。

3. 党章规定了对党员纪律处分的五种情形，即警告、严重警告、撤销党内职务、留党察看、开除党籍；按照错误性质和情节轻重，给予批评教育直至纪律处分；运用监督执纪“四种形态”，让“红红脸、出出汗”成为常态，党纪处分、组织调整成为管党治党的重要手段，严重违纪、严重触犯刑律的党员必须开除党籍。

4. 党的六大纪律：包括政治纪律、组织纪律、廉洁纪律、群众纪律、工作纪律、生活纪律。习近平总书记指出：“全面从严治党，重在加强纪律建设。”党的十九大把纪律建设纳入党的建设总体布局，突出了纪律建设这一治本之策。十九届中央纪委二次全会再次强调“全面加强党的纪律建设”，体现了新时代全面从严治党的新要求。全面加强党的纪律建设，用严明的纪律管全党治全党，对于探索实现党的自我净化的有效途径，推动全面从严治党向纵深发展具有十分重要的意义。

（1）严明党的政治纪律，维护党的团结和集中统一。

政治纪律是各级党组织和全体党员在政治立场、政治方向、政治言论、政治行为方面必须遵守的规矩，是牵头的管总的纪律，遵守党的政治纪律是遵守党的全部纪律的重要基础。要遵守和维护党章，落实新形势下党内政治生活若干准则，把政治纪律和政治规矩摆在首位，强化党内监督，引导党员领导干部增强政治敏锐性和政治鉴别力，自觉维护党中央权威和集中统一领导，维护全党团结统一。

（2）严明党的组织纪律，增强全党组织纪律性。

组织纪律是规范和处理党的各级组织之间、党组织与党员之间以及党员与党员之间关系的行为规则，是维护党的集中统一、保持党的战斗力的基本条件。要把“四个服从”作为最基本的纪律，督促党员干部强化组织意识，严格遵守组织制度和程序，严格执行民主集中制和请示报告制度，严格按组织原则和组织程序办事，自觉接受组织安排和纪律约束。

（3）严明党的廉洁纪律，遏制腐败蔓延势头。

廉洁纪律是党组织和党员在从事公务活动或者其他与行使职权有关的活动中应当遵守的廉洁用权的行为规则，是干部清正、政府清廉、政治清明的重要保障。腐败是党长期执政面临的最大威胁。要严肃查处权权交易、权钱交易和权色交易行为，超标准、超范围接待以及收受礼品、礼金、消费卡等行为，永葆共产党人清正廉洁政治本色。

（4）严明党的群众纪律，保持党同人民群众的血肉联系。

群众纪律是党的各级组织和全体党员贯彻执行党的群众路线和处理党群关系必须遵守的行为规则，是党的先进性的重要体现。要坚守人民立场，增强群众感情，提高群众工作本领，严肃查处超标准、超范围向群众摊派费用以及克扣群众财物、拖欠群众钱款等行为，严肃查处在社会保障、救灾救济款物分配等事项中优亲厚友、显失公平的行为，严肃查处对待群众消极应付、推诿扯皮、态度恶劣等行为，始终保持党同人民群众的血肉联系。

（5）严明党的工作纪律，压实管党治党政治责任。

工作纪律是党的各级组织和全体党员在党的各项具体工作中必须遵守的行为规则，是党的各项工作正常开展的重要保证。要紧紧抓住全面从严治党主体责任这个“牛鼻子”，严肃追究对主体责任认识不清、落实不力，或者不敢担当、不愿负责的行为，严肃追究党组织负责人不负责任或者疏于管理，对存在的问题装聋作哑、避重就轻等行为，确保全面从严治党政治责任落到实处。

（6）严明党的生活纪律，自觉培养高尚道德情操。

生活纪律是党员在日常生活和社会交往中应当遵守的行为规则，涉及个人品德、家庭美德、社会公德等各个方面，直接关系党的形象。要严肃查处享乐主义、奢靡之风、追求低级趣味等行为，严肃查处违背家庭伦理和社会公序良俗的行为，督促党员干部在生活上作好表率。

以上六大纪律相互联系、相互统一，涵盖党的纪律各个方面，体现了对党员的高标准严要求，为保持党的肌体健康、维护党的团结统一提供了有力武器，为贯彻党的路线方针政策、完成党的各项任务提供了重要保证。

第七节　党的制度建设

一、现行党内法规制度体系

党内法规制度体系，是以党章为根本，以民主集中制为核心，以准则、条例等中央党内法规为主干，由各领域各层级党内法规制度组成的有机统一整体。

（一）党章

作为立党管党治党的总依据总遵循，党章是“万规之基”，整个党内法规制度体系大厦建筑于党章这个“基石”之上；党章是“万规之首”，具有最高权威，依规治党首先是依据党章管党治党。改革开放以来，党的全国代表大会先后 8 次修订完善党章，推动党章与时俱进，为党和国家事业发展注入强大制度动力。2017 年，党的十九大修订的党章将习近平新时代中国特色社会主义思想确立为党的指导思想，把党的十九大报告确立的管党治党、治国理政重大理论观点和重大战略思想写入党章，为党的根本大法注入新时代血液。

（二）准则条例

准则集中体现党章精神，地位仅次于党章，对于构建党内法规制度体系具有重要作用。党中央一直将制定准则条例作为构建党内法规制度体系的主体工程，在不同历史时期有针对性地制定有关准则条例。2016 年，党中央制定《关于新形势下党内政治生活的若干准则》，从 12 个方面对新时代严肃党内政治生活提出明确要求、作出刚性规定，具有里程碑意义。同时，党中央制定 32 部现行有效条例，为规范党组织工作活动和党员行为提供了基本遵循。

（三）配套法规

配套法规主要包括规则、规定、办法、细则等。当前，党内法规制度体系中已经形成若干个以准则条例为龙头，以配套性的规则、规定、办法、细则为细化补充的制度群。截至 2021 年 7 月 1 日，现行有效的党内法规共 3615 部。党内法规使用党章、准则、条例、规定、办法、规则、细则 7 类名称。

二、党的制度建设规划

2017 年印发的《关于加强党内法规制度建设的意见》（以下简称《意见》）提出，到建党 100 周年时，形成比较完善的党内法规制度体系、高效的党内法规制度实施体系、有力的党内法规制度建设保障体系，党依据党内法规管党治党的能力和水平显著提高。实现这一目标，就要以党章为统领，统筹推进各位阶党内法规制度建设。

主要要求：

1. 坚持以党章为根本遵循。

党章是党的根本大法，是管党治党的总章程。党内法规制度是从党章开始的，在党内法规制度体系中，党章的位阶最高，处于最顶层，准则、条例和规则、规定、办法、细则等其他党内法规制度都源于党章，都能在党章中找到直接或者间接依据。习近平总书记在《认真学习党章严格遵守党章》中鲜明指出，党章就是党的根本大法，是全党必须遵循的总规矩。建立健全党内法规制度体系，要以党章为根本依据。从党章出发，以党章为根本依据是制定党内法规制度必须遵循的重要原则。党的十八届六中全会审议通过的《关于新形势下党内政治生活的若干准则》和《中国共产党党内监督条例》，就是把党章关于党内政治生活和党内监督的要求具体化，推动党内政治生活和党内监督制度化、规范化、程序化。推进党内法规制度体系建设，必须牢固树立政治意识、大局意识、核心意识、看齐意识，坚持正确政治方向，始终高举党章、尊崇党章，坚决维护以习近平同志为核心的党中央权威和集中统一领导，确保党的领导更加坚强、党的执政地位更加巩固。

2. 坚持继承与创新相结合。

“法与时转则治，治与世宜则有功。”既坚持过去行之有效的制度和规定，又结合新的时代特点，不断与时俱进，拿出新的办法和规定，这是党的十八大以来党内法规制度建设的一个鲜明特点。比如，2015 年修订的《中国共产党地方委员会工作条例》就是在保留原条例基本框架和主要原则的基础上，针对新情况新问题作出新规定。推进党内法规制度体系建设，必须深入贯彻党的十八大以来以习近平同志为核心的党中央治国理政新理念新思想新战略，反映党中央推进全面从严治党的新经验新举措，在理论创新、实践创新基础上实现制度创新，形成全面从严治党新的制度安排，大力推进工作理念、思路和方法创新，把新发展理念贯彻落实到党内法规工作中去，把握规律性，体现时代性、创新性。同时，要认真总结我们党在管党治党实践中的经验教训，继承和发扬我们党在长期实践中形成的制度规定和优良传统，不搞推倒重来、另起炉灶。

3. 坚持探索在前、总结在后。

习近平总书记指出，要把实践中行之有效的做法和经验用法规制度的形式固化下来、坚持下去，实现党内法规的与时俱进，这深刻揭示了制度源于实践，探索在前、总结在后的内在规律。党的十八大以来，我们党坚持有腐必反、有贪必肃，在深入推进党风廉政建设和反腐败斗争实践中，坚持标本兼治，逐渐向治本发力，制定修订了巡视工作条例、纪律处分条例、问责条例等一系列重大法规制度，扎紧扎牢了制度笼子，就是一个很好的例子。推进党内法规制度体系建设，必须遵循探索在前、实践在先，看看哪些做法可以上升为制度规定，以党内法规的形式固化下来；哪些制度经过实践检验是好的，必须长期坚持；哪些制度不适应实践需要，要结合新的情况继续完善。要鼓励基层试点，对于一些暂不适宜全面施行的重大制度设计，可以授权一些地方开展试点，及时总结经验，为全党全国提供可复制、可推广的制度成果。《意见》提出探索赋予副省级城市和省会城市党委在基层党建、作风建设等方面的党内法规制定权，就是为了鼓励有关地方党委先行先试、积极探索，为依规管党治党提供更多基层实践样本。

4. 坚持立改废释并举。

构建完善的党内法规制度体系是一个系统工程，需要协同推进立改废释工作，坚持科学立规、民主立规、依法立规，着力提高党内法规质量。要统筹“立”规，着眼于到建党 100 周年时形成比较完善的党内法规制度体系，编制中央党内法规制定工作第二个五年规划（2018—2022 年），按照轻重缓急进行分类梳理，确定重点制定项目，增强立规工作的系统性和前瞻性。要及时“改”规，根据党的建设实践的发展变化，及时修改完善那些不适应全面从严治党新形势新要求的法规制度，对相关联的党内法规制度探索开展一揽子修订，使已有的法规制度焕发新的生机活力。要适时“废”规，建立健全法规制度退出机制，通过集中清理、即时清理、专项清理，废止已经滞后于时代、不再具有现实规范意义的党内法规制度，避免“超期服役”。要积极“释”规，按照相关要求，加大解释力度，明确条文含义，推动法规制度精准实施。

5. 坚持中央党内法规制度和部门、地方党内法规制度建设协调推进党内法规制度体系，是以党章为根本，以准则、条例等中央党内法规制度为主干，以中央部委和有关地方党委制定的党内法规制度为配套，由各层级党内法规制度组成的有机统一整体。推进党内法规制度体系建设，必须坚持上下一体、统筹推进。要按照“1 + 4”的基本框架，抓紧做好“立柱架梁”工作，把主干性、支撑性的中央党内法规制度先建起来，抓紧制定出台相关准则和一批条例，比如，在党的领导法规制度板块，要制定党的宣传工作、群团工作、人才工作、政法工作、外事工作等方面的条例，其他板块也要根据实际研究制定或修订相关条例。要完善配套法规制度，凡是中央法规制度明确要求配套的，都要及时制定具体的配套法规制度，确保形成上下衔接、严密科学的制度体系。比如，《关于新形势下党内政治生活的若干准则》提出建立和完善近 20 项配套制度的任务，包括建立和完善民意调查、容错纠错、权力清单、领导干部个人重大事项报告、领导干部配偶子女从业行为等制度。

6. 确保党内法规制度落实落地。

贯彻执行法规制度没有绝招，关键在真抓、靠的是严管。要抓住领导干部这个“关键少数”，发挥领导机关和领导干部的示范引领作用。要加大监督检查力度，用监督传导压力，用压力推动落实。要发挥党内政治文化的支撑作用，弘扬社会主义法治精神，以良好的政治文化提升法规制度的执行力影响力。同时，探索开展党内法规执行情况和实施效果的评估，推动法规制度进一步完善和落实。党内法规制度建设政治性、政策性、理论性很强，需要高素质的干部人才队伍作保障。要建设好党内法规专门工作队伍、理论研究队伍、后备人才队伍三支队伍，为党内法规事业长远发展提供强有力的人才支撑。

第八节　习题演练

一、单项选择题

1. 中国特色社会主义最本质的特征、中国特色社会主义制度的最大优势是（　）。

A. 党的领导　　B. 依法治国

C. 以人民为中心　　D. 改革开放

【参考答案】A

【答案解析】党是最高政治领导力量，党的领导是中国特色社会主义最本质的特征，是中国特色社会主义制度的最大优势。

2. 政治纪律是党最根本、最重要的纪律，是净化政治生态的重要保证。党的首要政治纪律是（　）。

A. 坚定共产主义理想信念　　B. 坚决做到“两个维护”

C. 严明党的政治规矩　　D. 坚持民主集中制

【参考答案】B

【答案解析】《中共中央关于加强党的政治建设的意见》指出，要把坚决做到“两个维护”作为首要政治纪律。

3. 党现阶段的奋斗目标是（　）。

A. 实现共产主义　　B. 全面建成小康社会

C. 实现共同富裕　　D. 人民对美好生活的向往

【参考答案】D

【答案解析】要坚持以人民为中心，立党为公、执政为民，践行全心全意为人民服务的根本宗旨，树立真挚的人民情怀，把人民放在心中最高位置，始终相信人民，紧紧依靠人民，把人民对美好生活的向往作为奋斗目标。

4. 2019年从中央层面做起，层层大幅度精简文件和会议，确保发给县级以下的文件、召开的会议减少（ ）。

A. 30% ～ 50%　　B. 60%以上　　C. 20% ～ 30%　　D. 50%

【参考答案】 A

【答案解析】《关于解决形式主义突出问题为基层减负的通知》规定，2019年从中央层面做起，层层大幅度精简文件和会议，确保发给县级以下的文件、召开的会议减少30% ～ 50%。

5. 异地执行税务稽查检查、巡视巡察、督察督导等专项工作任务，党员超过3人、超过一定时间的团队要设立临时党支部，确保党员日常教育管理监督无盲区。这个一定时间指的是（ ）。

A. 半年　　B. 1个月　　C. 15日　　D. 3个月

【参考答案】 B

【答案解析】 国家税务总局党委在《关于加强新形势下税务系统党的建设的意见》（税总党委发〔2018〕23号）中提出，异地执行稽查检查、巡视巡察、督察督导等专项工作任务，党员超过3人、时间超过1个月的团队要设立临时党支部。

6. 党在社会主义初级阶段的基本路线作为党的政治路线，是党和国家的生命线、人民的幸福线，必须坚决捍卫、坚定执行。党在社会主义初级阶段的基本路线具体指的是（ ）。

A. 以改革开放为中心，坚持四项基本原则，坚持中国特色社会主义道路

B. 以经济建设为中心，坚持全面从严治党，坚持改革开放

C. 以经济建设为中心，坚持四项基本原则，坚持改革开放

D. 以改革开放为中心，坚持四项基本原则，坚持全面从严治党

【参考答案】 C

【答案解析】 党在社会主义初级阶段的基本路线即“一个中心、两个基本点”，以经济建设为中心，坚持四项基本原则，坚持改革开放。

7. 根据《中国共产党党和国家机关基层组织工作条例》，机关党的纪律检查委员会书记由（ ）担任。

A. 本单位党员负责人　　B. 本单位党委纪检组组长

C. 机关党的基层委员会副书记　　D. 机关党的基层委员会专职副书记

【参考答案】 C

【答案解析】 机关党的纪律检查委员会书记由机关党的基层委员会副书记担任。

8. 构成新时代坚持和发展中国特色社会主义基本方略的是（ ）。

A.“十四个坚持”　　B.“十四个构想”

C.“十四个规律”　　D.“十四个要求”

【参考答案】 A

【答案解析】 党的十九大报告阐述习近平新时代中国特色社会主义思想指出的“十四个坚持”构成新时代坚持和发展中国特色社会主义基本方略。

9.《中国共产党章程》明确，党的市（地、州、盟）和县（市、区、旗）委员会建立（　）制度。

A. 巡视　　B. 巡察　　C. 监察　　D. 督察

【参考答案】 B

【答案解析】 根据《中国共产党章程》第十四条的规定，党的市（地、州、盟）和县（市、区、旗）委员会建立巡察制度。

10. 企业、农村、机关、学校、科研院所、街道社区、社会组织、人民解放军连队和其他基层单位，正式党员达到一定人数的，都应当成立党的基层组织，上述一定人数是指（　）人以上。

A. 2　　B. 3　　C. 4　　D. 5

【参考答案】 B

【答案解析】 根据《中国共产党章程》第三十条的规定，企业、农村、机关、学校、科研院所、街道社区、社会组织、人民解放军连队和其他基层单位，凡是有正式党员 3 人以上的，都应当成立党的基层组织。

11. 某市税务局预备党员小明在微信公开发表反对“两个维护”的文章，党组织经过程序，认定其情节较重，给予留党察看处分。小明认为处分过重，可以提出（　）。

A. 申辩　　B. 复议　　C. 申诉　　D. 诉讼

【参考答案】 C

【答案解析】 根据《中国共产党章程》第四十三条的规定，党员对党组织作出的处分决定不服，可以提出申诉，有关党组织必须负责处理或者迅速转递，不得扣压。

12. 党组织讨论决定问题，必须执行的原则是（　）。

A. 民主集中制原则　　B. 党员大会决定制度

C. 少数服从多数　　D. 支委会表决制度

【参考答案】 C

【答案解析】 根据《中国共产党章程》第十七条的规定，党组织讨论决定问题，必须执行少数服从多数的原则。

13. 某税务局小李是预备党员，2017 年 6 月 30 日预备期已满，但是党组织认为需要继续考察和教育，准备延长其预备期，预备期延期最长不能超过（　）。

A. 2017 年 7 月 31 日　　B. 2017 年 9 月 30 日

C. 2017 年 12 月 31 日　　D. 2018 年 6 月 30 日

【参考答案】 D

【答案解析】 根据《中国共产党章程》第七条的规定，预备党员的预备期为 1 年。预备党员预备期满，党的支部应当及时讨论他能否转为正式党员。认真履行党员义务，具备党员条件的，应当按期转为正式党员；需要继续考察和教育的，可以延长预备期，但不能超过 1 年。

14.《中国共产党章程》规定，党的基层委员会、总支部委员会、支部委员会每届任期（　）。

A. 2 年　　B. 2 年至 3 年

C. 3 年至 5 年　　D. 4 年

【参考答案】 C

【答案解析】 根据《中国共产党章程》第三十一条的规定，党的基层委员会、总支部委员会、支部委员会每届任期 3 年至 5 年。

15. 现行党内法规制度体系，是以（　）为根本，以民主集中制为核心，以准则、条例等中央党内法规为主干，由各领域各层级党内法规制度组成的有机统一整体。

A. 党章　　B. 宪法　　C. 党章和宪法　　D. 制度建设

【参考答案】 A

【答案解析】 作为立党管党治党的总依据总遵循，党章是“万规之基”，整个党内法规制度体系大厦建筑于党章这个“基石”之上。

16. 每个党员，不论职务高低，都必须编入党的（　），参加党的组织生活，接受党内外群众的监督。

A. 一个支部、小组　　B. 一个支部或其他特定组织

C. 小组或其他特定组织　　D. 一个支部、小组或其他特定组织

【参考答案】 D

【答案解析】 根据《中国共产党章程》第八条的规定，每个党员，不论职务高低，都必须编入党的一个支部、小组或其他特定组织，参加党的组织生活，接受党内外群众的监督。

17.《中国共产党章程》规定，对党员的纪律处分，必须经过（　）讨论决定，报党的基层委员会批准。

A. 支部大会　　B. 委员会会议

C. 总支部委员会会议　　D. 以上都不是

【参考答案】 A

【答案解析】根据《中国共产党章程》第四十二条的规定，对党员的纪律处分，必须经过支部大会讨论决定，报党的基层委员会批准；如果涉及的问题比较重要或复杂，或给党员以开除党籍的处分，应分别不同情况，报县级或县级以上党的纪律检查委员会审查批准。

18. 以下关于党员的义务与权利，表述不正确的是（　）。

A. 从《中国共产党章程》规定看，义务先于权利

B. 在党的会议上有根据地批评党的任何组织和任何党员

C. 对党的决议和政策如有不同意见，可以声明保留

D. 党组织讨论决定对党员的党纪处分时，本人有权参加，但不得进行申辩

【参考答案】D

【答案解析】党章的性质决定了党员义务先于党员权利。共产党员必须是先进优秀的模范，必须自觉履行先锋队员的义务，只有这样才能加入党组织，享有党员权利。《中国共产党章程》规定，在党的会议上有根据地批评党的任何组织和任何党员。对党的决议和政策如有不同意见，可以声明保留。在党组织讨论决定对党员的党纪处分或作出鉴定时，本人有权参加和进行申辩。

19. 党的纪律是多方面的，但（　）是最重要、最根本、最关键的纪律。

A. 政治纪律　　B. 组织纪律　　C. 廉洁纪律　　D. 工作纪律

【参考答案】A

【答案解析】根据《中国共产党章程》第四十条的规定，党的纪律主要包括政治纪律、组织纪律、廉洁纪律、群众纪律、工作纪律、生活纪律。必须严明政治纪律。政治纪律是党的纪律中最重要、最根本、最关键的纪律，遵守党的政治纪律是遵守党的全部纪律的重要基础。

20. 党员每年参加集中学习培训的时间一般不少于（　）学时。

A. 30　　B. 32　　C. 48　　D. 50

【参考答案】B

【答案解析】根据《中国共产党党员教育管理工作条例》的规定，市、县党委或者基层党委每年应当组织党员集中轮训，党员每年集中学习培训时间一般不少于32学时。

21. 马克思主义政党建设的根本要求和永恒主题是（　）。

A. 始终保持党的先进性和纯洁性

B. 建设什么样的党、怎样建设党

C. 坚持和加强党的全面领导

D. 加强党的长期执政能力建设、先进性和纯洁性建设

【参考答案】A

【答案解析】 始终保持党的先进性和纯洁性，历来是马克思主义政党建设的根本要求和永恒主题，也是我们党赢得人民信赖和拥护的根本条件。

22. 新时代党的建设总要求是在（　）首次提出的。

A. 党的十八大　　B. 党的十九大

C. 党的十九届六中全会　　D. 党的十九届三中全会

【参考答案】 B

【答案解析】 党的十九大报告提出了新时代党的建设总要求，即坚持和加强党的全面领导，坚持党要管党、全面从严治党，以加强党的长期执政能力建设、先进性和纯洁性建设为主线，以党的政治建设为统领，以坚定理想信念宗旨为根基，以调动全党积极性、主动性、创造性为着力点，全面推进党的政治建设、思想建设、组织建设、作风建设、纪律建设，把制度建设贯穿其中，深入推进反腐败斗争，不断提高党的建设质量，把党建设成为始终走在时代前列、人民衷心拥护、勇于自我革命、经得起各种风浪考验、朝气蓬勃的马克思主义执政党。

23.（　）是基础性建设，筑牢中国共产党人的精神支柱和政治灵魂。

A. 政治建设　　B. 思想建设　　C. 作风建设　　D. 组织建设

【参考答案】 B

【答案解析】 在新时代党的建设总体布局中，各项建设都有各自的地位和作用。政治建设是根本性建设，具有统领地位，发挥统领作用；思想建设是基础性建设，筑牢中国共产党人的精神支柱和政治灵魂。

24. 党组织的基本功能是（　）。

A. 凝聚功能　　B. 组织功能　　C. 政治功能　　D. 革命功能

【参考答案】 C

【答案解析】 政治属性是党组织的根本属性，政治功能是党组织的基本功能，要认真贯彻落实新时代党的组织路线，不断强化各级各类党组织的政治属性和政治功能。

25. 中央和地方各级人大机关、行政机关、政协机关、监察机关、审判机关、检察机关本质上都是（　）。

A. 政治机关　　B. 行政机构　　C. 党政机关　　D. 党的组织

【参考答案】 A

【答案解析】 中央和地方各级人大机关、行政机关、政协机关、监察机关、审判机关、检察机关本质上都是政治机关。

26. 群团组织要认真履行政治职责，充分发挥联系人民群众的（　）作用。

A. 政治动员　　B. 政治教育　　C. 政治引领　　D. 桥梁纽带

【参考答案】 D

【答案解析】群团组织要认真履行政治职责，充分发挥联系人民群众的桥梁和纽带作用，加大政治动员、政治引领、政治教育工作力度，更好承担起引导群众听党话、跟党走的政治任务，把自己联系的群众最广泛最紧密地团结在党的周围。

27. 党的基层委员会由（　）选举产生。

A. 党员大会　　　　B. 党员代表大会

C. 党员大会或党员代表大会　　　　D. 党员和群众代表大会

【参考答案】C

【答案解析】党的基层委员会由党员大会或者党员代表大会选举产生，每届任期一般为 5 年。

28. 机关党的基层委员会应当设立机关党的纪律检查委员会，机关党的纪律检查委员会书记由（　）担任。

A. 机关党的基层委员会书记　　　　B. 机关党的基层委员会委员

C. 机关党的基层委员会副书记　　　　D. 机关党的基层委员会纪检委员

【参考答案】C

【答案解析】机关党的纪律检查委员会书记由机关党的基层委员会副书记担任。

29. 机关基层党组织开展活动，所需资金主要来源于（　）。

A. 列入本单位部门预算的财政资金　　　　B. 党费

C. 上级党组织拨款　　　　D. 行政经费

【参考答案】A

【答案解析】机关基层党组织开展活动，所需财政资金列入本单位部门预算，保障“三会一课”、主题党日、党员和入党积极分子教育培训、学习调研等需要。党费主要作为党员教育经费的补充。

30. 下列说法错误的是（　）。

A. 党支部委员会由 3 ～ 5 人组成，一般不超过 7 人

B. 党支部委员会设书记和组织委员、宣传委员、纪检委员等，必要时可以设 1 名副书记

C. 基层单位党支部委员会每届任期 3 年

D. 党支部党员大会是党支部的议事决策机构，由全体党员参加，一般每季度召开 1 次

【参考答案】C

【答案解析】村、社区党支部委员会每届任期 5 年，其他基层单位党支部委员会一般每届任期 3 年。党支部委员会会议一般每月召开 1 次，会议须有半数以上委员到会方可进行。重要事项提交党员大会决定前，一般应当经党支部委员会会议讨论。

二、多项选择题

1. 关于《党政机关厉行节约反对浪费条例》，以下说法正确的有（ ）。

A. 党政机关依法取得的罚没收入、行政事业性收费、政府性基金、国有资产收益和处置等非税收入，必须按规定及时足额上缴国库

B. 党政机关应当遵循先有预算、后有支出的原则，严格执行预算，严禁超预算或者无预算安排支出，严禁虚列支出、转移或者套取预算资金

C. 党政机关应当建立公务接待审批控制制度，接待无公函的公务活动，要在公务接待清单中详细说明情况

D. 严禁在培训经费中列支公务接待费、会议费等与培训无关的任何费用

【参考答案】ABD

【答案解析】党政机关应当建立公务接待审批控制制度，对无公函的公务活动不予接待。

2.“两个确立”具体是指（ ）。

A. 确立习近平同志全党的核心地位

B. 确立习近平同志党中央的核心、全党的核心地位

C. 确立习近平新时代中国特色社会主义思想的指导地位

D. 确立习近平新时代中国特色社会主义思想的核心地位

【参考答案】BC

【答案解析】十九届六中全会公报指出，党确立习近平同志党中央的核心、全党的核心地位，确立习近平新时代中国特色社会主义思想的指导地位，反映了全党全军全国各族人民共同心愿，对新时代党和国家事业发展、对推进中华民族伟大复兴历史进程具有决定性意义。

3. 关于批评和自我批评，以下说法正确的有（ ）。

A. 坚持“团结——批评——团结”，按照“照镜子、正衣冠、洗洗澡、治治病”的要求，严肃认真提意见，绝不能把自我批评变成自我表扬、把相互批评变成相互吹捧

B. 党的领导机关和领导干部对各种不同意见都必须听取，鼓励下级反映真实情况

C. 党内工作会议的报告、讲话以及各类工作总结，上级机关和领导干部检查指导工作，只讲问题和不足，不讲成绩和经验

D. 批评必须出于公心，不主观武断，不发泄私愤

【参考答案】ABD

【答案解析】党内工作会议的报告、讲话以及各类工作总结，上机关和领导干部检查指导工作，既要讲成绩和经验，又要讲问题和不足。

4. 党员干部特别是领导干部要加强政治能力训练和政治实践历练，切实提高（ ）。

A. 把握方向、把握大势、把握全局的能力

B. 辨别政治是非、保持政治定力、驾驭政治局面、防范政治风险的能力

C. 政治历练、政治经验和政治智慧

D. 积极主动、独立负责地开展工作的能力

【参考答案】AB

【答案解析】《中共中央关于加强党的政治建设的意见》指出，党员干部特别是领导干部要加强政治能力训练和政治实践历练，切实提高把握方向、把握大势、把握全局的能力和辨别政治是非、保持政治定力、驾驭政治局面、防范政治风险的能力。

5. 党支部书记要认真落实谈心谈话制度，做到干部入职必谈（ ）。

A. 入党必谈

B. 职务晋升和岗位调整必谈

C. 离职退休必谈

D. 受到批评处分必谈

【参考答案】ABCD

【答案解析】国家税务总局党委在《关于加强新形势下税务系统党的建设的意见》（税总党委发〔2018〕23号）中提出，党支部书记要做到“五必谈”，即干部入职必谈、入党必谈、职务晋升和岗位调整必谈、离职退休必谈、受到批评处分必谈。

6. 根据《中国共产党党组工作条例》，下列属于党组讨论和决定的本单位重大问题的有（ ）。

A. 资金使用、资产处置、预算安排

B. 重要人事任免等事项

C. 重大思想动态的政治引导

D. 职能配置、机构设置、人员编制事项

【参考答案】BCD

【答案解析】选项A应为“大额资金使用、大额资产处置、预算安排”。

7. 税务系统实行集体领导和个人分工相结合的制度，执行该制度的流程包括（ ）。

A. 领导班子成员的分工由主要负责人提出初步意见

B. 征求其他领导班子成员意见

C. 经党委会讨论决定

D. 及时公布并向地方党委报告

【参考答案】ABC

【答案解析】选项D应为及时公布并向上级党委报告。

8. 关于党员组织关系管理，下列说法正确的有（ ）。

A. 外出超过6个月的党员应按规定转接组织关系

B. 税务机关党员异地执行稽查检查、巡视巡察、督查督导等专项工作任务，时间超过1个月的团队要设立临时党支部

C. 党员工作单位、经常居住地发生变动的，或者外出学习、工作、生活6个月以上并且地点相对固定的，应当转移组织关系

D. 对与党组织失去联系6个月以上、通过各种方式查找仍然没有取得联系的党员，予以停止党籍

【参考答案】ACD

【答案解析】异地执行稽查检查、巡视巡察、督查督导等专项工作任务，党员超过3人、时间超过1个月的团队要设立临时党支部。

9. 各级税务局党委承担本单位本系统党的建设、全面从严治党主体责任，重点履行（　）。

A. 政治领导责任　　B. 统筹落实责任

C. 压力传导责任　　D. 组织保障责任

【参考答案】ABCD

【答案解析】《税务系统落实全面从严治党主体责任和监督责任实施办法（试行）》指出，各级税务局党委承担本单位本系统党的建设、全面从严治党主体责任，重点履行政治领导、统筹落实、压力传导、组织保障责任。

10. 以下工作内容属于党委压力传导责任的有（　）。

A. 每年听取1次党委委员、机关各单位和下一级税务局党委落实全面从严治党主体责任情况汇报

B. 每年开展1次“两个责任”落实情况检查

C. 省以下税务局党委每年向上一级税务局党委、纪检组书面报告1次履行管党治党责任情况

D. 严肃党内政治生活，认真贯彻《关于新形势下党内政治生活的若干准则》，着力提高党内政治生活质量

【参考答案】ABC

【答案解析】国家税务总局党委在《关于加强新形势下税务系统党的建设的意见》（税总党委发〔2018〕23号）中指出，严肃党内政治生活，认真贯彻《关于新形势下党内政治生活的若干准则》，着力提高党内政治生活质量属于党委落实政治领导责任。

11. 根据《中国共产党重大事项请示报告条例》，以下选项属于党员应当向党组织请示的事项有（　）。

A. 从事党组织所分配的工作中的重要问题

B. 代表党组织发表主张或者作出决定

C. 发现党员、领导干部违纪违法线索情况

D. 转移党的组织关系

【参考答案】ABD

【答案解析】选项C属于党员应当向党组织报告事项。

12. 党支部每月相对固定1天开展主题党日，可以组织党员开展的活动有（　）。

A. 集中学习　　B. 过组织生活

C. 进行民主议事　　D. 志愿服务

【参考答案】ABCD

【答案解析】根据《中国共产党支部工作条例（试行)》第十六条的规定，党支部每月相对固定1天开展主题党日，组织党员集中学习、过组织生活、进行民主议事和志愿服务等。

13. 党的组织应当根据党务与党员和群众的关联程度合理确定公开范围，以下说法正确的有（　）。

A. 领导经济社会发展、涉及人民群众生产生活的党务，向社会公开

B. 涉及党的建设重大问题或者党员义务权利，需要全体党员普遍知悉和遵守执行的党务，在全党公开

C. 各地区、各部门、各单位的党务，在本地区、本部门、本单位公开

D. 涉及特定党的组织、党员和群众切身利益的党务，对特定党的组织、党员和群众公开

【参考答案】ABCD

【答案解析】依据《中国共产党党务公开条例（试行)》第八条。

14. 申请加入中国共产党，须符合的条件有（　）。

A. 年满18岁的中国工人、农民、军人、知识分子和其他社会阶层的先进分子

B. 承认党的纲领和章程

C. 愿意参加党的一个组织并在其中积极工作、执行党的决议

D. 愿意按期交纳党费的

【参考答案】ABCD

【答案解析】根据《中国共产党发展党员工作细则》第五条的规定，年满18岁的中国工人、农民、军人、知识分子和其他社会阶层的先进分子，承认党的纲领和章程，愿意参加党的一个组织并在其中积极工作、执行党的决议和按期交纳党费的，可以申请加入中国共产党。

15. 全党要更加自觉地增强（　），既不走封闭僵化的老路，也不走改旗易帜的邪路，保持政治定力，坚持实干兴邦，始终坚持和发展中国特色社会主义。

A. 道路自信　　B. 理论自信

C. 制度自信　　D. 文化自信

【参考答案】ABCD

【答案解析】“四个自信”是道路自信、理论自信、制度自信、文化自信。

16. 下列属于党的十九大党章新写入的内容有（　）。

A.“一带一路”建设　　B. 绿水青山就是金山银山

C. 推进国家治理体系和治理能力现代化　　D. 实现中华民族伟大复兴的中国梦

【参考答案】ABCD

【答案解析】《中国共产党章程》一共新增了十大方面的内容：(1) 习近平新时代中国特色社会主义思想写入党章。(2) 中国特色社会主义文化写入党章。(3) 实现中华民族伟大复兴的中国梦写入党章。(4) 党章根据我国社会主要矛盾的转化作出相应修改。(5) 推进国家治理体系和治理能力现代化写入党章。(6) 供给侧结构性改革、“绿水青山就是金山银山”写入党章。(7) 人类命运共同体、“一带一路”写入党章。(8) 全面从严治党、“四个意识”写入党章。(9)“党是领导一切的”写入党章。(10) 实现巡视全覆盖、推进“两学一做”学习教育写入党章。

17. 党小组会一般每月召开 1 次，内容包括（　）。

A. 政治学习　　B. 谈心谈话

C. 开展批评和自我批评　　D. 业务学习

【参考答案】ABC

【答案解析】根据《中国共产党支部工作条例（试行）》第十三条的规定，党小组主要落实党支部工作要求，完成党支部安排的任务。党小组会一般每月召开 1 次，组织党员参加政治学习、谈心谈话、开展批评和自我批评等。

18. 关于党费，党支部应做好的工作有（　）。

A. 党费收缴　　B. 党费使用　　C. 党费管理　　D. 党费返还

【参考答案】ABC

【答案解析】《中国共产党支部工作条例（试行）》第九条规定：“党支部的基本任务是……（三）对党员进行教育、管理、监督和服务……做好党费收缴、使用和管理工作……”

19. 党委要发挥本部门、本系统的领导核心作用，准确把握职责定位，充分发挥（　）的重要作用。

A. 把方向　　B. 管大局　　C. 抓重点　　D. 保落实

【参考答案】ABD

【答案解析】略。

20. 下列关于党员监督和组织处置，正确的有（　）。

A. 对党员不按照规定参加党的组织生活，党组织应当采取适当方式及时进行批评教育，帮助其改进提高

B. 对缺乏革命意志，不履行党员义务，不符合党员条件，但本人能够正确认识错误、愿意接受教育管理并且决心改正的党员，党组织应当作出限期改正处置，限期改正时间不超过 1 年

C. 党员信仰宗教，经党组织帮助教育仍没有转变的，按照规定程序给予除名处置

D. 没有正当理由，连续 6 个月不参加党的组织生活，或者不交纳党费，或者不做党所分配的工作，开除党籍

【参考答案】 ABC

【答案解析】 选项 D，没有正当理由，连续 6 个月不参加党的组织生活，或者不交纳党费，或者不做党所分配的工作，按照自行脱党予以除名。

三、判断题

1. 预备党员具有表决权、选举权和被选举权。（ ）

【参考答案】 ×

【答案解析】“具有”应为“没有”。

2. 进行选举时，有选举权的到会人数超过应到会人数的 4/5，会议有效。因故未出席会议的党员或党员代表委托他人代为投票，必须采取书面委托的形式。（ ）

【参考答案】 ×

【答案解析】《中国共产党基层组织选举工作条例》规定，因故未出席会议的党员或党员代表不能委托他人代为投票。

3. 设立机关党的基层委员会的部门，同时应设立机关党的纪律检查委员会。（ ）

【参考答案】 ×

【答案解析】 设立机关党的基层委员会的部门，一般应当设立机关党的纪律检查委员会，不设机关党的纪律检查委员会的，应当设立纪律检查委员。

4. 机关党员 50 人以上的，设立党的基层委员会。（ ）

【参考答案】 ×

【答案解析】 根据《中国共产党党和国家机关基层组织工作条例》第五条的规定，机关党员 100 人以上的，设立党的基层委员会。党员不足 100 人的，因工作需要，经上级党组织批准，也可以设立党的基层委员会。

5. 党支部书记必须由本部门党员负责人兼任。（ ）

【参考答案】 ×

【答案解析】根据《中国共产党党和国家机关基层组织工作条例》第八条规定，书记原则上由本部门党员负责人担任。

6.《党政机关厉行节约反对浪费条例》规定，严格控制和规范各类评比达标表彰活动，实行中央、省、市三级审批制度。( )

【参考答案】×

【答案解析】严格控制和规范各类评比达标表彰活动，实行中央和省（自治区、直辖市）两级审批制度。

7. 党组成员除应当具备党章和《党政领导干部选拔任用工作条例》规定的党员领导干部的基本条件外，还应当有 2 年以上党龄，其中厅局级以上单位的党组成员应当有 3 年以上党龄。( )

【参考答案】×

【答案解析】根据《中国共产党党组工作条例（试行)》第八条的规定，党组成员除应当具备党章和《党政领导干部选拔任用工作条例》规定的党员领导干部的基本条件外，还应当有 3 年以上党龄，其中厅局级以上单位的党组成员应当有 5 年以上党龄。

8. 党组会议一般每月召开 1 次，遇有重要情况可以随时召开。应当有 2/3 以上党组成员到会方可召开。( )

【参考答案】×

【答案解析】根据《中国共产党党组工作条例（试行)》第二十六条的规定，党组会议应当有半数以上党组成员到会方可召开，讨论决定干部任免事项必须有 2/3 以上党组成员到会。

9. 党支部书记一般应当具有 3 年以上党龄。( )

【参考答案】×

【答案解析】根据《中国共产党支部工作条例（试行)》第二十三条的规定，党支部书记应当具备良好政治素质，热爱党的工作，具有一定的政策理论水平、组织协调能力和群众工作本领，敢于担当、乐于奉献，带头发挥先锋模范作用，在党员、群众中有较高威信，一般应当具有 1 年以上党龄。

10. 上级党组织可以跨地域或者从机关和企事业单位选派党支部书记。( )

【参考答案】√

【答案解析】略。

11. 流动党员可以在流入地党组织或者流动党员党组织参加民主评议。( )

【参考答案】√

【答案解析】略。

12. 新时代党的建设总体布局：全面推进党的政治建设、思想建设、组织建设、作风建设、纪律建设，深入推进反腐败斗争。（ ）

【参考答案】×

【答案解析】新时代党的建设总体布局：全面推进党的政治建设、思想建设、组织建设、作风建设、纪律建设，把制度建设贯穿其中，深入推进反腐败斗争。

13. 中国共产党的领导是中国特色社会主义最本质特征和最大优势。（ ）

【参考答案】√

【答案解析】略。

14. 新时代党的建设的根本目标：把党建设成为始终走在时代前列、人民衷心拥护、勇于自我革命、经得起各种风浪考验、朝气蓬勃的马克思主义执政党。（ ）

【参考答案】√

【答案解析】略。

15. 政治纪律是党重要的纪律，是净化政治生态的重要保证。（ ）

【参考答案】×

【答案解析】政治纪律是党最根本、最重要的纪律，是净化政治生态的重要保证。

16. 在全党开展"不忘初心，牢记使命"教育，是党中央立足党的百年历史新起点、统筹中华民族伟大复兴战略全局和世界百年未有之大变局、为动员全党全国满怀信心投身全面建设社会主义现代化国家而作出的重大决策。（ ）

【参考答案】×

【答案解析】在全党开展党史学习教育，是党中央立足党的百年历史新起点、统筹中华民族伟大复兴战略全局和世界百年未有之大变局、为动员全党全国满怀信心投身全面建设社会主义现代化国家而作出的重大决策。

17. 党的基层组织是党在社会基层组织中的战斗堡垒，是党的全部工作和战斗力的基础。（ ）

【参考答案】√

【答案解析】略。

18. 党员个人服从党的组织，少数服从多数，下级组织服从上级组织，全党各个组织和全体党员服从党的全国代表大会和中央委员会。（ ）

【参考答案】√

【答案解析】略。

19. 党组（党委）根据需要可在本单位一定范围内通报抓机关党建工作情况、接受评议。（ ）

【参考答案】 ×

【答案解析】 党组（党委）每年在本单位一定范围内通报抓机关党建工作情况、接受评议。

20. 党支部党员大会是党支部的议事决策机构。（ ）

【参考答案】 √

【答案解析】 略。

四、简答题

1. 如何理解习近平总书记提出的新时代中国特色社会主义发展的“两个阶段”战略安排？

【参考答案】

综合分析国际国内形势和我国发展条件，从 2020 年到 21 世纪中叶可以分两个阶段来安排。第一个阶段，从 2020 年到 2035 年，在全面建成小康社会的基础上，再奋斗 15 年，基本实现社会主义现代化。第二个阶段，从 2035 年到 21 世纪中叶，在基本实现现代化的基础上，再奋斗 15 年，把我国建成富强民主文明和谐美丽的社会主义现代化强国。

2. 某电视台原主持人张某是中共党员。2019 年，其在某酒店与多家单位人员聚餐，言谈间极力丑化中国共产党的形象，引起社会强烈反响。请援引《中国共产党纪律处分条例》相应条款进行分析。

【参考答案】

（1）张某丑化中国共产党形象的行为属于违反政治纪律的行为，应根据情节轻重给予纪律处分。

（2）根据《中国共产党纪律处分条例》第四十六条的规定，通过网络、广播、电视、报刊、书籍、讲座、论坛、报告会、座谈会等方式，丑化党和国家形象，或者诋毁、诬蔑党和国家领导人，或者歪曲党的历史、中华人民共和国历史、人民军队历史的，情节较轻的，给予警告或者严重警告处分；情节较重的，给予撤销党内职务或者留党察看处分；情节严重的，给予开除党籍处分。

第四章
税务系统全面从严治党新格局

第一节　全面从严治党永远在路上

一、　全面从严治党的内涵意义

全面从严治党，是党的十八大以来，以习近平同志为核心的党中央根据新的历史条件下党的建设面临的新情况和新问题，深刻总结历史上党通过自我革命保持先进性和纯洁性并领导各项事业胜利前进的宝贵经验，对管党治党做出的重大部署。它和全面建成小康社会（全面建设社会主义现代化国家）、全面依法治国、全面深化改革一起，构成了“四个全面”战略布局，在党的建设发展历史上、中国特色社会主义发展历史上具有重大意义。具体体现为：全面从严治党传承和弘扬了党的建设宝贵历史经验；全面从严治党为中国特色社会主义事业发展提供了坚强保证；全面从严治党是对马克思主义党建理论和实践的丰富发展；全面从严治党深化了管党治党的政治内涵。

在中共十八届中央纪委六次全会上，习近平总书记指出：“全面从严治党，核心是加强党的领导，基础在全面，关键在严，要害在治。”这是对全面从严治党核心要义和内在逻辑的深刻阐述。

二、党委（党组）落实全面从严治党主体责任应当遵循的原则要求

坚持紧紧围绕加强和改善党的全面领导；坚持全面从严治党各领域各方面各环节全覆盖；坚持真管真严、敢管敢严、长管长严；坚持全面从严治党过程和效果相统一。

三、全面从严治党的基本遵循

要坚持思想建党和制度治党相统一；坚持使命引领和问题导向相统一；坚持抓“关键少数”和管“绝大多数”相统一；坚持行使权力和担当责任相统一；坚持严格管理和关心信任相统一；坚持党内监督和群众监督相统一。

第二节　税务系统全面从严治党的责任体系

一、各级税务局党委的主体责任

各级税务局党委承担本单位本系统党的建设、全面从严治党主体责任，重点履行政治领导、统筹落实、压力传导、组织保障责任。

（一）政治领导责任

把加强党的政治建设摆在首位，坚决维护习近平总书记党中央的核心、全党的核心地位，坚决维护党中央权威和集中统一领导，始终在思想上政治上行动上同以习近平同志为核心的党中央保持高度一致。深入贯彻落实《中共中央关于加强党的政治建设的意见》，以党的政治建设为统领，把政治标准和政治要求贯穿党的思想建设、组织建设、作风建设、纪律建设以及制度建设、反腐败斗争始终，全面提高党的建设质量。对落实党的政治建设责任不到位、推进党的政治建设工作不力的严肃问责。

深入学习贯彻习近平新时代中国特色社会主义思想，特别是习近平总书记关于税收工作的重要论述和重要指示批示精神，认真研究贯彻落实具体举措，把“两个维护”体现到税收工作中。紧盯不敬畏、不在乎、喊口号、装样子的问题，坚决破除形式主义、官僚主义，推动党中央、国务院重大决策部署落地见效。坚持党委理论学习中心组学习制度，每季度集中研讨不少于 1 次，每年开展全面从严治党专题学习不少于 2 次。加强对下一级党委理论学习中心组学习的督促指导，建立党委理论学习中心组学习通报制度。

严肃党内政治生活，认真贯彻《关于新形势下党内政治生活的若干准则》，着力提高党内政治生活质量，建立健全民主生活会列席指导、及时叫停、责令重开、整改通报等制度，增强党内政治生活的政治性时代性原则性战斗性。严格执行民主集中制原则，建立健全议事决策规则和重大事项决策程序，完善并落实“三重一大”决策监督机制。

严明党的政治纪律和政治规矩，把学习和遵守党章作为基础性经常性工作来抓，教育督促本单位本系统党员干部始终做政治上的明白人、老实人，坚持“五个必须”，严防“七个有之”。加强对遵守政治纪律和政治规矩情况的监督检查，严肃查处违反政治纪律和政治规矩的问题。

发展积极健康的党内政治文化，增强党员干部的政治定力、纪律定力、道德定力、拒腐定力，大力倡导清清爽爽的同志关系、规规矩矩的上下级关系、干干净净的税企关系，涵养风清气正的政治生态。探索建立政治生态评价机制体系，将政治建设工作情况纳入各级党组织书记抓党建述职评议和党建考核评价体系，并突出其权重。

（二）统筹落实责任

坚持全面从严治党工作与税收工作同部署、同落实、同检查、同考核。每年年初研究制定全面从严治党工作要点或计划，抓好任务分解，建立责任清单，加强督促落实。每半年与同级纪检机构共同分析研究全面从严治党、党风廉政建设和反腐败工作 1 次，遇有重大问题或上级安排的重要工作，及时研究部署。

推进“两学一做”学习教育常态化制度化，深入开展“不忘初心、牢记使命”主题教育，开展经常性党性党风党纪教育、先进典型示范教育和反面典型警示教育。培育和践行社会主义核心价值观，弘扬“忠诚担当、崇法守纪、兴税强国”的中国税务精神。落实党委意识形态工作责任制，定期分析研判意识形态领域情况，牢牢掌握意识形态工作领导权。

贯彻落实《中国共产党支部工作条例（试行）》，把党支部建设作为最重要的基本建设，定期研究讨论、加强领导指导，每年至少专题研究 1 次党支部建设工作。将抓党支部建设情况纳入各级税务局党委书记抓基层党建述职评议考核的重要内容，作为评判其履行管党治党政治责任的重要依据。

坚持党管干部原则，贯彻新时期好干部标准，始终把政治标准放在第一位。严格执行《党政领导干部选拔任用工作条例》，坚持“凡提四必”，严把选人用人政治关、品行关、作风关、廉洁关。坚持不懈整治选人用人上的不正之风，严格执行干部选拔任用工作纪实制度，对任人唯亲、说情打招呼、跑官要官、买官卖官、拉票贿选等行为发现一起查处一起，对“带病提拔”的干部实行倒查，对政治标准把关不严的严肃处理。

落实《关于进一步激励广大干部新时代新担当新作为的意见》，按照“三个区分开来”的要求，建立容错纠错机制，宽容干部在改革创新中的失误错误，旗帜鲜明为敢于担当的干部撑腰鼓劲。严肃查处诬告陷害行为，及时为受到不实反映的干部澄清正名。

深入贯彻中央八项规定及其实施细则精神，聚焦违规收受礼金、违规公款吃喝、违规操办婚丧喜庆事宜等突出问题，加大查处通报力度。持续整治领导干部利用名贵特产类特殊资源谋取私利问题。健全重要时间节点常态化提醒、明察暗访、专项治理等机制，驰而不息纠正“四风”。严明工作纪律和工作作风，重点整治不服从工作安排、庸政懒政、消极怠工等行为，大力倡导真抓实干、担当作为。

严格执行《中国共产党廉洁自律准则》《中国共产党纪律处分条例》等党内法规，强化纪律教育，以政治纪律和组织纪律带动廉洁纪律、群众纪律、工作纪律、生活纪律严起来，使铁的纪律成为党员干部的日常习惯和自觉遵循。准确把握和运用监督执纪“四种形态”，特别是在第一种形态上下功夫，使咬耳扯袖和红脸出汗成为常态。

建立并完善权责清单，推进党务公开、政务公开，规范权力运行流程，强化对权力运行的制约和监督。分类排查廉政风险，及时研究解决政策落实、税收执法和内部管理中存在的问题。深入推进内控机制建设，全面提升内控信息化水平，坚持“制度＋科技”，实现风险的自动防范和源头防控。

加强对税务师行业党建工作的指导，健全税务师行业党建工作管理体制和工作机制，推进党的组织和党的工作在税务师行业有效覆盖，不断提高税务师行业党建工作整体水平。

（三）压力传导责任

每年听取1次党委委员、机关各单位和下一级税务局党委落实全面从严治党主体责任情况汇报，与党委书记抓基层党建述职评议考核工作统筹安排。每年开展1次“两个责任”落实情况检查。针对苗头性、倾向性问题，及时约谈下一级党委主要负责人和纪检组组长，督促其履行管党治党责任。

各省级税务局党委每年向国家税务总局党委书面报告1次履行管党治党责任情况，包括落实全面从严治党主体责任、落实党风廉政建设责任制、落实监督执纪“四种形态”、问责等情况；省以下税务局党委每年向上一级税务局党委、纪检组书面报告1次履行管党治党责任情况。

贯彻落实《中国共产党党内监督条例》，加强对党内监督工作的领导，落实述职述责述廉、民主生活会、组织生活会、谈话、函询和领导干部报告个人有关事项等党内监督制度。主动接受和支持同级纪检机构对本级领导班子及成员的监督。督促领导干部在民主生活会上把群众反映、巡视巡察反馈、组织约谈函询的问题说清楚、谈透彻。

贯彻落实《中国共产党巡视工作条例》和国家税务总局巡视巡察工作制度，深化政治巡视巡察。聚焦“六个围绕、一个加强”“五个持续”，着力发现问题、形成震慑，推动改革、促进发展。每年专题研究巡视巡察工作，及时听取巡视巡察情况汇报，坚持发现问题、整改落实和成果运用并重，切实发挥巡视巡察标本兼治战略作用。

严格执行《中国共产党问责条例》及国家税务总局党委实施办法，严肃追究失职失责党组织和党员领导干部的主体责任、监督责任和领导责任，对典型问题进行通报曝光。加强对本系统各级党组织落实问责情况的监督检查，对该问责而不问责的，严肃追究责任，对不敢问责、不愿问责的，约谈党委书记和纪检组组长。

（四）组织保障责任

围绕“条主责、块双重，纵合力、横联通，齐心抓、党建兴”的要求，构建新“纵合横通强党建”机制体系。每年至少向所在地党委及其有关工作部门汇报2次党建工作。与下一级税务局所在地党委建立重要情况相互通报、重要文件相互交换、有关工作联合开展、考核结果相互推送等机制，每年至少到相关部门走访2次。深化“下抓两级、抓深一层”工作机制，选取一定数量的下一级税务局（分局、所）作为基层党建联系点，每年至少实地调研指导工作1次。健全党建工作领导小组例会制度和各成员单位协作配合机制，形成齐抓共管合力。

领导机关各单位党组织的工作，讨论基层党组织设置调整和发展党员、处分党员等重要事项，为基层党组织活动提供经费保障。配齐配强党务干部，重视对党务干部的培养、使用和交流。

加强对纪检工作的领导，旗帜鲜明支持纪检机构聚焦监督执纪问责主业。重大案件及时研究，重大问题及时解决，重要情况及时听取汇报。重视纪检干部队伍建设，加强教育培训和实践锻炼，关心纪检干部成长，提供必要的工作条件，协调解决工作中遇到的困难和问题。

二、党委书记责任

党委书记履行全面从严治党“第一责任人”职责，重点履行统筹推进、管好干部、严格把关、示范引领责任。

（一）统筹推进责任

带头学习和推动落实党中央、国务院和中央纪委国家监委关于全面从严治党的工作部署，结合上级党组织要求，研究具体贯彻落实措施，做到重要工作亲自部署、重大问题亲自过问、重点环节亲自协调、重要案件亲自督办。

主持召开党委专题会议或党建工作领导小组会议，分析研判本单位本系统全面从严治党、党风廉政建设和反腐败工作形势，研究决定重大事项，部署安排相关工作。

督促、指导、支持班子成员抓好分管单位全面从严治党工作，每年听取1次班子其他成员和下一级党委书记抓全面从严治党工作情况汇报，对落实责任不力的，及时进行约谈。每年至少实地调研指导工作1次。

认真督办上级有关部门、地方纪委监委转办以及本级纪检机构接收的重要信访件、案件线索。及时批转信访举报，随时听取重要事项汇报。

带头建立党支部工作联系点，带头调查研究本单位本系统基层党组织建设情况，发现和解决问题，总结推广经验。

（二）管好干部责任

对领导班子其他成员、机关各单位和下一级税务局党委主要负责人严格要求、严格教育、严格管理、严格监督，发现问题及时纠正。坚持党内谈话制度，经常性开展谈心谈话，认真开展提醒谈话、诫勉谈话，每年与机关各单位、下一级税务局党委主要负责人至少开展 1 次廉政谈话。发现有思想、作风、纪律等方面苗头性、倾向性问题的，应当及时对其提醒谈话；发现轻微违纪问题的，应当对其诫勉谈话。

落实党委意识形态工作责任制，经常分析意识形态领域的动态动向，正确判断意识形态领域形势，不断研究新情况、解决新问题，带头批评错误观点和错误倾向。

（三）严格把关责任

对本单位本系统全面从严治党、党风廉政建设和反腐败工作的安排部署、推进落实以及专项工作开展情况等严格审核把关，提出明确意见。严格审核党组织和党员领导干部民主生活会对照检查材料、班子成员被函询问题说明材料、述职述责述廉报告、个人有关事项报告等。

按规定对涉及人事、财务、资产和征收、管理、稽查等重要事项和重大问题，亲自过问把关，认真组织研究。坚持党管干部原则，切实把好用人标准关、识别考察关、选人用人关、培养锻炼关，确保选好人、用对人。

主持召开党委会、巡视巡察工作领导小组会议，研究制定巡视巡察规划，年度计划和其他重要问题，听取巡视巡察情况专题汇报，听取汇报时要点人点事点问题，有关情况按规定报上一级巡视巡察工作领导小组备案。

（四）示范引领责任

严格执行民主集中制，充分发扬民主，善于管理，敢于担责，自觉维护团结，做到科学、民主、依法决策。每年在规定范围内述职述责述廉，接受评议。述职述责述廉重点是执行政治纪律和政治规矩、履行管党治党责任、推进党风廉政建设和反腐败工作以及执行廉洁纪律情况。

严格党内组织生活，组织召开领导班子民主生活会，带头开展批评和自我批评，对班子其他同志的缺点错误应当敢于指出，帮助改进。参加指导下级党委民主生活会，自觉参加双重组织生活。每年至少为本单位或本系统的党员干部讲党课 1 次。每年至少对基层党建联系点全面从严治党工作进行 1 次调研和指导。

提高政治能力，加强党性锻炼和政治历练，增强政治免疫力、敏锐性和鉴别力，弘扬斗争精神，及时有效化解重大风险。模范遵守党纪国法特别是严守党的政治纪律和政治规矩，带头接受和支持纪检机构、干部监督部门及干部群众的监督，带头树立良好作风，注重家庭、家教、家风。严格请示报告，及时报告个人及家庭重大情况，事先请示报告离开岗位或者工作所在地等。操办本人及直系亲属婚丧喜庆等事项应向纪检组组长通报，并向上一级纪检机构报告。

三、党委委员责任

党委委员履行“一岗双责”，负责抓好分管部门、联系点税务局全面从严治党工作。

学习贯彻党中央、国务院和中央纪委国家监委关于全面从严治党、党风廉政建设部署和要求，结合职责分工研究具体贯彻落实措施，自觉把全面从严治党要求融入分管业务工作。

贯彻落实本级党委全面从严治党工作部署，对照职责分工和责任清单，研究部署和推动落实分管部门、联系点税务局的全面从严治党工作，每年向党委报告 1 次履行“一岗双责”情况。每年在党委扩大会议上进行述职述责述廉，并在一定范围内公开，接受评议和监督。

加强对分管部门、联系点税务局全面从严治党、党风廉政建设工作的监督检查，重大事项及时向主要负责人报告。定期听取分管单位全面从严治党工作汇报，加强督促指导和分析研判，帮助解决问题。

研究安排涉及“三重一大”等重要工作，同步制定并落实相应廉政风险防控措施。对分管部门、联系点税务局全面从严治党、党风廉政建设重要事项严格审核把关，督促分管部门、联系点税务局抓好内控机制建设。

督促指导分管部门、联系点税务局落实中央八项规定及其实施细则精神、加强基层党组织建设、推进党风廉政建设和反腐败工作。对落实全面从严治党责任不力的，及时约谈其主要负责人。

加强对分管部门、联系点税务局党员干部特别是负责人的教育、管理和监督，发现苗头性、倾向性问题，及时咬耳扯袖、红脸出汗，有针对性地采取防范预警措施。与分管范围的党员干部开展经常性谈心谈话，每年至少与分管单位负责人开展 1 次廉政谈话。

以普通党员身份参加所在党支部或党小组的组织生活会，过好双重组织生活，严肃认真开展批评和自我批评。每年至少为分管单位党员干部讲党课 1 次。每年至少深入基层党建联系点调研指导全面从严治党工作 1 次。

模范遵守党纪国法特别是严守党的政治纪律和政治规矩，自觉接受纪检机构、干部监督部门及干部群众的监督，带头树立良好作风。严格落实请示报告、个人有关事项报告等制度。发生婚丧喜庆事项，必须按照规定时限、程序、内容主动、如实报告，不得瞒报、漏报、虚假报告。

四、税务系统相关职能部门责任

系统党建工作部门（党建工作处／科）承担党建工作领导小组办公室职责，协助本级党委落实全面从严治党主体责任，督促下一级税务局党委落实管治党责任。

机关党委负责本级机关党建和党风廉政建设工作，组织开展机关意识形态、思想政治工作和精神文明建设、作风建设，领导机关工会、共青团、妇委会开展工作。

办公厅（室）负责协助党委领导班子和党委书记落实全面从严治党责任。协助组织安排履行全面从严治党主体责任的重要活动和重要会议，配合起草党组织履行主体责任情况相关报告，协调落实有关事项。将落实全面从严治党工作情况纳入督查督办。

人事部门负责协助党委落实选好用好管好干部责任。严明组织人事纪律，防范和纠正选人用人上的不正之风。抽查核实领导干部个人有关事项报告情况。严格审核领导干部因私出国（境）等事项。按规定受理处置反映选人用人等方面问题的信访举报。监督税务系统执行干部人事政策，加强巡视巡察成果运用，把巡视巡察成果作为干部考核评价、选拔任用的重要依据。加强对巡视巡察整改情况的日常监督，及时向党委提出调整不适宜担任现职领导干部的意见。

考核考评部门负责协助党委将党中央、国务院重大决策部署及上一级税务局党委重点工作安排纳入绩效考评，发挥绩效管理抓班子作用，推动各项任务落地见效。与党建部门协作配合，抓好对下一级税务局全面从严治党工作的绩效考评、综合分析和结果运用。探索运用“数字人事”加强党员干部日常教育监督管理，推动“数字人事”和党建工作有机融合、相互促进。

督察内审部门负责协助党委履行规范权力运行的责任。组织协调各业务主责部门建立健全内部控制运行机制，防范各类税收执法风险、行政管理风险以及由此带来的廉政风险。强化内部监督，认真组织实施税收执法督察、内部财务审计和领导干部经济责任审计。全面落实税收执法责任制。对涉及的一般性违规违纪的，可直接向党委提出追究建议；构成严重违纪违法的，按规定移交有关部门处理。

巡视巡察部门负责协助党委对下级党组织开展巡视巡察监督。制定并严格执行巡视巡察计划，协调巡视（巡察）组在巡视巡察结束后形成巡视巡察工作报告，组织巡视（巡察）组按规定向有关部门移交问题线索，加强对整改的统筹协调和督促检查。

教育部门负责协助党委加强理论教育和党性教育，及时将党建部门有关培训需求列入培训计划，确保中央有关规定执行到位，并配合有关部门做好课程开发、师资队伍建设、廉政基地建设等工作。举办党务干部、纪检干部培训班。理论教育和党性教育课程占各类培训班总课时的比例不低于规定要求。在培训中组织全面从严治党知识测试。

宣传部门负责协助党委宣传弘扬社会主义核心价值观和中华优秀传统文化，做大做强主流思想舆论，唱响主旋律，壮大正能量。加强涉税舆情、廉政舆情分析研判和处置管理，严格对网站、微博、微信、客户端等网络媒体审核把关，及时化解风险。

五、党委纪检组和机关纪委的协助监督责任

党委纪检组协助党委推进全面从严治党，承担监督检查、纪律审查、问责追究责任。机关纪委按照党章及有关党内法规赋予的职责开展工作，参照本章的有关规定履行监督责任。

（一）协助推进责任

向同级党组织汇报上级党组织和纪检机构有关全面从严治党、党风廉政建设和反腐败工作的部署和要求，提出具体贯彻落实意见。

建立向本级党委通报日常监督中发现的普遍性问题或突出问题，纪检组组长经常与本级党委书记就作风建设、廉政风险、问题线索等交换意见，每半年至少会同本级党委专题研究 1 次全面从严治党、党风廉政建设和反腐败工作等协调配合机制。

加强对下级党组织实施责任追究情况的监督检查，发现有应当追究而未追究或者责任追究处理决定不落实等问题的，应当及时督促下级党组织予以纠正。

加强纪检工作标准化、规范化建设，履行加强纪检机构自身建设主体责任，加强教育、监督、管理，严格规范线索处置、谈话函询、初步核实、立案审查、审理等工作，确保权力受到严格约束。

（二）监督检查责任

把监督作为基本职责、第一职责，维护党的章程和其他党内法规，检查党的路线、方针、政策和决议的执行情况；经常对党员进行遵守纪律的教育，作出关于维护党纪的决定；对党的组织和党员领导干部履行职责、行使权力进行监督。

严明党的政治纪律和政治规矩，坚决纠正和查处上有政策、下有对策，有令不行、有禁不止，口是心非、阳奉阴违，搞团团伙伙、拉帮结派，欺骗组织、对抗组织等行为，强化纪律约束，确保政令畅通。

监督党委及领导班子成员执行民主集中制、“三重一大”等重大事项决策、落实议事

程序和工作规则等情况，制止和纠正违规决策行为。

监督中央八项规定及其实施细则精神和反对“四风”情况落实，根据上级要求开展专项整治活动，协助党委做好“月报告”“零报告”“双签字背书”、重大问题24小时内报告等制度。

紧盯“关键少数”，强化对党委及领导班子成员、部门（单位）主要负责人和下级领导班子“一把手”的监督，发现本级领导班子成员一般性违规违纪问题，应当及时向本人提出，重要问题向上一级纪检机构报告。对部门（单位）主要负责人和下级的监督中，要突出对管人管钱管物、权力集中、廉洁风险高或群众反映较多的部门（单位）“一把手”的监督。

强化对职能部门履行日常监管职责情况的监督，督促职能部门把风险点及时纳入内控系统，及时纠正和查处职能部门监管缺位、失职失责行为。

加强对选人用人情况的监督，重点监督是否坚持党管干部原则，是否坚持新时期好干部标准，是否坚持正确选人用人导向，特别是紧盯动议、民主推荐、考察考核等关键环节开展监督，坚决防止任人唯亲、封官许愿，搞亲亲疏疏、团团伙伙等问题。

对公职人员依法履职、秉公用权、廉洁从政从业以及道德操守等情况强化监督检查。

加强对巡视巡察整改情况的日常监督，持续深入推进巡视巡察发现问题的整改落实，切实提高巡视巡察整改质量。

（三）纪律审查责任

规范信访举报，对实名举报和违反中央八项规定及其实施细则精神、“四风”问题等信访举报优先办理。定期分析研判信访举报情况，对典型性、普遍性问题提出有针对性的处置意见，督促信访举报比较集中的单位（部门）查找分析原因并认真整改。

按照谈话函询、初步核实、暂存待查、予以了结四类方式，统一处置和管理问题线索。坚持问题线索集体排查制度，线索处置、谈话函询、初步核实、立案审查、案件审理、处置执行中的重要问题，应当集体研究。

依规依纪开展执纪审查，重点查处党的十八大以来不收敛、不收手，问题线索反映集中、群众反映强烈，政治问题和经济问题交织的腐败案件，以及违反中央八项规定及其实施细则精神的问题。准确运用监督执纪“四种形态”。

加大税收违法案件“一案双查”力度，结合打击偷逃骗税和虚开增值税发票案件，严肃查处税务人员与不法分子内外勾结、谋取私利的违纪违法问题，并倒查领导责任。

发挥查办案件的治本功能，按规定对重大腐败案件和违反中央八项规定及其实施细则精神的典型问题进行剖析通报，加强警示教育，提出加强管理、堵塞漏洞、完善制度的意见和建议。

（四）问责追究责任

对党的领导弱化、党的建设缺失、全面从严治党不力、维护党的纪律不力、推进党风廉政建设和反腐败工作不坚决不扎实，造成严重后果的，按照有关规定和干部管理权限，提出问责建议，履行问责程序，落实问责决定。

对违反中央八项规定及其实施细则精神的，严重违纪被立案审查开除党籍的，严重失职失责被问责的，以及发生在群众身边、影响恶劣的不正之风和腐败问题，按照有关规定和干部管理权限，点名道姓通报曝光。

执纪审查工作以上一级纪检机构领导为主，线索处置和执纪审查情况在向本级党委报告的同时向上级纪检机构报告。

省税务局纪检组每半年向国家税务总局党委、党风廉政建设领导小组书面报告 1 次履行监督责任情况；省以下税务局纪检组每半年向上一级税务局党委、纪检组书面报告 1 次履行监督责任情况。加强与地方纪委监委的密切联系，建立完善日常沟通协调机制，纪检组组长每半年要主动上门汇报 1 次工作。

第三节　税务系统“六位一体”全面从严治党新格局

一、“六位一体”全面从严治党新格局的结构框架

2021 年全国税务系统全面从严治党工作会议上，国家税务总局党委书记、局长王军同志代表总局党委作工作报告，提出要着力构建六位一体税务系统全面从严治党新格局，即：政治建设一体深化、两个责任一体发力、综合监督一体集成、党建业务一体融合、约束激励一体抓实、组织体系一体贯通。

2022 年全国税务系统全面从严治党工作会议上，王军同志指出，近年来通过构建“六位一体”全面从严治党新格局，税务系统探索出了一套切合实际推进自我革命的方法路径及机制制度。要认真学习领会习近平总书记关于党的自我革命的战略思想，按照十九届中央纪委六次全会以及中央和国家机关工委党的工作暨纪检工作会议部署，深刻认识“两个确立”的决定性意义，增强“四个意识”、坚定“四个自信”、做到“两个维护”，牢牢把握发扬自我革命精神的工作主线，以党的政治建设为统领，以强化“两个责任”落实落细为牵引，以深化纪检监察体制改革、完善一体化综合监督体系为驱动，持续锻造忠诚干净担当的铁军队伍，持续把税务系统全面从严治党向纵深推进，持续为高质量推进新发展阶段税收现代化提供坚强保证，更好发挥税收在国家治理中的基础性、支柱性、保障性作用。

二、“六位一体”全面从严治党新格局的构建原则

1. 确保新发展阶段税收现代化建设的“十大举措”持续健全落细、“六大能力”不断提升加强、“六大体系”的目标高质量实现。

2. 确保党中央、国务院决策部署在税务系统不折不扣落地生根。

3. 确保税收在国家治理中的基础性、支柱性、保障性作用更加充分发挥。

4. 确保忠诚干净担当的税务铁军持续锻造、风清气正海晏河清的良好政治生态持续优化。

三、“六位一体”全面从严治党新格局的工作机制

1. 在“政治建设一体深化”方面，要进一步提高政治“三力”，更加自觉地从政治上看税务系统全面从严治党工作。

2. 在“两个责任一体发力”方面，要进一步扛牢压实管党治党政治责任，持续推动主体责任和监督责任同抓共进。

3. 在“综合监督一体集成”方面，要进一步加强实践探索，着力增强监督合力和监督治理效能。

4. 在“党建业务一体融合”方面，要进一步强化联动评价，不断提升税务系统全面从严治党的整体性系统性。

5. 在“约束激励一体抓实”方面，要进一步落实严管厚爱要求，持续营造风清气正的良好政治生态。

6. 在“组织体系一体贯通”方面，要进一步强化整体提升，切实增强各级税务党建工作部门和纪检机构的组织力协同力。

第四节　税务系统新“纵合横通强党建”机制体系

一、机制制度体系的基本内涵与原则要求

1. 基本内涵：新“纵合横通强党建”机制体系，即“条主责、块双重，纵合力、横联通，齐心抓、党建兴”，在双重领导管理体制下，汇聚各方面力量，共抓税务系统党建

工作，提高党建工作质量。

2. 总体要求：以习近平新时代中国特色社会主义思想为指导，深入贯彻党的十九大和十九届二中、三中全会精神，全面落实新时代党的建设总要求，认真落实新时代党的组织路线，坚持党要管党、全面从严治党，以党的政治建设为统领全面推进税务系统党的各项建设，切实增强各级税务机关党组织的创造力、凝聚力、战斗力，充分调动广大税务党员干部的积极性、主动性、创造性，为高质量推进新时代税收现代化提供坚强政治保证。

3. 基本原则：

（1）坚持政治引领，加强党对税收工作的全面领导，确保税收事业始终沿着正确的方向前进。

（2）坚持服务中心，努力实现党的建设与税收中心工作融合共进。

（3）坚持以上率下，抓机关带系统，充分发挥领导机关和领导干部的示范作用。

（4）坚持问题导向，着力解决党建工作中存在的突出问题，补齐短板弱项。

（5）坚持改革创新，既继承和弘扬好的工作经验和做法，又把握时代脉搏，不断与时俱进、创新方式方法。

二、新“纵合横通强党建”机制体系

1. 条主责：各级税务局党委要落实“条主责”要求，认真抓好本部门、本系统党的建设，全面从严治党工作。

2. 块双重：各级税务局党委要按照“块双重”要求，认真落实地方党委对党建工作的部署要求，积极争取纪委监委、组织部、宣传部、统战部、机关工委等部门支持，做好税务系统党建工作。

3. 纵合力：各级税务局党委要落实“纵合力”要求，层层传导压力、压实责任。每年组织开展1次“两个责任”落实情况专项检查，听取1次机关各单位和下级税务局党委主要负责同志履行主体责任情况汇报。深化落实“下抓两级、抓深一层”工作机制，国家税务总局、省税务局、市税务局党委委员分别选取一定数量的市税务局、县税务局、乡镇税务分局（所）作为基层党建联系点，每年实地调研指导党建工作至少1次，并给联系点党员干部上党课，共过组织生活。

4. 横联通：各级税务局党委要落实“横联通”要求，凝聚党建工作合力，增强党建工作实效。成立党建工作领导小组，由党委书记任组长，相关党委委员任副组长，系统党建、机关党委、纪检、巡视巡察、办公室、督察内审、人事、考核考评、宣传教育等部门为成员单位。

第五节　税务总局党委关于党建工作的最新要求和工作部署

一、税务系统高质量发展两年行动方案（2021—2022）主要目标

（一）“两个维护”更加坚决

税务机关政治属性更加彰显，税务党员干部政治机关意识更加牢固，政治判断力、政治领悟力、政治执行力不断提高，贯彻落实习近平总书记重要指示批示精神和党中央、国务院决策部署更加坚定自觉，税务系统政治生态更加风清气正，党对税收工作的领导更加坚强有力。到 2022 年，各级税务机关政治机关意识教育覆盖面持续保持 100%，税务总局模范机关创建工作走在中央和国家机关前列，省、市、县税务局在当地创建评比中进入第一序列，在当地党建工作考核中第一等次的比例达到 90% 以上。

（二）理论武装更加深化

各级税务机关和广大税务党员干部坚持用习近平新时代中国特色社会主义思想武装头脑、指导实践、推动工作，在理论武装上取得新进步，在学懂弄通做实上达到新高度。2021 年，党委会议传达学习习近平总书记重要讲话和重要指示批示精神的“第一议题”制度在全国税务系统各级党委全面有效落地。2022 年，大力落实《2019—2023 年全国党员教育培训工作规划》，全系统党员干部培训比例达到 85% 以上，各级党员领导干部培训比例达到 100%，40 岁以下青年干部全部纳入青年理论学习小组，全系统党员干部通过“学习兴税”平台开展理论学习的覆盖更加凸显。

（三）组织建设更加过硬

组织体系更加健全，“四强”党支部建设持续深入，基层党组织建设质量全面提高，党建工作和税收业务深度融合的成效日益巩固，基层党组织的战斗堡垒作用和党员先锋模范作用发挥更加充分。到 2022 年，各级税务机关和规模较大（50 人以上）的派出机构党员活动阵地建设率达到 100%，党支部标准化规范化达标率在当地排第一方阵，创建一批在全国和各地有影响力的税务党建品牌，涌现出一批获评当地优秀共产党员、优秀党务工作者、先进基层党组织的先进典型。各级税务局各类荣誉创建数量在当地位居第一序列，县级以上税务局获得省部级荣誉称号逐年提高 5% 以上。税务总局、省局、市局党建业务人才库全面建立。

（四）作风纪律更加严明

“四风”特别是形式主义、官僚主义得到有力整治，一体推进不敢腐、不能腐、不想腐机制更加健全，风清气正的良好政治生态巩固发展，税务机关和税务干部形象持续提升，税务系统纪检监察体制改革全面推开，一体化综合监督体系趋于完善，税务干部纪律规矩意识明显提升。纳税人缴费人满意度稳步提高，税收营商环境持续优化，在当地政务服务“好差评”中位居第一方阵。税务总局为基层减负满意率 2021 年达到 84% 以上，2022 年达到 86% 以上。

（五）制度建设更加完善

“纵合横通强党建”机制体系运行更加有效，党建制度体系更加完备，各级党组织和全体党员执行党章党规意识明显增强，尊崇制度、执行制度、维护制度的自觉性显著提高。到 2022 年，“纵合横通强党建”机制体系、意识形态工作责任制落实机制、先进典型培养选树激励机制进一步健全完善，党建、监督执纪、巡视巡察工作规范进一步优化升级，形成一整套具有税务特色的系统完备、务实管用、成熟有效的党建制度机制体系，各项制度机制在全国税务系统落地见效。

（六）方式方法更加科学

统筹推进理念思路创新、方式方法创新、基层工作创新，促进党建工作与时代发展、党员思想动态、税收业务工作结合更加紧密，党建工作的针对性和有效性持续增强。2021 年上半年，党建云平台全面上线，2022 年平稳运行，实现税务党建数据大集中，五级机构贯通，职能部门联通，党建业务融通。推出一批能够整合党建资源、丰富党建载体、破解党建难题、有效实现党建目标的新措施新经验。税务系统容错纠错和激励担当作为的机制更加健全，线上线下先进事迹宣讲成为常态，进一步激励税务干部向上向善，形成更加浓厚的干事创业、改革创新氛围。

二、工作措施——八大行动

1. 实施政治建设质量提升行动。
2. 实施思想建设质量提升行动。
3. 实施组织建设质量提升行动。
4. 实施作风纪律建设质量提升行动。
5. 实施制度建设质量提升行动。
6. 实施责任落实质量提升行动。

7. 实施党建和业务融合质量提升行动。

8. 实施党务干部队伍建设质量提升行动。

第六节　习题演练

一、单项选择题

1. 关于税务机关内部议事协调机构相关规定，下列说法错误的是（　）。

A. 党的建设工作领导小组每半年至少召开1次会议

B. 党风廉政建设工作领导小组负责贯彻落实党风廉政建设责任制。组织协调本单位本系统党风廉政建设和反腐败工作，推动全面从严治党主体责任和监督责任落实

C. 党风廉政建设责任制领导小组对下一级领导班子、领导干部党风廉政建设责任制执行情况的检查考核每年进行一次，必须组织专门检查考核，不得与其他考核结合开展

D. 各级党委要成立精神文明建设领导小组，形成统一领导、齐抓共管的领导体制，进一步加强税务系统精神文明建设

【参考答案】C

【答案解析】党风廉政建设责任制领导小组对下一级领导班子、领导干部党风廉政建设责任制执行情况的检查考核，每年进行一次，可以与领导班子、领导干部工作目标考核、年度考核、惩治和预防腐败体系建设检查工作等结合进行，也可以组织专门检查考核。

2. 党的建设工作领导小组办公室要承接和落实地方党委对党建工作的部署要求，协助党委向地方党委报告工作（　）。

A. 至少每半年报告1次

B. 至少每年报告1次

C. 每季度报告1次

D. 每半年报告1次

【参考答案】A

【答案解析】党的建设工作领导小组办公室要承接和落实地方党委对党建工作的部署要求，协助党委至少每半年向地方党委报告1次工作。

3. 自2020年起，税务总局选取部分省税务局开展党建和业务联动评价试点，对担任党支部书记的行政负责人，将业务工作和（　）一并纳入考核。

A. 党建工作情况　　　　B. 履行“一岗双责”情况

C. 支部工作情况　　　　D. 履行党风廉政情况

【参考答案】B

【答案解析】税务总局选取部分省税务局开展党建和业务联动评价试点，对担任党支部书记的行政负责人，将业务工作和履行“一岗双责”情况一并纳入考核考察范围。

4. 关于各级税务局机关各部门抓好本部门全面从严治党工作，以下说法错误的是（ ）。

A. 将全面从严治党、党风廉政建设工作纳入本部门业务工作，做到同部署、同推进、同落实、同检查，重要事项及时向本级党委汇报

B. 加强部门权力监督制约，紧盯重点岗位和关键环节，健全完善内控机制，从源头上防范不廉洁问题发生

C. 在落实重点任务中注重发挥党员先锋模范作用，领导带干部、党员带群众，凝聚干事创业、改革攻坚合力

D. 做深做细思想政治工作，认真落实谈心谈话制度，部门领导每年要有针对性地与党员干部代表开展谈心谈话

【参考答案】D

【答案解析】根据《税务系统落实全面从严治党主体责任和监督责任实施办法（试行)》要求，税务机关部门领导每年至少与党员干部谈心谈话 1 次。

5.《深入推进税务系统党的建设高质量发展两年行动方案（2021—2022 年)》指出，各级税务局党委履行全面从严治党主体责任意识明显增强，在当地党建工作考核中第一等次的比例达到（ ）以上。

A.90%　　B.100%　　C.60%　　D.80%

【参考答案】A

【答案解析】《深入推进税务系统党的建设高质量发展两年行动方案（2021—2022 年)》指出，要通过两年行动方案的实施，各级税务局党委履行全面从严治党主体责任意识明显增强，在当地党建工作考核中第一等次的比例达到 90% 以上。

6.2021 年上半年，税务系统（ ）平台全面上线，实现了税务党建数据大集中。

A. 学习兴税　　B. 智慧党建

C. 党建云　　D. 税务党建

【参考答案】C

【答案解析】2021 年 6 月底，税务系统党建云平台全面上线。

7. 税务总局提出的“政治建设质量提升行动”中关于强化政治能力培训的举措，下列说法错误的是（ ）。

A. 要将提升政治能力作为党组织主要负责人培训必设科目

B. 各级税务局分级分类抓好政治能力轮训，到 2022 年实现全覆盖

C. 新提任的各级党组织主要负责人每 2 年内必须参加 1 次政治能力提升培训

D. 税务总局每年组织 2 期司局级领导干部专题培训班

【参考答案】C

【答案解析】税务总局要求，新提任的各级党组织主要负责人一年内必须参加 1 次政治能力提升培训，故选项 C 错误。

8.2021 年各级税务局建立青年理论学习小组，实现（　）周岁以下青年干部参加理论学习全覆盖。

A.40　　B.35　　C.28　　D.45

【参考答案】A

【答案解析】税务总局要求，2021 年各级税务局建立青年理论学习小组，实现 40 周岁以下青年干部参加理论学习全覆盖。

9. 税务系统党委理论学习中心组学习制度要求，每季度集中研讨不少于 ______ 次，每年开展全面从严治党专题学习不少于 ______ 次。（　）

A.1；2　　B.1；1　　C.2；2　　D.1；4

【参考答案】A

【答案解析】《税务系统落实全面从严治党主体责任和监督责任实施办法（试行）》指出，坚持党委理论学习中心组学习制度，每季度集中研讨不少于 1 次，每年开展全面从严治党专题学习不少于 2 次。

10. 根据《税务系统落实全面从严治党主体责任和监督责任实施办法（试行）》要求，党委委员履行"一岗双责"，负责抓好分管部门、联系点税务局全面从严治党工作，以下不属于其履行"一岗双责"的具体措施的有（　）。

A. 研究部署和推动落实分管部门、联系点税务局的全面从严治党工作，每年向党委报告 1 次履行"一岗双责"情况

B. 每年至少与分管单位负责人开展 1 次廉政谈话

C. 以普通党员身份参加所在党支部或党小组的组织生活会，过好双重组织生活，严肃认真开展批评和自我批评

D. 拟定本系统全面从严治党工作要点或计划

【参考答案】D

【答案解析】拟定本系统全面从严治党工作要点或计划属于党建工作部门责任。

11. 坚持政治引领，是加强新形势下税务系统党的建设的基本原则之一。具体是指（　）。

A. 建立"纵合横通强党建"机制

B. 加强党对税收工作的全面领导，确保税收事业始终沿着正确的方向前进

C. 加强税务系统党内政治生活

D. 一切工作到支部

【参考答案】 B

【答案解析】 坚持政治引领，加强党对税收工作的全面领导，确保税收事业始终沿着正确的方向前进。

12. 各级税务局党委书记要做严格党内组织生活的表率，下列说法错误的是（ ）。

A. 组织召开领导班子民主生活会，带头开展批评和自我批评

B. 对班子其他同志的缺点错误应当包容

C. 参加指导下级党委民主生活会，自觉参加双重组织生活

D. 每年至少为本单位或本系统的党员干部讲党课 1 次

【参考答案】 B

【答案解析】 根据《税务系统落实全面从严治党主体责任和监督责任实施办法（试行）》的规定，党委书记的示范引领责任包括：严格党内组织生活，组织召开领导班子民主生活会，带头开展批评和自我批评，对班子其他同志的缺点错误应当敢于指出，帮助改进。参加指导下级党委民主生活会，自觉参加双重组织生活。每年至少为本单位或本系统的党员干部讲党课 1 次。每年至少对基层党建联系点全面从严治党工作进行 1 次调研和指导。

13. 关于严肃税务系统党内政治生活，下列说法错误的是（ ）。

A. 认真贯彻执行《关于新形势下党内政治生活的若干准则》，严格落实党内组织生活制度，坚持用好批评和自我批评武器，增强党内政治生活的政治性时代性原则性战斗性

B. 党委民主生活会、党支部（党小组）专题组织生活会每年召开 2 次，无计划不得随意召开

C. 民主生活会、专题组织生活会要把群众反映、巡视反馈、组织约谈函询的问题说清楚、谈透彻。进一步完善民主生活会问题整改落实通报制度，自觉接受干部群众监督

D. 上级税务局党委要派员督导下级税务局党委领导班子民主生活会，对民主生活会效果要有分析、有评价、有报告

【参考答案】 B

【答案解析】《中共国家税务总局委员会关于加强新形势下税务系统党的建设的意见》（税总党委发〔2018〕23 号）要求，党委民主生活会、党支部（党小组）专题组织生活会每年召开 1 次，遇到重要或者普遍性问题应当专门召开。

14. 推进税务系统党的政治建设，首要任务是（ ）。

A. 严肃党内政治生活　　B. 坚持党的领导

C. 坚持“条主动、块为主”　　D. 坚决做到“两个维护”

【参考答案】 D

【答案解析】《中共国家税务总局委员会关于加强新形势下税务系统党的建设的意见》（税总党委发〔2018〕23 号）指出，把坚决维护习近平总书记党中央的核心、全党的核心地位，坚决维护党中央权威和集中统一领导作为党的政治建设首要任务。

15. 国家税务总局要求，各级党委要大兴调查研究之风，每年深入基层一线和矛盾突出、情况复杂的地方开展调查研究不少于（　）天。

A. 30　　B. 20　　C. 15　　D. 10

【参考答案】A

【答案解析】《中共国家税务总局委员会关于加强新形势下税务系统党的建设的意见》（税总党委发〔2018〕23 号）指出，各级税务局党委班子成员要自觉强化党性锻炼和政治历练，不断提升政治能力，做到信念过硬、政治过硬、责任过硬、能力过硬、作风过硬。带头转变工作作风，力戒形式主义和官僚主义。大兴调查研究之风，每年深入基层一线和矛盾突出、情况复杂的地方开展调查研究不少于 30 天。

16. “六位一体”税务系统全面从严治党新格局，是指政治建设一体深化、两个责任一体发力、综合监督一体集成、党建业务一体融合、约束激励一体抓实和（　）。

A. 绩效考核一体运用　　B. 组织体系一体贯通

C. 思想建设一体贯通　　D. 作风建设一体提升

【参考答案】B

【答案解析】“六位一体”税务系统全面从严治党新格局是指要持续构建完善“政治建设一体深化、两个责任一体发力、综合监督一体集成、党建业务一体融合、约束激励一体抓实、组织体系一体贯通”。

17. 各级税务局党委要落实“横联通”要求，成立党建工作领导小组，凝聚党建工作合力。其中，领导小组办公室设在（　）。

A. 系统党建部门　　B. 各级机关党委　　C. 纪检组　　D. 党委办公室

【参考答案】A

【答案解析】《中共国家税务总局委员会关于加强新形势下税务系统党的建设的意见》（税总党委发〔2018〕23 号）指出，要成立党建工作领导小组，由党委书记任组长，相关党委委员任副组长，系统党建、机关党委、纪检、巡视巡察、办公室、督察内审、人事、考核考评、宣传教育等部门为成员单位。领导小组办公室设在系统党建部门。

18. 下列做法中，不符合国家税务总局党委工作规则要求的是（　）。

A. 国家税务总局党委委员应当认真落实基层联系点工作制度，每年深入基层的时间不少于 1 个月

B. 国家税务总局党委书记履行抓党建“一岗双责”

C. 凡属党委职责范围内的事项，应当按照少数服从多数原则，由党委委员集体讨论决定

D. 国家税务总局党委会议原则上每周召开 1 次，遇有重要情况可以随时召开

【参考答案】B

【答案解析】国家税务总局党委书记履行抓党建第一责任人的职责，其他党委委员切实履行“一岗双责”，抓好分管部门及联系单位的党建和全面从严治党工作，每年向本级党委汇报 1 次履行“一岗双责”情况。

19.《关于切实发挥党建引领作用 促进党建工作与税收业务深度融合的若干措施》规定，要大力开展“双培养”工作，其具体内容是（ ）。

A. 把业务骨干培养成党员，把党员培养成业务能手

B. 把团员培养成入党积极分子，把入党积极分子培养成党员

C. 把党务干部培养成业务干部，把业务干部培养成党务干部

D. 把新录用公务员培养成党员，培养成业务骨干

【参考答案】A

【答案解析】《关于切实发挥党建引领作用 促进党建工作与税收业务深度融合的若干措施》指出，“双培养”工作，是指把业务骨干培养成党员，把党员培养成业务能手。

20. 各级税务局党委“最大的政绩”是（ ）。

A. 组织收入　　B. 抓好党建

C. 抓好党风廉政建设　　D. 服务纳税人和缴费人

【参考答案】B

【答案解析】《中共国家税务总局委员会关于进一步加强税务系统党建工作 完善新“纵合横通强党建”机制体系的意见》（税总党委发〔2020〕106 号）指出，各级税务局党委要牢固树立“把抓好党建作为最大的政绩”的意识。

21. 根据新“纵合横通强党建”机制体系要求，各级税务机关党建工作领导小组召开专题研究党建工作会议的次数是（ ）。

A. 每年至少 1 次　　B. 每年至少 2 次

C. 每半年至少 1 次　　D. 每季度至少 1 次

【参考答案】C

【答案解析】《中共国家税务总局委员会关于进一步加强税务系统党建工作 完善新“纵合横通强党建”机制体系的意见》（税总党委发〔2020〕106 号）规定，党建工作领导小组每半年至少召开 1 次会议，专题研究本单位本系统党建工作重大问题。

22. 关于税务系统党委民主生活会，下列说法错误的是（ ）。

A. 民主生活会每年召开 1 次，一般安排在第四季度

B. 民主生活会到会人数应该达到应到会人数的 1/2 以上

C. 民主生活会召开情况应当向下级党组织或者本单位通报

D. 领导班子遇到重要或者普遍性问题，可以专门召开民主生活会

【参考答案】B

【答案解析】民主生活会到会人数应该达到应到会人数的 2/3 以上。

23. 根据国家税务总局党委 2019 年 9 月制定下发的《税务系统政治生态常态化评价机制》，开展政治生态评价的范围和对象分别是（　）。

A. 国家税务总局机关各司局及直属单位；处级以上党员领导干部

B. 各级税务机关；处级以上党员领导干部

C. 国家税务总局机关各司局及直属单位、各省（区、市）税务局机关（含派出单位）；处级以上党员领导干部

D. 各级税务机关；各级党员领导干部

【参考答案】C

【答案解析】开展政治生态评价的范围是国家税务总局机关各司局及直属单位、各省（区、市）税务局机关（含派出单位）；评价对象主要是处级以上党员领导干部。

24. 税务系统各级党委抓全面从严治党的议事协调机构是（　）。

A. 党的建设工作领导小组　　B. 党的建设工作领导小组办公室

C. 党风廉政建设领导小组　　D. 党风廉政建设领导小组办公室

【参考答案】A

【答案解析】《党委（党组）落实全面从严治党主体责任规定》指出，党委抓全面从严治党的议事协调机构是党的建设工作领导小组。

25. 关于机关党委换届工作，下列说法错误的是（　）。

A. 机关党的基层委员会由党员大会或者党员代表大会选举产生，每届任期一般为 3 年

B. 如需延期或者提前进行换届选举，应当报上级党组织批准，延长或者提前期限，一般不超过 1 年

C. 召开党员大会进行选举的，到会有选举权党员人数应超过应到会有选举权党员总人数的 4/5

D. 机关党的基层委员会书记原则上由本单位党员主要负责人担任

【参考答案】A

【答案解析】《中国共产党党和国家机关基层组织工作条例》规定，党的基层委员会由党员大会或者党员代表大会选举产生，每届任期一般为 5 年。

26. 下列关于机关纪委对违反党纪的党员的处理流程，正确的是（　）。

①召开党员大会讨论 ②调查核实 ③本人签字确认 ④谈话教育 ⑤宣布批复

A. ①②③④⑤　　B. ②①③④⑤　　C. ②①④⑤③　　D. ①②④⑤③

【参考答案】 B

【答案解析】 机关纪委对违反党纪的党员给予处理的流程如下：(1) 调查核实。对本级机关违法违纪的党员所犯错误事实进行认真调查核实，协助纪检组写出调查报告，并同党员本人谈话，听取其对错误事实的说明和申辩。(2) 召开党员大会讨论。一般必须经过支部党员大会讨论决定，并按照处分党员的批准权限的规定，逐级报上级党组织批准。党员大会讨论对党员的处分时，应通知受处分的党员出席会议，允许党员本人申辩，也允许其他人替其辩护。(3) 本人签字确认。党员大会通过处分决定后，应将处分决定和所依据的事实材料同党员本人见面，让其在处分决定上签署意见，并上报。(4) 谈话教育。给予撤销党内职务以上处分以及本人对处分有意见的，批准处分的党组织在审理过程中，应派人或委托下级纪委同受处分人谈话，听取本人对所认定的错误事实与定性处理的意见，同时对其进行必要的教育。(5) 宣布批复。上级党组织批准对党员的处分决定，必须经集体讨论决定。决定后应正式下达批复。处分决定下达后，下级党组织应在适当范围内宣布，并通知犯错误的党员。

27. 下列选项中，不属于税务机关临时党支部的工作职责的是（　）。

A. 教育管理监督党员　　B. 对入党积极分子进行教育培养

C. 组织党员开展政治学习　　D. 处分处置党员

【参考答案】 D

【答案解析】 临时党支部一般不发展党员、处分处置党员，不收缴党费。

28. 新“纵合横通强党建”机制体系中的“纵合力”指的是（　）。

A. 各级税务局党委要认真抓好本部门、本系统党的建设、全面从严治党工作

B. 各级税务局党委要认真落实地方党委对党建工作的部署要求，积极争取纪委监委、组织部、宣传部、统战部、机关工委等部门支持，做好税务系统党建工作

C. 各级税务局党委要层层传导压力、压实责任

D. 各级税务局党委要凝聚党建工作合力，增强党建工作实效

【参考答案】 C

【答案解析】《中共国家税务总局委员会关于加强新形势下税务系统党的建设的意见》（税总党委发〔2018〕23 号）指出，“纵合力”，即层层传导压力、压实责任。

29. 各级党委要认真学习贯彻习近平总书记关于税收工作的重要论述和重要指示批示精神，把学习最新讲话、最新文章、最新指示、批示精神作为党委会议的“（　）”。

A. 重要内容　　B. 第一内容　　C. 第一议题　　D. 重中之重

【参考答案】 C

【答案解析】 国家税务总局要求，各级党委要将学习习近平总书记最新讲话、最新文章、最新指示、批示精神作为党委会议“第一议题”。

30. 各级税务机关的党支部书记原则上由（ ）担任。

A. 党员行政主要负责同志
B. 党龄较长的同志
C. 年富力强的党员同志
D. 党支部中级别较高的党员领导干部

【参考答案】 A

【答案解析】《中共国家税务总局委员会关于加强新形势下税务系统党的建设的意见》（税总党委发〔2018〕23 号）指出，要严格按照《中国共产党党和国家机关基层组织工作条例》规定，规范设立机关党委、机关纪委、党总支、党支部，确保党组织对办税服务厅、税务分局（所）等所有单位的全覆盖。党支部书记原则上由党员行政主要负责同志担任。

二、多项选择题

1. 关于税务系统“下抓两级、抓深一层”工作机制，下列说法中正确的有（ ）。

A. 市以上税务局选取一定数量的下一级税务局（分局、所）作为基层党建联系点
B. 每年至少实地调研指导工作 1 次
C. 每月按时参加基层联系点组织生活
D. 以上都是

【参考答案】 AB

【答案解析】 根据《税务系统落实全面从严治党主体责任和监督责任实施办法（试行）》的规定，深化“下抓两级、抓深一层”工作机制，选取一定数量的下一级税务局（分局、所）作为基层党建联系点，每年至少实地调研指导工作 1 次。

2. 国家税务总局王军局长强调，要坚持“三不”一体推进明敬畏。一体推进“三不”具体内容是一体推进（ ），这不仅是反腐败斗争的基本方针，也是新时代全面从严治党的重要方略。

A. 不敢腐
B. 不能腐
C. 不愿腐
D. 不想腐

【参考答案】 ABD

【答案解析】 2019 年 1 月，习近平总书记在十九届中央纪委三次全会上提出一体推进不敢腐、不能腐、不想腐的明确要求。党的十九届四中全会将构建一体推进“三不”

体制机制作为坚持和完善党和国家监督体系重要内容，单列一条作出部署。

3. 要严格落实民主集中制，建立健全议事决策规则、程序和目录清单，凡属“三重一大”事项，都必须按照规定提交党委会议讨论和决定。下列选项中，属于“三重一大”事项的有（ ）。

A. 重大决策　　B. 重要文件制定

C. 重大项目安排　　D. 大额资金的使用

【参考答案】ACD

【答案解析】《税务系统贯彻〈中共中央关于加强党的政治建设的意见〉的若干措施》（税总党委发〔2019〕75号）指出，“三重一大”事项，是指重大决策、重要干部任免、重大项目安排、大额资金的使用。

4. 各级税务局党委要发挥本部门、本系统的领导核心作用，准确把握职责定位，充分发挥的作用有（ ）。

A. 把方向　　B. 管大局　　C. 抓重点　　D. 保落实

【参考答案】ABD

【答案解析】《中共国家税务总局委员会关于加强新形势下税务系统党的建设的意见》（税总党委发〔2018〕23号）指出，各级税务局党委要发挥本部门、本系统的领导核心作用，准确把握各级税务局党委的职责定位，充分发挥把方向、管大局、保落实的重要作用。

5. 各级税务局党委纪检组协助党委推进全面从严治党，具体承担的责任包括（ ）。

A. 监督检查　　B. 纪律审查　　C. 党性教育　　D. 问责追究

【参考答案】ABD

【答案解析】《税务系统落实全面从严治党主体责任和监督责任实施办法（试行）》第三十四条规定，纪检组协助党委推进全面从严治党，承担监督检查、纪律审查、问责追究责任。

6. 关于税务系统各级党委的主体责任落实，下列说法中正确的有（ ）。

A. 召开党委会议专题研究全面从严治党工作，每半年应当至少召开1次

B. 党委中心组学习中，集体学习研讨每季度不少于1次

C. 组织党委书记抓基层党建工作述职评议考核，每半年不少于1次

D. 每年至少专题研究1次巡视巡察工作

【参考答案】ABD

【答案解析】《党委（党组）书记抓基层党建工作述职评议考核办法（试行）》规定，述职评议考核一般安排在当年年底或次年年初进行。

7. 下列属于党委会议事内容的有（ ）。

A. 传达学习党中央国务院的各项方针政策工作部署，以及上级税务局党委重要会议文件精神

B. 研究加强机关和系统全面从严治党、党风廉政建设和反腐败工作

C. 研究机关和系统意识形态工作、思想政治工作

D. 审议税收政策，调整改革方案等重大问题

【参考答案】 ABCD

【答案解析】 依据是《全国税务系统党的建设工作规范（试行）》。

8. 关于税务系统各级党委监督职责，其主要内容包括（ ）。

A. 领导本单位本系统党内监督工作，组织实施各项监督制度，抓好督促检查

B. 加强对同级纪检组和所辖范围内纪检工作的领导，检查其监督执纪问责工作情况

C. 对党委委员，党的工作部门和直接领导的党组织领导班子及其成员进行监督

D. 对上级党委工作提出意见和建议，开展监督

【参考答案】 ABCD

【答案解析】 依据是《全国税务系统党的建设工作规范（试行）》。

9. 关于“下抓两级、抓深一层”工作机制的具体内容，下列选项中正确的有（ ）。

A. 国家税务总局主抓省税务局，延伸抓市税务局

B. 省税务局主抓市税务局，延伸抓县税务局

C. 市税务局主抓县税务局，延伸抓税务分局

D. 县税务局主抓税务分局，延伸抓税务所

【参考答案】 ABC

【答案解析】 县税务局主抓税务分局，延伸抓税务所不属于“下抓两级、抓深一层”工作机制的具体内容。

10. 党委理论学习中心组的学习形式主要包括（ ）。

A. 集体学习　　B. 专题讨论　　C. 个人自学　　D. 专题调研

【参考答案】 ABCD

【答案解析】 依据是《中共国家税务总局委员会理论学习中心组学习制度》。

11. 关于党委（党组）书记抓基层党建工作述职评议考核，下列说法正确的有（ ）。

A. 上级党组织应对下一级党组织书记抓基层党建工作情况形成综合评价意见，并按“好、较好、一般、差”确定等次

B. 各级党组织书记抓基层党建工作情况综合评价意见及等次要在一定范围内通报，并按照干部管理权限，由组织人事部门根据有关规定归入干部人事档案

C. 对述职评议考核综合评价等次未达到“好”的，其年度考核不得评定为“优秀”等次

D. 对综合评价等次为“一般”和“差”的，要依照有关规定严肃追责问责

【参考答案】ABC

【答案解析】《党委（党组）书记抓基层党建工作述职评议考核办法（试行）》规定，对综合评价等次为“一般”和“差”的，要约谈提醒、限期整改，问题严重的要依照有关规定严肃追责问责。

12. 关于党委开展干部选拔任用“一报告两评议”，主要内容包括（ ）。

A. 党委对干部选拔任用工作情况进行专题报告

B. 党委接受对年度干部选拔任用工作的民主评议

C. 党委接受所提拔任用干部的民主评议

D. 党委对选拔任用干部的抓党建情况进行述职评议

【参考答案】ABC

【答案解析】“一报告两评议”工作主要是指党委报告干部选拔任用工作情况，接受对年度干部选拔任用工作和所提拔任用干部的民主评议。

13. 关于税务系统党的建设工作领导小组，下列说法正确的有（ ）。

A. 党的建设工作领导小组组长一般由党委书记担任

B. 税务系统党的建设工作领导小组会议每半年至少召开 1 次

C. 党的建设工作领导小组研究部署职责范围内的全面从严治党重大事项重要工作

D. 党的建设工作领导小组对领导小组成员单位拟决定的从严治党重要工作、拟印发的重要文件进行审核把关

【参考答案】ABCD

【答案解析】依据是《全国税务系统党的建设工作规范（试行）》。

14. 关于党委纪检组组长责任清单，下列表述中正确的有（ ）。

A. 每半年至少会同党委专题研究 1 次全面从严治党、党风廉政建设和反腐败工作

B. 加强对下级党委纪检组的领导，下级纪检组每半年向上级纪检组报告 1 次工作，每半年向上级纪检组进行述责述廉

C. 每年向本级党委、党委书记汇报抓全面从严治党工作“一岗双责”情况

D. 组织承办全面从严治党有关会议，推动完善全面从严治党有关制度办法，加强教育宣传

【参考答案】ABC

【答案解析】组织承办全面从严治党有关会议，推动完善全面从严治党有关制度办法，加强教育宣传是党的建设工作领导小组责任。

15. 税务系统各级党委纪检组要深化运用监督执纪“四种形态”，下列选项属于“四种形态”的有（　）。

A. 经常开展批评和自我批评、约谈函询，让“红红脸、出出汗”成为常态

B. 党纪轻处分、组织调整成为违纪处理的大多数

C. 党纪重处分、重大职务调整的成为少数

D. 严重违纪涉嫌违法立案审查的成为极少数

【参考答案】ABCD

【答案解析】《中国共产党党内监督条例》第七条规定，党内监督必须把纪律挺在前面，运用监督执纪“四种形态”，经常开展批评和自我批评、约谈函询，让“红红脸、出出汗”成为常态；党纪轻处分、组织调整成为违纪处理的大多数；党纪重处分、重大职务调整的成为少数；严重违纪涉嫌违法立案审查的成为极少数。

16. 下列选项中，属于各级机关党委责任清单内容的有（　）。

A. 做好本单位党委理论学习中心组学习服务保障工作

B. 对党员进行教育管理监督和服务，严格党的组织生活

C. 每年至少召开 1 次机关党员干部大会，听取本单位主要负责人通报机关党建工作情况等

D. 协助党委落实全面从严治党主体责任，督促下一级税务局党委落实管党治党责任

【参考答案】ABC

【答案解析】机关党委是机关党建工作专责机构。协助党委落实全面从严治党主体责任，督促下一级税务局党委落实管党治党责任是系统党建工作部门的责任。

17. 关于各级税务机关党支部的设立，下列说法正确的有（　）。

A. 凡是有正式党员 3 人以上的都应当成立党支部

B. 有正式党员 9 人以上的党支部应当设立党支部委员会

C. 为期 6 个月以上的工程工作项目的，符合条件的应当成立党支部

D. 税务机关党支部设置一般以各级税务机关内设机构单位为主，以单独组建为主要方式

【参考答案】ACD

【答案解析】有正式党员 7 人以上的党支部应当设立党支部委员会。

18. 关于税务机关党支部委员会的设立及产生，下列说法正确的有（　）。

A. 党支部委员会一般每届任期 3 ～ 5 年

B. 党支部委员会由党支部党员大会选举产生

C. 正式党员不足 7 人的党支部设 1 名书记，必要时可以设 1 名副书记

D. 党支部党员大会选出的书记、副书记，应报机关党委批准

【参考答案】BCD

【答案解析】《中国共产党支部工作条例（试行）》第二十一条规定，村、社区党支部委员会每届任期5年，其他基层单位党支部委员会一般每届任期3年。

19. 关于税务系统党委理论学习中心组学习，下列说法正确的有（ ）。

A. 中心组集体学习研讨每季度不少于1次

B. 党委理论学习中心组学习以政治学习为根本，以深入学习中国特色社会主义理论体系为首要任务

C. 分管党建工作的党委委员是党委理论学习中心组学习第一责任人

D. 每次党委理论学习中心组集体学习，党委理论学习中心组成员出席人数不少于2/3

【参考答案】ABD

【答案解析】根据《中共国家税务总局委员会理论学习中心组学习制度》的要求，分管党建工作的党委委员是党委理论学习中心组学习直接责任人，主要职责是配合党委书记做好学习的组织工作。

20. 下列关于党委民主生活会的说法，正确的有（ ）。

A. 民主生活会每年召开1次，一般安排在第四季度

B. 遇特殊情况，民主生活会可提前或者延期召开

C. 领导班子遇到重要或者普遍性问题，出现重大决策失误或者对突发事件处置失当，经纪律检查、巡视巡察和督察审计发现重要问题，以及发生违纪违法案件等情况的，应当专门召开民主生活会

D. 执行民主生活会制度情况，纳入领导班子及其成员履行全面从严治党责任考核内容，作为考核评价领导班子的重要依据

【参考答案】ACD

【答案解析】民主生活会因特殊情况需要提前或者延期召开的，应当报上级党组织同意。

三、判断题

1. 税务系统要着力构建“条主动、块双重，纵合力、横联通，齐心抓、党建兴”的新“纵合横通强党建”机制体系，以在双重领导管理体制下，汇聚各方面力量，共抓税务系统党建工作，提高党建工作质量。（ ）

【参考答案】✓

【答案解析】略。

2. 把党建工作作为衡量领导班子和领导干部工作实绩的重要方面，党委书记抓基层

党建工作述职评议考核、领导班子和领导干部年度考核、业务考核，原则上每年各进行1次。（ ）

【参考答案】 ×

【答案解析】《关于切实发挥党建引领作用 促进党建工作与税收业务深度融合的若干措施》指出，把党建工作作为衡量领导班子和领导干部工作实绩的重要方面，党委书记抓基层党建工作述职评议考核、领导班子和领导干部年度考核、业务考核一并开展，原则上每年只进行1次。

3. 各级税务局领导班子在研究重要问题和重点工作时，首先学习习近平总书记有关重要论述，在对标对表中找准方向、明确思路、提出措施。（ ）

【参考答案】 √

【答案解析】 依据是《关于切实发挥党建引领作用 促进党建工作与税收业务深度融合的若干措施》。

4. 实施青年理论学习提升工程，把每名青年干部都编入1个青年理论学习小组，为青年干部配备政治理论和税收业务导师。（ ）

【参考答案】 √

【答案解析】 依据是《关于切实发挥党建引领作用 促进党建工作与税收业务深度融合的若干措施》。

5. 积极构建“1＋3＋N”税务大监督体系，织紧织密权力监督之网。（ ）

【参考答案】 √

【答案解析】 依据是《税务系统贯彻〈中共中央关于加强党的政治建设的意见〉的若干措施》（税总党委发〔2019〕75号）。

6. 税收违法案件“一案双查”指的是结合打击偷逃骗税和虚开增值税发票案件，严肃查处税务人员与不法分子内外勾结谋取私利的违纪违法问题，并倒查领导责任。（ ）

【参考答案】 √

【答案解析】 依据是《全国税务系统党的建设工作规范（试行）》。

7. 各级税务局党委纪检组在本级党委和上级党委纪检组双重领导下开展工作。（ ）

【参考答案】 √

【答案解析】《中国共产党章程》第四十五条规定，党的地方各级纪律检查委员会和基层纪律检查委员会在同级党的委员会和上级纪律检查委员会双重领导下进行工作。

8. 各级党委纪检组要加大典型案例通报曝光力度，对违反中央八项规定及其实施细则精神行为发生在党的十九大后、受到纪律处分的党员干部，原则上都要点名道姓通报

曝光。( )

【参考答案】 ×

【答案解析】 各级党委纪检组要加大典型案例通报曝光力度，对违反中央八项规定及其实施细则精神行为发生在党的十九大后、受到纪律处分的党员干部，一律点名道姓通报曝光。

9. 各级党委纪检组每半年要向属地纪委监委报告有关工作1次。( )

【参考答案】 √

【答案解析】 依据是《税务系统落实全面从严治党主体责任和监督责任实施办法（试行)》。

10. 机关基层党组织应当严格执行任期制度，任期届满按期进行换届选举，如需延期或者提前进行换届选举，应当报上级党组织批准，延长或者提前期限一般不超过6个月。( )

【参考答案】 ×

【答案解析】 党的基层组织设立的委员会任期届满应当按期进行换届选举。如需延期或者提前进行换届选举，应当报上级党组织批准。延长或者提前期限一般不超过1年。

11. 机关基层委员会由党员大会或党员代表大会选举产生。( )

【参考答案】 √

【答案解析】《中国共产党党和国家机关基层组织工作条例》第五条规定，党的基层委员会由党员大会或者党员代表大会选举产生，每届任期一般为5年。

12. 为执行异地稽查检查、巡视巡查、督查督导等任务，临时组建的机构，党员组织关系不转接的，可以就地成立临时党支部。( )

【参考答案】 ×

【答案解析】 成立临时党支部需经机关党委批准。

13. 国家税务总局党委议事决策一般采用党委会议形式。党委会议原则上每周召开1次，遇有重要情况可以随时召开。( )

【参考答案】 √

【答案解析】 依据是《中共国家税务总局委员会工作规则（试行)》。

14. 党委委员应当以党员领导干部身份参加所在党支部（党小组）组织生活会，过好双重组织生活。( )

【参考答案】 ×

【答案解析】 党委委员应当以普通党员身份参加所在党支部（党小组）组织生活会，过好双重组织生活。

15. 县级以上税务局党委要成立党建工作领导小组，由分管党建工作的党委委员任党建工作领导小组组长，确保全面从严治党各项任务落实。( )

【参考答案】×

【答案解析】党建工作领导小组组长应为各级税务局党委书记。

16. 凡制定涉及党建工作的规范性文件，均要按程序向上级党组织报备。( )

【参考答案】√

【答案解析】依据是《全国税务系统党的建设工作规范（试行)》。

17. 中国税务精神的表述是“忠诚担当、崇法守纪、兴税强国”。( )

【参考答案】√

【答案解析】“忠诚担当、崇法守纪、兴税强国”这12字“中国税务精神”的提出，是国家税务总局全面贯彻落实党的十九大精神、社会主义核心价值观，坚持中国特色文化发展道路作出积极的税务响应，是税务组织的一次文化自觉。

18. 党委书记要督促、指导、支持班子成员抓好分管单位全面从严治党工作，每年听取1次班子其他成员和下一级党委书记抓全面从严治党工作情况的汇报。( )

【参考答案】√

【答案解析】依据是《税务系统落实全面从严治党主体责任和监督责任实施办法（试行)》第十一条的规定。

19. 党委委员要按照“一岗双责”要求，对职责范围内的全面从严治党工作负主要领导责任。( )

【参考答案】×

【答案解析】党委委员对职责范围内的全面从严治党工作负重要领导责任。

20. 各级税务局党委至少每年向地方党委报告1次工作。( )

【参考答案】×

【答案解析】国家税务总局要求，各级税务局党委至少每半年向地方党委报告1次工作。

四、简答题

1. 请简述税务系统一体化综合监督体系的总体框架。

【参考答案】

第一个“1”是党委全面监督；第二个“1”是纪检机构专责监督；“5”是接受地

方党政机关监督、部门职能监督、党的基层组织日常监督、党员和群众民主监督、接受社会监督；“N”是若干配套制度机制。

2. 请简述税务系统构建新“纵合横通强党建”机制体系的具体内涵。

【参考答案】

新“纵合横通强党建”机制体系，即“条主责、块双重，纵合力、横联通，齐心抓、党建兴”，在双重领导管理体制下，汇聚各方面力量，共抓税务系统党建工作，提高党建工作质量。

（1）条主责：各级税务局党委要落实“条主责”要求，认真抓好本部门、本系统党的建设、全面从严治党工作。

（2）块双重：各级税务局党委要按照“块双重”要求，认真落实地方党委对党建工作的部署要求，积极争取纪委监委、组织部、宣传部、统战部、机关工委等部门支持，做好税务系统党建工作。

（3）纵合力：各级税务局党委要落实“纵合力”要求，层层传导压力、压实责任。

（4）横联通：各级税务局党委要落实“横联通”要求，凝聚党建工作合力，增强党建工作实效。成立党建工作领导小组，由党委书记任组长，相关党委委员任副组长，系统党建、机关党委、纪检、巡视巡察、办公室、督察内审、人事、考核考评、宣传教育等部门为成员单位。

第五章
政治热点

第一节　时政热点（2021 年 6 月至 2022 年 6 月）

一、2022年度中央经济工作会议

1. 来之不易的成绩表现在六个方面：经济发展和疫情防控保持全球领先地位；国家战略科技力量加快壮大；产业链韧性得到提升；改革开放向纵深推进；民生保障有力有效；生态文明建设持续推进。

2. 做好经济工作的规律性认识："必须坚持党中央集中统一领导""必须坚持高质量发展""必须坚持稳中求进""必须加强统筹协调"。

3. 稳字当头：坚持稳中求进工作总基调。

4. 做好 2022 年经济工作的七大政策：宏观政策要稳健有效；微观政策要持续激发市场主体活力；结构政策要着力畅通国民经济循环；科技政策要扎实落地；改革开放政策要激活发展动力；区域政策要增强发展的平衡性协调性；社会政策要兜住兜牢民生底线。

5. 正确认识和把握五个重大理论和实践问题：涉及实现共同富裕的战略目标和实践途径、资本的特性和行为规律、初级产品供给保障、防范化解重大风险、碳达峰碳中和等。

二、2022年全国两会

2022 年 3 月 5 日，第十三届全国人民代表大会第五次会议在北京开幕，国务院总理

李克强向大会作政府工作报告。十三届全国人大五次会议 3 月 11 日表决通过了关于政府工作报告的决议，批准了这个报告。

（一）2022 年经济社会发展总体要求和政策取向

1. 指导思想。

要在以习近平同志为核心的党中央坚强领导下，以习近平新时代中国特色社会主义思想为指导，全面贯彻落实党的十九大和十九届历次全会精神，弘扬伟大建党精神，坚持稳中求进工作总基调，完整、准确、全面贯彻新发展理念，加快构建新发展格局，全面深化改革开放，坚持创新驱动发展，推动高质量发展，坚持以供给侧结构性改革为主线，统筹疫情防控和经济社会发展，统筹发展和安全，继续做好“六稳”“六保”工作，持续改善民生，着力稳定宏观经济大盘，保持经济运行在合理区间，保持社会大局稳定。

2. 主要预期目标。

国内生产总值增长 5.5% 左右；城镇新增就业 1 100 万人以上，城镇调查失业率全年控制在 5.5% 以内；居民消费价格涨幅 3% 左右；居民收入增长与经济增长基本同步；进出口保稳提质，国际收支基本平衡；粮食产量保持在 1.3 万亿斤以上，生态环境质量持续改善，主要污染物排放量继续下降；能耗强度目标在“十四五”规划期内统筹考核，并留有适当弹性，新增可再生能源和原料用能不纳入能源消费总量控制。

经济增速预期目标的设定，主要考虑稳就业保民生防风险的需要，并同近两年平均经济增速以及“十四五”规划目标要求相衔接。这是高基数上的中高速增长，体现了主动作为，需要付出艰苦努力才能实现。

3. 政策取向。

完成 2022 年发展目标任务，宏观政策要稳健有效，微观政策要持续激发市场主体活力，结构政策要着力畅通国民经济循环，科技政策要扎实落地，改革开放政策要激活发展动力，区域政策要增强发展的平衡性协调性，社会政策要兜住兜牢民生底线。

积极的财政政策要提升效能，更加注重精准、可持续。稳健的货币政策要灵活适度，保持流动性合理充裕。就业优先政策要提质加力。

（二）2022 年宏观政策实施方向

1. 着力稳定宏观经济大盘，保持经济运行在合理区间。继续做好“六稳”“六保”工作。宏观政策有空间有手段，要强化跨周期和逆周期调节，为经济平稳运行提供有力支撑。

2. 着力稳市场主体保就业，加大宏观政策实施力度。完善减负纾困等政策，夯实经济稳定运行、质量提升的基础。

3. 坚定不移深化改革，更大激发市场活力和发展内生动力。处理好政府和市场的关系，使市场在资源配置中起决定性作用，更好发挥政府作用，构建高水平社会主义市场经济体制。

4. 深入实施创新驱动发展战略，巩固壮大实体经济根基。推进科技创新，促进产业优化升级，突破供给约束堵点，依靠创新提高发展质量。

5. 坚定实施扩大内需战略，推进区域协调发展和新型城镇化。畅通国民经济循环，打通生产、分配、流通、消费各环节，增强内需对经济增长的拉动力。

6. 大力抓好农业生产，促进乡村全面振兴。完善和强化农业支持政策，接续推进脱贫地区发展，促进农业丰收、农民增收。

7. 扩大高水平对外开放，推动外贸外资平稳发展。充分利用两个市场两种资源，不断拓展对外经贸合作，以高水平开放促进深层次改革、推动高质量发展。

8. 持续改善生态环境，推动绿色低碳发展。加强污染治理和生态保护修复，处理好发展和减排关系，促进人与自然和谐共生。

9. 切实保障和改善民生，加强和创新社会治理。坚持尽力而为、量力而行，不断提升公共服务水平，着力解决人民群众普遍关心关注的民生问题。

（三）关于税费的相关内容

1. 2021 年新增减税降费超过 1 万亿元，还对制造业中小微企业、煤电和供热企业实施阶段性缓缴税费。实践表明，减税降费是助企纾困直接有效的办法，实际上也是“放水养鱼”、涵养税源，2013 年以来新增的涉税市场主体 2021 年纳税达到 4. 76 万亿元。

2. 2022 年，强化就业优先政策。财税、金融等政策都要围绕就业优先实施，加大对企业稳岗扩岗的支持力度。各类专项促就业政策要强化优化，对就业创业的不合理限制要坚决清理取消。各地都要千方百计稳定和扩大就业。

3. 实施新的组合式税费支持政策。坚持阶段性措施和制度性安排相结合，减税与退税并举。一方面，延续实施扶持制造业、小微企业和个体工商户的减税降费政策，并提高减免幅度、扩大适用范围。对小规模纳税人阶段性免征增值税。对小微企业年应纳税所得额 100 万元至 300 万元部分，再减半征收企业所得税。各地也要结合实际，依法出台税费减免等有力措施，使减税降费力度只增不减，以稳定市场预期。另一方面，综合考虑为企业提供现金流支持、促进消费投资、大力改进增值税留抵退税制度，2022 年对留抵税额实行大规模退税。优先安排小微企业，对小微企业的存量留抵税额于 6 月底前一次性全部退还，增量留抵税额足额退还。重点支持制造业，全面解决制造业、科研和技术服务、生态环保、电力燃气、交通运输等行业留抵退税问题。增值税留抵退税力度显著加大，以有力提振市场信心。预计全年退税减税约 2.5 万亿元，其中留抵退税约 1.5 万亿元，退税资金全部直达企业。中央财政将加大对地方财力支持，补助资金直达市县，地方政府及有关部门要建立健全工作机制，加强资金调度，确保退税减税这项关键性举措落实到位，为企业雪中送炭，助企业焕发生机。

4. 加强金融对实体经济的有效支持。推进涉企信用信息共享，加快税务、海关、电力等单位与金融机构信息联通，扩大政府性融资担保对小微企业的覆盖面，努力营造良好融资生态，进一步推动解决实体经济特别是中小微企业融资难题。

5. 落实落细稳就业举措。延续执行降低失业和工伤保险费率等阶段性稳就业政策。对不裁员少裁员的企业，继续实施失业保险稳岗返还政策，明显提高中小微企业返还比例。2022 年高校毕业生超过 1 000 万人，要加强就业创业政策支持和不断线服务。做好退役军人安置和就业保障，促进农民工就业，帮扶残疾人、零就业家庭成员就业。深入开展大众创业万众创新，增强双创平台服务能力。完善灵活就业社会保障政策，开展新就业形态职业伤害保障试点。

6. 推进财税金融体制改革。深化预算绩效管理改革，增强预算的约束力和透明度。推进省以下财政体制改革。完善税收征管制度，依法打击偷税骗税。

7. 加大企业创新激励力度。强化企业创新主体地位，持续推进关键核心技术攻关，深化产学研用结合。加大研发费用加计扣除政策实施力度，将科技型中小企业加计扣除比例从 75% 提高到 100%，对企业投入基础研究实行税收优惠，完善设备器具加速折旧、高新技术企业所得税优惠等政策，这相当于国家对企业创新给予大规模资金支持。

8. 多措并举稳定外贸。扩大出口信用保险对中小微外贸企业的覆盖面，加强出口信贷支持，优化外汇服务，加快出口退税进度，帮助外贸企业稳订单稳生产。

9. 加强社会保障和服务。稳步实施企业职工基本养老保险全国统筹，适当提高退休人员基本养老金和城乡居民基础养老金标准，确保按时足额发放。继续规范发展第三支柱养老保险。加快推进工伤和失业保险省级统筹。做好军人军属、退役军人和其他优抚对象优待抚恤工作。完善三孩生育政策配套措施，将 3 岁以下婴幼儿照护费用纳入个人所得税专项附加扣除，发展普惠托育服务，减轻家庭养育负担。强化未成年人保护。提升残疾预防和康复服务水平。加强民生兜底保障和遇困群众救助，努力做到应保尽保、应助尽助。

三、2022年冬残奥会

1. 时间和届数：第 24 届冬奥会于 2022 年 2 月 4 日开幕，2 月 20 日闭幕；第 13 届冬季残疾人奥林匹克运动会在 2022 年 3 月 4 日开幕，3 月 13 日闭幕。

2. 赛区：北京承办所有冰上项目，延庆和张家口承办所有雪上项目。

3. 比赛项目：残奥会——6 大项，78 小项。冬奥会——7 大项、15 分项和 109 小项。各国体育健儿奋力拼搏、挑战极限、超越自我，刷新了 2 项世界纪录和 17 项冬奥会纪录，是历史上设项和金牌最多的一届冬奥会。

4. 赛事文化。

会徽：北京冬奥会会徽冬梦以汉字“冬”为灵感来源，运用中国书法的艺术形态，传递出新时代中国为办好北京冬奥会，圆冬奥之梦，实现“三亿人参与冰雪运动”目标，圆体育强国之梦，推动世界冰雪运动发展，为国际奥林匹克运动做出新贡献的不懈努力和美好追求。冬残奥会会徽“飞跃”，把汉字“飞”，巧妙地幻化成一个向前滑行冲向胜利的运动员形象，象征并激发运动员以坚强的意志作为精神的翅膀，在冬奥赛场上放飞青春梦想。上半部分线条刚劲曲折，下半部分柔美圆润，寓意运动员经过顽强拼搏历经坎坷最终达到目标获得圆满成功。

吉祥物：冰墩墩（冬奥会）是熊猫形象与冰晶外壳相结合，体现了冬季冰雪运动的特点。整体形象酷似航天员，寓意创造非凡、探索未来，体现了追求卓越、引领时代，以及面向未来的无限可能。雪容融（残奥会），寓意着点亮梦想，温暖世界，代表着友爱、勇气和坚强。

5. 主题口号：“一起向未来！”

6. 创办理念：北京冬奥村秉承“绿色办奥”理念。

7. 比赛成绩：本届冬奥会中国体育代表团夺得 9 枚金牌、4 枚银牌、2 枚铜牌，居奖牌榜第三，金牌数、奖牌数均创下我国参加冬奥会的历史最好成绩。冬残奥会夺得 18 枚金牌、20 枚银牌、23 枚铜牌，历史上首次位列冬残奥会金牌榜和奖牌榜的双榜首。

四、2021年度十组中国税收大数据①

第一组数据：全年累计新增减税降费约 1.1 万亿元，政策红利持续释放，有力地支持了国民经济持续稳定恢复。

第二组数据：企业提前享受研发费用加计扣除政策减免税额 3 333 亿元，有力地促进了企业创新发展。允许企业提前享受前三季度政策优惠，并将制造业企业加计扣除比例从 75% 提高至 100%。数据显示，全国有 32 万户企业提前享受研发费用加计扣除政策优惠，减免税额 3 333 亿元。其中，18.6 万户制造业企业享受减免税额 2 259 亿元。

第三组数据：办理出口退税 1.67 万亿元，助力外贸发展。税务部门整合优化出口退税信息系统，大力推进智慧退税。2021 年，办理出口退税 16 719 亿元，有效缓解出口企业运费上涨等资金压力。增值税发票数据显示，全国出口企业采购金额同比增长 20.1%，两年平均增长 19.7%，比全国企业整体采购水平快 4.8 个百分点。

第四组数据：新增涉税市场主体 1 326 万户，市场活力进一步增强。2021 年，全国

① 国新办减税降费促发展强信心新闻发布会。

新办且发生过涉税行为的市场主体 1 326 万户，同比增长 15.9%，两年平均增长 12.9%。同时市场主体不断发展壮大，2021 年年底，全国增值税一般纳税人达 1 238.1 万户，较 2020 年年末增加 110.9 万户。

第五组数据：全国企业增值税发票销售收入同比增长 21.1%，企业销售持续稳定恢复。增值税发票数据显示，2021 年，全国企业销售收入同比增长 21.1%，两年平均增长 14.2%。其中，高技术产业销售收入同比增长 23.4%，两年平均增长 19.1%。

第六组数据：制造业及其相关批发业销售收入占比提升 1.2 个百分点，呈稳中有升态势。增值税发票数据显示，2021 年，制造业及其相关批发业销售收入占全国企业销售收入比重比 2020 年提高 1.2 个百分点，反映支持制造业的政策措施落地见效，稳住了制造业发展。同时，制造业企业采购设备两年平均增长 14.3%，比全国水平快 1.3 个百分点，显示较强的发展后劲。

第七组数据：数字经济核心产业销售收入同比增长 30.7%，发展势头良好。增值税发票数据显示，2021 年，数字经济核心产业销售收入同比增长 30.7%，两年平均增长 22.8%，比全国企业销售收入增速快 8.6 个百分点。其中，智能设备制造同比增长 61.3%，互联网相关服务增长 61.5%，软件开发增长 28.2%。

第八组数据：税务部门组织税收收入 15.46 万亿元，圆满完成预算目标。2021 年，全国税务部门组织税收收入（已扣除出口退税）完成 154 573 亿元，占全国一般公共预算收入比重达 76.3%，比 2020 年提高 1.5 个百分点，为国聚财职能作用进一步增强。

第九组数据：税务部门征收社保费收入 6.68 万亿元，民生保障作用增强。2021 年，税务部门征收的社会保险费收入完成 66 838 亿元，同时还组织非税收入和其他收入 19 727 亿元，为民生发展提供了重要保障。

第十组数据：税收收入占 GDP 比重为 15.1%，呈稳中略降态势。2021 年，我国国民经济持续稳定恢复，随着继续加大减税降费力度，全国一般公共预算收入中的税收收入占 GDP 比重为 15.1%，比 2020 年略降 0.1 个百分点，比“十二五”末的 2015 年（18.1%）下降 3 个百分点，市场主体税收负担进一步减轻。

五、2022年度全国税务工作会议

2021 年 12 月 30 日，全国税务工作会议在北京召开。会议以习近平新时代中国特色社会主义思想为指导，深入贯彻落实党的十九届六中全会及中央经济工作会议精神，传达学习国务院领导同志重要批示精神，回顾 2021 年税收工作，总结党的十八大以来税收现代化建设经验，部署 2022 年重点任务。国家税务总局党委书记、局长王军作工作报告。

（一）2021 年全国税收工作成绩

更加坚定践行“两个维护”，从感悟党的百年辉煌中增强砥砺奋进的新动力。

更加主动融入发展大局，积极展现税收服务党和国家事业发展的新作为。

更加注重创新引领发展，奋力开启税收征管改革的新篇章。

更加有力加强税收监管，在倾力服务国家治理现代化中彰显税务部门的新担当。

（二）党的十八大以来税收现代化建设经验

一是一以贯之在加强党的领导中锚定税收现代化目标全力服务国家治理现代化。

二是一以贯之在胸怀“国之大者”中倾力服务高质量发展。

三是一以贯之在持续改进完善中着力构建强党治税带队的机制制度体系。

四是一以贯之在敢打善战能赢中探索形成了攻坚高效、化险稳快的一系列创新性方略方法。

五是一以贯之在坚持问题导向中充分体现刀刃向内、敢于斗争的鲜明态度。

六是一以贯之在激励担当作为中大力营造干事创业的良好氛围。

（三）2022 年要抓好十个方面工作

一要以坚决捍卫“两个确立”的高度政治自觉，进一步加强税务系统政治机关建设。

二要始终坚持严的主基调，不断完善“六位一体”税务系统全面从严治党新格局。

三要高效落实减税降费政策，尽心服务经济社会发展大局。

四要依法依规做好组织收入工作，着力确保平稳协调安全可持续增长。

五要紧紧围绕转方式稳征收防风险，扎实推进社保费和非税收入工作。

六要进一步深化税收征管改革，推动智慧税务建设取得实质性进展。

七要聚焦解决纳税人缴费人急难愁盼问题，持续优化税收营商环境。

八要切实加强税收监管和税务稽查，着力提升税收治理效能维护国家税收安全。

九要积极深化国际税收交流合作，全力服务高水平对外开放。

十要进一步加强干部队伍建设和基层建设，更好提振干事创业精气神。

六、全国税务系统全面从严治党工作会议

2022 年 2 月 24 日，全国税务系统全面从严治党工作会议在北京召开。会议认真学习贯彻习近平总书记在十九届中央纪委六次全会上的重要讲话精神，以及赵乐际同志的工作报告精神，研究从党的百年奋斗历史经验特别是新时代党的自我革命的伟大实践中汲取智慧和力量，持续构建完善“政治建设一体深化、两个责任一体发力、综合监督一

体集成、党建业务一体融合、约束激励一体抓实、组织体系一体贯通”的“六位一体”税务系统全面从严治党新格局，引领保障在新的征程上奋力推进税收现代化，以优异成绩迎接党的二十大胜利召开。国家税务总局党委书记、局长王军同志作工作报告，中央纪委国家监委驻税务总局纪检监察组组长、税务总局党委委员吴海英讲话。

王军同志要求，2022 年各级税务局党委要把迎接服务党的二十大胜利召开和学习贯彻党的二十大精神作为头等大事，作为税务系统以自我革命精神推进全面从严治党的首要任务。一要坚持深化政治建设，学懂弄通做实习近平新时代中国特色社会主义思想，坚定捍卫“两个确立”，把“两个维护”内化为政治信条、体现为政治担当。二要坚持巩固深化提升，扎实推进党史学习教育常态化长效化，不断完善和落实“纵合横通强党建”机制制度体系，进一步推动党建高质量发展。三要坚持强化政治监督，积极推进政治监督落在日常、抓住经常，更好服务“国之大者”。四要坚持严管严治严改，强化执纪问责惩戒震慑，强化“两权”运行制约监督，强化以案促改以案促治，强化税务廉洁文化建设，坚定不移深化党风廉政建设和反腐败斗争。五要坚持纠“四风”树新风，大力营造风清气正的政治生态。六要坚持扩围提质增效，全面推进纪检监察体制改革、一体化综合监督体系建设。七要坚持严管就是厚爱，切实加强对年轻干部的教育管理监督。八要坚持高标准严要求，持续打造敢于善于斗争、勇于自我革命的党务和纪检干部队伍。

七、2022年“我为纳税人缴费人办实事暨便民办税春风行动”

为深入贯彻党的十九届六中全会和中央经济工作会议精神，全面推进中办、国办印发的《关于进一步深化税收征管改革的意见》落实，巩固拓展党史学习教育成果，税务总局决定，2022 年以“智慧税务助发展 · 惠企利民稳增长”为主题，连续第 9 年开展“我为纳税人缴费人办实事暨便民办税春风行动”，首批推出 5 大类 20 项 80 条便民办税缴费措施，后续再适时推出若干举措。

（一）诉求响应更及时

1. 需求快速响应。

组织开展 2022 年度全国纳税人缴费人需求调查，深入分析调查结果，准确掌握纳税人缴费人共性需求，持续优化改进管理和服务工作。整合优化知识库，推进知识库在全国共享共用，基本实现全国咨询“一线通答”。优化升级 12366 智能咨询功能，完善智能咨询知识库，提高智能咨询的解答准确率，加快推动咨询服务向以 24 小时智能咨询为主转变。强化 12366 咨询数据的多维度分析和多场景运用，聚焦减税降费政策出台、重大改革推进和社会关注热点，及时研究提出改进建议，快速响应纳税人缴费人诉求。探索远程咨询和办税辅导新模式，纳税人缴费人可直接通过电子税务局、征纳互动平台等远程发起税费咨询求助，实现“办问协同”。进一步推动涉税文书电子化推送，逐步实现“无接触”送达。

2. 政策及时送达。

优化税费优惠政策精准推送机制，完善税费政策宣传辅导标签体系，实现税费优惠政策的系统集成、精准定位、智能推送，帮助纳税人缴费人便捷了解政策。增加贴近实操的政策解读、操作指南等推送内容，开发图片、短视频、动漫等更加直观的新媒体产品，拓宽微信、抖音、税企沟通平台等推送接收渠道。

3. 问题实时解决。

积极拓展征纳互动平台、自助办税终端、电子发票服务平台、电子税务局等纳税人端税费办理渠道的征纳互动服务，实时解决纳税人缴费人办理过程中遇到的问题。在电子税务局、自然人电子税务局税收扣缴客户端，探索启用主管税务机关电子印章，在出具高频的表证单书上自动套印，提升办税效率。

4. 关注个性需求。

对老年人、残疾人等特殊人群加强服务保障，优化线下服务流程，提供“一站式”综合服务、优先办理服务。推进办税缴费软件适老化改造。明确本地区申请城镇土地使用税困难减免税的情形以及办理流程、时限，提高困难减免税办理的确定性。结合本地纳税人缴费人群体特征，组建由税务人员、志愿者组成的民族语言、方言和外语等服务团队，消除语言沟通障碍。

（二）智慧办理更便捷

1. 提升网办体验。

扩大“非接触式”服务范围，持续拓展办税缴费网上办事项清单。试点推广税收完税证明线上开具，提升税收票证获取便利性。完善电子税务局增值税申报比对功能，优化异常申报在线提示提醒事项内容。增加环境保护税申报数据批量导入功能，纳税人填报完成后即可线上提交。扩大跨省异地电子缴税试点范围，逐步实现全国推广上线。在具备电子税务局移动端的地区实现非居民扣缴企业所得税套餐式服务掌上办理，方便纳税人办理相关业务。

2. 精简办理流程。

对全面数字化的电子发票依托税收大数据自动确定最高开票限额，并以动态管理为主、纳税人申请调整为辅，大幅简化发票申领流程、环节和相关文书。推动纳税人延期缴纳税款、延期申报、变更纳税定额的核准，以及采取实际利润额预缴以外的其他企业所得税预缴方式的核定等 4 个事项由行政许可事项调整为其他权力事项，简化事项办理程序。发布第一批全国通办税费事项清单，进一步方便纳税人缴费人跨区域办理税费业务。研究制定简化企业涉税涉费事项跨省迁移办理程序的措施办法，基本实现资质异地共认，便利生产要素合理流动。开展不动产登记区块链应用试点，进一步推动不动产登记税费信息共享，减轻纳税人缴费人提交资料负担，缩短办理时间。

3. 减少资料报送。

将土地增值税税收优惠由事前备案改为纳税人“自行判别、申报享受、资料留存备查”，进一步减少纳税人报送资料，简化办理流程。开展整合企业所得税和财产行为税综合申报表试点，进一步统一不同税种征期、减少纳税人申报和缴税的次数。发布第二批实行告知承诺制的税务证明事项，进一步减少纳税人需提交的证明材料。

4 便利发票使用。

配合司法部做好发票管理办法修订相关工作。制定铁路、民航等领域发票电子化方案并组织实施，提高社会满意度。深化全面数字化电子发票试点的“首票服务”，为纳税人提供线上多渠道精准服务，同步提升线下网格化服务效能，显著优化纳税人体验。完善电子发票服务保障体系，税务机关通过电子发票服务平台向纳税人免费提供电子发票申领、开具、交付、查验等服务。

5. 提速退税办理。

进一步精简出口退税涉税资料报送、简化退税办理流程，将全国正常出口退税平均办理时间由 7 个工作日压缩至 6 个工作日以内。推进电子化方式留存出口退税备案单证。依托各地电子税务局，探索多缴退税业务由税务机关自动推送退税提示提醒，纳税人在线办理确认、申请和退税。

（三）分类服务更精细

1. 助力大型企业。

提供大企业税收确定性服务，建立健全相关制度，提升大企业纳税人满意度。试点开展大企业集团遵从评价，根据企业集团遵从度，提供差异性服务和管理措施。试点开展税企数据互联互通，降低大企业集团办税成本，提升纳税人服务体验。通过线上沟通渠道，适时推送行业性税收优惠政策，开展政策宣传，助力企业及时、准确掌握政策。与部分遵从意愿强、遵从能力高的大企业集团签订税收遵从合作协议，提供定制服务。

2. 扶持中小企业。

扩大小微企业减税降费红利账单推送服务试点范围，帮助纳税人算清算细减税降费红利账。按照国务院部署，组织开展税务系统助力中小企业发展主题服务月活动。推进“专精特新”中小企业和“小巨人”企业“一户一档”服务措施落实，助力企业高质量发展。深化规范“银税互动”合作，试点在税务和银保监部门间实现数据直连，安全高效助力小微企业缓解融资难融资贵问题。

3. 完善缴费服务。

发布社保费缴费事项清单，明确事项办理流程、办理方式、办理时限以及需提交的资料。推广社保退费申请网上受理，让缴费人“少跑路”。加强与人社、医保等相关部门数据共享，落实好特困人员、低保对象等困难人群分类资助参保缴费政策。以采矿业、制造业、建筑业等行业为重点，开展社保费政策进企业、进车间、进工地宣传和缴费服务活动。规范和优化电力能源类、土地出让类等非税收入征缴流程，编制相关缴费指引，提高办理缴费业务的便利度。推进土地出让金、土地闲置费、矿产资源专项收入、海域使用金、水利建设基金、防空地下室易地建设费等非税收入项目自动预填申报，改善缴费人申报操作体验。

4. 服务个税汇算。

积极协调动员社会力量，组织开展税收志愿服务活动，做好各项个人所得税专项附加扣除的宣传辅导，让符合条件的纳税人及时享受红利。对灵活就业自行缴纳社保费的纳税人，优化在个人所得税综合所得年度汇算时的填报方式，提升纳税人的填报体验。运用税收大数据智能分析，完善个人所得税综合所得年度汇算提示提醒，引导纳税人如实准确申报。优化自然人电子税务局扣缴端数据备份功能，使扣缴义务人在更换设备后恢复数据更加便利。

（四）执法监管更公正

1. 优化执法方式。

推进区域间税务执法标准统一，更好服务国家区域协调发展战略。在部分地区推行非强制性执法方式试点，让执法既有温度又有力度。推出第二批全国统一的税务行政处罚“首违不罚”事项清单，对于首次发生清单中所列事项且危害后果轻微，在税务机关发现前主动改正或者在税务机关责令限期改正的期限内改正的，不予行政处罚，并对当事人加强税法宣传和辅导。推进简易处罚事项网上办理，实现违法信息自动提醒、处罚流程全程网上办、处罚结果实时传递。坚持依法组织税费收入原则，坚决不收“过头税费”，发现一起查处一起。

2. 加强精准监管。

深入推进税收执法责任制，加强税收执法监督，持续督促规范公正执法。推进税务系统“双随机、一公开”监管，拓展部门联合“双随机、一公开”监管覆盖范围，规范双随机的方式方法，提高监管效率。充分发挥税收大数据作用，严厉精准查处打击涉税违法行为，保障国家税收安全，为守法守规纳税人营造更加公平公正的市场环境。试点推进动态“信用＋风险”税务监控，简化无风险和低风险企业的涉税业务办理流程，提醒预警或直接阻断高风险企业的涉税业务办理，依托大数据分析进一步提高风险管理效能。

3. 保障合法权益。

开展税务规范性文件权益性审核，制发权益性审核操作办法，更好维护纳税人缴费人合法权益。将“枫桥经验”应用于税收实践，推动建设“公职律师涉税争议咨询调解中心”，开展涉税争议咨询、组织调解、出具意见等法务活动，推动争议化解，维护纳税人合法权益。

（五）税收共治更聚力

1. 推进部门联动。

深化税务、海关两部门数据共享，优化电子税务局、国际贸易“单一窗口”功能，进一步扩大出口退税申报“免填报”范围。结合残疾人按比例就业情况联网认证跨省通办工作，加强与各级残联的双向数据共享，优化残疾人保障金申报表单，方便企业办理残疾人安置情况认证和申报缴纳残疾人就业保障金。推进土地出让金、土地闲置费、矿产资源专项收入、海域使用金、防空地下室易地建设费等项目与相关业务主管部门的互联互通和信息共享，减轻缴费人缴费办证相关资料报送负担。完善涉税数据共享机制，拓展数据获取渠道，推进数据共享共用，减少纳税人缴费人重复报送。

2. 深化国际协作。

持续加强国别（地区）税收信息研究工作，优化“一带一路”相关税收政策资讯服务，分批次更新国别（地区）投资税收指南，帮助“走出去”纳税人了解相关国家（地区）税制等信息，防范和规避跨境投资税收风险。扩大和完善税收协定网络，推动与更多国家（地区）开展税收协定谈签工作，为纳税人跨境经营提供税收确定性，避免和消除国际重复征税，降低纳税人在东道国的税收负担。针对符合享受以利润分配直接投资暂不征收预提所得税政策但未实际享受的情况，向纳税人精准推送提示提醒信息，帮助境外投资者应享尽享优惠政策。

3. 促进社会协同。

制定出台相关措施，支持第三方按市场化原则为纳税人提供个性化服务。开展涉税服务虚假宣传及广告信息专项治理，帮助纳税人降低选择涉税专业服务的风险。曝光涉税专业服务机构违法违规典型案例，形成警示震慑效应，促进规范涉税专业服务行业秩序。

4. 拓展信用应用。

编制税务领域公共信用信息目录，促进纳税人依法诚信纳税。扩大纳税信用修复范围，引导市场主体及时纠正自身涉税违规行为，强化纳税人信用意识。加大对破产重整企业纳税信用修复支持力度，帮助符合条件的企业及时修复信用。进一步优化守信激励措施，为守信纳税人在跨省迁移、发票使用、税收证明等事项办理时给予更多便利。实施《重大税收违法失信主体信息公布管理办法》，加强重大税收违法失信案件信息和当事人名单动态管理，积极开展信用修复工作，依法依规开展联合惩戒，引导市场主体规范健康发展。

八、首届“闪亮的名字——最美税务人”发布仪式

2022 年 1 月，由中共中央宣传部、国家税务总局共同举办的首届“闪亮的名字——最美税务人”发布仪式在北京举行。中共中央宣传部副部长蒋建国，国家税务总局党委书记、局长王军出席发布仪式，并为 10 名“最美税务人”颁发证书。马丽、扎庚、许艺、张克成、张学东、陕闪、赵小冬、黄伟、崔勇超、韩宇南等 10 名税务干部入选。

九、关于进一步深化税收征管改革的意见

1. 工作原则：

（1）坚持党的全面领导，确保党中央、国务院决策部署不折不扣落实到位。

（2）坚持依法治税，善于运用法治思维和法治方式深化改革，不断优化税务执法方式，着力提升税收法治化水平。

（3）坚持为民便民，进一步完善利企便民服务措施，更好满足纳税人缴费人合理需求。

（4）坚持问题导向，着力补短板强弱项，切实解决税收征管中的突出问题。

（5）坚持改革创新，深化税务领域“放管服”改革，推动税务执法、服务、监管的理念和方式手段等全方位变革。

（6）坚持系统观念，统筹推进各项改革措施，整体性集成式提升税收治理效能。

2. 主要目标：

（1）到 2022 年，在税务执法规范性、税费服务便捷性、税务监管精准性上取得重要进展。

（2）到 2023 年，基本建成“无风险不打扰、有违法要追究、全过程强智控”的税务执法新体系，实现从经验式执法向科学精确执法转变；基本建成“线下服务无死角、线上服务不打烊、定制服务广覆盖”的税费服务新体系，实现从无差别服务向精细化、智能化、个性化服务转变；基本建成以“双随机、一公开”监管和“互联网＋监管”为基本手段、以重点监管为补充、以“信用＋风险”监管为基础的税务监管新体系，实现从“以票管税”向“以数治税”分类精准监管转变。

（3）到 2025 年，深化税收征管制度改革取得显著成效，基本建成功能强大的智慧税务，形成国内一流的智能化行政应用系统，全方位提高税务执法、服务、监管能力。

3. 全面推进税收征管数字化升级和智能化改造的三项措施：

（1）加快推进智慧税务建设。

（2）稳步实施发票电子化改革。

(3) 深化税收大数据共享应用。

4. 不断完善税务执法制度和机制的五项措施：

(1) 健全税费法律法规制度。

(2) 严格规范税务执法行为。

(3) 不断提升税务执法精确度。

(4) 加强税务执法区域协同。

(5) 强化税务执法内部控制和监督。

5. 大力推行优质高效智能税费服务的六项措施：

(1) 确保税费优惠政策直达快享。

(2) 切实减轻办税缴费负担。

(3) 全面改进办税缴费方式。

(4) 持续压减纳税缴费次数和时间。

(5) 积极推行智能型个性化服务。

(6) 维护纳税人缴费人合法权益。

6. 精准实施税务监管的三项措施：

(1) 建立健全以"信用+风险"为基础的新型监管机制。

(2) 加强重点领域风险防控和监管。

(3) 依法严厉打击涉税违法犯罪行为。

7. 持续深化拓展税收共治格局的四项措施：

(1) 加强部门协作。

(2) 加强社会协同。

(3) 强化税收司法保障。

(4) 强化国际税收合作。

8. 强化税务组织保障的三项措施：

(1) 优化征管职责和力量。

(2) 加强征管能力建设。

(3) 改进提升绩效考评。

十、中共中央关于制定国民经济和社会发展第十四个五年规划和二〇三五年远景目标的建议

1. "十四五"经济社会发展主要目标：

(1) 经济发展取得新成效，在质量效益明显提升的基础上实现经济持续健康发展，

增长潜力充分发挥，国内市场更加强大，经济结构更加优化，创新能力显著提升，产业基础高级化、产业链现代化水平明显提高，农业基础更加稳固，城乡区域发展协调性明显增强，现代化经济体系建设取得重大进展。

（2）改革开放迈出新步伐，社会主义市场经济体制更加完善，高标准市场体系基本建成，市场主体更加充满活力，产权制度改革和要素市场化配置改革取得重大进展，公平竞争制度更加健全，更高水平开放型经济新体制基本形成。

（3）社会文明程度得到新提高，社会主义核心价值观深入人心，人民思想道德素质、科学文化素质和身心健康素质明显提高，公共文化服务体系和文化产业体系更加健全，人民精神文化生活日益丰富，中华文化影响力进一步提升，中华民族凝聚力进一步增强。

（4）生态文明建设实现新进步，国土空间开发保护格局得到优化，生产生活方式绿色转型成效显著，能源资源配置更加合理、利用效率大幅提高，主要污染物排放总量持续减少，生态环境持续改善，生态安全屏障更加牢固，城乡人居环境明显改善。

（5）民生福祉达到新水平，实现更加充分更高质量就业，居民收入增长和经济增长基本同步，分配结构明显改善，基本公共服务均等化水平明显提高，全民受教育程度不断提升，多层次社会保障体系更加健全，卫生健康体系更加完善，脱贫攻坚成果巩固拓展，乡村振兴战略全面推进。

（6）国家治理效能得到新提升，社会主义民主法治更加健全，社会公平正义进一步彰显，国家行政体系更加完善，政府作用更好发挥，行政效率和公信力显著提升，社会治理特别是基层治理水平明显提高，防范化解重大风险体制机制不断健全，突发公共事件应急能力显著增强，自然灾害防御水平明显提升，发展安全保障更加有力，国防和军队现代化迈出重大步伐。

2. 2035 年远景目标：

（1）我国经济实力、科技实力、综合国力将大幅跃升，经济总量和城乡居民人均收入将再迈上新的大台阶，关键核心技术实现重大突破，进入创新型国家前列。

（2）基本实现新型工业化、信息化、城镇化、农业现代化，建成现代化经济体系。

（3）基本实现国家治理体系和治理能力现代化，人民平等参与、平等发展权利得到充分保障，基本建成法治国家、法治政府、法治社会。

（4）建成文化强国、教育强国、人才强国、体育强国、健康中国，国民素质和社会文明程度达到新高度，国家文化软实力显著增强。

（5）广泛形成绿色生产生活方式，碳排放达峰后稳中有降，生态环境根本好转，美丽中国建设目标基本实现。

（6）形成对外开放新格局，参与国际经济合作和竞争新优势明显增强。

（7）人均国内生产总值达到中等发达国家水平，中等收入群体显著扩大，基本公共服务实现均等化，城乡区域发展差距和居民生活水平差距显著缩小。

(8) 平安中国建设达到更高水平，基本实现国防和军队现代化。

(9) 人民生活更加美好，人的全面发展、全体人民共同富裕取得更为明显的实质性进展。

3. 十二项重要举措：

(1) 坚持创新在我国现代化建设全局中的核心地位，把科技自立自强作为国家发展的战略支撑。要强化国家战略科技力量，提升企业技术创新能力，激发人才创新活力，完善科技创新体制机制。

(2) 加快发展现代产业体系，推动经济体系优化升级。坚持把发展经济着力点放在实体经济上，坚定不移建设制造强国、质量强国、网络强国、数字中国，推进产业基础高级化、产业链现代化，提高经济质量效益和核心竞争力。推进能源革命，加快数字化发展。

(3) 形成强大国内市场，构建新发展格局。坚持扩大内需这个战略基点，要畅通国内大循环，促进国内国际双循环，全面促进消费，拓展投资空间。

(4) 全面深化改革，构建高水平社会主义市场经济体制。

(5) 优先发展农业农村，全面推进乡村振兴。全面实施乡村振兴战略，强化以工补农、以城带乡，推动形成工农互促、城乡互补、协调发展、共同繁荣的新型工农城乡关系，加快农业农村现代化。

(6) 优化国土空间布局，推进区域协调发展和新型城镇化。要构建国土空间开发保护新格局，推动区域协调发展，推进以人为核心的新型城镇化。

(7) 繁荣发展文化事业和文化产业，提高国家文化软实力。围绕举旗帜、聚民心、育新人、兴文化、展形象的使命任务，促进满足人民文化需求和增强人民精神力量相统一。

(8) 推动绿色发展，促进人与自然和谐共生。坚持绿水青山就是金山银山理念，坚持尊重自然、顺应自然、保护自然，坚持节约优先、保护优先、自然恢复为主，守住自然生态安全边界。

(9) 实行高水平对外开放，开拓合作共赢新局面。要建设更高水平开放型经济新体制，全面提高对外开放水平，推动贸易和投资自由化便利化，推进贸易创新发展。

(10) 改善人民生活品质，提高社会建设水平。要提高人民收入水平，强化就业优先政策，建设高质量教育体系，健全多层次社会保障体系，全面推进健康中国建设，实施积极应对人口老龄化国家战略，加强和创新社会治理。

(11) 统筹发展和安全，建设更高水平的平安中国。坚持总体国家安全观，实施国家安全战略，维护和塑造国家安全，统筹传统安全和非传统安全，把安全发展贯穿国家发展各领域和全过程，防范和化解影响我国现代化进程的各种风险，筑牢国家安全屏障。

(12) 加快国防和军队现代化，实现富国和强军相统一。全面加强练兵备战，提高捍卫国家主权、安全、发展利益的战略能力，确保2027年实现建军百年奋斗目标。

第二节　习题演练

一、单项选择题

1. 根据2022年政府工作报告，下列关于2021年各项经济指标的说法，不正确的是（　）。

A. 国内生产总值达到114万亿元，增长8.1%

B. 全国财政收入突破20万亿元，增长10.7%

C. 城镇新增就业1 269万人，城镇调查失业率平均为5.1%

D. 居民消费价格上涨1.9%

【参考答案】 D

【答案解析】 2022年政府工作报告指出，2021年，我国经济保持恢复发展。国内生产总值达到114万亿元，增长8.1%。全国财政收入突破20万亿元，增长10.7%。城镇新增就业1 269万人，城镇调查失业率平均为5.1%。居民消费价格上涨0.9%。国际收支基本平衡。

2. 北京第24届冬奥会，中国体育代表团位列金牌榜第三，创造了冬奥参赛史上最好成绩，其成绩为（　）。

A. 9金4银2铜　　B. 9金8银2铜

C. 9金4银5铜　　D. 8金4银2铜

【参考答案】 A

【答案解析】 中国代表团以9金4银2铜位列金牌榜第三。

3. 根据2022年政府工作报告，2022年国内生产总值预计增长（　）。

A. 5.5%左右　　B. 5.5%以上　　C. 6.5%左右　　D. 6.5%以上

【参考答案】 A

【答案解析】 2022年政府工作报告指出，2022年，国内生产总值增长5.5%左右。

4. 2022年政府工作报告指出，2022年城镇新增就业______万人以上，城镇调查失业率全年控制在______以内。（　）

A. 1 100；4.5%　　B. 1 100；5.5%　　C. 1 500；4.5%　　D. 1 500；5.5%

【参考答案】 B

【答案解析】 2022年政府工作报告指出，2022年，城镇新增就业1 100万人以上，城镇调查失业率全年控制在 5.5% 以内。

5. 关于 2022 年经济社会发展主要预期目标，下列各项说法不正确的是（　）。

A. 居民消费价格涨幅 3% 左右

B. 粮食产量保持在 3 万亿斤以上

C. 生态环境质量持续改善，主要污染物排放量继续下降

D. 居民收入增长与经济增长基本同步

【参考答案】B

【答案解析】2022 年政府工作报告指出，居民消费价格涨幅 3% 左右；居民收入增长与经济增长基本同步；进出口保稳提质，国际收支基本平衡；粮食产量保持在 1.3 万亿斤以上；生态环境质量持续改善，主要污染物排放量继续下降；能耗强度目标在“十四五”规划期内统筹考核，并留有适当弹性，新增可再生能源和原料用能不纳入能源消费总量控制。2021 年，我国粮食产量 1.37 万亿斤，创历史新高。

6. 根据政府工作报告，做好 2022 年各项工作，应坚持的工作总基调和主线分别是（　）。

A. 稳步前进；推进国家治理体系和治理能力现代化

B. 稳步前进；供给侧结构性改革

C. 稳中求进；推进国家治理体系和治理能力现代化

D. 稳中求进；供给侧结构性改革

【参考答案】D

【答案解析】2022 年政府工作报告指出，要在以习近平同志为核心的党中央坚强领导下，以习近平新时代中国特色社会主义思想为指导，全面贯彻落实党的十九大和十九届历次全会精神，弘扬伟大建党精神，坚持稳中求进工作总基调，完整、准确、全面贯彻新发展理念，加快构建新发展格局，全面深化改革开放，坚持创新驱动发展，推动高质量发展，坚持以供给侧结构性改革为主线，统筹疫情防控和经济社会发展，统筹发展和安全，继续做好“六稳”“六保”工作，持续改善民生，着力稳定宏观经济大盘，保持经济运行在合理区间，保持社会大局稳定，迎接党的二十大胜利召开。

7. 下列关于政府工作报告提出的“2022 年经济社会发展政策取向”的说法，不正确的是（　）。

A. 宏观政策要持续激发市场主体活力　　B. 结构政策要着力畅通国民经济循环

C. 区域政策要增强发展的平衡性协调性　　D. 社会政策要兜住兜牢民生底线

【参考答案】A

【答案解析】2022 年政府工作报告指出，完成 2022 年发展目标任务，宏观政策要稳健有效，微观政策要持续激发市场主体活力，结构政策要着力畅通国民经济循环，科技政策要扎实落地，改革开放政策要激活发展动力，区域政策要增强发展的平衡性协调性，

社会政策要兜住兜牢民生底线。

8. 关于政府工作报告提出的“2022 年政府工作任务”，下列说法不正确的是（ ）。

A. 推进共同富裕，完成精准脱贫任务

B. 大力抓好农业生产，促进乡村全面振兴

C. 扩大高水平对外开放，推动外贸外资平稳发展

D. 切实保障和改善民生，加强和创新社会治理

【参考答案】A

【答案解析】2022 年政府工作报告指出，2022 年政府工作主要任务包括：(1) 着力稳定宏观经济大盘，保持经济运行在合理区间。(2) 着力稳市场主体保就业，加大宏观政策实施力度。(3) 坚定不移深化改革，更大激发市场活力和发展内生动力。(4) 深入实施创新驱动发展战略，巩固壮大实体经济根基。(5) 坚定实施扩大内需战略，推进区域协调发展和新型城镇化。(6) 大力抓好农业生产，促进乡村全面振兴。(7) 扩大高水平对外开放，推动外贸外资平稳发展。(8) 持续改善生态环境，推动绿色低碳发展。(9) 切实保障和改善民生，加强和创新社会治理。

9. 2022 年政府工作报告指出，2022 年赤字率拟按 ______ 左右安排。新增财力要下沉基层，主要用于落实助企纾困、稳就业、______ 政策。（ ）

A. 1.8%；保民生　　B. 1.8%；促发展

C. 2.8%；保民生　　D. 2.8%；促发展

【参考答案】C

【答案解析】2022 年政府工作报告指出，2022 年赤字率拟按 2.8% 左右安排、比 2021 年有所下调，有利于增强财政可持续性。新增财力要下沉基层，主要用于落实助企纾困、稳就业、保民生政策，促进消费、扩大需求。

10. 2022 年政府工作报告指出，2022 年中央对地方转移支付增加约 1.5 万亿元、规模近 9.8 万亿元，增长（ ），为多年来最大增幅。

A. 16%　　B. 18%　　C. 21%　　D. 23%

【参考答案】B

【答案解析】2022 年政府工作报告指出，2022 年安排中央本级支出增长 3.9%，其中中央部门支出继续负增长。中央对地方转移支付增加约 1.5 万亿元、规模近 9.8 万亿元，增长 18%、为多年来最大增幅。

11. 2022 年政府工作报告指出，要落实落细稳就业举措，______ 执行降低失业和工伤保险费率等阶段性稳就业政策。2022 年高校毕业生预计超过 ______ 人，要加强就业创业指导、政策支持和不断线服务。（ ）

A. 延续；900 万　　B. 延续；1 000 万
C. 暂缓；900 万　　D. 暂缓；1 000 万

【参考答案】 B

【答案解析】 2022 年政府工作报告指出，落实落细稳就业举措。延续执行降低失业和工伤保险费率等阶段性稳就业政策。2022 年高校毕业生超过 1 000 万人，要加强就业创业指导、政策支持和不断线服务。

12. 2022 年 3 月 5 日上午，（ ）在冬残奥冬季两项男子短距离（坐姿）比赛中以 18 分 51 秒 5 夺得冠军，这是中国代表团在北京冬残奥会上的首枚金牌，也是中国残疾人选手获得的冬残奥会首枚雪上项目金牌和首枚个人项目金牌。

A. 王涛　　B. 刘子旭　　C. 刘梦涛　　D. 朱运锋

【参考答案】 B

【答案解析】 刘子旭在冬残奥冬季两项男子短距离（坐姿）比赛中以 18 分 51 秒 5 夺得冠军，这是中国代表团在北京冬残奥会上的首枚金牌。

13. 国家统计局发布的《2021 年国民经济和社会发展统计公报》显示，2021 年我国经济规模突破 110 万亿元创新高，稳居全球（ ）大经济体。

A. 第二　　B. 第三　　C. 第四　　D. 第五

【参考答案】 A

【答案解析】 我国稳居全球第二大经济体。

14. 科学技术部高技术研究发展中心 2022 年 2 月 28 日发布 2021 年度中国科学十大进展，火星探测任务（ ）成功着陆火星等 10 项入选。

A. 天问一号探测器　　B. 天宫一号探测器
C. 天问一号空间站　　D. "玉兔"探测器

【参考答案】 A

【答案解析】 略。

15. 2022 年 2 月 27 日 11 时 6 分，我国在文昌航天发射场使用长征八号运载火箭成功将（ ）卫星发射升空，创造我国一箭多星新纪录。

A. 22 颗　　B. 12 颗　　C. 18 颗　　D. 19 颗

【参考答案】 A

【答案解析】 长征八号运载火箭成功将 22 颗卫星发射升空，创造我国一箭多星新纪录。

16. 2022 年 2 月 22 日，21 世纪以来第 ______ 个指导"三农"工作的中央一号文件，《中共中央 国务院关于做好 2022 年全面推进 ______ 重点工作的意见》正式发布。（ ）

A. 18；乡村振兴　　B. 18；农业农村现代化

C. 19；乡村振兴　　　　D. 19；农业农村现代化

【参考答案】C

【答案解析】第 19 个指导“三农”工作的中央一号文件，《中共中央 国务院关于做好 2022 年全面推进乡村振兴重点工作的意见》正式发布。

17. 2022 年中央一号文件指出，深入贯彻中央经济工作会议精神，坚持稳中求进工作总基调，立足新发展阶段、贯彻新发展理念、构建新发展格局、推动高质量发展，促进共同富裕，坚持和加强党对“三农”工作的全面领导，牢牢守住______和______两条底线。(　)

A. 国家粮食安全；不发生区域性返贫　　　　B. 国家土地安全；不发生规模性返贫

C. 国家粮食安全；不发生规模性返贫　　　　D. 国家土地安全；不发生区域性返贫

【参考答案】C

【答案解析】牢牢守住国家粮食安全和不发生规模性返贫两条底线。

18. 企业职工基本养老保险全国统筹已于(　)起正式实施。

A. 2022 年 1 月 1 日　　　　B. 2022 年 2 月 1 日

C. 2022 年 1 月 10 日　　　　D. 2022 年 3 月 1 日

【参考答案】A

【答案解析】企业职工基本养老保险全国统筹已于 2022 年 1 月 1 日起正式实施。

19. 北京冬残奥会中国体育代表团 2022 年 2 月 21 日在京成立。这是中国(　)组团参加冬残奥会，也是中国参加冬残奥会以来，代表团规模最大、运动员人数最多、参赛项目最全的一届。

A. 第六次　　　　B. 第五次　　　　C. 第八次　　　　D. 第九次

【参考答案】A

【答案解析】这是中国第六次组团参加冬残奥会。

20. 下列关于 2022 年政府工作报告分析当前形势的说法，不正确的是(　)。

A. 消费和投资恢复迟缓，稳出口难度增大，能源原材料供应仍然偏紧，输入性通胀压力加大

B. 中小微企业、个体工商户生产经营困难，稳就业任务更加艰巨

C. 政府工作存在不足，形式主义、官僚主义仍然突出

D. 科技创新领域还有不少短板

【参考答案】D

【答案解析】2022 年政府工作报告在分析当前形势时指出，关键领域创新支撑能力不强。一些地方财政收支矛盾加大，经济金融领域风险隐患较多。民生领域还有不少短

板。政府工作存在不足，形式主义、官僚主义仍然突出，脱离实际、违背群众意愿现象屡有发生，有的在政策执行中采取“一刀切”、运动式做法。少数干部不担当、不作为、乱作为，有的漠视严重侵害群众权益问题、工作严重失职失责。一些领域腐败问题依然多发。

21. 2021 年 7 月 1 日，习近平总书记在建党 100 周年庆祝大会重要讲话中指出，江山就是人民、人民就是江山，打江山、守江山，守的是（　）。

A. 民族复兴重任　　B. 党的初心　　C. 群众利益　　D. 人民的心

【参考答案】D

【答案解析】2021 年 7 月 1 日，习近平总书记在建党 100 周年庆祝大会重要讲话中指出，江山就是人民、人民就是江山，打江山、守江山，守的是人民的心。

22. 实现中华民族伟大复兴成为中国人民和中华民族最伟大梦想的时间是（　）。

A. 中日甲午海战以后　　B. 1840 年鸦片战争以后

C. 新中国成立后　　D. 辛亥革命后

【参考答案】B

【答案解析】2021 年 7 月 1 日，习近平总书记在建党 100 周年庆祝大会重要讲话中指出，1840 年鸦片战争以后，中国逐步成为半殖民地半封建社会，国家蒙辱、人民蒙难、文明蒙尘，中华民族遭受了前所未有的劫难。从那时起，实现中华民族伟大复兴，就成为中国人民和中华民族最伟大的梦想。

23. 2021 年 7 月 1 日，习近平总书记在建党 100 周年庆祝大会重要讲话中指出，中国特色社会主义最本质的特征是（　）。

A. 中华儿女大团结　　B. 中国共产党领导

C. 一国两制　　D. 马克思主义中国化

【参考答案】B

【答案解析】2021 年 7 月 1 日，习近平总书记在建党 100 周年庆祝大会重要讲话中指出：“以史为鉴、开创未来，必须坚持中国共产党坚强领导。办好中国的事情，关键在党。中华民族近代以来 180 多年的历史、中国共产党成立以来 100 年的历史、中华人民共和国成立以来 70 多年的历史都充分证明，没有中国共产党，就没有新中国，就没有中华民族伟大复兴。历史和人民选择了中国共产党。中国共产党领导是中国特色社会主义最本质的特征，是中国特色社会主义制度的最大优势，是党和国家的根本所在、命脉所在，是全国各族人民的利益所系、命运所系。”

24. 在 2021 年 9 月 1 日举行的秋季学期中央党校中青年干部培训班上，习近平总书记强调，我们想问题、作决策、办事情的出发点和落脚点是（　）。

A. 坚持新发展理念　　B. 坚持以实现共同富裕为最终目标
C. 坚持一切从实际出发　　D. 坚持以马克思主义为指导

【参考答案】C

【答案解析】习近平强调，坚持一切从实际出发，是我们想问题、作决策、办事情的出发点和落脚点。

25. 2021 年 8 月 17 日，习近平总书记在中央财经委员会第十次会议上强调，现代经济的核心是（　）。

A. 金融　　B. 生态　　C. 制造业　　D. 市场

【参考答案】A

【答案解析】2021 年 8 月 17 日，习近平总书记在中央财经委员会第十次会议上强调，金融是现代经济的核心。

26. 习近平总书记在 2021 年春季学期中央党校中青年干部培训班开班式上强调，共产党人首要的政治品质是（　）。

A. 信念坚定　　B. 作风优良　　C. 对党忠诚　　D. 勤政为民

【参考答案】C

【答案解析】习近平总书记在 2021 年春季学期中央党校（国家行政学院）中青年干部培训班开班式上发表重要讲话强调：对党忠诚，是共产党人首要的政治品质。

27. 习近平总书记在建党 100 周年庆祝大会重要讲话中指出，中国共产党的精神之源是（　）。

A. 遵义会议精神　　B. 井冈山精神
C. 伟大建党精神　　D. 长征精神

【参考答案】C

【答案解析】2021 年 7 月 1 日，习近平总书记在庆祝中国共产党成立 100 周年大会上的讲话提道："一百年前，中国共产党的先驱们创建了中国共产党，形成了坚持真理、坚守理想，践行初心、担当使命，不怕牺牲、英勇斗争，对党忠诚、不负人民的伟大建党精神，这是中国共产党的精神之源。"

28. 一百年来，中国共产党团结带领中国人民进行的一切奋斗、一切牺牲、一切创造，归结起来就是一个主题。这个主题是（　）。

A. 实现共产主义　　B. 实现共同富裕
C. 全心全意为人民服务　　D. 实现中华民族伟大复兴

【参考答案】D

【答案解析】2021 年 7 月 1 日，习近平总书记在建党 100 周年庆祝大会重要讲话中指出，一百年来，中国共产党团结带领中国人民进行的一切奋斗、一切牺牲、一切创造，归结起来就是一个主题：实现中华民族伟大复兴。

29. 习近平总书记在建党100周年庆祝大会重要讲话中强调，我们立党立国的根本指导思想是（ ）。

A. 马克思主义　　B. 毛泽东思想

C. 邓小平理论　　D. “三个代表”重要思想

【参考答案】 A

【答案解析】 2021年7月1日，习近平总书记在建党100周年庆祝大会重要讲话中强调，我们立党立国的根本指导思想是马克思主义。

30. 根据2022年4月19日召开的中央全面深化改革委员会第二十五次会议精神，当前中央与地方的财政关系是（ ）。

A. 中央统筹、地方补充、区域均衡　　B. 中央统筹、财力协调、区域均衡

C. 权责清晰、财力协调、总体均衡　　D. 权责清晰、财力协调、区域均衡

【参考答案】 D

【答案解析】 2022年4月19日召开的中央全面深化改革委员会第二十五次会议强调，党的十八届三中全会以来，我们加强财税体制改革顶层设计，中央与地方财政事权和支出责任划分改革向纵深推进，中央与地方收入划分进一步理顺，财政转移支付制度改革持续深化，权责清晰、财力协调、区域均衡的中央与地方财政关系逐步形成。

二、多项选择题

1. 2022年政府工作报告指出，过去一年是党和国家历史上具有里程碑意义的一年。关于2021年具有里程碑意义的大事件，下列各项说法正确的有（ ）。

A. 隆重庆祝中国共产党成立一百周年

B. 胜利召开党的十九届六中全会、制定党的第三个历史决议

C. 如期打赢污染防治攻坚战

D. 如期全面建成小康社会、实现第一个百年奋斗目标

【参考答案】 ABD

【答案解析】 2022年政府工作报告指出，过去一年是党和国家历史上具有里程碑意义的一年。以习近平同志为核心的党中央团结带领全党全国各族人民隆重庆祝中国共产党成立一百周年，胜利召开党的十九届六中全会、制定党的第三个历史决议，如期打赢脱贫攻坚战，如期全面建成小康社会、实现第一个百年奋斗目标，开启全面建设社会主

义现代化国家、向第二个百年奋斗目标进军新征程。

2. 2021 年 12 月 30 日，全国税务工作会议在北京召开，会议回顾 2021 年税收工作，总结党的十八大以来税收现代化建设经验，部署 2022 年重点任务。根据王军局长讲话，党的十八大以来税收现代化建设经验包括（　）。

A. 一以贯之在加强党的领导中锚定税收现代化目标全力服务国家治理现代化。

B. 一以贯之在胸怀“国之大者”中倾力服务高质量发展

C. 一以贯之在持续改进完善中着力构建强党治税带队的机制制度体系

D. 一以贯之在敢打善战能赢中探索形成了攻坚高效、化险稳快的一系列创新性方略方法

【参考答案】ABCD

【答案解析】根据王军局长讲话，党的十八大以来税收现代化建设经验包括：一是一以贯之在加强党的领导中锚定税收现代化目标全力服务国家治理现代化。二是一以贯之在胸怀“国之大者”中倾力服务高质量发展。三是一以贯之在持续改进完善中着力构建强党治税带队的机制制度体系。四是一以贯之在敢打善战能赢中探索形成了攻坚高效、化险稳快的一系列创新性方略方法。五是一以贯之在坚持问题导向中充分体现刀刃向内、敢于斗争的鲜明态度。六是一以贯之在激励担当作为中大力营造干事创业的良好氛围。

3. 2022 年政府工作报告指出，全球疫情仍在持续，世界经济复苏动力不足，大宗商品价格高位波动，外部环境更趋复杂严峻和不确定。我国经济发展面临（　）三重压力。

A. 需求收缩　　B. 供给冲击

C. 通胀增强　　D. 预期转弱

【参考答案】ABD

【答案解析】2022 年政府工作报告指出，全球疫情仍在持续，世界经济复苏动力不足，大宗商品价格高位波动，外部环境更趋复杂严峻和不确定。我国经济发展面临需求收缩、供给冲击、预期转弱三重压力。

4. 关于 2022 年政府工作报告确定的国内生产总值增长的预期目标，下列各项说法正确的有（　）。

A. 2022 年国内生产总值增长 6.5% 左右

B. 主要考虑稳就业保民生防风险的需要，并同近两年平均经济增速以及“十四五”规划目标要求相衔接

C. 这是中高基数上的高速增长，体现了主动作为

D. 2022 年的举措是立足当前、着眼长远的，决不预支未来，是可持续的

【参考答案】BD

【答案解析】2022 年政府工作报告指出，2022 年国内生产总值增长 5.5% 左右。经济增速预期目标的设定，主要考虑稳就业保民生防风险的需要，并同近两年平均经济增速以及“十四五”规划目标要求相衔接。这是高基数上的中高速增长，体现了主动作为，需要付出艰苦努力才能实现。2022 年 3 月 11 日，国务院总理李克强出席记者会。他在谈及经济增长时指出，实现 5.5% 左右的增长，这是在高水平上的稳，实质上就是进，是不容易的。2022 年的举措是立足当前、着眼长远的，决不预支未来，是可持续的。故本题答案为 BD。

5. 下列属于政府工作报告提出的“2022 年政府工作任务”的有（　）。

A. 着力稳定宏观经济大盘，保持经济运行在合理区间

B. 着力稳市场主体保就业，加大宏观政策实施力度

C. 坚定不移深化改革，更大激发市场活力和发展内生动力

D. 深入实施创新驱动发展战略，巩固壮大实体经济根基

【参考答案】ABCD

【答案解析】2022 年政府工作报告指出，2022 年政府工作主要任务包括：(1) 着力稳定宏观经济大盘，保持经济运行在合理区间。(2) 着力稳市场主体保就业，加大宏观政策实施力度。(3) 坚定不移深化改革，更大激发市场活力和发展内生动力。(4) 深入实施创新驱动发展战略，巩固壮大实体经济根基。(5) 坚定实施扩大内需战略，推进区域协调发展和新型城镇化。(6) 大力抓好农业生产，促进乡村全面振兴。(7) 扩大高水平对外开放，推动外贸外资平稳发展。(8) 持续改善生态环境，推动绿色低碳发展。(9) 切实保障和改善民生，加强和创新社会治理。

6. 2022 年 3 月 10 日，全国政协十三届五次会议在京闭幕。委员们一致表示，要深刻领悟“两个确立”的决定性意义，深刻认识新时代的（　），切实增强“两个维护”的政治自觉。

A. 原创性思想　　B. 变革性实践

C. 突破性进展　　D. 标志性成果

【参考答案】ABCD

【答案解析】深刻认识新时代的原创性思想、变革性实践、突破性进展、标志性成果。

7. 2022 年中央一号文件指出，落实乡村振兴为农民而兴、乡村建设为农民而建的要求，坚持（　），启动乡村建设行动实施方案，因地制宜、有力有序推进。

A. 自下而上　　B. 村民自治　　C. 农民参与　　D. 社会协同

【参考答案】ABC

【答案解析】2022 年中央一号文件指出，落实乡村振兴为农民而兴、乡村建设为农民而建的要求，坚持自下而上、村民自治、农民参与，启动乡村建设行动实施方案，因

地制宜、有力有序推进。

8. 习近平总书记在建党100周年庆祝大会重要讲话中指出，新的征程上，我们必须紧紧依靠人民创造历史，坚持全心全意为人民服务的根本宗旨。关于坚持全心全意为人民服务的根本宗旨，下列说法正确的有（ ）。

A. 站稳人民立场　　B. 贯彻党的群众路线

C. 尊重人民首创精神　　D. 践行以人民为中心的发展思想

【参考答案】 ABCD

【答案解析】 习近平总书记在建党100周年庆祝大会重要讲话中指出，新的征程上，我们必须紧紧依靠人民创造历史，坚持全心全意为人民服务的根本宗旨，站稳人民立场，贯彻党的群众路线，尊重人民首创精神，践行以人民为中心的发展思想，发展全过程人民民主，维护社会公平正义，着力解决发展不平衡不充分问题和人民群众急难愁盼问题，推动人的全面发展、全体人民共同富裕取得更为明显的实质性进展！

9. 习近平总书记在建党100周年庆祝大会重要讲话中指出，一百年来，中国共产党弘扬伟大建党精神，在长期奋斗中构建起中国共产党人的精神谱系，锤炼出鲜明的政治品格。伟大建党精神的主要内容包括（ ）。

A. 坚持真理、坚守理想　　B. 践行初心、担当使命

C. 不怕牺牲、英勇斗争　　D. 对党忠诚、不负人民

【参考答案】 ABCD

【答案解析】 一百年前，中国共产党的先驱们创建了中国共产党，形成了坚持真理、坚守理想，践行初心、担当使命，不怕牺牲、英勇斗争，对党忠诚、不负人民的伟大建党精神，这是中国共产党的精神之源。

10. 2021年7月1日，习近平总书记在建党100周年庆祝大会重要讲话中提到了以史为鉴、开创未来的九个“必须”，其中包括（ ）。

A. 必须继续推进马克思主义中国化　　B. 必须坚持和发展中国特色社会主义

C. 必须加强中华儿女大团结　　D. 必须不断推动构建人类命运共同体

【参考答案】 ABCD

【答案解析】 2021年7月1日，习近平总书记在建党100周年庆祝大会重要讲话中提道：（1）以史为鉴、开创未来，必须坚持中国共产党坚强领导。（2）以史为鉴、开创未来，必须团结带领中国人民不断为美好生活而奋斗。（3）以史为鉴、开创未来，必须继续推进马克思主义中国化。（4）以史为鉴、开创未来，必须坚持和发展中国特色社会主义。（5）以史为鉴、开创未来，必须加快国防和军队现代化。（6）以史为鉴、开创未来，必须不断推动构建人类命运共同体。（7）以史为鉴、开创未来，必须进行具有许多新的历史特点的伟大斗争。（8）以史为鉴、开创未来，必须加强中华儿女大团结。

11. 习近平总书记在建党100周年庆祝大会重要讲话中指出，中国共产党关注人类前途命运，同世界上一切进步力量携手前进，中国始终是（ ）。

A. 科学技术的发明者　　B. 世界和平的建设者

C. 全球发展的贡献者　　D. 国际秩序的维护者

【参考答案】BCD

【答案解析】2021年7月1日，习近平总书记在建党100周年庆祝大会重要讲话中提道："以史为鉴、开创未来，必须不断推动构建人类命运共同体。和平、和睦、和谐是中华民族5 000多年来一直追求和传承的理念，中华民族的血液中没有侵略他人、称王称霸的基因。中国共产党关注人类前途命运，同世界上一切进步力量携手前进，中国始终是世界和平的建设者、全球发展的贡献者、国际秩序的维护者！"

12. 习近平总书记在建党100周年庆祝大会重要讲话中指出，新的征程上，我们必须高举和平、发展、合作、共赢旗帜，奉行独立自主的和平外交政策，坚持走和平发展道路，做到"三个推动"。"三个推动"包括（ ）。

A. 推动国内国际双循环　　B. 推动建设新型国际关系

C. 推动构建人类命运共同体　　D. 推动共建"一带一路"高质量发展

【参考答案】BCD

【答案解析】习近平总书记在建党100周年庆祝大会重要讲话中指出，新的征程上，我们必须高举和平、发展、合作、共赢旗帜，奉行独立自主的和平外交政策，坚持走和平发展道路，推动建设新型国际关系，推动构建人类命运共同体，推动共建"一带一路"高质量发展，以中国的新发展为世界提供新机遇。

13. 习近平总书记在建党100周年庆祝大会重要讲话中指出，中国共产党的产生实现了"三个深刻改变"。"三个深刻改变"的主要内容包括（ ）。

A. 深刻改变了近代以后中华民族发展的方向和进程

B. 深刻改变了中国人民和中华民族的前途和命运

C. 深刻改变了世界发展的趋势和格局

D. 深刻改变了无产阶级的命运

【参考答案】ABC

【答案解析】习近平总书记指出，中国产生了共产党，这是开天辟地的大事变，深刻改变了近代以后中华民族发展的方向和进程，深刻改变了中国人民和中华民族的前途和命运，深刻改变了世界发展的趋势和格局。

14. 根据习近平总书记在建党100周年庆祝大会上的重要讲话，坚持党对人民军队的绝对领导，坚持走中国特色强军之路应采取的举措包括（ ）、依法治军。

A. 政治建军　　B. 改革强军

C. 科技强军　　D. 人才强军

【参考答案】ABCD

【答案解析】习近平总书记指出，新的征程上，我们必须全面贯彻新时代党的强军思想，贯彻新时代军事战略方针，坚持党对人民军队的绝对领导，坚持走中国特色强军之路，全面推进政治建军、改革强军、科技强军、人才强军、依法治军，把人民军队建设成为世界一流军队，以更强大的能力、更可靠的手段捍卫国家主权、安全、发展利益!

15. 下列关于共同富裕的说法，正确的有（　）。

A. 共同富裕是社会主义的本质要求

B. 社会主义最大的优越性就是共同富裕

C. 共同富裕是人民群众物质生活和精神生活都富裕

D. 共同富裕是全体人民的富裕

【参考答案】ABCD

【答案解析】2021 年 8 月 17 日，习近平总书记主持召开中央财经委员会第十次会议，在研究扎实促进共同富裕时指出，共同富裕是社会主义的本质要求，是中国式现代化的重要特征，要坚持以人民为中心的发展思想，在高质量发展中促进共同富裕。共同富裕不是少数人的富裕，也不是整齐划一的平均主义，要分阶段促进共同富裕。

16. 2021 年 6 月 29 日，“七一勋章”颁授仪式在人民大会堂隆重举行，这是首次以中共中央名义颁授的党内最高荣誉。下列人员中，获得“七一勋章”的有（　）。

A. 马毛姐　　B. 黄文秀

C. 袁隆平　　D. 王占山

【参考答案】ABD

【答案解析】袁隆平不是“七一勋章”获得者。

17. 十九届六中全会审议通过的《中共中央关于党的百年奋斗重大成就和历史经验的决议》是全会最重要的成果，也是中共党史上的“第三个历史决议”。“三个历史决议”包括（　）。

A.《中共中央关于党的百年奋斗重大成就和历史经验的决议》

B.《关于若干历史问题的决议》

C.《关于建国以来党的若干历史问题的决议》

D.《关于建党以来党的若干历史问题的决议》

【参考答案】ABC

【答案解析】“三个历史决议”包括：十九届六中全会提出的《中共中央关于党的百年奋斗重大成就和历史经验的决议》；六届七中全会提出的《关于若干历史问题的决

议》；十一届六中全会提出的《关于建国以来党的若干历史问题的决议》。

18. 2021年11月8日至11日，十九届六中全会在北京举行。全会总结了党的百年历史进程中重要的指导思想，下列说法正确的有（ ）。

A. 毛泽东思想是马克思列宁主义在中国的创造性运用和发展，是马克思主义中国化的第一次历史性飞跃

B. 邓小平理论围绕了什么是社会主义、怎样建设社会主义这一根本问题

C. “三个代表”重要思想加深了对什么是社会主义、怎样建设社会主义和建设什么样的党、怎样建设党的认识

D. 科学发展观回答了新形势下实现什么样的发展、怎样发展等重大问题

【参考答案】ABCD

【答案解析】略。

19. 根据习近平总书记在中共中央政治局第三十六次集体学习时的重要讲话要求，当前推进“双碳”工作必须坚持的原则包括（ ）、防范风险。

A. 全国统筹
B. 节约优先
C. 双轮驱动
D. 内外畅通

【参考答案】ABCD

【答案解析】推进“双碳”工作，必须坚持全国统筹、节约优先、双轮驱动、内外畅通、防范风险的原则。

20. 2022年政府工作报告指出，2021年，我国创新能力进一步增强。下列说法正确的有（ ）。

A. 国家战略科技力量加快壮大

B. 关键核心技术攻关取得重要进展，载人航天、火星探测、资源勘探、能源工程等领域实现新突破

C. 企业研发经费增长5%

D. 数字技术与实体经济加速融合

【参考答案】ABD

【答案解析】2022年政府工作报告指出，2021年，我国创新能力进一步增强。国家战略科技力量加快壮大。关键核心技术攻关取得重要进展，载人航天、火星探测、资源勘探、能源工程等领域实现新突破。企业研发经费增长15.5%。数字技术与实体经济加速融合。

三、判断题

1. 2022 年政府工作报告指出，2021 年，我国落实常态化防控举措，疫苗全程接种覆盖率达到 95%。(　)

【参考答案】×

【答案解析】2022 年政府工作报告指出，2021 年，我国落实常态化防控举措，疫苗全程接种覆盖率超过 85%，及时有效处置局部地区聚集性疫情，保障了人民生命安全和身体健康，维护了正常生产生活秩序。

2. 2022 年税务总局连续第 10 年开展“我为纳税人缴费人办实事暨便民办税春风行动”，首批推出 5 大类 20 项 80 条便民办税缴费措施，后续再适时推出若干举措。(　)

【参考答案】×

【答案解析】2022 年税务总局连续第 9 年开展“我为纳税人缴费人办实事暨便民办税春风行动”，首批推出 5 大类 20 项 80 条便民办税缴费措施，后续再适时推出若干举措。

3. 2022 年政府工作报告指出，继续做好“六稳”“六保”工作。宏观政策有空间有手段，要强化跨周期和逆周期调节，为经济平稳运行提供有力支撑。(　)

【参考答案】√

【答案解析】2022 年政府工作报告指出，着力稳定宏观经济大盘，保持经济运行在合理区间。继续做好“六稳”“六保”工作。宏观政策有空间有手段，要强化跨周期和逆周期调节，为经济平稳运行提供有力支撑。

4. 没有中国共产党，就没有中华民族伟大复兴。(　)

【参考答案】√

【答案解析】2021 年 7 月 1 日，习近平总书记在建党 100 周年庆祝大会重要讲话中指出：“以史为鉴、开创未来，必须坚持中国共产党坚强领导。办好中国的事情，关键在党。中华民族近代以来 180 多年的历史、中国共产党成立以来 100 年的历史、中华人民共和国成立以来 70 多年的历史都充分证明，没有中国共产党，就没有新中国，就没有中华民族伟大复兴。历史和人民选择了中国共产党。中国共产党领导是中国特色社会主义最本质的特征，是中国特色社会主义制度的最大优势，是党和国家的根本所在、命脉所在，是全国各族人民的利益所系、命运所系。”

5. 爱国统一战线是中国共产党团结海内外全体中华儿女实现中华民族伟大复兴的重要法宝。(　)

【参考答案】√

【答案解析】2021 年 7 月 1 日，习近平总书记在建党 100 周年庆祝大会重要讲话中指出，爱国统一战线是中国共产党团结海内外全体中华儿女实现中华民族伟大复兴的重要法宝。

6. 辛亥革命的胜利，彻底结束了旧中国半殖民地半封建社会的历史。（ ）

【参考答案】 ×

【答案解析】 2021 年 7 月 1 日，习近平总书记在建党 100 周年庆祝大会重要讲话中指出，新民主主义革命的胜利，彻底结束了旧中国半殖民地半封建社会的历史。

7. 中国共产党的诞生为实现中华民族伟大复兴创造了根本社会条件。（ ）

【参考答案】 ×

【答案解析】 2021 年 7 月 1 日，习近平总书记在建党 100 周年庆祝大会重要讲话中指出，新民主主义革命的胜利，彻底结束了旧中国半殖民地半封建社会的历史，彻底结束了旧中国一盘散沙的局面，彻底废除了列强强加给中国的不平等条约和帝国主义在中国的一切特权，为实现中华民族伟大复兴创造了根本社会条件。

8. 中国共产党根基在人民、血脉在人民、力量在人民。（ ）

【参考答案】 √

【答案解析】 2021 年 7 月 1 日，习近平总书记在建党 100 周年庆祝大会重要讲话中指出，中国共产党根基在人民、血脉在人民、力量在人民。

9. 新时代中国特色社会主义思想是我们立党立国的根本指导思想，是我们党的灵魂和旗帜。（ ）

【参考答案】 ×

【答案解析】 2021 年 7 月 1 日，习近平总书记在建党 100 周年庆祝大会重要讲话中指出，马克思主义是我们立党立国的根本指导思想，是我们党的灵魂和旗帜。

10. 中国共产党为什么能，中国特色社会主义为什么好，归根到底是因为马克思主义行。（ ）

【参考答案】 √

【答案解析】 2021 年 7 月 1 日，习近平总书记在建党 100 周年庆祝大会重要讲话中指出，中国共产党为什么能，中国特色社会主义为什么好，归根到底是因为马克思主义行。

11. 中国共产党的第一个百年奋斗目标是实现四个现代化。（ ）

【参考答案】 ×

【答案解析】 2021 年 7 月 1 日，习近平总书记在建党 100 周年庆祝大会重要讲话中指出："经过全党全国各族人民持续奋斗，我们实现了第一个百年奋斗目标，在中华大地上全面建成了小康社会，历史性地解决了绝对贫困问题，正在意气风发向着全面建成社会主义现代化强国的第二个百年奋斗目标迈进。”

12. 中国共产党是在中国人民和中华民族的伟大觉醒中，在马克思列宁主义同中国工人运动的紧密结合中应运而生的。(　)

【参考答案】✓

【答案解析】2021年7月1日，习近平总书记在建党100周年庆祝大会重要讲话中指出，在中国人民和中华民族的伟大觉醒中，在马克思列宁主义同中国工人运动的紧密结合中，中国共产党应运而生。

13. 中国共产党并不是一经诞生，就把为中国人民谋幸福、为中华民族谋复兴确立为自己的初心使命，而是经过了长期实践后得出的正确结论。(　)

【参考答案】×

【答案解析】2021年7月1日，习近平总书记在建党100周年庆祝大会上重要讲话中指出，中国共产党一经诞生，就把为中国人民谋幸福、为中华民族谋复兴确立为自己的初心使命。

14. 党内民主是立党兴党之基，也是党员干部安身立命之本。(　)

【参考答案】×

【答案解析】习近平总书记在2022年春季学期中央党校（国家行政学院）中青年干部培训班上强调，理想信念是立党兴党之基，也是党员干部安身立命之本。

15. 民族区域自治是我国各族人民的生命线，中华民族共同体意识是民族团结之本。(　)

【参考答案】×

【答案解析】习近平总书记在参加十三届全国人大五次会议内蒙古代表团审议时强调，民族团结是我国各族人民的生命线，中华民族共同体意识是民族团结之本。

16. 尊重和保障人权是中国共产党人的不懈追求。我们党自成立之日起就高举起“争民主、争人权”的旗帜，鲜明宣示了救国救民、争取人权的主张。(　)

【参考答案】✓

【答案解析】依据是习近平总书记在2022年2月25日中共中央政治局第三十七次集体学习时的重要讲话。

17. 年轻干部接好班，最重要的是接好坚持马克思主义信仰、为共产主义远大理想和中国特色社会主义共同理想而奋斗的班。(　)

【参考答案】✓

【答案解析】习近平总书记在2022年春季学期中央党校（国家行政学院）中青年干部培训班上强调，年轻干部接好班，最重要的是接好坚持马克思主义信仰、为共产主义远大理想和中国特色社会主义共同理想而奋斗的班。

18. 全面从严治党是新时代党的自我革命的伟大实践，开辟了百年大党自我革命的新境界。(　)

【参考答案】 ✓

【答案解析】 依据是习近平总书记在十九届中央纪委六次全会上的重要讲话。

19. 经济问题是一个政党、一个国家的根本性问题。(　)

【参考答案】 ×

【答案解析】 根据习近平总书记 2022 年 1 月 11 日在省部级主要领导干部学习贯彻党的十九届六中全会精神专题研讨班开班式上的重要讲话精神，战略问题是一个政党、一个国家的根本性问题。

20. 2022 年政府工作报告指出，2022 年能耗强度目标在“十四五”规划期内统筹考核，并留有适当弹性，新增可再生能源和原料用能纳入能源消费总量控制。(　)

【参考答案】 ×

【答案解析】 2022 年政府工作报告指出，2022 年，生态环境质量持续改善，主要污染物排放量继续下降；能耗强度目标在“十四五”规划期内统筹考核，并留有适当弹性，新增可再生能源和原料用能不纳入能源消费总量控制。

四、简答题

1. 根据 2022 年全国税务工作会议精神，2022 年全国税务系统要抓好的十个方面工作包括哪些？

【参考答案】

一要以坚决捍卫“两个确立”的高度政治自觉，进一步加强税务系统政治机关建设。

二要始终坚持严的主基调，不断完善“六位一体”税务系统全面从严治党新格局。

三要高效落实减税降费政策，尽心服务经济社会发展大局。

四要依法依规做好组织收入工作，着力确保平稳协调安全可持续增长。

五要紧紧围绕转方式稳征收防风险，扎实推进社保费和非税收入工作。

六要进一步深化税收征管改革，推动智慧税务建设取得实质性进展。

七要聚焦解决纳税人缴费人急难愁盼问题，持续优化税收营商环境。

八要切实加强税收监管和税务稽查，着力提升税收治理效能维护国家税收安全。

九要积极深化国际税收交流合作，全力服务高水平对外开放。

十要进一步加强干部队伍建设和基层建设，更好提振干事创业精气神。

2. 我国 2035 年远景目标主要包括哪些内容?

【参考答案】

(1)我国经济实力、科技实力、综合国力将大幅跃升，经济总量和城乡居民人均收入将再迈上新的大台阶，关键核心技术实现重大突破，进入创新型国家前列。

(2)基本实现新型工业化、信息化、城镇化、农业现代化，建成现代化经济体系。

(3)基本实现国家治理体系和治理能力现代化，人民平等参与、平等发展权利得到充分保障，基本建成法治国家、法治政府、法治社会。

(4)建成文化强国、教育强国、人才强国、体育强国、健康中国，国民素质和社会文明程度达到新高度，国家文化软实力显著增强。

(5)广泛形成绿色生产生活方式，碳排放达峰后稳中有降，生态环境根本好转，美丽中国建设目标基本实现。

(6)形成对外开放新格局，参与国际经济合作和竞争新优势明显增强。

(7)人均国内生产总值达到中等发达国家水平，中等收入群体显著扩大，基本公共服务实现均等化，城乡区域发展差距和居民生活水平差距显著缩小。

(8)平安中国建设达到更高水平，基本实现国防和军队现代化。

(9)人民生活更加美好，人的全面发展、全体人民共同富裕取得更为明显的实质性进展。

第二篇

法治素养

第一章
习近平法治思想

第一节　习近平法治思想的核心要义

1. 坚持党对全面依法治国的领导，是中国特色社会主义法治的本质特征和内在要求。党政军民学、东西南北中，党是领导一切的。中国共产党的领导是中国特色社会主义最本质的特征，是社会主义法治最根本的保证，是社会主义法治之魂。

2. 坚持以人民为中心，是全面推进依法治国的力量源泉。人民是国家的主人，依法治国的主体。社会主义法治建设必须为了人民、依靠人民、造福人民、保护人民。人民幸福生活是最大的人权。推进全面依法治国，根本目的是依法保障人民权益。

3. 坚持中国特色社会主义法治道路，是全面推进依法治国的发展道路和正确方向。道路决定命运，道路决定前途。中国特色社会主义法治道路本质上是中国特色社会主义道路在法治领域的具体体现。

4. 坚持依宪治国、依宪执政，是全面推进依法治国的工作重点。宪法是国家的根本大法，是治国安邦的总章程，是党和人民意志的集中体现，具有最高的法律地位、法律权威、法律效力。坚持依法治国首先要坚持依宪治国，坚持依法执政首先要坚持依宪执政。

5. 坚持在法治轨道上推进国家治理体系和治理能力现代化，是实现良法善治的必由之路。坚持全面依法治国，是中国特色社会主义国家制度和国家治理体系的显著优势。法治是国家治理体系和治理能力的重要依托。宪法是国家根本大法，是国家制度和法律法规的总依据。

6. 坚持建设中国特色社会主义法治体系，是全面推进依法治国的发展目标和总抓手。依法治国各项工作都要围绕这个总抓手来谋划、推进。必须抓住建设中国特色社会主义法治体系这个总抓手，努力形成完备的法律规范体系、高效的法治实施体系、严密的法治监督体系、有力的法治保障体系，形成完善的党内法规体系。

7. 坚持依法治国、依法执政、依法行政共同推进，法治国家、法治政府、法治社会一体建设，是全面推进依法治国的战略布局。

8. 坚持全面推进科学立法、严格执法、公正司法、全民守法，是新时代法治建设的“十六字”方针。

9. 坚持统筹推进国内法治和涉外法治，是建设法治强国的必然要求。

10. 坚持建设德才兼备的高素质法治工作队伍，是全面推进依法治国的组织保障。

11. 坚持抓住领导干部这个“关键少数”，是全面推进依法治国的关键问题。

第二节　依法治国

1. 2014 年 10 月 20 至 23 日，中国共产党第十八届四中全会审议并通过了《中共中央关于全面推进依法治国若干重大问题的决定》，确立了建设中国特色社会主义法治体系，建设社会主义法治国家的总目标。

2. 党的第十八届四中全会专题讨论依法治国问题，在党的历史上是第一次，反映了中国共产党对依法治国的高度重视，预示着我国法治建设进入一个全面深化、攻坚克难的新阶段。

3. 我国社会主义法治的总目标：建设中国特色社会主义法治体系，建设社会主义法治国家。在中国共产党领导下，坚持中国特色社会主义制度，贯彻中国特色社会主义法治理论，形成完备的法律规范体系、高效的法治实施体系、严密的法治监督体系、有力的法治保障体系，形成完善的党内法规体系，坚持依法治国、依法执政、依法行政共同推进，坚持法治国家、法治政府、法治社会一体建设，实现科学立法、严格执法、公正司法、全民守法，促进国家治理体系和治理能力现代化。

4. 依法治国的基本方略：

（1）依法治国的主体是中国共产党领导下的人民群众。

（2）依法治国的本质是崇尚宪法和法律在国家政治、经济和社会生活中的权威，彻底否定人治，确立法大于人、法高于权的原则，使社会主义民主制度和法律不受个人意志的影响。

（3）依法治国的根本目的是保证人民充分行使当家作主的权利，维护人民当家作主的地位。依法治国是一切国家机关必须遵循的基本原则。

（4）全面推进依法治国基本方略的新方针：“科学立法，严格执法，公正司法，全民守法。”

（5）立法机关要严格按照立法法制定法律，逐步建立起完备的法律体系，使国家各项事业有法可依。有法可依是实现依法治国的前提条件。

(6) 行政机关要严格依法行政。依法行政就是要求各级政府及其工作人员严格依法行使其权力，依法处理国家各种事务。它是依法治国的重要环节。

(7) 司法机关要公正司法、严格执法。总之，依法治国要求各级国家机关切实做到有法必依、执法必严、违法必究。

5. 依法治国的五大基本原则：

(1) 坚持中国共产党的领导。党的领导是中国特色社会主义最本质的特征，是社会主义法治最根本的保证。

(2) 坚持人民主体地位。人民是依法治国的主体和力量源泉，社会主义法治确认和落实人民当家作主的地位，以保障人民根本权益为出发点和落脚点。

(3) 坚持法律面前人人平等。平等是社会主义法律的基本属性。任何组织和个人都必须尊重宪法法律权威，都必须在宪法法律范围内活动，都必须依照宪法法律行使权力或权利、履行职责或义务，不得有超越宪法法律的特权。

(4) 坚持依法治国和以德治国相结合。国家和社会治理需要法律和道德共同发挥作用。既重视发挥法律的规范作用，又重视发挥道德的教化作用，实现法律和道德相辅相成、法治和德治相得益彰。

(5) 坚持从中国实际出发。中国特色社会主义道路、理论体系、制度是全面推进依法治国的根本遵循。建设依法治国必须从我国基本国情出发，不盲目照搬外国法治理念和模式。

6. 依法治国的六项基本任务：

(1) 完善以宪法为核心的中国特色社会主义法律体系，加强宪法实施。

(2) 深入推进依法行政，加快建设法治政府。

(3) 保证公正司法，提高司法公信力。

(4) 增强全民法治观念，推进法治社会建设。

(5) 加强法治工作队伍建设。

(6) 加强和改进党对全面推进依法治国的领导。

7. 依法治国与以法治国的区别：依法治国是依据法律治理国家，法律就是一个尺子。以法治国，用法律治理国家，法律就是一部真理。

第二章

法学原理

第一节　法的基础知识

一、法的概念

法是由国家制定或认可，经过必要的程序通过，能够反应统治阶级意志，并由国家强制力保证实施的规范体系，它通过设定人们在一定社会关系中的权利和义务，确认、保护和发展一定的社会关系和社会秩序。

法律有广义和狭义之分。广义的法律，是指法律的整体，包括宪法、法律、行政法规、部门规章、地方性法规、地方政府规章等；狭义的法律，是指全国人民代表大会及其常务委员会制定的规范性文件。

二、法的特征

1. 法的规范性。法是一种特殊的社会规范。

2. 法的国家意志性。法律规范体现国家意志，法表现为什么形式，其规范的内容如何，均由国家意志决定。

3. 法的国家强制性。法与道德规范等其他社会规范不同，它的强制性体现为国家强制性，即以国家强制力作为后盾，由国家强制力保障实施。

4. 法的普遍性。也被称为“法的普遍适用性”，是指法作为一般的行为规范在国家权力管辖范围内具有普遍适用的效力和特性。它包含两方面的内容：一是效力对象的广泛性。在一国范围之内，任何人的合法行为都应受法的保护，任何人的违法行为，也都应受法的制裁。二是效力的重复性。这是指法不能为一人或一事而制定，它在有效期内，对人们的行为具有反复用的效力。

三、法的作用

法的作用是指法作为一种社会规范，对人们的行为和社会生活所产生的影响和结果。主要包括法的规范作用和法的社会作用。

1. 法的规范作用是法自身表现出来的，对人们的行为或社会关系可能的影响。可以分为指引作用、评价作用、预测作用、教育作用和强制作用。

2. 法的社会作用是指法在实现一定的社会目的和任务的过程中所发挥的作用。概括起来，法的社会作用主要表现为：禁止专横，制止暴力，维护社会秩序与和平；控制和解决社会纠纷和争端；促进社会价值目标的实现等。

3. 对法的作用既不能夸大，也不能忽视；要认识到法既不是无用的，也不是万能的。

第二节　法的渊源

我国的正式法的渊源包括宪法、法律、行政法规、地方性法规、自治条例和单行条例、部门规章和地方政府规章、条约等。

1. 宪法，是国家的根本大法，是我国法的主要渊源。宪法由国家最高权力机关——全国人民代表大会制定和修改，由全国人大常委会负责解释，具有最高的法律效力。一切法律、行政法规、地方性法规、自治条例和单行条例、规章都不得同宪法相抵触。

2. 法律，即由全国人大及其常委会制定的规范性法律文件。可划分为基本法律和基本法以外的法律，基本法律由全国人大制定和修改，包括刑事、民事、国家机构和其他的基本法律；基本法以外的其他法律由全国人大常委会制定。法律的效力仅次于宪法，而高于其他国家机关制定的法规、规章等。

3. 行政法规，是指国家最高行政机关，即国务院，根据宪法和法律而制定的关于国家行政管理活动的规范性法律文件，行政法规的效力仅次于宪法和法律。

4. 地方性法规，是我国地方的人民代表大会及其常委会所制定的适用于本行政区域的一类规范性法律文件。根据我国《立法法》的相关规定，省、自治区、直辖市的人民代表大会及其常务委员会以及设区的市的人民代表大会及其常务委员会有权依法制定地方性法规。地方性法规不得与宪法、法律、行政法规相冲突，但其效力高于下级地方性法规、同级和下级政府规章。

5. 自治条例和单行条例，民族自治地方的人民代表大会有权依照当地民族的政治、经济和文化的特点，制定自治条例和单行条例，在不违背法律或者行政法规基本原则的前提下，对法律和行政法规的规定作出变通规定，在本民族自治区域适用。

6. 部门规章，由国务院部委和直属机构制定，在全国范围内发生效力。部门规章的效力低于宪法、法律和行政法规，与地方政府规章之间具有同等效力，在各自的权限范围内施行。如若部门规章之间、部门规章与地方政府规章之间对同一事项的规定不一致时，由国务院作出裁决。

7. 地方政府规章，制定主体是省、自治区、直辖市和设区的市、自治州的人民政府。政府规章不得与宪法、法律、行政法规、上级和本级地方法规、上级政府规章相冲突。政府规章在本区域内有效。

8. 国际条约，是两个或两个以上国家或国际组织之间缔结的确定其相互关系中权利和义务的各种协议。国际条约属于国际法范畴，不属于国内法，但对缔结或加入条约的国家自身以及国内的个人和单位都有法的约束力，这些条约在我国也是一种正式法源。

第三节 法的适用规则

1. 执法机关和司法机关将法律规定应用于实际工作和案件时，就要考虑如何适用法律。适用法律时要注意法的效力等级，即法律位阶。法律位阶，是指不同国家机关制定的规范性法律文件在法律渊源体系中所处的效力等级，可以分为上位法、下位法和同位法。

2. 法律规范冲突时主要遵循以下三种适用规则：上位法优先适用于下位法，新法优先适用于旧法，特别法优先适用于一般法。

3. 上位法优先适用于下位法，是不同位阶的法律渊源之间出现冲突时适用法律的规则。下位法的规定应当符合上位法，不得与上位法相矛盾、相抵触。

4. 新法优先适用于旧法，是同一位阶的法律渊源之间发生冲突时公认的适用规则。执法、司法活动中在选择适用的法律规范时，需要考虑什么情况下适用新的法律规范，什么情况下适用原有的法律规范。

5. 法的生效时间通常有两种方式：一是自公布之日起生效；二是明文规定生效时间。第二种是最常见的生效方式，即在法律中明确规定本法发生法律效力的时间。

6. 法的效力终止或法的废止，是指法的效力消灭，不再加以适用的情形。法的终止分为明示终止和默示终止。明示终止是指具有立法权的国家机关通过明确的方式宣布某一法律失去效力。通常有两种情形：一是新法取代旧法，并同时宣布旧法失效；二是有关机关颁发文件，宣布某个或某些法律废止。默示终止也有两种情形：一是对同一问题新法作出了不同于旧法的规定，而新法生效后，旧法并未明示终止，对于新发生的事项，按照“新法优先适用于旧法”规则适用新法，原有规范不再执行；二是法律本身规定的有效期届满，自行废止。

7. 法律溯及力，是指新的法律生效后，对其生效前所发生的事件和行为是否适用的问题。如果适用，新法就具有溯及力，如果不能适用，则说明新法不具有溯及力。法一般不应当被赋予溯及力，这是法的溯及力问题中的一个基本原则。

8. 特别法优先适用于一般法，是同一位阶的法律渊源之间出现冲突时的适用规则。一般法是对一般人、一般事或在更大范围内有效的法律规范；特别法是相比较而言，人或事或地域或时间更为特定化的法律规范。如果对同一事项的处理，特别法的规定与一般法的规定不一致时，按照“特别法优先适用于一般法”的规则处理。

第三章
宪　法

第一节　宪法基础知识

一、宪法的概念

宪法是规定国家制度、社会制度基本原则，调整国家与公民之间权利义务关系和国家机关之间相互关系的国家根本法。

二、宪法的基本特征

宪法基本特征：

1. 宪法是国家的根本法。

2. 宪法是公民权利的保障书。

3. 宪法是民主事实法律化的基本形式。

宪法调整的是最基本的社会关系，主要包括基本的政治关系、经济关系和文化关系。在这些关系中，最重要的是国家和公民之间的权利义务关系，以及国家机关之间的关系。宪法这一特定调整对象是它区别于其他部门法的重要标志。

三、宪法的地位

宪法是我国的根本大法，是治国安邦的总章程，是保持国家统一、民族团结、经济发展、社会进步和长治久安的法律基础，是中国共产党执政兴国、团结带领全国各族人民建设中国特色社会主义的法律保证。其重要地位体现在五方面：

1. 宪法是其他法律的立法基础，其他法律是宪法的具体化。

2. 任何法律不得同宪法相抵触，否则无效。

3. 宪法是治国安邦的总章程。

4. 宪法是最高行为准则。

5. 宪法是国家的根本法。

四、宪法的作用

1. 宪法保障了我国的改革开放和社会主义现代化建设。

2. 宪法促进了我国的社会主义民主建设。

3. 宪法推动了我国的社会主义法制建设。

4. 宪法促进了我国人权事业和各项社会事业的发展。

第二节　宪法的基本原则

宪法的基本原则，是指宪法所确认和包含的根本方针，是指导宪法制定、修改和宪法实施的基本准则。宪法的基本原则主要包括以下几个方面：

1. 人民主权原则。即国家的主权属于人民，为人民所有。

2. 基本人权原则。人权，是指作为一个人所应该享有的权利。人权的主体是“人”，首先，是指作为自然意义上的人；其次，由于人存在于社会关系中，是具体的社会中的人。

3. 法治原则。法治是一种治国理念、原则、制度和方法，法治原则的核心思想在于依法治理国家，法律面前人人平等，反对任何组织和个人享有法律之外的特权。

4. 权力制约原则。权力制约原则，是指国家权力的各部分之间相互监督、彼此牵制，以保障公民权利的原则。它既包括公民权利对国家权力的制约，也包括国家权力对国家权力的制约。

第四章
刑　法

第一节　刑法基础知识

一、刑法的概念

刑法是规定犯罪和刑罚的法律规范的总称。一种行为是否构成犯罪，应受何种程度的刑事处罚，是由掌握政权的统治阶级根据维护社会秩序的需要确立的。刑法有广义与狭义之分。狭义刑法仅指刑法典，我国的刑法典是《中华人民共和国刑法》；广义刑法是一切刑事法律规范的总称，除了《中华人民共和国刑法》之外，还包括全国人大常委会作出的刑法解释。

二、 刑法基本原则

刑法的基本原则，是指贯穿于刑法的制定和实施全过程的根本性准则。我国刑法基本原则包括罪刑法定原则、适用刑法一律平等原则和罪刑相适应原则。

第二节　犯罪与刑罚

一、犯罪

在我国刑法领域里，是指严重危害社会，违反刑法并依法应受刑罚处罚的行为。

犯罪行为与一般违法行为比较，具有以下三个基本特征：一是严重的社会危害性。犯罪行为必须具备“严重”的社会危害性，才可能构成犯罪，情节显著轻微危害不大的，不认为是犯罪。二是刑事违法性，即犯罪行为是违反刑法的行为。三是应受刑事惩罚性，即危害行为依据刑法应承担相应的法律后果。一个行为达到犯罪所要具备的条件必须是法律规定的，通常包括四个要件，即犯罪主体、犯罪主观方面、犯罪客体和犯罪客观方面。

二、 刑罚

刑罚是对犯罪分子适用的特殊制裁方法，体现国家对犯罪分子及其行为的否定评价。刑罚是由主刑和附加刑构成的一个完整体系。在刑罚的种类中，我国刑法规定的基本上都是自由刑及财产刑。主刑，是指只能独立适用的主要刑罚方法。主刑只能独立适用，不能附加适用；针对一个犯罪行为只能适用一个主刑，不能同时适用两个以上的主刑。主刑包括五种，由轻到重分别为管制、拘役、有期徒刑、无期徒刑和死刑。附加刑，是指补充主刑适用的刑罚方法。附加刑一般附加于主刑适用，但也可以独立适用。在数罪中有判处附加刑的，附加刑仍须执行。其中，附加刑种类相同的，合并执行；种类不同的，分别执行。附加刑包括罚金、剥夺政治权利、没收财产和驱逐出境。

第五章
民　法

第一节　民法基础知识

一、民法的概念

民法，是指规定公民和法人的财产关系（如债权、继承权等）以及跟它相联系的人身非财产关系（如劳动、婚姻、家庭等）的各种法律。

二、民法典

《中华人民共和国民法典》被称为“社会生活的百科全书”，是新中国第一部以法典命名的法律，在法律体系中居于基础性地位，也是市场经济的基本法。2020 年 5 月 28 日，十三届全国人大三次会议表决通过了《中华人民共和国民法典》，自 2021 年 1 月 1 日起施行。婚姻法、继承法、民法通则、收养法、担保法、合同法、物权法、侵权责任法、民法总则同时废止。

三、民法的基本规定

1. 民法调整平等主体的自然人、法人和非法人组织之间的人身关系和财产关系。
2. 民事主体在民事活动中的法律地位一律平等。
3. 民事主体从事民事活动，应当遵循自愿原则、公平原则、诚信原则，不得违反法律，不得违背公序良俗，应当有利于节约资源、保护生态环境。

4. 处理民事纠纷，应当依照法律；法律没有规定的，可以适用习惯，但是不得违背公序良俗。

第二节　民事权利能力和民事行为能力

一、自然人的民事权利能力和民事行为能力

1. 自然人从出生时起到死亡时止，具有民事权利能力，依法享有民事权利，承担民事义务。自然人的民事权利能力一律平等。

2. 18 周岁以上的自然人为成年人。不满 18 周岁的自然人为未成年人。成年人为完全民事行为能力人，可以独立实施民事法律行为。16 周岁以上的未成年人，以自己的劳动收入为主要生活来源的，视为完全民事行为能力人。8 周岁以上的未成年人为限制民事行为能力人，实施民事法律行为由其法定代理人代理或者经其法定代理人同意、追认，但是可以独立实施纯获利益的民事法律行为或者与其年龄、智力相适应的民事法律行为。不满 8 周岁的未成年人为无民事行为能力人，由其法定代理人代理实施民事法律行为。

3. 不能辨认自己行为的成年人为无民事行为能力人，由其法定代理人代理实施民事法律行为。不能完全辨认自己行为的成年人为限制民事行为能力人，实施民事法律行为由其法定代理人代理或者经其法定代理人同意、追认，但是，可以独立实施纯获利益的民事法律行为或者与其智力、精神健康状况相适应的民事法律行为。无民事行为能力人、限制民事行为能力人的监护人是其法定代理人。

二、法人的民事权利能力和民事行为能力

1. 法人是具有民事权利能力和民事行为能力，依法独立享有民事权利和承担民事义务的组织。法人应当依法成立，应当有自己的名称、组织机构、住所、财产或者经费。法人成立的具体条件和程序，依照法律、行政法规的规定。

2. 法人的民事权利能力和民事行为能力，从法人成立时产生，到法人终止时消灭。法人以其全部财产独立承担民事责任。

3. 依照法律或者法人章程的规定，代表法人从事民事活动的负责人，为法人的法定

代表人。法定代表人以法人名义从事的民事活动，其法律后果由法人承受。

4. 法人以其主要办事机构所在地为住所。依法需要办理法人登记的，应当将主要办事机构所在地登记为住所。

5. 法人合并的，其权利和义务由合并后的法人享有和承担。法人分立的，其权利和义务由分立后的法人享有连带债权，承担连带债务，但是债权人和债务人另有约定的除外。

三、诉讼时效

1. 向人民法院请求保护民事权利的诉讼时效期间为 3 年。法律另有规定的，依照其规定。

2. 诉讼时效期间自权利人知道或者应当知道权利受到损害以及义务人之日起计算。法律另有规定的，依照其规定。但是自权利受到损害之日起超过 20 年的，人民法院不予保护；有特殊情况的，人民法院可以根据权利人的申请决定延长。

第六章

习题演练

一、单项选择题

1. 法是由国家制定或认可，经过必要的程序通过，能够反映统治阶级意志，并由国家强制力保证实施的规范体系。下列不属于狭义的“法律”的是（ ）。

A. 宪法　　B. 刑法

C. 行政复议法　　D. 增值税暂行条例

【参考答案】D

【答案解析】狭义的法律，是指全国人民代表大会及其常务委员会制定的规范性文件。增值税暂行条例不属于法律。

2. 中华人民共和国的一切权力属于（ ）。

A. 人民　　B. 工人　　C. 农民　　D. 全国人民代表大会

【参考答案】A

【答案解析】《中华人民共和国宪法》第二条规定，中华人民共和国的一切权力属于人民。

3. 任何公民，非经人民检察院批准或者决定或者人民法院决定，并由（ ）执行，不受逮捕。

A. 人民检察院或公安机关　　B. 公安机关

C. 人民检察院　　D. 监狱

【参考答案】B

【答案解析】依据是《中华人民共和国宪法》第三十七条的规定。

4. 法人应当有自己的（ ）。

①名称 ②组织机构 ③住所 ④财产或者经费

A. ①②　　B. ①②③　　C. ②③④　　D. ①②③④

【参考答案】D

【答案解析】依据是《中华人民共和国民法典》第五十八条的规定。

5. 基于重大误解实施的民事法律行为，行为人有权请求相关部门予以撤销。上述所称相关部门是指（　）。

①人民法院 ②当地政府 ③当地民政部门 ④仲裁机构

A. ①③　　B. ③④　　C. ①④　　D. ②③

【参考答案】C

【答案解析】依据是《中华人民共和国民法典》第一百四十七条的规定。

6.《中华人民共和国公务员法》《中华人民共和国行政复议法》《中华人民共和国行政处罚法》等法律制定的共同根据是（　）。

A.《中华人民共和国宪法》　　B.《中华人民共和国行政许可法》

C.《中华人民共和国民法总则》　　D.《中华人民共和国刑法》

【参考答案】A

【答案解析】《中华人民共和国宪法》是中华人民共和国的根本大法，规定拥有最高法律效力。一方面，体现在宪法是其他法律的立法基础，其他法律是宪法的具体化；另一方面，体现在任何法律不得同宪法相抵触，否则无效。

7. 法存在于（　）。

A. 资本主义社会　　B. 整个阶级社会

C. 整个人类社会　　D. 原始社会

【参考答案】B

【答案解析】法存在于整个阶级社会。

8. 国家财产所有权的主体是（　）。

A. 中华人民共和国　　B. 国务院的财政部

C. 全国人民代表大会　　D. 全体中国公民

【参考答案】A

【答案解析】国家财产所有权的主体是中华人民共和国。

9. 法律关系属于（　）。

A. 思想关系

B. 思想社会关系

C. 经由该关系的参加者的意思表示而建立的关系

D. 权益义务关系

【参考答案】D

【答案解析】法律关系属于权益义务关系。

10. 立法必须以（ ）为依据。

A. 党的政策　B. 客观事实　C. 宪法　D. 既定事实

【参考答案】C

【答案解析】立法必须以宪法为依据。

11. 从中国特色来看，我国民法典是一部扎根中国大地、立足中国国情、彰显中国精神的民法典，下列选项能够体现社会主义本质特征的是（ ）。

A. 保护民事主体的合法权益

B. 调整民事关系，维护社会和经济秩序

C. 适应中国特色社会主义发展要求

D. 弘扬社会主义核心价值观

【参考答案】C

【答案解析】从中国特色来看，我国民法典是一部扎根中国大地、立足中国国情、彰显中国精神的民法典。民法典编纂工作始终坚持党的领导。习近平总书记三次主持中央政治局常委会会议，听取民法典编纂工作相关汇报。正是因为在编纂工作中贯彻落实党中央确定的指导思想和基本原则，才确保了民法典编纂工作的成功。民法典充分体现社会主义本质特征。民法典第一条就规定，其立法目的之一是适应中国特色社会主义发展要求。

12. 下列各项中，不得制定地方性法规的主体是（ ）。

A. 北京市人民代表大会　B. 厦门市人民代表大会

C. 上海市静安区人民代表大会　D. 山东省人民代表大会

【参考答案】C

【答案解析】地方性法规制定的主体有两类：一是各省、自治区、直辖市人民代表大会及其常务委员会；二是各设区的市的人民代表大会及其常务委员会。2015 年，《立法法》修订后，享有立法权的较大的市的范围扩大到设区的市。选项 C 不符合条件。

13. 党的十九届四中全会《中共中央关于坚持和完善中国特色社会主义制度　推进国家治理体系和治理能力现代化若干重大问题的决定》指出，要坚持宪法法律至上，健全法律面前人人平等保障机制，维护国家法制的（ ）。

A. 权威、公正、安全　B. 统一、尊严、权威

C. 统一、公平、权威　D. 权威、公正、尊严

【参考答案】B

【答案解析】党的十九届四中全会《中共中央关于坚持和完善中国特色社会主义制度 推进国家治理体系和治理能力现代化若干重大问题的决定》指出，坚持和完善中国特色社会主义法治体系，提高党依法治国、依法执政能力。健全保证宪法全面实施的体制机制。坚持宪法法律至上，健全法律面前人人平等保障机制，维护国家法制统一、尊严、权威，一切违反宪法法律的行为都必须予以追究。

14. 不属于社会主义法的渊源的是（ ）。

A. 宪法　　B. 法律　　C. 法院判例　　D. 国际条约

【参考答案】C

【答案解析】法院判例不属于社会主义法的渊源。

15. 我国第一部干部人事治理法律是（ ）。

A.《党政领导干部选拔任用工作条例》　　B.《国家中长期人才发展规划纲要》

C.《国家公务员暂行条例》　　D.《中华人民共和国公务员法》

【参考答案】D

【答案解析】我国第一部干部人事治理法律是《中华人民共和国公务员法》。

16. 按照制定和实行法律主体不同，可以把法律划分为（ ）。

A. 主线法和普通法　　B. 普通法和特别法

C. 国内法和国际法　　D. 实体法和程序法

【参考答案】C

【答案解析】按照制定和实行法律主体不同，可以把法律划分为国内法和国际法。

17. 我国依法治国主体是（ ）。

A. 党中央　　B. 国务院

C. 广大人民群众　　D. 全国人民代表大会

【参考答案】C

【答案解析】我国依法治国主体是广大人民群众。

18. 法律（ ）是划分部门法首要的、第一位的原则。

A. 调节社会关系种类　　B. 调节办法

C. 保障权利途径　　D. 调节机制

【参考答案】A

【答案解析】法律调节社会关系种类是划分部门法首要的、第一位的原则。

19. 国内第一部社会主义类型宪法是（ ）年制定的《中华人民共和国宪法》。

A. 1949　　B. 1950　　C. 1952　　D. 1954

【参考答案】D

【答案解析】国内第一部社会主义类型宪法是1954年制定的《中华人民共和国宪法》。

20.（ ）是解决民族问题基本政策。

A. 民族自治制度　　B. 区域自治制度

C. 民族区域自治制度　　D. 民族平等制度

【参考答案】C

【答案解析】民族区域自治制度是解决民族问题基本政策。

21. 公民有受教育的（ ）。

A. 权利　　B. 权力　　C. 义务　　D. 权利和义务

【参考答案】D

【答案解析】《中华人民共和国宪法》第四十六条规定，公民有受教育的权利和义务。

22. 行政法与行政法规的关系是（ ）。

A. 行政法就是指行政法规

B. 行政法是行政法规渊源之一

C. 行政法规是行政法渊源之一

D. 行政法与行政法规是效力不同的两种类别的规范性文献

【参考答案】C

【答案解析】行政法规是行政法渊源之一。

23. 财产所有权中最核心的是（ ）。

A. 占有权　　B. 使用权　　C. 用益权　　D. 处分权

【参考答案】D

【答案解析】财产所有权中最核心的是处分权。

24. 对于中止犯，没有造成损害的，应当免除处罚；造成损害的，（ ）处罚。

A. 可以免除　　B. 应当减轻　　C. 可以减轻　　D. 应当从轻

【参考答案】B

【答案解析】根据《中华人民共和国刑法》第二十四条的规定，对于中止犯，没有造成损害的，应当免除处罚；造成损害的，应当减轻处罚。

25. 法定最高刑为无期徒刑、死刑，经过一定期限就不再追诉；如果后来认为必须追诉，须报请（ ）批准。

A. 全国人大常委会　　B. 最高人民检察院

C. 最高人民法院　　D. 中共中央政法委

【参考答案】B

【答案解析】依据是《中华人民共和国刑法》第八十七条的规定。

26. 行政许可是行政机关的（ ）行为。

A. 认定 B. 批准 C. 允许 D. 认可

【参考答案】C

【答案解析】行政许可是行政机关的允许行为。

27. 我国依法治国的标准是（ ）。

A. 宪法和法律 B. 社会道德 C. 社会习惯 D. 风俗和礼仪

【参考答案】A

【答案解析】我国依法治国的标准是宪法和法律。

28. 中国特色社会主义的本质要求和重要保障是（ ）。

A. 全面从严治党 B. 全面建成小康

C. 全面依法治国 D. 全面深化改革

【参考答案】C

【答案解析】党的十九大报告指出：全面依法治国是中国特色社会主义的本质要求和重要保障。

29. 我国制定和修改宪法的部门是（ ）。

A. 国务院 B. 全国人民代表大会

C. 司法部 D. 全国政治协商委员会

【参考答案】B

【答案解析】宪法是由我国最高权力机关全国人民代表大会制定和修改的，宪法的地位决定了其制定和修改的程序极其严格。

30. 我国税法明确规定纳税人的义务有（ ）。

A. 申报方式选择权 B. 申请延期缴纳税款权

C. 税收监督权 D. 依法进行税务登记

【参考答案】D

【答案解析】选项 A、B、C 都是税法规定纳税人的权利。

二、多项选择题

1. 地方性法规可以设定除（ ）以外的行政处罚。

A. 罚款　　B. 限制人身自由

C. 吊销企业营业执照　　D. 警告

【参考答案】BC

【答案解析】《中华人民共和国行政处罚法》第十二条规定，地方性法规可以设定除限制人身自由、吊销营业执照以外的行政处罚。

2. 行政复议机关履行行政复议职责，应当遵循合法、（　）的原则。

A. 公正　　B. 公开　　C. 及时　　D. 便民

【参考答案】ABCD

【答案解析】依据是《中华人民共和国行政复议法》第四条的规定。

3. 承担民事责任的方式主要有（　）。

A. 停止侵害　　B. 排除妨碍　　C. 消除危险　　D. 赔礼道歉

【参考答案】ABCD

【答案解析】《中华人民共和国民法典》第一百七十九条规定，承担民事责任的方式主要有：停止侵害；排除妨碍；消除危险；返还财产；恢复原状；修理、重作、更换；继续履行；赔偿损失；支付违约金；消除影响、恢复名誉；赔礼道歉。法律规定惩罚性赔偿的，依照其规定。

4. 下列属于主刑种类的有（　）。

A. 无期徒刑　　B. 罚金

C. 剥夺政治权利　　D. 拘役

【参考答案】AD

【答案解析】《中华人民共和国刑法》第三十三条规定，主刑的种类包括：管制；拘役；有期徒刑；无期徒刑和死刑。《中华人民共和国刑法》第三十四条规定，附加刑的种类包括：罚金；剥夺政治权利；没收财产。附加刑也可以独立适用。

5. 法律与政策的主要区别在于（　）、稳定性的不同。

A. 制定主体　　B. 实施保障

C. 表现形式　　D. 内容具体程度

【参考答案】ABCD

【答案解析】法律与政策的主要区别在于制定主体、实施保障、表现形式、内容具体程度、稳定性的不同。

6. 法律关系的三要素是指（　）。

A. 主体　　B. 客体

C. 内容　　D. 责任

【参考答案】ABC

【答案解析】法律关系的三要素是指主体、客体、内容。

7. 习近平总书记关于全面依法治国的重要论述，是新时代法治中国建设的思想旗帜和行动纲领，下列选项属于习近平总书记关于全面依法治国的重要论述基本内容的有（ ）。

A. 坚持加强党对全面依法治国的领导

B. 坚持人民主体地位

C. 坚持中国特色社会主义法治道路

D. 坚持建设德才兼备的高素质法治工作队伍

【参考答案】ABCD

【答案解析】2018 年 8 月 24 日，习近平总书记在中央全面依法治国委员会成立第一次会议上的讲话中提出“十个坚持”，在此基础上，2020 年 11 月 17 日举行的中央全面依法治国工作会议形成习近平法治思想，习近平法治思想深刻回答了新时代为什么实行全面依法治国、怎样实行全面依法治国等一系列重大问题，主要包括“十一个坚持”：（1）坚持党对全面依法治国的领导；（2）坚持以人民为中心（人民主体地位）；（3）坚持中国特色社会主义法治道路；（4）坚持依宪治国、依宪执政；（5）坚持在法治轨道上推进国家治理体系和治理能力现代化；（6）坚持建设中国特色社会主义法治体系；（7）坚持依法治国、依法执政、依法行政共同推进，法治国家、法治政府、法治社会一体建设；（8）坚持全面推进科学立法、严格执法、公正司法、全民守法；（9）坚持统筹推进国内法治和涉外法治；（10）坚持建设德才兼备的高素质法治工作队伍；（11）坚持抓住领导干部这个“关键少数”。

8.《中华人民共和国民法典》在中国特色社会主义法律体系中具有重要地位，是一部基础性法律，其重要性主要体现在（ ）。

A. 固根本　　B. 稳预期

C. 调平衡　　D. 利长远

【参考答案】ABD

【答案解析】《中华人民共和国民法典》在中国特色社会主义法律体系中具有重要地位，是一部基础性法律，其重要性主要体现在固根本、稳预期、利长远。

9.《中华人民共和国民法典》是新中国第一部以“典”命名的法律，其编纂的宗旨包括（ ）。

A. 保护民事主体的合法权益

B. 调整民事关系，维护社会和经济秩序

C. 适应中国特色社会主义发展要求

D. 弘扬社会主义核心价值观

【参考答案】ABCD

【答案解析】《中华人民共和国民法典》第一编第一章第一条规定，为了保护民事主体的合法权益，调整民事关系，维护社会和经济秩序，适应中国特色社会主义发展要求，弘扬社会主义核心价值观，根据宪法，制定本法。

10. 党的十九届四中全会提出了坚持和完善中国特色社会主义制度、推进国家治理体系和治理能力现代化的总体目标。这个总体目标包括（　）。

A. 到我们党成立 100 年时，在各方面制度更加成熟更加定型上取得明显成效

B. 从现在到 2020 年，是全面建成小康社会决胜期

C. 到 2035 年，各方面制度更加完善，基本实现国家治理体系和治理能力现代化

D. 到新中国成立 100 年时，全面实现国家治理体系和治理能力现代化

【参考答案】ACD

【答案解析】党的十九届四中全会《中共中央关于坚持和完善中国特色社会主义制度　推进国家治理体系和治理能力现代化若干重大问题的决定》指出，坚持和完善中国特色社会主义制度、推进国家治理体系和治理能力现代化的重大意义和总体要求。坚持和完善中国特色社会主义制度、推进国家治理体系和治理能力现代化的总体目标是，到我们党成立 100 年时，在各方面制度更加成熟更加定型上取得明显成效；到 2035 年，各方面制度更加完善，基本实现国家治理体系和治理能力现代化；到新中国成立 100 年时，全面实现国家治理体系和治理能力现代化，使中国特色社会主义制度更加巩固、优越性充分展现。

11. 1954 年制定的《中华人民共和国宪法》确立了我国社会主义社会的根本政治制度，明确规定中华人民共和国的一切权力属于人民。人民行使权力的机关包括（　）。

A. 全国人民代表大会　　B. 国务院

C. 中国人民政治协商会议　　D. 地方各级人民代表大会

【参考答案】AD

【答案解析】1954 年制定的《中华人民共和国宪法》确立了我国社会主义社会的根本政治制度，明确规定中华人民共和国的一切权力属于人民。人民行使权力的机关是全国人民代表大会和地方各级人民代表大会。

12. 生态文明建设是关系中华民族永续发展的根本大计。为加强生态文明建设，我国制定和修改的相关法律包括（　）。

A. 环境保护法　　B. 环境保护税法

C. 大气、水污染防治法　　D. 核安全法

【参考答案】ABCD

【答案解析】为加强生态文明建设，我国制定和修改的相关法律包括环境保护法，环

境保护税法，大气、水污染防治法，核安全法。

13. 郑子产有疾。谓子大叔曰：“我死。子必为政。唯有德者能以宽服民，其次莫如猛。夫火烈，民望而畏之，故鲜死焉。水懦弱，民狎而玩之，则多死焉，故宽难。”疾数月而卒。关于执法，下列看法正确的有（ ）。

A. 法律就是法律，执法必须严格，不能搞人文情怀

B. 执法应做到宽严相济

C. 执法必须严厉，但也要适当“宽容”，做到宽与严的有机统一

D. 为上者有德，就可以做到以宽服民，不需要法律的治理

【参考答案】BC

【答案解析】A选项，执法必须严格，这是正确的。但是，严格并不代表不能搞人文情怀。恰恰相反，社会主义中国，执法为民，应当通过人民群众喜闻乐见的方式执法，因此，执法当然可以根据具体情况采取具体对策，体现人文情怀，如公安机关通过诗歌的方式发布通缉令，因此，选项A错误。选项B、C，执法应当做到宽严相济，在法律范围内，当严则严，当宽则宽，做到宽与严的有机统一，而且，我国当前的刑事政策正是宽严相济。因此，选项B、C正确。中国特色社会主义法治理论的基本原则之一是依法治国和以德治国相结合。当代社会最重要的调控手段就是法律，但法律不是万能的，还需要道德等其他调控手段的治理。同样，仅仅依靠道德治理，也是绝对不可以的，因此，选项D错误。

14. 依法治国方略的实施是一项浩瀚庞大、复杂而艰巨的系统工程，要全面发挥各种社会规范的调整作用，综合协调地运用多元化的手段和方法实现对国家的治理和管理。关于依法治国理念的基本要求，下列说法正确的有（ ）。

A. 在指导思想上，要坚持党的领导、人民当家作主和依法治国三者有机统一

B. 在评价尺度上，要坚持法律效果与政治效果、社会效果有机统一

C. 在审判思路上，强调调判结合，调解优先，坚持调解和审判的有机统一

D. 在法的成效上，要实现依法治国与以德治国的结合与统一

【参考答案】ABCD

【答案解析】有机统一最关键，要实现党的领导、人民当家作主和依法治国三者有机统一；法律效果与政治效果、社会效果有机统一；调判结合、调解优先、调解和审判的有机统一；依法治国与以德治国的结合与统一。

15. 我国社会主义法治的总目标包括（ ）。

A. 建设中国特色社会主义法治体系

B. 建设社会主义法治国家

C. 形成完备的法律规范体系

D. 实现科学立法、严格执法、公正司法、全民守法

【参考答案】ABCD

【答案解析】我国社会主义法治的总目标：建设中国特色社会主义法治体系，建设社会主义法治国家。在中国共产党领导下，坚持中国特色社会主义制度，贯彻中国特色社会主义法治理论，形成完备的法律规范体系、高效的法治实施体系、严密的法治监督体系、有力的法治保障体系，形成完善的党内法规体系，坚持依法治国、依法执政、依法行政共同推进，坚持法治国家、法治政府、法治社会一体建设，实现科学立法、严格执法、公正司法、全民守法，促进国家治理体系和治理能力现代化。

16. 广义的法律，是指法律的整体，主要包括（ ）。

A. 宪法　　B. 法律

C. 行政法规　　D. 部门规章

【参考答案】ABCD

【答案解析】广义的法律，是指法律的整体，包括宪法、法律、行政法规、部门规章、地方性法规、地方政府规章等。

17. 法的特征包括（ ）。

A. 法的规范性　　B. 法的国家意志性

C. 法的国家强制性　　D. 法的普遍性

【参考答案】ABCD

【答案解析】法的特征包括：(1) 法的规范性。(2) 法的国家意志性。(3) 法的国家强制性。(4) 法的普遍性。

18. 依法治国的基本任务包括（ ）。

A. 深入推进依法行政，加快建设法治政府

B. 增强全民法治观念，推进法治社会建设

C. 加强法治工作队伍建设

D. 加强和改进党对全面推进依法治国的领导

【参考答案】ABCD

【答案解析】依法治国的六项基本任务：(1) 完善以宪法为核心的中国特色社会主义法律体系，加强宪法实施。(2) 深入推进依法行政，加快建设法治政府。(3) 保证公正司法，提高司法公信力。(4) 增强全民法治观念，推进法治社会建设。(5) 加强法治工作队伍建设。(6) 加强和改进党对全面推进依法治国的领导。

19. 下列关于《中华人民共和国民法典》的说法，正确的有（ ）。

A. 自 2020 年 10 月 1 日起施行

B. 是新中国第一部以法典命名的法律

C. 是推进全面依法治国、完善中国特色社会主义法律体系的重要标志性立法

D. 必将为新时代改革开放和社会主义现代化建设提供更加完备的民事法制保障

【参考答案】 BCD

【答案解析】《中华人民共和国民法典》自2021年1月1日起施行，其余正确。

20. 根据《最高人民法院关于修改〈关于民事诉讼证据的若干规定〉的决定》规定，下列可以作为证据的有（ ）。

A. 微信聊天记录　　B. 手机短信

C. 发布的微博动态　　D. 网购订单

【参考答案】 ABCD

【答案解析】 ABCD都可以作为证据。

二、判断题

1.《中华人民共和国民法典》是世界上第一部以法典命名的法律。（ ）

【参考答案】 ×

【答案解析】《中华人民共和国民法典》是中国第一部以法典命名的法律。

2. 根据2035年远景目标，到2035年我国要全面建成法治国家、法治政府、法治社会。（ ）

【参考答案】 ×

【答案解析】 应为基本建成。

3. 走中国特色社会主义政治发展道路，必须坚持党的领导、人民当家作主、依法治国有机统一。（ ）

【参考答案】 √

【答案解析】 依据是党的十九大报告。

4. 依法治国首先要坚持依宪治国，依法执政首先要坚持依宪执政。（ ）

【参考答案】 √

【答案解析】《中共中央关于坚持和完善中国特色社会主义制度 推进国家治理体系和治理能力现代化若干重大问题的决定》指出，依法治国首先要坚持依宪治国，依法执政首先要坚持依宪执政。

5. 党的十五大把依法治国的目标由“建设社会主义法治国家”改为“建设社会主义

法制国家”。(　)

【参考答案】×

【答案解析】1997年，党的十五大把依法治国的目标由“建设社会主义法制国家”改为“建设社会主义法治国家”。由“法制”到“法治”，虽一字之别，却包含这不同的实质意义。“法制”只是法治的内容和形式之一，而“法治”则是治国理政的方式与方略。这样，依法治国就作为党领导人民治理国家的基本方略正式确立下来。

6. 社会主义市场经济本质上是法治经济。(　)

【参考答案】√

【答案解析】党的十八届四中全会通过的《中共中央关于全面推进依法治国若干重大问题的决定》指出，社会主义市场经济本质上是法治经济，这是30多年来对我国社会主义市场经济实践经验的总结，也是对社会主义市场经济本质的准确清晰界定。

7. 社会主义法治最根本的保证是党的领导。(　)

【参考答案】√

【答案解析】党的十八届四中全会指出，社会主义法治最根本的保证是党的领导。

8. 法律的生命力和法律的权威在于科学制定。(　)

【参考答案】×

【答案解析】党的十八届四中全会提出，法律的生命力和法律的权威在于实施。

9. 全面准确贯彻“一国两制”方针，必须牢牢掌握宪法和基本法赋予的中央对香港、澳门全面管治权，深化内地和港澳地区交流合作，保持香港、澳门繁荣稳定。(　)

【参考答案】√

【答案解析】党的十九大报告指出，全面准确贯彻“一国两制”方针，牢牢掌握宪法和基本法赋予的中央对香港、澳门全面管治权，深化内地和港澳地区交流合作，保持香港、澳门繁荣稳定。

10. 1954年制定的《中华人民共和国宪法》体现了人民民主原则和社会主义原则。(　)

【参考答案】√

【答案解析】略。

11. 宪法是最根本的党内法规，是制定其他党内法规的基础和依据。(　)

【参考答案】×

【答案解析】党章是最根本的党内法规，是制定其他党内法规的基础和依据。

12. 1949年的《共同纲领》起到了中华人民共和国临时宪法的作用。(　)

【参考答案】√

【答案解析】1949 年的《共同纲领》起到了中华人民共和国临时宪法的作用。

13. 因为社会主义改造在 1956 年才完成，因此 1954 年制定的宪法不能说是社会主义类型的宪法。（ ）

【参考答案】×

【答案解析】1954 年 9 月 20 日第一届全国人民代表大会第一次会议通过、颁布《中华人民共和国宪法》是中国第一部社会主义宪法。

14. 民法典确立了平等、自愿、公平、诚信、守法、公序良俗和绿色等民事主体从事民事活动应当遵循的基本原则。（ ）

【参考答案】√

【答案解析】略。

15. 全面贯彻实施宪法是全面依法治国、建设社会主义法治国家的首要任务和基础性工作。（ ）

【参考答案】√

【答案解析】略。

16. 法是一种特殊的社会规范。（ ）

【参考答案】√

【答案解析】略。

17. 法与道德规范等其他社会规范不同，它的强制性体现为国家强制性。（ ）

【参考答案】√

【答案解析】略。

18. 国际条约属于国际法范畴，不属于国内法，但对缔结或加入条约的国家自身以及国内的个人和单位都有法的约束力。（ ）

【参考答案】√

【答案解析】国际条约属于国际法范畴，不属于国内法，但对缔结或加入条约的国家自身以及国内的个人和单位都有法的约束力，这些条约在我国也是一种正式法源。

19. 司法和执法的主体是一致的。（ ）

【参考答案】×

【答案解析】司法是由司法机关及其公职人员适用法律的活动，执法是由国家行政机关及其公职人员来执行法律的活动，二者具有不同的特定主体。

20. 依法行政就是要求各级政府及其工作人员严格依法行使其权力，依法处理国家各种事务。（ ）

【参考答案】✓

【答案解析】略。

四、简答题

1. 法的特征是什么？

【参考答案】

法具有规范性、国家意志性、国家强制性、普遍性的特征。

2. 宪法的基本原则有哪些？

【参考答案】

宪法的基本原则主要包括以下几个方面：人民主权原则、基本人权原则、法治原则、权力制约原则。

第三篇

通用知识

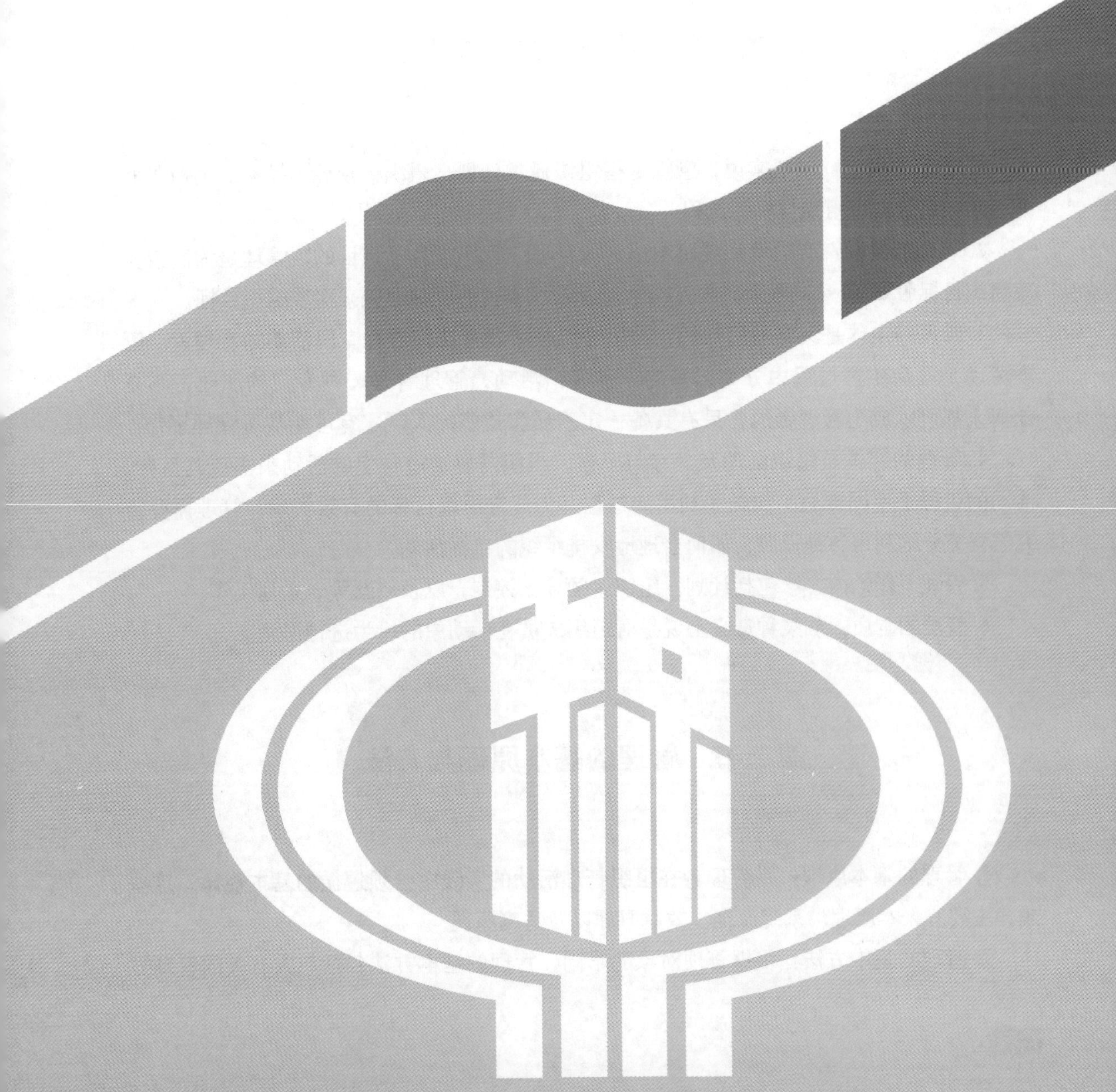

第一章
管理学基础

第一节　管理的内涵与本质

1. 管理的内涵：一般来说，管理是指组织通过计划、组织、领导、控制、创新等职能活动，高效实现组织目标的过程。

2. 管理的目的：有效地实现组织预定的目标。管理本身不是目的，管理是为高效实现组织目标服务的。“高效”主要是指通过管理以较少的资源消耗来实现组织目标。

3. 管理的主体是具有专门知识、利用专门技术和方法来进行专门活动的管理者。管理劳动是社会生产过程中分离出来的一种专门活动，管理者是一种专门的职业，不是任何人都可以成为管理者的，只有具备一定素质和技能的人，才有可能从事管理工作。

4. 管理的客体是组织活动及其参与要素。组织需要通过特定的活动来实现其目标，活动的过程是不同资源的消耗和利用的过程。为促进组织目标的有效实现，管理需要研究怎样充分地利用各种资源，如何合理地安排组织的目标活动。

5. 管理工作的内容：包括计划、组织、领导、控制，以及创新等一系列工作。

6. 管理的本质：从某种意义上说是对组织成员在活动中的行为进行协调。

第二节　管理的基本原理与方法

1. 管理的基本原理：是管理者在组织管理活动的实践中必须遵循的基本规律。这些规律主要有人本原理、系统原理、效益原理以及适度原理。

2. 管理的基本方法：根据管理对象的不同，管理的基本方法包括与人有关的管理方法、与物有关的管理方法、与资金管理有关的管理方法以及与活动组织有关的管理方法；根据活动选择与组织实施的阶段不同，管理方法涉及方案的制定、方案的比较、方案的组织实施以及实施过程中的控制；根据管理的层次，管理方法可分成宏观的管理方法、中观的管理方法以及微观的管理方法；根据属性的不同，管理方法可分成法律方法、行政方法、经济方法以及教育方法，等等。抽象地看，这些方法或者以理性分析为基础，或者以直觉判断为依据。

3. 管理的基本工具：管理者在管理活动中可以借助许多工具。如果说管理的本质是规范和协调人的行为，那么管理者影响人的行为的手段无非两类：一类与权力有关，另一类与组织文化有关。管理者既需要运用权力，直接规范被管理者在组织中必须表现的行为，并对其进行追踪和控制；也需要借助组织文化引导组织成员在参与组织活动过程中不同时空的行为选择。

第三节　管理的理论基础

1. 古典管理理论：强调管理的科学性、精密性和严格性。在组织结构上强调上下严格的等级系统，视组织为一个封闭系统，组织职能的改善仅靠内部合理化，而少考虑外部环境影响，忽视人的心理因素。

2. 行为科学理论：工人的工作动机和行为并不仅仅为金钱收入等物质利益所驱使，他们不是“经济人”而是“社会人”，有社会性的需要。

3. 现代管理理论：非理性主义倾向与企业文化、战略管理理论、企业再造理论 、“学习型组织”理论。

4. 德尔菲法专家调查法：对所要预测的问题征得专家的意见之后，进行整理、归纳、统计，再匿名反馈给各专家，再次征求意见，再集中，再反馈，直至得到一致的意见。

5. 头脑风暴法：集中有关专家召开专题会议，主持者以明确的方式向所有参与者阐明问题，说明会议的规则，尽力创造融洽轻松的会议气氛。一般不发表意见，以免影响会议的自由气氛。

6. 回归分析法：利用数据统计原理，对大量统计数据进行数学处理，并确定因变量与某些自变量的相互关系，建立一个相关性较好的回归方程，并加以外推，用于预测今后的因变量的变化的分析方法。

7. 系统工程法：把要处理的问题及有关情况加以分门别类、确定边界，又强调把握各门类之间和各门类内部诸因素之间的内在联系和完整性、整体性，否定片面和静止的观点和方法。

8. 华盛顿合作定律：一个人敷衍了事，两个人相互推诿，三个人永无宁日。说明人与人的合作不是人力的简单相加，而是要复杂和微妙得多。

9. 破窗效应：如果有人打破一扇窗，没有及时修复，其他人受到暗示性纵容，会打破更多的窗。

10. 二八定律：在任何一组东西中，最重要的只占其中一小部分，约 20%，其余 80%，尽管是多数却是次要的。

11. 路径依赖效应：一旦作出某种选择，惯性的力量会不断自我强化，这一选择让人轻易走不出来。对组织而言，一种制度形成后会形成某个既得利益集团，他们对现在的制度有强烈的要求，只有巩固和强化现有制度，才能保障他们继续获得利益，哪怕新制度对全局更有效率。

12. 木桶理论：组成木桶的木板，如果长短不齐，那么木桶的盛水量不是取决于最长的那一块木板，而是取决于最短的那一块木板，也可称为短板效应。一个木桶无论有多高，它盛水的高度取决于其中最低的那块木板。

13. X 理论：该理论认为一般人天生厌恶工作，逃避责任，缺乏抱负，追求安全，因此必须加以控制，并以惩罚相威胁，才能使他们为实现组织目标而付出适当的努力。

14. Y 理论：该理论认为一般人并不是天生就不喜欢工作，在恰当的条件下他们会追求责任，并视参与目标为一种成就与报酬，他们对自己所参与的目标能实行自我指挥和自我控制，并且多数人具有解决组织中问题的能力。

第四节　习题演练

一、单项选择题

1. 2022 年 4 月，某税务局办税服务厅科员马丽被提升为副科长。她极想在新的岗位上取得成功，所以去征求曾做过科长的一位同事的意见。这位同事向她道出了三大成功要素：第一，能理解人，能敞开地和人沟通，能在部门内外和他人一起工作；第二，能理解组织的整体结构，能解释组织计划和目标，并将其转换为本部门的目标，能够预见问题并对之进行处理；第三，能使自己的想法和建议被领导接受，维护权威，尊重领导层。试问，其同事所提出的建议中（　）涉及人际技能。

A. 第一和第二点　　　　B. 第一和第三点

C. 第二和第三点　　　　D. 只有第一点

【参考答案】B

【答案解析】第一和第三条建议都涉及人际技能。

2. 2022 年 3 月，某税务局领导决定在整个单位里开展凝聚力工程，其目标在于建立干部职工对单位的归属感，并能做到以局为家。以下是该局凝聚力工程准备开展的几项工作，其中（　）最无效。

A. 加强规章制度建设，将干部职工利益与单位发展密切挂钩

B. 加强对干部职工思想与行为的控制，确保干部职工关心企业发展

C. 在干部职工中开展关于如何以单位为家的大讨论，增强团队向心力

D. 在现有政策允许情况下，切实改善骨干员工的福利待遇

【参考答案】B

【答案解析】加强对干部职工思想与行为的控制在四条中最无效，并不一定确保干部职工关心企业发展。

3. 对高层管理人员的技能要求与对中层管理人员的要求不同，按三种技能在其技能组成中的比重从大到小排列，对高层管理人员的技能要求排序应该为（　）。

A. 人际技能、概念技能、技术技能　　B. 技术技能、人际技能、概念技能

C. 概念技能、人际技能、技术技能　　D. 概念技能、技术技能、人际技能

【参考答案】C

【答案解析】技能要求排序应该是概念技能、人际技能、技术技能。

4. 目标管理的一个主要优点是（　）。

A. 减少了书面工作

B. 为产品组合制定了目标

C. 把目标的制定和个人的激励联系了起来

D. 为组织制定了目标

【参考答案】C

【答案解析】目标管理的主要优点是把目标的制定和个人的激励联系起来。

5. 被称为“科学管理之父”的是（　）。

A. 亚当 · 斯密　　B. 罗伯特 · 欧文

C. 亨利 · 法约尔　　D. 弗雷德里克 · 泰勒

【参考答案】D

【答案解析】弗雷德里克 · 泰勒的理论成果使管理在历史上第一次从经验上升为科学，他被称为“科学管理之父”。

6. 组织文化的特征不包括（　）。

A. 超个体的独特性　　B. 相对稳定性　　C. 融合继承性　　D. 绝对性

【参考答案】D

【答案解析】组织文化具有的特征：超个体的独特性 、相对稳定性、融合继承性和发展性。

7. 在各种沟通方式中，能够快速传递、快速反馈，同时信息量大，但传递中经过的层次愈多，信息失真愈严重，核实越困难的沟通方式是（ ）。

A. 电子媒介　　B. 非语言　　C. 书面　　D. 口头

【参考答案】D

【答案解析】口头沟通方式的优点：快速传递；适合表达感觉和感情；更加个性化；成本较低；可以根据反馈及时进行改正和调整。缺点：传递中经过的层次愈多，信息失真愈严重；话一出口就很难收回；有时难以控制时间；易带有个人色彩从而影响信息的可靠性。

8. 在各种沟通方式中，具有持久、有形、可以核实等优点；但效率低，缺乏反馈的沟通方式是（ ）。

A. 电子媒介　　B. 非语言　　C. 书面　　D. 口头

【参考答案】C

【答案解析】书面沟通的优点：持久、有形；适合传达复杂或困难的信息；可以回顾；便于存档保管以便日后查证；在发送信息前可以进行细致的考虑和检查。缺点：耗时；反馈有限且缓慢；缺乏有助于理解的非语言暗示；有时人们不愿意阅读书面的东西；无法了解所写的内容是否被人阅读。

9. 俗话说：“一山难容二虎”“一条船不能有两个船长”。从管理的角度看，对这些话的如下解释，最恰当的是（ ）。

A. 在领导班子中如果有多个固执己见的人物，最终会降低管理效率

B. 一个组织不能允许有多个直线领导核心

C. 一个组织中的能人太多必然会造成内耗增加，从而导致效率下降

D. 组织中不能允许存在两种以上的观点，否则易造成管理混乱

【参考答案】B

【答案解析】这两句话主要说明一个组织不能允许有多个直线领导核心。

10. 学习型组织的特征是（ ）。

A. 系统思考　　B. 思维能力　　C. 团队学习　　D. 思考和创新

【参考答案】A

【答案解析】学习型组织的特征是系统思考，只有站在系统的角度认识系统，认识系统面对的环境，才能避免陷入系统动力的漩涡之中。

11. 据有关专家计算，一位宇宙飞船总设计师要处理的因素是 10 的 6 次方，一位教育部门负责人要处理的因素是 10 的 7 次方，而一位现代城市的市长要处理的因素是 10 的 8 次方。按照管理学的理论，这说明的是（　）。

A. 管理者应具备管理工作所需的多方面知识和较高的综合管理能力

B. 相比宇宙飞船设计师，城市市长的压力更大

C. 管理工作是统率性的实践活动，其重要特征就是多因素性、多功能性、高度综合性

D. 管理者是处理复杂问题的“杂家”，不是处理单一问题的“专家”

【参考答案】C

【答案解析】管理是指一定组织中的管理者，通过实施计划、组织、领导、协调、控制等职能来协调他人的活动，使别人同自己一起实现既定目标的活动过程。管理工作是统率性的实践活动，其重要特征就是多因素性、多功能性、高度综合性。

12. 按照管理学家孔茨的分析，管理者所需的技能一般有三种，技术技能、人际技能和概念技能。一个管理者所处的层次越高，面临的问题越复杂，越无先例可循，就越要具备（　）。

A. 领导技能　　B. 技术技能　　C. 概念技能　　D. 人际技能

【参考答案】C

【答案解析】按照管理学家孔茨的分析，管理者所需的技能一般有三种，技术技能、人际技能和概念技能。技术技能指运用专门知识分析问题的能力。人际技能指作为一个群体成员高效工作，并能和团队其他成员建立起合作关系的能力。概念技能是一种协调和整合组织利益和活动的能力。管理者层次越高，越需要概念技能。

13. 根据马斯洛需要层次理论，下列人员中的主导需要是安全需要的是（　）。

A. 总经理　　B. 失业人员

C. 刚刚参加工作的大学生　　D. 工厂的一线操作工人

【参考答案】D

【答案解析】马斯洛理论把需求分成生理需求、安全需求、归属与爱的需求、尊重需求和自我实现五类，依次由较低层次到较高层次排列。五种需要像阶梯一样从低到高，按层次逐级递升，但这样次序不是完全固定的，而是可以变化，也有种种例外情况。一般来说，某一层次的需要相对满足了，就会向高一层次发展，追求更高一层次的需要就成为驱使行为的动力。工厂一线操作人员满足了生理需求，就会追求更高一级的安全需求。

14. 我国古代的管理思想当中，儒家所主张的治国管理之道是（　）。

A. 以法治国　　B. 穷兵黩武

C. 增加赋税　　D. 仁爱礼德

【参考答案】D

【答案解析】儒家思想主张运用仁爱心、自尊心、自信心、自觉心来发挥其内在动力，以求达到社会的平衡与协调。

15.“重赏之下必有勇夫”，这一熟语最确切地体现了管理学中的（ ）。

A. 需要层次论　　B. 公平理论　　C. 期望理论　　D. 双因素理论

【参考答案】D

【答案解析】双因素理论，又称“激励保健理论”，该理论认为引起人们工作动机的因素主要有两个：一是激励因素，二是保健因素。只有激励因素才能够给人们带来满意感，而保健因素只能消除人们的不满，但不会带来满意感。“重赏之下必有勇夫”正是体现了激励因素带给人们的满意感。

16. 领导方法和领导艺术在领导活动中不可或缺，下列关于领导艺术的说法正确的是（ ）。

A. 领导艺术具有综合性　　B. 领导艺术具有程序性

C. 领导艺术具有重复性　　D. 领导艺术具有单一性

【参考答案】A

【答案解析】本题主要考查对领导艺术和领导方法的理解，领导艺术具有综合性、非程序性、创造性、单一型的特点。

17. 下列关于领导者和追随者的说法，不正确的是（ ）。

A. 追随者追随的是领导个人

B. 领导者和追随者身份上是相对的

C. 领导者和追随者在权力上是相互制约的

D. 领导者和追随者存在着相互追随的关系

【参考答案】A

【答案解析】追随者追随的不是领导者个人，而是愿景，是共同理想。

18. 张某在某税务局长期从事行政管理工作，他通过总结发现一种现象：在一定程度上，干部过去作出的选择，决定了他们现在可能作出的选择，惯性的力量会使原有的选择不断自我强化和锁定。这种现象反映的是（ ）。

A. 华盛顿合作定律　　B. 马太效应

C. 二八定律　　D. 路径依赖效应

【参考答案】D

【答案解析】“路径依赖效应”是指，一旦人们作出某种选择，惯性的力量便会使这一选择不断自我强化和锁定，让你轻易走不出来。在一定程度上，人们的一切选择都会受到“路径依赖效应”的可怕影响，人们过去作出的选择，决定了他们现在可能作出的选择。

19. 决策是领导过程的中心环节，领导决策的实质是（ ）。

A. 谋划思路 B. 制定方案 C. 选择方案 D. 论证方案

【参考答案】C

【答案解析】领导决策的实质就是选择方案。

20. 小王参加税收工作10年，对本职工作能够独立熟练完成，在处理突发任务时也能理清思路，按时保质完成。这时，在具体工作中，他的科长应当采取的授权方式是（ ）。

A. 刚性授权 B. 惰性授权 C. 弹性授权 D. 模糊授权

【参考答案】C

【答案解析】对于能力强、有责任心的下级，领导者应当充分地信任，放手让下级去干，才能使下级充分发挥聪明才智，上下一心干好事业。

21. “一山难容二虎”体现了管理实践中三对基本矛盾中的（ ）。

A. 效率与公平的矛盾 B. 集权与分权的矛盾

C. 上层与下层之间的矛盾 D. 多层目标之间的矛盾

【参考答案】B

【答案解析】管理实践中有三对基本矛盾：集权与分权的矛盾、上层与下层之间的矛盾、多层目标之间的矛盾。这两句话主要体现了集权与分权的矛盾。

22. “管理者必须因地制宜地将管理知识与具体管理活动相结合”强调的是（ ）。

A. 管理的科学性 B. 管理的艺术性

C. 管理学的历史性 D. 管理学的实用性

【参考答案】B

【答案解析】管理是一门艺术，主要强调实践性和灵活性。这就是说，仅仅凭借书本上的管理理论和管理原则来进行管理，无异于“纸上谈兵”，是不能保证成功的。管理的艺术性是指管理靠的是人格魅力、灵感与创新，而管理本身是没有规律可循的，更没有办法通过学习掌握管理的技巧。不同的文化背景体现出不同的管理艺术，因此，管理者如何在管理工作中应用不同的管理方法艺术和领导艺术关系到管理工作的成败。

23. 决策的过程是（ ）。

A. 信息的输入—处理—输出 B. 政策的制定—实施

C. 问题的发现—诊断—解决 D. 目标的预测—选择—确立

【参考答案】A

【答案解析】信息是决策的基础，决策的过程就是信息的输入—处理—输出的过程，决策的科学性是同信息的准确性、及时性、适用性成正比的。

24. 马云说：“当你成功的时候，你所说的所有话都是真理。”这反映的是（ ）。

A. 从众型思维定势　　B. 权威型思维定势

C. 经验型思维定势　　D. 书本型思维定势

【参考答案】C

【答案解析】胜利者的经验可能导致人们的过度依赖和崇拜，形成固定的思维模式，变成禁锢创新的不利因素。

25. 根据决策目标的影响程度不同，决策可以分为（　）。

A. 战略决策和战术决策　　B. 单目标决策和多目标决策

C. 程序性决策和非程序性决策　　D. 常规决策和重复决策

【参考答案】A

【答案解析】根据不同的标准，决策可以划分为不同的类型：根据决策目标的多寡，可以分为单目标决策和多目标决策；根据决策问题的重复程度不同，可以划分为程序性决策和非程序性决策。因此B项和C项不是正确答案，D项说的实际上是同一种决策，即程序性决策。

26. 决策过程中最核心、最关键的一步是（　）。

A. 发现问题，确定目标　　B. 调查预测，拟订方案

C. 评估优选，确定方案　　D. 实施方案，修正完善

【参考答案】C

【答案解析】行政决策由发现问题、确定目标、拟订方案、评估优选、实施完善等一系列先后为序，彼此衔接的环节构成。其中最关键的一步是评估优选、确定方案。

27. 对于能挑100斤的人，领导者既不是只让他挑50斤，也不是硬要他挑200斤。这体现了（　）。

A. 扬长避短，各尽所能　　B. 量才用人，职能相称

C. 用人不疑，疑人不用　　D. 五湖四海，宽以容人

【参考答案】B

【答案解析】领导用人要善于分析下属人员的特长，确定其人才类型，对号入座，授以职权，做到大材大用，小材小用。

28. 尽管严格按照科学的思维方式进行行政决策可以减少失误，达到精确，但是，决策毕竟是人的行动，人并不是像机器那样按照规律运行，按照规模生产产品。这段文字意在告诉我们（　）。

A. 行政决策过程中人的主观因素是不可忽视的

B. 人的主观性常常是造成决策失误的主要原因

C. 作为行政决策的主体，人需要规范自己的行为

D. 科学的思维方式是实行行政决策科学化的前提

【参考答案】 A

【答案解析】“人并不是像机器那样按照规律运行，按照规模生产产品”说明在决策的过程存在人的主观因素。从语意上排除选项C、D，文中并未说到决策失误的问题，排除B项。

29. 汉高祖刘邦说过：“夫运筹帷幄之中，决胜于千里之外，吾不如子房。镇国家，抚百姓，给馈饷，不绝粮道，吾不如萧何。连百万之军，战必胜，攻必取，吾不如韩信。此三者，皆人杰也，吾能用之，此吾所以取天下也。”这句话说明（ ）。

A. 选人用人关系到事业的兴衰成败

B. 做一名合格的领导者不一定样样都比别人高明，但必须善于选人用人

C. 选人用人是实现领导决策的组织保证

D. 领导者对人才的选拔、使用是否得当，直接关系到领导的效能

【参考答案】 B

【答案解析】 选人用人是领导者的基本职能。做一名领导者不必样样都干，也不一定样样都比别人高明，只要决策的目标正确，并通过科学地使用人才来保证组织目标的实现，就称得上是好领导。

30. 领导者用人不疑的关键在于（ ）。

A. 领导者无条件地充分信任下属　　B. 下属无条件地充分信任领导者

C. 领导者信任下属，获得下属的信任　　D. 领导者正确运用“疑”和“用”的手段

【参考答案】 C

【答案解析】 用人不疑，疑人不用，是用人的重要原则。这里的核心是信任。只有信任才有力量，才能调动下级的积极性。

二、多项选择题

1. 建设性沟通是指在改善和巩固人际关系的前提下，帮助管理者进行确切的、诚实的管理沟通方式。下列选项体现建设性沟通原则的有（ ）。

A. 积极倾听　　B. 对事不对人

C. 话题有关联　　D. 描述而非评判

【参考答案】 ABCD

【答案解析】 建设性沟通是在解决目标问题的前提下，强化积极的人际关系的一种实用管理工具。沟通中遵循选项A、B、C、D原则，则沟通内容具体明确易于为对方理解接受，同时也体现出对他人的尊重，有利于问题的解决和人际关系的巩固。

2. 组织文化是指组织成员的共同价值观体系。下列选项中属于组织文化内容的有（　）。

A. 组织哲学　　B. 组织价值观

C. 组织道德　　D. 组织精神

【参考答案】ABCD

【答案解析】组织文化是指组织成员的共同价值观体系，它使组织独具特色，并区别于其他组织。这种价值观体系是组织所重视的一系列关键特征，也即本质所在。组织文化是组织在长期的生存和发展中所形成的为组织所特有的、且为组织多数成员共同遵循的最高目标价值标准、基本信念和行为规范的总和及其在组织中的反映，包括组织哲学、组织价值观、组织道德、组织精神等。

3. 管理活动中的“慢性问题”是指（　）。

A. 经常发生的影响组织日常活动的问题

B. 长期存在会影响组织素质的问题

C. 人们对其存在已习以为常，不愿承认和解决的问题

D. 对多数人的工作和利益会产生显而易见影响的问题

【参考答案】BC

【答案解析】管理活动中的“慢性问题”是指长期存在会影响组织素质的问题，人们对其存在已习以为常，不愿承认和解决的问题。

4. 现代管理理论学派众多，下列选项中，属于现代管理理论学派的是（　）。

A. 社会系统学派　　B. 行为科学学派

C. 权变理论学派　　D. 新古典学派

【参考答案】BC

【答案解析】现代管理理论学派包括：经验管理流派、管理科学流派、决策理论流派、权变理论流派、行为科学流派。

5.“破窗理论”揭示这样一种现象，如果一幢建筑有少许的破窗没有及时修理好，可能会有更多的窗户被破坏。该理论认为，环境中的不良现象如果被放任存在，会诱使人们仿效，甚至变本加厉。根据这一理论，下列说法正确的有（　）。

A. 在团队中，如果出现个别性的懒惰或者破坏性行为时，其他团队成员就会竞相模仿做出非适应性行为，最终破坏一个团队的凝聚力，降低团队绩效

B. 当个别成员滥竽充数寄生在团队之中搭便车，也会引起其他努力工作成员的负面情绪，对团队的群体动力效能产生负面结果

C. 当积极强化不力，或者团队及其成员对激励物不敏感时，正向激励的效果也会大打折扣

D. 在使用反向激励法时，可以将反向激励作为一种主要的激励方法，因为反向激励

不会降低团队及成员的工作能动性

【参考答案】ABC

【答案解析】在使用反向激励法时，需要注意反向激励有可能会降低团队及成员的工作能动性，将团队项目看作是一项必须完成的任务，产生负面情绪。因此反向激励应该是一种辅助性的激励方法。具体的反向激励包括引入基于良性协作的竞争激励机制和执行基于友好气氛的批评激励机制。

6. 下列选项中，属于学习型团队特征的有（　）。

A. 团队成员拥有一个共同的愿景　　B. 团队由多个创造性个体组成

C. 善于不断学习　　D. 自主管理

【参考答案】ABCD

【答案解析】学习型团队的特征是：团队成员拥有一个共同的愿景，团队由多个创造性个体组成，善于不断学习，自主管理，领导者的新角色。

7. 西方管理学中有个类似于我国“三个和尚挑水喝”故事的“华盛顿合作定律”，下列选项中，有利于管理者避免“华盛顿合作定律”滋生和蔓延的有（　）。

A. 建立明确的岗位责任制　　B. 加强团队建设，实行目标管理

C. 采取科学的激励机制　　D. 放任组织中的“旁观者效应”

【参考答案】ABC

【答案解析】在管理中要警惕“华盛顿合作定律”的滋生和蔓延，需要从制度上和机制上杜绝产生“华盛顿合作定律”的土壤和条件。

8. 政府人力资源管理的特点有（　）。

A. 主体的权威性　　B. 目的的公益性

C. 体系的复杂性　　D. 运行的法治性

【参考答案】ABCD

【答案解析】政府人力资源管理的特点有主体的权威性，目的的公益性，体系的复杂性，运行的法治性。

9. 政府职权是指法律赋予政府机关的权力。我国政府的职权是人民依照法律，通过各级人民代表大会赋予的。下列属于政府职能内容的有（　）。

A. 保卫国家的独立与主权

B. 保护公民的生命安全及任何权益

C. 加强公共基础设施、公共文化设施、公共卫生设施等方面的建设

D. 优化生态环境，防治污染

【参考答案】ACD

【答案解析】政府要保护公民的生命安全及各种合法权益，注意权益的前提是合法的，不是任何权益都要保护。政府承担着建设经济调节、市场监管、社会管理和公共服务的重要职能，但并不意味着政府可以包办一切。经济发展要坚持政府调控与市场机制有机统一。必须不断完善社会主义市场经济体制，充分发挥市场在资源配置中的决定性作用，激发经济的内在活力，同时，科学运用宏观调控手段，促进经济长期平稳较快发展。

10. 根据管理理论的广义界定，管理理论的历史经历的发展阶段包括（　）。

A. 早期管理理论　　B. 古典管理理论

C. 近代管理理论　　D. 现代管理理论

【参考答案】ABCD

【答案解析】按照管理理论的广义界定，到目前为止，管理理论的历史发展已经过了早期管理理论、古典管理理论、近代管理理论、现代管理理论四个发展阶段。

11. 在日常工作中，领导授权是充分调动下级积极性和创造性完成领导目标的需要，以下符合授权原则的有（　）。

A. 领导者可以授权给下级的下级

B. 领导者可以代替下级进行授权

C. 领导者不得将核心权力进行授权

D. 领导者应积极支持帮助被授权者

【参考答案】CD

【答案解析】主要考查对领导艺术中授权原则的了解，考查了单一逐级授权原则、适度授权原则和信任支持原则。

12. 在日常工作中，领导决策重在执行，执行力显得尤为重要，执行力的内涵包括（　）。

A. 完成任务的意愿　　B. 完成任务的质量

C. 完成任务的效果　　D. 完成任务的能力

【参考答案】ABCD

【答案解析】略。

13. 下列选项中，属于税务行政管理发展趋势的有（　）。

A. 工作法治化　　B. 运行电子化

C. 管理独立化　　D. 目标精细化

【参考答案】ABD

【答案解析】税务行政管理的发展趋势为，工作法治化、运行电子化、管理互渗化、目标精细化。

14. 管理实践中，正确看待和处理集权与分权矛盾关系的方法有（ ）。

A. 保持集权与分权的平衡状态　　B. 具体问题具体分析

C. 分权是矛盾的主要方面　　D. 集权是矛盾的主要方面

【参考答案】 ABC

【答案解析】 集权与分权是对立统一关系。有集权才能说分权，有分权才能谈集权。过度的集权与分权都不利于管理。(1) 由于集权与分权都存在优缺点，为了保持它们的优点，应当在组织中保持适当的集权与分权，使二者处于一个平衡状态，不使集权或分权过度膨胀。(2) 具体问题具体分析。当条件较适合集权时，集权的比例要大一些；当条件较适合分权时，分权的比例要大一些。(3) 在集权与分权这对矛盾中，分权是矛盾的主要方面，代表着前进的方向。因此，当组织适用分权的条件成熟时，应主动积极地放权。

15. 相对于广义的税务行政管理，狭义的税务行政管理的内容包括（ ）。

A. 资产管理　　B. 征收管理

C. 绩效管理　　D. 会议管理

【参考答案】 ACD

【答案解析】 广义的税务行政管理是指根据国家法律而设立的税务行政机关执行国家税收法律、政策，依法管理税收行政事务的行为，其管理内容涵盖税务机关行使税收征管权和税收执法权的具有法律效力的所有行政行为，包括对纳税人的税务管理和对税务机关内设机构和税务工作人员及其工作质量的行政管理。狭义的税务行政管理是相对于税收业务管理而言，仅指税务机关为保障税收职能正常运转而开展的行政管理活动，即税务机关对内设机构和税务工作人员及其工作质量的管理，涵盖“文、事、人、财、物”5个方面的管理。文的管理包括综合材料的撰写、公文处理、税收宣传、档案管理、会议管理等；事务管理包括后勤接待管理、安全管理、环境管理等；人员管理泛指对税务工作人员进行的管理和服务，包括机构设置、人事管理、绩效管理、纪检监察、党务管理等内容；财务管理包括财务收支管理、预决算管理、政府采购管理、内部审计管理等；物的管理包括房产管理、基本建设管理、车辆管理、办公用品管理等。

16. 税务文化是税务部门在长期的税收实践活动中积累形成的价值观念、职业道德、管理制度、行为规范和各种物质形式的总和，包括（ ）。

A. 精神文化　　B. 行为文化

C. 制度文化　　D. 物态文化

【参考答案】 ABCD

【答案解析】 税务文化是税务部门在长期的税收实践活动中积累形成的价值观念、职业道德、管理制度、行为规范和各种物质形式的总和，包括精神文化、行为文化、制度文化和物态文化4个层面。

17. 彼得·圣吉提出的五项修炼主要包括（　）。

A. 追求自我超越　　B. 改善心智模式

C. 建立共同愿景目标　　D. 开展团队学习

【参考答案】ABCD

【答案解析】五项修炼主要包括追求自我超越、改善心智模式、建立共同愿景目标、开展团队学习、锻炼系统思考能力。

18. 按领导的决策方式不同，可以将领导方式划分为（　）。

A. 专制型领导方式　　B. 任务型领导方式

C. 民主型领导方式　　D. 放任型领导方式

【参考答案】ACD

【答案解析】按领导的决策方式不同，可以将领导方式划分为专制型领导方式、民主型领导方式、放任型领导方式。

19. 关于组织的概念和本质，正确的有（　）。

A. 只有一个人的组织是不存在的

B. 不追求经济效益的组织是不存在的

C. 没有共同目标的组织是不存在的

D. 不需要管理与领导的组织是不存在的

【参考答案】ACD

【答案解析】选项B错误，公益组织等不以追求经济效益为目标。选项A、C、D正确。

20. 亨利·明茨伯格认为，管理者扮演的十大角色可以归入三大类，即（　）。

A. 人际角色　　B. 信息角色　　C. 技术角色　　D. 决策角色

【参考答案】ABD

【答案解析】管理者扮演的十大角色可以归入三大类，即人际角色、信息角色与决策角色。

三、判断题

1. 管理的本质是对人的行为进行协调。（　）

【参考答案】√

【答案解析】管理的本质是对人的行为进行协调。

2. 管理既不是科学，也不是艺术。（ ）

【参考答案】 ×

【答案解析】 管理理论和管理工具毫无疑问是科学的，或者可以是科学的，而管理实践则明显地表现出艺术性的特征。

3. 政府流程再造通常应该坚持 ESIAB 原则。（ ）

【参考答案】 ×

【答案解析】 政府流程再造通常应该坚持 ESIA 原则。

4. 战略管理是组织寻求成长的机会以及识别威胁的过程。（ ）

【参考答案】 √

【答案解析】 战略管理是组织寻求成长的机会以及识别威胁的过程。

5. 行政执行是行政机关及工作人员依法执行行政决策，以实现行政目标和社会目标的活动和过程。（ ）

【参考答案】 √

【答案解析】 行政执行是行政机关及工作人员依法执行行政决策，以实现行政目标和社会目标的活动和过程。

6. 广义的文化是指人类在社会历史实践过程中所创造的物质财富和精神财富的总和，其中物质文化可称为“软文化”，精神文化可称为“硬文化”。（ ）

【参考答案】 ×

【答案解析】 广义的文化是指人类在社会历史实践过程中所创造的物质财富和精神财富的总和，其中物质文化可称为“硬文化”，精神文化可称为“软文化”。

7. 文化识别是税务文化建设的基础性、经常性、先导性的工作，是税务文化建设的重要内容之一。（ ）

【参考答案】 ×

【答案解析】 文化诊断是税务文化建设的基础性、经常性、先导性的工作，是税务文化建设的重要内容之一。

8. ABC 时间管理法是把事情的重要程度分为 A、B、C 三个等级，并按照这个顺序来依次完成各项任务。（ ）

【参考答案】 √

【答案解析】 ABC 时间管理法是把事情的重要程度分为 A、B、C 三个等级，并按照这个顺序来依次完成各项任务。

9. 联想思维是指人脑记忆表象系统中，由于某种诱因导致不同表象之间发生联系的一种没有固定思维方向的自由思维活动。(　)

【参考答案】√

【答案解析】联想思维是指人脑记忆表象系统中，由于某种诱因导致不同表象之间发生联系的一种没有固定思维方向的自由思维活动。

10. 协调作为一门艺术，还有许多深奥的东西，管理者须在实践中用心地摸索、体会并灵活运用。(　)

【参考答案】√

【答案解析】协调作为一门艺术，还有许多深奥的东西，管理者须在实践中用心地摸索、体会并灵活运用。

11. 文化管理是一种“以人为本”的管理模式，以人的全面发展为目标，通过不同价值观的培育，在实现社会价值最大化的同时，实现个人价值的最大化。(　)

【参考答案】×

【答案解析】文化管理是一种“以人为本”的管理模式，以人的全面发展为目标，通过共同价值观的培育，在系统内部营造一种健康、和谐的文化氛围。

12. 领导是管理中的高层次活动，它以法定的权力决定和影响社会、组织及其成员的行为。(　)

【参考答案】√

【答案解析】领导是管理中的高层次活动，它以法定的权力决定和影响社会、组织及其成员的行为。

13. 表彰和奖励能起到激励作用，批评和惩罚不能起到激励作用。(　)

【参考答案】×

【答案解析】表彰和奖励能起到激励作用，批评和惩罚也能起到激励作用。

14. 只要进行了领导授权，事情由被授权者全权负责，一旦发生了问题，由被授权者承担责任。(　)

【参考答案】×

【答案解析】主要考查对领导授权艺术的理解和运用，在授权过程中，不可将授权当成推卸责任的“挡箭牌”。

15. 管理既是组织的活动又是人的活动，管理的最终目标是获得人的最好发展和组织的最大效益。(　)

【参考答案】√

【答案解析】总的来说，管理既是组织的活动又是人的活动，管理的最终目标是获得人的最好发展和组织的最大效益。

16. 税务管理活动只是本组织的领导者的行为，与其他主体无关。(　)

【参考答案】×

【答案解析】税务行政管理活动与本组织的全体人员均有密切的关系，需要组织上下、内外的沟通协调能力并获得方方面面的支持，因此在管理实践中必须体现群众性观点，树立依靠群众、关心群众、发动群众、服务群众的理念。

17. 头脑风暴法是应用最广的一种发散思维方法，又称“智力激励法”。(　)

【参考答案】√

【答案解析】头脑风暴法是应用最广的一种发散思维方法，又称“智力激励法”。

18. 传统的项目管理注重所谓的“时间—费用—质量”这个“铁三角”，现代项目管理不仅考虑“铁三角”这种技术性指标，更侧重于让项目相关方满意这个根本性指标。(　)

【参考答案】√

【答案解析】主要考查对领导方法中项目管理的理解。该题表述符合现代管理关于技术指标和根本性指标的观点表述。

19. 领导是一个过程，是领导者和追随者在特定的情境中影响他人、获取追随去实现组织目标的过程。(　)

【参考答案】√

【答案解析】领导是一个过程，是领导者和追随者在特定的情境中影响他人、获取追随去实现组织目标的过程。

20. 领导能力是领导力架构中的很重要的内容，直接影响领导力的强弱。(　)

【参考答案】√

【答案解析】领导能力是领导力架构中的很重要的内容，直接影响领导力的强弱。

四、简答题

1. 管理的含义及其管理工作的内容是什么?

【参考答案】

管理是指组织通过计划、组织、领导、控制、创新等职能活动，高效实现组织目标的过程。

管理包括计划、组织、领导、控制以及创新等一系列工作。具体内容：

（1）为了提高组织可支配资源的利用效率，管理者首先需要为组织利用资源的活动选择正确的方向，之后将决策目标在时间上和空间上分解到组织的各个部门和环节，对每个单位、每个成员的工作提出具体要求，即计划工作。

（2）根据目标活动的要求设计合理的职位系统，招聘合适的人员，即组织工作。

（3）把合适的人员安排在合适的岗位后，需要激励每一位员工，激发其潜能，使其持续地保持旺盛的工作热情，即领导工作。

（4）不同成员的行为不一定都符合组织的预定要求，所以要进行及时的追踪和检查，即控制工作。

（5）资源利用的效率在很大程度上取决于活动方法或技术是否合理，随着人们对客观世界认识能力的提升，活动方法需要不断改进，实际上，不仅仅活动方法，组织活动的方向、从事具体活动的人的安排也应随着活动环境与条件的变化而及时调整或创新。因此，组织要通过管理努力，保证始终让正确的人用正确的方法在正确的岗位上从事正确的工作。

2. 什么是路径依赖效应？

【参考答案】

路径依赖效应是指一旦作出某种选择，惯性的力量会不断自我强化，这一选择让人轻易走不出来。对组织而言，一种制度形成后会形成某个既得利益集团，他们对现在的制度有强烈的要求，只有巩固和强化现有制度，才能保障他们继续获得利益，哪怕新制度对全局更有效率。

第二章
政务管理

第一节　公文处理

、公文基础知识

1. 公文格式的组成要素包括：份号、密级和保密期限、紧急程度、发文机关标志、发文字号、签发人、标题、主送机关、正文、附件说明、发文机关署名、成文日期、印章、附注、附件、抄送机关、承办部门名称、印发部门名称和印发日期、页码等。

2. 公文的密级分为绝密、机密和秘密三个等级。

3. 公文的紧急程度分特急、加急两种。“特急”，是指内容重要并特别紧急，已临近规定的办结时限，需特别优先传递处理的公文。“加急”，是指内容重要并紧急，需打破工作常规，优先传递处理的公文。

4. 会签文件，会办部门一般应当在 3 个工作日内提出会签意见。加急件应当在 1 个工作日内会签，特急件应当随到随签。

5. 发文字号：由发文机关代字、年份、发文顺序号组成，编排在发文机关标志下空两行位置，居中排布。年份、发文顺序号用阿拉伯数字标注；年份应标全称，用六角括号“〔〕”标注，如“税总发〔2022〕1 号”。

6. 发文机关代字主要包括发、函、办发、办函等。

（1）发：向上级机关请示、报告和提出意见；向下级机关部署全局性税收工作。

（2）函：向下级机关部署局部的、阶段性的或临时性的工作。

（3）办发：对下布置日常性事务工作，通报情况。

（4）办函：与平级机关商洽、向上级机关部门报送情况；下发会议、培训通知。

7. 行文规则是文件从拟制到发布必须遵循的行为规范。公文行文必须做到以下几点：

（1）行文应当确有必要，讲求实效，注重针对性和可操作性。

（2）法律、法规中已有明确规定的，不再制发文件。

（3）现行文件规定仍然适用的，不再重复发文。

（4）已标注公开发布的文件，不再翻印。

（5）机关负责人的讲话，不以正式公文形式下发。

（6）对使用电话、内部网站等途径可以办理的事项，不发正式公文。

（7）在规定的职权范围内行文。要根据隶属关系和工作需要，在职权范围内行文。涉及其他单位职权范围的，应当会签有关单位或者联合行文。

（8）各级税务机关一般不得越级行文。因特殊情况（如重大灾害、重大案件、重大事故等）必须越级行文时，应当抄送被越过的上级机关（下级机关反映其直接上级机关和领导人问题的除外）。上级机关批复越级上报的请示时，也应当抄送被越过的机关。

8. 公文按照一般行文规则分为上行文、下行文、平行文 3 种。

（1）上行文规则：

①原则上主送一个上级机关，根据需要同时抄送相关上级机关和同级机关，不抄送下级机关。

②下级税务机关向上级税务机关请示、报告重大事项，应当同时遵循本级党委、政府的有关规定。

③属职权范围内的事项应直接报送上级税务机关。

④下级机关的请示事项，如需以本机关名义向上级机关请示，应当提出倾向性意见后上报，不得原文转报上级机关。

⑤请示必须在事前，应当一文一事，不得在报告等非请示性公文中夹带请示事项。正文文末应当有请示语，在公文附注处注明联系人的姓名和电话。

⑥除上级机关负责人直接交办事项外，不得以本机关名义向上级机关负责人报送公文，不得以本机关负责人名义向上级机关报送公文。

⑦受双重领导的机关向一个上级机关行文，必要时抄送另一个上级机关。

（2）下行文规则：

①主送受理机关，根据需要抄送相关机关。重要行文应当同时抄送发文机关的直接上级机关。

②各级税务机关不得向下级党委、政府发布指令性公文或者在公文中向下级党委、政府提出指令性要求。需经政府审批的具体事项，经政府同意后可以由税务机关行文，文中须注明已经政府同意。各级税务机关可以以函的形式向下一级政府行文，商洽工作、询问和答复问题、审批事项。

③涉及其他部门职权范围内的事务，未协商一致的，不得向下行文；擅自行文的，上级税务机关应当责令其纠正或者撤销。

④上级机关向受双重领导的下级机关行文，必要时抄送该下级机关的另一个上级机关。

（3）平行文规则：

①各级税务机关可以与同级党政各部门、下一级党委政府、相应的军队机关、同级人民团体和具有行政职能的事业单位联合行文。联合行文应当明确主办单位。

②各级税务机关在职权范围内，可以向其他党政部门行文。向外部门回复意见或提供资料，应遵循复文与来文对等的原则处理。

③各级税务机关的办公厅（室）根据授权可以代表本级机关行文。各级税务机关的内设机构除办公厅（室）和法律规定具有独立执法权的机构外，不得对外正式行文。

④便函的使用。各级税务机关的内设机构根据工作需要，在规定的职权范围内，向上、下级税务机关的内设机构和其他机关的有关内设机构行非正式公文时使用便函，机关内设机构之间根据工作需要也可以使用便函。便函不得以“×××税务局”为行文对象。便函适用于商洽工作，通报和汇报有关情况，询问和答复一般事务性问题。便函不得设定行政许可、行政审批、行政处罚、行政强制以及其他不得由便函设定的事项，也不得规定税务系统内部管理审批、税收政策解释、税收征管问题解释、具体税收征管工作、会议培训和书刊征订等事宜。

二、公文处理程序

1. 公文拟制包括公文的起草、审核、签发等程序。

2. 发文办理包括复核、编号、校对、印制、用印、登记、封发等程序。

复核的重点包括审批、签发手续是否完备，附件材料是否齐全，格式是否统一、规范等；经复核需对文稿进行实质性修改的，应当提请签发人复审并签名。

3. 收文办理包括签收、登记、审核、拟办、批办、承办、传阅、催办、答复等程序。

（1）签收。要注意清点实收文件，与对方的投递单或送文簿核对，查看是否相符，包装和封口是否牢固，确认无误后再签收。收到绝密级公文后，必须在机要室存放并由专人保管。

（2）登记。登记内容主要包括：收文编号、日期、来文机关、文号、标题、密级、紧急程度、附件、份数、处理情况等。

（3）审核。对下级税务机关上报并需要办理的公文，办公厅（室）应当对来文的合法性、规范性进行审核。

（4）拟办。经签收、登记后，需要本机关办理的公文，应由办公厅（室）提出拟办意见。需要 2 个以上部门办理的公文，应明确主办部门。

（5）批办。机关负责人对办公厅（室）呈请批示的公文应当提出批办意见。如对拟办意见无异议，负责人圈阅视为同意；如拟办意见为呈请负责人阅示的，或者对拟办意见有补充以及不同意拟办意见的，负责人应当作出明确的批示。

（6）承办。承办部门收到交办的公文后应及时办理，在规定的时限内办理完毕。对不属于本单位职权范围或者不宜由本单位办理的，应当及时退回交办的文秘部门并说明理由。

（7）传阅。阅知性公文，根据领导批示和工作需要将公文及时送传阅对象阅知或者批示。办理公文传阅应当随时掌握公文去向，不得漏传、误传、延误。对有具体请示事项的收文，主批人应当明确签署意见、姓名和审批日期，其他审批人圈阅视为同意；没有请示事项的，圈阅表示已阅知。

4. 公文归档。公文办理完毕后，应当根据《中华人民共和国档案法》及档案管理有关规定，及时将公文定稿、正本和有关材料交本部门文秘人员整理、归档。每年 6 月 30 日前将本部门上一年度办理完毕的公文、材料整理后集中向本机关档案管理部门移交。个人不得保存应归档的公文。

第二节　绩效考核

一、绩效管理基本内涵

税务绩效管理，是指税务部门运用绩效管理原理和方法，建立符合税务系统实际的绩效管理制度机制，对各级税务机关围绕中心、服务大局、履行职责、完成任务等方面，实施管理及考评的过程。

实施绩效管理，是税务部门开展党的群众路线教育实践活动的重要成果，是国家税务总局贯彻落实习近平总书记关于抓好改革落实的重要讲话和指示精神，打通改革落地最后一公里，推动中央重大决策部署在税务系统落地生根的重要举措。通过制定考评指标、落实工作责任倒逼职能转变、工作改进，又通过评价工作业绩、强化结果运用切实体现干与不干、干多干少、干好干坏不一样，提振税务干部精气神，释放税收工作正能量，树立税务部门良好社会形象。

二、绩效管理在税务系统中的应用

（一）实施税务绩效管理的主要目标

围绕提升站位、增强税务公信力和执行力的“一提双增”目标，打造一条锁链、构筑一个闭环、形成一种格局、建立一套机制，激发干部队伍动力活力，提高税收工作效能效率，努力开拓税收事业更加广阔的前景。

一条锁链是“工作项目化、项目指标化、指标责任化”的工作锁链；一个闭环是“绩效管理有目标、目标执行有监控、执行情况有考评、考评结果有反馈、反馈结果有运用”的管理闭环；一种格局是“纵向到底、横向到边、双向互动、环环相扣、层层负责、人人向上”的责任格局；一套机制是落实重大决策部署的快速响应机制、税收工作持续改进的评价导向机制、树立税务队伍良好形象的内生动力机制、促进征纳关系和谐的服务增效机制。

（二）实施税务绩效管理的基本原则

1. 统一领导，分级管理。

税务系统绩效管理在国家税务总局统一领导下开展，各级税务机关按照管理层级，负责对本局机关内设机构和下一级税务机关实施绩效管理。

2. 改革引领，突出重点。

围绕税收现代化建设战略目标，强化改革发展导向，着力解决税收工作重点、难点问题，完善税收治理体系，提升税收治理能力。

3. 科学合理，客观公正。

建立科学完备的绩效管理制度，实现体系完整规范，指标可控可考，程序简便易行，数据真实有效，过程公开透明，结果公平可比。

4. 过程监控，动态管理。

规范流程，健全机制，改进手段，构建“目标—计划—执行—考评—反馈”的管理闭环，实施过程管理，强化跟踪问效。

5. 激励约束，持续改进。

正向激励与绩效问责相结合，强化绩效结果运用，完善评价导向机制，促进自我管理、自我改进、自我提升。

（三）税务绩效管理的主要流程

实施绩效管理，要按照制订绩效计划、实施绩效监控、开展绩效考评、运用考评结果和加强绩效改进的基本流程推进。

1. 科学制订绩效计划。

根据党中央、国务院的决策部署、税收现代化战略目标、国家税务总局年度工作安排以及本单位工作要点等制订绩效计划。

2. 全面实施绩效监控。

把绩效管理的过程作为自我管理、自我诊断、自我评估的过程，强化过程控制和动态管理，实现自我改进、自我提升。各级各部门要建立重点工作任务和关键指标的日常监控机制，掌握工作进度和重点指标完成情况，发现问题及时纠偏，确保绩效计划的有效执行和全面完成。

3. 严格开展绩效考评。

绩效考评是绩效管理的重要内容和核心环节。要科学制订绩效考评工作方案，合理确定考评方式方法。被考评单位要对绩效计划和绩效指标完成情况开展自查自评，定期提交绩效分析报告，将计划绩效与实际绩效进行分析对比，查找问题和薄弱环节，制定绩效改进措施。上级考评单位应加强绩效考评工作指导，通过绩效考评，发现问题，提出改进工作、加强管理、提升绩效的意见和建议。

4. 有效运用考评结果。

绩效考评结果是改进工作、加强管理的重要依据，要坚持正向激励为主，运用于干部问责、年度公务员评先评优，不断拓展运用范围。要将考评结果与领导班子和领导干部考评、干部选拔任用紧密挂钩，加大结果运用力度，对绩效不佳的单位和个人实行行政问责，严肃追究行政责任。

5. 重点抓好绩效改进。

绩效管理的根本目的在于促进工作绩效不断持续改进和提升。各级各部门要针对绩效考评反映的情况和问题，结合绩效计划，纵横比较分析，查找问题，分析原因，制定整改措施，对各项管理制度、业务流程存在的不足进行完善和优化，并纳入下一年度绩效计划。

6. 注重绩效工作沟通。

绩效沟通是绩效管理的灵魂和主线，它贯穿于绩效管理工作始终，渗透于绩效管理各环节，是区别于传统考评的重要标志。考评与被考评单位加强沟通协调，分别就绩效计划、指标设置、过程管理、绩效考评、绩效改进等环节内容，进行深入广泛交流，形成工作共识和价值认同，确保绩效管理工作良性运转。

第三节　保密工作

一、保密基础知识

1. 国家秘密的密级分为绝密、机密、秘密三级。国家秘密的保密期限，除另有规定外，绝密级不超过 30 年，机密级不超过 20 年，秘密级不超过 10 年。国家秘密的保密期限已满的，自行解密。

2. 国家秘密标志：国家秘密事项的密级一经确定，须在秘密载体上作出明显的标志。国家秘密标志形式为“密级★保密期限”“密级★解密时间”或者“密级★解密条件”。

3. 涉密人员管理：税务机关按照下管一级的原则，对涉密人员实行分级管理，分为核心涉密人员、重要涉密人员和一般涉密人员。一般来说，涉密人员脱密期限为：核心涉密人员不少于 3 年，重要涉密人员不少于 2 年，一般涉密人员不少于 1 年。

4. 脱密期管理：涉密人员调离涉密岗位，实行脱密期管理，脱密期内未经审查批准，不得擅自出境，不得到境外驻华机构、组织或者外资企业工作，不得为境外组织、人员或者外资企业提供劳务、咨询或者服务等。

5. 定密管理：定密工作是指对税务工作中所产生的国家秘密事项，及时准确确定密级、保密期限、知悉范围，并对国家秘密载体作出标志，及时通知应当知悉的机关单位和人员，并按规定进行全过程管理的活动。

（1）税务总局具有税务工作国家秘密绝密级、机密级、秘密级定密权。

（2）省税务局、税务总局驻各地特派办具有税务工作国家秘密机密级、秘密级定密权。

（3）省税务局不得对市、县税务局进行定密授权。

（4）各级税务机关均依法具有派生定密的定密权，无需申请相应的定密授权。

二、国家秘密载体管理

国家秘密载体，简称涉密载体，是指以文字、数据、符号、图形、图像、声音等方式记载国家秘密信息的纸介质、光介质、电磁介质等各类物品。

收发涉密载体应当履行清点、登记、编号、签收等手续。各种形式传递的涉密载体，必须履行机要登记后方可使用。传递涉密载体应当通过机要交通或机要通信部门。

制作涉密载体应当标明密级和保密期限，注明发放范围、制作数量、编排顺序号。制作涉密载体应在税务机关保密室或国家保密行政管理部门审查批准的定点单位进行，制作场所必须符合保密要求。

收到涉密载体后，应按照制发单位的要求，确定知悉人员范围。任何部门和个人不得擅自扩大国家秘密的知悉范围。

涉密载体原则上不允许复制。确因工作需要复制，应履行审批手续，经主要领导批准。涉密载体复制后，机要室应对复制份数、复制件密级标识等进行核对，并逐份登记，加盖复制单位戳记，标明复制部门、编号和时间。涉密载体复制件要视同原件管理。

涉密载体应当存放在密码文件柜中，由专人管理。禁止携带涉密载体参加涉外活动或出境。

涉密载体销毁要履行清点、登记手续，经主管领导审核批准后，送交专门的涉密载体销毁机构销毁。

三、涉密信息设备违规情形

1. 将涉密信息设备接入互联网及其他公共信息网络。

2. 使用非涉密信息设备存储、处理国家秘密。

3. 在涉密计算机与非涉密计算机之间交叉使用存储介质。

4. 使用低密级信息设备存储、处理高密级信息。

5. 在未采取技术防护措施的情况下将互联网及其他公共信息网络上的数据复制到涉密信息设备。

6. 在涉密计算机与非涉密计算机之间共用打印机、扫描仪等信息设备。

7. 在涉密场所连接互联网的计算机上配备或安装麦克风或摄像头等音频视频输入设备。

8. 使用具有无线互联功能或配备无线键盘、无线鼠标等无线装置的信息设备处理国家秘密。

9. 擅自卸载涉密计算机上的安全保密防护软件或设备。

10. 将涉密信息设备通过普通邮政或其他无保密措施的渠道邮寄、托运。

四、涉密信息系统违规使用情形

1. 将涉密信息系统接入互联网及其他公共信息网络。

2. 在非涉密信息系统中存储、处理和传输国家秘密信息。

3. 在未经审批的涉密信息系统中存储、处理和传输国家秘密信息。

4. 在低密级涉密信息系统中存储、处理和传输高密级信息。

5. 擅自改变涉密信息系统的安全保密防护措施。

五、泄密事件管理

泄密事件，是指违反保密法律、法规和规章制度，使国家秘密被不应知悉者知悉，或者超出了限定的接触范围，而不能证明未被不应知悉者知悉的行为和事件。对属于国家秘密的密品、密件，自发现下落不明之日起，绝密级 10 日内，机密、秘密级 60 日内查无下落的，按泄密事件处理。税务机关工作人员违反规定，发生泄密案件的，按照干部管理权限，依据严重程度分别对直接负责的主管人员和其他直接责任人员给予党纪政纪处理。行为情节严重、构成犯罪的，由司法机关依法追究刑事责任。

第四节 应急管理

一、应急管理基础知识

1. 突发事件按照其性质、严重程度、可控性和影响范围等因素分成四级，特别重大的是Ⅰ级，重大的是Ⅱ级，较大的是Ⅲ级，一般的是Ⅳ级，预警等级分别用红色、橙色、黄色、蓝色表示。

2. 突发事件应对工作原则：

（1）以人为本，减少危害。

（2）属地为主，分级负责。

（3）依法规范，统一指挥。

（4）注重预防，科学处置。

二、突发事件的应急响应

突发事件的报告时限：税务系统特别重大、重大突发事件发生后，事发地税务机关要立即报告上一级税务机关，最迟不超过 1 小时。必要时，可直接向国家税务总局报告，同时补报上一级税务机关。省税务机关最迟在 3 个小时内报告国家税务总局，并报告省级政府，不得谎报、瞒报、漏报和迟报。需要上报国务院的突发事件信息，国家税务总局应在国务院规定时限（4 小时）内将突发事件信息按程序上报国务院。

三、突发事件报告特殊情形

1. 对较大（Ⅲ级）、一般（Ⅳ级）突发事件因本身比较敏感、发生在敏感地区、敏感时间，或可能发展为重大（Ⅱ级）以上的突发事件，事发地税务机关可不受特别重大、重大突发公共事件分级标准的限制，直接向上级机关报告信息。

2. 当地省级人民政府规定的较大（Ⅲ级）以上突发事件，或出现税务工作人员非正常死亡的事件，事发地税务机关应及时逐级报告税务总局。对国家税务总局要求上报的突发事件，应在接到通知后立即上报。

第五节　政务公开

一、政府信息公开申请的提出

公民、法人或者其他组织可以采取当面申请、邮寄申请、互联网在线平台申请等方式提出政府信息公开申请，并在政府信息公开申请表中准确详实填写申请人信息、所需政府信息事项内容、信息获取方式等。税务机关应在政府信息公开指南中列明申请渠道和有关要求。

1. 当面申请。

申请人可以携带有效身份证明或者证明文件，直接到税务机关政府信息公开工作机构（以下简称信息公开机构）当面提出申请。申请人采用书面形式确有困难的，可以口头提出，由信息公开机构代为填写政府信息公开申请表，并由申请人签字确认。

2. 邮寄申请。

申请人自行下载并填写政府信息公开申请表，连同有效身份证明或者证明文件复印件，邮寄到信息公开机构。在信封上应注明“政府信息公开申请”字样。

3. 互联网在线申请。

申请人可以登录税务网站，在线填写提交政府信息公开申请表。信息公开机构应当安排工作人员工作日及时查看并处置在线申请。

二、政府信息公开申请的登记

税务机关信息公开机构应当建立台账，对收到的政府信息公开申请及办理情况逐一记载。应登记的内容主要包括以下 4 个方面。

1. 收到申请的时间。

主要包括以下四种情形：

（1）申请人当面提交政府信息公开申请的，信息公开机构应向申请人出具登记回执，以申请人提交之日为收到申请之日。

（2）申请人以特快专递、挂号信等需要签收的邮寄方式提交政府信息公开申请的，以税务机关签收之日为收到申请之日。

(3) 申请人以平常信函等无需签收的邮寄方式提交政府信息公开申请的，信息公开机构应当于收到申请的当日与申请人进行确认，以确认之日为收到申请之日。

(4) 申请人通过互联网在线提交政府信息公开申请的，信息公开机构应当于收到申请的当日与申请人进行确认，以确认之日为收到申请之日。

上述所称“确认”，是指信息公开机构通过电话或者申请人提供的其他联系方式，向申请人告知税务机关已收到其政府信息公开申请。

2. 申请情况。

申请情况主要包括申请人信息、申请渠道、申请公开的内容、信息获取的方式等，其中申请人情况分以下两种情况进行登记：

(1) 申请人是公民的，应登记申请人姓名、身份证号码、联系电话、通信地址、邮政编码等。

(2) 申请人是法人或者其他组织的，应登记申请人名称、性质（按工商企业、科研机构、社会公益组织、法律服务机构、其他等划分）、统一社会信用代码、通信地址、邮政编码、联系电话、联系人姓名。

3. 办理情况。

主要登记办理的过程及进展等情况，包括补正、征求意见、答复、送达等情况。

4. 复议诉讼情况。

主要包括申请人提出行政复议、行政诉讼及相关进展、结果等情况。

三、政府信息公开申请的审核

收到政府信息公开申请后，信息公开机构应当对申请内容进行审核。申请内容不符合规定要求的，应及时告知申请人进行补正。

（一）应当补正的情形

1. 未提供申请人的姓名或者名称、身份证明、联系方式的。

2. 申请公开的政府信息的名称、文号或者其他特征性描述不明确或有歧义的。

3. 申请公开的政府信息的形式要求不明确的，包括未明确获取信息的方式、途径等。

（二）补正告知的方式

需要申请人补正的，信息公开机构应当在收到申请之日起 7 个工作日内一次性告知申请人补正事项、合理补正期限、逾期不补正的后果。

1. 申请人要求邮寄送达但未提供联系方式、邮寄地址的，税务机关应告知申请人提供。因申请人未提供联系方式或者邮寄地址而无法告知其补正的，对其申请予以登记备查，自恢复与申请人的联系之日起，启动政府信息公开申请处理程序。

2. 申请人未提供身份证明的，税务机关应告知申请人提供。如果申请人的身份影响到对相关政府信息公开的判断，或者可能存在冒用身份等情况，信息公开机构可以对申请人的身份证明进行核实。身份证明存在问题的，可以与申请人进一步沟通，或者启动补正程序请申请人提供正确的身份证明。

3. 申请人申请的政府信息特征性描述无法指向特定信息、理解有歧义，或者涉及咨询事项的，税务机关应当告知申请人作出更改、补充，并对需要补正的理由和内容作出辅导与释明。

4. 申请人未明确政府信息获取方式和途径的，税务机关可要求申请人予以明确。

（三）补正结果

1. 补正原则上不超过一次。申请人补正后仍无法明确申请内容的，税务机关应当通过与申请人当面或者电话沟通等方式明确其所需获取的政府信息；经沟通，税务机关认为申请内容仍不明确的，可以根据客观事实作出无法提供的决定。

2. 补正期限一般不超过 15 个工作日。申请人无正当理由，逾期不补正的，视为放弃申请，税务机关不再处理该政府信息公开申请。

3. 答复期限自税务机关收到申请人补正材料之日起计算。

（四）撤回申请

申请人自愿撤回政府信息公开申请的，税务机关自收到撤回申请之日起不再处理其政府信息公开申请，信息公开机构作结案登记，并留存申请人撤回申请等相关材料。

四、政府信息公开申请的办理

（一）信息公开机构直接办理

对于政府信息公开申请内容明确，信息公开机构能够直接办理的，可自行起草政府信息公开申请答复文书。

（二）交承办部门办理

信息公开机构认为需要交本机关相关部门办理的，根据申请内容确定具体承办部门，填写《政府信息公开申请办理审批表》及交办单，经信息公开机构负责人签批后，将政府信息公开申请交承办部门办理。

承办部门应当在信息公开机构明确的期限内提出予以公开、不予公开、部分公开、无法提供、不予处理等办理意见并说明理由，经部门主要负责人签批后反馈信息公开机构；涉及多个部门的，由牵头承办部门协调办理。需要补正或者征求第三方及其他行政机关意见的，按以下规定办理：

1. 承办部门收到信息公开机构转办的政府信息公开申请后，认为申请内容不明确，需要补正的，应当在收到申请的当日提出补正建议，并将政府信息公开申请退回信息公开机构。

2. 申请公开的政府信息涉及商业秘密、个人隐私，公开后可能损害第三方利益的，承办部门应提请信息公开机构书面征求第三方意见。第三方应当自收到征求意见书之日起 15 个工作日内提出意见。第三方逾期未提出意见的，由承办部门依照《中华人民共和国政府信息公开条例》决定是否公开，决定公开的，应将公开的政府信息内容和理由书面告知该第三方。

3. 申请公开的政府信息由本税务机关牵头、其他行政机关参与制作的，承办部门应提请信息公开机构书面征求其他行政机关意见。

4. 承办部门认为在本机关收到申请之日起 20 个工作日内不能作出答复，需要延长答复期限的，应当报经信息公开机构负责人同意后告知申请人，延长的期限不得超过 20 个工作日。征求第三方和其他行政机关意见所需时间不计算在前述期限内。

五、政府信息公开申请的答复

各级税务机关应对政府信息公开申请作出最终处理决定、制作相应法律文书并送达申请人。答复文书分为答复书和告知书，应当具备以下要素：标题、文号、申请人姓名(名称)、申请事实、法律依据、处理决定、申请人复议诉讼的权利和期限、答复主体、答复日期及印章。

（一）起草答复文书

信息公开机构应当自行或者按照承办部门意见起草政府信息公开答复文书。答复书主要分为予以公开、不予公开、部分公开、无法提供、不予处理等五种类型，具体如下：

1. 予以公开类。

（1）申请人所申请的政府信息已经主动公开的，税务机关告知其获取方式和途径。

（2）申请人所申请公开信息可以公开的，税务机关向其提供该政府信息。

（3）申请人所申请的政府信息尚未公开，但是税务机关能够确定主动公开时间的，可以告知申请人获取该政府信息的方式、途径和时间。

2. 不予公开类。

（1）依法确定为国家秘密的政府信息。

（2）法律、行政法规禁止公开的政府信息。

（3）公开后可能危及国家安全、公共安全、经济安全、社会稳定的政府信息。对可能涉及国家安全、公共安全、经济安全和社会稳定的申请，应加强相关部门间的协商会商，依据有关法律法规，对信息是否应该公开、公开后可能带来的影响等进行综合分析，研究提出处理意见，并留存相关审核材料等证据。

（4）涉及商业秘密、个人隐私等公开会对第三方合法权益造成损害的政府信息，但第三方同意公开或者税务机关认为不公开会对公共利益造成重大影响的除外。

（5）税务机关的内部事务信息，包括人事管理、后勤管理、内部工作流程等方面的信息，可以不予公开。

（6）税务机关在履行行政管理职能过程中形成的讨论记录、过程稿、磋商信函、请示报告等过程性信息，可以不予公开，但法律、法规、规章规定应当公开的除外。

（7）税务机关在行政征收、行政处罚、行政许可、行政检查、行政强制、行政奖励、行政确认以及行政复议等工作中形成的行政执法案卷信息，可以不予公开，但法律、法规、规章规定应当公开的除外。

3. 部分公开类。

申请公开的信息中含有不应当公开或者不属于政府信息的内容，但是能够作区分处理的，税务机关应当向申请人提供可以公开的政府信息内容，并对不予公开的内容说明理由。

4. 无法提供类。

（1）对申请人所申请获取的政府信息，税务机关应当认真查找、检索，确认申请信息是否存在。经检索查找，税务机关未制作、获取相关信息或者已制作或获取相关信息，但由于超过保管期限、依法销毁、资料灭失等原因，税务机关客观上无法提供的，可以告知申请人该政府信息不存在。

（2）申请公开的信息属于其他行政机关职责范围、本机关不掌握的，可告知申请人并说明理由；能够确定负责公开该政府信息的行政机关的，告知申请人该行政机关的名称、联系方式。

（3）税务机关没有现成信息，需要对现有政府信息进行加工、分析的，税务机关可以不予提供。

（4）申请人补正后申请内容仍不明确的，税务机关可以告知申请人无法提供。

5. 不予处理类。

（1）申请人以政府信息公开申请的形式进行信访、投诉、举报等活动的，税务机关应当告知申请人不作为政府信息公开申请处理，并告知进行信访、投诉、举报等活动的渠道。

(2) 税务机关已就申请人提出的政府信息公开申请作出答复、申请人重复申请公开相同政府信息的，告知申请人不予重复处理。

(3) 申请人提出的申请内容为要求税务机关提供政府公报、报刊、书籍等公开出版物的，税务机关可以告知其获取的途径。

(4) 申请人申请公开政府信息的数量、频次明显超过合理范围，税务机关可以要求申请人说明理由。税务机关认为申请理由不合理的，告知申请人不予处理。

(5) 申请人要求对已获取的政府信息进行确认或者重新出具的，税务机关可以不予处理。申请人要求税务机关更正与其自身相关的不准确政府信息记录，有权更正的税务机关审核属实的，应当予以更正并告知申请人；不属于本税务机关职能范围的，税务机关告知申请人向有权更正的行政机关提出，或者转送有权更正的行政机关处理并告知申请人。

(6) 所申请公开信息属于工商、不动产登记资料等信息，有关法律、行政法规对信息的获取有特别规定的，告知申请人依照有关法律、行政法规的规定办理。

(7) 申请人申请的信息属于党务信息的，税务机关可以不予处理，并告知申请人按照《中国共产党党务公开条例（试行)》有关规定办理。

（二）法规部门审核

法规部门对信息公开机构起草的答复文书进行审核，并及时反馈审核意见。

（三）报批

信息公开机构根据法规部门审核意见修改答复文书，并报本机关分管领导批准后，作出答复决定；涉及关键信息、敏感信息的，应报本机关主要领导批准。

符合下列情形之一的，应召开本机关政务公开工作领导小组会议作出处理决定：申请人申请的数量、频次明显超过合理范围，税务机关要求申请人说明理由且认为申请理由不合理的；第三方不同意公开，税务机关决定予以公开的；认为公开政府信息可能危及国家安全、公共安全、经济安全和社会稳定的，税务机关决定不予公开的。

（四）送达

1. 送达方式。

税务机关依申请公开政府信息，应当根据申请人的要求及税务机关保存政府信息的实际情况，确定提供政府信息的具体形式，主要有当面提供、邮政寄送或者通过互联网在线申请平台发送三种形式。按照申请人要求的形式提供政府信息，可能危及政府信息载体安全或者公开成本过高的，可以通过电子文档以及其他适当形式提供，或者安排申请人查阅、抄录相关政府信息。

2. 送达时间。

邮寄送达的，应通过邮政快递或者挂号方式，以邮政企业收寄并加盖邮戳日期为答复时间；通过互联网在线申请平台送达的，应将答复文书扫描上传并将相关政府信息作为附件一并发送，网络系统发出文书的日期为答复时间；当面送达的，申请人签收的日期为答复时间。

六、政府信息公开申请资料的整理保管

（一）应当整理保管的资料

办理政府信息公开申请工作中产生的下列资料，应当由信息公开机构按件整理保管：政府信息公开申请表原件，申请人身份证明或者证明文件复印件，办理过程中形成的运转单、审批表，对申请人做出的告知书、答复书，向其他行政机关及第三方发出的征求意见函，其他行政机关及第三方意见，邮寄单据和相关签收单据以及应当保管的其他材料。

（二）保管期限

办理政府信息公开申请过程中产生的档案材料保管 5 年后，经分析研判无保存价值的，由信息公开机构负责人批准，可予销毁。因政府信息公开发生行政复议、行政诉讼以及具有查考利用价值的重要材料，按年度向机关档案管理部门移交归档。

第六节　解决形式主义突出问题为基层减负

1. 以党的政治建设为统领加强思想教育，着力解决党性不纯、政绩观错位的问题。

坚持用习近平新时代中国特色社会主义思想武装头脑，在深化消化转化上下功夫，把理论学习的成效体现到增强党性修养、提高工作能力、改进工作作风、推动党的事业发展上。将力戒形式主义、官僚主义作为全党开展的“不忘初心、牢记使命”主题教育重要内容，教育引导党员干部牢记党的宗旨，坚持实事求是的思想路线，树立正确政绩观，把对上负责与对下负责统一起来。从领导机关，首先是中央和国家机关做起，开展作风建设专项整治行动，发扬斗争精神，对困扰基层的形式主义问题进行大排查，着重从思想观念、工作作风和领导方法上找根源、抓整改。

2. 严格控制层层发文、层层开会，着力解决文山会海反弹回潮的问题。

认真贯彻落实中央八项规定及其实施细则精神，从中央层面做起，层层大幅度精简

文件和会议，确保发给县级以下的文件、召开的会议减少 30% ~ 50%。发扬“短实新”文风，坚决压缩篇幅，防止穿靴戴帽、冗长空洞，中央印发的政策性文件原则上不超过 10 页，地方和部门也要按此从严掌握。地方各级、基层单位贯彻落实中央和上级文件，可结合实际制定务实管用的举措，除有明确规定外，不再制定贯彻落实意见和实施细则。科学确定中央文件密级和印发范围，能公开的公开。少开会、开短会，开管用的会。上级会议原则上只开到下一级，经批准直接开到县级的会议，不再层层开会。严禁随意拔高会议规格、扩大会议规模，未经批准不得要求党委和政府主要负责同志以及部门一把手参会，减少陪会。提倡合并开会、套开会议，多采用电视电话、网络视频会议等形式。提高会议实效，不搞照本宣科，不搞泛泛表态，不刻意搞传达不过夜，坚决防止同一事项议而不决、反复开会。进一步改革会议公文制度，选择一些地方和单位开展治理文山会海工作试点。

3. 加强计划管理和监督实施，着力解决督查检查考核过多过频、过度留痕的问题。

抓好《中共中央办公厅关于统筹规范督查检查考核工作的通知》（中办发〔2018〕56 号）贯彻落实，严格控制总量，实行年度计划和审批报备制度，中央和国家机关有关部门原则上每年搞 1 次综合性督查检查考核，对县乡村和厂矿企业学校的督查检查考核事项减少 50% 以上的目标要确保执行到位。强化结果导向，考核评价一个地方和单位的工作，关键看有没有解决实际问题、群众的评价怎么样。坚决纠正机械式做法，不得随意要求基层填表报数、层层报材料，不得简单将有没有领导批示、开会发文、台账记录、工作笔记等作为工作是否落实的标准，不得以微信工作群、政务 App 上传工作场景截图或录制视频来代替对实际工作评价。严格控制“一票否决”事项，不能动辄签“责任状”，变相向地方和基层推卸责任。对涉及城市评选评比表彰的各类创建活动进行集中清理，该撤销的撤销，该合并的合并。对巡视巡察、环保督察、脱贫攻坚督查考核、政府大督查、党建考核等，牵头部门也要倾听基层意见进行完善，提出优化改进措施。调查研究、执法检查等要轻车简从、务求实效，不干扰基层正常工作。

4. 完善问责制度和激励关怀机制，着力解决干部不敢担当作为的问题。

坚持严管和厚爱结合，实事求是、依规依纪依法严肃问责、规范问责、精准问责、慎重问责，真正起到问责一个、警醒一片的效果。修订《中国共产党问责条例》。有效解决问责不力和问责泛化、简单化等问题。正确对待被问责的干部，对影响期满、表现好的干部，符合有关条件的，该使用的要使用。制定纪检监察机关处理检举控告工作规则，保障党员权利，及时为干部澄清正名，严肃查处诬告陷害行为。改进谈话和函询工作方法，有效减轻干部不必要的心理负担。把“三个区分开来”的要求具体化，正确把握干部在工作中出现失误错误的性质和影响，切实保护干部干事创业的积极性，为担当者担当，为负责者负责。对基层干部特别是困难艰苦地区和奋战在脱贫攻坚第一线的干部，给予更多理解和支持，在政策、待遇等方面给予倾斜。

5. 加强组织领导，为解决困扰基层的形式主义问题提供坚强保障。

在党中央集中统一领导下，建立中央层面整治形式主义为基层减负专项工作机制，由中央办公厅牵头，中央纪委国家监委机关、中央组织部、中央宣传部、中央改革办、中央和国家机关工委、全国人大常委会办公厅、国务院办公厅、全国政协办公厅等参加，负责统筹协调推进落实工作。各地区各部门党委（党组）要切实履行主体责任，一把手负总责，党委办公厅（室）负责协调推进落实，把力戒形式主义、官僚主义作为重要任务，拿出有效管用的整治措施。加强政治巡视和政治督查，加大舆论监督力度，对形式主义、官僚主义典型问题点名道姓通报曝光，对干实事、作风好的先进典型及时总结推广，为广大党员干部作示范、树标杆。

第七节　重大事项请示报告

一、重大事项请示报告工作的责任分工

各级税务局党委要承担重大事项请示报告工作主体责任，主要负责同志为第一责任人，按照“分级负责、层层落实”的要求，在做好本级党组织重大事项请示报告工作的同时，加强对下级党组织的指导和监督，不断提高本系统请示报告工作的制度化、规范化、科学化水平。办公厅（室）牵头负责重大事项请示报告工作，对机关和本系统重大事项请示报告工作进行统筹协调、督促指导和提醒把关。相关职能部门根据职责分工，具体承办向上级党组织请示报告重大事项，在其职权范围内接受下级党组织的请示报告并作出处理。

二、重大事项请示报告工作实行清单管理

税务总局党委按照相关要求，结合税收工作实际，在梳理现行重大请示报告事项的基础上，研究制定了税务总局党委、各省税务局党委（包括自治区、直辖市和计划单列市税务局党委，税务总局驻各地特派办分党组，税务干部进修学院党委）、税务系统党员以及税务系统领导干部应当请示报告的重大事项清单，并根据有关要求适时对清单进行调整完善。清单只列入应当请示报告的重大事项，对常规性、一般性的请示报告事项，按照既定规定和程序进行。

三、规范重大事项请示报告报送程序

各级税务局党委要严格按照规定的程序进行请示报告。请示报告应当逐级进行，一般不得越级请示报告。省级和省级以下税务局党委根据以税务总局为主、与省区市党委和政府双重领导的管理体制要求，应当向上级税务局党委请示报告，同时抄送当地党委；也可根据事项性质和内容向当地党委请示报告，同时抄送上级税务局党委；特殊情况下，可以不抄送。党员一般应当向所在党组织（党支部、党总支）请示报告重大事项；领导干部一般应当按照干部管理权限和事项内容向本级党委（党组）或上级党组织请示报告重要工作。要注重提高时效性，严格按照规定时限要求进行请示报告。

四、各级税务局党委要对请示报告严格把关

不断提高请示报告质效。要严格政治把关，在请示报告中规范使用有关表述，确保请示报告的内容符合中央精神、体现“两个维护”的要求。要对请示报告的真实性负责，认真核实非第一手、转报的情况，情况不明或者来不及核实的须作说明。要进一步改进文风，做到言之有物、简明扼要、意尽文止。请示必须情况全面、事实准确、意见明确，坚决防止一点点小事都层层上报请示、推诿塞责、上交矛盾的做法；报告要坚持问题导向，报送的落实措施要可量化，落实效果要可验证，意见建议要有针对性和可操作性，篇幅字数要符合相关规定。要加强统筹，对主题相近、内容关联的同类事项可归并整合报告。要注重实效，坚决杜绝请示报告工作中的形式主义、官僚主义问题。

五、强化重大事项请示报告工作监督检查

各级税务局党委应当将重大事项请示报告工作开展情况纳入向上一级党委报告工作的重要内容，在报送履行党风廉政建设责任制、党建工作等有关情况时予以体现，并作为履行全面从严治党政治责任的重要内容，对下级税务局党委及其主要负责同志进行考核评价。要建立健全重大事项请示报告工作督查机制，将执行请示报告制度情况纳入日常监督、绩效管理和巡视巡察范围。实行重大事项请示报告责任追究制度，对违反有关规定的，要依规依纪追究责任。

第八节 习题演练

一、单项选择题

1. 下列关于税务系统紧急重大情况报告工作的说法中，错误的是（ ）。

A. 税务系统发生的重大突发事件，省税务机关要将其作为紧急重大情况及时向国家税务总局报告

B. 税务系统发生的工作人员死亡事件，省税务机关要将其作为紧急重大情况及时向国家税务总局报告

C. 各级税务机关要按照“及时、准确、稳妥、保密”原则，加强信息监控、收集、研判

D. 紧急重大情况发生后，省税务机关最迟于事发后 3 小时内向国家税务总局总值班室报告

【参考答案】B

【答案解析】税务系统发生的工作人员非正常死亡事件，省税务机关要将其作为紧急重大情况及时向国家税务总局报告。

2. 某市税务局保密人员小赵，发现所保管的涉密文件出现泄密情况，该税务机关应书面上报省税务局及同级保密机关的时限是（ ）。

A. 发现后 24 小时内　　B. 发现后 48 小时内

C. 发现后 72 小时内　　D. 发现后 12 小时内

【参考答案】A

【答案解析】税务工作人员发现国家秘密已经泄露或者可能泄露时，应当立即采取补救措施，并在发现后 24 小时内报告上级税务机关和同级保密行政管理部门，填写泄露国家秘密事件报告表。

3. 突发事件可分为四个预警级别，并分别用不同颜色表示。下列突发事件预警级别与颜色组合正确的是（ ）。

A. 特别重大（Ⅰ级）——红色　　B. 重大（Ⅱ级）——蓝色

C. 较大（Ⅲ级）——橙色　　D. 一般（Ⅳ级）——黄色

【参考答案】A

【答案解析】依据《中华人民共和国突发事件应对法》，按照突发事件发生的紧急程度、发展势态和可能造成的危害程度分为一级、二级、三级和四级，分别用红色、橙色、

黄色和蓝色标示，一级为最高级别。

4. 国家秘密的保密期限已满的，其解密方式是（ ）。

A. 由发文机关按规定解密　　B. 由发文机关上级机关按规定解密

C. 由国家秘密管理相关部门解密　　D. 自行解密

【参考答案】D

【答案解析】国家秘密的保密期限，除另有规定外，绝密级不超过 30 年，机密级不超过 20 年，秘密级不超过 10 年。各级税务机关应当根据工作需要，确定具体的保密期限、解密时间或者解密条件。国家秘密的保密期限已满的，自行解密。

5. 在组织召开涉及国家秘密内容的会议时，正确的做法是（ ）。

A. 用微信发送会议通知　　B. 使用无线话筒

C. 会后及时清点回收会议资料　　D. 参会人员手机关闭后方可带入会场

【参考答案】C

【答案解析】组织召开涉密会议时，不能使用微信发布涉密会议通知，会场内不能使用无线话筒，禁止携带手机进入会场。会后应及时清点回收会议资料。

6. 撰写调研报告要坚持实践性原则，调研活动就是实践过程。下列语句表述含义不符合上述要求的是（ ）。

A. 知是行之始，行是知之成　　B. 纸上得来终觉浅，绝知此事要躬行

C. 书读百遍，其义自见　　D. 没有调查，就没有发言权

【参考答案】C

【答案解析】“书读百遍，其义自见”反映的是理性认识需要反复强化，没有直接强调认识与实践的辩证关系。

7. 适用于表彰先进、批评错误、传达重要精神、告知重要情况的文种是（ ）。

A. 通知　　B. 通报　　C. 报告　　D. 指示

【参考答案】B

【答案解析】依据《全国税务机关公文处理办法》第十八条的规定，通报适用于表彰先进，批评错误，传达重要精神和告知重要情况。

8. 2022 年 3 月，某县税务局拟向市税务局汇报练兵比武开展情况及当前工作中存在的问题。该局应选用的文种是（ ）。

A. 请示　　B. 汇报　　C. 报告　　D. 通知

【参考答案】C

【答案解析】依据《全国税务机关公文处理办法》，报告适用于向上级机关汇报工作、反映情况，回复上级机关询问。

9. 税务机关办公室负责人对来文处理提出初步意见并供领导批办时，参考的办理环节是（　）。

A. 拟办　　B. 承办　　C. 注办　　D. 分办

【参考答案】 A

【答案解析】 根据《全国税务机关公文处理办法》的规定，办公室（厅）负责人对来文的处理提出初步意见，为拟办。

10. 联合行文的成文时间是（　）。

A. 领导人签发的日期　　B. 最后签发机关领导人的签发日期

C. 会签的日期　　D. 会商的日期

【参考答案】 B

【答案解析】 根据《全国税务机关公文处理办法》的规定，联合行文的成文时间，以最后签发机关领导人的签发日期为准。

11. 2022 年 4 月 3 日，某税务局接到上级关于核查税务人员违规插手涉税经营的通知后，立即召开会议决定，该工作由纳税服务科具体负责，办公室填写“督办通知单”后交付纳税服务科办理，这一做法属于督办程序中的一个环节，该环节是（　）。

A. 立项　　B. 分办　　C. 批办　　D. 督办

【参考答案】 B

【答案解析】 依据《全国税务机关公文处理办法》，凡列为督查的事项，一般应按督查立项、分办、承办、督办、反馈、审核、归档的程序进行工作。分办是指审定立项的事项，督查部门将“督办通知单”转交有关承办单位办理。

12. 签发人标识用于（　）。

A. 所有的公文　　B. 上行文　　C. 平行文　　D. 下行文

【参考答案】 B

【答案解析】 根据《全国税务机关公文处理办法》的规定，上行文应当标注签发人姓名。

13. 2022 年 5 月，某县税务局干部小张准备为全局干部开展一次关于涉税舆情应对的课程。为增加课程的趣味性，小张搜集了一些素材。下列素材中，不属于涉税网络舆情的是（　）。

A. 网络上发布了某酒店发生的一起女子遇袭事件的视频，一些税务干部在下面跟帖发表了一些要加强人身安全保护的留言

B. 一辆小车发生交通意外，冲进了某税务局办税大厅，现场照片被人发到了网络上，引起网民各种猜测

C. 某市税务局在网络上发布了一系列便民办税措施，多家媒体转载，引起众多纳税

人点赞留言

D. 某电视台邀请某高校教授对当前某项税收政策进行解读，引发网民议论

【参考答案】 A

【答案解析】 涉税舆情预警监控的内容包括重要税收经济问题的批评性舆论；税务系统因决策不科学、政策不落实、执法不规范、法纪不严明、为税不清廉以及对税收政策误读等引发的涉税舆情；税收工作中出现的群体性、突发性事件。选项 A 不属于涉税舆情。

14. 发文机关标志是指公文的文头。下列关于发文机关标志的说法，错误的是（ ）。

A. 由发文机关全称或者规范化简称加“文件”二字组成，也可以使用发文机关全称或者规范化简称

B. 联合行文时，发文机关标志可以并用联合发文机关名称

C. 联合行文时，发文机关标志可以单独用主办机关名称

D. 发文机关标志需要同时标注联合发文机关名称的，一般应使行政序列在前面的机关排列在前

【参考答案】 D

【答案解析】 需要同时标注联合发文机关名称的，一般应使主办机关名称在前，如有“文件”二字置于发文机关名称右侧，以联署发文机关名称为准上下居中排布。

15. 公文处理中收文基本流程正确的是（ ）。

A. 收文登记—收文拟办—收文批办—科室处办—办结归档

B. 收文登记—收文批办—收文拟办—科室处办—文件打印—办结归档

C. 收文登记—收文交办—科室处办—文件打印—办结归档

D. 收文登记—收文交办—科室处办—文件打印—送档案管理部门归档

【参考答案】 A

【答案解析】 根据《全国税务机关公文处理办法》第八十七条的规定，收文办理指对收到公文的处理过程，包括签收、登记、审核、拟办、批办、承办、传阅、催办、答复等程序。

16. 下列选项中，不属于涉密会议保密方案内容的是（ ）。

A. 参加人员范围　　B. 会议经费预算

C. 保密管理制度　　D. 对外宣传报道保密要求

【参考答案】 B

【答案解析】 保密方案内容包括各环节保密责任、参加人员范围、保密管理制度、对外宣传报道保密要求和现场保密防护措施。

17. 税务机关依照有关法律、法规、规章向国内外公布税收规范性文件和其他重要税

收事项时应使用的公文种类是（ ）。

A. 命令　　B. 决定　　C. 公告　　D. 通告

【参考答案】C

【答案解析】公告适用于向国内外宣布重要事项或者法定事项。税务机关应当依照有关法律、法规、规章向国内外公布税收规范性文件和其他重要税收事项。公告应当公开发布，无主送、抄送。

18. 产生、经管或经常接触、知悉机密级国家秘密事项的人员是（ ）。

A. 核心涉密人员　　B. 重要涉密人员

C. 一般涉密人员　　D. 日常涉密人员

【参考答案】B

【答案解析】根据《关于进一步加强涉密人员保密管理工作的意见》的规定，重要涉密人员是产生、经管或经常接触、知悉机密级国家秘密事项的人员。

19. 下列关于向下级机关行文的说法中，错误的是（ ）。

A. 重要行文应当同时抄送发文机关的直接上级机关

B. 各级税务机关可以对下级党委、政府发布关于税收重点工作的指令性公文

C. 需经政府审批的具体事项，经政府同意后可以由政府职能部门行文，文中须注明已经政府同意

D. 党委、政府的部门可依据职权相互行文

【参考答案】B

【答案解析】根据《全国税务机关公文处理办法》第五十六条的规定，向下级机关行文应当遵循以下规则：(1) 主送受理机关，根据需要抄送相关机关。重要行文应当同时抄送发文机关的直接上级机关。(2) 各级税务机关不得向下级党委、政府发布指令性公文或者在公文中向下级党委、政府提出指令性要求。需经政府审批的具体事项，经政府同意后可以由税务机关行文，文中须注明已经政府同意。各级税务机关可以以函的形式向下一级政府行文，商洽工作、询问和答复问题、审批事项。(3) 涉及其他部门职权范围内的事务，未协商一致的，不得向下行文；擅自行文的，上级税务机关应当责令其纠正或者撤销。(4) 上级机关向受双重领导的下级机关行文，必要时抄送该下级机关的另一个上级机关。根据《党政机关公文处理工作条例》第十七条的规定，同级党政机关、党政机关与其他同级机关必要时可以联合行文。属于党委、政府各自职权范围内的工作，不得联合行文。党委、政府的部门依据职权可以相互行文。部门内设机构除办公厅（室）外不得对外正式行文。

20. 下列关于向上级机关行文的说法中，违背行文规则的是（ ）。

A. 请示必须在事前，应当一文一事，不得在报告等非请示性公文中夹带请示事项

B. 下级机关的请示事项，如需以本机关名义向上级机关请示，可以原文转报上级机关

C. 除上级机关负责人直接交办事项外，不得以本机关名义向上级机关负责人报送公文

D. 受双重领导的机关向一个上级机关行文，必要时抄送另一个上级机关

【参考答案】B

【答案解析】根据《全国税务机关公文处理办法》第五十五条的规定，向上级机关行文应当遵循以下规则：(1) 原则上主送一个上级机关，根据需要同时抄送相关上级机关和同级机关，不抄送下级机关。(2) 下级税务机关向上级税务机关请示、报告重大事项，应当同时遵循本级党委、政府的有关规定；属于职权范围内的事项应当直接报送上级税务机关。(3) 下级机关的请示事项，如需以本机关名义向上级机关请示，应当提出倾向性意见后上报，不得原文转报上级机关。(4) 请示必须在事前，应当一文一事，不得在报告等非请示性公文中夹带请示事项。正文文末应当有请示语，在公文附注处注明联系人的姓名和电话。(5) 除上级机关负责人直接交办事项外，不得以本机关名义向上级机关负责人报送公文，不得以本机关负责人名义向上级机关报送公文。(6) 受双重领导的机关向一个上级机关行文，必要时抄送另一个上级机关。

21. 秘密载体的保存管理，应遵循严格管理、严密防范、确保安全、方便工作的原则。绝密级国家秘密载体应存放在（ ）。

A. 专用文件柜　　B. 带锁文件柜　　C. 密码文件柜　　D. 密码保险柜

【参考答案】D

【答案解析】根据保密工作相关规定，绝密级国家秘密载体应存放在密码保险柜中。

22. 申请人以平常信函等无须签收的邮寄方式提交政府信息公开申请的，税务机关信息公开机构确认收到申请的时间方法是（ ）。

A. 应当于收到申请的当日与申请人进行确认，以确认之日为收到申请之日

B. 应当于税务机关登记台账之日确认为收到申请之日

C. 应当以税务机关信函收发部门收到之日为收到申请之日

D. 应当以收到邮局的邮戳为准确认收到申请之日

【参考答案】A

【答案解析】根据《税务机关政府信息公开申请办理规范》第二条的规定，收到申请的时间主要包括以下四种情形：(1) 申请人当面提交政府信息公开申请的，信息公开机构应向申请人出具登记回执，以申请人提交之日为收到申请之日。(2) 申请人以特快专递、挂号信等需要签收的邮寄方式提交政府信息公开申请的，以税务机关签收之日为收到申请之日。(3) 申请人以平常信函等无需签收的邮寄方式提交政府信息公开申请的，信息公开机构应当于收到申请的当日与申请人进行确认，以确认之日为收到申请之日。(4) 申请人通过互联网在线提交政府信息公开申请的，信息公开机构应当于收到申请的

当日与申请人进行确认，以确认之日为收到申请之日。上述所称“确认”，是指信息公开机构通过电话或者申请人提供的其他联系方式，向申请人告知税务机关已收到其政府信息公开申请。

23. 下列选项中，不符合不予公开理由的税务机关政府信息是（　）。

A. 依法确定为国家秘密的政府信息

B. 法律、行政法规禁止公开的政府信息

C. 公开后可能导致政府部门行政诉讼败诉的政府信息

D. 公开后可能危及国家安全、公共安全、经济安全、社会稳定的政府信息

【参考答案】C

【答案解析】根据《税务机关政府信息公开申请办理规范》的规定，不予公开类信息包括：(1) 依法确定为国家秘密的政府信息。(2) 法律、行政法规禁止公开的政府信息。(3) 公开后可能危及国家安全、公共安全、经济安全、社会稳定的政府信息。对可能涉及国家安全、公共安全、经济安全和社会稳定的申请，应加强相关部门间的协商会商，依据有关法律法规，对信息是否应该公开、公开后可能带来的影响等进行综合分析，研究提出处理意见，并留存相关审核材料等证据。(4) 涉及商业秘密、个人隐私等公开会对第三方合法权益造成损害的政府信息，但第三方同意公开或者税务机关认为不公开会对公共利益造成重大影响的除外。(5) 税务机关的内部事务信息，包括人事管理、后勤管理、内部工作流程等方面的信息，可以不予公开。(6) 税务机关在履行行政管理职能过程中形成的讨论记录、过程稿、磋商信函、请示报告等过程性信息，可以不予公开，但法律、法规、规章规定应当公开的除外。(7) 税务机关在行政征收、行政处罚、行政许可、行政检查、行政强制、行政奖励、行政确认以及行政复议等工作中形成的行政执法案卷信息，可以不予公开，但法律、法规、规章规定应当公开的除外。

24. 申请人提出政府信息公开申请，但税务机关没有现成信息，需要对现有政府信息进行加工、分析的，税务机关的正确做法是（　）。

A. 可以不予提供　　B. 必须在加工、分析后提供

C. 可以提供未经加工的信息　　D. 告知申请人该政府信息不存在

【参考答案】A

【答案解析】税务机关没有现成信息，需要对现有政府信息进行加工、分析的，税务机关可以不予提供。

25. 2022 年 3 月，某省税务局起草了《中共国家税务总局 ×× 省税务局委员会关于开展党史学习教育情况的报告》，该报告应使用的发文字号是（　）。

A. × 税党委发〔2022〕101 号　　B. × 税党委办发〔2022〕101 号

C. × 税党委函〔2022〕101 号　　　　D. × 税党委办函〔2022〕101 号

【参考答案】 A

【答案解析】 报告属上行文，应用党委发。

26. 税务总局要求，各级党委要大兴调查研究之风，每年深入基层一线和矛盾突出、情况复杂的地方开展调查研究不少于（　）天。

A. 30　　B. 10　　C. 15　　D. 20

【参考答案】 A

【答案解析】 调查研究不少于 30 天。

27. 文件、资料汇编中有密件的，应当对各独立密件的密级和保密期限作出标志，并在封面或者首页作出标志。下列说法正确的是（　）。

A. 以其中的最高密级和最短保密期限作出标志

B. 以其中的最高密级和最长保密期限作出标志

C. 以其中的最低密级和最长保密期限作出标志

D. 以其中的最低密级和最短保密期限作出标志

【参考答案】 B

【答案解析】 以其中的最高密级和最长保密期限作出标志。

28. 以下不属于税务机关主要公文文种的是（　）。

A. 纪要　　B. 批复　　C. 公报　　D. 意见

【参考答案】 C

【答案解析】 依据《全国税务机关公文处理办法》，税务机关的公文种类主要有：命令（令）、决议、决定、公告、通告、意见、通知、通报、报告、请示、批复、函、纪要。公报一般指国家、政府、政党、团体或其领导人所发表的关于重大事件，或会议经过和决议等的正式文件，不属于税务机关主要公文文种。

29. 习近平总书记在《秘书工作的风范》一文中引用典故“一字之失，一句为之蹉跎；一句之误，通篇为之梗塞”。下列诗句中与上述意思最相近的是（　）。

A. 读书破万卷，下笔如有神　　B. 吟安一个字，拈断数茎须

C. 奇文共欣赏，疑义相与析　　D. 文章合为时而著，歌诗合为事而作

【参考答案】 B

【答案解析】 与上述意思最相近的是：吟安一个字，拈断数茎须。

30. 主批人在没有请示事项的公文中圈阅，表示的意思是（　）。

A. 同意　　B. 批准　　C. 不同意　　D. 已阅知

【参考答案】 D

【答案解析】 依据《全国税务机关公文处理办法》，对有具体请示事项的收文，主批人应当明确签署意见、姓名和审批日期，其他审批人圈阅视为同意；没有请示事项的，圈阅表示已阅知。

二、多项选择题

1. 2022 年 3 月 4 日，某县税务局收到基层分局突发自然灾害报告后，及时采取了应急措施，以减轻突发事件的危害程度。下列应急措施正确的有（　）。

A. 及时向上一级税务机关和本县县委、县政府报告突发事件情况

B. 组织应急人员处于待命状态，动员后备人员做好增援准备工作

C. 调集应急救援所需物资、设备、工具，准备应急设施和避难场所

D. 实行工作日 24 小时政务值班制度，加强工作信息监控、收集

【参考答案】 ABC

【答案解析】 选项 D 中“工作日”错误。

2. 下列符合税务系统行文要求的有（　）。

A. 现行文件规定仍然适用的，不再重复发文

B. 机关负责人的讲话，可以正式公文形式下发

C. 法律、法规中已有明确规定的，不再制发文件

D. 上级机关的普发性、告知性文件要层层转发、逐级细化

【参考答案】 AC

【答案解析】 依据《税务公文处理实用手册（2017 版）》，各级税务机关贯彻落实上级文件精神没有实质性的贯彻意见，可不再发文，应采用翻印或者通过办公系统将原文直接远程分发到下级税务机关。依据《全国税务机关公文处理办法》，机关负责人的讲话不以正式公文形式下发。故选项 B、D 错误。

3. 2022 年 4 月，某市税务局决定在全省范围内率先推行一项纳税服务创新工作试点，如将此事项告知社会公众。下列选项中，不适用的文种有（　）。

A. 通报　　　　B. 通告

C. 通知　　　　D. 函

【参考答案】 ACD

【答案解析】 依据《全国税务机关公文处理办法》第十五条，通告适用于在一定范围内公布应当遵守或者周知的事务性事项。通告面向社会并具有一定的约束力，可采用张贴或媒体刊播的形式公布，无主送、抄送。故选项 A、C、D 不适用将此事项告知社会公众。

4. 行政机关可以不予公开的内部事务信息包括（ ）。

A. 人事管理　　B. 领导简介

C. 后勤管理　　D. 内部工作流程

【参考答案】 ACD

【答案解析】 根据《中华人民共和国政府信息公开条例》的规定，行政机关的内部事务信息，包括人事管理、后勤管理、内部工作流程等方面的信息，可以不予公开。

5. 根据《中央和国家机关会议费管理办法》的规定，会议费开支范围包括（ ）。

A. 会议住宿费　　B. 城际间交通费

C. 会议场地租金　　D. 文件印刷费

【参考答案】 ACD

【答案解析】 根据《中央和国家机关会议费管理办法》的规定，会议费开支范围包括会议住宿费、伙食费、会议场地租金、交通费、文件印刷费、医药费等。上述所称交通费是指用于会议代表接送站，以及会议统一组织的代表考察、调研等发生的交通支出。会议代表参加会议发生的城市间交通费，按照差旅费管理办法的规定，回本单位报销。

6. 在处置涉税舆情时，税务机关发布舆情应对信息时的原则包括（ ）。

A. 速报事实　　B. 慎报原因　　C. 重报态度　　D. 续报进展

【参考答案】 ABCD

【答案解析】 舆情事发地税务机关应结合实际选择信息发布形式、发布平台和发布时机，坚持速报事实、慎报原因、重报态度、续保进展的原则，客观、准确发布信息，包括调查核实情况、税务机关态度及处理意见等。

7. 税务机关人员在使用信息设备时的错误行为包括（ ）。

A. 将涉密信息设备接入互联网及其他公共信息网络

B. 使用低密级信息设备存储、处理高密级信息

C. 使用涉密信息设备存储、处理国家秘密

D. 在涉密场所连接互联网的计算机上配备或安装麦克风或摄像头等音频视频输入设备

【参考答案】 ABD

【答案解析】 税务机关人员在使用信息设备时不得有下列行为：(1) 将涉密信息设备接入互联网及其他公共信息网络。(2) 使用非涉密信息设备存储、处理国家秘密。(3) 在涉密计算机与非涉密计算机之间交叉使用存储介质。(4) 使用低密级信息设备存储、处理高密级信息。(5) 在未采取技术防护措施的情况下将互联网及其他公共信息网络上的数据复制到涉密信息设备。(6) 在涉密计算机与非涉密计算机之间共用打印机、扫描仪等信息设备。(7) 在涉密场所连接互联网的计算机上配备或安装麦克风或摄像头等音频视频输入设备。(8) 使用具有无线互联功能或配备无线键盘、无线鼠标等无线装置的

信息设备处理国家秘密。(9) 擅自卸载涉密计算机上的安全保密防护软件或设备。(10) 将涉密信息设备通过普通邮政或其他无保密措施的渠道邮寄、托运。

8. 公民、法人或者其他组织提出税务机关政府信息公开申请的方式有（ ）。

A. 当面申请　　B. 邮寄申请

C. 互联网在线平台申请　　D. 电话申请

【参考答案】 ABC

【答案解析】 根据《税务机关政府信息公开申请办理规范》第一条的规定，公民、法人或者其他组织可以采取当面申请、邮寄申请、互联网在线平台申请等方式提出政府信息公开申请，并在政府信息公开申请表中准确详实填写申请人信息、所需政府信息事项内容、信息获取方式等。

9. 下列选项中，属于税务机关政府信息公开申请的答复书主要类型的有（ ）。

A. 予以公开　　B. 不予公开　　C. 部分公开　　D. 不予处理

【参考答案】 ABCD

【答案解析】 信息公开机构应当自行或者按照承办部门意见起草政府信息公开答复文书。答复书主要分为予以公开、不予公开、部分公开、无法提供、不予处理 5 种类型。

10. 为维护公文的严密性和条理性，草拟公文应尽量避免使用的词语有（ ）。

A. 大概　　B. 全体

C. 试行　　D. 差不多

【参考答案】 AD

【答案解析】 依据《税务公文处理实用手册（2017 年版）》，公文处理工作要坚持实事求是的原则，做到办文准确无误。为了维护文件的严密性和条理性，应避免使用“一般”“似”等表达不确定含义的词语。

11. 涉密信息系统应当指定专门人员管理和维护，严格设定用户权限，应当坚持的管理原则有（ ）。

A. 最高密级防护　　B. 最低密级防护

C. 最小授权管理　　D. 最大授权管理

【参考答案】 AC

【答案解析】 涉密信息系统应当指定专门人员管理和维护，严格设定用户权限，按照最高密级防护和最小授权管理的原则，控制涉密信息知悉范围。

12. 突发事件信息报告是领导决策、应对危机的重要依据。下列选项中，属于突发事件报告主要内容的有（ ）。

A. 已经发生的突发事件的时间　　B. 突发事件的简要经过

C. 突发事件事故控制情况　　　　D. 突发事件未来走势预测

【参考答案】 ABCD

【答案解析】 根据相关规定，突发事件信息报告的主要内容包括：(1) 已经发生、预判可能发生的突发事件的时间、地点、单位和涉及的相关人员。(2) 突发事件的简要经过、伤亡人数、直接经济损失的初步估计。(3) 突发事件发生原因的初步判断。(4) 突发事件发生后已采取的初步处置措施、下一步将采取的处置措施、事故控制情况及未来走势预测。(5) 突发事件信息报送单位、联系人及联系电话。

13. 政府信息公开是保障公民、法人和其他组织依法获取政府信息，提高政府工作透明度，建设法治政府的重要举措。下列属于政府信息公开方式的有（　）。

A. 主动公开　　　　B. 被动公开

C. 依申请公开　　　　D. 按年度公开

【参考答案】 AC

【答案解析】 依据《国家税务总局政府信息公开指南》，公开信息分为主动公开和依申请公开两大类。

14. 公文起草的要求包括（　）。

A. 内容简洁，主题突出，观点鲜明，结构严谨，表述准确，文字精炼

B. 公文涉及其他部门职权范围内的事项，起草单位必须征求相关部门意见，力求达成一致

C. 符合国家法律法规和党的路线方针政策，完整准确体现发文机关意图

D. 深入调查研究，充分进行论证，广泛听取意见

【参考答案】 ABCD

【答案解析】 根据《全国税务机关公文处理办法》的规定，公文起草应当做到：(1) 符合国家法律法规和党的路线方针政策，完整准确体现发文机关意图，并同现行有关公文相衔接。(2) 一切从实际出发，分析问题实事求是，所提政策措施和办法切实可行。(3) 内容简洁，主题突出，观点鲜明，结构严谨，表述准确，文字精炼。(4) 文种正确，格式规范。(5) 深入调查研究，充分进行论证，广泛听取意见。(6) 公文涉及其他部门职权范围内的事项，起草单位必须征求相关部门意见，力求达成一致。(7) 机关负责人应当主持、指导重要公文起草工作。

15. 下列关于报告的叙述中，不正确的有（　）。

A. 报告不能用于答复上级机关的询问

B. 报告具有单向性，用于下级机关向上级机关单项行文

C. 就某项工作中的错误向上级机关检讨，可以用报告

D. 报告属上行文，有时为表示重视和尊重，也可作为平行文主送给同级单位

【参考答案】 AD

【答案解析】 根据《全国税务机关公文处理办法》的规定，报告适用于向上级机关汇报工作、反映情况，回复上级机关询问。报告根据内容分为综合性报告和专题性报告。报告属上行文。

16. 发文字号的组成要素包括（　）。

A. 发文机关代字　B. 发文年月　C. 年份　D. 发文顺序号

【参考答案】 ACD

【答案解析】 根据《全国税务机关公文处理办法》的规定，发文字号由发文机关代字、年份、发文顺序号组成，编排在发文机关标志下空两行位置，居中排布。

17. 下列关于公文附注的说法中，正确的有（　）。

A. 在成文日期之下

B. 信息公开选项作为附注时在版记之上

C. 应当用括号标注

D. 在公文印章和成文日期之上

【参考答案】 ABC

【答案解析】 根据《全国税务机关公文处理办法》的规定，附注是公文印发传达范围等需要说明的事项。居左空两字加圆括号编排在成文日期下一行。附注内容各条之间用逗号分隔。信息公开选项作为附注，用3号黑体字，左空一字编排在版记之上。

18. 便函不得设定的事项包括（　）。

A. 行政许可　B. 行政审批　C. 行政处罚　D. 行政强制

【参考答案】 ABCD

【答案解析】 根据《全国税务机关公文处理办法》的规定，便函不得设定行政许可、行政审批、行政处罚、行政强制以及其他不得由便函设定的事项，也不得规定税务系统内部管理审批、税收政策解释、税收征管问题解释、具体税收征管工作、会议培训和书刊征订等事宜。

19. 下列属于加强应急管理保障工作措施的有（　）。

A. 开展应急管理教育培训

B. 突发事件发生后向上级税务机关和地方政府双线同报

C. 及时组织力量限期治理突发事件隐患

D. 建立应急演练制度

【参考答案】 AD

【答案解析】 应急管理保障工作措施包括开展应急管理教育培训、建立应急演练制度、做好应急物资储备管理等。突发事件发生后向上级税务机关和地方政府双线同报属于及时进行信息报告、情况沟通相关环节的措施，及时组织力量限期治理突发事件隐患属于做好突发事件监控、预警的相关环节措施。

20. 如果税务机关政府信息公开申请内容不符合规定要求，申请人须进行补正。下列关于补正要求的说法中，正确的有（ ）。

A. 补正原则上不超过一次

B. 补正期限一般不超过 10 个工作日

C. 应当在收到申请之日起 7 个工作日内一次性告知申请人补正事项

D. 申请人无正当理由，逾期不补正的，视为放弃申请

【参考答案】ACD

【答案解析】按照《国家税务总局办公厅关于印发〈税务机关政府信息公开申请办理规范〉的通知》（税总办发〔2020〕35 号）要求，需要申请人补正的，信息公开机构应当在收到申请之日起 7 个工作日内一次性告知申请人补正事项、合理补正期限、逾期不补正的后果。补正原则上不超过一次。补正期限一般不超过 15 个工作日。申请人无正当理由，逾期不补正的，视为放弃申请，税务机关不再处理该政府信息公开申请。所以应选 ACD。

三、判断题

1. 税务机关政府信息公开的申请人为公民的，应实名申请，否则不予受理。（ ）

【参考答案】√

【答案解析】税务机关政府信息公开的申请人为公民的，应实名申请，否则不予受理。

2. 标注为“内部文件”“内部使用”等字样的文件属于工作秘密，不宜公开。（ ）

【参考答案】√

【答案解析】内部文件是指不予公开和依申请公开的文件及其过程稿、会议纪要、签报、领导讲话和批示、信息简报、便函等未标注密级的内部材料。应该在首页显著位置标注“内部文件”“内部使用”等字样，属于工作秘密，不宜公开。

3. 税务公文按照紧急程度分为特提、特急、加急、平急四类。（ ）

【参考答案】×

【答案解析】公文的紧急程度分为特急、加急。特提、平急属于电报分级种类。

4. 某省税务局党委书记、局长李某根据工作需要，可指定办公室主任为该局定密负责人。（ ）

【参考答案】√

【答案解析】依据保密工作相关规定，税务总局、省税务局、税务总局驻各地特派办主要负责人为本单位的定密责任人，对定密工作负总责。依据工作需要，税务总局、省税务局、税务总局驻各地特派办主要负责人可以指定本单位其他负责人、内设机构负责人或者其他工作人员为定密负责人。

5. 政府信息公开的保密审查是指行政部门在公开政府信息前，按照相关法律法规和政策规定，对拟公开政府信息是否涉密进行的审核把关。主动公开的政府信息不用审查，依申请公开的政府信息要严格进行保密审查。(　)

【参考答案】×

【答案解析】主动公开的政府信息和依申请公开的政府信息都要严格进行保密审查。

6. 涉税舆情处置应当利用主流媒体做好正面宣传报导，减少和消除不实谣言和传闻的负面影响。(　)

【参考答案】√

【答案解析】涉税舆情处置时，各级税务机关要结合实际，加强与当地重点媒体的沟通合作，在涉税舆情处置中，应当利用主流媒体做好正面宣传报导，减少和消除不实谣言和传闻的负面影响。

7. 向税务机关申请公开的政府信息中含有不应当公开的内容，即使能够作区分处理的，为保密起见，税务机关也不能分开向申请人提供。(　)

【参考答案】×

【答案解析】申请公开的政府信息中含有不应当公开的内容，但是能够作区分处理的，行政机关应当向申请人提供可以公开的信息内容。

8. 突发事件发生后，事发地税务机关应紧密依靠当地政府及有关部门采取措施控制事态发展，保护突发事件现场涉密资料、主要物质的安全，收集并保存相关证据，组织开展应急救援工作，并在处理后向上级税务机关报告。(　)

【参考答案】×

【答案解析】应在突发事件发生后及时向上级税务机关报告，而不能在处理后再向上级税务机关报告。

9. 公文标题中除法律、法规、规章、规范性文件加书名号外，一般不用标点符号。(　)

【参考答案】√

【答案解析】依据《全国税务机关公务处理办法》，标题由发文机关、发文事由和文种组成，应当准确简要地概括公文的主要内容并标明公文种类。公文标题中除法律、法规、规章和规范性文件名称加书名号外，一般不用标点符号。

10. 突发事件，是指突然发生的，对税务机关、税务工作人员和相关人员及其财产造成或可能造成损害、构成威胁，需要采取应急处置措施予以应对的事件。（ ）

【参考答案】√

【答案解析】突发事件，是指突然发生的，对税务机关、税务工作人员和相关人员及其财产造成或可能造成损害、构成威胁，需要采取应急处置措施予以应对的自然灾害、事故灾难、社会安全和公共卫生事件。

11. 税务机关在行政征收、行政处罚、行政许可、行政检查、行政强制、行政奖励、行政确认以及行政复议等工作中形成的行政执法案卷信息，应按照行政相对人要求公开。（ ）

【参考答案】×

【答案解析】税务机关在行政征收、行政处罚、行政许可、行政检查、行政强制、行政奖励、行政确认以及行政复议等工作中形成的行政执法案卷信息，可以不予公开。

12. 向上级机关行文时，原则上主送一个上级机关，根据需要可同时抄送下级机关。（ ）

【参考答案】×

【答案解析】向上级机关行文时，原则上主送一个上级机关，根据需要同时抄送相关上级机关和同级机关，不抄送下级机关。

13. 函属于平行文，意见也可以作为平行文使用。（ ）

【参考答案】√

【答案解析】略。

14. 申请人向税务部门申请政府信息公开，税务部门一律不得收取任何费用。（ ）

【参考答案】×

【答案解析】税务部门可以向申请人收取依申请公开政府信息过程中发生的检索、复制、邮寄等成本费用，费用的收取依照国务院价格主管部门会同财政部门制定的标准执行。

15. 确因工作需要，可以使用私人计算机处理涉密文件，但要与互联网断开连接，待处理完涉密信息后才可与互联网连接。（ ）

【参考答案】×

【答案解析】私人计算机是非涉密计算机，非涉密计算机不能处理涉密文件。

16. 申请公开的税务机关政府信息涉及商业秘密、个人隐私，公开后可能损害第三方利益的，承办部门应提请信息公开机构口头征求第三方意见。（ ）

【参考答案】×

【答案解析】申请公开的政府信息涉及商业秘密、个人隐私，公开后可能损害第三方利益的，承办部门应提请信息公开机构书面征求第三方意见。

17. 在突发事件应对工作中，要把维护国家利益和税务系统财产安全作为首要任务，保障税务工作人员和相关人员的生命健康，最大限度减少突发事件造成的危害。(　)

【参考答案】×

【答案解析】要把保障税务工作人员和相关人员的生命健康作为首要任务，维护国家利益和税务系统财产安全，最大限度减少突发事件造成的危害。

18. 秘密级国家秘密是一般的国家秘密，泄露会使国家安全和利益遭受损害。(　)

【参考答案】√

【答案解析】《中华人民共和国保守国家秘密法》第十条规定，绝密级国家秘密是最重要的国家秘密，泄露会使国家安全和利益遭受特别严重的损害；机密级国家秘密是重要的国家秘密，泄露会使国家安全和利益遭受严重的损害；秘密级国家秘密是一般的国家秘密，泄露会使国家安全和利益遭受损害。

19. 各类突发事件按照其严重程度和影响范围，分为特别重大（Ⅰ级）、重大（Ⅱ级）、较大（Ⅲ级）、大（Ⅳ级）、一般（Ⅴ级）五个等级，分别用红色、橙色、黄色、蓝色、绿色表示。(　)

【参考答案】×

【答案解析】根据《中华人民共和国突发事件应对法》的规定，各类突发事件按照其严重程度和影响范围，分为特别重大（Ⅰ级）、重大（Ⅱ级）、较大（Ⅲ级）、一般（Ⅳ级）四个等级，分别用红色、橙色、黄色、蓝色表示。

20. 税务公文具有严格的规范性，无论是公文的体式，还是公文处理的程序，都有严格、统一的规范，必须共同遵守，不能自行其是，随意变更。(　)。

【参考答案】√

【答案解析】略。

四、简答题

1. 国家秘密和工作秘密有什么区别？

【参考答案】

(1) 关系的利益主体不同。国家秘密直接关系国家安全和利益，工作秘密直接关系的利益主体则是有关机关、单位。

(2) 确定方式不同。国家秘密事项的确定必须依照法定程序确定，严格遵守保密法律法规的规定；工作秘密事项则主要由各级机关、单位自行确定。

(3) 秘密标志不同。国家秘密有专属密级标志，分为“绝密”“机密”“秘密”三级；

而工作秘密没有法定的专属标志，实践中一般以标志“内部文件”“内部事项”“内部资料”等方式作出提示，税务公文中则以信息公开选项“不予公开”标识。

(4) 管理方式不同。国家秘密管理的基本制度，由国家保密法律法规作出明确规定；工作秘密的管理方式、方法和措施，则由有关机关、单位确定。

(5) 法律责任不同。泄露国家秘密，不仅要承担相应的行政责任，情节严重的，还要承担相应的刑事责任；泄露工作秘密的法律责任形式则仅为行政责任。

2. 突发事件的报告时限是怎样规定的?

【参考答案】

税务系统特别重大、重大突发事件发生后，事发地税务机关要立即报告上一级税务机关，最迟不超过1小时。必要时，可直接向国家税务总局报告，同时补报上一级税务机关。省税务机关最迟在3个小时内报告国家税务总局，并报告省级政府，不得谎报、瞒报、漏报和迟报。需要上报国务院的突发事件信息，国家税务总局应在国务院规定时限（4小时）内将突发事件信息按程序上报国务院。

第三章
干部管理

第一节　人事管理

一、公务员管理

（一）公务员的概念与职位分类

公务员，是指依法履行公职、纳入国家行政编制、由国家财政负担工资福利的工作人员。国家实行公务员职位分类制度。公务员职位类别按照公务员职位的性质、特点和管理需要，划分为综合管理类、专业技术类和行政执法类。

（二）公务员职务与职级并行

国家根据公务员职位类别和职责设置公务员领导职务和职级序列。职级是公务员的等级序列，是与领导职务并行的晋升通道，体现公务员政治素质、业务能力、资历贡献，是确定工资、住房、医疗等待遇的重要依据，不具有领导职责。公务员可以通过领导职务或者职级晋升。担任领导职务的公务员履行领导职责，不担任领导职务的职级公务员依据隶属关系接受领导指挥，履行职责。

（三）职务与职级序列

领导职务层次分为：国家级正职、国家级副职、省部级正职、省部级副职、厅局级正职、厅局级副职、县处级正职、县处级副职、乡科级正职、乡科级副职。

职级序列按照综合管理类、专业技术类、行政执法类等公务员职位类别分别设置。

综合管理类公务员职级序列分为：一级巡视员、二级巡视员、一级调研员、二级调研员、三级调研员、四级调研员、一级主任科员、二级主任科员、三级主任科员、四级主任科员、一级科员、二级科员。

（四）公务员录用

1. 录用担任一级主任科员以下及其他相当职级层次的公务员，采取公开考试、严格考察、平等竞争、择优录取的办法。

2. 录用的程序为：在规定的编制限额内，有相应的职位空缺，发布招考公告，考试(笔试、面试)，资格复审、考察、体检，录用公示，试用期 1 年。

3. 下列人员不得录用为公务员：

（1）因犯罪受过刑事处罚的。

（2）被开除中国共产党党籍的。

（3）被开除公职的。

（4）被依法列为失信联合惩戒对象的。

（5）有法律规定不得录用为公务员的其他情形的。

（五）公务员考核

1. 全面考核公务员的德、能、勤、绩、廉，重点考核政治素质和工作实绩。考核分为平时考核、专项考核和定期考核等方式。定期考核以平时考核、专项考核为基础。定期考核的结果分为优秀、称职、基本称职和不称职 4 个等次。定期考核的结果作为调整公务员职位、职务、职级、级别、工资以及公务员奖励、培训、辞退的依据。

2. 公务员平时考核是指各级机关按照干部管理权限，对非领导成员公务员日常工作和一贯表现所进行的了解、核实和评价。平时考核程序为个人小结、审核评鉴、结果反馈。平时考核结果分为好、较好、一般和较差 4 个等次。好等次公务员人数原则上掌握在本机关参加平时考核的公务员总人数的 40% 以内。对平时考核一贯表现优秀的公务员，在选拔任用、职务职级晋升、评先奖优等方面优先考虑。对平时考核结果为一般等次的公务员，及时谈话提醒。对平时考核结果为较差等次的公务员，及时批评教育，必要时进行诫勉。发现存在违纪违法问题的，按照有关纪律和法律法规处理。

（六）职务、职级任免与升降

1. 公务员领导职务实行选任制、委任制和聘任制。

2. 公务员职级实行委任制和聘任制。

3. 公务员晋升领导职务，应当具备拟任职务所要求的政治素质、工作能力、文化程度和任职经历等方面的条件和资格。

4. 晋升领导职务程序：动议；民主推荐；确定考察对象，组织考察；按照管理权限讨论决定；履行任职手续。

5. 晋升职级，应当在职级职数内逐级晋升，并应当具备一定基本资格。

6. 晋升职级程序：工作方案；民主推荐或者民主测评，提出初步人选；考察了解并确定拟晋升职级人选；公示（不少于5个工作日）；审批。

（七）公务员奖励

1. 坚持定期奖励与及时奖励相结合，精神奖励与物质奖励相结合、以精神奖励为主的原则。

2. 奖励条件：

（1）忠于职守，积极工作，勇于担当，工作实绩显著的。

（2）遵纪守法，廉洁奉公，作风正派，办事公道，模范作用突出的。

（3）在工作中有发明创造或者提出合理化建议，取得显著经济效益或者社会效益的。

（4）为增进民族团结，维护社会稳定做出突出贡献的。

（5）爱护公共财产，节约国家资财有突出成绩的。

（6）防止或者消除事故有功，使国家和人民群众利益免受或者减少损失的。

（7）在抢险、救灾等特定环境中做出突出贡献的。

（8）同违纪违法行为作斗争有功绩的。

（9）在对外交往中为国家争得荣誉和利益的。

（10）有其他突出功绩的。

3. 奖励分为嘉奖、记三等功、记二等功、记一等功、授予称号。

4. 对受奖励的公务员或者公务员集体予以表彰，并对受奖励的个人给予一次性奖金或者其他待遇。

（八）辞职、辞退与退休

1. 公务员辞去公职，应当向任免机关提出书面申请。任免机关应当自接到申请之日起30日内予以审批，其中对领导成员辞去公职的申请，应当自接到申请之日起90日内予以审批。

2. 公务员有下列情形之一的，予以辞退：

（1）在年度考核中，连续两年被确定为不称职的。

（2）不胜任现职工作，又不接受其他安排的。

（3）因所在机关调整、撤销、合并或者缩减编制员额需要调整工作，本人拒绝合理安排的。

（4）不履行公务员义务，不遵守法律和公务员纪律，经教育仍无转变，不适合继续在机关工作，又不宜给予开除处分的。

(5) 旷工或者因公外出、请假期满无正当理由逾期不归连续超过 15 天，或者一年内累计超过 30 天的。

3. 对有下列情形之一的公务员，不得辞退：

（1）因公致残，被确认丧失或者部分丧失工作能力的。

（2）患病或者负伤，在规定的医疗期内的。

（3）女性公务员在孕期、产假、哺乳期内的。

（4）法律、行政法规规定的其他不得辞退的情形。

4. 公务员符合下列条件之一的，本人自愿提出申请，经任免机关批准，可以提前退休：

（1）工作年限满 30 年的。

（2）距国家规定的退休年龄不足 5 年，且工作年限满 20 年的。

（3）符合国家规定的可以提前退休的其他情形的。

二、人才管理

（一）党中央关于人才培养的目标

到 2025 年，全社会研发经费投入大幅增长，科技创新主力军队伍建设取得重要进展，顶尖科学家集聚水平明显提高，人才自主培养能力不断增强，在关键核心技术领域拥有一大批战略科技人才、一流科技领军人才和创新团队；到 2030 年，适应高质量发展的人才制度体系基本形成，创新人才自主培养能力显著提升，对世界优秀人才的吸引力明显增强，在主要科技领域有一批领跑者，在新兴前沿交叉领域有一批开拓者；到 2035 年，形成我国在诸多领域人才竞争比较优势，国家战略科技力量和高水平人才队伍位居世界前列。

（二）税务系统素质提升“1115 工程”

为适应税收现代化建设需要，税务总局党委决定在全国税务系统实施素质提升“1115 工程”，即通过 5 年努力，打造一支拥有 100 名战略人才、1 000 名领军人才、1 万名业务骨干和 5 万名岗位能手的高素质人才队伍。

（三）税务领军人才

1. 领军人才基本定位：具有国际视野、战略思维、德才兼备、精通业务、善于管理，并具有引领带动作用的复合型、国际化、现代化高端人才。

2. 培养目标：到 2022 年，基本形成覆盖主要税收工作领域、总量为 1 000 名左右的税务领军人才队伍。

3. 培养对象：全国税务系统具有较高政治业务素质、突出工作业绩和较大发展潜力的优秀年轻干部；大型企业主管税务的负责人，涉税中介机构中高级执业管理人员，高等院校及科研机构从事税收教学科研的中坚力量。

4. 培养方向分为综合管理、税收业务和税收信息化管理三类。

5. 税收业务类分税收法制、税务风险评估、国际税收管理、税务稽查、税收经济分析 5 个专业领域。

（四）税收战略人才

税收战略人才以税务领军人才 4 年培养周期为基础，逐年筛选已经结业的优秀处级以上领军人才，通过 6 年左右的继续跟踪培养，争取到 2030 年，在税务系统培养百名左右税收战略人才。税收战略人才具备坚定的政治信仰，具有突出的战略思维能力和优秀的专业素养，能够立足税收工作全局、经济社会大局、国际发展大势，在持续推进税收现代化、国际化过程中发挥关键性作用，在团结和带领干部队伍干事创业、兴税强国中做出重要贡献。

（五）税收专业人才

税务总局按照年度计划组织总局各专业人才库人员集中培训，总局专业人才库人员管理实行动态调整机制，包括调整出库和补充入库，各专业人才库每年动态调整比例一般不超过在库人员的 20%。各省级税务局分类分岗分批开展专业人才培训，以 2 ～ 3 年为周期，组织省级及以下税务局人才库人员、专业骨干、岗位能手参加不少于 12 天的集中培训。各级税务局组织安排好人才库人员、专业骨干、岗位能手的实践锻炼。各级税务局组织干部参加各类与税收工作紧密相关的资格考试和继续培养，发挥其在税收改革与发展中的积极作用。

（六）青年才俊

青年才俊培养工作是实施“领军工程育俊才”的基层方案，旨在为市、县税务局政治素养较高、工作业绩突出、具有培养潜力、尚不具备税务领军人才培养对象选拔资格的优秀年轻干部搭建成长进步平台，为持续优化市、县税务局领导班子年龄结构提供更有力的人才支撑。

青年才俊培养，一是坚持面向基层年轻干部，培养对象为全国税务系统各市、县税务局政治突出、业绩优良、具备培养潜力、年龄在 35 岁以下的副科级及副科级以下的优秀年轻干部。二是坚持税务总局示范、省税务局主抓。税务总局定期组织青年才俊示范培训班，每年 1 期，为期一个月。省税务局参照示范培训班组织本省税务系统青年才俊集中培训工作。三是坚持实践锻炼为主、集中培训为辅。省、市税务局结合青年才俊的个人岗位经历和专业素质能力，通过有针对性地组织挂职锻炼、参与重大项目和重点工作攻关等方式进行持续跟踪式培养。四是坚持动态选拔、逐年累积。各省税务局每年面向市、县税务局选拔一定数量青年才俊，进行集中培养，逐年累积，形成一定规模，为税务系统基层班子建设提供优秀的人力资源储备。

第二节　教育培训管理

一、干部教育培训分级管理体制

1. 分级管理。在国家税务总局党组领导下，国家税务总局教育中心主管，各部门分工负责，各级税务机关分级管理。

2. 各级职责。国家税务总局教育中心履行税务系统干部教育培训工作的整体规划、制度建设、宏观指导、协调服务、督促检查等职能。各级税务机关党委领导本系统干部教育培训工作，贯彻执行上级党委干部教育培训工作的决策部署，把干部教育培训工作纳入本系统税收工作发展规划，统筹研究部署。各级税务机关干部教育培训主管部门主管本系统干部教育培训工作。

3. 国家税务总局负责组织税务系统司局级领导干部、司局级后备干部、优秀中青年干部培训，处级领导干部任职培训，全国税务领军人才培养对象培训，国家税务总局人才库人员培训，国家税务总局机关干部培训以及应由国家税务总局组织的其他培训。省税务机关负责组织实施本系统处级领导干部培训、科级领导干部任职培训、初任培训、业务骨干培训、相关的师资培训和省税务局机关干部培训以及应由本级税务机关组织的其他培训。市、县税务机关负责落实上级机关干部教育培训的工作部署，组织实施应由本级税务机关负责的各类培训。

二、干部教育培训的对象与类别

1. 税务干部教育培训对象是各级税务机关及其所属事业单位的在职干部，重点是科级以上领导干部和优秀中青年干部。

2. 税务干部教育培训类别：

（1）贯彻落实党和国家重大决策部署的集中轮训。

（2）党的基本理论和党性教育的专题培训。

（3）新录（聘）用的初任培训。

（4）晋升领导职务的任职培训。

（5）在职期间的岗位培训。

（6）从事专项工作的专门业务培训。

（7）其他培训。

三、干部教育培训的主要内容

税务干部教育培训坚持以政治理论、政策法规、理想信念、党性修养、道德品行、廉政教育为重点，注重税收业务知识和岗位技能培训，注重科学人文素养教育，全面提高税务干部素质和能力。

四、干部教育培训的方式

干部教育培训的主要方式包括脱产培训、党委（党组）中心组学习、网络培训、在职自学等。根据干部特点，探索研讨式、案例式、模拟式、体验式、辩论式等教学方式方法。综合运用多媒体教学、现场教学、访谈教学、论坛教学、行动学习、翻转课堂等方法，提高培训针对性和实效性。鼓励和支持干部运用网络培训、专题讲座等形式开展各方面基础性知识学习。鼓励基层干部采取互教互学、师徒结对等灵活多样的形式提升专业技能和实操能力。

五、干部教育培训的考核与评估

1. 税务干部教育培训考核的内容包括干部的学习态度和表现，理论、知识掌握程度，党性修养和作风养成情况，以及解决实际问题的能力等。

2. 干部教育培训评估包括对干部教育培训机构、培训项目及培训课程的评估。

3. 税务干部参加脱产培训情况应记入干部年度考核登记表；参加 2 个月以上的脱产培训情况应反馈学员选派单位，记入干部任免审批表。

六、干部培训要求指标

1. 司局级、处级领导干部每 5 年应参加党校、行政学院、干部学院、税务干部院校，以及干部教育培训管理部门认可的其他培训机构累计 3 个月或者 550 学时以上的培训。

科级以下干部每年参加培训累计不少于 12 天或者 90 学时。

2. 各省级、市级税务局领导班子成员每 2 ~ 3 年到税务总局党校（干部学院）或其他地市级以上党校（行政学院）、省税务干部学校至少接受 1 次 1 个月左右的系统理论教育和严格党性教育，一般每年参加 1 次 1 周左右的专业化能力专题培训。

3. 税务总局党校（干部学院）主体班次的教学安排中，以习近平新时代中国特色社会主义思想课程为主，理论教育和党性教育的比重不低于总课时的 70%。

4. 税务总局党校（干部学院）、省税务干部学校主体班次中，领导干部讲课课时不低于总课时的 20%。

七、干部培训机构选择

培训机构原则上应当在税务系统干部院校和当地党校、行政学院等院校内择优选择，确需在其他地方举办的，应选择省级以上主管部门认可的培训机构。不得在无培训资质的各类培训中心、高档宾馆、风景名胜区举办培训班。

八、干部培训管理有关规定

7 日以内的培训不得组织调研、考察、参观；7 日以上的培训班，如确需安排与培训内容有关的调研、考察活动的，要有具体的内容和要求，并列入培训需求，由主办单位领导批准，提交培训机构根据实际进行课程设计并组织实施。调研及考察结束后要形成书面报告。参训学员参加学习期间不再承担所在单位的工作、会议、出国（境）考察等任务。如因特殊情况确需请假的，必须严格履行请假手续。累计请假时间超过总学时七分之一的，视同退出培训。未经批准擅自离校的，责令退学。

九、培训费有关规定

1. 培训费，是指开展培训直接发生的各项费用支出，包括师资费、住宿费、伙食费、培训场地费、培训资料费、交通费以及其他费用。

2. 除师资费外，培训费实行分类综合定额标准，分项核定、总额控制，各项费用之间可以调剂使用。二类培训（参训人员主要为司局级人员的培训项目）每人每天不超过 650 元，三类培训（参训人员主要为处级及以下人员的培训项目）每人每天不超过 550 元。

3. 讲课费（税后）执行以下标准：副高级技术职称专业人员每学时最高不超过 500 元；正高级技术职称专业人员每学时最高不超过 1 000 元；院士、全国知名专家每学时一般不超过 1500 元。讲课费按实际发生的学时计算，每半天最多按 4 学时计算。

十、初任培训

初任培训对象为新录用进入各级税务局（含参照公务员法管理的事业单位）担任一级主任科员以下及其他相当职级层次的公务员。经省局组织人事部门批准，其他新录（聘）用人员也可以参加初任培训。

初任培训应当在新录用公务员试用期内完成，采取网络学习培训、集中脱产培训和岗位实训相结合的方式，分阶段分类别组织实施，时间一般不少于 12 天或者 90 学时。

十一、学习兴税平台

1. 学习兴税平台是集学习、培训、测试、评价、应用于一体的网络学习培训平台，是推进税务干部教育培训数字化的重要载体，是学习强国平台在税务系统的部门化拓展。

2. 学习兴税平台由总局主建，学习内容由总局司局主推，培训课程由总局司局主设，干部学院强力辅助，各省税务局有机补充，齐抓共建，形成合力。税务总局各司局根据工作需要，明确干部必学和选学内容。平台党建专区由党建工作局负责，税务公共专区由教育中心会同办公厅等司局负责，司局频道由各司局负责。

3. 学习兴税平台日常学习测试实行条线化管理，原则上国家税务总局每个司局为一类业务条线，各司局是本条线的责任单位。税务干部原则上应当根据所在部门岗位，自选确定唯一业务条线，参加该条线专业知识的日常学习和定期测试。

4. 学习兴税平台定期测试包括党建知识测试、税务公共知识测试、业务条线知识测试三种类型，以限时作答形式进行，测试题目 80% 以上来自日常练习题库，其余根据必学应会内容确定。定期测试必测人员范围是不满 45 岁的税务干部，45 岁以上税务干部自愿参测。其中，有意向参加数字人事业务能力升级集中测试的 45 岁以上税务干部，应参加定期测试。定期测试年度成绩作为税务干部日常学习考核得分的计算依据，以 50% 权重计入业务能力升级测试成绩。

第三节 数字人事管理

一、数字人事相关概念

1. 数字人事，是指税务系统根据中央关于干部考核评价和日常管理制度规定，运用大数据理念和方法，建立形成的数字化干部考核评价管理体系。

2. 核心要义，是将现行按“事”考核评价和日常管理干部的制度规定，转化为按“人（岗)”量化归集的评价和管理指标。

3. 数字人事四大支柱：平时考核、公认评价、业务能力评价、领导胜任力评价。

4. 个人成长账户：德、能、勤、绩、廉、评、基。

5. 干部考核评价管理制度机制特点：科学化、日常化、多维化、数据化、累积化、可比化。

二、数字人事“两测”概述

数字人事“两测”指开展业务能力升级和领导胜任力“两项测试”。

（一）业务能力升级测试

业务能力升级测试是业务能力升级的一种方式，测试主要面向45岁以下（不含45岁）税务干部，年满45岁的税务干部自愿参加业务能力升级测试的，给予卷面加分。业务能力专业类别分为综合管理、纳税服务、征收管理、税务稽查和信息技术等5类；业务能力级档分为初级、中级和高级，共11档。其中，初级对应1～5档，中级对应6～9档，高级对应10～11档。税务干部晋升领导职务，应具备相应的业务能力级档。税务干部晋升职级，原则上应具备相应的业务能力级档。

业务能力测试实行百分制，由日常学习考核得分和集中测试得分按一定权重量化计算得出。学习兴税推行初期，日常学习考核得分占50%，集中测试得分占50%。日常学习考核得分，实行百分制，按从取得当前业务能力级档到本次升级之间各年度日常学习年度得分的平均分计算，通过学习兴税平台产生，由教育部门负责维护。集中测试采取机测或者笔试的方式，由税务总局和省级税务局根据干部管理权限分别组织实施考务工作。6档以上由税务总局统一组织实施，5档以下由各省税务局自行组织实施。原则上每年举行1次，根据工作情况适时组织测试。由教育部门负责。

税务总局根据干部队伍结构，研究确定每年的业务能力升级测试各类各级档的通过率。对税务总局统一确定的通过率，由各省级税务局确定是否再以市级税务局为单位进行分配。由考核考评部门负责。

（二）领导胜任力测试

领导胜任力测试，是指对拟晋升领导职务的税务干部，在履行岗位职责必备的领导决策、组织管理、统筹落实等方面进行的素质能力测试。税务干部晋升职务，应通过相应层级的领导胜任力测试。测试分为正厅、副厅、正处、副处、正科、副科等 6 个层级。主要测试对马克思列宁主义、毛泽东思想、邓小平理论、“三个代表”重要思想、科学发展观、习近平新时代中国特色社会主义思想的理解认识，引导、激励领导干部不断提高政治能力、调查研究能力、科学决策能力、改革攻坚能力、应急处突能力、群众工作能力和抓落实能力。

领导胜任力测试原则上每年组织 1 次，根据工作情况适时组织测试。副处级以上测试由税务总局统一组织实施，正科级以下测试由省级税务局统一组织实施。领导胜任力测试实行百分制，按通过率确定测试合格人员。领导胜任力测试成绩合格，自成绩发布之日起 3 年有效。

第四节　习题演练

一、单项选择题

1. 某税务局干部王某为提升业务技能，报考税务师资格考试。为确保通过资格考试，王某 2022 年 3 月参加某网校举办的税务师考前冲刺班，缴纳学费 3 000 元，此项学费应（　）。

A. 本人全部承担　　B. 本人承担 20%，单位承担 80%

C. 本人承担 30%，单位承担 70%　　D. 单位全额报销

【参考答案】 A

【答案解析】 根据《干部教育培训工作条例》第十八条的规定，干部个人参加社会化培训，费用一律由本人承担，不得由财政经费和单位经费报销，不得接受任何机构和他人的资助或者变相资助。

2. 某省税务局人事处工作人员王某在 2022 年公务员录用资格审查中，发现下列拟录用人员存在几种情况，其中可以被录用为公务员的是（　）。

A. 张某，系经济学本科应届毕业生，大学期间存在挂科补考现象

B. 王某，2021 年因醉酒驾车被判处拘役

C. 李某，原任某市财政局副局长，2020 年 7 月被开除公职

D. 赵某，2019 年随父亲加入英国国籍

【参考答案】 A

【答案解析】 根据《中华人民共和国公务员法》第十三条的规定，公务员应当具有中华人民共和国国籍。第二十六条，下列人员不得录用为公务员：(1) 因犯罪受过刑事处罚的，拘役属于刑法规定的刑事处罚类型……(3) 被开除公职的。所以 B、C、D 项都是错误选项。

3. 调任是公务员交流方式之一。下列关于调任的说法，正确的是（　）。

A. 在机关内部交流的一种方式

B. 是机关外部与机关内部交流的一种方式

C. 是适用于选拔担任领导职务的交流方式

D. 只是机关外部从事公务的人员调入机关内部的交流方式

【参考答案】 D

【答案解析】 根据《中华人民共和国公务员法》的规定，调任是机关外部从事公务的人员调入机关内部的交流方式。

4. 以下四位公务员，可以晋升职级的是（　）。

A. 小张群众公认度较低

B. 小李不符合拟晋升职级所要求的任职年限和资历

C. 小王涉嫌违纪违法，正在接受审查尚未作出结论

D. 小刘受到诫勉，但影响期满且不影响使用

【参考答案】 D

【答案解析】 根据《公务员职务与职级并行规定》的规定，公务员具有下列情形之一的，不得晋升职级：(1) 不符合第十七条、第十八条规定的；(2) 受到诫勉、组织处理或者处分等影响期未满或者期满影响使用的；(3) 涉嫌违纪违法正在接受审查调查尚未作出结论的；(4) 影响晋升职级的其他情形。题中群众公认度低及不符合任职年限都不符合第十七条的规定。

5. 我国公务员的考核应当按照管理权限，全面考核公务员的德、能、勤、绩、廉，其中应重点考核的是（　）。

A. 心理素质和工作绩效　　B. 政治素质和工作绩效

C. 心理素质和工作实绩　　D. 政治素质和工作实绩

【参考答案】 D

【答案解析】 根据《中华人民共和国公务员法》第三十五条的规定，公务员的考核

应当按照管理权限，全面考核公务员的德、能、勤、绩、廉，重点考核政治素质和工作实绩。

6. 习近平总书记提出了好干部“五条标准”。下列符合好干部“五条标准”的是（ ）。

A. 信念坚定、执政为民、勤政务实、善于创新、清正廉洁

B. 宗旨明确、为民服务、勤政务实、敢于担当、清正廉洁

C. 信念坚定、为民服务、勤政务实、敢于担当、清正廉洁

D. 信念坚定、为民服务、善于创新、敢于担当、清正廉洁

【参考答案】 C

【答案解析】 习近平总书记提出的好干部“五条标准”是信念坚定、为民服务、勤政务实、敢于担当、清正廉洁。因此，选项 C 符合题意。

7. 根据职务与职级并行的相关规定，公务员任现职级或职务期间每有 1 个年度考核为基本称职等次，任职年限条件延长（ ）。

A. 一个月　B. 三个月　C. 半年　D. 一年

【参考答案】 D

【答案解析】 根据《公务员职务与职级并行规定》的规定，任现职级或职务期间每有 1 个年度考核为基本称职等次，任职年限条件延长 1 年。

8. 公务员在定期考核中被确定为不称职的，按照规定程序应（ ）。

A. 撤职　B. 降低一个职务层次任职

C. 免职　D. 不予录用

【参考答案】 B

【答案解析】 根据《中华人民共和国公务员法》的规定，公务员在定期考核中被确定为不称职的，降低一个职务层次任职。

9. 提高新录用公务员岗位适应能力，并使其具备上岗资格的重要培训方式是（ ）。

A. 学历培训　B. 初任培训　C. 专业技能　D. 知识更新

【参考答案】 B

【答案解析】 初任培训是提高新录用公务员岗位适应能力并使其具备上岗资格的重要培训方式。

10. 根据《中华人民共和国公务员法》规定，公务员职级的任职方式为（ ）。

A. 委任制和聘任制　B. 选任制和委任制

C. 公开选拔（聘）制和委任制　D. 竞争（聘）上岗制和委任制

【参考答案】 A

【答案解析】 根据《中华人民共和国公务员法》第四十条的规定，公务员领导职务实

行选任制、委任制和聘任制。公务员职级实行委任制和聘任制。

11. 我国对公务员或者公务员集体奖励的原则是（ ）。

A. 坚持精神奖励为主的原则

B. 坚持物质奖励为主的原则

C. 定期奖励与及时奖励相结合，精神奖励与物质奖励相结合，以精神奖励为主的原则

D. 定期奖励与及时奖励相结合，精神奖励与物质奖励相结合，以物质奖励为主的原则

【参考答案】C

【答案解析】根据《中华人民共和国公务员法》第五十一条的规定，对工作表现突出，有显著成绩和贡献，或者有其他突出事迹的公务员或者公务员集体，给予奖励。奖励坚持定期奖励与及时奖励相结合，精神奖励与物质奖励相结合、以精神奖励为主的原则。

12. 公务员年度考核的结果不包括（ ）。

A. 优秀 B. 称职 C. 良好 D. 不称职

【参考答案】C

【答案解析】公务员年度考核的结果分为优秀、称职、基本称职和不称职四个等次。

13. 招录机关根据考试成绩、考察情况和体检结果，提出拟录用人员名单，并予以公示。公示期不少于（ ）个工作日。

A. 3 B. 5 C. 7 D. 10

【参考答案】B

【答案解析】根据《中华人民共和国公务员法》第三十二条的规定，招录机关根据考试成绩、考察情况和体检结果，提出拟录用人员名单，并予以公示。公示期不少于5个工作日。

14. 下列选项中，不属于公务员的考核方式的是（ ）。

A. 平时考核 B. 重点考核 C. 专项考核 D. 定期考核

【参考答案】B

【答案解析】根据《中华人民共和国公务员法》第三十六条的规定，公务员的考核分为平时考核、专项考核和定期考核等方式。

15. 下列选项中，不属于公务员晋升领导职务程序的是（ ）。

A. 动议 B. 民主测评 C. 组织考察 D. 履行任职手续

【参考答案】B

【答案解析】公务员晋升领导职务的程序：动议；民主推荐；确定考察对象，组织考察；按照管理权限讨论决定；履行任职手续。

16. 下列选项中，不属于对公务员的处分的是（ ）。

A. 留用察看　　B. 记大过　　C. 撤职　　D. 开除

【参考答案】 A

【答案解析】 根据《中华人民共和国公务员法》第六十二条的规定，处分分为：警告、记过、记大过、降级、撤职、开除。

17. 非领导职务的一般公务员辞去公职或者退休的，在离职（ ）内，不得到与原工作业务直接相关的企业或者其他营利性组织任职，不得从事与原工作业务直接相关的营利性活动。

A. 1 年　　B. 2 年　　C. 3 年　　D. 半年

【参考答案】 B

【答案解析】 根据《中华人民共和国公务员法》第一百零七条的规定，公务员辞去公职或者退休的，原系领导成员、县处级以上领导职务的公务员在离职 3 年内，其他公务员在离职的 2 年内，不得到与原工作业务直接相关的企业或者其他营利性组织任职，不得从事与原工作业务直接相关的营利性活动。

18. 根据《中华人民共和国公务员法》的规定，公务员在年度考核中，连续 2 年被确定为不称职的应该（ ）。

A. 予以辞退　　B. 降级使用　　C. 降两级工资　　D. 撤职

【参考答案】 A

【答案解析】 根据《中华人民共和国公务员法》第八十八条的规定，公务员在年度考核中，连续 2 年被确定为不称职的，予以辞退。

19. 综合管理类公务员中的主任科员职级序列可分为（ ）。

A. 2 个　　B. 3 个　　C. 4 个　　D. 5 个

【参考答案】 C

【答案解析】 根据《公务员职务与职级并行规定》的规定，综合管理类公务员中的主任科员职级序列可分为 4 个。

20. 提任县处级以上领导职务的，一般应当具有在下一级（ ）以上职位任职的经历。

A. 1 个　　B. 2 个　　C. 3 个　　D. 4 个

【参考答案】 B

【答案解析】 根据《党政领导干部选拔任用工作条例》第八条的规定，提任县处级以上领导职务的，一般应当具有在下一级 2 个以上职位任职的经历。

21. 破格提拔干部必须从严掌握，下列情况中不得破格提拔的是（ ）。

A. 任职试用期刚满　　B. 提拔任职已满一年

C. 任职年限刚满　　D. 越两级提拔

【参考答案】D

【答案解析】根据《党政领导干部选拔任用工作条例》第九条的规定，任职试用期未满或者提拔任职不满一年的，不得破格提拔。不得在任职年限上连续破格。不得越两级提拔。

22. 某县税务机关领导班子成员在年度述职述廉后，市局纪检组长对该局副局长王某进行了诫勉谈话，主要原因是王某在廉政测评中“差”的得票率达到了（　）。

A. 30%　　B. 20%　　C. 15%　　D. 10%

【参考答案】A

【答案解析】根据《税务系统领导班子和领导干部监督管理办法实施细则》的规定，述职述廉工作由人事、纪检监察部门具体组织实施，纪检监察部门对领导干部进行廉政测评，对测评中“差”得票率达到30%（含）以上的，进行诫勉谈话、组织处理。

23. 下列选项中，不属于选拔任用党政领导干部原则的是（　）。

A. 党管干部原则　　B. 五湖四海、任人唯贤原则

C. 德才兼备、以才为先原则　　D. 注重实绩、群众公认原则

【参考答案】C

【答案解析】应该是德才兼备、以德为先。

24. 个人成长账户七要素模型，除了德、能、勤、绩、廉外，还包括（　）。

A. 职业基础和业务能力　　B. 领导胜任力和日常绩效（平时考核）

C. 业务能力和公认评价　　D. 职业基础和公认评价

【参考答案】D

【答案解析】个人成长账户七要素模型，是指德、能、勤、绩、廉、评、基。

25. 数字人事制度推行后，有关信息数据是以定量积分和定性评价的方式记入（　）。

A. 综合干部管理信息系统　　B. 个人考核账户

C. 个人积分账户　　D. 个人成长账户

【参考答案】D

【答案解析】根据《税务系统数字人事实施办法》的规定，各级税务局应为每名税务干部建立个人成长账户，记录各类量化数据信息和定性评价信息，分类汇总德、能、勤、绩、廉、评、基等方面的数据，全景式、分镜头完整展示税务干部成长轨迹。

26. 下列选项中，不属于外部评价的是（　）。

A. 办税服务厅现场评价　　B. 纳税人满意度调查

C. 行风评议　　D. 廉政测评

【参考答案】D

【答案解析】外部评价包括办税服务厅现场评价、纳税人满意度调查和行风评议，不包括廉政测评。

27. 税务总局党校（干部学院）、省税务干部学校主体班次中，领导干部讲课课时不低于总课时的 20%，运用互动式教学方法的课程比重不低于 30%。互动式教学方法不包括（ ）。

A. 研讨式　B. 案例式　C. 模拟式　D. 灌输式

【参考答案】D

【答案解析】根据《2018—2022 年全国税务系统干部教育培训规划》的规定，运用研讨式、案例式、模拟式、体验式、辩论式等互动式教学方法的课程比重不低于 30%。

28. 业务能力升级主要面向（ ）岁以下税务干部。

A. 40　B. 45　C. 50　D. 55

【参考答案】B

【答案解析】业务能力升级主要面向 45 岁以下税务干部，并以年龄加分等措施，鼓励 45 岁以上干部积极参加。

29. 领导胜任力测试成绩合格，有效期（ ）年。

A. 2　B. 3　C. 4　D. 5

【参考答案】B

【答案解析】领导胜任力测试合格，作为晋升上一级职务的必要条件，有效期 3 年。

30. 凡获得注册会计师、法律职业资格证书等与税收工作相关职业资格的，在已达到级档的基础上直接跨（ ）档报测。

A. 1　B. 2　C. 3　D. 4

【参考答案】B

【答案解析】获得财会类国家层面的证书，如注册会计师、法律职业资格证书等，允许直接跨 2 档报测。

二、多项选择题

1. 下列选项中，属于税务系统的领导职务的有（ ）。

A. 县处级正职　B. 一级调研员

C. 四级主任科员　D. 乡科级正职

【参考答案】 AD

【答案解析】 根据《中华人民共和国公务员法》第十八条的规定，领导职务层次分为：国家级正职、国家级副职、省部级正职、省部级副职、厅局级正职、厅局级副职、县处级正职、县处级副职、乡科级正职、乡科级副职。一级调研员和四级主任科员是综合管理类公务员职级序列。

2. 公务员职务任命必须具备的三个条件包括（　）。

A. 有编制　　B. 有职数

C. 有相应的权限　　D. 有相应的职位空缺

【参考答案】 ABD

【答案解析】 根据《中华人民共和国公务员法》第四十三条的规定，公务员任职应当在规定的编制限额和职数内进行，并有相应的职位空缺。

3. 公务员领导职务可以按照规定越级晋升的条件有（　）。

A. 表现特别优秀　　B. 资历深

C. 工作经验丰富　　D. 工作特殊需要

【参考答案】 AD

【答案解析】 依据是《中华人民共和国公务员法》第四十五条的规定。

4. 公务员应该在（　）方面受到监督。

A. 思想政治　　B. 履行职责　　C. 作风表现　　D. 遵纪守法

【参考答案】 ABCD

【答案解析】 根据《中华人民共和国公务员法》第五十七条的规定，机关应当对公务员的思想政治、履行职责、作风表现、遵纪守法等情况进行监督，开展勤政廉政教育，建立日常管理监督制度。

5. 对公务员监督发现问题的，可视情况采取的处理方式包括（　）。

A. 谈话提醒　　B. 批评教育　　C. 诫勉　　D. 处分

【参考答案】 ABCD

【答案解析】 根据《中华人民共和国公务员法》第五十七条的规定，对公务员监督发现问题的，应当区分不同情况，予以谈话提醒、批评教育、责令检查、诫勉、组织调整、处分。

6. 下列选项中，属于公务员奖励种类的有（　）。

A. 嘉奖　　B. 升职　　C. 记一等功　　D. 授予荣誉称号

【参考答案】 ACD

【答案解析】 根据《中华人民共和国公务员法》第五十三条的规定，对公务员、公务员集体的奖励分为嘉奖、记三等功、记二等功、记一等功、授予荣誉称号。

7. 给予行政机关公务员处分，应当（　）。

A. 坚持公正、公平和教育与惩处相结合的原则

B. 与其违法违纪行为的性质、情节、危害程度相适应

C. 事实清楚、证据确凿、定性准确、处理恰当、程序合法、手续完备

D. 惩前毖后、从重处罚

【参考答案】ABC

【答案解析】依据是《行政机关公务员处分条例》。

8. 根据《中华人民共和国公务员法》的规定，机关公务员申请提前退休的条件是（　）。

A. 工作年限满 30 年的

B. 距国家规定的退休年龄不足 5 年，且工作年限满 20 年的

C. 工作年限满 20 年的

D. 国家公务员男性年满 60 周岁

【参考答案】AB

【答案解析】根据《中华人民共和国公务员法》第九十三条的规定，公务员符合下列条件之一的，本人自愿提出申请，经任免机关批准，可以提前退休：工作年限满 30 年的；距国家规定的退休年龄不足 5 年，且工作年限满 20 年的；符合国家规定的可以提前退休的其他情形的。国家公务员男性年满 60 周岁，属于正常退休。

9. 公务员法明确规定了对有某些亲属关系的公务员在职务任用上需要回避的情况，下列选项中，属于需要回避的亲属关系有（　）。

A. 夫妻关系　　B. 直系血亲关系

C. 三代以内旁系血亲关系　　D. 近姻亲关系

【参考答案】ABCD

【答案解析】依据是《中华人民共和国公务员法》第七十四条的规定。

10. 公务员被辞退的情况包括（　）。

A. 在年度考核中，两次以上被确定为不称职的

B. 本人工作能力无法胜任现职工作的

C. 不履行公务员义务，经教育仍无转变，不适合继续在机关工作，又不宜给予开除处分的

D. 所在机关撤销需要调整工作，本人拒绝合理安排的

【参考答案】CD

【答案解析】根据《中华人民共和国公务员法》第八十八条的规定，公务员有下列

情形之一的，予以辞退：(1) 在年度考核中，连续两年被确定为不称职的。(2) 不胜任现职工作，又不接受其他安排的。(3) 因所在机关调整、撤销、合并或者缩减编制员额需要调整工作，本人拒绝合理安排的。(4) 不履行公务员义务，不遵守法律和公务员纪律，经教育仍无转变，不适合继续在机关工作，又不宜给予开除处分的。(5) 旷工或者因公外出、请假期满无正当理由逾期不归连续超过 15 天，或者一年内累计超过 30 天的。

11. 税务系统干部选拔任用工作责任追究中的组织处理方式包括（ ）。

A. 书面检查　　B. 引咎辞职、责令辞职

C. 调离岗位　　D. 免职、降职

【参考答案】 BCD

【答案解析】 应当追究责任的情形中，情节较轻的，给予批评教育或者责令作出书面检查；情节较重或者群众反映强烈、造成恶劣影响的，给予组织处理。组织处理的方式包括调离岗位、引咎辞职、责令辞职、免职、降职等。

12. 下列关于税务系统干部选拔任用工作的说法中，正确的有（ ）。

A. 受到调离岗位处理的，1 年内不得提拔

B. 引咎辞职和受到责令辞职、免职处理的，1 年内不得重新担任与其原任职务相当的领导职务，2 年内不得提拔

C. 受到降职处理的，2 年内不得提拔

D. 同时受到纪律处分的，按照影响期长的规定执行

【参考答案】 ABCD

【答案解析】 依据是《中国共产党组织处理规定（试行）》。

13. 下列关于税务领导班子分工制度的叙述中，正确的有（ ）。

A. 实行集体领导和个人分工负责相结合的制度

B. 领导班子成员的分工由主要负责人提出初步意见

C. 主要负责人可直接分管人事、财务和基建工作

D. 领导班子成员的分工由上一级党委决定

【参考答案】 AB

【答案解析】 领导班子主要负责人不直接分管人事、财务和基建工作；领导班子成员的分工由主要负责人提出初步意见，征求其他领导班子成员意见，经党组会讨论决定，及时公布并向上一级党委报告。

14. 下列关于因私出国（境）管理制度的有关要求的叙述中，正确的有（ ）。

A. 税务总局机关各司局和各省（区、市）税务局主要负责人只批准因私出国（境）

探亲、看病，其他因私出国（境）情形不予批准

B. 在职厅局级、处级干部，退（离）休厅局级干部和退休 3 年（含）以内的处级干部的因私出国（境）证件均要交由所在单位人事部门集中保管

C. 切实做好防范干部外逃等有关工作，凡发现有领导干部外逃或涉嫌外逃的，要在 24 小时内逐级上报至税务总局（人事司）

D. 对于出现干部滞留不归、借机外逃等问题的，除对当事人依纪依规处理外，还要追究所在单位主要负责人和相关责任人的责任

【参考答案】ABCD

【答案解析】略。

15. 数字人事的四大支柱包括（ ）。

A. 平时考核　　B. 公认评价

C. 业务能力评价　　D. 领导胜任力评价

【参考答案】ABCD

【答案解析】根据《税务系统数字人事实施办法》的规定，数字人事的核心要义是将现行按“事”考核评价和日常管理干部的制度规定，转化为按“人（岗）”量化归集的评价和管理指标，着力构建包括平时考核、公认评价、业务能力评价、领导胜任力评价四大支柱。

16. 下列专业类别中属于业务能力升级的有（ ）。

A. 行政管理类　　B. 纳税服务类　　C. 征管评估类　　D. 税务稽查类

【参考答案】ABCD

【答案解析】根据《税务系统业务能力升级管理办法》的规定，业务能力专业类别分为综合管理、纳税服务、征收管理、税务稽查和信息技术等五类。

17. 数字人事的内涵是实现干部考核管理（ ）。

A. 日常化　　B. 多维化　　C. 数据化　　D. 累积化

【参考答案】ABCD

【答案解析】略。

18. 税务干部在数字人事记实上，可以填写的内容包括（ ）。

A. 工作事项、工作成效　　B. 存在问题、改进措施

C. 本人政治思想、遵规守纪情况　　D. 心得体会、感悟打算

【参考答案】ABCD

【答案解析】数字人事记实内容上，倡导侧重记录工作成效、存在问题、改进措施以及本人政治思想、遵规守纪情况，此外还可以记录心得体会、感悟打算等。

19. 新进人员培养管理考核包括（ ）。

A. 初任培训　　B. 执法资格考试

C. 任职定级测评　　D. 年度考核（年终测评）

【参考答案】 ABCD

【答案解析】 对试用期新进人员有计划地开展培养锻炼和考核管理的信息，包括初任培训、税收执法资格考试、年终测评、任职定级测评等信息。

20. 领导胜任力评价包括（ ）。

A. 任职考察　　B. 试用期管理

C. 专项考评　　D. 领导胜任力测试

【参考答案】 ABCD

【答案解析】 领导胜任力评价，是指对领导干部履行岗位职责应具备的素质和能力进行评价，包括组织绩效挂钩、内部评价、任职考察、试用期管理、党建工作、专项考评、领导胜任力测试等内容。

三、判断题

1. 公务员的领导职务、职级与级别是确定公务员工资以及其他待遇的依据。（ ）

【参考答案】 ✓

【答案解析】 依据是《中华人民共和国公务员法》第二十一条的规定。

2. 录用调研员职级层次的公务员，需采取公开考试、严格考察、平等竞争、择优录取的办法。（ ）

【参考答案】 ×

【答案解析】 录用担任一级主任科员以下及其他相当职级层次的公务员，才需采取公开考试、严格考察、平等竞争、择优录取的办法。

3. 公务员定期考核的结果分为优秀、称职、基本称职三个等次。（ ）

【参考答案】 ×

【答案解析】 公务员定期考核的结果分为优秀、称职、基本称职和不称职四个等次。

4. 公务员因工作需要在机关外兼职，应当经有关机关批准，其领取的兼职报酬不得高于在关系所在单位薪酬。（ ）

【参考答案】 ×

【答案解析】 根据《中华人民共和国公务员法》第四十四条的规定，公务员因工作需要在机关外兼职，应当经有关机关批准，并不得领取兼职报酬。

5. 公务员在受处分期间有悔改表现，并且没有再发生违纪违法行为的，处分期满后自动解除。（ ）

【参考答案】×

【答案解析】根据《中华人民共和国公务员法》第六十五条的规定，公务员受开除以外的处分，在受处分期间有悔改表现，并且没有再发生违纪违法行为的，处分期满后自动解除。

6. 公务员不得在其配偶、子女及其配偶经营的企业、营利性组织的行业监管或者主管部门任职。（ ）

【参考答案】√

【答案解析】根据《中华人民共和国公务员法》第七十四条的规定，公务员不得在其配偶、子女及其配偶经营的企业、营利性组织的行业监管或者主管部门担任领导成员。

7. 干部选拔任用工作中，还应当树立注重基层的导向；应当注重培养选拔优秀年轻干部，注重使用后备干部，用好各年龄段干部。（ ）

【参考答案】√

【答案解析】略。

8. 选拔任用党政领导干部，必要时可以民主推荐。（ ）

【参考答案】×

【答案解析】根据《党政领导干部选拔任用工作条例》的规定，选拔任用党政领导干部，应当经过民主推荐。民主推荐包括谈话调研推荐和会议推荐，推荐结果作为选拔任用的重要参考，在1年内有效。

9. 实行党政领导干部任职试用期制度，提拔担任非选举产生的厅局级以下领导职务的，试用期为半年。（ ）

【参考答案】×

【答案解析】根据《党政领导干部选拔任用工作条例》的规定，提拔担任非选举产生的厅局级以下领导职务的，试用期为1年。

10. 税务系统领导班子不按规定分工、调整分工的，应责令改正。个人不服从调整的，责令其辞职。（ ）

【参考答案】×

【答案解析】个人不服从调整的，对其进行诫勉谈话。

11. 查核发现领导干部的家庭财产明显超过正常收入的，应当要求本人在15个工作日内说明来源，必要时组织（人事）部门会同有关部门对其财产来源的合法性进行验证。（ ）

【参考答案】 √

【答案解析】 依据是《领导干部个人有关事项报告查核结果处理办法》。

12. 在职处级干部和退（离）休厅局级、处级干部因私出国（境）次数不作限制，一次出国（境）在外停留时间一般不超过半年。（ ）

【参考答案】 ×

【答案解析】 在职处级干部和退（离）休厅局级、处级干部一次出国（境）在外停留时间一般不超过3个月。

13. 同一领导班子成员不得在同一时间段内安排因私出国（境）。（ ）

【参考答案】 √

【答案解析】 根据《中共国家税务总局党组关于进一步加强领导干部因私出国（境外）管理工作的通知》的规定，对领导干部因私出国（境）从严管理审批。同一领导班子成员不得在同一时间段内安排因私出国（境）。

14. 税务系统每个干部都有从业基础信息。（ ）

【参考答案】 ×

【答案解析】 从业基础信息包括税务干部接受教育信息、考录信息，以及新进培养信息等，主要适用于开展数字人事工作当年及以后通过公务员考录、事业单位公开招聘等方式进入税务系统工作的税务干部。因此，不是每个税务干部都有从业基础信息。

15. 业务能力升级测试具有自愿参与，自学为主、助学为辅的特点。（ ）

【参考答案】 √

【答案解析】 业务能力升级工作遵循的基本原则：一是参与自主化，税务干部以自愿参与、自学为主方式参加业务能力升级学习和测试。二是助学多样化，积极拓宽辅助税务干部提升业务能力的学习、培训渠道，为助学促学提供良好平台和资源。

16. 税务干部可报名参加与工作岗位相一致的专业类别业务能力升级测试，也可报考其他专业类别。（ ）

【参考答案】 √

【答案解析】 依据是《税务系统业务能力升级管理办法》。

17. 税务干部可以根据自己的意愿选择业务能力升级考试报考类别和档次。（ ）

【参考答案】 ×

【答案解析】 根据《税务系统业务能力升级管理办法》的规定，税务干部可以根据自己的意愿选择业务能力升级考试报考类别，但档次不是随意报考，要在首次套档基础上，一档一档往上报考，或者按规定跨档报名。取得业务能力一定专业类别级档后，报名参加其他类别业务能力升级测试的，应从本人已取得专业类别级档的相同级档或者较低级档考起，不得直接报考更高级档。

18. 只要个人愿意，每年都能报名参加业务能力升级考试。(　)

【参考答案】 ×

【答案解析】 除首次套档外，凡获得业务能力初级或者中级的，次年不得报名参加测试，第三年方可报考；凡获得业务能力高级的，次年和第三年不得报名参加测试，第四年方可报考。参加测试未通过的，次年可继续报名。

19. 晋升副科级领导职务，应具备业务能力初级 4 档以上。(　)

【参考答案】 ×

【答案解析】 晋升副科级领导职务，应具备业务能力 2 档以上。

20. 业务能力很高的干部可以越级参加领导胜任力测试。(　)

【参考答案】 ×

【答案解析】 业务能力测试和领导胜任力测试是两个不同维度的测试，业务能力高的干部不能越级参加领导胜任力测试。

四、简答题

1.《中华人民共和国公务员法》对公务员的定义作了新的界定，请问公务员必须具备哪三个条件？

【参考答案】

一是依法履行公职；二是纳入国家行政编制；三是由国家财政负担工资福利。

2. 谈谈对学习兴税平台的认识。

【参考答案】

学习兴税平台是集学习、培训、测试、评价、应用于一体的网络学习培训平台，是推进税务干部教育培训数字化的重要载体，是学习强国平台在税务系统的部门化拓展。

建设学习兴税平台，是税务总局党委贯彻落实习近平新时代中国特色社会主义思想和习近平总书记关于税收工作重要论述的重要举措，是运用先进理念和技术改进税务系统学习培训、提高教育培训质效的积极探索。

应用学习兴税平台，有利于提高税务干部学习的便利度和成效，促进及时跟进学、持续反复学，进一步坚定信仰、信念和信心；有利于促进教育培训变革发展，建设学习型税务机关，引导税务干部好学向上、岗位成才；有利于促进税务干部学以致用、工学相长，推动党中央、国务院决策部署及税务总局工作要求快速落实，加快推进税收现代化建设。

第四章
监督管理

第一节　党风廉政建设

一、党风廉政建设责任制

（一）党委责任

《全国税务系统党的建设工作规范（试行）》规定，全国税务系统各级党委要加强党的纪律建设，履行党风廉政建设主体责任，支持纪检监察机关履行监督责任，扎实推进惩治和预防腐败体系建设，保证党中央、国务院关于党风廉政建设的决策和部署的贯彻落实。

1. 研究贯彻落实措施。

召开党委会议，专题研究党风廉政建设工作。结合实际研究制定党风廉政建设工作计划、目标要求和具体措施，明确领导班子和领导干部党风廉政职责，并按计划推进落实。贯彻落实党中央、国务院以及上级税务局党委关于党风廉政建设的部署和要求。贯彻落实党风廉政法规制度，推进制度创新，深化体制机制改革，从源头上预防和治理腐败。

2. 开展党风廉政教育。

开展党性党风党纪和廉洁从政教育，组织党员、干部学习党风廉政建设理论和法规制度，加强廉政文化建设。加强思想政治、理想信念教育，筑牢干部拒腐防变的思想防线。加强法治教育，坚持领导干部带头学法、模范守法，提升干部依法治税水平。加强“以案促鉴”“以案促改”警示教育，建立典型案例通报制度，起到处理一起、警醒一片的作用。

3. 强化权力制约监督。

建立健全决策权、执行权、监督权既相互制约又相互协调的权力结构和运行机制，

推进权力运行程序化和公开透明。监督检查本单位本系统的党风廉政建设情况和下级领导班子、领导干部廉洁从政情况，认真执行《税务系统领导班子和领导干部监督管理办法》及其实施细则。

4. 深入推进重点领域、重点环节党风廉政建设。

加强作风建设，纠正损害群众利益的不正之风，切实解决党风政风方面存在的突出问题，着力查处损害纳税人利益的不正之风。进一步规范税收执法权和行政管理权，加强监督。深入落实税收执法责任制，加强执法质量考评和责任追究。加强财务监督管理，严格执行规范津贴补贴政策规定，严格按照规定选拔任用干部，防止和纠正选人用人上的不正之风。深入开展专项治理，并针对问题建章立制，从源头上堵塞管理漏洞。加强内控机制建设，党风廉政建设领导小组每年对下一级领导班子、领导干部党风廉政建设责任制执行情况开展 1 次检查考核。有效防范税收执法风险、行政管理风险、廉政风险。

5. 领导、组织并支持执纪执法部门依纪依法履责。

对主体责任缺失、监督责任缺位、责任传导不力的领导班子及成员，既要督促整改问题，也要处理责任人。要旗帜鲜明地支持纪检监察部门监督执纪问责，每年召开专题会议，及时听取执纪执法部门工作汇报，切实解决重大问题。

（二）纪检部门责任

党委纪检组协助党委推进全面从严治党，加强党风廉政建设和组织协调反腐败工作，履行监督、执纪、问责职责。机关纪委按照党章及有关党内法规赋予的职责开展工作，参照本章的有关规定履行监督责任。主要包括：

1. 协助本单位党委推进全面从严治党、加强党风廉政建设和组织协调反腐败工作。坚决扛起“两个维护”政治责任，认真履行全面从严治党监督责任。坚决落实以“三为主一报告”为主要内容的深化纪检监察体制改革部署，切实发挥纪检机构职能作用。

2. 督促推动本单位党委及领导班子成员履行全面从严治党主体责任。应当通过重大事项请示报告、提出意见建议、监督推动党委决策落实等方式，协助党委落实全面从严治党主体责任。

3. 把监督作为基本职责、第一职责，加强对“关键少数”的监督和对重要岗位的监督。加强对贯彻新时代党的组织路线的监督。认真执行党章和党内法规，检查党的路线、方针、政策和决议的执行情况。

4. 加强对落实中央八项规定及其实施细则精神和纠治“四风”情况的监督。规范信访举报，对实名举报和违反中央八项规定及其实施细则精神、“四风”问题等信访举报优先办理。加大典型案例通报曝光力度。

5. 加强对依法履职的监督。开展廉政教育，做深做实警示教育，强化监督检查。深化运用监督执纪“四种形态”。认真开展执纪审查，坚持问题线索集体排查制度，线索处置、谈话函询、初步核实、立案审查、案件审理、处置执行中的重要问题，应当集体研究。

6. 加大税收违法案件“一案双查”力度。结合打击偷逃骗税和虚开增值税发票案件，严肃查处税务人员与不法分子内外勾结、谋取私利的违纪违法问题，并倒查领导责任。

7. 规范和强化党的问责工作。对党的领导弱化、党的建设缺失、全面从严治党不力、维护党的纪律不力、推进党风廉政建设和反腐败工作不坚决不扎实，按照有关规定和干部管理权限予以问责。

8. 加强对下级纪检机构查办案件、发行监督职责的领导，建立健全机制。加强对下级党组织实施责任追究情况的监督检查。

9. 加强向属地纪委监委汇报沟通。发现相关公职人员涉嫌职务违法犯罪的，按照管理权限按程序移交或会同属地纪委监委进行审查调查。

二、廉洁自律相关规范

2015 年 10 月，中共中央印发的《中国共产党廉洁自律准则》指出，中国共产党全体党员和各级党员领导干部必须坚定共产主义理想和中国特色社会主义信念，必须坚持全心全意为人民服务根本宗旨，必须继承发扬党的优良传统和作风，必须自觉培养高尚道德情操，努力弘扬中华民族传统美德，廉洁自律，接受监督，永葆党的先进性和纯洁性。包括《党员廉洁自律规范》和《党员领导干部廉洁自律规范》两个部分。

党员廉洁自律规范：

1. 坚持公私分明，先公后私，克己奉公。
2. 坚持崇廉拒腐，清白做人，干净做事。
3. 坚持尚俭戒奢，艰苦朴素，勤俭节约。
4. 坚持吃苦在前，享受在后，甘于奉献。

党员领导干部廉洁自律规范：

5. 廉洁从政，自觉保持人民公仆本色。
6. 廉洁用权，自觉维护人民根本利益。
7. 廉洁修身，自觉提升思想道德境界。
8. 廉洁齐家，自觉带头树立良好家风。

三、加强作风建设的规定

1. 将习近平总书记有关改进作风的重要指示精神以及党章、党规、党纪等列入税务干部教育培训学习内容，深化思想认识，严明纪律规矩，涵养作风建设新气象。在此基础上，深入学习贯彻习近平总书记关于税收工作的重要论述，逐项对标、细化贯彻落实措施，坚定不移推动党中央、国务院重大决策部署在税务系统落地见效。

2. 严格落实税务系统全面从严治党主体责任和监督责任，层层压紧压实管党治党责任。严格落实"第一责任人"职责，带头践行全面从严治党要求，切实抓好改进调查研究、精简会议活动、精简文件简报、规范出访活动、改进新闻报道、厉行勤俭节约等方面工作。

3. 紧盯不敬畏、不在乎、喊口号、装样子问题，坚决破除空泛式表态、应景式过场、运动式造势等形式主义、官僚主义问题，进一步规范税务系统督查检查考核工作，严格控制总量，杜绝过度"痕迹管理"。严格执行调研相关规定，减少层层陪同。严格会议审批程序，着力控制会议规模和时间。进一步控制文件简报数量，积极推广电子公文和二维码的应用。严格执行办公用房、住房、用车等有关待遇规定，严禁违规公款消费。进一步落实好减税降费政策措施，确保纳税人和缴费人在减税降费政策内容上"应知尽知"，业务办理上"应会尽会"，享受政策优惠上"应享尽享"，让纳税人和缴费人有实实在在的获得感。

4. 整合监督检查资源，统筹推进纪检机构的"专责监督"，巡视、督察审计、干部监督部门的"职能监督"和机关内设部门的"日常监督"。对落实中央八项规定及其实施细则精神不力，"四风"问题突出的，特别是落实减税降费政策不到位的，要严肃追责问责。

5. 健全完善税务系统内控机制，加强财务及税收业务相关软件的内控功能内生化，实现事先提醒、事中控制，充分应用内控监督平台强化事后监督。建立健全中央八项规定及其实施细则精神落实情况的常态化监督检查机制，做到"四必查"，即巡视时必查、督察内审时必查、财务检查时必查、系统督查时必查。

四、党内监督有关规定

（一）中国共产党纪律检查机关监督执纪工作规则

1. 监督执纪工作原则。

坚持和加强党的全面领导；坚持纪律检查工作双重领导体制；坚持实事求是；坚持信任不能代替监督；坚持惩前毖后、治病救人。

2. 领导体制。

（1）中央纪律检查委员会在党中央领导下进行工作。地方各级纪律检查委员会和基层纪律检查委员会在同级党的委员会和上级纪律检查委员会双重领导下进行工作。党委应当定期听取、审议同级纪律检查委员会和监察委员会的工作报告，加强对纪委监委工作的领导、管理和监督。

（2）党的纪律检查机关和国家监察机关是党和国家自我监督的专责机关，中央纪委和地方各级纪委贯彻党中央关于国家监察工作的决策部署，审议决定监委依法履职中的重要事项，把执纪和执法贯通起来，实现党内监督和国家监察的有机统一。

（3）监督执纪工作实行分级负责制：

①中央纪委国家监委负责监督检查和审查调查中央委员、候补中央委员，中央纪委委员，中央管理的领导干部，党中央工作部门、党中央批准设立的党组（党委），各省、自治区、直辖市党委、纪委等党组织的涉嫌违纪或者职务违法、职务犯罪问题。

②地方各级纪委监委负责监督检查和审查调查同级党委委员、候补委员，同级纪委委员，同级党委管理的党员、干部以及监察对象，同级党委工作部门、党委批准设立的党组（党委），下一级党委、纪委等党组织的涉嫌违纪或者职务违法、职务犯罪问题。

③基层纪委负责监督检查和审查同级党委管理的党员，同级党委下属的各级党组织的涉嫌违纪问题；未设立纪律检查委员会的党的基层委员会，由该委员会负责监督执纪工作。

地方各级纪委监委依照规定加强对同级党委履行职责、行使权力情况的监督。

（4）对党的组织关系在地方、干部管理权限在主管部门的党员、干部以及监察对象涉嫌违纪违法问题，应当按照“谁主管、谁负责”的原则进行监督执纪，由设在主管部门、有管辖权的纪检监察机关进行审查调查，主管部门认为有必要的，可以与地方纪检监察机关联合审查调查。地方纪检监察机关接到问题线索反映的，经与主管部门协调，可以对其进行审查调查，也可以与主管部门组成联合审查调查组，审查调查情况及时向对方通报。

（5）上级纪检监察机关有权指定下级纪检监察机关对其他下级纪检监察机关管辖的党组织和党员、干部以及监察对象涉嫌违纪或者职务违法、职务犯罪问题进行审查调查，必要时也可以直接进行审查调查。上级纪检监察机关可以将其直接管辖的事项指定下级纪检监察机关进行审查调查。纪检监察机关之间对管辖事项有争议的，由其共同的上级纪检监察机关确定；认为所管辖的事项重大、复杂，需要由上级纪检监察机关管辖的，可以报请上级纪检监察机关管辖。

（6）纪检监察机关应当严格执行请示报告制度。中央纪委定期向党中央报告工作，研究涉及全局的重大事项、遇有重要问题以及作出立案审查调查决定、给予党纪政务处分等事项应当及时向党中央请示报告，既要报告结果也要报告过程。执行党中央重要决定的情况应当专题报告。

地方各级纪检监察机关对作出立案审查调查决定、给予党纪政务处分等重要事项，应当向同级党委请示汇报并向上级纪委监委报告，形成明确意见后再正式行文请示。遇有重要事项应当及时报告。

纪检监察机关应当坚持民主集中制，对于线索处置、谈话函询、初步核实、立案审查调查、案件审理、处置执行中的重要问题，经集体研究后，报纪检监察机关相关负责人、主要负责人审批。

(7) 纪检监察机关应当建立监督检查、审查调查、案件监督管理、案件审理相互协调、相互制约的工作机制。市地级以上纪委监委实行监督检查和审查调查部门分设，监督检查部门主要负责联系地区和部门、单位的日常监督检查和对涉嫌一般违纪问题线索处置，审查调查部门主要负责对涉嫌严重违纪或者职务违法、职务犯罪问题线索进行初步核实和立案审查调查；案件监督管理部门负责对监督检查、审查调查工作全过程进行监督管理，案件审理部门负责对需要给予党纪政务处分的案件审核把关。

纪检监察机关在工作中需要协助的，有关组织和机关、单位、个人应当依规依纪依法予以协助。

3. 线索处置。

纪检监察机关应当加强对问题线索的集中管理、分类处置、定期清理。结合问题线索所涉及地区、部门、单位总体情况，综合分析，按照谈话函询、初步核实、暂存待查、予以了结四类方式进行处置。线索处置不得拖延和积压，处置意见应当在收到问题线索之日起 1 个月内提出，并制定处置方案，履行审批手续。

4. 谈话函询。

(1) 纪检监察机关进行函询应当以办公厅（室）名义发函给被反映人，并抄送其所在党委（党组）和派驻纪检监察组主要负责人。被函询人应当在收到函件后 15 个工作日内写出说明材料，由其所在党委（党组）主要负责人签署意见后发函回复。

被函询人为党委（党组）主要负责人的，或者被函询人所作说明涉及党委（党组）主要负责人的，应当直接发函回复纪检监察机关。

(2) 被谈话函询的党员干部应当在民主生活会、组织生活会上就本年度或者上年度谈话函询问题进行说明，讲清组织予以采信了结的情况；存在违纪问题的，应当进行自我批评，作出检讨。

5. 初步核实。

纪检监察机关采取初步核实方式处置问题线索，应当制定工作方案，成立核查组，履行审批程序。被核查人为下一级党委（党组）主要负责人的，纪检监察机关应当报同级党委主要负责人批准。

6. 审查调查。

(1）审查调查组可以依照党章党规和监察法，经审批进行谈话、讯问、询问、留置、查询、冻结、搜查、调取、查封、扣押（暂扣、封存)、勘验检查、鉴定，提请有关机关采取技术调查、通缉、限制出境等措施。

(2）需要对被审查调查人采取留置措施的，应当依据监察法进行，在24小时内通知其所在单位和家属，并及时向社会公开发布。因可能毁灭、伪造证据，干扰证人作证或者串供等有碍调查情形而不宜通知或者公开的，应当按程序报批并记录在案。有碍调查的情形消失后，应当立即通知被留置人员所在单位和家属。

(3）审查调查工作应当依照规定由两人以上进行，按照规定出示证件，出具书面通知。

(4）严禁以威胁、引诱、欺骗以及其他违规违纪违法方式收集证据；严禁隐匿、损毁、篡改、伪造证据。

(5）查封、扣押（暂扣、封存)、冻结、移交涉案财物，应当严格履行审批手续。

7. 审理。

(1）纪检监察机关应当对涉嫌违纪或者违法、犯罪案件严格依规依纪依法审核把关，提出纪律处理或者处分的意见，做到事实清楚、证据确凿、定性准确、处理恰当、手续完备、程序合规。

(2）纪律处理或者处分必须坚持民主集中制原则，集体讨论决定，不允许任何个人或者少数人决定和批准。坚持审查调查与审理相分离的原则，审查调查人员不得参与审理。

（二）中国共产党党内监督条例

1. 监督内容和监督对象。

(1）党内监督的主要内容：遵守党章党规，坚定理想信念，践行党的宗旨，模范遵守宪法法律情况；维护党中央集中统一领导，牢固树立政治意识、大局意识、核心意识、看齐意识，贯彻落实党的理论和路线方针政策，确保全党令行禁止情况；坚持民主集中制，严肃党内政治生活，贯彻党员个人服从党的组织，少数服从多数，下级组织服从上级组织，全党各个组织和全体党员服从党的全国代表大会和中央委员会原则情况；落实全面从严治党责任，严明党的纪律特别是政治纪律和政治规矩，推进党风廉政建设和反腐败工作情况；落实中央八项规定精神，加强作风建设，密切联系群众，巩固党的执政基础情况；坚持党的干部标准，树立正确选人用人导向，执行干部选拔任用工作规定情况；廉洁自律、秉公用权情况；完成党中央和上级党组织部署的任务情况。

(2）党内监督的重点对象是党的领导机关和领导干部，特别是主要领导干部。

(3）党内监督必须把纪律挺在前面，运用监督执纪“四种形态”，经常开展批评和自我批评、约谈函询，让“红红脸、出出汗”成为常态；党纪轻处分、组织调整成为违纪处理的大多数；党纪重处分、重大职务调整的成为少数；严重违纪涉嫌违法立案审查的成为极少数。

(4）党的工作部门应当严格执行各项监督制度，加强职责范围内党内监督工作，既加强对本部门本单位的内部监督，又强化对本系统的日常监督。

(5）党内监督必须加强对党组织主要负责人和关键岗位领导干部的监督，重点监督其政治立场、加强党的建设、从严治党，执行党的决议，公道正派选人用人，责任担当、廉洁自律，落实意识形态工作责任制情况。

(6）党组织主要负责人个人有关事项应当在党内一定范围公开，主动接受监督。

2. 党委（党组）的监督。

(1）巡视是党内监督的重要方式。中央和省、自治区、直辖市党委一届任期内，对所管理的地方、部门、企事业单位党组织全面巡视。

(2）坚持党内谈话制度，认真开展提醒谈话、诫勉谈话。

(3）坚持和完善领导干部个人有关事项报告制度，领导干部应当按规定如实报告个人有关事项，及时报告个人及家庭重大情况，事先请示报告离开岗位或者工作所在地等。

3. 党的纪律检查委员会的监督。

(1）党的各级纪律检查委员会是党内监督的专责机关，履行监督执纪问责职责，加强对所辖范围内党组织和领导干部遵守党章党规党纪、贯彻执行党的路线方针政策情况的监督检查。

(2）接到对干部一般性违纪问题的反映，应当及时找本人核实，谈话提醒、约谈函询，让干部把问题讲清楚。约谈被反映人，可以与其所在党组织主要负责人一同进行；被反映人对函询问题的说明，应当由其所在党组织主要负责人签字后报上级纪委。谈话记录和函询回复应当认真核实，存档备查。没有发现问题的应当了结澄清，对不如实说明情况的给予严肃处理。

(3）依规依纪进行执纪审查，重点审查不收敛不收手，问题线索反映集中、群众反映强烈，现在重要岗位且可能还要提拔使用的领导干部，三类情况同时具备的是重中之重。

(4）党的基层组织的监督职责：

①严格党的组织生活，开展批评和自我批评，监督党员切实履行义务，保障党员权利不受侵犯。

②了解党员、群众对党的工作和党的领导干部的批评和意见，定期向上级党组织反映情况，提出意见和建议。

③维护和执行党的纪律，发现党员、干部违反纪律问题及时教育或者处理，问题严重的应当向上级党组织报告。

(5）党员的监督义务：

①加强对党的领导干部的民主监督，及时向党组织反映群众意见和诉求。

②在党的会议上有根据地批评党的任何组织和任何党员，揭露和纠正工作中存在的

缺点和问题。

③参加党组织开展的评议领导干部活动，勇于触及矛盾问题、指出缺点错误，对错误言行敢于较真、敢于斗争。

④向党负责地揭发、检举党的任何组织和任何党员违纪违法的事实，坚决反对一切派别活动和小集团活动，同腐败现象作坚决斗争。

（6）党组织应当保障党员知情权和监督权，鼓励和支持党员在党内监督中发挥积极作用。提倡署真实姓名反映违纪事实，党组织应当为检举控告者严格保密，并以适当方式向其反馈办理情况。对干扰妨碍监督、打击报复监督者的，依纪严肃处理。

（7）党组织应当保障监督对象的申辩权、申诉权等相关权利。经调查，监督对象没有不当行为的，应当予以澄清和正名。对以监督为名侮辱、诽谤、诬陷他人的，依纪严肃处理；涉嫌犯罪的移送司法机关处理。监督对象对处理决定不服的，可以依照党章规定提出申诉。有关党组织应当认真复议复查，并做出结论。

五、党内问责有关规定

（一）问责原则

依规依纪、实事求是；失责必问、问责必严；权责一致、错责相当；严管和厚爱结合、激励和约束并重；惩前毖后、治病救人；集体决定、分清责任。

（二）问责对象

党组织、党的领导干部，重点是党委（党组）、党的工作机关及其领导成员，纪委、纪委派驻（派出）机构及其领导成员。

（三）责任划分

1. 党组织领导班子在职责范围内负有全面领导责任，领导班子主要负责人和直接主管的班子成员在职责范围内承担主要领导责任，参与决策和工作的班子成员在职责范围内承担重要领导责任。

2. 对党组织问责的，应当同时对该党组织中负有责任的领导班子成员进行问责。

（四）问责方式

1. 对党组织的：（1）检查。（2）通报。（3）改组。

2. 对党的领导干部：（1）通报。（2）诫勉。（3）组织调整或者组织处理。（4）纪律处分。

3. 上述问责方式，可以单独使用，也可以依据规定合并使用。问责方式有影响期的，按照有关规定执行。

（五）问责决定

1. 问责决定应当由有管理权限的党组织作出。对同级党委直接领导的党组织，纪委和党的工作机关报经同级党委或者其主要负责人批准，可以采取检查、通报方式进行问责。对同级党委管理的领导干部，纪委和党的工作机关报经同级党委或者其主要负责人批准，可以采取通报、诫勉方式进行问责。

2. 问责决定作出后，应当及时向被问责党组织、被问责领导干部及其所在党组织宣布并督促执行。有关问责情况应当向纪委和组织部门通报，纪委应当将问责决定材料归入被问责领导干部廉政档案，组织部门应当将问责决定材料归入被问责领导干部的人事档案，并报上一级组织部门备案。被问责领导干部应当向作出问责决定的党组织写出书面检讨，并在民主生活会、组织生活会或者党的其他会议上作出深刻检查。

六、深化国家监察体制改革

1. 深化国家监察体制改革是以习近平同志为核心的党中央领导进行的事关全局的重大政治体制改革。党的十九大和十九届二中、三中全会先后对全面推开改革试点工作，修改《中华人民共和国宪法》（以下简称《宪法》）、制定《中华人民共和国监察法》（以下简称《监察法》），设立监察机关作出部署。十三届全国人大一次会议审议通过监察法，国家监察委员会依法组建，各级纪委监委全面贯彻合署办公要求，依法行使监察职权，对所有行使公权力的公职人员实施监察，建立起统一决策、一体运行的执纪执法工作机制。党的十九届四中、五中全会进一步强调加强党的领导、深化纪检监察体制改革，完善监察权运行和监督机制，完善党和国家监督制度。

2. 经党中央批准，2021 年 9 月 20 日，国家监察委员会第 1 号公告公布了《中华人民共和国监察法实施条例》（以下简称《监察法实施条例》）。《监察法实施条例》以习近平新时代中国特色社会主义思想为指导，深入贯彻党的十九大和十九届二中、三中、四中、五中全会精神，认真落实党中央关于深化国家监察体制改革的重大决策部署，坚守以人民为中心的根本政治立场，完善监察权运行机制，是纪检监察机关深入践行习近平法治思想，推进监察法规制度建设系统集成、协同高效的重大制度成果。《监察法实施条例》的颁布施行，充分彰显了纪检监察机关运用法治思维、法治方式正风肃纪反腐的鲜明立场和接受最严格监督约束的坚定决心。

3.《监察法实施条例》共 9 章 287 条，严格遵循和贯彻《宪法》《监察法》，体例上与

《监察法》各章逐一对应，总体可以分为三个板块。第一板块为第一章总则，主要规定立法目的、坚持党的全面领导、监察工作总体要求和原则、工作任务等内容，统领整部《监察法实施条例》。第二板块为第二章至第八章，是主体部分，完善监察机关领导体制，细化监察职责、监察对象范围和监察管辖的具体规定，规范各项监察措施的适用情形和监察程序各环节的具体要求，明确开展反腐败国际合作的工作职责和领导体制，强化对监察机关和监察人员的监督。第三板块是第九章附则，主要规定了解释机关和生效日期。

4. 领导体制：国家监察委员会在党中央领导下开展工作。地方各级监察委员会在同级党委和上级监察委员会双重领导下工作，监督执法调查工作以上级监察委员会领导为主，线索处置和案件查办在向同级党委报告的同时应当一并向上一级监察委员会报告。上级监察委员会应当加强对下级监察委员会的领导。下级监察委员会对上级监察委员会的决定必须执行，认为决定不当的，应当在执行的同时向上级监察委员会反映。上级监察委员会对下级监察委员会作出的错误决定，应当按程序予以纠正，或者要求下级监察委员会予以纠正。

5. 监察对象：监察机关依法对所有行使公权力的公职人员进行监察，实现国家监察全面覆盖。

七、税务系统纪检监察体制改革

1. 省级以下税务局纪检机构在本级党委和上级内设纪检机构双重领导下开展工作，上级内设纪检机构加强对下级内设纪检机构的领导和指导，协助同级党委推进全面从严治党、加强党风廉政建设和组织协调反腐败工作。

2. 强化对同级党委、领导班子成员和下级党委、领导班子成员，特别是“一把手”履行职责、行使权力情况的监督。

3. 立足“监督的再监督”职能定位，加强对各职能部门履行监督管理职责、基层党组织履行日常监督职责的再监督。

4. 加强对本单位本系统税务人员，尤其是关键少数“两权”行使情况的监督，坚决清除一切损害党的先进性和纯洁性的因素，清除一切侵蚀党的健康肌体的病毒。

八、构建税务系统一体化综合监督体系

（一）“1+1+5+N”总体框架

第一个“1”是党委全面监督；第二个“1”是纪检机构专责监督；“5”是接受地方

党政机关监督、部门职能监督、党的基层组织日常监督、党员和群众民主监督、接受社会监督；“N”是若干配套制度机制。

（二）党委全面监督

税务总局党委对税务系统监督工作负主体责任，加强对监督工作的全面领导，推动各类监督有机贯通、形成合力。各级税务局党委对本单位本系统监督工作负主体责任，建立健全和组织实施各项监督制度，抓好督促检查；强化纪检机构专责监督作用，并自觉接受其监督；突出对“一把手”和领导班子的监督；对上级党委、纪检机构工作提出意见建议，开展监督。对履行监督责任不力的，依照有关规定处理。

（三）纪检机构专责监督

各级税务局党委支持纪检机构根据《中国共产党章程》履行职责，开展工作。按照深化税务系统纪检监察体制改革的部署要求，落实执纪审查、提名考察、履职考核、请示报告等有关制度，充分发挥纪检机构专责监督作用。

（四）地方党政机关监督

各级税务局党委落实双重领导管理体制要求，发挥“纵合横通强党建”机制制度体系作用，引进用好地方党政机关监督资源，自觉接受、主动配合地方党委、人大、政府、政协、司法机关的监督并按要求报告工作。各级税务局党的工作部门及相关职能部门积极主动与地方党政机关对口部门沟通联系，定期走访汇报，认真听取意见建议。对本系统开展党建责任落实、选人用人、干部管理监督、营造良好政治生态等方面的考核，听取地方党委和政府分管或者联系领导、相关职能部门的意见。对本系统开展巡视巡察时，应当向地方纪检监察机关、组织（人事）部门、信访部门、巡视巡察机构等收集了解相关情况和线索。建立党政机关监督反映的问题、提出的意见建议处置机制，统筹抓好问题整改、工作改进和结果反馈。

（五）部门职能监督

各级税务局党委办公室、组织人事、党建（巡视巡察）、机关党委、财务管理、督察内审、考核考评等职能部门在党委的统一领导下，按照“职责所在、监督所向”原则，积极运用信息技术，创新方式方法，履行监督职责，发挥职能监督优势。各级税务局党建工作领导小组办公室和党风廉政建设领导小组办公室加强组织协调，建立健全部门职能监督协同配合机制，增强监督合力。

（六）党的基层组织日常监督

各级税务局基层党组织突出政治功能，严肃党内组织生活，提高批评和自我批评质量；落实党支部工作条例，促进基层党组织日常监督制度化、常态化；履行日常教育、管理、监督职责，激励党员干部履职尽责、担当作为；抓好对党员干部“八小时之外”的监督，督促党员干部自觉净化社交圈、生活圈、朋友圈。党支部书记带头落实谈心谈话制度，及时掌握党员干部思想状况，对苗头性、倾向性问题及时提醒批评教育。纪检委员认真履行监督职责，充分发挥正风肃纪的“前哨”作用。

（七）党员和群众民主监督

党员和群众应当本着对党和税收事业高度负责的态度，积极行使监督权利，履行监督义务，按照组织程序如实反映意见建议和诉求，负责地揭发、检举违纪违法事实。各级税务局党组织依法保障党员和群众民主监督权利，创新方式、拓宽渠道，为党员和群众参与民主监督创造良好环境。

（八）社会监督

各级税务局党委要自觉接受、主动配合纳税人缴费人、新闻媒体、社会公众等方面的监督，用好各方面社会监督资源，畅通社会监督渠道，认真听取意见建议，主动回应社会关切，抓好问题整改反馈，持续改进税收工作。

第二节　税务机关权力监督制约

一、对“一把手”和领导班子及领导干部的监督

（一）关于加强对“一把手”和领导班子的监督

把对“一把手”的监督作为重中之重，强化监督检查。“一把手”要以身作则，自觉接受监督。各级领导干部，特别是高级干部要带头遵守政治纪律和政治规矩，主动向党组织请示报告工作，严格落实中央八项规定及其实施细则精神，廉洁治家，自觉反对特权思想、特权现象，始终保持共产党人清正廉洁的政治本色。加强党组织自上而下的监督，上级“一把手”要将监督下级“一把手”情况作为每年述职的重点内容；对下级新任职“一把手”应当开展任职谈话；同下级“一把手”定期开展监督谈话，对存在苗头性、倾向性问题的进行批评教育，对存在轻微违纪问题的及时予以诫勉。严格执行全面从严治党责任制度，落实“一把手”第一责任人职责。贯彻执行民主集中制，完善“三

重一大”决策监督机制。把“三重一大”决策制度执行情况作为巡视巡察、审计监督、专项督查的重要内容。纪委书记、派驻纪检监察组组长发现“一把手”违反决策程序的问题，应当及时提出意见，对纠正不力的要向上级纪委、派出机关反映。及时掌握对“一把手”的反映，建立健全述责述廉制度。

加强领导班子成员相互监督，认真开展批评和自我批评。发挥领导班子近距离常态化监督优势，提高发现和解决自身问题的能力。党委（党组）要全面履行加强和规范党内政治生活的领导责任，建立健全相关制度。坚持集体领导制度，严格按规则和程序办事。健全党委（党组）领导班子权力运行制约机制，合理分解、科学配置权力。督促领导班子其他成员履行“一岗双责”，抓好职责范围内管党治党工作。严格执行领导干部插手干预重大事项记录制度，发现问题及时报告。建立健全政治生态分析研判机制，分领域形成党风廉政建设情况报告。完善纪委书记谈话提醒制度，如实报告领导班子成员履职尽责和廉洁自律情况。

（二）领导班子分工制度的有关要求

税务系统领导班子实行集体领导和个人分工负责相结合的制度，领导班子成员的分工由主要负责人提出初步意见，征求其他领导班子成员意见，经党委会讨论决定，及时公布并向上一级党委报告。

领导班子成员按照分权制衡的原则进行分工，主要负责人不直接分管人事、财务和基建工作，领导班子成员分管税务稽查工作的，不得同时分管重大案件审理工作，分管财务工作的，不得同时分管审计工作。领导班子成员的分工，原则上不超过 5 年调整一次。领导班子不按规定分工、调整分工的，应责令改正。个人不服从调整的，对其进行诫勉谈话。

（三）“三重一大”事项决策的有关要求

中央规定的重大决策、重大项目安排、重要干部任免和大额度资金使用等事项，实行集体研究、集体决策。重大决策事项，包括贯彻执行党和国家的路线方针政策、法律法规和上级重要决定的重大措施，税制改革、征管改革、机构设置及调整、党风廉政建设等方面的决策以及安全稳定等其他决策事项。重大项目安排事项，主要包括年度基本建设项目、政府采购、信息化建设等项目安排。重要干部任免事项，主要包括处级以上干部及省以下机关中层以上干部、直属单位和下一级税务机关领导班子成员的任免、后备干部人选的确定以及其他重要人事任免事项。大额度资金使用事项，主要包括年度预算资金安排及调整、大额公用经费、专项经费、重大项目资金、机动经费、补助性经费以及其他大额度资金使用事项。

领导班子成员违反党委议事规则和局长办公会制度，作出不当决策，或擅自改变集体决定的，限期整改并追究责任。

（四）领导干部述职述廉的有关要求

1. 领导干部每年结合年度考核在规定范围内述职述廉。领导班子成员在本单位全体干部以及下一级领导班子主要负责人的范围内进行述职述廉。其他领导干部述职述廉由各级税务机关确定。

2. 述职述廉的内容。述职述廉的内容主要包括学习贯彻党的路线方针政策情况，执行民主集中制情况，执行干部选拔任用工作规定情况，履行岗位职责和落实党风廉政建设责任情况，遵守廉洁从政规定情况，存在的突出问题和改正措施，其他需要说明的情况。

3. 述职述廉会议的组织。述职述廉会议由本级党委组织，应提前 10 日向上一级党委报告。上一级人事、纪检监察部门应参加述职述廉会议，组织开展民主测评和廉政测评。会议结束后，上一级人事、纪检监察部门应对收集到的意见和测评情况进行梳理分析，及时将群众意见、民主评议情况予以反馈。人事、纪检监察部门应在述职述廉会议结束后 30 日内将领导班子成员的述职述廉报告和整改措施，报上一级人事、纪检监察部门并存入领导班子成员的个人档案和廉政档案。

4. 述职述廉结果的运用。领导班子成员在本单位全体干部领导班子成员对民主测评和群众反映中发现的问题，应认真进行整改。对廉政测评中“差”得票率达到 30% 以上的，应由上一级税务机关的纪检组组长对其进行谈话提醒或诫勉谈话；廉政测评中“差”得票率连续 2 个年度均达到 30% 以上的，上级党委应给予组织处理。

（五）因私出国（境）管理制度的有关要求

在职厅局级、处级干部和退（离）休厅局级干部因私出国（境）要向所在单位提出书面申请，人事部门按照干部管理权限进行认真审核，并征求纪检监察部门的意见。退（离）休处级干部因私出国（境）须于 10 日前向所在单位人事部门备案。对涉及管理人、财、物，机要档案和其他重要岗位的领导干部，以及配偶已移居国（境）外和没有配偶但子女均已移居国（境）外的领导干部因私出国（境）要从严把关。发现有法律法规规定不准出国（境）以及涉嫌严重违纪违法的人员，一律不得批准其出国（境）。

各级人事部门要对登记备案人员信息进行及时更新，并通过领导干部个人有关事项报告及时了解掌握领导干部持有因私出国（境）证件、因私出国（境）等情况。同时，切实做好防范领导干部外逃等有关工作，凡发现有领导干部外逃或涉嫌外逃的，要在 24 小时内逐级上报至国家税务总局（人事司）。

二、对税收执法权和行政管理权的监督

巡视巡察是对税收执法权和行政管理权进行监督的主要手段和重要方式，其主要内容包括以下内容。

（一）新时代巡视工作

1. 基本概念。

新时代巡视工作是上级党组织对下级党组织履行党的领导职能责任的政治监督。

2. 根本任务。

维护习近平总书记党中央的核心、全党的核心地位，维护党中央权威和集中统一领导。

3. 工作方针。

发现问题、形成震慑，推动改革、促进发展。发现问题、形成震慑是生命线；推动改革、促进发展是目标。

4. 原则。

坚持中央统一领导、分级负责；坚持围绕中心、服务大局；坚持实事求是、依规依纪依法；坚持人民立场、贯彻群众路线。

5. 监督重点。

四个落实：落实党的理论和路线方针政策以及党中央、国务院重大决策部署情况；落实全面从严治党战略部署情况；落实新时代党的组织路线情况；落实巡视、审计等监督发现问题整改落实和税收执法权、行政管理权监督情况。

三个聚焦：聚焦被巡察党组织党的理论和路线方针政策以及党中央、国务院重大决策部署贯彻落实情况，聚焦纳税人、缴费人身边腐败问题和不正之风情况，聚焦基层党组织领导班子和干部队伍建设情况。

6. 巡视方式包括常规巡视、专项巡视、机动巡视、巡视“回头看”等。

常规巡视。根据党委巡视工作规划和年度工作计划，在党中央一届任期内对所管理的党组织开展全面巡视。

专项巡视。根据党委重点工作安排确定专项巡视任务，针对重点领域和关键环节开展巡视，着力推动解决突出共性问题。

机动巡视。根据党委要求确定任务，针对重点人、重点事、重点问题开展巡视，着力推动解决影响全局的突出个性问题。时间、方式、程序灵活机动，体现“小队伍、短平快、游动哨”优势，发挥反腐“巡警”“尖兵”作用。

巡视“回头看”，就是“再巡视”。按照“谁派出谁负责”的原则，根据了解掌握的情况，从巡视过的党组织中选择若干党组织开展“回头看”，既检查整改落实情况，又发

现新问题，形成常态化机制，持续发挥震慑作用，巩固全覆盖成果。

要结合税务系统实际，将各类方式有机结合，贯穿起来交替使用，注重发挥不同优势。同时，积极探索“下沉巡视”“交叉巡察”“提级巡视”等方式方法，提升巡视质效，推动全面从严治党向纵深发展、向基层延伸。

7. 巡视工作主体责任。

开展巡视工作是管党治党的重大政治责任，是党委履行全面从严治党主体责任的具体化，党委要承担巡视主体责任，党委书记是第一责任人，党委委员落实“一岗双责”。

8. 巡视工作方法。

巡视组长“一次一授权”，谁参加巡视不固定，巡视什么地区和单位也不固定，坚持常规巡视与专项巡视相结合，对巡视过的地方和单位随时开展“回头看”，并创新组织方式。

9. 高质量全覆盖要求。

认真落实习近平总书记“党组织建立到哪里，巡视就跟进到哪里”的要求，让巡视全覆盖形成震慑，做到“只有全覆盖，才能零容忍”，把发现问题、形成震慑作为衡量巡视工作的重要标准，做到有形覆盖和有效覆盖相统一。

10. 整改落实要求。

巡视发现问题的目的是解决问题，发现问题不解决，比不巡视的效果还坏；巡视整改是检验“四个意识”的试金石，整改不落实，就是对党不忠诚，对人民不负责。

11. 巡视战略格局。

要建立巡视上下联动监督网，完善巡视格局，坚持中央统一领导、分级负责，建立指导督导机制，层层传导压力，促进巡视上下联动、上下贯通。

12. 巡视工作规范化建设要求。

进一步健全工作规则，规范工作程序，严格内部管理，把依规依纪依法要求落实到巡视工作全过程，防止巡视利剑变成双刃剑。

13. 巡视整改和成果运用。

被巡视党组织自收到巡视反馈意见之日起3个月内，组织开展集中整改。被巡视党组织履行巡视整改主体责任，建立健全巡视整改工作机制，定期听取巡视整改情况汇报，及时研究解决突出问题，确保整改任务落地见效。被巡视党组织主要负责人履行巡视整改第一责任人责任，带头领办重点难点问题，督促提醒领导班子其他成员落实整改责任；支持纪检监察机关依规依纪依法处置巡视移交的领导干部问题线索。领导班子其他成员履行“一岗双责”，推动职责范围内巡视整改任务落到实处。领导班子成员抓巡视整改落实工作情况纳入述责述廉和年度民主生活会内容。主要负责人和领导班子其他成员有调整的，要做好巡视整改交接工作，持续落实整改责任。

强化有关职能部门对巡视成果的运用，有关主管部门或监管部门对同级巡视机构通报的专题报告或行业领域普遍性、系统性问题，应认真分析研判，加强日常监管，完善制度机制，深化系统治理，推动解决相关行业领域的深层次问题。

14. 巡视（巡察）组履职责任。

巡视（巡察）组按照领导小组的安排部署，严格内部管理，依规、依纪、依法开展巡视监督。

巡视工作人员有下列情形之一的，依据有关规定追究相关责任人员责任：

（1）对应当发现的重大问题没有发现。

（2）不如实报告巡视情况，隐瞒、歪曲、捏造事实。

（3）泄露巡视工作秘密。

（4）工作中超越权限，造成不良后果。

（5）利用巡视工作的便利谋取私利或者为他人谋取不正当利益。

（6）有其他违反巡视纪律情形。

15. 被巡党组织责任。

被巡党组织要按照规定配合巡视工作，落实巡视整改要求，对巡视整改负主体责任。领导班子、领导干部应当自觉接受巡视监督。党员有义务向巡视（巡察）组如实反映情况。

有下列情形之一的，依据有关规定追究相关责任人员责任：

（1）隐瞒不报或者向巡视（巡察）组提供虚假情况。

（2）拒绝或者不按要求向巡视（巡察）组提供文件材料。

（3）违规打听工作进展、问题线索等工作秘密。

（4）指使、强令有关单位或者人员干扰、阻挠巡视工作，或者诬告、陷害他人。

（5）无正当理由拒不纠正存在的问题或者不按要求整改。

（6）整改态度不端正，对反馈意见有抵触情绪，敷衍应付的。

（7）整改措施不具体，责任不明确，工作不落实，整改不到位，成效不明显。

（8）报送整改进展情况报告不及时，不按要求公开整改情况。

（9）对巡视反馈的问题和移交的线索久拖不办、轻易查否。

（10）对反映问题的干部群众进行打击、报复、陷害。

（11）有其他干扰巡视工作的情形。

（二）税务巡视工作规范（3.0版）

基本原则包括：

（1）坚持统一领导、分级负责。

（2）坚持政治定位、聚焦重点。

（3）坚持人民立场、依靠群众。

（4）坚持问题导向、强化整改。

（5）坚持实事求是、遵规守纪。

（6）坚持闭环管理、持续提升。

（三）税务系统巡视工作“双闭环”管理

巡视工作“双闭环”管理是坚定不移深化政治巡视的有效办法。

1. 第一闭环是巡视工作闭环。

第一闭环即“发现问题——推动整改——完善制度——规范管理”，着眼巡视工作全流程管理，坚持问题导向，压实整改责任，倒逼完善制度，促进各项工作进一步规范。

（1）发现问题。进驻被巡视党组织后，按照规定权限和巡视工作方案，采取听取汇报、个别谈话、受理来信来电来访、调阅资料等方式积极开展工作，对反映被巡视党组织领导班子及其成员的重要问题和线索，可以进行初步了解。巡视组应集体研究巡视情况，及时汇总归类、定量定性分析、认定发现问题，提出整改意见建议，形成工作底稿，制作问题清单，撰写巡视报告。

（2）推动整改。被巡视党组织根据巡视反馈意见，在 10 个工作日内制定上报巡视整改方案，及时召开专题民主生活会，建立问题清单、任务清单、责任清单，实行台账管理，对账销号，层层压实责任，抓实落细整改工作，并于 2 个月内将巡视整改情况报告和主要负责人组织落实情况报告报送巡视办。

（3）完善制度。纪检监察、人事部门应当建立完善巡视整改情况日常监督制度，明确监督职责、内容、方式和成果运用。

（4）规范管理。建立并持续完善巡视定位规范、巡视组织规范、巡视内容规范、巡视程序规范、巡视成果运用规范、巡视文书档案规范等六大体系，以及其他需要规范的巡视工作事项。

2. 第二闭环是深化整改闭环。

第二闭环即“巡视整改——专项整治——督导检查——推动问责”，旨在推进整改深度，强化信息共享，形成整改合力，深化成果应用，发挥震慑作用，促使巡视监督持续推进。

（1）巡视整改。巡视办通过调阅资料、约谈、实地调研检查等方式，了解被巡视党组织违反中央八项规定及其实施细则精神、“四风”问题等边巡边改、立行立改事项是否整改到位，是否召开专题民主生活会研究整改工作，是否落实整改主体责任，主要负责人是否落实整改工作第一责任人的责任，其他班子成员是否落实整改工作的“一岗双责”，是否按时报送“两个报告”等情况，督促按时保质完成整改工作。

（2）专项整治。巡视办会同巡视组深入分析巡视问题，对巡视发现的普遍性问题提出专项整治建议，报经巡视工作领导小组审议、税务总局党委批准，明确牵头司局，开展专项整治。

(3) 督导检查。巡视办对被巡视党组织履行巡视整改主体责任和主要负责人落实第一责任人情况，其他班子成员落实整改“一岗双责”情况，巡视反馈问题整改落实情况，巡视发现的共性问题整改落实情况，专项整治的整改落实情况，巡视移交问题线索和信访举报处置办理情况以及是否存在新问题等开展督导检查。

(4) 推动问责。坚持失责必问、问责必严，对应该问责的情形，应当依照相关程序和规定严肃责任追究。

三、内控机制建设

(一) 税务系统内部控制管理制度

1. 内部控制管理原则。

统一领导，分级管理；各司其职，协调配合；问题导向，持续改进；科学合理，客观公正。

2. 各级税务机关督察内审部门（或者承担督察内审职能的部门）主要职责。

组织制定、完善内部控制制度；应用内部控制监督平台开展任务推送、风险目录管理、监督检查、考核评价等，研究内部控制存在的问题，提出处理意见；组织内部控制宣传和培训工作；办理内部控制管理工作的其他事项。

3. 风险日常管理。

风险日常管理，包括风险识别、风险定级、风险应对、风险报备、风险目录编制等管理内容。内部控制主责部门应当确定风险点的风险等级，一般分为高、中、低三个等级。

风险定级应当根据风险事项或风险环节的重要程度、发生概率、危害程度、行政裁量权大小等因素，采取定性与定量相结合的方法进行。

4. 自我评估。

各级税务机关及其所属部门（单位）应当定期对内部控制建设和实施情况开展自我评估。

评估内容主要包括：内部控制制度建设和落实情况；风险识别、定级和应对情况；内部控制监督平台的运行和应用情况；内部控制工作的管理情况。

5. 监督检查。

监督检查内容主要包括：内部控制组织领导情况；内部控制相关制度的建设和落实情况；风险识别、定级和应对情况；内部控制监督平台的运行和应用情况；内部控制工作的宣传和培训情况；内部控制自我评估情况；内部控制内生化落实情况；内部控制工作其他情况。

6. 考核评价。

考核评价主要包括：内部控制组织领导情况；内部控制相关制度的建设和落实情况；内部控制监督平台的运行和应用情况；内部控制内生化落实情况；内部控制工作培训情况；内部控制发现问题整改情况；内部控制工作其他情况。

（二）税收执法考评与过错责任追究暂行办法

1. 组织管理。

各级税务机关应当成立税收执法责任制工作领导小组，负责税收执法考核、税收执法过错责任追究、税收执法质量评价的组织领导。

2. 税收执法考核内容。

是否存在不作为情形；税收执法主体资格是否符合规定；税收执法人员是否取得执法资格；税收执法是否符合执法权限；税收执法适用依据是否正确；税收执法程序是否合法；税收执法文书使用是否规范；税收执法认定的事实是否清楚，证据是否充分；税收执法决定是否合法、完整、适当；制定规范性文件是否合法合规；其他情况。

3. 税收执法过错责任追究形式。

批评教育；责令作出书面检查；通报批评；取消评选先进的资格；责令待岗；调离执法岗位；取消执法资格。

上述追究形式可以单独适用，也可以合并适用。

4. 不予追究的情形。

（1）法律、法规、规章、税收规范性文件不明确或者有争议的。

（2）执行上级税务机关的书面答复、决定、命令。

（3）不可抗力或者意外事件。

（4）业务流程或者税收业务相关软件存在疏漏或者发生改变的。

（5）税务行政相对人提供虚假材料、隐瞒涉税信息等其他不依法诚信履行纳税义务的。

（6）有证据证明税收执法人员不存在故意或者过失的其他情形。

5. 可以从轻或者免予追究的情形。

（1）税收执法过错情节显著轻微，主动发现并及时纠正，未造成危害后果的。

（2）在国务院，省、自治区、直辖市和计划单列市人民政府，以及国家税务总局批准的探索性、试验性工作中发生税收执法过错并及时纠正、有效避免损失的。

（3）其他可以从轻或者免予追究的情形。

6. 应当从重追究的情形。

（1）税收执法人员因主观故意或者不作为导致税收执法过错发生的。

（2）导致国家税款流失并且数额较大的。

（3）被责令限期改正逾期不改正，又无正当理由的。

（4）税收执法过错发生后瞒报或者不采取有效措施，致使损害后果扩大的。

（5）隐瞒事实真相、出具伪证、毁灭证据，或者以其他方式阻碍、干扰税收执法过错调查的。

（6）因税收执法过错形成负面涉税舆情、造成恶劣社会影响的。

（7）因税收执法过错导致税务机关承担国家赔偿责任的。

（8）其他应当从重追究的情形。

7. 税收执法过错责任追究规定。

（1）适用批评教育的，由过错责任人主管领导实施，留存谈话记录，并由过错责任人签名确认。

（2）适用责令作出书面检查的，由税收执法责任制工作领导小组办公室实施，留存手写书面检查原件，并由过错责任人签名确认。

（3）适用通报批评的，由税收执法责任制工作领导小组办公室以本机关名义行文。

（4）适用取消评选先进资格的，由税收执法责任制工作领导小组办公室告知有关部门，记录相关情况。

（5）适用责令待岗的，应当暂扣执法证件，由税收执法责任制工作领导小组办公室责成主管部门办理相关手续，暂扣执法证件期间不得从事税收执法活动。

（6）适用调离执法岗位的，应当收回保管执法证件，由税收执法责任制工作领导小组办公室责成主管部门办理相关手续，一年内不得重返执法岗位，重返执法岗位前应当接受适当形式培训。

（7）适用取消执法资格的，应当吊销执法证件，调离执法岗位，由税收执法责任制工作领导小组办公室责成主管部门办理相关手续，两年内不得重返执法岗位，重返执法岗位前应当重新取得执法资格。

（三）内部审计工作规定

1. 内部审计机构职责。

（1）对本单位及所属单位贯彻落实国家重大政策措施情况进行审计。

（2）对本单位及所属单位发展规划、战略决策、重大措施以及年度业务计划执行情况进行审计。

（3）对本单位及所属单位财政财务收支进行审计。

（4）对本单位及所属单位固定资产投资项目进行审计。

（5）对本单位及所属单位的自然资源资产管理和生态环境保护责任的履行情况进行审计。

（6）对本单位及所属单位的境外机构、境外资产和境外经济活动进行审计。

（7）对本单位及所属单位经济管理和效益情况进行审计。

（8）对本单位及所属单位内部控制及风险管理情况进行审计。

（9）对本单位内部管理的领导人员履行经济责任情况进行审计。

（10）协助本单位主要负责人督促落实审计发现问题的整改工作。

（11）对本单位所属单位的内部审计工作进行指导、监督和管理。

（12）国家有关规定和本单位要求办理的其他事项。

2. 内部审计机构的权限。

（1）要求被审计单位按时报送发展规划、战略决策、重大措施、内部控制、风险管理、财政财务收支等有关资料（含相关电子数据，下同），以及必要的计算机技术文档。

（2）参加单位有关会议，召开与审计事项有关的会议。

（3）参与研究制定有关的规章制度，提出制定内部审计规章制度的建议。

（4）检查有关财政财务收支、经济活动、内部控制、风险管理的资料、文件和现场勘察实物。

（5）检查有关计算机系统及其电子数据和资料。

（6）就审计事项中的有关问题，向有关单位和个人开展调查和询问，取得相关证明材料。

（7）对正在进行的严重违法违规、严重损失浪费行为及时向单位主要负责人报告，经同意作出临时制止决定。

（8）对可能转移、隐匿、篡改、毁弃会计凭证、会计账簿、会计报表以及与经济活动有关的资料，经批准，有权予以暂时封存。

（9）提出纠正、处理违法违规行为的意见和改进管理、提高绩效的建议。

（10）对违法违规和造成损失浪费的被审计单位和人员，给予通报批评或者提出追究责任的建议。

（11）对严格遵守财经法规、经济效益显著、贡献突出的被审计单位和个人，可以向单位党组织、董事会（或者主要负责人）提出表彰建议。

（四）税收执法督察规则

1. 执法督察。

执法督察的内容包括：

（1）税收法律、行政法规、规章和规范性文件的执行情况。

（2）国务院和上级税务机关有关税收工作重要决策、部署的贯彻落实情况。

（3）税务机关制定或者与其他部门联合制定的涉税文件，以及税务机关以外的单位制定的涉税文件的合法性。

（4）外部监督部门依法查处或者督查、督办的税收执法事项。

（5）上级机关交办、有关部门转办的税收执法事项。

（6）执法督察所发现问题的整改和责任追究情况。

（7）其他需要实施执法督察的税收执法事项。

2. 督察前。

（1）制定方案：督察内审部门应当根据执法督察的对象和内容，制定包括组织领导、工作要求和执法督察的时限、重点、方法、步骤等内容的执法督察方案。

（2）培训：实施执法督察的税务机关应当根据执法督察的对象和内容对执法督察组人员进行查前培训，保证执法督察效率和质量。

（3）通知：应当提前3个工作日向被督察单位下发税收执法督察通知，告知执法督察的时间、内容、方式，需要准备的资料，配合工作的要求等。被督察单位应当将税收执法督察通知在本单位范围内予以公布。专案执法督察和其他特殊情况下，可以不予提前通知和公布。

3. 督察中。

（1）工作方式：听取被督察单位税收执法情况汇报；调阅被督察单位收发文簿、会议纪要、涉税文件、税收执法卷宗和文书，以及其他相关资料；查阅、调取与税收执法活动有关的各类信息系统电子文档和数据；与被督察单位有关人员谈话，了解有关情况；特殊情况下需要到相关纳税人和有关单位了解情况或者取证时，应当按照法律规定的权限进行，并商请主管税务机关予以配合；其他方式。

（2）工作要求：执法督察中，被督察单位应当及时提供相关资料，以及与税收执法活动有关的各类信息系统所有数据查询权限。被督察单位主要负责人对本单位所提供的税收执法资料的真实性和完整性负责。实施执法督察应当制作《税收执法督察工作底稿》。发现税收执法行为存在违法、违规问题的，应当收集相关证据材料，在工作底稿上写明行为的内容、时间、情节、证据的名称和出处，以及违法、违规的文件依据等，由被督察单位盖章或者由有关人员签字。拒不盖章或者拒不签字的，应当说明理由，记录在案。收集证据材料时无法取得原件的，应当通过复印、照相、摄像、扫描、录音等手段提取或者复制有关资料，由原件保存单位或者个人在复制件上注明“与原件核对无误，原件存于我处”，并由有关人员签字。原件由单位保存的，还应当由该单位盖章。

（3）问题汇总：执法督察组实施执法督察后，应当及时将发现的问题汇总，并向被督察单位反馈情况。

4. 督察后。

（1）执法督察组实施执法督察后，应当起草税收执法督察报告，内容包括：执法督察的时间、内容、方法、步骤；被督察单位税收执法的基本情况；执法督察发现的具体问题，认定被督察单位存在违法、违规问题的基本事实和法律依据；对发现问题的拟处理意见；加强税收执法监督管理的建议；执法督察组认为应当报告的其他事项。

（2）审理：执法督察组实施执法督察后，应当将税收执法督察报告、工作底稿、证据材料、陈述申辩资料以及与执法督察情况有关的其他资料进行整理，提交督察内审部门。督察内审部门在审理中发现事实不清、证据不足、资料不全的，应当通知执法督察组对证据予以补正，也可以重新组织人员进行核实、检查。根据审理结果修订税收执法督察报告，送被督察单位征求意见。被督察单位应当在15个工作日内提出书面反馈意见。在限期内未提出书面意见的，视同无异议。

（3）督察处理决定：督察内审部门根据本级税务机关审定的税收执法督察报告制作《税收执法督察处理决定书》《税收执法督察处理意见书》或者《税收执法督察结论书》，经本级税务机关审批后下达被督察单位。被督察单位收到《税收执法督察处理决定书》和《税收执法督察处理意见书》后，应当在规定的期限内执行，并以书面形式向实施执法督察的税务机关报告下列执行结果。

5. 责任追究及奖惩。

执法督察中发现税收执法行为存在违法、违规问题的，应当按照有关规定和管理权限，对有关负责人和直接责任人予以责任追究。

第三节　违纪违法行为惩处

一、组织措施

（一）组织处理的定义及情形

1. 本书所称组织处理，是指党组织对违规违纪违法、失职失责失范的领导干部采取的岗位、职务、职级调整措施，包括停职检查、调整职务、责令辞职、免职、降职。

2. 领导干部在政治表现、履行职责、工作作风、遵守组织制度、道德品行等方面，有苗头性、倾向性或者轻微问题，以批评教育、责令检查、诫勉为主，存在以下情形之一且问题严重的，应当受到组织处理：

（1）在重大原则问题上不同党中央保持一致，有违背“四个意识”“四个自信”“两个维护”错误言行的。

（2）理想信念动摇，马克思主义信仰缺失，搞封建迷信活动造成不良影响，或者违规参加宗教活动、信奉邪教的。

（3）贯彻落实党的基本理论、基本路线、基本方略和党中央决策部署不力，做选择、打折扣、搞变通，造成不良影响或者严重后果的。

（4）面对大是大非问题、重大矛盾冲突、危机困难，不敢斗争、不愿担当，造成不良影响或者严重后果的。

(5) 工作不负责任、不正确履职或者疏于管理，出现重大失误错误或者发生重大生产安全事故、群体性事件、公共安全事件等严重事故、事件的。

(6) 工作不作为，敷衍塞责、庸懒散拖，长期完不成任务或者严重贻误工作的。

(7) 背弃党的初心使命，群众意识淡薄，对群众反映强烈的问题推诿扯皮，在涉及群众生产、生活等切身利益问题上办事不公、作风不正，甚至损害、侵占群众利益，造成不良影响或者严重后果的。

(8) 形式主义、官僚主义问题突出，脱离实际搞劳民伤财的“形象工程”“政绩工程”，盲目举债，弄虚作假，造成不良影响或者重大损失的。

(9) 违反民主集中制原则，个人或者少数人决定重大问题，不执行或者擅自改变集体决定，不顾大局闹无原则纠纷、破坏团结，造成不良影响或者严重后果的。

(10) 在选人用人工作中跑风漏气、说情干预、任人唯亲、突击提拔、跑官要官、拉票贿选、违规用人、用人失察失误，造成不良影响或者严重后果的。

(11) 搞团团伙伙、拉帮结派、培植个人势力等非组织活动，破坏所在地方或者单位政治生态的。

(12) 无正当理由拒不服从党组织根据工作需要作出的分配、调动、交流等决定的。

(13) 不执行重大事项请示报告制度产生不良后果，严重违反个人有关事项报告、干部人事档案管理、领导干部出国（境）等管理制度，本人、配偶、子女及其配偶违规经商办企业的。

(14) 诬告陷害、打击报复他人，制造或者散布谣言，阻挠、压制检举控告，造成不良影响或者严重后果的。

(15) 违反中央八项规定精神、廉洁从政有关规定的。

(16) 违背社会公序良俗，造成不良影响或者严重后果的。

(17) 其他应当受到组织处理的情形。

（二）组织处理的程序

调查核实、提出处理意见、研究决定、宣布实施。

（三）组织处理影响及期限

1. 停职检查期限一般不超过 6 个月。

2. 受到调整职务处理的，1 年内不得提拔职务、晋升职级或者进一步使用。受到责令辞职、免职处理的，1 年内不得安排领导职务，2 年内不得担任高于原职务层次的领导职务或者晋升职级。受到降职处理的，2 年内不得提拔职务、晋升职级或者进一步使用。同时受到党纪政务处分和组织处理的，按照影响期长的规定执行。

3. 领导干部受到组织处理的，当年不得评选各类先进。当年年度考核按照以下规定执行：受到调整职务处理的，不得确定为优秀等次；受到责令辞职、免职、降职处理的，只写评语不确定等次。同时受到党纪政务处分和组织处理的，按照对其年度考核结果影响较重的处理处分确定年度考核等次。

二、纪律处分

（一）纪律处分规则

1. 从轻或者减轻处分的情形：主动交代本人应当受到党纪处分的问题的；在组织核实、立案审查过程中，能够配合核实审查工作，如实说明本人违纪违法事实的；检举同案人或者其他人应当受到党纪处分或者法律追究的问题，经查证属实的；主动挽回损失、消除不良影响或者有效阻止危害结果发生的；主动上交违纪所得的；有其他立功表现的。

2. 从重或者加重处分的情形：强迫、唆使他人违纪的；拒不上交或者退赔违纪所得的；违纪受处分后又因故意违纪应当受到党纪处分的；违纪受到党纪处分后，又被发现其受处分前的违纪行为应当受到党纪处分的；《中国共产党纪律处分条例》另有规定的。

3. 合并处理：一人有《中国共产党纪律处分条例》规定的两种以上（含两种）应当受到党纪处分的违纪行为，应当合并处理，按其数种违纪行为中应当受到的最高处分加重一档给予处分；其中一种违纪行为应当受到开除党籍处分的，应当给予开除党籍处分。

4. 共同违纪处理：两人以上（含两人）共同故意违纪的，对为首者，从重处分，《中国共产党纪律处分条例》另有规定的除外；对其他成员，按照其在共同违纪中所起的作用和应负的责任，分别给予处分。

（二）对违法犯罪党员的纪律处分

1. 党组织在纪律审查中发现党员有贪污贿赂、滥用职权、玩忽职守、权力寻租、利益输送、徇私舞弊、浪费国家资财等违反法律涉嫌犯罪行为的，应当给予撤销党内职务、留党察看或者开除党籍处分。

2. 党组织在纪律审查中发现党员有刑法规定的行为，虽不构成犯罪但须追究党纪责任的，或者有其他违法行为，损害党、国家和人民利益的，应当视具体情节给予警告直至开除党籍处分。

3. 党组织在纪律审查中发现党员严重违纪涉嫌违法犯罪的，原则上先作出党纪处分决定，并按照规定给予政务处分后，再移送有关国家机关依法处理。

（三）政治纪律、廉洁纪律、群众纪律、工作纪律、生活纪律新修订内容

1. 在重大原则问题上不同党中央保持一致且有实际言论、行为或者造成不良后果的，

给予警告或者严重警告处分；情节较重的，给予撤销党内职务或者留党察看处分；情节严重的，给予开除党籍处分。

2. 党员领导干部在本人主政的地方或者分管的部门自行其是，搞山头主义，拒不执行党中央确定的大政方针，甚至背着党中央另搞一套的，给予撤销党内职务、留党察看或者开除党籍处分。落实党中央决策部署不坚决，打折扣、搞变通，在政治上造成不良影响或者严重后果的，给予警告或者严重警告处分；情节严重的，给予撤销党内职务、留党察看或者开除党籍处分。

3. 对党不忠诚、不老实，表里不一，阳奉阴违，欺上瞒下，搞两面派，做两面人，情节较轻的，给予警告或者严重警告处分；情节较重的，给予撤销党内职务或者留党察看处分；情节严重的，给予开除党籍处分。

4. 干扰巡视工作或者不落实巡视整改要求，情节较轻的，给予警告或者严重警告处分；情节较重的，给予撤销党内职务或者留党察看处分；情节严重的，给予开除党籍处分。

5. 对信仰宗教的党员，应当加强思想教育，经党组织帮助教育仍没有转变的，应当劝其退党；劝而不退的，予以除名；参与利用宗教搞煽动活动的，给予开除党籍处分。

6. 违反民主集中制原则，有下列行为之一的，给予警告或者严重警告处分；情节严重的，给予撤销党内职务或者留党察看处分：

（1）拒不执行或者擅自改变党组织作出的重大决定的。

（2）违反议事规则，个人或者少数人决定重大问题的。

（3）故意规避集体决策，决定重大事项、重要干部任免、重要项目安排和大额资金使用的。

（4）借集体决策名义集体违规的。

7. 在干部选拔任用工作中，有任人唯亲、排斥异己、封官许愿、说情干预、跑官要官、突击提拔或者调整干部等违反干部选拔任用规定行为，对直接责任者和领导责任者，情节较轻的，给予警告或者严重警告处分；情节较重的，给予撤销党内职务或者留党察看处分；情节严重的，给予开除党籍处分。

8. 借用管理和服务对象的钱款、住房、车辆等，影响公正执行公务，情节较重的，给予警告或者严重警告处分；情节严重的，给予撤销党内职务、留党察看或者开除党籍处分。通过民间借贷等金融活动获取大额回报，影响公正执行公务的，依照上述规定处理。

9. 经商办企业、拥有非上市公司（企业）的股份或者证券、买卖股票或者进行其他证券投资、从事有偿中介活动、在国（境）外注册公司或者投资入股等其他违反有关规定从事营利活动，情节较轻的，给予警告或者严重警告处分；情节较重的，给予撤销党内职务或者留党察看处分；情节严重的，给予开除党籍处分。

利用参与企业重组改制、定向增发、兼并投资、土地使用权出让等决策、审批过程中掌握的信息买卖股票，利用职权或者职务上的影响通过购买信托产品、基金等方式非正常获利的，依照上述规定处理。

违反有关规定在经济组织、社会组织等单位中兼职，或者经批准兼职但获取薪酬、奖金、津贴等额外利益的，依照相关规定处理。

10. 利用职权或者职务上的影响，为配偶、子女及其配偶等亲属和其他特定关系人在审批监管、资源开发、金融信贷、大宗采购、土地使用权出让、房地产开发、工程招投标以及公共财政支出等方面谋取利益，情节较轻的，给予警告或者严重警告处分；情节较重的，给予撤销党内职务或者留党察看处分；情节严重的，给予开除党籍处分。利用职权或者职务上的影响，为配偶、子女及其配偶等亲属和其他特定关系人吸收存款、推销金融产品等提供帮助谋取利益的，依照上述规定处理。

11. 公款旅游或者以学习培训、考察调研、职工疗养等为名变相公款旅游的；改变公务行程，借机旅游的；参加所管理企业、下属单位组织的考察活动，借机旅游的；对直接责任者和领导责任者，情节较轻的，给予警告或者严重警告处分；情节较重的，给予撤销党内职务或者留党察看处分；情节严重的，给予开除党籍处分。以考察、学习、培训、研讨、招商、参展等名义变相用公款出国（境）旅游的，依照上述规定处理。

12. 利用宗族或者黑恶势力等欺压群众，或者纵容涉黑涉恶活动、为黑恶势力充当"保护伞"的，给予撤销党内职务或者留党察看处分；情节严重的，给予开除党籍处分。

13. 有下列行为之一，造成严重不良影响，对直接责任者和领导责任者，情节较轻的，给予警告或者严重警告处分；情节较重的，给予撤销党内职务或者留党察看处分；情节严重的，给予开除党籍处分：(1) 贯彻党中央决策部署只表态不落实的。(2) 热衷于搞舆论造势、浮在表面的。(3) 单纯以会议贯彻会议、以文件落实文件，在实际工作中不见诸行动的。(4) 工作中有其他形式主义、官僚主义行为的。

14. 在上级检查、视察工作或者向上级汇报、报告工作时对应当报告的事项不报告或者不如实报告，造成严重损害或者严重不良影响的，对直接责任者和领导责任者，给予警告或者严重警告处分；情节严重的，给予撤销党内职务或者留党察看处分。在上级检查、视察工作或者向上级汇报、报告工作时纵容、唆使、暗示、强迫下级说假话、报假情的，从重或者加重处分。

15. 党员领导干部不重视家风建设，对配偶、子女及其配偶失管失教，造成不良影响或者严重后果的，给予警告或者严重警告处分；情节严重的，给予撤销党内职务处分。

三、政务处分

（一）政务处分的种类和适用

1. 政务处分的种类为：警告、记过、记大过、降级、撤职、开除。

2. 政务处分的期间为：警告，6 个月；记过，12 个月；记大过，18 个月；降级、撤职，24 个月。政务处分决定自作出之日起生效，政务处分期自政务处分决定生效之日起计算。

3. 可以从轻或者减轻给予公职人员政务处分的情形：主动交代本人应当受到政务处分的违法行为的；配合调查，如实说明本人违法事实的；检举他人违纪违法行为，经查证属实的；主动采取措施，有效避免、挽回损失或者消除不良影响的；在共同违法行为中起次要或者辅助作用的；主动上交或者退赔违法所得的；法律、法规规定的其他从轻或者减轻情节。

4. 应当从重给予公职人员政务处分的情形：在政务处分期内再次故意违法，应当受到政务处分的；阻止他人检举、提供证据的；串供或者伪造、隐匿、毁灭证据的；包庇同案人员的；胁迫、唆使他人实施违法行为的；拒不上交或者退赔违法所得的；法律、法规规定的其他从重情节。

5. 公职人员犯罪，予以开除的情形：因故意犯罪被判处管制、拘役或者有期徒刑以上刑罚（含宣告缓刑）的；因过失犯罪被判处有期徒刑，刑期超过 3 年的；因犯罪被单处或者并处剥夺政治权利的。

因过失犯罪被判处管制、拘役或者 3 年以下有期徒刑的，一般应当予以开除；案件情况特殊，予以撤职更为适当的，可以不予开除，但是应当报请上一级机关批准。

公职人员因犯罪被单处罚金，或者犯罪情节轻微，人民检察院依法作出不起诉决定或者人民法院依法免予刑事处罚的，予以撤职；造成不良影响的，予以开除。

公职人员受到开除以外的政务处分，在政务处分期内有悔改表现，并且没有再发生应当给予政务处分的违法行为的，政务处分期满后自动解除，晋升职务、职级、衔级、级别、岗位和职员等级、职称、薪酬待遇不再受原政务处分影响。但是，解除降级、撤职的，不恢复原职务、职级、衔级、级别、岗位和职员等级、职称、薪酬待遇。

（二）违法行为及其适用的政务处分

1. 有下列行为之一的，予以记过或者记大过；情节较重的，予以降级或者撤职；情节严重的，予以开除：

（1）散布有损宪法权威、中国共产党领导和国家声誉的言论的。

（2）参加旨在反对宪法、中国共产党领导和国家的集会、游行、示威等活动的。

（3）拒不执行或者变相不执行中国共产党和国家的路线方针政策、重大决策部署的。

（4）参加非法组织、非法活动的。

（5）挑拨、破坏民族关系，或者参加民族分裂活动的。

（6）利用宗教活动破坏民族团结和社会稳定的。

（7）在对外交往中损害国家荣誉和利益的。

2. 不按照规定请示、报告重大事项，情节较重的，予以警告、记过或者记大过；情节严重的，予以降级或者撤职。违反个人有关事项报告规定，隐瞒不报，情节较重的，予以警告、记过或者记大过。篡改、伪造本人档案资料的，予以记过或者记大过；情节严重的，予以降级或者撤职。

3. 有下列行为之一的，予以警告、记过或者记大过；情节较重的，予以降级或者撤职；情节严重的，予以开除：

（1）贪污贿赂的。

（2）利用职权或者职务上的影响为本人或者他人谋取私利的。

（3）纵容、默许特定关系人利用本人职权或者职务上的影响谋取私利的。

拒不按照规定纠正特定关系人违规任职、兼职或者从事经营活动，且不服从职务调整的，予以撤职。

4. 有下列行为之一，情节较重的，予以警告、记过或者记大过；情节严重的，予以降级或者撤职：

（1）违反规定向管理服务对象收取、摊派财物的。

（2）在管理服务活动中故意刁难、吃拿卡要的。

（3）在管理服务活动中态度恶劣粗暴，造成不良后果或者影响的。

（4）不按照规定公开工作信息，侵犯管理服务对象知情权，造成不良后果或者影响的。

（5）其他侵犯管理服务对象利益的行为，造成不良后果或者影响的。

四、职务违法与职务犯罪

（一）职务违法与职务犯罪的定义

1. 职务违法，是指利用事业单位的工作职员利用现有职务便利的职权违法乱纪。

2. 违法行为，亦称“非法行为”，是指违反国家现行法律规定，危害法律所保护的社会关系的行为。违法行为中只有违反刑事法规，应受刑罚处罚的行为，才是犯罪。对一切违法行为，都要按其性质和程度依法处理，必要时给予法律制裁。

3. 职务犯罪，是指国家机关、国有公司、企业事业单位、人民团体工作人员利用已有职权，贪污、贿赂、徇私舞弊、滥用职权、玩忽职守，侵犯公民人身权利、民主权利，破坏国家对公务活动的规章规范，依照《刑法》，应当予以刑事处罚的犯罪。

4.《刑法》第十三条规定，一切危害国家主权、领土完整和安全，分裂国家、颠覆人民民主专政的政权和推翻社会主义制度，破坏社会秩序和经济秩序，侵犯国有财产或者劳动群众集体所有的财产，侵犯公民私人所有的财产，侵犯公民的人身权利、民主权利和其他权利，以及其他危害社会的行为，依照法律应当受刑罚处罚的，都是犯罪，但是情节显著轻微危害不大的，不认为是犯罪。

（二）职务犯罪的分类

1. 贪污贿赂罪。

《刑法》第八章中用了15个条文，规定了12个罪名：

（1）贪污罪：国家工作人员利用职务上的便利，侵吞、窃取、骗取或者以其他手段非法占有公共财物的，是贪污罪。

（2）挪用公款罪：国家工作人员利用职务上的便利，挪用公款归个人使用，进行非法活动的，或者挪用公款数额较大、进行营利活动的，或者挪用公款数额较大、超过3个月未还的，是挪用公款罪，处5年以下有期徒刑或者拘役；情节严重的，处5年以上有期徒刑。挪用公款数额巨大不退还的，处10年以上有期徒刑或者无期徒刑。

挪用用于救灾、抢险、防汛、优抚、扶贫、移民、救济款物归个人使用的，从重处罚。

（3）受贿罪：国家工作人员利用职务上的便利，索取他人财物的，或者非法收受他人财物，为他人谋取利益的，是受贿罪。

（4）单位受贿罪：国家机关、国有公司、企业、事业单位、人民团体，索取、非法收受他人财物，为他人谋取利益，情节严重的，对单位判处罚金，并对其直接负责的主管人员和其他直接责任人员，处5年以下有期徒刑或者拘役。

（5）行贿罪：为谋取不正当利益，给予国家工作人员以财物的，是行贿罪。

在经济往来中，违反国家规定，给予国家工作人员以财物，数额较大的，或者违反国家规定，给予国家工作人员以各种名义的回扣、手续费的，以行贿论处。

因被勒索给予国家工作人员以财物，没有获得不正当利益的，不是行贿。

（6）对单位行贿罪：为谋取不正当利益，给予国家机关、国有公司、企业、事业单位、人民团体以财物的，或者在经济往来中，违反国家规定，给予各种名义的回扣、手续费的，处3年以下有期徒刑或者拘役，并处罚金。

（7）介绍贿赂罪：向国家工作人员介绍贿赂，情节严重的，处3年以下有期徒刑或者拘役，并处罚金。

介绍贿赂人在被追诉前主动交待介绍贿赂行为的，可以减轻处罚或者免除处罚。

（8）单位行贿罪：单位为谋取不正当利益而行贿，或者违反国家规定，给予国家工作人员以回扣、手续费，情节严重的，对单位判处罚金，并对其直接负责的主管人员和其他直接责任人员，处5年以下有期徒刑或者拘役，并处罚金。因行贿取得的违法所得归个人所有的，依照《刑法》第三百八十九条、第三百九十条的规定定罪处罚。

（9）巨额财产来源不明罪：国家工作人员的财产、支出明显超过合法收入，差额巨大的，可以责令该国家工作人员说明来源，不能说明来源的，差额部分以非法所得论，处5年以下有期徒刑或者拘役；差额特别巨大的，处5年以上10年以下有期徒刑。财产的差额部分予以追缴。

（10）隐瞒境外存款罪：国家工作人员在境外的存款，应当依照国家规定申报。数额较大、隐瞒不报的，处2年以下有期徒刑或者拘役；情节较轻的，由其所在单位或者上级主管机关酌情给予行政处分。

（11）私分国有资产罪：国家机关、国有公司、企业、事业单位、人民团体，违反国家规定，以单位名义将国有资产集体私分给个人，数额较大的，对其直接负责的主管人员和其他直接责任人员，处3年以下有期徒刑或者拘役，并处或者单处罚金；数额巨大的，处3年以上7年以下有期徒刑，并处罚金。

（12）私分罚没财物罪：司法机关、行政执法机关违反国家规定，将应当上缴国家的罚没财物，以单位名义集体私分给个人的，依据《刑法》第三百九十六条第一款的规定处罚。

2. 渎职罪。

《刑法》第九章中用了23个条文规定了34个罪名。主要包括：

（1）滥用职权罪、玩忽职守罪：国家机关工作人员滥用职权或者玩忽职守，致使公共财产、国家和人民利益遭受重大损失的，处3年以下有期徒刑或者拘役；情节特别严重的，处3年以上7年以下有期徒刑。

（2）故意泄露国家秘密罪、过失泄露国家秘密罪：国家机关工作人员违反保守国家秘密法的规定，故意或者过失泄露国家秘密，情节严重的，处3年以下有期徒刑或者拘役；情节特别严重的，处3年以上7年以下有期徒刑。

（3）滥用管理公司、证券职权罪：国家有关主管部门的国家机关工作人员，徇私舞弊，滥用职权，对不符合法律规定条件的公司设立、登记申请或者股票、债券发行、上市申请，予以批准或者登记，致使公共财产、国家和人民利益遭受重大损失的，处5年以下有期徒刑或者拘役。

（4）徇私舞弊不征、少征税款罪：税务机关的工作人员徇私舞弊，不征或者少征应征税款，致使国家税收遭受重大损失的，处5年以下有期徒刑或者拘役；造成特别重大损失的，处5年以上有期徒刑。

（5）徇私舞弊发售发票、抵扣税款、出口退税罪：税务机关的工作人员违反法律、行政法规的规定，在办理发售发票、抵扣税款、出口退税工作中，徇私舞弊，致使国家利益遭受重大损失的，处5年以下有期徒刑或者拘役；致使国家利益遭受特别重大损失的，处5年以上有期徒刑。

（6）违法提供出口退税证罪：其他国家机关工作人员违反国家规定，在提供出口货物报关单、出口收汇核销单等出口退税凭证的工作中，徇私舞弊，致使国家利益遭受重大损失的，依照上述的规定处罚。

3. 侵犯公民人身权利、民主权利的犯罪。

国家机关工作人员利用职权实施的侵犯公民人身权利、民主权利犯罪有7个：国家机关工作人员利用职权实施的非法拘禁罪、国家机关工作人员利用职权实施的非法搜查罪、刑讯逼供罪、暴力取证罪、虐待被监管人罪、报复陷害罪、国家机关工作人员利用职权实施的破坏选举罪。

第四节 习题演练

一、单项选择题

1. 根据落实党风廉政责任制的有关规定，全国税务系统各级党委要支持纪检监察机关履行（ ）。

A. 主体责任　　B. 监督责任　　C. 管理责任　　D. 督察责任

【参考答案】 B

【答案解析】 根据《全国税务系统党的建设工作规范（试行）》的规定，全国税务系统各级党委要支持纪检监察机关履行监督责任。

2. 构建税务系统一体化综合监督体系要突出政治监督，长期坚持的主基调是（ ）

A. 严　　B. 实　　C. 稳　　D. 准

【参考答案】 A

【答案解析】 依据是国家税务总局《关于构建税务系统一体化综合监督体系的意见》的主要原则。

3. 下列选项中，属于骗取出口退税罪的量刑中“其他严重情节”的是（ ）。

A. 造成国家税款损失30万元以上并且在第一审判决宣告前无法追回的

B. 骗取国家出口退税款在50万元以上的

C. 造成国家税款损失150万元以上并且在一审判决宣告前无法追回的

D. 因骗取国家出口退税行为受过行政处罚，2年内又骗取国家出口退税款数额在150万元以上的

【参考答案】 A

【答案解析】 本题考查骗取出口退税罪的量刑。根据《最高人民法院关于审理骗取出口退税刑事案件具体应用法律若干问题的解释》（法释〔2002〕30号）的规定，具有

下列情形之一的，属于“其他严重情节”：造成国家税款损失30万元以上并且在第一审判决宣告前无法追回的；因骗取国家出口退税行为受过行政处罚，2年内又骗取国家出口退税款数额在30万元以上的；情节严重的其他情形。具有下列情形之一的，属于“其他特别严重情节”：造成国家税款损失150万元以上并且在一审判决宣告前无法追回的；因骗取国家出口退税行为受过行政处罚，2年内又骗取国家出口退税款数额在150万元以上的。骗取国家出口退税款在50万元以上的属于数额较大，而不是“其他严重情节”。

4. 根据《中华人民共和国刑法》的规定，构成抗税罪的要件是（　）。

A. 主体必须是纳税人或扣缴义务人

B. 抗税数额必须达到1万元

C. 抗税数额必须达到数额较大的法定要求

D. 必须达到情节严重的法定要求

【参考答案】A

【答案解析】抗税罪的构成要件：(1）主体是特殊主体，即必须是纳税人或者扣缴义务人。本罪只能由自然人实施，单位不能成为本罪的主体。(2）主观方面表现为故意，即明知应当纳税而故意采用暴力、威胁手段抗拒缴纳税款，目的是将应缴税款非法占为己有。(3）客观方面表现为以暴力、威胁方法拒不缴纳税款的行为。(4）客体是复杂客体，即不仅侵犯了国家的税收征管制度，妨害了税务机关依法征税活动，而且也侵犯了依法执行征税工作的税务人员的人身权利。抗税罪的构成，没有数额和情节严重的要求，这也是抗税罪比较特别的地方。

5. 下列选项中，不属于行政强制措施的种类的是（　）。

A. 限制公民人身自由

B. 查封场所、设施或者财物

C. 扣押财物

D. 划拨存款、汇款

【参考答案】D

【答案解析】行政强制措施是行政机关依其职权采取强制手段，限制特定的相对人行使某项权利或强制履行某项义务的处置行为。一般是对尚未查清行为人的违法事实之前而采取的一种程序上的处置。如工商行政机关对有贩运、销售违禁物品的人的物品的扣押。包含两类：(1）对人身自由的限制，如人身管束、收容审查。(2）对财产的限制，如财产的查封、扣押、冻结等。

6. 王某系国家税务总局A县税务局干部，党员。2022年4月，因违反中央八项规定精神，县局党委通过讨论决定对其作出处分。这体现出的纪律处分原则是（　）。

A. 党纪面前人人平等原则

B. 实事求是原则

C. 党要管党、从严治党原则

D. 民主集中制原则

【参考答案】D

【答案解析】 依据是《中国共产党纪律处分条例》。

7. 下列选项中，不属于国家税务总局印发的《全国税务系统督察审计规范（1.0 版）》中的具体规范的是（ ）。

A. 督察审计基本规范　　B. 执法督察操作规范

C. 内部审计操作规范　　D. 审计管理执行规范

【参考答案】 D

【答案解析】《全国税务系统督察审计规范（1.0 版）》包括督察审计基本规范、执法督察操作规范、内部审计操作规范三篇。

8. 下列选项中，不属于税务巡视工作程序的是（ ）。

A. 巡前准备　　B. 巡中了解　　C. 汇报处置　　D. 责任追究

【参考答案】 D

【答案解析】 巡视工作的程序主要包括：巡前准备、巡中了解、汇报处置、组织反馈、办理移交、整改落实、成果运用、立卷归档等。

9. 某税务局在抽调巡察工作人员时，不属于考察的选配条件的是（ ）。

A. 理想信念坚定，对党忠诚　　B. 中国共产党正式党员

C. 坚持原则，敢于担当　　D. 绩效考核位于优秀等次

【参考答案】 D

【答案解析】 根据《税务巡视规范（3.0 版）》的规定，巡视工作人员选配条件不包括绩效考核位于优秀等次。

10. 党委领导班子成员应当带头遵守执行全面从严治党各项规定，在全面从严治党中发挥的作用是（ ）。

A. 先锋模范　　B. 示范表率　　C. 引领保障　　D. 示范引领

【参考答案】 B

【答案解析】 依据是《党委（党组）落实全面从严治党主体责任规定》第八条的规定。

11. 党委（党组）书记应当履行本地区本单位全面从严治党（ ）。

A. 主要职责　　B. 领导职责　　C. 重要职责　　D. 第一责任人职责

【参考答案】 D

【答案解析】 依据是《党委（党组）落实全面从严治党主体责任规定》第八条的规定。

12. 下列选项中，不属于税收执法过错责任追究形式的是（ ）。

A. 批评教育　　B. 给予赔偿

C. 取消评选先进的资格　　D. 取消执法资格

【参考答案】B

【答案解析】根据《税收执法考评与过错责任追究暂行办法》第二十一条的规定，税收执法过错责任追究形式包括：(1) 批评教育。(2) 责令作出书面检查。(3) 通报批评。(4) 取消评选先进的资格。(5) 责令待岗。(6) 调离执法岗位。(7) 取消执法资格。

13. 同为某市税务局党委领导班子成员，破解同级监督难题，要用好批评和自我批评武器，关键是要用好（ ）。

A. 党委常委会　　B. 局长办公会　　C. 民主生活会　　D. 组织生活会

【参考答案】A

【答案解析】依据是《中共中央关于加强对“一把手”和领导班子监督的意见》。

14. 下列选项中，纪检机关要作为开展日常监督、专项督查等的重点对象是（ ）。

A. 党委班子　　B. 一把手　　C. 纪检组长　　D. 关键部门领导

【参考答案】B

【答案解析】依据是《中共中央关于加强对“一把手”和领导班子监督的意见》。

15. 要坚持和完善领导干部报告个人有关事项制度，推进“一把手”个人有关事项在（ ）中公开。

A. 领导班子　　B. 党组织　　C. 全体党员　　D. 全体干部

【参考答案】A

【答案解析】依据是《中共中央关于加强对“一把手”和领导班子监督的意见》。

16. 党员收受可能影响公正执行公务的礼品、礼金、消费卡、有价证券、股权和其他金融产品等财物，情节较重的，应给予的处分是（ ）。

A. 严重警告　　B. 留党察看

C. 开除党籍　　D. 撤销党内职务或者留党察看

【参考答案】D

【答案解析】依据是《中国共产党纪律处分条例》第八十八条的规定。

17. 某市税务局副局长刘某利用职权，在对某企业稽查过程中违规操作，刘某妻子许某收受该企业财物 5 000 元，情节较重，应给予（ ）。

A. 警告或严重警告处分　　B. 留党察看处分

C. 撤销党内职务处分　　D. 开除党籍处分

【参考答案】A

【答案解析】依据是《中国共产党纪律处分条例》第八十五条的规定。

18. 某市税务局领导班子成员分工中，符合规定的是（ ）。

A. 主要负责人李局长分管人事　　B. 王副局长分管财务和审计

C. 刘副局长分管党建和办公室　　D. 主要负责人李局长分管财务

【参考答案】C

【答案解析】领导班子成员按照分权制衡的原则进行分工，主要负责人不直接分管人事、财务和基建工作，领导班子成员分管税务稽查工作的，不得同时分管重大案件审理工作，分管财务工作的，不得同时分管审计工作。

19. 某区税务局党委成员、副局长陈某因违反党的组织纪律被给予严重警告处分，又因为违反党的群众纪律给予警告处分。根据《中国共产党纪律处分条例》规定的两种以上（含两种）应当受到党纪处分的违纪行为，应当对其进行（　）。

A. 合并处理，并按其最重处分处理

B. 合并处理，并按其最重处分加重一档处理

C. 分开处理，按其最重处分加重一档处理

D. 分开处理，按其最重处分处理

【参考答案】B

【答案解析】依据是《中国共产党纪律处分条例》第二十三条的规定。

20. 党员小李有两种违反党纪行为，应分别受到严重警告、撤销党内职务处分，最终给小李的处分应是（　）。

A. 严重警告　　B. 撤销党内职务

C. 留党察看　　D. 开除党籍

【参考答案】C

【答案解析】《中国共产党纪律处分条例》规定，一人有两种以上（含两种）应当受到党纪处分的违纪行为，应当合并处理，按其数种违纪行为中应当受到的最高处分加重一档给予处分。撤销党内职务处分加重一档为留党察看处分。

21. 对党员小刘酒驾一事的党纪处分，一般由小刘所在的（　）决定，报党的基层委员会批准。

A. 党小组　　B. 党支部大会讨论

C. 党支部书记　　D. 上级领导

【参考答案】B

【答案解析】对于党员的党纪处分，一般由党的支部大会讨论决定，报党的基层委员会批准。

22. 税务系统纪检监察部门发现或收到反映本级领导班子及其成员的问题线索和线索处置情况，应及时向（　）报告。

A. 同级党委　　B. 党委书记
C. 纪检监察负责人　　D. 上级纪检监察部门

【参考答案】D

【答案解析】根据《中国共产党纪律检查机关监督执纪工作规则》第二十二条的规定，发现或收到反映本级领导班子及其成员的问题线索和线索处置情况，应及时向上级纪检监察机构报告。

23. 某党员领导干部，因违纪受到留党察看两年处分。根据《中国共产党纪律处分条例》的有关规定，在留党察看处分期间，他应该拥有的权利是（　）。

A. 表决权　　B. 选举权　　C. 被选举权　　D. 申诉权

【参考答案】D

【答案解析】根据《中国共产党纪律处分条例》第十二条规定，党员受留党察看处分期间，没有表决权，选举权和被选举权。第四十二条规定，党员对所受党纪处分不服的，可以依照党章及有关规定提出申诉。

24. 党员刘某犯罪情节轻微，人民检察院依法作出不起诉决定，应当给予其的处分是（　）。

A. 严重警告　　B. 降级
C. 警告　　D. 撤销党内职务、留党察看或者开除党籍

【参考答案】D

【答案解析】依据是《中国共产党纪律处分条例》第三十一条的规定。

25. 临近年终，各种检查考核要求有“迹”可循、有“证”可查。但如果过分强调留痕、依赖留痕，不仅降低工作效率，而且容易让干部身心疲惫。在“四风”中，“过度留痕”属于（　）。

A. 官僚主义　　B. 享乐主义　　C. 奢靡之风　　D. 形式主义

【参考答案】D

【答案解析】“四风”指形式主义、官僚主义、享乐主义和奢靡之风。“过度留痕”属于典型的形式主义。

26. 某市税务局纪检组组长王某在党委会上发现“一把手”局长刘某在选人用人上违反决策程序，提出不同意见后，刘某未予采纳。王某的处理方式是（　）

A. 保留个人意见　　B. 向省局纪检组反映
C. 以维护班子团结为先　　D. 与其他班子成员一同劝阻

【参考答案】B

【答案解析】依据是《中共中央关于加强对“一把手”和领导班子监督的意见》。

27. 在督察审计实施阶段，督察审计组根据实际需要现场督审。现场督审的方法步骤包括（ ）。

①现场检查 ②座谈 ③个别谈话和询问 ④延伸调查

A. ①②③ B. ①③④ C. ①②④ D. ①②③④

【参考答案】 D

【答案解析】 现场检查、座谈、个别谈话和询问、延伸调查都属于现场督审的方法步骤。

28. 对本单位制定的财务管理各环节控制制度是否健全、合理，有无与上级制度相悖的现象的审查，属于（ ）审查。

A. 内部控制 B. 财务收支 C. 预算管理 D. 固定资产管理

【参考答案】 A

【答案解析】 内部控制，重点审查各项制度的制定与执行情况，包括本单位制定的财务管理各环节控制制度是否健全、合理，有无与上级制度相悖的现象。

29. 2021 年年底，某市税务局在对领导班子述职述廉测评中发现某副局长廉政测评中“差”得票率达到总票数的 35%。按照相关规定应对其进行（ ）。

A. 警告处分 B. 严重警告处分

C. 谈话提醒 D. 问责

【参考答案】 C

【答案解析】 对廉政测评中“差”得票率达到总票数的 30% 以上的，应由上一级税务机关的纪检组组长对其进行谈话提醒或诫勉谈话。

30. 下列关于巡视方式方法的叙述中，正确的是（ ）。

A. 巡察组长参加两次可一次授权 B. 为培养巡察队伍，巡察人员可固定

C. 为培养巡察队伍，巡察组长可固定 D. 巡察人员和被巡察单位不固定

【参考答案】 D

【答案解析】 巡视组长“一次一授权”，谁参加巡视不固定、巡视什么地区和单位也不固定，坚持常规巡视与专项巡视相结合，对巡视过的地方和单位随时开展“回头看”，并创新组织方式。

二、多项选择题

1. 习近平总书记在十九届中纪委六次全会上强调，要引导督促党员干部真正悟透党中央大政方针，不因一时一地利益而打小算盘、要小聪明，确保执行（ ）。

A. 不打折 B. 不变通 C. 不偏向 D. 不走样

【参考答案】BCD

【答案解析】依据是习近平总书记在十九届中央纪委六次全会上的讲话精神。

2. 十九届中纪委六次全会强调，巡视巡察要聚焦“两个维护”根本任务，紧扣履行党的领导职能责任。巡视巡察应重点检查的内容包括（　）。

A. 落实“十四五”规划　　B. 贯彻新发展理念

C. 执行换届纪律　　D. 依法行政

【参考答案】ABC

【答案解析】依据是《中国共产党第十九届中央纪律检查委员会第六次全体会议公报》。

3. 十九届中纪委六次全会指出，要密切关注“四风”苗头性、倾向性、隐蔽性问题，这些问题包括（　）。

A. 影响党中央决策部署贯彻落实　　B. 漠视侵害群众利益

C. 加重基层负担　　D. 不作为、乱作为

【参考答案】ABCD

【答案解析】依据是《中国共产党第十九届中央纪律检查委员会第六次全体会议公报》。

4. 十九届中纪委五次全会强调，要充分发挥全面从严治党的（　）作用。

A. 引领　　B. 保障　　C. 统领　　D. 保证

【参考答案】AB

【答案解析】依据是《中国共产党第十九届中央纪律检查委员会第五次全体会议公报》。

5. 党内监督必须加强对两类人的监督。下列选项中，属于这两类人的是（　）。

A. 党组织主要负责人　　B. 党组织负责人

C. 关键岗位领导干部　　D. 临退休领导干部

【参考答案】AC

【答案解析】根据《中国共产党党内监督条例》第十七条的规定，党内监督必须加强党组织主要负责人和关键岗位领导干部的监督。

6. 十九届中纪委六次全会指出，要持续深化不敢腐、不能腐、不想腐一体推进，做到“三个一体发力”。“三个一体发力”指的是（　）。

A. 惩治震慑　　B. 制度约束　　C. 政治监督　　D. 提高觉悟

【参考答案】ABD

【答案解析】依据是《中国共产党第十九届中央纪律检查委员会第六次全体会议公报》。

7. 党委纪检组协助党委落实全面从严治党主体责任，可以采取的方式有（　）。

A. 重大事项请示报告　　B. 监督推动党委决策落实

C. 组织巡视　　　　　　　　　　D. 提出意见建议

【参考答案】 ABD

【答案解析】 依据是《全国税务系统党的建设工作规范（试行）》。

8. 下列选项中，属于搞非组织活动的违纪行为有（　）。

A. 在党内选举中搞拉票、助选

B. 在法律规定的选举活动中，怂恿、诱使他人投票

C. 在组织考察完之后，个人邀请几个同事到家里聚餐

D. 在民主推荐时搞拉票、助选

【参考答案】 ABD

【答案解析】 依据是《中国共产党纪律处分条例》第七十五条的规定。

9. 某市税务局党委班子履行主体责任缺失，上级党委应对其领导班子及成员采取的措施有（　）。

A. 调离岗位　　　　　　　　　　B. 督促整改问题

C. 处理责任人　　　　　　　　　D. 组织处理

【参考答案】 BC

【答案解析】 对主体责任缺失、监督责任缺位、责任传导不力的领导班子及成员，既要督促整改问题，也要处理责任人。

10. 2022 年 5 月，税务干部刘某人企业检查期间，收受企业价值 2 000 元购物卡。单位开展专项整治自查时，他主动交代违法行为，上交了全部购物卡。根据《中华人民共和国公职人员政务处分法》的规定，其所属部门可以对刘某采取的处理方式有（　）。

A. 谈话提醒　　　B. 批评教育　　　C. 责令检查　　　D. 免予政务处分

【参考答案】 ABCD

【答案解析】 依据是《中华人民共和国公职人员政务处分法》第十二条的规定。

11. 巡察组开展工作时，具体可以采取的方式有（　）。

A. 听取专题汇报　　　　　　　　B. 受理来信、来电、来访

C. 调阅、复制有关资料　　　　　D. 搜查被巡察单位干部的私人物品

【参考答案】 ABC

【答案解析】 依据是《税务巡视规范（3.0 版）》。

12. 专项巡视可简化优化工作流程。下列选项中，符合简化要求的有（　）。

A. 以视频会议形式向被巡党组织主要负责人和领导班子反馈

B. 不开展问卷调查和数据统计

C. 报告附件可不形成领导干部问题线索报告和专题报告

D. 谈话原始记录可不归档

【参考答案】 ABC

【答案解析】 依据是《税务巡视规范（3.0 版）》。

13. 根据《中国共产党党内监督条例》，党组织应该保障监督对象的相关权利，主要包括（　）。

A. 知情权　　B. 言论自由权　　C. 申辩权　　D. 申诉权

【参考答案】 CD

【答案解析】 根据《中国共产党党内监督条例》第四十四条的规定，党组织应该保障监督对象的申辩权、申诉权等相关权利。

14. 税务系统纪检监察部门必须落实监督检查责任，具体要求包括（　）。

A. 坚决维护党的纪律、加强对重大事项决策的监督

B. 加强对主体责任落实情况的监督

C. 加强对作风建设的监督、加强对干部选拔任用的监督

D. 加强对落实内控机制建设主体责任的监督

【参考答案】 ABCD

【答案解析】 4 个选项所涉及的都是税务系统纪检监察部门落实监督检查责任的要求。

15. 下列关于监督执纪工作的说法中，正确的有（　）。

A. 中央纪律检查委员会受理和审查在中央工作的党员领导干部

B. 地方各级纪律检查委员会受理和审查同级党委委员、候补委员、纪委委员

C. 对党的组织关系在地方、干部管理权限在主管部门的党员干部违纪问题，应当按照谁主管谁负责的原则进行监督执纪

D. 对作出立案审查决定、给予党纪处分等重要事项，纪检机关直接向上级纪委报告

【参考答案】 BC

【答案解析】 中央纪律检查委员会受理和审查中央一级党员领导干部。对作出立案审查决定、给予党纪处分等重要事项，纪检机关应当向同级党委（党组）请示汇报并向上级纪委报告。

16. 下列关于采取谈话函询方式处置问题线索的说法中，正确的有（　）。

A. 需要谈话函询下一级党委（党组）主要负责人的，应当报纪检机关主要负责人批准，必要时向同级党委主要负责人报告

B. 函询应当以纪检机关办公厅（室）名义发函给被反映人，并抄送其所在党委（党组）主要负责人

C. 被函询人应当在收到函件后 15 个工作日内写出说明材料，由其所在党委（党组）

主要负责人签署意见后发函回复

D. 反映问题比较具体，但被反映人予以否认，或者说明存在明显问题的，应当再次谈话函询或者函询

【参考答案】ABCD

【答案解析】依据是《中国共产党纪律检查机关监督执纪工作规则》。

17. 违纪行为人在组织作出处分决定前死亡或者在死亡后发现其曾有严重违纪行为的，适用的处分规则有（ ）。

A. 党纪应给予开除党籍处分的，开除其党籍

B. 党纪应给予严重警告处分的，给予严重警告

C. 政纪给予降级处分的，按规定降低其待遇

D. 政纪不再给予处分

【参考答案】AD

【答案解析】违纪行为人在组织作出处分决定前死亡或者在死亡后发现其曾有严重违纪行为的，党纪除应给予开除党籍处分的，开除其党籍，其余的只作书面结论，不再给予党纪处分，政纪不再给予处分。

18. 下列处理违纪所得的做法中，正确的有（ ）。

A. 违纪行为所获得的经济利益，应当收缴或者责令退赔

B. 违纪行为所获得的职务、职称、学历学位、奖励等利益，建议有关组织、部门、单位按规定予以纠正

C. 涉嫌犯罪所得款物，应当随案移送司法机关

D. 经认定不属于违纪所得的，应当在案件审结后依纪依法予以返还

【参考答案】ABCD

【答案解析】依据《中国共产党纪律检查机关监督执纪工作规则》第五十八条的规定。

19. 下列情形中，实行税收违法案件“一案双查”的有（ ）。

A. 案件处置出现重大失误，纪检干部严重违纪的

B. 重大税收违法案件存在税务机关或者税务人员涉嫌违法违纪行为的

C. 检举税务机关或者税务人员违纪违法行为，线索具体的

D. 税务机关或者税务人员侵犯公民、法人和其他组织合法权益等行为的

【参考答案】BCD

【答案解析】案件处置出现重大失误，纪检干部严重违纪的，属于纪检监察案件“一案双查”的情形。

20. 2022 年 4 月，某税务局干部刘某在税务执法过程中发现某企业有偷税嫌疑，但

未按照规定报告上级，造成较坏影响。根据《中华人民共和国公职人员政务处分法》的规定，可能给予刘某的处分有（　）。

A. 警告　　B. 记过　　C. 记大过　　D. 开除公职

【参考答案】ABC

【答案解析】依据是《中华人民共和国公职人员政务处分法》第二十九条的规定。

三、判断题

1. 对于在党内担任两个以上职务的，党组织在作撤销党内职务处分决定时，如果决定撤销其一个职务，必须撤销其担任的最低职务。（　）

【参考答案】×

【答案解析】根据《中国共产党纪律处分条例》第二章第十一条的规定，对于在党内担任两个以上职务的，如果决定撤销其一个职务，必须撤销其担任的最高职务。

2. 公职人员违法行为情节轻微，可以对其进行谈话提醒、批评教育、责令检查或者予以诫勉，免予或者不予政务处分。（　）

【参考答案】×

【答案解析】《中华人民共和国公职人员政务处分法》第十二条规定，公职人员违法行为情节轻微，且具有本法第十一条规定的情形之一的，可以对其进行谈话提醒、批评教育、责令检查或者予以诫勉，免予或者不予政务处分。

3. 勇于自我革命是我们党区别于其他政党的显著标志，是党跳出治乱兴衰历史周期率、历经百年沧桑更加充满活力的成功秘诀。（　）

【参考答案】√

【答案解析】依据是《中国共产党第十九届中央纪律检查委员会第六次全体会议公报》。

4. 被巡视党组织履行巡视整体主体责任，定期听取巡视整改情况报告，确保整改任务落地见效。（　）

【参考答案】√

【答案解析】依据是《关于加强巡视整改和成果运用的意见》。

5. 组织处理可以单独使用，也可以和党纪政务处分合并使用。（　）

【参考答案】√

【答案解析】依据是《中国共产党组织处理规定（试行）》。

6. 当前形式主义、官僚主义表现依然突出，要把力戒形式主义、官僚主义作为加强

作风建设的重要任务。( )

【参考答案】 √

【答案解析】 依据是习近平总书记在湖北考察时的重要讲话。

7. 党委监督即是纪委监督。( )

【参考答案】 ×

【答案解析】 党委监督不等于纪委监督。党委监督是全方位的监督，包括对党员的批评教育、组织处理、纪律处分等工作。纪委监督重点是履行监督执纪问责的职责。

8. 主动交代违法违纪行为的、检举他人重大违法违纪行为情况属实的，政纪适用从轻处分。( )

【参考答案】 √

【答案解析】 政纪从轻处分的情形：一是主动交代违法违纪行为的，二是主动采取措施有效避免或者挽回损失的，三是检举他人重大违法违纪行为情况属实的。

9. 某党员领导干部，不信马列信鬼神，在家中长期供奉菩萨，每逢组织考核、职务晋升等重大事件均祈求神灵保佑，其行为违反了政治纪律，情节严重，应给予开除党籍处分。( )

【参考答案】 √

【答案解析】 依据是《中国共产党纪律处分条例》第六十三条的规定。

10. 受理党员的控告和申诉，是纪律检查机关的工作职责。( )

【参考答案】 √

【答案解析】《中国共产党章程》对党的纪律检查机关的职责作了明确的规定，其中包括受理党员的控告和申诉。

11. 纪检监察机关可以不经本级党委（组）同意，直接向上级纪检机关反映报告、请求复查、提出申诉。( )

【参考答案】 √

【答案解析】 纪检机关可以不经本级党委（组）同意，直接向上级纪检机关反映情况，对同级党委处理案件的决定有不同意见，可以请求上级纪委予以复查；发现同级党委或其成员有违犯党的纪律的情况，在同级党委不给予解决或不给予正确解决的情况下，有权向上级纪委提出申诉。

12. 经立案调查，党员有严重违纪事实并涉嫌违法的，应给予开除党籍处分，并移送司法机关追究刑事责任。( )

【参考答案】 ×

【答案解析】 根据《中国共产党纪律处分条例》的规定，党组织在纪律审查中发现党员严重违纪涉嫌违法犯罪的，原则上先作出党纪处分决定，并按照规定给予政务处分后，再移送有关国家机关依法处理，“有关国家机关”，既包括司法机关，也包括有关行政机关。

13. 税务系统纪检监察部门负有监督检查责任、执纪审查责任、问责追究责任。（ ）

【参考答案】 √

【答案解析】 纪检监察部门履行监督、执纪、问责职责。

14. 纪检监察案件查办的主体是纪检监察部门，客体是党员、党组织和监察对象违犯党章、党纪政纪和国家法律法规的行为。（ ）

【参考答案】 √

【答案解析】 略。

15. 监督执纪“四种形态”之间不可以转化。（ ）

【参考答案】 ×

【答案解析】 监督执纪“四种形态”之间可以转化。

16. 税务系统领导班子成员履行“一岗双责”，对分管部门党风廉政建设负主要领导责任，在部署、检查、调研工作时，督促落实党风廉政建设工作。按规定在述职述廉中报告履行“一岗双责”情况并作为落实党风廉政建设责任制的内容。（ ）

【参考答案】 √

【答案解析】 根据《税务系统领导班子和领导干部监督管理办法》第九条的规定，领导班子成员履行“一岗双责”，对分管部门党风廉政建设负主要领导责任，在部署、检查、调研工作时，督促落实党风廉政建设工作。按规定在述职述廉中报告履行“一岗双责”情况并作为落实党风廉政建设责任制的内容。

17. 无论何种违纪行为，党纪处分时，都可以适用减轻处分的规则。（ ）

【参考答案】 ×

【答案解析】 党纪处分只有开除党籍处分一个档次的违纪行为，不适用减轻处分的规则。

18. 受到处分的违纪行为人复核、申诉期间暂停处分的执行。（ ）

【参考答案】 ×

【答案解析】 复核、申诉期间不停止处分的执行。

19. 巡视工作人员有重大问题应当发现而没有发现就是渎职。（ ）

【参考答案】 ×

【答案解析】 巡视工作人员有重大问题应当发现而没有发现就是失职，发现问题没有如实报告就是渎职。

20. 对督察审计发现的重大问题，报经税务机关负责人批准后，直接移送司法机关处理。（ ）

【参考答案】 ×

【答案解析】 对督察审计发现的重大问题，报经税务机关负责人批准后，移送稽查、人事、纪检监察等部门处理。

四、简答题

1. 2022 年 1 月 18 日至 20 日中国共产党第十九届中央纪律检查委员会第六次全体会议在北京举行，会议强调要自觉把握和运用党的百年奋斗历史经验，弘扬伟大建党精神，永葆自我革命精神。请你谈一谈对“永葆自我革命精神”的认识和体会。

【参考答案】

勇于自我革命是我们党区别于其他政党的显著标志，是党跳出治乱兴衰历史周期率、历经百年沧桑更加充满活力的成功秘诀。要坚持用马克思主义中国化最新成果武装头脑，提高政治站位，坚守职责定位，发扬彻底的自我革命精神，坚决消除存量、遏制增量，把正风肃纪反腐与深化改革、完善制度、促进治理、推动发展贯通起来，在维护党的集中统一领导、督促落实党的理论和路线方针政策、捍卫党的先进性和纯洁性上忠诚履职，有力有效服务保障党和国家工作大局。第一，深入学习贯彻党的十九届六中全会精神，聚焦“国之大者”推动政治监督具体化常态化。第二，保持反对和惩治腐败的强大力量常在，坚定不移把反腐败斗争推向纵深。第三，持续加固中央八项规定堤坝，坚持不懈整治群众身边腐败和不正之风。第四，健全巡视巡察上下联动格局，实现高质量全覆盖目标任务。第五，促进纪检监察体制改革系统集成、协同高效，推动制度优势转化为治理效能。第六，落实政治过硬、本领高强要求，努力做党和人民的忠诚卫士。

2. 新时期巡视工作监督的重点要围绕“三个聚焦”，请问其具体内容是哪些？

【参考答案】

聚焦被巡察党组织党的理论和路线方针政策以及党中央、国务院重大决策部署贯彻落实情况，聚焦纳税人、缴费人身边腐败问题和不正之风情况，聚焦基层党组织领导班子和干部队伍建设情况。

第五章
税费制度

第一节　税收概论

一、税收概念及税制构成要素

（一）税收概念

税收是国家为了满足社会公共需要，凭借公共权力，按照法律所规定的标准和程序，参与国民收入分配，强制地、无偿地取得财政收入的一种方式。

税收是国家公共财政最主要的收入形式和来源。

税收在国家治理中发挥着基础性、支柱性、保障性作用。

（二）税制构成要素

税制构成要素一般包括：纳税人、征税对象、税目、税率、计税依据、纳税环节、纳税期限、纳税地点、税收优惠和法律责任等要素。其中纳税人、征税对象、税率是构成税制的 3 个最基本要素。

1. 纳税人。

纳税人又称纳税义务人，是指税法规定的直接负有纳税义务的实体，包括自然人和法人。

税收实践中还要注意区别以下与纳税人紧密相连的概念：

（1）负税人。负税人是指实际负担税款的单位和个人。纳税人与负税人的区别在于：负税人是经济学中的概念，即税收的实际负担者；而纳税人是法律用语，即依法缴纳税收的人。税法只规定纳税人，不规定负税人。二者有时可能相同，有时不尽相同。

（2）扣缴义务人。扣缴义务人是指法律、行政法规规定负有代扣代缴、代收代缴税款义务的单位和个人。扣缴义务人既非纯粹意义上的纳税人，也非实际负担税款的负税人，只是负有代为扣税并缴纳税款法定职责的义务人。

2. 征税对象。

征税对象又称课税对象，征税客体，是指税法规定对什么征税。征税对象是各个税种之间相互区别的根本标志，不同的征税对象构成不同的税种。

与征税对象相关的基本概念有以下两个：

（1）计税依据。计税依据又称税基，是指计算应纳税额的依据，是征税对象的量的表现。其数额同税额成正比例，计税依据的数额越多，应纳税额也越多。计税依据和征税对象存在十分紧密的关系，因为计税依据是征税对象的数量表现，征税对象是从质的方面对征税的规定，即对什么征税；计税依据则是从量的方面对征税的规定，即如何计量。有些税的征税对象和计税依据是一致的，如所得税；有些税的征税对象和计税依据是不一致的，如房产税。

（2）税目。税目是征税对象的具体化，也是各个税种所规定的具体征税项目。税目反映征税的范围，代表征税的广度。

税目的制定一般采用列举法和概括法。规定税目的主要目的是区别不同的具体对象，规定高低不同的税率，以体现国家的税收政策。

3. 税率。

税率是应纳税额与征税对象之间的数量关系或比例，是计算税额的尺度。其体现了征税的深度，是国家在一定时期内税收政策的主要表现形式，也是税收制度的核心要素。

税率主要有比例税率、累进税率和定额税率 3 种基本形式。

（1）比例税率，是指对同一征税对象不论数额大小，都按同一比例征税，税额占征税对象的比例总是相同的。比例税率的优点是具有横向公平性，计算简便，便于征收和缴纳。

（2）累进税率，是指按征税对象数额的大小规定不同的等级，随着征税对象数量增大而随之提高的税率。累进税率的特点是税基越大，税率越高，税负呈累进趋势，比较符合公平原则。

（3）定额税率，又称固定税率，是按征税对象的计量单位直接规定应纳税额的税率形式，征税对象的计量单位主要有吨、升、平方米、立方米、辆等。定额税率的基本特点是，税收与征税对象数量紧密相关，而与征税对象的价值量无关。

4. 纳税环节。

纳税环节是税法规定的征税对象在生产到消费的流转过程中应当缴纳税款的环节。任何税种都要确定纳税环节。按照纳税环节的多少，税收课征制度可以分为一次课征制和多次课征制。

5. 纳税期限。

纳税期限是纳税人的纳税义务发生后应依法缴纳税款的期限，或者税法规定的纳税主体向税务机关缴纳税款的具体时间。

6. 纳税地点。

纳税地点，是指纳税人具体申报缴纳税款的地点。纳税地点一般为纳税人的住所地，也有规定在营业地、财产所在地或特定行为发生地。

7. 税收优惠。

税收优惠，是指税法对某些特定的纳税人或征税对象给予鼓励和照顾的一种免除规定，包括减免税、税收抵免等多种形式。税收优惠按照优惠目的通常可以分为照顾性和鼓励性两种；按照优惠范围可以分为区域性和产业性两种。具体内容包括以下三个方面：

（1）减税和免税。减税是对应纳税款少征一部分税款；免税是对应纳税额全部免征。

（2）起征点。起征点是税法规定对征税对象开始征税的起点数额。征税对象数额达到起征点的，全部征税对象数额按规定的税率计算缴税；未达到起征点的免予征税。

（3）免征额。免征额是税法规定的征税对象全部数额中免予征税的数额，是对所有纳税人的照顾。

8. 税收法律责任。

税收法律责任是税收法律关系的主体因违反税法所应当承担的法律后果，包括经济责任、行政责任和刑事责任。

（1）经济责任，包括补缴税款、加收滞纳金等。

（2）行政责任，包括罚款、税收保全及强制执行等。

（3）刑事责任，对违反税法情节严重构成犯罪的行为，要依法承担刑事责任。

无论纳税人还是征税人违反税法规定，都将依法承担法律责任。

二、税收的特征及职能

（一）税收的特征

税收是国家普遍采用的取得财政收入的形式，它与其他财政收入形式相比，具有强制性、无偿性、固定性等形式特征，习惯上称为“三性”。

1. 强制性。

强制性是指税收参与社会产品的分配是依据国家的政治权力，具体表现在税收是以国家法律的形式规定的，税法作为国家法律的组成部分，任何单位和个人都必须遵守。

2. 无偿性。

无偿性是指在具体征税过程中，国家征税后税款即为国家所有，不再直接归还给纳税人。税收最终通过政府提供公共产品等方式用之于纳税人，体现了税收取之于民、用之于民的本质。就某一具体的纳税人来说，其所缴纳的税款与其消费的公共产品中的价格并不一定是相等的。

3. 固定性。

固定性是指税收是国家按照法律规定的标准向纳税人征收的，具有事前规定的特征，任何单位和个人都不能随意改变。

（二）税收职能

税收职能是指税收所具有的内在功能，税收作用则是税收职能在一定条件下的具体体现。

税收的职能作用主要表现在以下几个方面：税收是财政收入的主要来源，组织财政收入是税收的基本职能；税收是调控经济运行的重要手段；税收是调节收入分配的重要工具；税收具有监督经济活动的作用；税收管辖权是国家主权的组成部分，是国家权益的重要体现，在对外交往中，税收还具有维护国家权益的重要作用。

第二节　现行中国税制

一、货物和劳务税

（一）增值税

增值税是对生产、销售商品或劳务过程中实现的增值额征收的一种税。增值税是以商品价值中的增值额为课税依据所征收的一种税，是由法国财政部官员法里斯·劳拉首先提出并实行，后被世界许多国家采用的一种新课税制度。因为增值税是对商品生产和流通中各环节的新增价值征税，所以叫作“增值税”。

增值税只就商品销售额中的增值部分征税，避免了征收的重叠性，这是增值税最基本最本质的特征，也是增值税区别于其他流转税的一个最显著的特征。但是由于各国规定的扣除范围不同，增值税仍然带有一定的征税重叠因素。随着扣除范围的扩大，征税的重叠性就越来越小，或完全消除。我国目前正在从生产型增值税向消费型增值税转变，抵扣范围也在逐渐扩大。

1. 纳税人。

（1）增值税的纳税人是指在境内销售货物、服务、无形资产、不动产和金融商品且销售额达到增值税起征点的单位和个人，以及进口货物的收货人。

（2）单位或个体工商户的下列行为，视同销售货物：

①将货物交付其他单位或者个人代销。

②销售代销货物。

③设有两个以上机构并实行统一核算的纳税人，将货物从一个机构移送其他机构用于销售，但相关机构设在同一县（市）的除外。

④将自产或者委托加工的货物用于非增值税应税项目。

⑤将自产、委托加工的货物用于集体福利或者个人消费。

⑥将自产、委托加工或者购进的货物作为投资，提供给其他单位或者个体工商户。

⑦将自产、委托加工或者购进的货物分配给股东或者投资者。

⑧将自产、委托加工或者购进的货物无偿赠送其他单位或者个人。

⑨向其他单位或者个人无偿销售应税服务、无偿转让无形资产或者不动产，但用于公益事业或者以社会公众为对象的除外。

⑩财政部和国家税务总局规定的其他情形。

（3）境外的单位和个人在境内销售应税劳务，而在境内未设经营机构的，以代理人为扣缴义务人，没有代理人的，以购买者为扣缴义务人。

2. 计税方法。

（1）一般纳税人应纳税额的计算：

一般纳税人销售货物或者提供应税劳务，应纳税额为当期销项税额抵扣当期进项税额后的余额。应纳税额计算公式：

$$应纳税额=当期销项税额-当期进项税额$$

$$销项税额=不含税销售额\times 税率=含税销售额\div(1+税率)\times 税率$$

销售额为纳税人销售货物或者应税劳务向购买方收取的全部价款和价外费用，但是不包括收取的销项税额。

销项税额，是指纳税人销售货物或者应税劳务，按照销售额和《中华人民共和国增值税暂行条例》（以下简称《增值税暂行条例》）规定的税率计算并向购买方收取的增值税额。

进项税额，是指纳税人购进货物或者接受应税劳务，所支付或者负担的增值税额。

因此，当期销项税额小于当期进项税额不足抵扣时，其不足可以结转下期继续抵扣。

（2）简易办法应纳税额的计算：

小规模纳税人销售货物或者应税劳务，实行简易办法计算应纳税额，按照销售额和规定的征收率计算应纳税额，不得抵扣进项税额。应纳税额计算公式：

应纳税额＝销售额 × 征收率＝含税销售额 ÷（1＋征收率）× 征收率

（3）进口货物应纳税额的计算问题。

纳税人进口货物，按照组成计税价格和《增值税暂行条例》规定的税率计算应纳税额，不得抵扣任何税额。组成计税价格和应纳税额计算公式：

组成计税价格＝关税完税价格＋关税＋消费税＝（关税完税价格＋关税）÷（1－消费税税率）

应纳税额＝组成计税价格 × 税率

3. 税率调整。

2017 年 7 月 1 日起，简并增值税税率有关政策正式实施，原销售或者进口货物适用 13% 税率的全部降至 11%，这个调整涉及农产品、天然气、食用盐、图书等 23 类产品。2018 年 3 月 28 日，国务院常务会议决定从 2018 年 5 月 1 日起，将制造业等行业增值税税率从 17% 降至 16%，将交通运输、建筑、基础电信服务等行业及农产品等货物的增值税税率从 11% 降至 10%。自 2019 年 4 月 1 日起，增值税一般纳税人（以下称纳税人）发生增值税应税销售行为或者进口货物，原适用 16% 税率的，税率调整为 13%；原适用 10% 税率的，税率调整为 9%。

4. 部分增值税优惠政策。

（1）小规模纳税人税收优惠。

① 2021 年 4 月 1 日至 2022 年 12 月 31 日，小规模纳税人发生增值税应税销售行为，合计月销售额未超过 15 万元（以 1 个季度为 1 个纳税期的，季度销售额未超过 45 万元）的，免征增值税。

②自 2020 年 3 月 1 日至 2022 年 3 月 1 日，湖北省外增值税小规模纳税人适用 3% 征收率的应税销售收入，减按 1% 征收率征收增值税；适用 3% 预征率的预缴增值税项目，减按 1% 预征率预缴增值税。

自 2020 年 3 月 1 日至 2021 年 3 月 31 日，对湖北省增值税小规模纳税人，适用 3% 征收率的应税销售收入，免征增值税；适用 3% 预征率的预缴增值税项目，暂停预缴增值税。

自 2021 年 4 月 1 日至 2022 年 3 月 31 日，湖北省增值税小规模纳税人适用 3% 征收率的应税销售收入，减按 1% 征收率征收增值税；适用 3% 预征率的预缴增值税项目，减按 1% 预征率预缴增值税。

③自 2022 年 4 月 1 日至 2022 年 12 月 31 日，增值税小规模纳税人适用 3% 征收率的应税销售收入，免征增值税；适用 3% 预征率的预缴增值税项目，暂停预缴增值税。

（2）增值税期末留抵税额退还。

①自 2019 年 4 月 1 日起，试行增值税期末留抵税额退税制度。

同时符合以下条件的纳税人，可以向主管税务机关申请退还增量留抵税额：

A. 自 2019 年 4 月税款所属期起，连续六个月（按季纳税的，连续两个季度）增量留抵税额均大于零，且第六个月增量留抵税额不低于 50 万元。

B. 纳税信用等级为A级或者B级。

C. 申请退税前36个月未发生骗取留抵退税、出口退税或虚开增值税专用发票情形的。

D. 申请退税前36个月未因偷税被税务机关处罚两次及以上的。

E. 自2019年4月1日起未享受即征即退、先征后返（退）政策的。

增量留抵税额，是指与2019年3月底相比新增加的期末留抵税额。

纳税人当期允许退还的增量留抵税额，按照以下公式计算：

允许退还的增量留抵税额 = 增量留抵税额 × 进项构成比例 ×60%

进项构成比例，为2019年4月至申请退税前一税款所属期内已抵扣的增值税专用发票（含税控机动车销售统一发票）、海关进口增值税专用缴款书、解缴税款完税凭证注明的增值税额占同期全部已抵扣进项税额的比重。

②进一步加大增值税期末留抵退税政策实施力度。

符合条件的小微企业，可以自2022年4月纳税申报期起向主管税务机关申请退还增量留抵税额。在2022年12月31日前，退税条件按照以下规定。

符合条件的微型企业，可以自2022年4月纳税申报期起向主管税务机关申请一次性退还存量留抵税额；符合条件的小型企业，可以自2022年5月纳税申报期起向主管税务机关申请一次性退还存量留抵税额。

符合条件的制造业等行业企业，可以自2022年4月纳税申报期起向主管税务机关申请退还增量留抵税额。

符合条件的制造业等行业中型企业，可以自2022年7月纳税申报期起向主管税务机关申请一次性退还存量留抵税额；符合条件的制造业等行业大型企业，可以自2022年10月纳税申报期起向主管税务机关申请一次性退还存量留抵税额。

上述纳税人需同时符合以下条件：

A. 纳税信用等级为A级或者B级。

B. 申请退税前36个月未发生骗取留抵退税、骗取出口退税或虚开增值税专用发票情形。

C. 申请退税前36个月未因偷税被税务机关处罚两次及以上。

D. 2019年4月1日起未享受即征即退、先征后返（退）政策。

（二）消费税

消费税是在对货物普遍征收增值税的基础上，选择特定消费品再征收的一个税种，主要是为了调节产品结构，引导消费方向，保证国家财政收入。消费税实行价内税，只在应税消费品的生产、委托加工和进口环节缴纳，在以后的批发、零售等环节，因为价款中已包含消费税，因此，不用再缴纳消费税，税款最终由消费者承担。

1. 纳税人。

消费税的纳税人是在中国境内生产销售、委托加工和进口应税消费品的各类企业、单位和个人。

2. 计税方法。

消费税实行从价定率、从量定额以及从价定率与从量定额相结合三种计税方法，具体计算公式为：

（1）销售应税消费品的计税公式：

从价计征的应纳税额＝应税消费品销售额 × 适用税率

从量计征的应纳税额＝应税消费品销售数量 × 适用税额标准

（2）委托加工应税消费品的计税公式：

从价计税征的应纳税额＝同类消费品的销售价格或组成计税价格 × 适用税率

其中：

组成计税价格＝（材料成本＋加工费）÷（1－消费税税率）

从量计征的应纳税额＝收回的应税消费品数量 × 适用税额标准

（3）进口应税消费品的计税公式：

从价计征的应纳税额＝进口应税消费品的组成计税价格 × 适用税率

从量计征的应纳税额＝进口应税消费品的数量 × 适用税额标准

（4）卷烟、粮食白酒、薯类白酒采取从量定额与从价定率相结合的复合计税方法，其计税公式如下：

应纳税额＝销售数量 × 定额税率＋销售额 × 比例税率

（三）出口退（免）税

出口退（免）税，是指对出口货物已征收的国内税实行部分或全部退税或免税的税收优惠。对出口货物退税或免税，是国际上普遍实行的政策，其目的在于增强本国产品在国际市场的竞争力，以不含国内税的价格向国外输出商品，扩大出口贸易。

按照世界贸易组织的有关规定，免除或退还出口产品的国内税，不超过其实际缴纳数额的，将不被视为补贴而被限制采用或被征收反倾销税。根据这一规则，出口退税可以部分退还，也可以全部退还已缴税款，但不得超过原实际缴纳的国内税款的数额。因此，各国政府为最大限度地鼓励产品出口，普遍采取了退还出口产品从最初流转税环节到出口环节累计实际缴纳的全部税款的措施。

随着改革开放的深化和进出口贸易的迅速发展，中国普遍实行了对出口产品退税或免税的政策，除国家禁止出口的货物和极少数产品外，出口货物全额退免国内税款。

1. 出口退（免）税的原则。

为尽可能鼓励产品出口，同时又不违反有关政府贴补的规定，中国对出口退税采取

“征多少、退多少、未征不退”和“彻底退税”的原则，即凡出口属于增值税、消费税的产品，除特定出口不退税的产品外，在国内生产环节征收了多少增值税、消费税税款，报关出口后则退还多少税款；出口产品在国内生产环节没有纳税的，报关出口后不予退税。

2. 出口退（免）税的货物范围。

按现行规定，凡出口属于已征或应征增值税、消费税的货物，除国家明确规定不予退（免）税的货物和出口企业从小规模纳税人购进的部分货物外，同时具备下列四个条件的出口货物，准予退还和免征增值税和消费税：

（1）属于增值税或消费税征税范围的货物。

（2）必须经中国海关报关离境的货物。

（3）必须在财务上作销售处理的货物。

（4）必须是出口收汇并已核销的货物。

3. 出口退（免）税的计算。

外贸企业实行单票对应法，对进货数据进行加权平均，计算实际退税额。

生产企业实行“免、抵、退”税办法。“免”税，是指对生产企业自营出口或委托外贸企业代理出口的自产货物，免征本企业生产销售环节增值税；“抵”税，是指生产企业自营出口或委托外贸企业代理出口的自产货物应予免征或退还的所耗用原材料、零部件等已纳税款抵顶内销货物的应纳税款；“退”税，是指生产企业自营出口或委托外贸企业代理出口自产货物，应抵顶的税额大于应纳税额而未抵顶完时，经主管出口退税的税务机关批准，对未抵顶完的税额部分予以退税。

生产企业“免、抵、退”税有关计算公式如下：

（1）当期应纳税额的计算

当期应纳税额＝当期内销货物的销项税额－（当期进项税额－当期免抵退税不得免征和抵扣税额）－上期留抵税额

（2）免抵退税不得免征和抵扣税额的计算

当期免抵退税不得免征和抵扣税额＝当期出口货物离岸价×外汇人民币折合率×（出口货物适用税率－出口货物退税率）－当期免抵退税不得免征和抵扣税额抵减额

当期免抵退税不得免征和抵扣税额抵减额＝免税购进原材料价格×（出口货物适用税率－出口货物退税率）

免税购进原材料包括国内购进免税原材料和进料加工免税进口料件，其中进料加工免税进口料件的价格为组成计税价格。

进料加工免税进口料件的组成计税价格＝货物到岸价格＋海关实征关税＋海关实征消费税

（3）免抵退税额的计算

当期免抵退税额＝当期出口货物离岸价×外汇人民币牌价折合率×当期出口货物退税率－

免抵退税额抵减额

当期免抵退税额抵减额＝当期免税购进原材料价格 × 出口货物退税率

（4）当期应退税额和当期免抵税额的计算

①当期期末留抵税额≤当期免抵退税额时：

当期应退税额＝当期期末留抵税额

当期免抵税额＝当期免抵退税额－当期应退税额

②当期期末留抵税额＞当期免抵退税额时：

当期应退税额＝当期免抵退税额

当期免抵税额＝免抵退税额－应退税额

“期末留抵税额”为当期《增值税纳税申报表》的“期末留抵税额”。

（四）车辆购置税

车辆购置税是对购置车辆的单位和个人征收的一种税。

1. 纳税人。

车辆购置税的纳税人是在中国境内购买、进口、自产、受赠、获奖或者以其他方式取得并自用应税车辆的各类企业、单位和个人。

2. 税目税率。

车辆购置税的征收范围包括汽车、有轨电车、汽车挂车、排气量超过 150 毫升的摩托车。

车辆购置税实行比例税率，税率为 10%。

3. 计税方法。

车辆购置税实行从价定率的办法一次征收。计税公式为：

应纳税额＝计税价格 × 适用税率（10%）

计税价格不包括增值税税款。

（五）最新减税降费热点

1. 2021 年的《政府工作报告》中涉减税政策主要有三项：一是将小规模纳税人增值税起征点从月销售额 10 万元提高到 15 万元；二是对小微企业和个体工商户年应纳税所得额不到 100 万元的部分，在现行优惠政策基础上，再减半征收所得税，该部分所得的税负仅为 2.5%；三是延续执行企业研发费用加计扣除 75% 的政策，并将制造业企业加计扣除比例提高到 100%。

2. 2021 年 3 月 31 日，国务院常务会议进一步明确了支持小微企业、个体工商户和先进制造业的税收优惠政策“组合拳”。其中的两项政策从 2021 年 4 月 1 日起生效。预计全年新增减税超过 5 500 亿元。

（1）加大小微企业所得税优惠力度，并将个体工商户纳入优惠政策范围，从 2021 年 1 月 1 日起至 2022 年年底，对小微企业和个体工商户年应纳税所得额不到 100 万元部分，在现行优惠政策基础上，再减半征收所得税，进一步降低实际税负。

（2）从 2021 年 4 月 1 日起至 2022 年年底，将小微企业、个体工商户等小规模纳税人增值税起征点由现行月销售额 10 万元提高到 15 万元。

（3）从 2021 年 4 月 1 日起，将运输设备、电气机械、仪器仪表、医药、化学纤维等制造业企业纳入先进制造业企业增值税留抵退税政策范围，实行按月全额退还增量留抵税额。

3. 2022 年的《政府工作报告》明确实施新的组合式税费支持政策。坚持阶段性措施和制度性安排相结合，减税与退税并举。预计全年退税减税约 2.5 万亿元，其中留抵退税约 1.5 万亿元。涉减税政策主要有：

（1）延续实施扶持制造业、小微企业和个体工商户的减税降费政策，并提高减免幅度、扩大适用范围。对小规模纳税人阶段性免征增值税。对小微企业年应纳税所得额 100 万元至 300 万元部分，再减半征收企业所得税。

（2）对留抵税额提前实行大规模退税。优先安排小微企业，对小微企业的存量留抵税额于 6 月底前一次性全部退还，增量留抵税额足额退还。重点支持制造业，全面解决制造业、科研和技术服务、生态环保、电力燃气、交通运输等行业留抵退税问题。

二、所得税

（一）企业所得税

企业所得税是对各类企业和组织的生产、经营所得和其他所得征收的一种税。

1. 纳税人。

企业所得税的纳税人是在中华人民共和国境内，企业和其他取得收入的组织（以下统称企业）。个人独资企业和合伙企业不缴纳企业所得税。

纳税人分为居民企业和非居民企业。居民企业，是指依法在中国境内成立，或者依照外国（地区）法律成立但实际管理机构在中国境内的企业。非居民企业，是指依照外国（地区）法律成立且实际管理机构不在中国境内，但在中国境内设立机构、场所的；或者在中国境内未设立机构、场所，但有来源于中国境内所得的企业。

居民企业应当就其来源于中国境内、境外的所得缴纳企业所得税。

非居民企业在中国境内设立机构、场所的，应当就其所设机构、场所取得的来源于中国境内的所得，以及发生在中国境外但与其所设机构、场所有实际联系的所得，缴纳企业所得税。非居民企业在中国境内未设立机构、场所的，或者虽设立机构、场所但取得的所得与其所设机构、场所没有实际联系的，应当就其来源于中国境内的所得缴纳企业所得税。

2. 税率。

企业所得税实行 25% 的比例税率。同时，符合条件的小型微利企业，减按 20% 的税率征收企业所得税。国家需要重点扶持的高新技术企业，减按 15% 的税率征收企业所得税。

3. 计税依据。

企业所得税的计税依据为应纳税所得额，即纳税人每一纳税年度内的收入总额减除准予扣除的成本、费用、税金和损失等项目后的余额。

（1）收入项目，包括销售货物所得、提供劳务所得、转让财产所得、股息红利等权益性投资所得、利息所得、租金所得、特许权使用费所得、接受捐赠所得和其他所得。

（2）扣除项目，是指企业实际发生的与取得收入有关的合理的支出。

①下列项目在计算应纳税所得额时，不得扣除：

A. 向投资者支付的股息、红利等权益性投资收益款项。

B. 企业所得税税款。

C. 税收滞纳金。

D. 罚金、罚款和被没收财物的损失。

E.《中华人民共和国企业所得税法》（以下简称《企业所得税法》）第九条规定以外的捐赠支出。

F. 赞助支出。

G. 未经核定的准备金支出。

H. 与取得收入无关的其他支出。

②下列项目允许扣除或部分扣除：

A. 计入当期损益或者有关资产成本的必要和正常的支出。

B. 企业发生的合理的工资、薪金，准予扣除。

C. 企业按照国务院有关主管部门或者省级人民政府规定的范围和标准为职工缴纳的基本养老保险费、基本医疗保险费、失业保险费、工伤保险费、生育保险费等基本社会保险费和住房公积金，准予扣除。

D. 利息支出不超过按照金融企业同期同类贷款利率计算的数额的部分允许扣除。

E. 企业发生的职工福利费支出，不超过工资、薪金总额 14% 的部分，准予扣除。

企业拨缴的职工工会经费支出，不超过工资、薪金总额 2% 的部分，准予扣除。

企业发生的职工教育经费支出，不超过工资、薪金总额 8% 的部分，准予扣除。

F. 企业发生的与生产经营活动有关的业务招待费，按照发生额的 60% 扣除，但最高不得超过当年销售（营业）收入的 5‰。

G. 企业每一纳税年度发生的符合条件的广告费和业务宣传费，除国务院财政、税务主管部门另有规定外，不超过当年销售（营业）收入15%的部分，准予扣除；超过部分，准予在以后纳税年度结转扣除。

H. 企业之间支付的管理费、企业内营业机构之间支付的租金和特许权使用费，以及非银行企业内营业机构之间支付的利息。

I. 企业发生的公益性捐赠支出，不超过年度利润总额12%的部分，准予扣除。

（二）个人所得税

1. 纳税人。

（1）纳税人分为居民纳税人和非居民纳税人。

（2）在中国境内有住所，或者无住所而一个纳税年度内在中国境内居住累计满183天的个人，为居民个人。居民个人从中国境内和境外取得的所得，依照《中华人民共和国个人所得税法》（以下简称《个人所得税法》）规定缴纳个人所得税。

（3）在中国境内无住所又不居住，或者无住所而一个纳税年度内在中国境内居住累计不满183天的个人，为非居民个人。非居民个人从中国境内取得的所得，依照《个人所得税法》规定缴纳个人所得税。

2. 征税范围。

（1）下列各项个人所得，应当缴纳个人所得税：

①工资、薪金所得。

②劳务报酬所得。

③稿酬所得。

④特许权使用费所得。

⑤经营所得。

⑥利息、股息、红利所得。

⑦财产租赁所得。

⑧财产转让所得。

⑨偶然所得。

（2）居民个人取得上述第①～④项所得（以下简称综合所得），按纳税年度合并计算个人所得税；非居民个人取得上述第①～④项所得，按月或者按次分项计算个人所得税。纳税人取得上述第⑤～⑨项所得，分别计算个人所得税。

3. 个人所得税的税率。

综合所得，适用3%～45%的超额累进税率。

经营所得，适用5%～35%的超额累进税率。

利息、股息、红利所得，财产租赁所得，财产转让所得和偶然所得，适用比例税率，税率为20%。

4. 免税规定。

下列各项个人所得，免征个人所得税：

（1）省级人民政府、国务院部委和中国人民解放军军以上单位，以及外国组织、国际组织颁发的科学、教育、技术、文化、卫生、体育、环境保护等方面的奖金。

（2）国债和国家发行的金融债券利息。

（3）按照国家统一规定发给的补贴、津贴。

（4）福利费、抚恤金、救济金。

（5）保险赔款。

（6）军人的转业费、复员费、退役金。

（7）按照国家统一规定发给干部、职工的安家费、退职费、基本养老金或者退休费、离休费、离休生活补助费。

（8）依照有关法律规定应予免税的各国驻华使馆、领事馆的外交代表、领事官员和其他人员的所得。

（9）中国政府参加的国际公约、签订的协议中规定免税的所得。

（10）国务院规定的其他免税所得。

5. 应纳税所得额的计算。

（1）居民个人的综合所得，以每一纳税年度的收入额减除费用 6 万元以及专项扣除、专项附加扣除和依法确定的其他扣除后的余额，为应纳税所得额。

（2）非居民个人的工资、薪金所得，以每月收入额减除费用 5 000 元后的余额为应纳税所得额；劳务报酬所得、稿酬所得、特许权使用费所得，以每次收入额为应纳税所得额。

（3）经营所得，以每一纳税年度的收入总额减除成本、费用以及损失后的余额，为应纳税所得额。

（4）财产租赁所得，每次收入不超过 4 000 元的，减除费用 800 元；4 000 元以上的，减除 20% 的费用，其余额为应纳税所得额。

（5）财产转让所得，以转让财产的收入额减除财产原值和合理费用后的余额，为应纳税所得额。

（6）利息、股息、红利所得和偶然所得，以每次收入额为应纳税所得额。

劳务报酬所得、稿酬所得、特许权使用费所得以收入减除 20% 的费用后的余额为收入额。稿酬所得的收入额减按 70% 计算。

个人将其所得对教育、扶贫、济困等公益慈善事业进行捐赠，捐赠额未超过纳税人申报的应纳税所得额 30% 的部分，可以从其应纳税所得额中扣除；国务院规定对公益慈善事业捐赠实行全额税前扣除的，从其规定。

6. 专项附加扣除。

《个人所得税专项附加扣除暂行办法》（国发〔2018〕41 号印发）明确，子女教育、继续教育、大病医疗、住房贷款利息、住房租金、赡养老人支出、3 岁以下婴幼儿照护 7 项专项附加扣除。

（1）子女教育：每个子女每年定额扣除 12 000 元。

纳税人的子女接受学前教育和学历教育的相关支出，按照每个子女每月 1 000 元的标准定额扣除。其中，学前教育为年满 3 岁至小学入学前；学历教育包括义务教育（小学、初中教育）、高中阶段教育（普通高中、中等职业、技工教育）、高等教育（大学专科、大学本科、硕士研究生、博士研究生教育）。

（2）继续教育：每人定额扣除 3 600 元及 4 800 元。

纳税人在中国境内接受学历（学位）继续教育的支出，在学历（学位）教育期间按照每月 400 元定额扣除。同一学历（学位）继续教育的扣除期限不能超过 48 个月。纳税人接受技能人员职业资格继续教育、专业技术人员职业资格继续教育的支出，在取得相关证书的当年，按照 3 600 元定额扣除。

（3）大病医疗：最高按照每年 80 000 元的限额据实扣除。

在一个纳税年度内，纳税人发生的与基本医保相关的医药费用支出，扣除医保报销后个人负担（医保目录范围内的自付部分），累计超过 15 000 元的部分，由纳税人在办理年度汇算清缴时，在 80 000 元限额内据实扣除。

（4）首套房贷款利息：每年按 12 000 元标准定额扣除。

纳税人本人或者配偶单独或者共同使用商业银行或者住房公积金个人住房贷款为本人或者其配偶购买中国境内住房，发生的首套住房贷款利息支出，在实际发生贷款利息的年度，按照每月 1 000 元的标准定额扣除，扣除期限最长不超过 240 个月。纳税人只能享受一次首套住房贷款的利息扣除。

（5）住房租金：无房者租房按每年 9 600 ～ 18 000 元标准定额扣。

纳税人在主要工作城市没有自有住房而发生的住房租金支出，可以按照以下标准定额扣除：

①直辖市、省会（首府）城市、计划单列市以及国务院确定的其他城市，扣除标准为每月 1 500 元。

②除上述第①项所列城市以外，市辖区户籍人口超过 100 万的城市，扣除标准为每月 1 100 元；市辖区户籍人口不超过 100 万的城市，扣除标准为每月 800 元。

（6）赡养老人：每年按 24 000 元的标准定额扣除。

纳税人赡养一位及以上被赡养人的赡养支出，统一按照以下标准定额扣除：

①纳税人为独生子女的，按照每月 2 000 元的标准定额扣除。

②纳税人为非独生子女的，由其与兄弟姐妹分摊每月 2 000 元的扣除额度，每人分

摊的额度不能超过每月 1 000 元。可以由赡养人均摊或者约定分摊，也可以由被赡养人指定分摊。约定或者指定分摊的须签订书面分摊协议，指定分摊优先于约定分摊。具体分摊方式和额度在一个纳税年度内不能变更。

(7) 3 岁以下婴幼儿照护：为婴幼儿出生的当月至年满 3 周岁的前一个月，按照每个婴幼儿每月 1 000 元的标准定额扣除。

①纳税人照护 3 岁以下婴幼儿子女的相关支出，按照每个婴幼儿每月 1 000 元的标准定额扣除。

②父母可以选择由其中一方按扣除标准的 100% 扣除，也可以选择由双方分别按扣除标准的 50% 扣除，具体扣除方式在一个纳税年度内不能变更。

③该专项附加扣除自 2022 年 1 月 1 日起实施。

三、财产和行为税

(一) 城市维护建设税

1. 城市维护建设税的计税依据是纳税人实际缴纳的增值税、消费税额。税率分别为 7%、5%、1%。

2. 计算公式为：

应纳税额 = 计税依据 × 税率

3. 不同地区的纳税人实行不同档次的税率。

(1) 纳税人所在地在市区的，税率为 7%。

(2) 纳税人所在地在县城、镇的，税率为 5%。

(3) 纳税人所在地不在市区、县城、镇的，税率为 1%。

(二) 房产税

房产税是以房屋为征税对象，按房屋的计税余值或租金收入为计税依据，向产权所有人征收的一种财产税。

1. 以房产税原值（评估值）为计税依据，税率为 1.2%。计算公式为：

房产税年应纳税额 = 房产原值（评估值）×（1 − 30%）× 1.2%

2. 以租金收入为计税依据的，税率为 12%。计算公式为：

房产税年应纳税额 = 年租金收入 × 12%

(三) 城镇土地使用税

城镇土地使用税是在城市、县城、建制镇和工矿区范围内，对拥有土地使用权的单位和个人以实际占用的土地面积为计税依据，按规定税额征收的一种税。

年应纳税额＝∑（各级土地面积 × 相应税额）

具体税额由各地的税务局确定。

（四）车船税

车船税是对依法在车船登记管理部门登记的机动车辆和船舶，按照种类、吨位和规定的税额征收的一种财产行为税。计算公式为：

乘人汽车应纳税额＝应税车辆数量 × 单位税额

载货汽车应纳税额＝车辆的载重或净吨位数量 × 单位税额

摩托车应纳税额＝应税车辆数量 × 单位税额

（五）印花税

印花税是对在经济活动和经济交往中书立、领受所列举的各种凭证所征收的一种兼有行为性质的凭证税，分为从价计税和从量计税两种。《中华人民共和国印花税法》自2022年7月1日起施行，《中华人民共和国印花税暂行条例》同时废止。

从价计税征的应纳税额＝计税金额 × 税率

从量计税征的应纳税额＝凭证数量 × 单位税额

（六）契税

契税是对在中华人民共和国境内转移土地、房屋权属时向承受土地使用权、房屋所有权的单位和个人征收的一种税。契税按土地使用权、房屋所有权转移时的确认价格为计税依据。

契税的税率为3%～5%。

（七）土地增值税

土地增值税是对转让国有土地使用权、地上的建筑物及其附着物并取得收入的单位和个人征收的一种税。土地增值税按照纳税人转让房地产所取得的增值额和规定的适用税率计算征收，纳税人转让房地产所取得的收入减除《中华人民共和国土地增值税暂行条例》规定的扣除项目金额后的余额，为增值额。土地增值税实行四级超率累进税率，税率为30%、40%、50%、60%。

（八）环境保护税

1. 在中华人民共和国领域和中华人民共和国管辖的其他海域，直接向环境排放应税污染物的企业事业单位和其他生产经营者为环境保护税的纳税人，应当缴纳环境保护税。

2. 应税污染物包括大气污染物、水污染物、固体废物和噪声。

3. 应税污染物的计税依据，按照下列方法确定：

（1）应税大气污染物按照污染物排放量折合的污染当量数确定。

（2）应税水污染物按照污染物排放量折合的污染当量数确定。

（3）应税固体废物按照固体废物的排放量确定。

（4）应税噪声按照超过国家规定标准的分贝数确定。

第三节 社会保险费与非税收入

一、社会保险费的种类及税务机关征管职责

按照党中央国务院决策部署，2019 年 1 月 1 日起，将基本养老保险费、基本医疗保险费、失业保险费、工伤保险费、生育保险费等各项社会保险费交由税务部门统一征收。

1. 基本养老保险是国家根据法律、法规的规定，强制建立和实施的一种社会保险制度。在这一制度下，用人单位和劳动者必须依法缴纳养老保险费，在劳动者达到国家规定的退休年龄或因其他原因而退出劳动岗位后，社会保险经办机构依法向其支付养老金等待遇，从而保障其基本生活。

2. 基本医疗保险是为补偿劳动者因疾病风险造成的经济损失而建立的一项社会保险制度。通过用人单位和个人缴费，建立医疗保险基金，参保人员患病就诊发生医疗费用后，由医疗保险经办机构给予一定的经济补偿，以避免或减轻劳动者因患病、治疗等所带来的经济风险。

3. 失业保险是指国家通过立法强制实行的，由用人单位、职工个人缴费及国家财政补贴等渠道筹集资金建立失业保险基金，对因失业而暂时中断生活来源的劳动者提供物质帮助以保障其基本生活，并通过专业训练、职业介绍等手段为其再就业创造条件的制度。

4. 工伤保险，又称职业伤害保险。工伤保险是通过社会统筹的办法，集中用人单位缴纳的工伤保险费，建立工伤保险基金，对劳动者在生产经营活动中遭受意外伤害或职业病，并由此造成死亡、暂时或永久丧失劳动能力时，给予劳动者及其实用性法定的医疗救治以及必要的经济补偿的一种社会保障制度。这种补偿既包括医疗、康复所需费用，也包括保障基本生活的费用。

5. 生育保险是国家通过立法，在怀孕和分娩的妇女劳动者暂时中断劳动时，由国家和社会提供医疗服务、生育津贴和产假的一种社会保险制度，国家或社会对生育的职工给予必要的经济补偿和医疗保健的社会保险制度。我国生育保险待遇主要包括两项，一是生育津贴，二是生育医疗待遇。2019 年 3 月，国务院办公厅印发的《关于全面推进生育保险和职工基本医疗保险合并实施的意见》（国办发〔2019〕10 号）规定，2019 年底

前实现生育保险和职工基本医疗保险合并实施。

二、非税收入的概念与分类

非税收入是指除税收以外，由各级政府、国家机关、事业单位、代行政府职能的社会团体及其他组织依法利用政府权力、政府信誉、国家资源、国有资产或提供特定公共服务、准公共服务取得的财政性资金，是政府财政收入的重要组成部分。部分非税收入项目在2018年之前就已由税务机关负责征收。依照中共中央2018年3月印发的《深化党和国家机构改革方案》关于税务部门"承担所辖区域内各项税收、非税收入征管等职责"的规定，根据《财政部关于将国家重大水利工程建设基金等政府非税收入项目划转税务部门征收的通知》（财税〔2018〕147号）、《财政部关于国家重大水利工程建设基金、水利建设基金划转税务部门征收的通知》（财税〔2020〕9号）、《财政部关于水土保持补偿费等四项非税收入划转税务部门征收的通知》（财税〔2020〕58号）、《财政部关于土地闲置费、城镇垃圾处理费划转税务部门征收的通知》（财税〔2021〕8号）、《财政部 自然资源部 税务总局 人民银行关于将国有土地使用权出让收入、矿产资源专项收入、海域使用金、无居民海岛使用金四项政府非税收入划转税务部门征收有关问题的通知》（财综〔2021〕19号）等文件，在2019年和2020年、2021年相继划转了五批政府非税收入项目至税务机关征收。其余的政府非税收入项目的征管职责还将陆续划转至税务部门。

表5–1　税务机关负责征收的非税收入项目清单

划转情况	项目名称	划转文件
2018年前已征项目	教育费附加	
	地方教育附加	
	文化事业建设费	
	废弃电器电子产品处理基金	
	残疾人就业保障金	
2019年专员办划转项目	国家重大水利工程建设基金	《财政部关于将国家重大水利工程建设基金等政府非税收入项目划转税务部门征收的通知》（财税〔2018〕147号）
	农网还贷资金	
	可再生能源发展基金	
	中央水库移民扶持基金（含大中型水库移民后期扶持基金、三峡水库库区基金、跨省际大中型水库库区基金）	

（续表）

<table>
<tr><td rowspan="7">2019 年专员办划转项目</td><td>三峡电站水资源费</td><td rowspan="7">《财政部关于将国家重大水利工程建设基金等政府非税收入项目划转税务部门征收的通知》（财税〔2018〕147 号）</td></tr>
<tr><td>核电站乏燃料处理处置基金</td></tr>
<tr><td>免税商品特许经营费</td></tr>
<tr><td>油价调控风险准备金</td></tr>
<tr><td>核事故应急准备专项收入</td></tr>
<tr><td>国家留成油收入</td></tr>
<tr><td>石油特别收益金</td></tr>
<tr><td>2018 年前部分征收
2020 年全部划转</td><td>水利建设基金</td><td>《财政部关于国家重大水利工程建设基金、水利建设基金划转税务部门征收的通知》（财税〔2020〕9 号）</td></tr>
<tr><td rowspan="10">2021 年划转项目</td><td>国有土地使用权出让收入</td><td rowspan="4">《财政部 自然资源部 税务总局 人民银行关于将国有土地使用权出让收入、矿产资源专项收入、海域使用金、无居民海岛使用金四项政府非税收入划转税务部门征收有关问题的通知》（财综〔2021〕19 号）</td></tr>
<tr><td>矿产资源专项收入</td></tr>
<tr><td>海域使用金</td></tr>
<tr><td>无居民海岛使用金</td></tr>
<tr><td>土地闲置费</td><td rowspan="2">《财政部关于土地闲置费、城镇垃圾处理费划转税务部门征收的通知》（财税〔2021〕8 号）</td></tr>
<tr><td>城镇垃圾处理费</td></tr>
<tr><td>水土保持补偿费</td><td rowspan="4">《财政部关于水土保持补偿费等四项非税收入划转税务部门征收的通知》（财税〔2020〕58 号）</td></tr>
<tr><td>地方水库移民扶持基金</td></tr>
<tr><td>排污权出让收入</td></tr>
<tr><td>防空地下室易地建设费</td></tr>
</table>

部分非税项目简介：

1. 教育费附加：由税务机关负责征收，同级教育部门统筹安排，同级财政部门监督管理，专门用于发展地方教育事业的预算外资金。以各单位和个人实际缴纳的增值税、消费税的税额为计征依据。教育费附加费率为 3%。

2. 地方教育附加：根据国家有关规定，为实施“科教兴省”战略，增加地方教育的资金投入，促进各省、自治区、直辖市教育事业发展，开征的一项地方政府性基金。以各单位和个人实际缴纳的增值税、消费税的税额为依据。地方教育附加费率为 2%。

3. 文化事业建设费：在中华人民共和国境内提供广告服务的广告媒介单位和户外广告经营单位，在中华人民共和国境内提供娱乐服务的单位和个人，按规定缴纳文化事业建设费。娱乐业计费销售额为提供娱乐服务取得的全部含税价款和价外费用；广告服务计费销售额为提供广告服务取得的全部含税价款和价外费用，减除支付给其他广告公司或广告发布者的含税广告发布费后的余额。文化事业建设费征收率为 3%。

4. 废弃电器电子产品处理基金是国家为促进废弃电器电子产品回收处理而设立的政府性基金。

基金缴纳义务人销售或受托加工生产相关电器电子产品，按照从量定额的办法计算应缴纳基金。应缴纳基金的计算公式为：

应缴纳基金＝销售数量（受托加工数量）× 征收标准

第四节　习题演练

一、单项选择题

1. 符合规定条件的制造业中小微企业，在依法办理纳税申报后，制造业中型企业可以延缓缴纳本公告规定的各项税费金额的50%，制造业小微企业可以延缓缴纳本公告规定的全部税费，延缓的期限为（　）个月。

A. 3　　B. 6　　C. 9　　D. 12

【参考答案】 B

【答案解析】 依据是《国家税务总局 财政部关于延续实施制造业中小微企业延缓缴纳部分税费有关事项的公告》（国家税务总局 财政部公告2022年第2号）。

2.《国家税务总局 财政部关于延续实施制造业中小微企业延缓缴纳部分税费有关事项的公告》（国家税务总局 财政部公告2022年第2号）所称制造业中型企业是指国民经济行业分类中行业门类为制造业，且年销售额 _____ 万元以上（含本数），_____ 亿元以下（不含本数）的企业。（　）

A. 1 000；2　　B. 2 000；2　　C. 2 000；4　　D. 4 000；4

【参考答案】 C

【答案解析】 依据是《国家税务总局 财政部关于延续实施制造业中小微企业延缓缴纳部分税费有关事项的公告》（国家税务总局 财政部公告2022年第2号）。

3. 关于符合条件的纳税人享受大病医疗专项附加扣除，下列说法正确的是（　）。

A. 纳税人可以扣除父母符合条件的医疗费用支出

B. 纳税人可就医保目录范围外的自费项目享受扣除

C. 纳税人可以在预扣预缴环节就享受扣除

D. 纳税人可以扣除未成年子女符合条件的医疗费用支出

【参考答案】 D

【答案解析】在一个纳税年度内，纳税人发生的与基本医保相关的医药费用支出，扣除医保报销后个人负担（指医保目录范围内的自付部分）累计超过15 000元的部分，为纳税人可以限额据实扣除的大病医疗支出。纳税人可以扣除自己、配偶和未成年子女符合条件的医疗费支出，父母的医疗费支出不能扣除。由于大病医疗只有在年末才能统算出全年的支出金额，因此只能在年度汇算时享受扣除。

4. 2020年疫情期间，以下新冠病毒疫情防控爱心捐赠可以在个人所得税税前全额扣除的是（　）。

A. 张某直接向武汉协和医院捐赠1 000元

B. 王某通过宋庆龄基金会向疫区捐赠100万元

C. 任某直接向武汉某高校捐赠一批医用口罩

D. 李某直接向参与对口志愿的医护人员捐赠御寒衣物

【参考答案】B

【答案解析】根据《财政部 税务总局关于支持新型冠状病毒感染的肺炎疫情防控有关捐赠税收政策的公告》（财政部 税务总局公告2020年第9号）第一条、第二条的规定：企业和个人通过公益性社会组织或者县级以上人民政府及其部门等国家机关，捐赠用于应对新型冠状病毒感染的肺炎疫情的现金和物品，允许在计算应纳税所得额时全额扣除。企业和个人直接向承担疫情防治任务的医院捐赠用于应对新型冠状病毒感染的肺炎疫情的物品，允许在计算应纳税所得额时全额扣除。

5. 小王是远景公司的会计，2021年9月共收到公司职工出差路途票据4张，下列公式中，小王计算国内旅客运输服务允许抵扣增值税进项税额，错误的是（　）。

A. 公路旅客运输进项税额＝票价÷（1+3%）×3%

B. 水路旅客运输进项税额＝票价÷（1+3%）×3%

C. 铁路旅客运输进项税额＝票价÷（1+9%）×9%

D. 航空旅客运输进项税额＝票价÷（1+9%）×9%

【参考答案】D

【答案解析】《财政部 税务总局 海关总署关于深化增值税改革有关政策的公告》（财政部 税务总局 海关总署公告2019年第39号）第六条规定，航空旅客运输进项税额＝（票价＋燃油附加费）÷（1+9%）×9%。

6. 我国车辆购置税实行法定减免税，下列不属于车辆购置税免税范围的是（　）。

A. 外国驻华使馆、领事馆和国际组织驻华机构及其外交人员自用车辆

B. 回国服务的留学人员用人民币现金购买1辆个人自用的国产小汽车

C. 城市公交企业购置的公共汽电车辆

D. 长期来华定居专家进口的1辆自用小汽车

【参考答案】B

【答案解析】根据《财政部 国家税务总局关于防汛专用等车辆免征车辆购置税的通知》(财税〔2001〕39 号)第二条的规定,回国服务的在外留学人员用现汇购买 1 辆个人自用国产小汽车免征车辆购置税。

7. 自 2021 年 4 月 1 日起,符合条件的先进制造业纳税人,可以自 2021 年 5 月及以后纳税申报期向主管税务机关申请退还增量留抵税额。增量留抵税额相比较的日期是(　)。

A. 2019 年 3 月 31 日　　B. 2019 年 12 月 31 日

C. 2020 年 12 月 31 日　　D. 2021 年 3 月 31 日

【参考答案】A

【答案解析】《财政部 税务总局关于明确先进制造业增值税期末留抵退税政策的公告》(财政部 税务总局公告 2021 年第 15 号)第三条规定:"本公告所称增量留抵税额,是指与 2019 年 3 月 31 日相比新增加的期末留抵税额。"

8. 纳入产教融合型企业建设培育范围的试点企业,兴办职业教育的投资符合规定的,可按投资额的(　)比例抵免该企业当年应缴纳教育费附加和地方教育附加。

A. 50%　　B. 30%　　C. 40%　　D. 60%

【参考答案】B

【答案解析】根据《财政部关于调整部分政府性基金有关政策的通知》(财税〔2019〕46 号)第三条的规定,自 2019 年 1 月 1 日起,纳入产教融合型企业建设培育范围的试点企业,兴办职业教育的投资符合本通知规定的,可按投资额的 30% 比例,抵免该企业当年应缴教育费附加和地方教育附加。

9. 某汽车销售公司 2021 年 3 月进口 8 辆小轿车,海关审定的关税完税价格为 30 万元 / 辆,本月销售 4 辆,取得含税销售额 240 万元;1 辆用于抵偿债务,合同约定的价格为 60 万元;3 辆企业自用。该公司应纳车辆购置税为(　)万元。(小轿车关税税率 20%,消费税税率为 9%)

A. 10　　B. 11.87　　C. 11.63　　D. 11.89

【参考答案】B

【答案解析】组成计税价格 = 关税完税价格 + 关税 + 消费税 =(关税完税价格 + 关税)÷(1 －消费税税率)=(30+30 × 20%)÷(1 － 9%)=39.56(万元),该汽车销售公司应缴纳车辆购置税 =3 × 39.56 × 10%=11.87(万元)。

10. 下列车船中,免征车船税的是(　)。

A. 洒水车　　B. 双燃料轻型商用车

C. 纯天然气动力船舶　　D. 非机动驳船

【参考答案】C

【答案解析】纯天然气动力船舶属于新能源船舶，对新能源车船免征车船税。

11. 位于某镇的甲企业2021年7月缴纳增值税50万元，其中含进口环节增值税10万元；缴纳消费税30万元，其中含进口环节消费税10万元。甲企业当月应缴纳的城市维护建设税为（ ）万元。

A. 1　　B. 2　　C. 3　　D. 4

【参考答案】C

【答案解析】甲企业当月应缴纳的城市维护建设税＝［(50－10)＋(30－10)］×5%=3（万元）。

12. 某烟草公司2021年8月8日支付烟叶收购价款88万元，另向烟农支付了价外补贴10万元。该烟草公司8月收购烟叶应缴纳的烟叶税为（ ）万元。

A. 17.6　　B. 19.36　　C. 21.56　　D. 19.6

【参考答案】B

【答案解析】应该缴纳的烟叶税额=88×（1+10%）×20%=19.36（万元）。

13. 下列土地中，免征城镇土地使用税的是（ ）。

A. 营利性医疗机构自用的土地

B. 公园内附设照相馆使用的土地

C. 生产企业无偿使用海关部门的免税土地

D. 公安部门无偿使用铁路企业的应税土地

【参考答案】D

【答案解析】选项A错误，对非营利性医疗机构、疾病控制机构和妇幼保健机构等卫生机构和非营利性科研机构自用的土地，免征城镇土地使用税。选项B错误，宗教寺庙、公园、名胜古迹自用的土地，免征城镇土地使用税。以下单位的生产、经营用地和其他用地，不属于免税范围，应按规定缴纳城镇土地使用税，如公园、名胜古迹中附设的营业单位，如影剧院、饮食部、茶社、照相馆等使用的土地。选项C错误，纳税单位无偿使用免税单位的土地，纳税单位应照章缴纳城镇土地使用税。

14. 下列各项中，属于土地增值税征收范围的是（ ）。

A. 房地产的出租行为　　B. 房地产的抵押行为

C. 房地产的重新评估行为　　D. 个人互换自有住房的行为

【参考答案】D

【答案解析】选项A错误，房地产的出租，权属未发生变更，不属于土地增值税征收范围。选项B错误，房地产的抵押，在抵押期间权属未发生变更，不属于土地增值税征收范围。选项C错误，房地产重新评估，权属未发生变更，不属于土地增值税征收范围。选项D正确，个人之间交换自有居住用房，经税务机关核实后免税，属于征税范围，是免征而不是不征。

15. 某企业2021年房产原值共计9 000万元，其中该企业所属的幼儿园和子弟学校用房原值分别为300万元、800万元，当地政府确定计算房产余值的扣除比例为25%，该企业2021年应缴纳的房产税为（　）万元。

A. 71.1　　B. 73.8　　C. 78.3　　D. 81

【参考答案】A

【答案解析】企业办的各类学校、医院、托儿所、幼儿园自用的房产，免征房产税。该企业2021年应缴纳的房产税=（9 000－300－800）×（1－25%）×1.2%=71.1（万元）。

16. 下列收入免征个人所得税的是（　）。

A. 退休人员再任职取得的收入

B.“长江学者奖励计划”特聘教授取得的岗位津贴

C. 提前退休人员取得的一次性补贴收入

D. 员工从破产企业取得的一次性安置费

【参考答案】D

【答案解析】选项A错误，退休人员再任职取得的收入，在减除按个人所得税法规定的费用扣除标准后，按“工资、薪金所得”项目缴纳个人所得税。选项B错误，“长江学者奖励计划”特聘教授取得的岗位津贴应并入其当月的工资、薪金所得计征个人所得税，税款由所在学校代扣代缴。选项C错误，个人办理提前退休手续而取得的一次性补贴收入，应按照办理提前退休手续至法定离退休年龄之间实际年度数平均分摊，确定适用税率和速算扣除数，单独适用综合所得税率表计算纳税。

17. 某个体工商户发生的下列支出中，允许在个人所得税税前扣除的是（　）。

A. 家庭生活用电支出

B. 直接向某灾区小学的捐赠

C. 已缴纳的城市维护建设税及教育费附加

D. 代公司员工负担的个人所得税税款

【参考答案】C

【答案解析】选项A错误，个体工商户生产经营活动中，应当分别核算生产经营费用和个人、家庭费用。对于生产经营与个人、家庭生活混用难以分清的费用，其40%视为与生产经营有关的费用，准予扣除；单纯的家庭生活支出，不得税前扣除。选项B错误，个体工商户直接捐赠支出，不得税前扣除；通过公益性社会团体或县级以上人民政府及其部门的捐赠，不超过其应纳税所得额的30%，准予扣除。选项D错误，个体工商户代其从业人员或者他人负担的税款，不得税前扣除。

18. 某进出口公司2021年7月进口化妆品一批，购买价34万元，该公司另支付入关前的运费3万元，保险费无法确定。化妆品关税税率30%，该公司应缴纳的关税为（ ）万元。

A. 10.20　　B. 10.23　　C. 11.10　　D. 11.13

【参考答案】D

【答案解析】关税完税价格＝货价＋入关前的运费＋保险费，保险费无法确定的，按照“货价加运费”两者总额的3‰来确定，故保险费＝（34+3）×3‰ =0.111（万元），关税＝关税完税价格 × 关税税率＝［34+3+0.111］×30%=11.13（万元）。

19. 下列进口货物中，免征进口关税的是（ ）。

A. 外国企业无偿赠送的物资　　B. 无商业价值的货样

C. 在海关放行前遭受损坏的货物　　D. 关税税额为人民币80元的一票货物

【参考答案】B

【答案解析】选项A错误，外国政府、国际组织无偿赠送的物资才免征进口关税，外国企业的不免。选项B正确，无商业价值的广告品和货样，可免征关税。选项C错误，在海关放行前遭受损坏的货物，可以根据海关认定的受损程度减征关税。选项D错误，关税税额在人民币50元以下的一票货物，可免征关税。

20. 非居民企业取得的下列所得中，应当计算缴纳企业所得税的是（ ）。

A. 国际金融组织向中国政府提供优惠贷款取得利息所得

B. 国际金融组织向中国居民企业提供优惠贷款取得利息所得

C. 外国政府向中国政府提供贷款取得利息所得

D. 外国金融机构向中国居民企业提供商业贷款取得利息所得

【参考答案】D

【答案解析】外国金融机构向中国居民企业提供商业贷款取得利息所得应当计算缴纳企业所得税。

21. 企业从事下列项目取得的所得中，免征企业所得税的是（ ）。

A. 花卉种植　　B. 蔬菜种植　　C. 海水养殖　　D. 内陆养殖

【参考答案】B

【答案解析】蔬菜种植免征企业所得税。

22. 某居民企业2021年度境内应纳税所得额为1 000万元；设立在甲国的分公司就其境外所得在甲国已纳企业所得税60万元，甲国企业所得税税率为30%。该居民企业2021年度企业所得税应纳税所得额是（ ）万元。

A. 940　　B. 1 200　　C. 1 018　　D. 1 060

【参考答案】B

【答案解析】居民企业就其来源于境内和境外的全部收入纳税，境外已纳企业所得税的根据境外国税率进行还原。在甲国的应纳税所得额＝60÷30%=200（万元），该居民企业 2018 年度企业所得税应纳税所得额＝境内应纳税所得额＋境外应纳税所得额＝1 000+200=1 200（万元）。

23. 下列商品属于消费税征收范围的是（　）。

A. 酒精　　B. 调味料酒　　C. 鞭炮药引线　　D. 高尔夫球袋

【参考答案】D

【答案解析】高尔夫球袋属于消费税征收范围。选项 A 错误，酒精不属于消费税征收范围。选项 B 错误，调味料酒属于调味品，不属于配置酒和泡制酒，对调味料酒不征收消费税。选项 C 错误，体育上用的发令纸、鞭炮药引线，不征收消费税。

24. 下列产品中，在计算缴纳消费税时准许扣除外购应税消费品已纳消费税的是（　）。

A. 外购已税烟丝连续生产的卷烟　　B. 外购已税摩托车生产的应税摩托车

C. 外购已税溶剂油生产的应税涂料　　D. 外购已税游艇生产的应税游艇

【参考答案】A

【答案解析】外购已税烟丝连续生产的卷烟在计算缴纳消费税时准许扣除外购应税消费品已纳消费税。

25. 下列行为不属于免征增值税的是（　）。

A. 图书批发、零售环节增值税

B. 科普单位的门票收入

C. 境外机构投资境内债券市场取得的债券利息收入

D. 会计师事务所提供管理咨询服务

【参考答案】D

【答案解析】会计师事务所提供管理咨询服务应按照“鉴证咨询服务”缴纳增值税。

26. 下列增值税纳税人中，以 1 个月为纳税期限的是（　）。

A. 商业银行　　B. 财务公司

C. 信托投资公司　　D. 保险公司

【参考答案】D

【答案解析】以 1 个季度为纳税期限的规定适用于小规模纳税人、银行、财务公司、信托投资公司、信用社，以及财政部和国家税务总局规定的其他纳税人。保险公司以 1

个月为纳税期限。

27. 下列关于一般纳税人的登记管理，表述不正确的是（ ）。

A. 年应税销售额，是指纳税人在连续不超过 12 个月或 4 个季度的经营期内累计应征增值税销售额

B. 年应税销售额包括纳税申报销售额、稽查查补销售额、纳税评估调整销售额

C. 纳税人偶然发生的销售无形资产的销售额不计入应税行为年应税销售额

D. 年应税销售额超过规定标准的其他个人可以成为一般纳税人

【参考答案】D

【答案解析】不得办理一般纳税人登记的情况：根据政策规定，选择按照小规模纳税人纳税的；年应税销售额超过规定标准的其他个人。

28. 纳税人销售货物时，下列情况中可以开具增值税专用发票的是（ ）。

A. 购货方购进免税药品要求开具专用发票

B. 消费者个人购进电脑要求开具专用发票

C. 商业零售化妆品

D. 境内易货贸易

【参考答案】D

【答案解析】境内易货贸易可以开具增值税专用发票。

29. 下列企业属于资源税纳税人的是（ ）。

A. 出口铁矿的外贸企业

B. 开采石灰岩的合资企业

C. 外购原煤销售的商贸企业

D. 进口有色金属矿原矿的进口公司

【参考答案】B

【答案解析】在中华人民共和国领域和中华人民共和国管辖的其他海域开发应税资源的单位和个人，为资源税的纳税人。

30. 下列应税污染物中，在确定计税依据时只对超过规定标准的部分征收环境保护税的是（ ）。

A. 工业噪声　B. 固体废物　C. 水污染物　D. 大气污染物

【参考答案】A

【答案解析】应税噪声按照超过国家规定标准的分贝数确定计税依据。

二、多项选择题

1. 单位或个人的（　）行为，视同销售货物。

A. 将货物交付他人代销

B. 设有两个以上机构并实行统一核算的纳税人，将货物从一个机构移送其他机构用于销售

C. 销售代销货物

D. 将自己生产或委托加工的货物用于非应税项目、集体福利或个人消费

【参考答案】ACD

【答案解析】《中华人民共和国增值税暂行条例实施细则》规定，单位或个人的下列行为，视同销售货物：(1) 将货物交付他人代销。(2) 销售代销货物。(3) 设有两个以上机构并实行统一核算的纳税人，将货物从一个机构移送其他机构用于销售，但相关机构设在同一县（市）的除外。(4) 将自己生产或委托加工的货物用于非应税项目。(5) 将自产、委托加工的货物用于集体福利或者个人消费。(6) 将自产、委托加工或者购进的货物作为投资，提供给其他单位或者个体工商户。(7) 将自产、委托加工或者购进的货物分配给股东或者投资者。(8) 将自产、委托加工或者购进的货物无偿赠送其他单位或者个人。

2. 下列关于个人所得税专项扣除的表述，不正确的有（　）。

A. 纳税人的子女接受学前教育和学历教育的相关支出，按照每个子女每月 1 000 元的标准定额扣除

B. 纳税人在中国境内接受学历（学位）继续教育的支出，在学历（学位）教育期间按照每月 200 元定额扣除

C. 大病医疗最高按照每年 60 000 元的限额据实扣除

D. 无房者租房每年的扣除标准为 18 000 元、13 200 元、9 600 元

【参考答案】BC

【答案解析】《个人所得税专项附加扣除暂行办法》规定，纳税人的子女接受学前教育和学历教育的相关支出，按照每个子女每月 1 000 元的标准定额扣除。纳税人在中国境内接受学历（学位）继续教育的支出，在学历（学位）教育期间按照每月 400 元定额扣除。在一个纳税年度内，纳税人发生的与基本医保相关的医药费用支出，扣除医保报销后个人负担（指医保目录范围内的自付部分）累计超过 15 000 元的部分，由纳税人在办理年度汇算清缴时，在 80 000 元限额内据实扣除。纳税人在主要工作城市没有自有住房而发生的住房租金支出，可以按照以下标准定额扣除：直辖市、省会（首府）城市、计划单列市以及国务院确定的其他城市，扣除标准为每月 1 500 元；除上述所列城市以外，市辖区户籍人口超过 100 万的城市，扣除标准为每月 1 100 元；市辖区户籍人口不超过

100 万的城市，扣除标准为每月 800 元。因此，无房者租房每年的扣除标准为 18 000 元、13 200 元、9 600 元 3 种。

3. 应税污染物包括（　）。

A. 大气污染物　　B. 水污染物　　C. 固体废物　　D. 噪声

【参考答案】 ABCD

【答案解析】 依据是《中华人民共和国环境保护税法》第三条的规定。

4. 下列缴费人中，可享受 2021 年度免征文化事业建设费政策的有（　）。

A. 甲单位为在境内从事娱乐服务的增值税小规模纳税人

B. 乙单位为在境内从事广告经营服务的增值税小规模纳税人

C. 丙单位为在境内从事娱乐服务的增值税一般纳税人

D. 戊单位为在境外提供户外广告经营服务的企业

【参考答案】 ABC

【答案解析】《财政部 税务总局关于延续实施应对疫情部分税费优惠政策的公告》（财政部 税务总局公告 2021 年第 7 号）第二条、《财政部 税务总局关于电影等行业税费支持政策的公告》（财政部 税务总局公告 2020 年第 25 号）规定，免征包括一般纳税人、小规模纳税人在内的所有缴费人文化事业建设费；在境外提供广告服务不属于文化事业建设费缴费范围。

5. 下列凭证中，免征印花税的有（　）。

A. 个人购买安置住房书立的合同

B. 国际金融组织向我国企业提供优惠贷款所书立的合同

C. 报纸发行单位之间书立的征订凭证

D. 无息、贴息贷款合同

【参考答案】 ACD

【答案解析】 选项 A，对改造安置住房经营管理单位、开发商与改造安置住房相关的印花税以及购买安置住房的个人涉及的印花税予以免征；选项 B，根据《印花税暂行条例实施细则》第十三条规定，外国政府或者国际金融组织向我国政府及国家金融机构提供优惠贷款所书立的合同免征印花税；选项 C，图书、报纸、期刊以及音像制品的发行单位之间，以及发行单位与订阅单位或个人之间书立的征订凭证，暂免征印花税；选项 D，根据《印花税暂行条例实施细则》第十三条规定，无息、贴息贷款合同免征印花税。

6. 关于教育费附加减免规定，下列正确的有（　）。

A. 先征后返增值税，一般不返还附征的教育费附加

B. 即征即退增值税，一般不返还附征的教育费附加

C. 先征后退增值税，一般不返还附征的教育费附加

D. 出口货物退还增值税，退还附征的教育费附加

【参考答案】ABC

【答案解析】根据《财政部关于征收教育费附加几个具体问题的通知》（财税字〔1986〕120号）规定，对出口产品退还产品税、增值税的，不退还已征的教育费附加。

7. 下列属于研发费用不适用税前加计扣除政策的行业包括（　）。

A. 烟草制造业　　B. 房地产业

C. 住宿和餐饮业　　D. 交通运输、仓储和邮政业

【参考答案】ABC

【答案解析】根据《财政部 国家税务总局 科技部关于完善研究开发费用税前加计扣除政策的通知》（财税〔2015〕119号）第四条的规定，交通运输、仓储和邮政业并不在列明的不适用税前加计扣除政策的行业中。

8. 中小微企业在2022年1月1日至2022年12月31日新购置的设备、器具，单位价值在500万元以上的，按照单位价值的一定比例自愿选择在企业所得税税前扣除，下列扣除比例符合规定的有（　）。

A. 甲企业购置的电子设备800万元，全部在当年一次性税前扣除

B. 乙企业购置的房屋800万元，400万元在当年一次性税前扣除，其余400万元按规定在剩余年度计算折旧进行税前扣除

C. 丙企业购置的运输工具（非飞机、火车、轮船）800万元，400万元在当年一次性税前扣除，其余400万元按规定在剩余年度计算折旧进行税前扣除

D. 丁企业购置的生产用设备机器800万元，400万元在当年一次性税前扣除，其余400万元按规定在剩余年度计算折旧进行税前扣除

【参考答案】ACD

【答案解析】根据《财政部 税务总局关于中小微企业设备器具所得税税前扣除有关政策的公告》（财政部 税务总局公告2022年第12号）第一条的规定，中小微企业在2022年1月1日至2022年12月31日新购置的设备、器具，单位价值在500万元以上的，按照单位价值的一定比例自愿选择在企业所得税税前扣除。其中，《企业所得税法实施条例》规定最低折旧年限为3年的设备器具，单位价值的100%可在当年一次性税前扣除；最低折旧年限为4年、5年、10年的，单位价值的50%可在当年一次性税前扣除，其余50%按规定在剩余年度计算折旧进行税前扣除。

9. 纳税人在2021年度已依法预缴个人所得税且无需办理年度汇算的有（　）。

A. 年度汇算需补税但综合所得收入全年不超过12万元的

B. 年度汇算需补税金额不超过 400 元的

C. 已预缴税额与年度应纳税额一致或者不申请退税的

D. 已预缴税额大于年度应纳税额且申请退税的

【参考答案】 ABC

【答案解析】 依据是《财政部 税务总局关于个人所得税综合所得汇算清缴涉及有关政策问题的公告》(财政部 税务总局公告 2019 年第 94 号)、《财政部 税务总局关于延续实施全年一次性奖金等个人所得税优惠政策的公告》(财政部 税务总局公告 2021 年第 42 号)。

10. 下列有关环境保护税减免税规定说法，正确的是（ ）。

A. 农业生产规模化养殖排放的应税污染物免征环境保护税

B. 机动车、铁路机车、非道路移动机械、船舶和航空器等流动污染源排放的应税污染物免征环境保护税

C. 纳税人排放应税大气污染物的浓度值低于国家和地方规定的污染物排放标准 30% 的，减按 70% 征收环境保护税

D. 纳税人排放应税水污染物的浓度值低于国家和地方规定的污染物排放标准 50% 的，减按 50% 征收环境保护税

【参考答案】 BD

【答案解析】 选项 A，农业生产（不包括规模化养殖）排放应税污染物的免征环境保护税；选项 C，纳税人排放应税大气污染物或者水污染物的浓度值低于国家和地方规定的污染物排放标准 30% 的，减按 75% 征收环境保护税。

11. 增值税一般纳税人发生的下列业务中，可以选择适用简易计税方法的有（ ）。

A. 提供装卸搬运服务

B. 提供文化体育服务

C. 提供公共交通运输服务

D. 提供税务咨询服务

【参考答案】 ABC

【答案解析】 选项 A、B 正确，电影放映服务、仓储服务、装卸搬运服务、收派服务和文化体育服务属于可以选择简易计税方法计税的范围。选项 C 正确，公共交通运输服务，包括轮客渡、公交客运、地铁、城市轻轨、出租车、长途客运、班车属于可以选择简易计税方法计税的范围。

12. 某船运公司为增值税一般纳税人并具有国际运输经营资质，2021 年 7 月取得的含税收入包括货物保管收入 40.28 万元、装卸搬运收入 97.52 万元、国际运输收入 355.2 万元、国内运输收入 754.8 万元。该公司计算的下列增值税销项税额，正确的有（ ）。

A. 货物保管收入的销项税额 2.28 万元

B. 装卸搬运收入的销项税额 9.66 万元

C. 国际运输收入的销项税额 35.2 万元

D. 国内运输收入的销项税额 62.32 万元

【参考答案】AD

【答案解析】选项 A 正确，货物保管属于现代服务——物流辅助服务，税率 6%，销项税额 =40.28÷（1+6%）×6%=2.28（万元）。选项 B 错误，装卸搬运属于现代服务——物流辅助服务，税率 6%，销项税额 =97.52÷（1+6%）×6%=5.52（万元）。选项 C 错误，国际运输服务适用零税率，因此销项税额为 0。选项 D 正确，国内运输服务，属于交通运输业，税率 9%，销项税额 =754.8÷（1+9%）×9%=62.32（万元）。

13. 下列行为免征增值税的有（ ）。

A. 个人转让著作权　　B. 残疾人个人提供应税服务

C. 个人销售自建自用住房　　D. 会计师事务所提供管理咨询服务

【参考答案】ABC

【答案解析】略。

14. 下列关于所得来源地确定方法的表述中，符合《中华人民共和国企业所得税法》规定的有（ ）。

A. 股权转让所得按照转出方所在地确定

B. 销售货物所得按照交易活动发生地确定

C. 不动产转让所得按照不动产所在地确定

D. 特许权使用费所得按照收取特许权使用费所得的企业所在地确定

【参考答案】BC

【答案解析】选项 A 错误，权益性投资资产转让所得，按照被投资企业所在地确定。选项 D 错误，特许权使用费所得，按照负担、支付所得的企业或者机构、场所所在地确定，或者按照负担、支付所得的个人的住所地确定。

15. 居民企业发生的下列支出中，可在企业所得税税前扣除的有（ ）。

A. 逾期归还银行贷款的罚息

B. 企业内营业机构之间支付的租金

C. 未能形成无形资产的研究开发费用

D. 以经营租赁方式租入固定资产的租金

【参考答案】ACD

【答案解析】企业之间支付的管理费、企业内营业机构之间支付的租金和特许权使用费，以及非银行企业内营业机构之间支付的利息，不得税前扣除。

16. 下列支出中，可作为长期待摊费用核算的有（ ）。

A. 固定资产的大修理支出

B. 租入固定资产的改建支出

C. 已足额提取折旧的固定资产的改建支出

D. 接受捐赠固定资产的改建支出

【参考答案】 ABC

【答案解析】 接受捐赠的固定资产作为本单位固定资产核算，其改建支出，计入固定资产成本。

17. 下列企业于 2018 年 1 月 1 日后购进的固定资产，在计算企业所得税应纳税所得额时，可以一次性计入成本费用扣除的有（ ）。

A. 商场购进价值为 4 500 元的二维码打码器

B. 小型微利饮料厂购进价值为 20 万元生产用的榨汁机

C. 集成电器生产企业购进价值为 120 万元专用于研发的分析仪

D. 小型微利信息技术服务公司购进价值为 80 万元研发用的服务器群组

【参考答案】 ABCD

【答案解析】 略。

18. 下列货物中，采用从量定额方法计征消费税的有（ ）。

A. 黄酒　B. 游艇　C. 润滑油　D. 雪茄烟

【参考答案】 AC

【答案解析】 税目中，只有啤酒、黄酒、成品油采用从量定额征收消费税。

19. 下列房屋中，免征房产税的有（ ）。

A. 个人拥有的营业用房

B. 公园管理部门自用的办公用房

C. 经营公租房的租金收入

D. 实行全额预算管理的学校出租给企业使用的办公用房

【参考答案】 BC

【答案解析】 选项 A 错误，对个人拥有的营业用房或者出租的房产，不属于免税房产，应照章纳税。选项 B 正确，宗教寺庙、公园、名胜古迹自用的房产免征房产税。公园、名胜古迹自用的房产，是指供公共参观游览的房屋及其管理单位的办公用房。选项 C 正确，为支持公共租赁住房（公租房）的建设和运营，对经营公租房的租金收入免征房产税。选项 D 错误，由国家财政部门拨付事业经费的单位，如学校、医疗卫生单位、托儿所、幼儿园、敬老院、文化、体育、艺术等实行全额或差额预算管理的事业单位所有的，本身业务范围内使用的房产免征房产税。对外出租不属于自身业务范围使用，故应征收房产税。

20. 下列各项中，应征收资源税的有（　）。

A. 人造石油　　B. 未税原煤加工的洗选煤

C. 煤层气　　D. 从低丰度油气田开采的原油

【参考答案】 BD

【答案解析】 选项 A 不征收资源税，资源税规定仅对在中国境内开发应税资源的单位和个人征收，因此进口的矿产品（如天然气）和盐不征收资源税。选项 C 免征资源税，煤炭开采企业因安全生产需要抽采的煤层气免征资源税。

三、判断题

1. 从 2022 年 1 月 1 日至 2024 年 12 月 31 日，“六税两费”减免政策由增值税小规模纳税人进一步扩围至增值税小规模纳税人、小型微利企业和个体工商户。（　）

【参考答案】 √

【答案解析】 依据是《财政部 税务总局关于进一步实施小微企业“六税两费”减免政策的公告》（财政部 税务总局公告 2022 年第 10 号）。

2. 全年一次性奖金单独计税优惠政策至 2021 年 12 月 31 日已经结束，从 2022 年 1 月 1 日起，需申报全年一次性奖金的员工个人应当将此块收入并入全年综合所得计算缴纳个人所得税。（　）

【参考答案】 ×

【答案解析】 依据《财政部 税务总局关于个人所得税法修改后有关优惠政策衔接问题的通知》（财税〔2018〕164 号）规定的全年一次性奖金单独计税优惠政策，执行期限延长至 2023 年 12 月 31 日。

3. 小型微利企业减免企业所得税判断从业人数时，包括与企业建立劳动关系的职工人数和企业接受的劳务派遣用工人数。（　）

【参考答案】 √

【答案解析】 依据《财政部 税务总局关于实施小微企业普惠性税收减免政策的通知》（财税〔2019〕13 号）第二条规定。

4. 自 2020 年 1 月 1 日起至 2022 年 12 月 31 日，在职职工人数在 30 人（含）以下的党政机关、企事业单位、社会团体，暂免征收残疾人就业保障金。（　）

【参考答案】 ×

【答案解析】《财政部关于调整残疾人就业保障金征收政策的公告》（财政部公告 2019 年第 98 号）第四条规定：“自 2020 年 1 月 1 日起至 2022 年 12 月 31 日，在职职工人数在 30 人（含）以下的企业，暂免征收残疾人就业保障金。”

5. 现行残疾人就业保障金的征收标准上限，为当地社会平均工资的 3 倍。（　）

【参考答案】×

【答案解析】《财政部关于降低部分政府性基金征收标准的通知》（财税〔2018〕39 号）第一条规定，自 2018 年 4 月 1 日起，将残疾人就业保障金征收标准上限，由当地社会平均工资的 3 倍降低至 2 倍。

6. 省内企业职工基本养老保险单位缴费比例不统一的，高于 16% 的地市可降至 16%；低于 16% 的地区可以选择提高至 16%。（　）

【参考答案】×

【答案解析】按照《人力资源社会保障部 财政部 税务总局 国家医保局关于贯彻落实〈降低社会保险费率综合方案〉的通知》的规定，各地企业职工基本养老保险单位缴费比例高于 16% 的，可降至 16%；低于 16% 的，要研究提出过渡办法。省内单位缴费比例不统一的，高于 16% 的地市可降至 16%；低于 16% 的，要研究提出过渡办法。

7. 增值税年应税销售额超过小规模纳税人标准应当登记为一般纳税人而未登记，经税务机关通知，逾期仍不办理登记的，自逾期次月起不再适用房产税、城镇土地使用税等“六税两费”减半征收政策。（　）

【参考答案】✓

【答案解析】依据是《国家税务总局关于增值税小规模纳税人地方税种和相关附加减征政策有关征管问题的公告》（国家税务总局公告 2019 年第 5 号）第二条规定。

8. 居民个人本年度专项附加扣除额扣除不完的，可以下一年度补充扣除。（　）

【参考答案】×

【答案解析】依据《国务院关于印发个人所得税专项附加扣除暂行办法的通知》（国发〔2018〕41 号），个人所得税专项附加扣除额一个纳税年度扣除不完的，不能结转以后年度扣除。

9. 根据现行税法规定，烟草企业的烟草广告费和业务宣传费支出，一律不得在计算应纳税所得额时扣除。（　）

【参考答案】✓

【答案解析】依据是《财政部 税务总局关于广告费和业务宣传费支出税前扣除有关事项的公告》（财政部 税务总局公告 2020 年第 43 号）第三条规定。

10. 纳税人出口货物劳务适用免抵退税办法的，可以在同一申报期内，既申报免抵退税又申请办理留抵退税，申请时应先办理留抵退税再申请办理免抵退税。（　）

【参考答案】×

【答案解析】《国家税务总局关于办理增值税期末留抵税额退税有关事项的公告》（国家税务总局公告2019年第20号）规定，纳税人既申报免抵退税又申请办理留抵退税的，税务机关应先办理免抵退税。办理免抵退税后，纳税人仍符合留抵退税条件的，再办理留抵退税。

11. 目前，我国以社会保险为主体，包括社会救助、社会福利、社会优抚等制度在内，功能完备的社会保障体系基本建成。（ ）

【参考答案】√

【答案解析】略。

12. 正在接受全日制学历教育的学生因实习取得劳务报酬所得的，扣缴义务人预扣预缴个人所得税时，可按累计预扣计算并预扣预缴税款。（ ）

【参考答案】√

【答案解析】依据是《国家税务总局关于完善调整部分纳税人个人所得税预扣预缴方法的公告》（国家税务总局公告2020年第13号）第二条规定。

13. 增值税小规模纳税人（其他个人除外）发生增值税应税行为，需要开具增值税专用发票，可以自愿使用增值税发票管理系统自行开具。选择自行开具增值税专用发票的小规模纳税人，税务机关可以针对偶发性经营行为代开增值税专用发票。（ ）

【参考答案】×

【答案解析】《国家税务总局关于增值税发票管理等有关事项的公告》（国家税务总局公告2019年第33号）第五条规定："增值税小规模纳税人（其他个人除外）发生增值税应税行为，需要开具增值税专用发票的，可以自愿使用增值税发票管理系统自行开具。选择自行开具增值税专用发票的小规模纳税人，税务机关不再为其代开增值税专用票。"

14. 某小规模纳税人按月申报增值税，2021年4月销售货物10万元，提供服务3万元，销售不动产12万元。则该纳税人不能享受小规模纳税人免税政策。（ ）

【参考答案】×

【答案解析】根据《国家税务总局关于小规模纳税人免征增值税征管问题的公告》（国家税务总局公告2021年第5号）第一条第二款规定："小规模纳税人发生增值税应税销售行为，合计月销售额超过15万元，但扣除本期发生的销售不动产的销售额后未超过15万元的，其销售货物、劳务、服务、无形资产取得的销售额免征增值税。"

15. 境内单位和个人以无运输工具承运方式提供的国际运输服务，由境内实际承运人适用增值税零税率；无运输工具承运业务的经营者适用增值税免税政策。（ ）

【参考答案】√

【答案解析】略。

16. 境外的单位或者个人在境内销售劳务，在境内未设有经营机构的，以其境内代理人为扣缴义务人；在境内没有代理人的，以购买方为扣缴义务人。（ ）

【参考答案】√

【答案解析】略。

17. 纳税人为销售货物而出租出借包装物收取的押金，单独记账核算的，时间在1年以内，又未过期的，可以并入销售额征税。（ ）

【参考答案】×

【答案解析】纳税人为销售货物而出租出借包装物收取的押金，单独记账核算的，时间在1年以内，又未过期的，不并入销售额征税；但对因逾期未收回包装物不再退还的押金，应按所包装货物的适用税率计算销项税额。

18. 软件生产企业发生的职工教育经费中的职工培训费用，可以全额在企业所得税前扣除。对于不能准确划分的，以及准确划分后职工教育经费中扣除职工培训费用的余额，一律按照规定的比例扣除。（ ）

【参考答案】√

【答案解析】略。

19. 小型微利企业是指从事国家非限制和禁止行业，且同时符合年度应纳税所得额不超过300万元、从业人数不超过300人、资产总额不超过5 000万元三个条件的企业。（ ）

【参考答案】√

【答案解析】略。

20. 自2022年1月1日至2024年12月31日，对小型微利企业年度应纳税所得额超过100万元但不超过300万元的部分，减按50%计入应纳税所得额，按20%的税率缴纳企业所得税。（ ）

【参考答案】×

【答案解析】根据《财政部 税务总局关于进一步实施小微企业所得税优惠政策的公告》（财政部 税务总局公告2022年第13号）第一条的规定，对小型微利企业年应纳税所得额超过100万元但不超过300万元的部分，减按25%计入应纳税所得额，按20%的税率缴纳企业所得税。

四、简答题

1. 简述增值税的征税原理。

【参考答案】

增值税只就商品销售额中的增值部分征税，避免了征收的重叠性，这是增值税最基本最本质的特征，也是增值税区别于其他流转税的一个最显著的特征。

2. 请简要介绍 2022 年以来组合式减税降费所采取的措施或政策。（三点即可）

【参考答案】

2022 年以来组合式减税降费所采取的措施或政策包括但不限于以下政策或措施：

（1）《国家税务总局 财政部关于延续实施制造业中小微企业延缓缴纳部分税费有关事项的公告》（国家税务总局公告 2022 年第 2 号）：

①继续延缓缴纳 2021 年第四季度部分税费，缓缴期限继续延长 6 个月。

②延缓缴纳 2022 年第一季度、第二季度部分税费，延缓的期限为 6 个月。

（2）《财政部 税务总局关于进一步实施小微企业“六税两费”减免政策的公告》（财政部 税务总局公告 2022 年第 10 号）：2022 年 1 月 1 日至 2024 年 12 月 31 日，对增值税小规模纳税人、小型微利企业和个体工商户可以在 50% 的税额幅度内减征资源税、城市维护建设税、房产税、城镇土地使用税、印花税（不含证券交易印花税）、耕地占用税和教育费附加、地方教育附加。

（3）《财政部 税务总局关于中小微企业设备器具所得税税前扣除有关政策的公告》（财政部 税务总局公告 2022 年第 12 号）：中小微企业在 2022 年 1 月 1 日至 2022 年 12 月 31 日期间新购置的设备、器具，单位价值在 500 万元以上的，按照单位价值的一定比例自愿选择在企业所得税税前扣除。其中，《企业所得税法实施条例》规定最低折旧年限为 3 年的设备器具，单位价值的 100% 可在当年一次性税前扣除；最低折旧年限为 4 年、5 年、10 年的，单位价值的 50% 可在当年一次性税前扣除，其余 50% 按规定在剩余年度计算折旧进行税前扣除。

（4）《财政部 税务总局关于促进服务业领域困难行业纾困发展有关增值税政策的公告》（财政部 税务总局公告 2022 年第 11 号）：

①生产、生活性服务业增值税加计抵减政策，执行期限延长至 2022 年 12 月 31 日。

②自 2022 年 1 月 1 日至 2022 年 12 月 31 日，航空和铁路运输企业分支机构暂停预缴增值税。2022 年 2 月纳税申报期至文件发布之日已预缴的增值税予以退还。

③自 2022 年 1 月 1 日至 2022 年 12 月 31 日，对纳税人提供公共交通运输服务取得的收入，免征增值税。

（5）《财政部 税务总局关于进一步实施小微企业所得税优惠政策的公告》（财政部 税

务总局公告 2022 年第 13 号）：对小型微利企业年应纳税所得额超过 100 万元但不超过 300 万元的部分，减按 25% 计入应纳税所得额，按 20% 的税率缴纳企业所得税。

(6)《财政部 税务总局关于进一步加大增值税期末留抵退税政策实施力度的公告》（财政部 税务总局公告 2022 年第 14 号）：

①加大小微企业增值税期末留抵退税政策力度，将先进制造业按月全额退还增值税增量留抵税额政策范围扩大至符合条件的小微企业（含个体工商户，下同），并一次性退还小微企业存量留抵税额。

②加大“制造业”“科学研究和技术服务业”“电力、热力、燃气及水生产和供应业”“软件和信息技术服务业”“生态保护和环境治理业”和“交通运输、仓储和邮政业”（以下称制造业等行业）增值税期末留抵退税政策力度，将先进制造业按月全额退还增值税增量留抵税额政策范围扩大至符合条件的制造业等行业企业（含个体工商户，下同），并一次性退还制造业等行业企业存量留抵税额。

(7)《财政部 税务总局 科技部关于进一步提高科技型中小企业研发费用税前加计扣除比例的公告》（财政部 税务总局 科技部公告 2022 年第 16 号）：科技型中小企业开展研发活动中实际发生的研发费用，未形成无形资产计入当期损益的，在按规定据实扣除的基础上，自 2022 年 1 月 1 日起，再按照实际发生额的 100% 在税前加计扣除；形成无形资产的，自 2022 年 1 月 1 日起，按照无形资产成本的 200% 在税前摊销。

(8)《财政部 税务总局关于对增值税小规模纳税人免征增值税的公告》（财政部 税务总局公告 2022 年第 15 号）：自 2022 年 4 月 1 日至 2022 年 12 月 31 日，增值税小规模纳税人适用 3% 征收率的应税销售收入，免征增值税；适用 3% 预征率的预缴增值税项目，暂停预缴增值税。

第六章
税费服务和征收管理

第一节　深化税收征管改革

一、深化税收征管改革总体要求

（一）指导思想

以习近平新时代中国特色社会主义思想为指导，全面贯彻党的十九大和十九届二中、三中、四中、五中全会精神，围绕把握新发展阶段、贯彻新发展理念、构建新发展格局，深化税收征管制度改革，着力建设以服务纳税人缴费人为中心、以发票电子化改革为突破口、以税收大数据为驱动力的具有高集成功能、高安全性能、高应用效能的智慧税务，深入推进精确执法、精细服务、精准监管、精诚共治，大幅提高税法遵从度和社会满意度，明显降低征纳成本，充分发挥税收在国家治理中的基础性、支柱性、保障性作用，为推动高质量发展提供有力支撑。

（二）工作原则

坚持党的全面领导，确保党中央、国务院决策部署不折不扣落实到位；坚持依法治税，善于运用法治思维和法治方式深化改革，不断优化税务执法方式，着力提升税收法治化水平；坚持为民便民，进一步完善利企便民服务措施，更好满足纳税人缴费人合理需求；坚持问题导向，着力补短板强弱项，切实解决税收征管中的突出问题；坚持改革创新，深化税务领域“放管服”改革，推动税务执法、服务、监管的理念和方式手段等全方位变革；坚持系统观念，统筹推进各项改革措施，整体性集成式提升税收治理效能。

（三）主要目标

到 2022 年，在税务执法规范性、税费服务便捷性、税务监管精准性上取得重要进展。到 2023 年，基本建成“无风险不打扰、有违法要追究、全过程强智控”的税务执法新体系，实现从经验式执法向科学精确执法转变；基本建成“线下服务无死角、线上服务不打烊、定制服务广覆盖”的税费服务新体系，实现从无差别服务向精细化、智能化、个性化服务转变；基本建成以“双随机、一公开”监管和“互联网 + 监管”为基本手段、以重点监管为补充、以“信用 + 风险”监管为基础的税务监管新体系，实现从“以票管税”向“以数治税”分类精准监管转变。到 2025 年，深化税收征管制度改革取得显著成效，基本建成功能强大的智慧税务，形成国内一流的智能化行政应用系统，全方位提高税务执法、服务、监管能力。

二、全面推进税收征管数字化升级和智能化改造

（一）加快推进智慧税务建设

充分运用大数据、云计算、人工智能、移动互联网等现代信息技术，着力推进内外部涉税数据汇聚联通、线上线下有机贯通，驱动税务执法、服务、监管制度创新和业务变革，进一步优化组织体系和资源配置。2022 年基本实现法人税费信息“一户式”、自然人税费信息“一人式”智能归集，2023 年基本实现税务机关信息“一局式”、税务人员信息“一员式”智能归集，深入推进对纳税人缴费人行为的自动分析管理、对税务人员履责的全过程自控考核考评、对税务决策信息和任务的自主分类推送。2025 年实现税务执法、服务、监管与大数据智能化应用深度融合、高效联动、全面升级。

（二）稳步实施发票电子化改革

2021 年建成全国统一的电子发票服务平台，24 小时在线免费为纳税人提供电子发票申领、开具、交付、查验等服务。制定出台电子发票国家标准，有序推进铁路、民航等领域发票电子化，2025 年基本实现发票全领域、全环节、全要素电子化，着力降低制度性交易成本。

（三）深化税收大数据共享应用

探索区块链技术在社会保险费征收、房地产交易和不动产登记等方面的应用，并持续拓展在促进涉税涉费信息共享等领域的应用。不断完善税收大数据云平台，加强数据资源开发利用，持续推进与国家及有关部门信息系统互联互通。2025 年建成税务部门与相关部门常态化、制度化数据共享协调机制，依法保障涉税涉费必要信息获取；健全涉

税涉费信息对外提供机制，打造规模大、类型多、价值高、颗粒度细的税收大数据，高效发挥数据要素驱动作用。完善税收大数据安全治理体系和管理制度，加强安全态势感知平台建设，常态化开展数据安全风险评估和检查，健全监测预警和应急处置机制，确保数据全生命周期安全。加强智能化税收大数据分析，不断强化税收大数据在经济运行研判和社会管理等领域的深层次应用。

三、不断完善税务执法制度和机制

（一）健全税费法律法规制度

全面落实税收法定原则，加快推进将现行税收暂行条例上升为法律。完善现代税收制度，更好发挥税收作用，促进建立现代财税体制。推动修订《中华人民共和国税收征收管理法》（以下简称《税收征收管理法》）、《中华人民共和国反洗钱法》《中华人民共和国发票管理办法》（以下简称《发票管理办法》）等法律法规和规章。加强非税收入管理法制化建设。

（二）严格规范税务执法行为

坚持依法依规征税收费，做到应收尽收。同时，坚决防止落实税费优惠政策不到位、征收“过头税费”及对税收工作进行不当行政干预等行为。全面落实行政执法公示、执法全过程记录、重大执法决定法制审核制度，推进执法信息网上录入、执法程序网上流转、执法活动网上监督、执法结果网上查询，2023 年基本建成税务执法质量智能控制体系。不断完善税务执法及税费服务相关工作规范，持续健全行政处罚裁量基准制度。

（三）不断提升税务执法精确度

创新行政执法方式，有效运用说服教育、约谈警示等非强制性执法方式，让执法既有力度又有温度，做到宽严相济、法理相融。坚决防止粗放式、选择性、“一刀切”执法。准确把握一般涉税违法与涉税犯罪的界限，做到依法处置、罚当其责。在税务执法领域研究推广“首违不罚”清单制度。坚持包容审慎原则，积极支持新产业、新业态、新模式健康发展，以问题为导向完善税务执法，促进依法纳税和公平竞争。

（四）加强税务执法区域协同

推进区域间税务执法标准统一，实现执法信息互通、执法结果互认，更好服务国家区域协调发展战略。简化企业涉税涉费事项跨省迁移办理程序，2022 年基本实现资质异地共认。持续扩大跨省经营企业全国通办涉税涉费事项范围，2025 年基本实现全国通办。

（五）强化税务执法内部控制和监督

2022 年基本构建起全面覆盖、全程防控、全员有责的税务执法风险信息化内控监督体系，将税务执法风险防范措施嵌入信息系统，实现事前预警、事中阻断、事后追责。强化内外部审计监督和重大税务违法案件“一案双查”，不断完善对税务执法行为的常态化、精准化、机制化监督。

四、大力推行优质高效智能税费服务

（一）确保税费优惠政策直达快享

2021 年实现征管操作办法与税费优惠政策同步发布、同步解读，增强政策落实的及时性、确定性、一致性。进一步精简享受优惠政策办理流程和手续，持续扩大“自行判别、自行申报、事后监管”范围，确保便利操作、快速享受、有效监管。2022 年实现依法运用大数据精准推送优惠政策信息，促进市场主体充分享受政策红利。

（二）切实减轻办税缴费负担

积极通过信息系统采集数据，加强部门间数据共享，着力减少纳税人缴费人重复报送。全面推行税务证明事项告知承诺制，拓展容缺办理事项，持续扩大涉税资料由事前报送改为留存备查的范围。

（三）全面改进办税缴费方式

2021 年基本实现企业税费事项能网上办理，个人税费事项能掌上办理。2022 年建成全国统一规范的电子税务局，不断拓展“非接触式”“不见面”办税缴费服务，逐步改变以表单为载体的传统申报模式。2023 年基本实现信息系统自动提取数据、自动计算税额、自动预填申报，纳税人缴费人确认或补正后即可线上提交。

（四）持续压减纳税缴费次数和时间

落实《优化营商环境条例》，对标国际先进水平，大力推进税（费）种综合申报，依法简并部分税种征期，减少申报次数和时间。扩大部门间数据共享范围，加快企业出口退税事项全环节办理速度，2022 年税务部门办理正常出口退税的平均时间压缩至 6 个工作日以内，对高信用级别企业进一步缩短办理时间。

（五）积极推行智能型个性化服务

全面改造提升 12366 税费服务平台，加快推动向以 24 小时智能咨询为主转变，2022

年基本实现全国咨询“一线通答”。运用税收大数据智能分析识别纳税人缴费人的实际体验、个性需求等，精准提供线上服务。持续优化线下服务，更好满足特殊人员、特殊事项的服务需求。

（六）维护纳税人缴费人合法权益

完善纳税人缴费人权利救济和税费争议解决机制，畅通诉求有效收集、快速响应和及时反馈渠道。探索实施大企业税收事先裁定并建立健全相关制度，健全纳税人缴费人个人信息保护等制度。依法加强税费数据查询权限和留痕等管理，严格保护纳税人缴费人及扣缴义务人的商业秘密、个人隐私等，严防个人信息泄露和滥用等。税务机关和税务人员违反有关法律法规规定、因疏于监管造成重大损失的，依法严肃追究责任。

五、精准实施税务监管

（一）建立健全以“信用＋风险”为基础的新型监管机制

健全守信激励和失信惩戒制度，充分发挥纳税信用在社会信用体系中的基础性作用。建立健全纳税缴费信用评价制度，对纳税缴费信用高的市场主体给予更多便利。在全面推行实名办税缴费制度基础上，实行纳税人缴费人动态信用等级分类和智能化风险监管，既以最严格的标准防范逃避税，又避免影响企业正常生产经营。健全以“数据集成＋优质服务＋提醒纠错＋依法查处”为主要内容的自然人税费服务与监管体系。依法加强对高收入高净值人员的税费服务与监管。

（二）加强重点领域风险防控和监管

对逃避税问题多发的行业、地区和人群，根据税收风险适当提高“双随机、一公开”抽查比例。对隐瞒收入、虚列成本、转移利润以及利用“税收洼地”“阴阳合同”和关联交易等逃避税行为，加强预防性制度建设，加大依法防控和监督检查力度。

（三）依法严厉打击涉税违法犯罪行为

充分发挥税收大数据作用，依托税务网络可信身份体系对发票开具、使用等进行全环节即时验证和监控，实现对虚开骗税等违法犯罪行为惩处从事后打击向事前事中精准防范转变。健全违法查处体系，充分依托国家“互联网＋监管”系统多元数据汇聚功能，精准有效打击“假企业”虚开发票、“假出口”骗取退税、“假申报”骗取税费优惠等行为，保障国家税收安全。对重大涉税违法犯罪案件，依法从严查处曝光并按照有关规定纳入企业和个人信用记录，共享至全国信用信息平台。

六、持续深化拓展税收共治格局

（一）加强部门协作

大力推进会计核算和财务管理信息化，通过电子发票与财政支付、金融支付和各类单位财务核算系统、电子档案管理信息系统的衔接，加快推进电子发票无纸化报销、入账、归档、存储。持续深化“银税互动”，助力解决小微企业融资难融资贵问题。加强情报交换、信息通报和执法联动，积极推进跨部门协同监管。

（二）加强社会协同

积极发挥行业协会和社会中介组织作用，支持第三方按市场化原则为纳税人提供个性化服务，加强对涉税中介组织的执业监管和行业监管。大力开展税费法律法规的普及宣传，持续深化青少年税收法治教育，发挥税法宣传教育的预防和引导作用，在全社会营造诚信纳税的浓厚氛围。

（三）强化税收司法保障

公安部门要强化涉税犯罪案件查办工作力量，做实健全公安派驻税务联络机制。实行警税双方制度化、信息化、常态化联合办案，进一步畅通行政执法与刑事执法衔接工作机制。检察机关发现负有税务监管相关职责的行政机关不依法履责的，应依法提出检察建议。完善涉税司法解释，明晰司法裁判标准。

（四）强化国际税收合作

深度参与数字经济等领域的国际税收规则和标准制定，持续推动全球税收治理体系建设。落实防止税基侵蚀和利润转移行动计划，严厉打击国际逃避税，保护外资企业合法权益，维护我国税收利益。不断完善“一带一路”税收征管合作机制，支持发展中国家提高税收征管能力。进一步扩大和完善税收协定网络，加大跨境涉税争议案件协商力度，实施好对所得避免双重征税的双边协定，为高质量引进来和高水平走出去提供支撑。

七、强化税务组织保障

（一）优化征管职责和力量

强化市县税务机构在日常性服务、涉税涉费事项办理和风险应对等方面的职责，适当上移全局性、复杂性税费服务和管理职责。不断优化业务流程，合理划分业务边界，科学界定岗位职责，建立健全闭环管理机制。加大人力资源向风险管理、税费分析、大数据应用等领域倾斜力度，增强税务稽查执法力量。

（二）加强征管能力建设

坚持更高标准、更高要求，着力建设德才兼备的高素质税务执法队伍，加大税务领军人才和各层次骨干人才培养力度。高质量建设和应用学习兴税平台，促进学习日常化、工作学习化。

（三）改进提升绩效考评

改进提升绩效考评。在实现税务执法、税费服务、税务监管行为全过程记录和数字化智能归集基础上，推动绩效管理渗入业务流程、融入岗责体系、嵌入信息系统，对税务执法等实施自动化考评，将法治素养和依法履职情况作为考核评价干部的重要内容，促进工作质效持续提升。

第二节　纳税服务

一、纳税服务理念

（一）纳税服务的概念

纳税服务，是指税务机关依据税收法律、行政法规的规定，在税收征收、管理、检查和实施税收法律救济过程中，向纳税人提供的服务事项和措施。

（二）纳税服务的性质

纳税服务是税务机关依法提供的一种无偿的公共服务。纳税服务属于公共服务的范畴，在提供过程中，税务机关应遵循基本公共服务均等化的理念，满足所有纳税人办理涉税事项的合理需要，税务机关应当按照公平、普遍的原则来提供。

（三）纳税服务的目标

纳税服务的目标是帮助纳税人了解税法，提高纳税人的满意度，使纳税人受益或感受便利，这种受益或便利具体表现为获得税收知识，享受政策，减少办税过程中的时间、精力、物力等成本，目的是提高税法遵从度。

（四）纳税服务与税收征管之间的关系及作用

纳税服务与税收征管之间是相互依存、辩证统一、互相促进的关系。纳税服务在现代税收管理体系中的作用体现在：实行服务管理联动，合力促进纳税遵从；促进纳税还权还责，把握服务供给尺度；推进办税便利化改革，助力分类分级管理。

二、纳税服务内容

纳税服务内容主要包括税法宣传、纳税咨询、办税服务、权益保护、信用管理和社会协作 6 个方面。

（一）税法宣传是法定职责

税务机关应当广泛宣传税收法律、行政法规，普及纳税知识，无偿地为纳税人提供纳税咨询服务。

（二）税法日常宣传内容

税务机关在日常工作中开展的宣传，其内容可以分为两大类：

（1）税收政策宣传，对税收政策及其解读进行宣传。

（2）办税流程宣传，对涉税事项的办理渠道、报送资料、办理程序、办理方法等进行宣传。

（三）纳税咨询服务的概念

纳税咨询服务有广义和狭义之分。

广义的纳税咨询，是指纳税人就纳税方面的问题向解答方询问，解答方凭借其对税收法规、政策的了解程度提出解决方案的过程和活动。这里的解答方包括税务机关和会计师事务所、税务师事务所等涉税专业服务机构。

狭义的纳税咨询，是指税务机关提供的纳税咨询服务，主要指税务机关设立专门机构或者利用现有的人力、物力资源，为纳税人提供针对税收方面的答疑解惑，涉及内容主要有税收法律法规、税收政策、办税程序及有关涉税事项等。

通过纳税咨询，有利于纳税人准确理解税收政策和掌握办税程序，减轻纳税人办税负担，规避税收风险。

（四）纳税咨询的形式

纳税咨询的形式主要包括电话咨询、互联网咨询和面对面咨询 3 种形式。

1. 电话咨询，是指税务机关通过对外公开的咨询服务电话解答公众和纳税人提出的涉税问题。

2. 互联网咨询，是指税务机关通过互联网为公众和纳税人提供涉税咨询服务。

3. 面对面咨询，是指税务机关为公众和纳税人提供面对面咨询服务。

（五）办税服务制度

办税服务制度包括文明服务、优质服务、便利服务 3 个方面。

1. 文明服务，是指税务机关工作人员在为纳税人提供办税服务时，所应遵循的着装规范、仪容举止、岗前准备、服务用语、接待规范和服务纪律等方面的要求。

2. 优质服务，是指税务机关在为纳税人提供办税服务时，为了提高服务质效所应遵循的各项服务制度。主要包括：(1) 首问责任制。(2) 领导值班。(3) 办税公开。(4) 导税服务。(5) 一次性告知。(6) 延时服务。(7) 限时服务。(8) 提醒服务。(9) 预约服务。等等。

3. 便利服务，是指税务机关在为纳税人提供办税服务时，为减轻纳税人办税负担而提供的各项办税便利化措施。主要包括：(1) 免填单服务。(2) 24 小时自助服务。(3) 通办服务。等等。

（六）纳税人权利与义务

1. 纳税人在履行纳税义务过程中，依法享有下列权利：(1) 知情权。(2) 保密权。(3) 税收监督权。(4) 纳税申报方式选择权。(5) 申请延期申报权。(6) 申请延期缴纳税款权。(7) 申请退还多缴税款权。(8) 依法享受税收优惠权。(9) 委托税务代理权。(10) 陈述与申辩权。(11) 对未出示税务检查证和税务检查通知书的拒绝检查权。(12) 税收法律救济权。(13) 依法要求听证的权利。(14) 索取有关税收凭证的权利。

2. 依照宪法、税收法律和行政法规的规定，纳税人在纳税过程中负有以下义务：(1) 依法进行税务登记的义务。(2) 依法设置账簿、保管账簿和有关资料，以及依法开具、使用、取得和保管发票的义务。(3) 财务会计制度和会计核算软件备案的义务。(4) 按照规定安装、使用税控装置的义务。(5) 按时、如实申报的义务。(6) 按时缴纳税款的义务。(7) 代扣、代收税款的义务。(8) 接受依法检查的义务。(9) 及时提供信息的义务。(10) 报告其他涉税信息的义务。

（七）纳税人需求管理

通过税务网站、纳税服务热线、办税服务厅或召开座谈会等多种形式，定期收集关于税收政策、征收管理、纳税服务及权益保护等方面的纳税人需求，并逐步实现通过信息化手段进行收集、整理、分析。及时解决本级职权可以处理的纳税人正当、合理需求；

及时呈报需要上级税务机关解决的事项；对于暂时不能解决的纳税人合理需求，应当分析原因、密切跟踪，待条件具备时主动采取措施予以解决；对于已经处理的纳税人需求，应通过电话回访、问卷调查、随机抽查等形式，对相关措施的实际效果进行评估，未达到预期效果的，及时采取措施进一步解决。通过收集、分析、处理和持续的效果评估，实现纳税人需求的动态管理。

纳税人需求管理应遵循依法服务、科学高效、统筹协调和自愿参与的工作原则。税务机关开展纳税人需求管理包括需求征集、需求分析、需求响应和结果运用四个环节。税务机关应加强对需求结果的应用：一是改进工作，二是辅助决策，三是定期公开。

（八）纳税人满意度调查

在国家税务总局每 2 年开展一次全国纳税人满意度调查的基础上，省级税务机关可以适时开展对具体服务措施的满意度调查，但原则上在一个年度内不得对纳税人进行重复调查，以免增加纳税人负担。税务机关应当对调查获取的信息进行深入分析、合理应用，及时整改存在的问题和不足，逐步完善服务措施，使有限的服务资源发挥出最大的效能。

纳税人满意度调查类型分为全面调查、专项调查和日常调查。各级税务机关可自行组织或委托第三方专业机构实施调查，可采用电话、网络、信函、入户走访、窗口服务评价等方式开展。调查指标主要包括各级税务机关在政策落实、规范执法、服务质效、信息化建设、廉洁自律等方面的情况。

税务机关开展纳税人满意度调查包括制定方案、调查准备、调查实施、统计汇总、数据分析、形成报告、资料归档及其他八个环节。税务机关应加强对纳税人满意度调查结果的应用：一是考核通报，二是改进工作，三是外部反馈，四是需求管理。

（九）涉税信息查询

涉税信息查询，是指税务机关依法对外提供的信息查询服务。可以查询的信息包括由税务机关专属掌握可对外提供查询的信息，以及有助于纳税人履行纳税义务的税收信息。涉税咨询、依申请公开信息不属于涉税信息查询。

认真执行《纳税人涉税保密信息管理暂行办法》，明确工作职责，严格贯彻涉税保密的相关规定。严格遵守信息披露、提供和查询程序，防止泄露纳税人个人隐私和商业秘密。对于税务机关和税务人员在税收征收管理各环节采集、接触到的纳税人涉密信息，必须在职责范围内接收、使用和传递。强化保密教育，努力增强税务人员的保密意识，切实保障纳税人的保密权。

社会公众可以通过报刊、网站、信息公告栏等公开渠道查询税收政策、重大税收违法案件信息、非正常户认定信息等依法公开的涉税信息。税务机关应当对公开涉税信息的查询途径及时公告，方便社会公众查询。

纳税人可以通过网站、客户端软件、自助办税终端等渠道，经过有效身份认证和识别，自行查询税费缴纳情况、纳税信用评价结果、涉税事项办理进度等自身涉税信息。

对于纳税人无法自行获取所需自身涉税信息，可以向税务机关提出书面申请，税务机关应当在本单位职责权限内予以受理。纳税人书面申请查询，要求税务机关出具书面查询结果的，税务机关应当出具《涉税信息查询结果告知书》。涉税信息查询结果不作为涉税证明使用。

纳税人对查询结果有异议，可以向税务机关申请核实，并提交相关资料。税务机关应当对纳税人提供的异议信息进行核实，并将核实结果告知纳税人。税务机关确认涉税信息存在错误，应当及时进行信息更正。

各级税务机关应当采取有效措施，切实保障涉税信息查询安全可控。对于未按规定提供涉税信息或泄露纳税人信息的税务人员，应当按照有关规定追究责任。

（十）纳税服务投诉管理

严格执行《纳税服务投诉管理办法》（国家税务总局公告 2019 年第 27 号修订发布），各级税务机关应配备专门的纳税服务投诉管理人员，健全内部管理机制，畅通投诉受理渠道，规范统一处理流程，利用信息化手段，建立纳税服务投诉“受理、承办、转办、督办、反馈、分析和持续改进”一整套流程的处理机制。定期对投诉事项进行总结、分析和研究，及时发现带有倾向性和普遍性的问题，提出预防和解决的措施，实现从被动接受投诉到主动预防投诉的转变。

各级税务机关的纳税服务部门是纳税服务投诉的主管部门，负责纳税服务投诉的接收、受理、调查、处理、反馈等事项。需要其他部门配合的，由纳税服务部门进行统筹协调。

税务机关应当建立纳税服务投诉事项登记制度，记录投诉时间、投诉人、被投诉人、联系方式、投诉内容、受理情况及办理结果等有关内容。

纳税服务投诉范围包括：纳税人对税务机关工作人员服务言行进行的投诉。纳税人对税务机关及其工作人员服务质效进行的投诉。纳税人对税务机关及其工作人员在履行纳税服务职责过程中，侵害其合法权益的行为进行的其他投诉。

纳税人可以通过网络、电话、信函或者当面等方式提出投诉。纳税人进行纳税服务投诉原则上以实名提出。纳税人对纳税服务的投诉，可以向本级税务机关提交，也可以向其上级税务机关提交。

税务机关应在规定时限内将处理结果以适当形式向投诉人反馈。反馈时应告知投诉人投诉是否属实，对投诉人权益造成损害的行为是否终止或改正；不属实的投诉应说明理由。

（十一）纳税人纳税信用管理

税务机关负责纳税人纳税信誉等级评定工作。纳税人纳税信誉等级的评定办法由国家税务总局制定。

纳税信用管理是指税务机关对纳税人的纳税信用信息开展的采集、评价、确定、发布和应用等活动。

《纳税信用管理办法（试行）》（国家税务总局公告2014年第40号）适用于已办理税务登记，从事生产、经营并适用查账征收的企业纳税人。根据《国家税务总局关于纳税信用管理有关事项的公告》（国家税务总局公告2020年第15号）规定，非独立核算分支机构可自愿参与纳税信用评价。

纳税信用信息采集，是指税务机关对纳税人纳税信用信息的记录和收集。

纳税信用信息包括纳税人信用历史信息、税务内部信息、外部信息。

纳税信用评价采取年度评价指标得分和直接判级方式。评价指标包括税务内部信息和外部评价信息。纳税信用评价周期为一个纳税年度。

纳税信用评价结果的确定和发布遵循“谁评价、谁确定、谁发布”的原则。税务机关每年4月确定上一年度纳税信用评价结果，并为纳税人提供查询服务。对纳税信用评价结果，按分级分类原则，依法有序开放。

2020年11月1日起，纳税人对指标评价情况有异议的，可在评价年度次年3月填写《纳税信息复评（核）申请表》，向主管税务机关提出复核，主管税务机关在开展年度评价时审核调整，并随评价结果向纳税人提供复核情况的自我查询服务。

税务机关按照守信激励、失信惩戒的原则，对不同信用级别的纳税人实施分类服务和管理。

2022年1月1日起，符合下列条件之一的纳税人，可向主管税务机关申请纳税信用修复：

1. 破产企业或其管理人在重整或和解程序中，已依法缴纳税款、滞纳金、罚款，并纠正相关纳税信用失信行为的。

2. 因确定为重大税收违法失信主体，纳税信用直接判为D级的纳税人，失信主体信息已按照国家税务总局相关规定不予公布或停止公布，申请前连续12个月没有新增纳税信用失信行为记录的。

3. 由纳税信用D级纳税人的直接责任人员注册登记或者负责经营，纳税信用关联评价为D级的纳税人，申请前连续6个月没有新增纳税信用失信行为记录的。

4. 因其他失信行为纳税信用直接判为D级的纳税人，已纠正纳税信用失信行为、履行税收法律责任，申请前连续12个月没有新增纳税信用失信行为记录的。

5. 因上一年度纳税信用直接判为D级，本年度纳税信用保留为D级的纳税人，已纠正纳税信用失信行为、履行税收法律责任或失信主体信息已按照国家税务总局相关规定不予公布或停止公布，申请前连续 12 个月没有新增纳税信用失信行为记录的。

符合《国家税务总局关于纳税信用修复有关事项的公告》（国家税务总局公告 2019 年第 37 号）所列条件的纳税人，其纳税信用级别及失信行为的修复仍从其规定。

符合条件的纳税人，可填写《纳税信用修复申请表》，对当前的纳税信用评价结果向主管税务机关申请纳税信用修复。税务机关核实纳税人纳税信用状况，按照《纳税信用修复范围及标准》调整相应纳税信用评价指标状态，根据纳税信用评价相关规定，重新评价纳税人的纳税信用级别。

申请破产重整企业纳税信用修复的，应同步提供人民法院批准的重整计划或认可的和解协议，其破产重整前发生的相关失信行为，可按照《纳税信用修复范围及标准》中破产重整企业适用的修复标准开展修复。

自 2021 年度纳税信用评价起，税务机关按照“首违不罚”相关规定对纳税人不予行政处罚的，相关记录不纳入纳税信用评价。

（十二）税务机关对涉税专业服务的监管

1. 涉税专业服务机构，是指税务师事务所和从事涉税专业服务的会计师事务所、律师事务所、代理记账机构、税务代理公司、财税类咨询公司等机构。

2. 涉税专业服务机构可以从事下列涉税业务：（1）纳税申报代理。（2）一般税务咨询。（3）专业税务顾问。（4）税收策划。（5）涉税鉴证。（6）纳税情况审查。（7）其他税务事项代理。（8）其他涉税服务。第（3）项至第（6）项涉税业务，应当由具有税务师事务所、会计师事务所、律师事务所资质的涉税专业服务机构从事，相关文书应由税务师、注册会计师、律师签字，并承担相应的责任。

3. 税务机关涉税专业服务监管的主要内容：

（1）涉税专业服务机构行政登记管理，根据国务院第 91 次常务会议决定，将“税务师事务所设立审批”调整为“具有行政登记性质的事项”，应当对税务师事务所实施行政登记管理。

（2）实名制管理，对涉税专业服务机构及其从事涉税服务人员进行实名制管理。税务机关依托金税三期应用系统，建立涉税专业服务管理信息库。

（3）资料报送和留存备查，应当建立业务信息采集制度，利用现有的信息化平台分类采集业务信息，加强内部信息共享，提高分析利用水平。涉税专业服务机构应当以年度报告形式，向税务机关报送从事涉税专业服务的总体情况。

（4）信用评价管理，应当建立信用评价管理制度，对涉税专业服务机构从事涉税专业服务情况进行信用评价，对其从事涉税服务人员进行信用记录。

（5）执业情况检查，对涉税专业服务机构从事涉税专业服务的执业情况进行检查，根据举报、投诉情况进行调查。

(6) 利用行业协会监督指导，应当加强对税务师行业协会的监督指导，与其他相关行业协会建立工作联系制度。可以委托行业协会对涉税专业服务机构从事涉税专业服务的执业质量进行评价。

第三节 税费基础管理

一、税费综合信息管理

（一）身份信息报告

身份信息，是指纳税人、扣缴义务人自成立之日起就具备的自然属性信息，如纳税人名称、登记注册类型、注册地址、生产经营地址、总分机构、投资人信息等。

身份信息报告主要包含纳税人身份信息确认、纳税人（扣缴义务人）身份信息报告、自然人自主报告身份信息、解除相关人员关联关系等。

1. 纳税人身份信息确认。

已实行“多证合一、一照一码”和“两证整合”登记模式纳税人，首次办理涉税事宜时，对市场监督管理等登记部门已采集或者已变更的信息进行确认。纳税人身份信息确认主要包括：一照一码户登记信息确认、两证整合个体工商户登记信息确认等。

(1) 一照一码户登记信息确认。

新设立登记的企业、农民专业合作社（以下统称“企业”）领取由市场监督管理部门核发加载法人和其他组织统一社会信用代码的营业执照后，无需再次进行税务登记，不再领取税务登记证。企业首次办理涉税事宜时，税务机关依据市场监督管理部门共享的登记信息制作《“多证合一”登记信息确认表》，提醒纳税人对其中不全的信息进行补充，对不准的信息进行更正，对需要更新的信息进行补正。对于市场监管部门登记已采集信息，税务机关不再重复采集；其他必要涉税基础信息，可在企业办理有关涉税事宜时，及时采集，陆续补齐。在完成相关信息采集后，企业凭加载统一社会信用代码的营业执照可代替税务登记证使用。

税务部门与民政部门之间能够建立省级统一的信用信息共享交换平台、政务信息平台、部门间数据接口并实现登记信息实时传递的，可以参照企业“多证合一”的做法，对已取得统一社会信用代码的社会组织纳税人进行“多证合一”登记模式改革试点，由民政部门受理申请，只发放标注统一社会信用代码的社会组织（社会团体、基金会、民办非企业单位）法人登记证，赋予其税务登记证的全部功能，不再另行发放税务登记证件。

（2）两证整合个体工商户登记信息确认。

新设立的个体工商户由市场监督管理部门核发一个加载法人和其他组织统一社会信用代码的营业执照，纳税人首次办理涉税事项时，主管税务机关通过外部信息交换系统获取个体工商户登记表单信息及确认其他税务管理信息。对于市场监管部门已采集信息，税务机关不再重复采集；其他必要涉税基础信息，可在个体工商户办理有关涉税事宜时，及时进行补充确认。

2. 纳税人（扣缴义务人）身份信息报告。

不适用“多证合一”“两证整合”的纳税人，满足以下情形的纳税人应办理纳税人（扣缴义务人）身份信息报告：

（1）未取得统一社会信用代码但经有关部门批准设立的。

（2）因经营地址变更等原因，注销后恢复开业的。

（3）有独立的生产经营权、在财务上独立核算并定期向发包人或者出租人上交承包费或租金的承包承租人。

（4）境外企业在中国境内承包建筑、安装、装配、勘探工程和提供劳务的。

（5）从事生产、经营的纳税人，应经有关部门批准设立但未经有关部门批准的。

（6）非境内注册居民企业收到居民身份认定书的。

（7）对依法不需要经有关部门批准设立的，在申请办理代开发票等涉税业务，或者税务机关依职权对其发起稽查、法制等涉税业务的。

（8）根据税收法律、行政法规的规定负有扣缴税款义务的扣缴义务人，应当办理扣缴税款登记的。

上述纳税人（扣缴义务人）身份信息发生变化的也通过该事项办理。

3. 自然人自主报告身份信息。

以自然人名义纳税的中国公民、外籍人员和中国港澳台地区人员申请办理自然人信息报告。对自然人基础信息的管理是实施自然人管理的基础，自然人纳税人应向税务机关报告与纳税有关的基本信息，其中包括本人基本身份信息、身份属性信息、相关基础信息、家庭信息、财产信息以及其他基础信息。

4. 解除相关人员关联关系。

主张身份证件被冒用于登记注册为法定代表人，根据登记机关登记信息的变化情况，更改该法定代表人与纳税人的关联关系。

主张身份证件被冒用于登记为财务负责人和其他办税人员，根据其出具的个人声明、公安机关接报案回执等相关资料，解除其与纳税人的关联关系。

主张本人身份信息被其他单位或个人违法使用办理虚假纳税申报的自然人纳税人，可向税务机关进行检举。

（二）制度信息报告

制度信息报告指纳税人将生产经营过程中相关制度向税务机关报告，主要包括存款账户账号报告、财务会计制度及核算软件备案报告、银税三方（委托）划缴协议。

1. 存款账户账号报告。

从事生产、经营的纳税人应当自开立基本存款账户或者其他存款账户之日起 15 日内，向主管税务机关书面报告其全部账号；发生变化的，应当自发生变化之日起 15 日内，向主管税务机关书面报告。

2. 财务会计制度及核算软件备案报告。

从事生产、经营的纳税人应当自领取税务登记证件之日起 15 日内，将其财务、会计制度或者财务、会计处理办法等信息报送税务机关备案。

纳税人使用计算机记账的，还应在使用前将会计电算化系统的会计核算软件、使用说明书及有关资料报送主管税务机关备案。

非境内注册居民企业应当按照中国有关法律、法规和国务院财政、税务主管部门的规定，编制财务、会计报表，并在领取税务登记证件之日起 15 日内将企业的财务、会计制度或者财务会计、处理办法及有关资料报送主管税务机关备案。

3. 银税三方（委托）划缴协议。

纳税人需要使用电子缴税系统缴纳税费的，可以与税务机关、开户银行签署委托银行代缴税款三方协议或委托划转税款协议，实现使用电子缴税系统缴纳税费、滞纳金和罚款。

（三）跨区域经营信息报告

跨区域涉税事项报验管理，是指纳税人跨省（自治区、直辖市和计划单列市）临时从事生产经营活动的，要向机构所在地和经营所在地的税务机关进行税源信息报告、报验、反馈。纳税人在省（自治区、直辖市和计划单列市）内跨县（市）临时从事生产经营活动的，是否实施跨区域涉税事项报验管理由各省（自治区、直辖市和计划单列市）税务机关自行确定。跨区域涉税事项报验管理包括跨区域涉税事项报告、跨区域涉税事项报验、跨区域涉税事项信息反馈 3 类事项。

1. 跨区域涉税事项报告。

纳税人跨省（自治区、直辖市和计划单列市）临时从事生产经营活动的，向机构所在地的税务机关填报《跨区域涉税事项报告表》。机构所在地的税务机关受理，发送给经营地的税务机关。

纳税人合同延期的，既可向经营地的税务机关，也可向机构所在地的税务机关发起延期。

异地不动产转让和租赁业务不适用跨区域涉税事项管理相关制度规定。

2. 跨区域涉税事项报验。

纳税人到达经营地后，首次在经营地办理涉税事宜时，向经营地税务机关报验。经营地税务机关受理纳税人报验信息，反馈报验状态、报验时间、报验机关给机构所在地税务机关。

3. 跨区域涉税事项信息反馈。

纳税人跨区域经营活动结束后，应当结清经营地税务机关的应纳税款以及其他涉税事项，向经营地税务机关填报《经营地涉税事项反馈表》。经营地税务机关对《经营地涉税事项反馈表》进行核对后，应当及时将相关信息反馈给机构所在地税务机关。纳税人不需要另行向机构所在地税务机关反馈。

（四）资格信息报告

资格信息，是指纳税人从外部门或税务机关获取的特定资格、资质情况，该资格、资质是纳税人享受税收优惠或办理涉税事项须具备的前提条件。

资格信息报告主要包括增值税一般纳税人登记、选择按小规模纳税人纳税的情况说明、增值税适用加计抵减政策声明、软件产品增值税即征即退进项分摊方式资料报送与信息报告等事项，对纳税人获取的资格、资质情况进行采集。

1. 增值税一般纳税人登记。

增值税一般纳税人资格实行登记制，登记事项由增值税纳税人向其主管税务机关办理。

（1）小规模纳税人会计核算健全，能够提供准确税务资料的，可以向主管税务机关进行增值税一般纳税人登记。

（2）年应税销售额超过财政部、国家税务总局规定的小规模纳税人标准，除《增值税一般纳税人登记管理办法》（国家税务总局令第 43 号公布）第四条规定外的纳税人，应该向主管税务机关进行增值税一般纳税人登记。

（3）从事成品油销售的加油站、航空运输企业、电信企业总机构及其分支机构，一律由主管税务机关登记为增值税一般纳税人。

（4）年应税销售额未超过规定标准的纳税人，会计核算健全，能够提供准确税务资料的，可以向主管税务机关办理增值税一般纳税人资格登记。

（5）纳税人登记为一般纳税人后，不得转为小规模纳税人，国家税务总局另有规定的除外。

2. 选择按小规模纳税人纳税的情况说明。

符合下列条件的纳税人可选择按小规模纳税人纳税：

（1）非企业性单位、不经常发生应税行为的企业。

（2）年应税销售额超过规定标准但不经常发生应税行为的单位和个体工商户。

纳税人年应税销售额超过规定标准，且符合有关政策规定，选择按小规模纳税人纳税的，应当向主管税务机关提交书面说明。

3. 增值税适用加计抵减政策声明。

自 2019 年 4 月 1 日至 2022 年 12 月 31 日，允许生产、生活性服务业纳税人按照当期可抵扣进项税额加计 10%，抵减应纳税额。所称生产、生活性服务业纳税人，是指提供邮政服务、电信服务、现代服务、生活服务取得的销售额占全部销售额的比重超过 50% 的纳税人。

自 2019 年 10 月 1 日至 2022 年 12 月 31 日，允许生活性服务业纳税人按照当期可抵扣进项税额加计 15%，抵减应纳税额。生活性服务业纳税人，是指提供生活服务取得的销售额占全部销售额的比重超过 50% 的纳税人。

纳税人确定适用加计抵减政策后，当年内不再调整，以后年度是否适用，根据上年度销售额计算确定。纳税人可计提但未计提的加计抵减额，可在确定适用加计抵减政策当期一并计提。

4. 软件产品增值税即征即退进项分摊方式资料报送与信息报告。

增值税一般纳税人在销售软件产品的同时销售其他货物或者应税劳务的，对于无法划分的进项税额，应按照实际成本或销售收入比例确定软件产品应分摊的进项税额；对专用于软件产品开发生产设备及工具的进项税额，不得进行分摊。纳税人应将选定的分摊方式报主管税务机关备案，并自备案之日起一年内不得变更。

（五）优惠信息报告

优惠信息报告主要包括申报享受税收减免、税收减免备案、税收减免核准、跨境应税行为免征增值税报告、纳税人放弃免（减）税权声明等事项。

1. 申报享受税收减免。

符合申报享受税收减免条件的纳税人，在首次申报享受时随申报表报送附列资料，或直接在申报表中填列减免税信息无需报送资料。纳税人对报送材料的真实性和合法性承担责任。纳税人兼营免税、减税项目的，应当分别核算免税、减税项目的销售额；未分别核算销售额的，不得免税、减税。

2. 税收减免备案。

符合备案类税收减免的纳税人，如需享受相应税收减免，在首次享受减免税的申报阶段或在申报征期后的其他规定期限内提交相关资料向主管税务机关申请办理税收减免备案。

纳税人在符合减免税条件期间，备案材料一次性报备，在政策存续期可一直享受，当减免税情形发生变化时，应当及时向税务机关报告。

3. 税收减免核准。

符合核准类税收减免的纳税人，提交核准材料，提出申请，经依法具有批准权限的税务机关按规定核准确认后方可享受。未按规定申请或虽申请但未经有批准权限的税务机关核准确认的，纳税人不得享受。

4. 跨境应税行为免征增值税报告。

纳税人发生向境外单位销售服务或无形资产等跨境应税行为符合免征增值税条件的，在首次享受免税的纳税申报期内或在各省、自治区、直辖市和计划单列市税务局规定的申报征期后的其他期限内，到主管税务机关办理跨境应税行为免税备案手续。

5. 纳税人放弃免（减）税权声明。

纳税人销售货物、应税劳务或者发生应税行为适用免税、减税规定的，可以放弃免税、减税，报主管税务机关备案。

适用增值税免税政策的出口货物劳务，出口企业或其他单位如果放弃免税，实行按内销货物征税的，应向主管税务机关提出书面报告。

（六）状态信息报告

状态信息报告是指纳税人、扣缴义务人、缴费人在生产经营状况发生变化时，向主管税务机关进行备案。主要包含停业登记、复业登记、合并分立报告、一照一码户清税申报、两证整合个体工商户清税申报、企业所得税清算报备、注销税务登记、税务注销即时办理等事项。

1. 停业登记。

实行定期定额征收方式的个体工商户或比照定期定额户进行税款征收管理的个人独资企业需要停业的，应当在停业前向税务机关申报办理停业登记。纳税人的停业期限不得超过一年。

纳税人在申报办理停业登记时，应如实填写申请登记表，说明停业理由、停业期限、停业前的纳税情况和发票的领、用、存情况，并结清应纳税款、滞纳金、罚款。税务机关应收存其税务登记证件及副本。

纳税人停业期满不能及时恢复生产经营的，应当在停业期满前到税务机关办理延长停业登记，并如实填写《停业复业报告书》。

2. 复业登记。

纳税人应当于恢复生产经营之前，向主管税务机关申报办理复业登记。

纳税人停业期满既未按期复业又不申请延长停业的，税务机关应当视为已恢复营业，实施正常的税收征收管理。

3. 合并分立报告。

纳税人有合并、分立情形的，应当向税务机关报告，并依法缴清税款。纳税人合并时未缴清税款的，由合并后的纳税人继续履行未履行的纳税义务；纳税人分立时未缴清税款的，分立后的纳税人对未履行的纳税义务应当承担连带责任。当纳税人在市场监管部门或其他监管部门办理完毕登记或变更登记手续后，税务机关可以向合并后的企业或者分立后的任一企业追征税款。

纳税人合并分立报告分为纳税人合并报告和纳税人分立报告两种情况，其中合并又分为吸收合并和新设合并，分立又分为存续分立和新设分立。

4. 一照一码户清税申报。

已实行“多证合一、一照一码”登记模式的企业办理注销登记，须先向税务主管机关申报清税，填写《清税申报表》，税务机关受理后，进行清税，限时办理。清税完毕后根据清税结果向纳税人出具《清税证明》，并将信息共享到交换平台。

税务机关应当分类处理纳税人清税申报，扩大即时办结范围。根据企业经营规模、税款征收方式、纳税信用等级指标进行风险分析，对风险等级低的当场办结清税手续；对于存在疑点情况的，企业也可以提供税务中介服务机构出具的鉴证报告。

税务机关在核查、检查过程中发现涉嫌偷、逃、骗、抗税或虚开发票的，或者需要进行纳税调整等情形的，办理时限自然中止。

被调查企业在税务机关实施特别纳税调查调整期间申请变更经营地址或者注销税务登记的，税务机关在调查结案前原则上不予办理税务变更、注销手续。

5. 两证整合个体工商户清税申报。

已领取统一社会信用代码的个体工商户申请注销登记前，应当先向主管税务机关申报清税，填报《清税申报表》。税务机关受理后，进行清税，限时办结。清税完毕后根据清税结果向纳税人出具《清税证明》。

对已领取加载统一社会信用代码营业执照，未在税务机关启用统一社会信用代码的个体工商户，需要《清税证明》的，主管税务机关通过外部信息交换系统获取市场监督管理部门推送的有关表单信息，确认登记信息，进行税务管理，办理清税事宜。

6. 企业所得税清算报备。

企业应当在办理注销登记前，就其清算所得向税务机关申报并依法缴纳企业所得税。

(1) 企业清算的所得税处理，是指企业在不再持续经营，发生结束自身业务、处置资产、偿还债务以及向所有者分配剩余财产等经济行为时，对清算所得、清算所得税、股息分配等事项的处理。

(2) 应进行清算的所得税处理的企业包括：按《公司法》《企业破产法》等规定需要进行清算的企业；企业重组中需要按清算处理的企业。

(3) 企业发生符合相关规定的特殊性税务处理规定的合并、分立，无需进行清算。

进入清算期的企业应对清算事项，报主管税务机关备案。

纳税人有解散、撤销、破产情形的，在清算前应当向其主管税务机关报告；未结清税款的，由其主管税务机关参加清算。

7. 注销税务登记。

纳税人发生以下情形的，向主管税务机关申报办理注销税务登记：

（1）纳税人发生解散、破产、撤销以及其他情形，依法终止纳税义务的。

（2）按规定不需要在市场监督管理部门或者其他机关办理注销登记的，但经有关机关批准或者宣告终止的。

（3）纳税人被市场监督管理部门吊销营业执照或者被其他机关予以撤销登记的。

（4）境外企业在中国境内承包建筑、安装、装配、勘探工程和提供劳务的，项目完工、离开中国的。

（5）外国企业常驻代表机构驻在期届满、提前终止业务活动的。

（6）非境内注册居民企业经确认终止居民身份的。

该事项不适用实施“一照一码”“两证整合”的纳税人。

8. 税务注销即时办理。

未办理过涉税事宜的纳税人，办理过涉税事宜但没领用过发票（含代开发票）、没有欠税和没有其他未办结事项的纳税人，查询时已办结缴销发票、结清应纳税款等清税手续的纳税人，可免予到税务机关办理清税证明，直接向市场监管部门申请办理注销登记。

未办理过涉税事宜的纳税人，主动到税务机关办理清税的，税务机关可根据纳税人提供的营业执照即时出具清税文书。

经人民法院裁定宣告破产的纳税人，持人民法院终结破产程序裁定书向税务机关申请税务注销的，税务机关即时出具清税文书。

未处于税务检查状态、无欠税（滞纳金）及罚款、已缴销发票和税控专用设备的企业分支机构，若由总机构汇总缴纳增值税、企业所得税，并且不就地预缴或分配缴纳增值税、企业所得税的，税务机关即时出具清税文书。

符合下列条件的纳税人在办理税务注销时，税务机关提供即时办结服务，采取“承诺制”容缺办理，即时出具清税文书：

（1）办理过涉税事宜但未领用发票、无欠税（滞纳金）及罚款的纳税人，主动到税务机关办理清税。

（2）对未处于税务检查状态、无欠税（滞纳金）及罚款、已缴销增值税专用发票及税控专用设备，且符合下列情形之一的纳税人：纳税信用级别为A级和B级的纳税人；控股母公司纳税信用级别为A级的M级纳税人；省级人民政府引进人才或经省级以上行业协会等机构认定的行业领军人才等创办的企业；未纳入纳税信用级别评价的定期定额个体工商户；未达到增值税纳税起征点的纳税人。

二、发票管理

（一）发票领用

发票领用，是指已办理税务登记的单位和个人，可以根据自己的生产经营需要到税务机关领用发票，包括发票票种核定、增值税专用发票（增值税税控系统）最高开票限额审批、发票领用、发票退票、印制有本单位名称发票等业务内容。

1. 发票票种核定。

纳税人办理了税务登记后需要领用发票的，应当向主管税务机关申请办理发票领用手续。主管税务机关根据领用单位和个人的经营范围和规模，确认领用发票的种类、数量、开票限额以及领用方式。

税务机关为符合条件的首次申领增值税发票的新办纳税人办理发票票种核定，增值税专用发票最高开票限额不超过 10 万元，每月最高领用数量不超过 25 份；增值税普通发票最高开票限额不超过 10 万元，每月最高领用数量不超过 50 份。

有条件的地区，可探索设计相关模型，分析纳税人行业、规模、从业人数、经营范围、注册资本等信息，自动核定或调整纳税人发票用量及开票限额。

2. 增值税专用发票（增值税税控系统）最高开票限额审批。

增值税专用发票（增值税税控系统）实行最高开票限额管理。最高开票限额，是指单份专用发票开具的销售额合计数不得达到的上限额度。最高开票限额由一般纳税人（包括具有自开增值税专用发票资格的小规模纳税人）申请，区县税务机关依法审批。一般纳税人申请最高开票限额时，需填报《增值税专用发票最高开票限额申请单》。主管税务机关受理纳税人申请以后，根据需要进行实地查验。一般纳税人申请增值税专用发票最高开票限额不超过 10 万元的，主管税务机关不需事前进行实地查验。

主管税务机关对辅导期纳税人实行限量限额发售专用发票。实行纳税辅导期管理的小型商贸批发企业，领用专用发票的最高开票限额不得超过 10 万元；其他一般纳税人专用发票最高开票限额应根据企业实际经营情况重新核定。

对以下几类风险纳税人，主管税务机关可以严格控制其增值税专用发票最高开票限额。

（1）“一址多照”、无固定经营场所的纳税人。

（2）信用等级评价为 D 级或严重税收失信的纳税人。

（3）其法人或财务负责人曾任非正常户或走逃失联企业的法人或财务负责人的纳税人。

（4）其他税收风险等级较高的纳税人。

3. 发票领用。

已办理税务登记的单位和个人，在向主管税务机关办理发票领用手续后，可以按税务机关确认的发票种类、数量、开票限额以及领用方式，到税务机关申请领用发票。

纳税信用 A 级的纳税人可一次领取不超过 3 个月的增值税发票用量，纳税信用 B 级的纳税人可一次领取不超过 2 个月的增值税发票用量。

4. 发票退票。

纳税人因发票印制质量、发票发放错误、纳税人领票信息电子数据丢失、税控设备故障等原因需要将已领用的空白发票退回的，税务机关为纳税人办理退票。

5. 印制有本单位名称发票。

使用印有本单位名称发票的单位必须按照税务机关批准的式样和数量，到发票印制企业印制发票，印制费用由用票单位与发票印制企业直接结算，并按规定取得印制费用发票。

（二）发票代开及作废

发票代开及作废，是指由税务机关根据收款方（或提供劳务服务方）的申请，依照法规、规章以及其他规范性文件的规定，代为向付款方（或接受劳务服务方）开具发票以及作废代开发票的行为。

发票代开及作废包括代开增值税专用发票、代开增值税普通发票和代开发票作废等三项业务内容。

1. 代开增值税专用发票。

已办理税务登记的小规模纳税人（包括个体经营者）以及国家税务总局确定的其他可予代开增值税专用发票的纳税人发生增值税应税行为、需要开具增值税专用发票时，可向其主管税务机关申请代开。

增值税纳税人申请代开增值税专用发票时，应填写《代开增值税发票缴纳税款申报单》，到主管税务机关税款征收岗位按增值税专用发票上注明的税额全额申报缴纳税款。

代开专用发票遇有填写错误、销货退回或销售折让等情形的，按照专用发票有关规定处理。税务机关代开专用发票时填写有误的，应及时在防伪税控代开发票系统中作废，重新开具。代开专用发票后发生退票的，税务机关应按照增值税一般纳税人作废或开具负数专用发票的有关规定进行处理。对需要重新开票的，税务机关应同时进行新开票税额与原开票税额的清算，多退少补；对无需重新开票的，按相关规定退还增值税纳税人已缴的税款或抵顶下期正常申报税款。

税务机关为小规模纳税人代开专用发票需要开具红字专用发票的，比照一般纳税人开具红字专用发票的处理办法，信息表第二联交代开税务机关。

增值税小规模纳税人销售其取得的不动产以及其他个人出租不动产，购买方或承租方不属于其他个人的，纳税人缴纳增值税后可以向税务机关申请代开增值税专用发票。

小规模纳税人销售自行开发的房地产项目，自行开具增值税普通发票。购买方需要增值税专用发票的，小规模纳税人向主管税务机关申请代开。

接受税务机关委托代征税款的保险企业，向个人保险代理人支付佣金费用后，可代个人保险代理人统一向主管税务机关申请汇总代开增值税普通发票或增值税专用发票。代开增值税发票时，应向主管税务机关出具个人保险代理人的姓名、身份证号码、联系方式、付款时间、付款金额、代征税款的详细清单。主管税务机关为个人保险代理人汇总代开增值税发票时，应在备注栏内注明“个人保险代理人汇总代开”字样。

货物运输业小规模纳税人异地代开增值税专用发票资格的纳税人，在境内提供公路或内河货物运输服务，需要开具增值税专用发票的，在税务登记地、货物起运地、货物到达地或运输业务承揽地（含互联网物流平台所在地）中任何一地，就近向税务机关申请代开专用发票。

2. 代开增值税普通发票。

税务机关依据纳税人申请，为符合代开条件的单位和个人开具增值税普通发票。不能自开增值税普通发票的小规模纳税人销售其取得的不动产，以及其他个人出租不动产，可以向税务机关申请代开增值税普通发票。

3. 代开发票作废。

税务机关为纳税人代开发票后，发生销货退回或销售折让、开票有误、应税服务中止等情形，如已跨月，则应按照增值税一般纳税人开具负数专用发票的有关规定进行处理；如未跨月，在收回全部联次后，符合条件的直接按作废处理。

（三）发票验旧缴销

发票验旧缴销是指已领用发票的纳税人，应当按照税务机关的规定报告发票使用情况，税务机关应当按照规定进行查验、缴销处理。包括了发票验（交）旧、发票缴销等业务内容。

1. 发票验（交）旧。

单位和个人领用发票时，应当按照税务机关的规定报告发票使用情况，税务机关应当按照规定对已开具发票存根联（记账联）、红字发票和作废发票进行查验，检查发票的开具是否符合有关规定。

取消增值税发票和定额发票等非税控发票的手工验旧。税务机关应利用增值税发票税控系统报税数据，通过信息化手段实现增值税发票验旧工作。

2. 发票缴销。

纳税人因信息变更或清税注销，跨区域经营活动结束，发票换版、损毁等原因按规定需要缴销发票的，到税务机关进行缴销处理。税务机关对纳税人领用的空白发票做剪角处理。

（四）红字增值税专用发票开具及作废

1. 红字增值税专用发票开具申请。

纳税人开具增值税专用发票后，发生销货退回、开票有误、应税服务中止、销售折让等情形，或者开具增值税纸质专用发票后发生发票抵扣联、发票联均无法认证情形，需要开具红字专用发票的，需取得税务机关系统校验通过的《开具红字增值税专用发票信息表》。

2. 作废开具红字发票信息表。

《开具红字增值税专用发票信息表》填开错误且尚未使用的，纳税人可申请作废。

（五）发票真伪鉴定

用票单位和个人收到待鉴定真伪发票，有权申请税务机关对发票的真伪进行鉴别，收到申请的税务机关应当受理并负责鉴别发票的真伪，鉴别有困难的，可以提请发票监制税务机关协助鉴别。

在伪造、变造现场查获的假发票，由当地税务机关负责鉴定。

（六）增值税税控系统使用

1. 增值税税控系统专用设备初始发行。

纳税人在初次使用或重新领购税控设备开具发票之前，税务机关需要对税控设备进行初始化处理，将开票所需的各种信息载入税控设备。

实行专票电子化的地区，需要开具增值税纸质普通发票、增值税电子普通发票、增值税纸质专用发票、增值税电子专用发票、纸质机动车销售统一发票和纸质二手车销售统一发票的新办纳税人，统一领取税务 UKey 开具发票。税务机关向新办纳税人免费发放税务 UKey，并依托增值税电子发票公共服务平台，为纳税人提供免费的电子专票开具服务。

2. 增值税税控系统专用设备变更发行。

纳税人增值税专用设备载入信息发生变更的，税务机关对税控设备及数据库中的信息作相应变更。

变更的内容包括：纳税人名称变更；纳税人除名称外其他税务登记基本信息变更；纳税人发行授权信息变更；因纳税人金税盘、税控盘、报税盘、税务 UKey 损坏，而对其金税盘、税控盘、报税盘、税务 UKey 进行变更；因纳税人开票机数量变化而进行发行变更；增值税发票管理系统离线开票时限和离线开票总金额变更；购票人员姓名、密码发生变更等。

3. 增值税税控系统专用设备注销发行。

纳税人发生清税（注销）等涉及增值税税控系统专用设备需注销发行的，税务机关在增值税税控系统中注销纳税人发行信息档案。需收缴设备的，收缴纳税人税控设备。

注销发行前，应事前办理空白发票的退回或缴销，以及采集已开具增值税发票数据。

纳税人当前使用的增值税税控系统专用设备发生损毁或盗失等情况，若继续使用的，做更换处理，不再继续使用的，报税务机关备案并办理注销发行。

三、税费申报缴纳管理

（一）增值税申报

增值税申报，是指纳税人、扣缴义务人为正确履行纳税义务，就增值税申报有关事项向税务机关提交有关申报报告的法律行为。

增值税申报包括：增值税预缴申报、增值税一般纳税人申报、增值税小规模纳税人申报等。

1. 增值税预缴申报。

纳税人（不含其他个人）跨地（市、州）提供建筑服务、房地产开发企业预售自行开发的房地产项目、纳税人（不含其他个人）出租与机构所在地不在同一县（市）的不动产等，按规定需要在项目所在地或不动产所在地主管税务机关预缴税款的，填报《增值税及附加税费预缴表》及其他相关资料，向税务机关进行纳税申报。

按照现行规定应当预缴增值税税款的小规模纳税人，凡在预缴地实现的月销售额未超过 15 万元（以 1 个季度为 1 个纳税期的，季度销售额未超过 45 万元）的，当期无需预缴税款。

自 2022 年 4 月 1 日至 2022 年 12 月 31 日，增值税小规模纳税人适用 3% 预征率的预缴增值税项目，暂停预缴增值税。

2. 增值税一般纳税人申报。

增值税一般纳税人依照税收法律、法规、规章及其他有关规定，在规定的纳税期限内填报《增值税及附加税费申报表（一般纳税人适用）》、附列资料及其他相关资料，向税务机关进行纳税申报。

纳税人当月有增值税留抵税额，又存在欠税的，可办理增值税留抵抵欠业务；纳税人有多缴税金，又存在欠税的，可办理抵缴欠税业务。

纳税人自办理税务登记至登记为一般纳税人期间，未取得生产经营收入，未按照销售额和征收率简易计算应纳税额申报缴纳增值税的，其在此期间取得的增值税扣税凭证，可以在登记为一般纳税人后抵扣进项税额。

增值税的纳税期限分别为 1 日、3 日、5 日、10 日、15 日、1 个月或者 1 个季度。纳税人的具体纳税期限，由主管税务机关根据纳税人应纳税额的大小分别核定；不能按照固定期限纳税的，可以按次纳税。纳税人以 1 个月或者 1 个季度为 1 个纳税期的，自期满之日起15日内申报纳税；以1日、3日、5日、10日或者15日为1个纳税期的，自期满之日起5日内预缴税款，于次月1日起15日内申报纳税并结清上月应纳税款。纳税人进口货物，应当自海关填发《海关进口增值税专用缴款书》之日起15日内缴纳税款。遇最后一日是法定休假日的，以休假日期满的次日为期限的最后一日；在期限内有连续3日以上法定休假日的，按休假日天数顺延。

3. 增值税小规模纳税人申报。

增值税小规模纳税人依照税收法律、法规、规章及其他有关规定，在规定的纳税期限内填报《增值税及附加税费申报表（小规模纳税人适用)》、附列资料和其他相关资料，向税务机关进行纳税申报。

增值税的纳税期限分别为1日、3日、5日、10日、15日、1个月或者1个季度。纳税人的具体纳税期限，由主管税务机关根据纳税人应纳税额的大小分别核定；不能按照固定期限纳税的，可以按次纳税。纳税人以1个月或者1个季度为1个纳税期的，自期满之日起15日内申报纳税；以1日、3日、5日、10日或者15日为1个纳税期的，自期满之日起5日内预缴税款，于次月1日起15日内申报纳税并结清上月应纳税款。纳税人进口货物，应当自海关填发海关进口增值税专用缴款书之日起15日内缴纳税款。纳税期限遇最后一日是法定休假日的，以休假日期满的次日为期限的最后一日；在期限内有连续3日以上法定休假日的，按休假日天数顺延。

按固定期限纳税的小规模纳税人可以选择以1个月或1个季度为纳税期限，一经选择，一个会计年度内不得变更。增值税小规模纳税人缴纳增值税、消费税、文化事业建设费，以及随增值税、消费税附征的城市维护建设税、教育费附加等税费，原则上实行按季申报。

自2021年4月1日至2022年12月31日，小规模纳税人发生增值税应税销售行为，合计月销售额未超过15万元（以1个季度为1个纳税期的，季度销售额未超过45万元，下同）的，免征增值税。小规模纳税人发生增值税应税销售行为，合计月销售额超过15万元，但扣除本期发生的销售不动产的销售额后未超过15万元的，其销售货物、劳务、服务、无形资产取得的销售额免征增值税。

自2022年4月1日至2022年12月31日，增值税小规模纳税人适用3%征收率的应税销售收入，免征增值税。

（二）消费税申报

在中华人民共和国境内生产、委托加工和进口规定的消费品的单位和个人，以及国务院确定的销售规定的消费品的其他单位和个人，依据相关税收法律、法规、规章及其他有关规定，在规定的纳税申报期限内填报《消费税及附加税费申报表》和其他相关资料，向税务机关进行纳税申报。

消费税的纳税期限分别为1日、3日、5日、10日、15日、1个月或者1个季度。纳税人的具体纳税期限，由主管税务机关根据纳税人应纳税额的大小分别核定；不能按照固定期限纳税的，可以按次纳税。纳税人以1个月或者1个季度为1个纳税期的，自期满之日起15日内申报纳税；以1日、3日、5日、10日或者15日为1个纳税期的，自期满之日起5日内预缴税款，于次月1日起15日内申报纳税并结清上月应纳税款。纳税期限遇最后一日是法定休假日的，以休假日期满的次日为期限的最后一日；在期限内有连续3日以上法定休假日的，按休假日天数顺延。

（三）企业所得税申报

企业所得税申报，是指纳税人、扣缴义务人为正确履行纳税义务，就企业所得税申报有关事项向税务机关提交有关申报报告的法律行为。

企业所得税申报主要包括：居民企业（查账征收）企业所得税月（季）度申报、居民企业（查账征收）企业所得税年度申报、居民企业（核定征收）企业所得税月（季）度申报、居民企业（核定征收）企业所得税年度申报、清算企业所得税申报等。

1. 居民企业（查账征收）企业所得税月（季）度申报。

实行查账征收方式申报企业所得税的居民企业（包括境外注册中资控股居民企业）在月份或者季度终了之日起的15日内，依照税收法律、法规、规章及其他有关规定，向税务机关填报《中华人民共和国企业所得税月（季）度预缴纳税申报表（A类）》（A200000）及其他相关资料，进行月（季）度预缴纳税申报。

2. 居民企业（查账征收）企业所得税年度申报。

实行查账征收方式申报企业所得税的居民企业（包括境外注册中资控股居民企业）在纳税年度终了之日起5个月内，在年度中间终止经营活动的在实际终止经营之日起60日内，依照税收法律、法规、规章及其他有关规定，自行计算本纳税年度应纳税所得额、应纳所得税额和本纳税年度应补（退）税额，向税务机关填报《中华人民共和国企业所得税年度纳税申报表（A类，2017年版）》及其他有关资料，进行年度纳税申报。

小型微利企业办理2018年度及以后年度企业所得税汇算清缴纳税申报时，《中华人民共和国企业所得税年度纳税申报表（A类）》（A100000）为小型微利企业必填表单。《企业所得税年度纳税申报基础信息表》（A000000）中的"基本经营情况"为小型微利企业必填项目；"有关涉税事项情况"为选填项目，存在或者发生相关事项时小型微利企业必需填报；"主要股东及分红情况"为小型微利企业免填项目。免于填报《一般企业收入明细表》（A101010）、《金融企业收入明细表》（A101020）、《一般企业成本支出明细表》（A102010）、《金融企业支出明细表》（A102020）、《事业单位、民间非营利组织收入、支出明细表》（A103000）、《期间费用明细表》（A104000）。除上述规定的表单、项目外，小型微利企业可结合自身经营情况，选择表单填报。未发生表单中规定的事项，无需填报。

3. 居民企业（核定征收）企业所得税月（季）度申报。

按照企业所得税核定征收办法缴纳企业所得税的居民企业在月份或者季度终了之日起的15日内，依照税收法律、法规、规章及其他有关企业所得税的规定，向税务机关填报《中华人民共和国企业所得税月（季）度预缴和年度纳税申报表（B类，2018年版）》及其他相关资料，向税务机关进行企业所得税月（季）度申报。

4. 居民企业（核定征收）企业所得税年度申报。

按照企业所得税核定征收办法缴纳企业所得税的居民企业，年度终了之日起5个月内，或在年度中间终止经营活动的自实际终止经营之日起60日内，依照税收法律、法规、规章及其他有关企业所得税的规定，向税务机关填报《中华人民共和国企业所得税月（季）度预缴和年度纳税申报表（B类，2018年版）》及其他相关资料，向税务机关进行企业所得税年度申报。实行核定定额征收企业所得税的纳税人，不进行汇算清缴。

5. 清算企业所得税申报。

因解散、破产、重组等原因终止生产经营活动的纳税人，不再持续经营的纳税人，企业由法人转变为个人独资企业、合伙企业等非法人组织，或将登记注册地转移至中华人民共和国境外（包括中国港澳台地区），在办理注销登记前，以整个清算期间作为一个纳税年度，依法计算清算所得及其应纳所得税，自清算结束之日起15日内，填报《中华人民共和国企业清算所得税申报表》及其他相关资料，向税务机关进行申报。

（四）个人所得税申报

1. 向个人支付所得的单位或者个人为扣缴义务人，扣缴义务人应依照税收法律、法规、规章及其他有关规定，向纳税人支付所得时，不论其是否属于本单位人员、支付的应税所得是否达到纳税标准，应当办理全员全额扣缴申报，在代扣税款的次月15日内，报送其支付所得的所有个人的有关信息、支付所得数额、扣除事项和数额、扣缴税款的具体数额和总额以及其他相关涉税信息资料。

（1）居民个人取得综合所得个人所得税预扣预缴申报。

个人所得税以向个人支付所得的单位或者个人为扣缴义务人。居民个人取得综合所得，按年计算个人所得税；有扣缴义务人的，由扣缴义务人按月或者按次预扣预缴税款。扣缴义务人每月或者每次预扣、代扣的税款，在次月15日内，填报《个人所得税扣缴申报表》及其他相关资料，向税务机关纳税申报并缴入国库。

自2021年1月1日起，对上一完整纳税年度内每月均在同一单位预扣预缴工资、薪金所得个人所得税且全年工资、薪金收入不超过6万元的居民个人，扣缴义务人在预扣预缴本年度工资、薪金所得个人所得税时，累计减除费用自1月份起直接按照全年6万元计算扣除。即，在纳税人累计收入不超过6万元的月份，暂不预扣预缴个人所得税；

在其累计收入超过 6 万元的当月及年内后续月份，再预扣预缴个人所得税。扣缴义务人应当按规定办理全员全额扣缴申报，并在《个人所得税扣缴申报表》相应纳税人的备注栏注明“上年各月均有申报且全年收入不超过 6 万元”字样。对按照累计预扣法预扣预缴劳务报酬所得个人所得税的居民个人，扣缴义务人比照上述规定执行。

年度中间首次取得工资、薪金所得等人员有关个人所得税预扣预缴方法事项如下：对一个纳税年度内首次取得工资、薪金所得的居民个人，扣缴义务人在预扣预缴个人所得税时，可按照 5000 元 / 月乘以纳税人当年截至本月月份数计算累计减除费用；正在接受全日制学历教育的学生因实习取得劳务报酬所得的，扣缴义务人预扣预缴个人所得税时，可按照《国家税务总局关于发布〈个人所得税扣缴申报管理办法（试行）〉的公告》（国家税务总局公告 2018 年第 61 号）规定的累计预扣法计算并预扣预缴税款。符合条件并可按上述条款预扣预缴个人所得税的纳税人，应当及时向扣缴义务人申明，并如实提供相关佐证资料或承诺书，并对相关资料及承诺书的真实性、准确性、完整性负责。相关资料或承诺书，纳税人及扣缴义务人需留存备查。

（2）居民个人取得分类所得个人所得税代扣代缴申报。

个人所得税以向个人支付所得的单位或者个人为扣缴义务人。扣缴义务人向居民个人支付利息、股息、红利所得，财产租赁所得，财产转让所得或者偶然所得时，应当按月或按次代扣代缴个人所得税，在次月 15 日填报《个人所得税扣缴申报表》及其他相关资料，向主管税务机关纳税申报。

（3）非居民个人所得税代扣代缴申报。

扣缴义务人向非居民个人支付应税所得时，履行代扣代缴应税所得个人所得税的义务，并在次月 15 日内填报《个人所得税扣缴申报表》和向主管税务机关报送《个人所得税扣缴申报表》和主管税务机关要求报送的其他有关资料。

（4）限售股转让所得扣缴个人所得税申报。

证券机构技术和制度准备完成前形成的限售股，其转让所得应缴纳的个人所得税采取证券机构预扣预缴、纳税人自行申报清算方式征收。

证券机构技术和制度准备完成后新上市公司的限售股，纳税人在转让时应缴纳的个人所得税，采取证券机构直接代扣代缴的方式征收。

证券机构每月所扣个人所得税款，于次月 15 日内填报《限售股转让所得扣缴个人所得税报告表》，向当地主管税务机关纳税申报。

2. 纳税人符合税法规定自行申报情形的，应当按照税收法律、法规、规章及其他有关规定，在规定的纳税期限内依法办理自行纳税申报。主要包括：居民综合所得个人所得税年度自行申报、居民分类所得个人所得税自行申报、非居民个人所得税自行申报、经营所得个人所得税月（季）度申报、经营所得个人所得税年度申报等。

（1）居民综合所得个人所得税年度自行申报。

居民个人取得工资、薪金所得、劳务报酬所得、稿酬所得、特许权使用费所得等综合所得且符合下列情形之一的纳税人，在取得所得的次年 3 月 1 日至 6 月 30 日内填报《个人所得税年度自行纳税申报表》及其他相关资料，办理年度汇算或者随年度汇算一并办理纳税申报：

①从两处以上取得综合所得，且综合所得年收入额减除专项扣除后的余额超过 6 万元。

②取得劳务报酬所得、稿酬所得、特许权使用费所得中一项或者多项所得，且综合所得年收入额减除专项扣除的余额超过 6 万元。

③纳税年度内预缴税额低于应纳税额。

④纳税人申请退税。

⑤纳税人取得综合所得，扣缴义务人未扣缴税款的。

（2）居民分类所得个人所得税自行申报。

居民个人取得利息、股息、红利所得，财产租赁所得，财产转让所得，偶然所得但没有扣缴义务人的，应当在取得所得的次月 15 日前，按规定向主管税务机关办理纳税申报；有扣缴义务人但未扣缴税款的，以及国务院规定的其他情形，依照税收法律、法规、规章及其他有关规定，在取得所得的次年 6 月 30 日前就其个人所得向主管税务机关申报并缴纳税款。税务机关通知限期缴纳的，纳税人应当按照期限缴纳税款。

（3）非居民个人所得税自行申报。

非居民纳税人按照税收法律法规和税收协定的有关规定，就其取得的境内个人所得向主管税务机关书面报送相关申报表。

（4）经营所得个人所得税月（季）度申报。

纳税人取得经营所得，以每一纳税年度的收入总额减除成本、费用以及损失后的余额，为应纳税所得额，按年计算个人所得税，纳税人在月度或季度终了后 15 日内填报《个人所得税经营所得纳税申报表（A 表）》及其他相关资料，向经营管理所在地主管税务机关办理预缴纳税申报，并预缴税款。

（5）经营所得个人所得税年度申报。

纳税人取得经营所得，以每一纳税年度的收入总额减除成本、费用以及损失后的余额，为应纳税所得额，按年计算个人所得税。纳税人在取得所得的次年 3 月 31 日前填报《个人所得税经营所得纳税申报表（B 表）》及其他相关资料，向经营管理所在地主管税务机关办理汇算清缴。

企业在年度中间合并、分立、终止时，个人独资企业投资者、合伙企业个人合伙人、承包承租经营在停止生产经营之日起 60 日内，向主管税务机关办理当期个人所得税汇算清缴。

个体工商户业主，个人独资企业投资人，合伙企业个人合伙人，承包承租经营者个人以及其他从事生产、经营活动的个人在中国境内两处以上取得经营所得的，在分别办理年度汇算清缴后，于取得所得的次年 3 月 31 日前填报《个人所得税经营所得纳税申报表（C 表）》及其他相关资料，选择向其中一处经营管理所在地主管税务机关办理年度汇总纳税申报。

（五）车辆购置税申报

在中华人民共和国境内购置汽车、有轨电车、汽车挂车、排气量超过 150 毫升的摩托车（以下统称应税车辆）的单位和个人，为车辆购置税的纳税人，自纳税义务发生之日起 60 日内办理车辆购置税申报。

所称购置，是指以购买、进口、自产、受赠、获奖或者其他方式取得并自用应税车辆的行为。

车辆购置税实行一次性征收。购置已征车辆购置税的车辆，不再征收车辆购置税。车辆购置税实行一车一申报制度。

（六）城镇土地使用税申报

在城市、县城、建制镇、工矿区范围内使用土地的单位和个人应依照税收法律、法规、规章及其他有关规定，在规定的纳税期限内，填报《财产和行为税纳税申报表》及相关资料，向税务机关进行纳税申报缴纳城镇土地使用税。

城镇土地使用税按年计算、分期缴纳。缴纳期限由省、自治区、直辖市人民政府确定。遇最后一日是法定休假日的，以休假日期满的次日为期限的最后一日；在期限内有连续 3 日以上法定休假日的，按休假日天数顺延。

（七）房产税申报

产权所有人、经营管理单位、承典人、房产代管人或者使用人，依照税收法律、法规、规章及其他有关规定，在规定的纳税期限内，填报《财产和行为税纳税申报表》等相关资料向税务机关进行纳税申报。

房产税由产权所有人缴纳。房屋产权属于全民所有的，由经营管理的单位缴纳。产权出典的，由承典人缴纳。产权所有人、承典人不在房产所在地的，或者产权未确定及租典纠纷未解决的，由房产代管人或者使用人缴纳。

房产税按年征收、分期缴纳。纳税期限由省、自治区、直辖市人民政府规定。遇最后一日是法定休假日的，以休假日期满的次日为期限的最后一日；在期限内有连续 3 日以上法定休假日的，按休假日天数顺延。

（八）车船税申报

在中华人民共和国境内，车辆、船舶（以下简称车船）的所有人或者管理人为车船税的纳税人，应当依照规定缴纳车船税。

车船税的纳税地点为车船的登记地或者车船税扣缴义务人所在地。依法不需要办理登记的车船，车船税的纳税地点为车船的所有人或者管理人所在地。车船税纳税义务发生时间为取得车船所有权或者管理权的当月。车船税按年申报，分月计算，一次性缴纳。

（九）印花税申报

在中华人民共和国境内书立、领受印花税应税凭证的单位和个人，都是印花税的纳税义务人，填报《财产和行为税纳税申报表》，按规定向主管税务机关办理印花税申报。

（十）烟叶税申报

在中华人民共和国境内，依照《中华人民共和国烟草专卖法》的规定收购烟叶的单位为烟叶税的纳税人。烟叶，是指烤烟叶、晾晒烟叶。纳税人应当向烟叶收购地的主管税务机关申报缴纳烟叶税。烟叶税的纳税义务发生时间为纳税人收购烟叶的当日。

（十一）耕地占用税申报

在中华人民共和国境内占用耕地建设建筑物、构筑物或者从事非农业建设的单位或者个人，为耕地占用税的纳税人，应当缴纳耕地占用税。占用耕地建设农田水利设施的，不缴纳耕地占用税。耕地，是指用于种植农作物的土地。耕地占用税以纳税人实际占用的耕地面积为计税依据，按照规定的适用税额一次性征收。

占用园地、林地、草地、农田水利用地、养殖水面、渔业水域滩涂以及其他农用地建设建筑物、构筑物或者从事非农业建设的，依照规定缴纳耕地占用税。

（十二）契税申报

在中华人民共和国境内转移土地、房屋权属，承受的单位和个人填报《财产和行为税纳税申报表》及相关资料，向土地、房屋所在地税务机关办理契税申报。

契税的纳税义务发生时间，为纳税人签订土地、房屋权属转移合同的当日，或者纳税人取得其他具有土地、房屋权属转移合同性质凭证的当日。具体情形如下：

1. 因人民法院、仲裁委员会的生效法律文书或者监察机关出具的监察文书等发生土地、房屋权属转移的，纳税义务发生时间为法律文书等生效当日。

2. 因改变土地、房屋用途等情形应当缴纳已经减征、免征契税的，纳税义务发生时间为改变有关土地、房屋用途等情形的当日。

3. 因改变土地性质、容积率等土地使用条件需补缴土地出让价款，应当缴纳契税的，纳税义务发生时间为改变土地使用条件当日。

发生上述情形，按规定不再需要办理土地、房屋权属登记的，纳税人应自纳税义务发生之日起 90 日内向土地、房屋所在地的征收机关办理申报缴纳契税。

（十三）资源税申报

在中华人民共和国领域及管辖海域开采应税矿产品或者生产盐的单位和个人，应当依照规定向开采地或者生产地主管税务机关办理纳税申报。

在水资源税试点地区利用取水工程或者设施直接从江河、湖泊（含水库）和地下取用地表水、地下水的单位和个人，应当依照规定缴纳水资源税。

（十四）土地增值税申报

土地增值税申报，是指纳税人为正确履行纳税义务，就土地增值税纳税有关事项向税务机关提交有关申报书面报告的法律行为。

土地增值税申报包括土地增值税预征申报、房地产项目尾盘销售土地增值税申报、转让旧房及建筑物土地增值税申报、土地增值税清算申报。

1. 土地增值税预征申报。

纳税人在项目全部竣工结算前转让房地产取得的收入，由于涉及成本确定或其他原因，而无法据以计算土地增值税的，按照各省税务机关规定的纳税期限，填报《财产和行为税纳税申报表》，向税务机关进行纳税申报缴纳土地增值税。

2. 清算后尾盘销售土地增值税申报。

在土地增值税清算时未转让的房地产，清算后销售或有偿转让的，纳税人按规定填写《财产和行为税纳税申报表》，向税务机关报送相关资料，办理房地产项目尾盘销售土地增值税申报，扣除项目金额按清算时的单位建筑面积成本费用乘以销售或转让面积计算。

3. 转让旧房及建筑物土地增值税申报。

转让国有土地使用权、地上的建筑物及其附着物并取得收入的单位和个人，应填写《财产和行为税纳税申报表》，并向税务机关提交相关资料，在税务机关核定的期限内缴纳土地增值税。

4. 土地增值税清算申报。

纳税人在符合土地增值税清算条件后，依照税收法律、法规及土地增值税有关政策规定，计算应缴纳的土地增值税税额，并填写《财产和行为税纳税申报表》，向主管税务机关提供有关资料，办理土地增值税清算手续，结清应缴纳的土地增值税税款。

纳税人符合下列条件之一的，应进行土地增值税的清算：

（1）房地产开发项目全部竣工、完成销售的。

（2）整体转让未竣工决算房地产开发项目的。

（3）直接转让土地使用权的。

（十五）环境保护税申报

在中华人民共和国领域和中华人民共和国管辖的其他海域，直接向环境排放应税污染物的企业事业单位和其他生产经营者为环境保护税的纳税人，应当依法申报缴纳环境保护税。

纳税人应当向应税污染物排放地的税务机关申报缴纳环境保护税。海洋工程环境保护税由纳税人所属海洋石油税务（收）管理分局负责征收。

环境保护税按月计算，按季申报缴纳，自季度终了之日起 15 日内，向税务机关办理纳税申报并缴纳税款。不能按固定期限计算缴纳的，可以按次申报缴纳，纳税义务发生之日起 15 日内，向税务机关办理纳税申报并缴纳税款。遇最后一日是法定休假日的，以休假日期满的次日为期限的最后一日；在期限内有连续 3 日以上法定休假日的，按休假日天数顺延。

（十六）附加税（费）申报

缴纳增值税、消费税的单位和个人，都应申报缴纳城市维护建设税、教育费附加和地方教育附加。

纳税人申报增值税、消费税，附征的城市维护建设税、教育费附加、地方教育附加自动计算申报，纳税人可以一次性完成主税附加税申报。

四、税费日常管理事项

（一）扣缴义务人指定

对非居民企业在中国境内取得工程作业和劳务所得应缴纳的所得税，税务机关可以指定工程价款或者劳务费的支付人为扣缴义务人。

税务人员根据《企业所得税法》第三十八条规定的可以指定扣缴义务人的情形，以及境内机构和个人向非居民发包工程作业或劳务项目时向税务机关报送的《境内机构和个人发包工程作业或劳务项目报告表》及非居民企业申报纳税证明资料或其他信息，制作《非居民企业承包工程作业和提供劳务企业所得税扣缴义务通知书》送达被指定方，并告知扣缴义务人所扣税款的计算依据、计算方法、扣缴期限和扣缴方式。

（二）主管税务机关及科所分配

对首次纳入税务机关管理的纳税人、扣缴义务人、缴费人或税源管理项目（建筑工程项目、不动产项目等），或因经营地址发生变化需变更主管税务机关的，以及因税务机关管理范围调整而变更纳税人、扣缴义务人、缴费人的主管税务机关（科、所、分局）的，应由主管税务机关（科、所、分局）上一级税务机关进行分配主管税务机关及科所分配。

（三）税（费）种认定

税（费）种认定是指税务机关通过获取纳税人、扣缴义务人、缴费人或受托代征人等课征主体（以下统称纳税人）报告的身份信息、纳税人首次进行纳税（费）申报时提供的税种信息，以及税收征管工作中依法取得的其他相关信息，通过建立后台数据模型，对纳税人的认定有效期、申报期限、纳税（费）期限、税率或单位税额、预算分配比例等税（费）种征收属性进行自动化认定的工作。

按照还责还权于纳税人的管理理念，由纳税人根据自身生产经营范围和发生的应税行为，依法选择相应税（费）种申报缴纳税费。税务机关仅负责维护征收属性相关内容。

（四）税务行政许可申请

公民、法人或者其他组织依法需要取得税务行政许可的，在法律、法规、规章或者税务机关按照法律、法规、规章确定的期限内，直接向具有行政许可权的税务机关提出申请。

目前税务机关保留的行政许可事项为：

1. 企业印制发票审批。

2. 对纳税人延期缴纳税款核准。

3. 对纳税人延期申报核准。

4. 对纳税人变更纳税定额的核准。

5. 增值税专用发票（增值税税控系统）最高开票限额审批。

6. 对采取实际利润额预缴以外的其他企业所得税预缴方式的核定。

（五）税收核定

1. 定期定额户核定及调整。

个体工商户税收定期定额征收，是指税务机关依照法律、行政法规及《个体工商户税收定期定额征收管理办法》（国家税务总局令第 16 号公布，根据国家税务总局令第 44 号修正）的规定，对个体工商户在一定经营地点、一定经营时期、一定经营范围内的应纳税经营额（包括经营数量）或所得额进行核定，并以此为计税依据，确定其应纳税额的一种征收方式。

定期定额户核定及调整包括定期定额户申请核定及调整定额、税务机关核定及调整定期定额户定额、定期定额户申请终止定期定额征收方式和税务机关终止定期定额征收方式。

2. 居民企业所得税核定。

根据《企业所得税核定征收办法（试行）》（国税发〔2008〕30 号印发）第三条规

定，纳税人依照法律、行政法规的规定可以不设置账簿的，应当设置但未设置账簿的，擅自销毁账簿或者拒不提供纳税资料的，申报的计税依据明显偏低又无正当理由的，发生纳税义务未按期办理申报、经税务机关责令限期申报逾期仍不申报的，虽设置账簿但账目混乱或者成本资料、收入凭证、费用凭证残缺不全的，存在上述情形之一的，核定征收企业所得税。

根据《企业所得税核定征收办法（试行）》（国税发〔2008〕30号印发）第九条规定，核定征收企业所得税的居民企业，生产经营范围、主营业务发生重大变化，或者应纳税所得额或应纳税额增减变化达到20%的，应及时向税务机关申报调整已确定的应纳税额或应税所得率，税务机关在管理中发现纳税人应当调整而未申报调整的可以依照职权进行调整。

根据《企业所得税核定征收办法（试行）》（国税发〔2008〕30号印发）第十一条规定，税务机关应在每年6月底前对上年度实行核定征收企业所得税的纳税人进行重新鉴定。重新核定应纳企业所得税额或应税所得率。

重新鉴定工作完成前，纳税人可暂按上年度的核定征收方式预缴企业所得税；重新鉴定工作完成后，按重新鉴定的结果进行调整。

税务机关有权采用下列任何一种方法核定其应纳税额：

（1）参照当地同类行业或者类似行业中经营规模和收入水平相近的纳税人的税负水平核定。

（2）按照应税收入额或成本费用支出额定率核定。

（3）按照耗用的原材料、燃料、动力等推算或测算核定。

（4）按照其他合理方法核定。

当采用一种方法不足以正确核定应纳税所得额或应纳税额的，可以同时采用两种以上的方法核定。

3. 非居民企业所得税核定。

非居民企业因企业会计账簿不健全，资料残缺难以查账，或者其他原因不能准确计算并据实申报其应纳税所得额的，税务机关有权采用一定方法核定其应纳税所得额。主管税务机关应及时向非居民企业送达《非居民企业所得税征收方式鉴定表》，非居民企业应在收到该鉴定表后10个工作日内，完成对其的填写并送达主管税务机关，主管税务机关在受理《非居民企业所得税征收方式鉴定表》后20个工作日内，完成该项征收方式的确认工作。

4. 个人所得税核定。

个人独资企业和合伙企业、个体工商户的生产、经营所得有下列情形之一的，主管税务机关应采取核定征收方式征收个人所得税：

（1）企业依照国家有关规定应当设置但未设置账簿的。

（2）企业虽设置账簿，但账目混乱或者成本资料、收入凭证、费用凭证残缺不全，难以查账。

（3）纳税人发生纳税义务，未按照规定的期限办理纳税申报，经税务机关责令限期申报，逾期仍不申报的。

个人独资企业以投资者为纳税义务人，合伙企业以每一个合伙人为纳税义务人。

以上所说核定征收方式，包括定额征收、核定应税所得率征收以及其他合理的征收方式。

5. 核定应纳税额。

（1）纳税人存在《税收征收管理法》第三十五条或者第三十七条规定的情形之一的，税务机关有权核定其应纳税额。

①依照法律、行政法规的规定可以不设置账簿的。

②依照法律、行政法规的规定应当设置账簿但未设置的。

③擅自销毁账簿或者拒不提供纳税资料的。

④虽设置账簿，但账目混乱或者成本资料、收入凭证、费用凭证残缺不全，难以查账的。

⑤发生纳税义务，未按照规定的期限办理纳税申报，经税务机关责令限期申报，逾期仍不申报的。

⑥纳税人申报的计税依据明显偏低，又无正当理由的。

⑦未按照规定办理税务登记从事生产、经营的以及临时从事经营的。

（2）根据《税收征收管理法实施细则》第四十七条规定，纳税人有《税收征收管理法》第三十五条或者第三十七条所列情形之一的，税务机关有权采用下列任何一种方法核定其应纳税额：

①参照当地同类行业或者类似行业中经营规模和收入水平相近的纳税人的税负水平核定。

②按照营业收入或者成本加合理的费用和利润的方法核定。

③按照耗用的原材料、燃料、动力等推算或者测算核定。

④按照其他合理方法核定。

采用上述所列一种方法不足以正确核定应纳税额时，可以同时采用两种以上的方法核定。

纳税人对税务机关采取上述规定的方法核定的应纳税额有异议的，应当提供相关证据，经税务机关认定后，调整应纳税额。

（六）一般退（抵）税管理

一般退（抵）税管理包括以下内容：误收多缴退抵税、入库减免退抵税、汇算清缴结算多缴退抵税、车辆购置税退税、车船税退抵税、增值税期末留抵税额退税、石脑油、燃料油消费税退税和不予加收滞纳金确认。

1. 误收多缴退抵税。

因税务机关误收，或纳税人误缴而产生的应退还给纳税人的税款。在实际征收过程中，税务机关发现纳税人超过应纳税额多缴的税款，应当立即退还。纳税人多缴税款的，自结算缴纳税款之日起3年内发现的，可以向税务机关要求退还多缴的税款并加算银行同期存款利息，税务机关应该依照税收法律、法规及相关规定办理退还手续。

2. 入库减免退抵税。

纳税人经批准符合政策规范可以享受减免的税款，由于此前已经缴纳入库，纳税人可以申请退抵已缴纳的税款。

3. 汇算清缴结算多缴退抵税。

按照分期预缴、按期汇算结算的征管方式，对纳税人因清算形成的多缴税款办理退抵税费。

4. 车辆购置税退税。

已缴纳车辆购置税的车辆，发生车辆退回生产企业或者经销商的，符合免税条件但已征税的设有固定装置的非运输车辆，以及其他依据法律、法规规定应予退税情形的，纳税人向税务机关申请退还已缴纳的车辆购置税。

5. 车船税退抵税。

在一个纳税年度内，已完税的车船被盗抢、报废、灭失的，纳税人可以凭有关管理机关出具的证明和完税证明，向纳税所在地的主管税务机关申请退还自被盗抢、报废、灭失月份起至该纳税年度终了期间的税款。

6. 增值税期末留抵税额退税。

对符合条件的增值税一般纳税人，由于特定事项产生的留抵税额，按照一定的计算公式予以计算退还，具体包括：

（1）符合条件的集成电路重大项目增值税留抵税额退税。

（2）对外购用于生产乙烯、芳烃类化工产品的石脑油、燃料油价格中消费税部分对应的增值税额退税。

（3）符合条件的大型客机和新支线飞机增值税留抵税额退税。

（4）自2018年7月27日起，对实行增值税期末留抵退税的纳税人，允许其从城市维护建设税、教育费附加和地方教育附加的计税（征）依据中扣除退还的增值税税额。

（5）自2019年4月1日起，试行增值税期末留抵税额退税制度。同时符合以下条件的纳税人，可以向主管税务机关申请退还增量留抵税额：自2019年4月税款所属期起，连续6个月（按季纳税的，连续两个季度）增量留抵税额均大于零，且第6个月增量留抵税额不低于50万元；纳税信用等级为A级或者B级；申请退税前36个月未发生骗取留抵退税、出口退税或虚开增值税专用发票情形的；申请退税前36个月未因偷税被税务机关处罚两次及以上的；自2019年4月1日起未享受即征即退、先征后返（退）政策的。

（6）先进制造业的纳税人，同时符合以下条件可以申请退还增量留抵税额：增量留抵税额大于零；纳税信用等级为A级或者B级；申请退税前36个月未发生骗取留抵退税、出口退税或虚开增值税专用发票情形；申请退税前36个月未因偷税被税务机关处罚两次及以上；自2019年4月1日起未享受即征即退、先征后返（退）政策。

自2019年6月1日起，享受退还增量留抵税额政策的先进制造业纳税人，是指按照《国民经济行业分类》，生产并销售“非金属矿物制品”“通用设备”“专用设备”“计算机、通信和其他电子设备”销售额占全部销售额的比重超过50%的纳税人。自2021年4月1日起，享受退还增量留抵税额政策的先进制造业纳税人是指按照《国民经济行业分类》，生产并销售“非金属矿物制品”“通用设备”“专用设备”“计算机、通信和其他电子设备”“医药”“化学纤维”“铁路、船舶、航空航天和其他运输设备”“电气机械和器材”“仪器仪表”销售额占全部销售额的比重超过50%的纳税人。

（7）自2022年4月1日起，加大小微企业增值税期末留抵退税政策力度，将先进制造业按月全额退还增值税增量留抵税额政策范围扩大至符合条件的小微企业（含个体工商户），并一次性退还小微企业存量留抵税额。

（8）自2022年4月1日起，加大“制造业”“科学研究和技术服务业”“电力、热力、燃气及水生产和供应业”“软件和信息技术服务业”“生态保护和环境治理业”和“交通运输、仓储和邮政业”（以下称制造业等行业）增值税期末留抵退税政策力度，将先进制造业按月全额退还增值税增量留抵税额政策范围扩大至符合条件的制造业等行业企业（含个体工商户），并一次性退还制造业等行业企业存量留抵税额。

7. 石脑油、燃料油消费税退税。

我国境内使用石脑油、燃料油生产乙烯、芳烃类化工产品的企业，包括将自产石脑油、燃料油用于连续生产乙烯、芳烃类化工产品的企业，将外购的含税石脑油、燃料油用于生产乙烯、芳烃类化工产品的企业，且生产的乙烯、芳烃类化工产品产量占本企业用石脑油、燃料油生产全部产品总量的50%以上（含）的，可按实际耗用量计算退还所含已缴纳的消费税。

第四节 税收风险管理

一、税收风险管理理念

（一）相关概念

1. 风险管理的概念。

风险管理，是指如何在一个肯定有风险的环境里把风险减至最低的管理过程。当中包括了对风险的量度、评估和应对策略。

2. 风险管理过程。

风险管理力求把由风险导致的各种不利后果减少到最低程度，使之正好符合有关方在时间和质量方面的要求。一方面，风险管理能促进决策的科学化、合理化，减少决策的风险性；另一方面，风险管理的实施可以使各项活动或行为中面临的风险损失降至最低。

首先，风险管理必须识别风险。风险识别要确定何种风险可能会对企业产生影响，最重要的是量化不确定性的程度和每个风险可能造成损失的程度。

其次，风险管理要着眼于风险控制，公司通常采用积极的措施来控制风险。通过降低其损失发生的概率，缩小其损失程度来达到控制目的。控制风险的最有效方法就是制定切实可行的应急方案，编制多个备选的方案，最大限度地对企业所面临的风险做好充分的准备。

最后，风险管理要学会规避风险。在既定目标不变的情况下，改变方案的实施路径，从根本上消除特定的风险因素。

3. 税收风险。

税收风险，是指在征税过程中，由于制度方面的缺陷，政策、管理方面的失误，以及种种不可预知和控制的因素所引起的税源状况恶化、税收调节功能减弱、税收增长乏力，最终导致税收收入不能满足政府实现职能需要的一种可能性。

（二）税收风险的类型和成因

1. 税收风险类型。

（1）按照风险来源，可分为税务部门内部风险和企业税收遵从风险。

（2）按照风险可测程度，可分为指标性税收风险和非指标性税收风险。

（3）按照风险等级评定，可分为一般税收风险和重大税收风险。

2. 企业税收遵从风险。

税收遵从风险，是指纳税人未能履行法定税收义务所产生的风险。严格意义上，税收遵从风险是税收风险的组成部分。税收不遵从是税收遵从的相对概念。与税收相关的法律规定了一系列纳税人必须履行的义务，如果纳税人没有履行这些义务就产生了税收不遵从行为。

3. 税务部门内部风险。

税收部门内部风险存在于税收管理的整个过程和各个环节，就其具体内容而言，主要包括税制改革风险、涉外税收风险、税源监管风险以及税收执法风险等。

（三）税收风险管理的基本原则、意义和重要性

1. 税收风险管理的基本原则。

各级税务机关要因地制宜，统筹安排管理资源，按照统分结合、分类分级应对的原

则，合理划分各层级和各部门在税收风险管理工作中的职责，形成纵向联动、横向互动的工作机制，做到职责清晰、分工明确、运行顺畅。

2. 税收风险管理的意义。

税收风险管理是现代税收管理的先进理念和国际通行做法，是完善我国税收管理体系、提高治理能力、实现税收现代化的有效举措，是构建科学严密税收征管体系的核心工作。税收风险管理是税收征管改革的突破口，实施税收风险管理，推动服务管理方式创新和税收管理体制变革。税收风险管理是完成组织收入目标的重要抓手，促进税收收入的可持续增长。

3. 税收风险管理工作的重要性。

税收风险管理是推进税收治理现代化的必然要求，《关于进一步深化税收征管改革的意见》要求深入推进精准监管，此次征管改革将显著提高税收风险管理的科学性水平，进一步推动税收治理现代化向前发展；税收风险管理是促进纳税遵从的根本途径，通过加强税收风险管理，对纳税人实施差别化精准管理，为愿意遵从的纳税人提供便利化办税条件，对不遵从的纳税人予以惩罚震慑，将从根本上解决纳税人不愿遵从或无遵从标准的问题，提高纳税遵从水平；税收风险管理是提高税务机关主观能动性的重要抓手，通过对信息收集、风险识别、等级排序、任务推送、风险应对等环节实施过程监控和效果评价，可有效增强各级税务机关的主观努力程度，查找征管中的薄弱环节，防范税务系统内部风险，提高征管质效。

4. 税收风险管理工作的定位。

税收风险管理是加强税种管理的有效方法和手段。在税种管理中，把税收风险管理的方法与税种管理特点紧密结合起来，研究各税种的风险发生规律，建立税种风险分析指标体系和模型，形成体现税种特点的风险任务，为开展综合性的统一应对提供专业支撑。

税收风险管理也是加强日常征管的有效方法和手段。在日常征管过程中，应用税收风险管理方法，按照税收风险管理流程，加强登记、发票、申报、征收等环节的管理。特别是要结合精简审批、减少环节、下放权力等创新税收服务和管理的要求，发挥税收风险管理的优势，加强事前、事中和事后的风险监控，堵塞管理漏洞，提高征管质效。

税收风险管理还是加强大企业税收管理的有效方法和手段。在大企业税收管理过程中，运用税收风险管理的理念和方法，提升大企业复杂涉税事项的管理层级，发挥各级税务机关的系统优势，实现大企业由基层的分散管理转变为跨层级的统筹管理，促进税收征管整体资源的优化配置。

二、税收风险管理内容

（一）税收风险管理的基本内容

税收风险管理的基本内容包括目标规划、信息收集、风险识别、等级排序、风险应对、过程监控和评价反馈，以及通过评价成果应用于规划目标的修订校正，从而形成良性互动、持续改进的管理闭环。

（二）税收风险分析统筹

税务风险管理的任务统筹，是指对通过风险分析识别、上级交办、部门转办以及其他途径产生的风险任务进行归集、整理、汇总、比对、审批、推送、分配等过程。任务统筹应遵循“科学合理”“过滤重复”“归并执行”的原则，即任务安排要充分考虑应对部门承受能力，力求做到科学合理；利用系统过滤或人工干预，避免任务重复派发；对同一纳税人涉及多项事项，应归并任务，统一下发，防止多头下达任务。

任务来源包括三种情况：风险识别后等级排序结果；举报、上级交办、督办、部门转办、情报交换等风险信息接收；下级税务机关风险应对任务提请情况。

（三）税收风险管理的重点工作

1. 改革大企业税收风险管理方式，实施两级风险分析及差别化应对。

贯彻落实《深化大企业税收服务与管理改革实施方案》（税总发〔2015〕157 号），提升大企业税收复杂事项风险管理层级，实施税务总局和省税务机关两级统筹分析，组织分类分级差别化应对，实现风险防控“精确制导”。

2. 开展高收入者个人所得税风险管理工作。

省税务机关要借助第三方涉税信息，围绕重点人群、重点项目、重点行业、重点政策，研究建立高收入者个人税收风险管理工作机制，积极开展高收入者个人所得税风险分析及应对工作。

3. 做好增值税发票及出口退税风险管理工作。

积极运用增值税发票管理新系统数据，针对高风险特征企业，前移风险识别关口，在发票开具、纳税申报、出口退税等环节应用风险识别指标及模型，以人机结合方式开展事中风险分析，缩短风险反应时间。

4. 加强税收征管主观努力程度评价工作。

提升税收征管主观能动性，加强风险管理成效、组织收入力度、第三方涉税信息获取及应用等重点事项的主观努力程度评价工作，科学测算提高征收率的增收目标，强化对风险管理过程的监控和评价工作，采取措施，积极作为，提高通过加强征管促进组织收入的成效。

三、税收风险应对手段

（一）纳税评估流程

1. 确定纳税评估对象。

纳税评估的对象为主管税务机关负责管理的所有纳税人及其应纳所有税种。纳税评估的重点对象包括：

（1）综合审核对比分析中发现有问题或疑点的纳税人。

（2）重点税源户。

（3）特殊行业的重点企业。

（4）税负异常变化的企业。

（5）长时间零税负和负税负申报的纳税人。

（6）纳税信用等级低下的纳税人。

（7）日常管理和税务稽查检查中发现过较多问题的行业的纳税人。

2. 收集纳税评估资料。

收集纳税评估资料可以分为税务机关内部信息资料和外部信息资料。在纳税评估过程中，税务机关可以直接根据金税三期工程系统内纳税人依法报送的纳税申报资料、各项核定、认定事项的结果、增值税交叉稽核系统各类票证比对结果等，确定或调整纳税人的计税依据和应纳税额。对于从第三方收集的数据，税务机关应当确保数据的来源合法。数据本身的真实性和准确性由提供数据的第三方负责。

3. 纳税评估案头分析。

在对纳税评估对象一定时间区间的相关资料调取和归集后，要结合纳税评估案源的内容进行初步的案头分析。案头分析的主要内容如下：（1）税务登记资料的分析。（2）税收优惠资格认定、减免税备案和核准资料的分析。（3）发票情况的分析。（4）纳税申报资料的分析。

4. 纳税评估调查核实。

纳税评估调查核实包括税务约谈和实地调查核实。

约谈是纳税评估工作的重要环节，是验证或消除疑点的重要途径。约谈实际上包含了两个概念，即约谈与举证。约谈和举证是一个问题的两个方面，即从税务机关或者纳税评估人员的角度考虑是约谈；而从纳税人即纳税评估对象的角度考虑是举证，即对其纳税情况的真实性与合理性进行证明。约谈程序一般包括约谈通知、约谈实施和约谈结论等几个阶段。

实地调查核实，是指税务机关通过到纳税人生产经营场所了解情况、审核账目凭证等方式，对评估分析中发现的纳税人的涉税疑点或问题进行核实，并采取进一步征管措施的工作方法。在纳税评估调查核实阶段，评估人员需要到纳税人生产经营场所进行实地调查核实，通常可以采用实物盘存法、观察法、抽查法和查对法等方法。

5. 评估处理与管理建议。

评估处理，是指针对评估筛选出的涉税疑点，根据案头分析、约谈举证和调查核实各阶段对疑点问题的确认结果，对具体评估对象涉税问题性质进行评估认定，并按照税收法律、法规进行分类处理。

评估人员在纳税评估结束后，应当及时进行总结和分析，有针对性地提出日常监控管理目标和强化管理的措施建议。根据建议对象的不同，管理建议可以分为对外管理建议和对内管理建议。

（二）纳税评估方法

1. 核对法。

核对法，是指评估人员将从各种渠道所获得或者所掌握的纳税人相关涉税数据信息资料进行简单的核对比较，并据以对纳税人的税收法律义务履行情况做出初步评判的一种评估方法。

核对法是纳税评估中最为常用的方法，也是最为基本的方法。纳税评估中评估人员运用核对法时，主要核对以下 3 个方面的内容。

（1）表表核对：申报表间的核对主要是不同纳税申报表之间具有勾稽关系的项目或者是同一申报表中具有勾稽关系的项目的核对。财务报表间的核对主要是不同财务报表间具有勾稽关系的项目的核对。申报表与财务报表间的核对是将企业所有税种纳税申报表上的数据在其会计核算中进行核对。

（2）表实核对：是将纳税人的申报表以及财务报表等与管理员或者其他人员在实际的税收征管中掌握和了解的，纳税人实际的生产经营情况以及其他相关信息进行核对。

（3）内外核对：是指纳税评估人员应当将其所能够收集和掌握到的全部信息进行核对，一方面，要将税务机关征收管理系统内的信息，即机内信息，与征收管理系统外的信息，即机外信息的数据进行核对；另一方面，则需要将税务机关在日常征管中掌握的纳税人涉税信息，与外部信息进行核对。

2. 比较分析法。

比较分析法是评估人员在纳税人数据信息资料的基础上，将纳税申报数据、财务会计数据以及其他资料数据等进行比较和分析以揭示其中差异，在此基础上再将其差异与原先设定的参照数据进行比对，以判断其差异是否正常，进而判明纳税人在纳税申报等方面是否存在问题的一种分析方法。比较分析法是当前税务机关在纳税评估中常用的一种分析方法。

3. 逻辑推理法。

逻辑推理法是一种定量与定性相结合的分析方法，主要通过具有外在或者内在的逻辑联系和相关性的多个数据之间趋同或反差关系，分析纳税人可能存在税收风险的一种方法。在纳税评估中，税务人员可以运用于逻辑推理分析的逻辑关系和相关关系主要包括以下5个方面：

（1）企业生产经营宗旨的逻辑分析。

（2）经济效益的逻辑分析。

（3）经济环境的逻辑分析。

（4）经济业务的逻辑分析。

（5）收入、成本（费用）配比分析。

（三）纳税评估指标的设定

1. 纳税评估指标的设定原则。

（1）相关性原则，是指设定的各项指标，必须与分析的内容密切相关，能说明税收业务情况的关键指标和能反映税收业务情况特征和规律的指标。

（2）全面性原则，是指要全面地选出那些能够反映纳税人税收法律义务履行情况全貌的指标。

（3）结构性原则，是指可以根据税务机关的主体业务和税源经济特点，分类税收风险指标。

（4）可行性原则，是指设定的各项指标数据采集的可行性。

（5）可评价原则，是指指标效果可以评价，以便管理、更新指标。

2. 纳税评估指标设定的基本流程。

（1）建立和完善信息采集机制：税收风险分析识别是对纳税人的纳税申报行为进行全面、充分的指标测算、对比和分析。税务部门应积极与社会各部门进行数据信息交换，建立和完善信息采集机制，广泛搜集各类涉税信息。

（2）建立相互协调的分类风险特征指标体系：根据税务机关的主体业务，可以建立若干大类若干个具体指标。具体分类包括：征管类、增值税类、消费税类、企业所得税类、个人所得税类、财务报表类、出口退税类、国际税收类、组织收入类等。

（3）建立规范的风险指标构成要素：一个风险指标的建立，不仅仅只含有指标名称、指标公式，而是由一系列指标要素构成。如在建立风险指标体系的同时，还应按照纳税人的生产能力、经营规模、区域经济发展状况科学制定每一个指标的合理区间。

（4）建立纳税评估指标库维护制度：在建立健全纳税评估指标库时，要考虑到社会经济发展、科学技术进步等因素；对指标库中的指标名称、指标内容、指标数据等要素，及时更新、修正和补充。

（5）建立评价制度：通过全方位的监控评价，推动风险指标设定的不断完善，有助于提升风险指标的科学性和有效性。

3. 纳税评估指标的构成要素。

一个完整的纳税评估指标主要包括以下要素：指标名称、指标公式、数据来源、风险描述、应对指引、政策依据、分析周期、分析单位、风险评估等级、参数设置等。

4. 纳税评估常用分析指标。

纳税评估常用分析指标是指税务机关筛选评估对象、进行评估分析时所应用的指标。纳税评估分析时常用的主要指标分为通用分析指标和特定分析指标两大类。

（1）通用分析指标

①收入类评估分析指标。

营业收入变动率＝（本期营业收入－基期营业收入）÷ 基期营业收入 ×100%

②成本类评估分析指标。

单位产成品原材料耗用率＝本期投入原材料 ÷ 本期产成品成本 ×100%

营业成本变动率＝（本期营业成本－基期营业成本）÷ 基期营业成本 ×100%

③费用类评估分析指标。

销售（管理、财务）费用变动率＝［本期销售（管理、财务）费用－基期销售（管理、财务）费用］÷ 基期销售（管理、财务）费用 ×100%

成本费用率＝（本期销售费用＋本期管理费用＋本期财务费用）÷ 本期营业成本 ×100%

成本费用利润率＝利润总额 ÷ 成本费用总额 ×100%

④利润类评估分析指标及其计算公式和指标功能。

营业利润变动率＝（本期营业利润－基期营业利润）÷ 基期营业利润 ×100%

营业毛利率变动率＝（本期营业毛利率－基期营业毛利率）÷ 基期营业毛利率 ×100%

营业毛利率＝（营业收入－营业成本）÷ 营业收入 ×100%

⑤资产类评估分析指标及其计算公式和指标功能。

净资产收益率＝净利润 ÷ 平均净资产 ×100%

总资产周转率＝（利润总额＋利息支出）÷ 平均总资产 ×100%

存货周转率（次数）＝销货成本 ÷ 平均存货余额

平均存货余额＝（期初存货＋期末存货）÷2

存货周转天数＝计算期天数 ÷ 存货周转率（次数）＝计算期天数 × 平均存货余额 ÷ 销货成本

固定资产综合折旧率＝基期固定资产折旧总额 ÷ 基期固定资产原值总额 ×100%

资产负债率＝负债总额 ÷ 资产总额 ×100%

（2）特定分析指标

①增值税税负率。

增值税税负率＝本期应纳增值税税额 ÷ 本期应税销售收入 ×100%

②企业所得税税负率。

企业所得税税负率＝应纳所得税额 ÷ 利润总额 ×100%

③营业利润税负率。

营业利润税负率＝本期应纳税额 ÷ 本期营业利润 ×100%

④企业应纳税所得额变动率。

应纳税所得额变动率＝（评估期累计应纳税所得额－基期累计应纳税所得额）÷ 基期累计应纳税所得额 ×100%

（3）评估指标的配比分析

纳税评估分析时，要综合运用各类指标，并参照评估指标预警值进行配比分析。

①营业收入变动率与营业利润变动率配比分析：

正常情况下，二者基本同步增长，如果出现不同步增长，则应分析可能存在异常情况，例如，营业收入增长率大于营业利润增长率且相差较大，可能存在企业多列成本费用、扩大税前扣除范围问题。

②增值税税负率、销售额变动率配比分析：

计算分析纳税人税负率，与销售额变动率等指标配合使用，将销售额变动率和税负率与相应的预警进行比较，销售额变动率高于正常峰值及税负率低于预警值或销售额变动率正常而税负率低于预警值的，以进项税额为评估重点，查证有无扩大进项抵扣范围、骗抵进项税额、不按规定申报抵扣等问题，对应核实销项税额计算的正确性。

对销项税额的评估，应侧重查证有无账外经营、瞒报、迟报计税销售额、错用税率等问题。

③存货变动率、营业收入变动率、总资产收益率配比分析：

一般来讲，存货周转速度越快，存货占用水平越低，流动性越强，存货转化为现金或应收账款的速度就越快，这样会增强企业的短期偿债能力及获利能力。如果存货变动率提高，营业收入变动率应该增加，总资产收益率也应该增加，如果不存在这种关系，则可能存在账外经营、少计收入、多列费用等情况。

纳税评估指标应该根据实际评估需求并结合数据获取成本分析设计，体现其灵活性。在使用指标进行分析时，也应该根据实际情况选择使用，既可以单独使用，也可以结合多项指标综合使用。

（4）纳税评估模型的构建

①纳税评估模型的构建原则：

A. 行业优先性原则。

B. 建模数据来源的外部性原则。

C. 模型的动态管理原则。

②纳税评估模型构建的一般程序：

纳税评估模型建立的一般程序应包括以下步骤：行业分类、典型调查、信息采集分析、风险指标确定、纳税评估模型构建、模型验证及完善。

A. 行业分类：同类行业纳税人涉及的经营内容、管理方式、行业标准、技术设备、物流渠道、核算方式、投入产出比都基本相同。因此，同类行业企业的生产经营信息可以互为参考，具有可比性。

B. 典型调查：在进行税源分类的基础上，针对不同行业，选择不同规模、不同类型的纳税人进行调查，摸清行业特点；探索行业经营规律，制定出有效的行业风险识别模型。

C. 信息采集分析：对典型调查中采集的涉税信息归集分类、逐一分析，归纳出行业生产经营规律和生产工艺流程；汇总统计各行业纳税评估指标的历史数据、当期数据、公认标准、行业标准等。

D. 风险指标确定：在开展充分调查和信息采集分析的基础上，应科学、合理地确定可衡量该行业纳税人生产经营情况涉税风险指标和公认指标。

E. 纳税评估模型构建：纳税评估模型的建立首先必须通过全面准确采集、科学有效分析和监控行业指标，并结合纳税人的申报信息所产生的涉税指标，从而建立有针对性和准确性的行业风险指标体系。一个完整的纳税评估模型主要包括以下内容：行业介绍、行业生产经营特点、行业涉税风险点、风险指标设置、风险应对指引等。

F. 模型验证及完善：纳税评估模型建立后，将行业模型中建立的风险指标、预警值、权重、风险值得分等，运用到纳税评估实践中进行检验，根据评估实际结果与预警值的比对，对相关的指标值不断进行修正，验证纳税评估模型的合理性和准确性。

③纳税评估模型的主要应用：

A. 投入产出模型：投入产出法主要适用于产品相对较为单一的制造业企业。投入产出比评估模型：

评估期产品产量＝当期投入原材料数量 × 投入产出比

评估期产品销售数量＝评估期期初库存产品数量＋评估期产品产量－评估期期末库存数量

测算评估期应税销售收入＝评估期产品销售数量 × 评估期产品销售单价

问题值＝（测算应税销售收入－企业实际申报应税销售收入）× 适用税率（征收率）

B. 能耗测算模型：能耗测算法主要是根据纳税人评估期内能源、动力的生产耗用情况，利用单位产品能耗定额测算纳税人实际生产、销售数量，并与纳税人申报信息对比、分析的一种方法。能耗评估模型：

评估期产品产量＝评估期生产能耗量 ÷ 评估期单位产品能耗定额

评估期产品销售数量＝评估期期初库存产品数量＋评估期产品产量－评估期期末库存数量

评估期销售收入测算数＝评估期销售数量 × 评估期产品销售单价

问题值＝（测算应税销售收入－企业实际申报应税销售收入）× 适用税率（征收率）

C. 工时（工资）耗用模型：是指在单位产品耗用生产时间基本确定的前提下，按照纳税人在一定时期耗用工时总量，分析、测算该时期内的产品产量及销售数量或销售额，并与申报信息对比分析的方法。工时（工资）评估模型：

评估期产品产量＝评估期生产人员工时总量（工资总额）或某一主要生产环节工时总量（工资总额）÷ 单位产品耗用工时（或者工资）

评估期产品销售数量＝评估期期初库存产品数量＋评估期产品产量－评估期期末库存数量

测算应税销售收入＝评估期产品销售数量 × 评估期产品销售单价

问题值＝（测算应税销售收入－企业实际申报应税销售收入）× 适用税率（征收率）

D. 设备生产能力模型：是指主要生产设备在原料、动力和人员等正常运转下产出的能力。可分为设计生产能力和实际生产能力。设备生产能力评估模型：

评估期产品产量＝评估期若干设备的日产量或时产量 × 评估期正常工作日或工作时

评估期产品销售数量＝评估期期初库存产品数量＋评估期产品产量－评估期期末库存数量

测算应税销售收入＝评估期产品销售数量 × 评估期产品销售单价

问题值＝（测算应税销售收入－企业实际申报应税销售收入）× 适用税率（征收率）

E. 税负对比模型：税负对比分析法是通过企业税负与行业税负的对比，对税负异常的企业围绕关联指标展开分析，以发现企业税收风险的一种方法。税负对比评估模型：

税负差异率＝（企业税收负担率－行业税收负担率）÷ 行业税收负担率 ×100%

F. 资金监控模型：资金监控法就是通过对纳税人一定时期内的“银行存款”“现金”“应收账款”“应收票据”等资金核算科目的监控，分析其资金的流转状况，并以此评析纳税人当期申报信息是否真实的方法。

第五节　税费法律责任追究

一、税收违法行为及处理

（一）税收违法行为

1. 概念。

税收违法行为是税收法律关系主体违反税收法律规范、侵害了为税法保护的税收关系并应承担某种法律后果的行为。

2. 特征。

行为主体具有广泛性、行为具有特定性、行为的法律后果特定。

3. 分类。

主要有三种：一是征税主体的违法行为和纳税主体的违法行为。二是税收实体违法行为和税收程序违法行为。三是抽象税收违法行为和具体税收违法行为。

（二）违法处置

1. 违法处置的内容。

对税务行政相对人违法的行为，由税务机关责令纳税人限期改正或对税务行政相对人的违法行为依法进行税务处理、处罚的过程。

违法处置主要包括：税收（规费）违法行为处理、责令限期改正、简易程序处罚、普通程序处罚、查补税款和罚款变更或补充处理、延（分）期缴纳罚款申请审批、提请吊销营业执照、停供（收缴）、解除停供（收缴）发票、税收违法行为检举管理、税务处理决定处理。

2. 税收（规费）违法行为处理。

在税收征收管理工作中发现的税收（规费）违法行为，进行登记、处理、跟踪税收违法行为处理的状态并对税收违法行为处理进行终结审核。对税收违法行为的处理，根据税收违法行为的具体处理需要，进行具体处理。

3. 责令限期改正。

纳税人、扣缴义务人及其他相关单位和个人有违法违章行为的，税务机关进行税收违法行为登记，由办理人员制作《责令限期改正通知书》，并将文书送达当事人。

对未自行申报、按时足额缴纳社会保险费的用人单位，由办理人员制作《责令限期改正通知书》，并将文书送达当事人。

4. 简易程序处罚。

简易程序处罚，是指税务机关对违法事实确凿并有法定依据，对公民处以200元以下、对法人或者其他组织处以3 000元以下罚款或警告的行政处罚。由办理人员制作《税务行政处罚决定书（简易）》并当场交付当事人。根据《中华人民共和国行政处罚法》的规定，执法人员当场作出的行政处罚决定，应当报所属行政机关备案。

对社会保险费的违法违章进行处罚，制作《社会保险费行政处罚决定书（简易）》，并送达缴费人。

行政处罚应当由具有行政执法资格的执法人员实施。执法人员不得少于两人，法律另有规定的除外。

5. 普通程序处罚。

除可以当场作出的行政处罚外，行政机关发现公民、法人或者其他组织有依法应当给予行政处罚的行为的，必须全面、客观、公正地调查，收集有关证据；必要时，依照法律、法规的规定，可以进行检查。

符合立案标准的，行政机关应当及时立案。

行政处罚应当由具有行政执法资格的执法人员实施。执法人员不得少于两人，法律另有规定的除外。执法人员在调查或者进行检查时，应当主动向当事人或者有关人员出示执法证件。当事人或者有关人员有权要求执法人员出示执法证件。执法人员不出示执法证件的，当事人或者有关人员有权拒绝接受调查或者检查。

当事人或者有关人员应当如实回答询问，并协助调查或者检查，不得拒绝或者阻挠。询问或者检查应当制作笔录。

行政机关在收集证据时，可以采取抽样取证的方法；在证据可能灭失或者以后难以取得的情况下，经行政机关负责人批准，可以先行登记保存，并应当在 7 日内及时作出处理决定，在此期间，当事人或者有关人员不得销毁或者转移证据。

6. 普通程序处罚决定。

调查终结，行政机关负责人应当对调查结果进行审查，根据不同情况，分别作出如下决定：

（1）确有应受行政处罚的违法行为的，根据情节轻重及具体情况，作出行政处罚决定。

（2）违法行为轻微，依法可以不予行政处罚的，不予行政处罚。

（3）违法事实不能成立的，不予行政处罚。

（4）违法行为涉嫌犯罪的，移送司法机关。

对情节复杂或者重大违法行为给予行政处罚，行政机关负责人应当集体讨论决定。

有下列情形之一，在行政机关负责人作出行政处罚的决定之前，应当由从事行政处罚决定法制审核的人员进行法制审核；未经法制审核或者审核未通过的，不得作出决定：

（1）涉及重大公共利益的。

（2）直接关系当事人或者第三人重大权益，经过听证程序的。

（3）案件情况疑难复杂、涉及多个法律关系的。

（4）法律、法规规定应当进行法制审核的其他情形。

行政机关中初次从事行政处罚决定法制审核的人员，应当通过国家统一法律职业资格考试取得法律职业资格。

行政机关应当自行政处罚案件立案之日起 90 日内作出行政处罚决定。法律、法规、规章另有规定的，从其规定。

行政处罚决定书应当在宣告后当场交付当事人；当事人不在场的，行政机关应当在 7 日内依照《中华人民共和国民事诉讼法》的有关规定，将行政处罚决定书送达当事人。当事人同意并签订确认书的，行政机关可以采用传真、电子邮件等方式，将行政处罚决定书等送达当事人。

行政机关及其执法人员在作出行政处罚决定之前，未依照规定向当事人告知拟作出的行政处罚内容及事实、理由、依据，或者拒绝听取当事人的陈述、申辩，不得作出行政处罚决定；当事人明确放弃陈述或者申辩权利的除外。

对纳税信用评价为 D 级的纳税人，发现其税收违法违规行为的，不得适用规定处罚幅度内的最低标准。

7. 税务行政处罚听证。

税务机关拟对公民处以2 000元（含）以上，对法人或其他组织处以1万元（含）以上的罚款或吊销发票准印证等处罚，向公民、法人或其他组织送达《行政处罚事项告知书》或《税务行政处罚事项告知书》，当事人提出行政处罚听证申请的，应当在行政机关告知后5日内提出，税务机关依法审查受理行政处罚听证申请、组织实施听证。税务机关应当在收到当事人听证要求后7日内将《税务行政处罚听证通知书》送达当事人，15日内举行听证。听证延期处理，是指税务机关对当事人以不可抗力或者其他特殊情况而耽误提出听证期限为由，提出申请延长期限申请的处理。

8. 税务行政处罚“首违不罚”事项清单。

自2021年4月1日，对于首次发生下列清单（见表3–1）中所列事项且危害后果轻微，在税务机关发现前主动改正或者在税务机关责令限期改正的期限内改正的，不予行政处罚。

表3–1　税务行政处罚“首违不罚”事项清单

序号	事项
1	纳税人未按照《税收征收管理法》及其实施细则等有关规定将其全部银行账号向税务机关报送。
2	纳税人未按照《税收征收管理法》及其实施细则等有关规定设置、保管账簿或者保管记账凭证和有关资料。
3	纳税人未按照《税收征收管理法》及其实施细则等有关规定的期限办理纳税申报和报送纳税资料。
4	纳税人使用税控装置开具发票，未按照《税收征收管理法》及其实施细则、《发票管理办法》等有关规定的期限向主管税务机关报送开具发票的数据且没有违法所得。
5	纳税人未按照《税收征收管理法》及其实施细则、《发票管理办法》等有关规定取得发票，以其他凭证代替发票使用且没有违法所得。
6	纳税人未按照《税收征收管理法》及其实施细则、《发票管理办法》等有关规定缴销发票且没有违法所得。
7	扣缴义务人未按照《税收征收管理法》及其实施细则等有关规定设置、保管代扣代缴、代收代缴税款账簿或者保管代扣代缴、代收代缴税款记账凭证及有关资料。
8	扣缴义务人未按照《税收征收管理法》及其实施细则等有关规定的期限报送代扣代缴、代收代缴税款有关资料。
9	扣缴义务人未按照《税收票证管理办法》的规定开具税收票证。
10	境内机构或个人向非居民发包工程作业或劳务项目，未按照《非居民承包工程作业和提供劳务税收管理暂行办法》的规定向主管税务机关报告有关事项。

自2022年1月1日起，新增第二批税务行政处罚“首违不罚”事项清单（见表3–2）。

表 3–2 第二批税务行政处罚“首违不罚”事项清单

序号	事项
1	纳税人使用非税控电子器具开具发票，未按照《税收征收管理法》及其实施细则、《发票管理办法》等有关规定将非税控电子器具使用的软件程序说明资料报主管税务机关备案且没有违法所得。
2	纳税人未按照《税收征收管理法》及其实施细则、《中华人民共和国税务登记管理办法》等有关规定办理税务登记证件验证或者换证手续。
3	纳税人未按照《税收征收管理法》及其实施细则、发票管理办法等有关规定加盖发票专用章且没有违法所得。
4	纳税人未按照《税收征收管理法》及其实施细则等有关规定将财务、会计制度或者财务、会计处理办法和会计核算软件报送税务机关备查。

9. 税务行政处罚案件集体审议。

对情节复杂、争议较大、处罚较重、影响较广或者拟减轻处罚等税务行政处罚案件，应当经过集体审议决定。

10. 查补税款和罚款变更或补充处理。

在复查案件中出现查补税款和罚款变更或补充处理情形，在行政复议、行政诉讼案件出现撤销或部分撤销、重新作出行政行为，或者未经复议及诉讼，但是在《税务处理决定书》《税务行政处罚决定书》等决定性文书送达后，税务机关发现原行政行为确有错误，作出行政决定的税务机关可以改变行政行为，进行查补税款、变更罚款、补充处理。

11. 延（分）期缴纳罚款申请审批。

被处罚对象确有经济困难，需要延期或者分期缴纳罚款的，经被处罚对象（当事人）申请和税务机关批准，可以暂缓或者分期缴纳。

12. 提请吊销营业执照。

对不办理税务登记，且经税务机关责令限期改正，逾期不改正的纳税人，税务机关提请市场监督管理部门吊销其营业执照。

13. 停供（收缴）、解除停供（收缴）发票。

从事生产、经营的纳税人、扣缴义务人有《税收征收管理法》规定的税收违为，拒不接受税务机关处理，税务机关可以收缴其发票或者停止向其发售发票。停供（收缴）发票后，纳税人、扣缴义务人接受税务机关处理的。税务机关恢复向其发售发票和返还收缴的空白发票。

14. 税收违法行为检举管理。

税收违法行为检举管理包括：税收违法行为检举事项管理、税收违法行为检举奖励管理。税收违法行为检举事项管理是指单位、个人采用书信、互联网、传真、电话、来访等形式，向税务机关检举纳税人、扣缴义务人税收违法行为线索，税务机关对检举事项进行受理、登记、实施转办（交办）、检查、案件信息跟踪、对检举人进行反馈税收违法行为检举查办结果等事项的业务处理过程。税收违法行为检举奖励管理，是指检举税收违法行为的实名检举人，可以向税务机关申请检举奖金，税务机关经核实审批后发放税收违法行为检举奖金的业务处理过程。税务机关对检举的税收违法行为经立案查实处理并依法将税款或者罚款收缴入库后，由税收违法案件举报中心根据实名检举人书面申请及其贡献大小，制作《检举纳税人税收违法行为奖励审批表》，提出奖励对象和奖励金额建议，按照规定权限和程序审批后，向检举人发出《检举纳税人税收违法行为领奖通知书》，通知检举人到指定地点办理领取手续。

15. 税务处理决定处理。

税务机关对各类税收违法行为依据有关税收法律、行政法规、规章作出处理决定，经过审批后，出具《税务处理决定书》的处理。

（三）税款追征

1. 税款追征概念。

纳税人未按照规定期限缴纳税款的，扣缴义务人未按照规定期限解缴税款的，税务机关应当责令其限期缴纳或者解缴等一系列行为。

税款追征主要包括责令限期缴纳税（费）款、纳税担保、税收保全、强制执行、行使代位权、撤销权、阻止出境、审计（财政）监督检查决定意见处理。

2. 责令限期缴纳税（费）款。

税务机关对在规定期限内不缴或者少缴应纳、应解缴、应担保税（费）款的纳税人、扣缴义务人、纳税担保人、缴费人，或者有逃避纳税义务行为的从事生产、经营的纳税人、缴费人，责令限期缴纳税（费）款的业务处理过程。

3. 纳税担保。

纳税人为保证按时足额缴纳税款及滞纳金，由纳税人或第三人向税务机关提出申请，以其未设置担保物权或未全部设置担保物权的财产向税务机关提供担保，或由税务机关认可的纳税保证人为纳税人提供纳税保证。

纳税担保包括纳税担保申请确认、纳税担保到期处理、纳税担保解除处理。

（1）纳税担保申请确认，是指税务机关对纳税人或纳税担保人提出的纳税担保申请进行受理、确认。社会保险费缴费人或其他缴费担保人提出的缴费担保申请参照纳税担保申请进行受理、确认。

（2）纳税担保到期处理，是指纳税（缴费）担保到期处理业务适用于对纳税人或纳税担保人（缴费人或缴费担保人）提供纳税（缴费）担保到期且未缴纳担保税额（费款）及滞纳金的处理。

（3）纳税担保解除处理，是指税务机关对纳税人应当缴纳的税款、滞纳金，以税务机关同意或确认的纳税人或者其他自然人、法人、经济组织以保证、抵押、质押的方式提供纳税担保，纳税人或纳税担保人在规定的期限内缴纳税款及滞纳金或复议决定撤销原具体行政行为后，税务机关解除纳税担保的处理。

纳税担保解除处理业务适用于已经提供社会保险费缴费担保的缴费人或缴费担保人在规定的期限内缴纳社会保险费或复议决定撤销原具体行政行为后，税务机关解除缴费担保的处理。

4. 税收保全。

税务机关有根据认为纳税人有不履行纳税义务可能的，可以在规定的纳税期之前，责令限期缴纳应纳税款；在限期内发现纳税人有明显的转移、隐匿其应纳税的商品、货物以及其他财产或者应纳税的收入的迹象的，税务机关可以责成纳税人提供纳税担保。

如果纳税人不能提供纳税担保，经县以上税务局（分局）局长批准，税务机关可以采取书面通知纳税人开户银行或者其他金融机构冻结纳税人的金额相当于应纳税款的存款、扣押查封纳税人的价值相当于应纳税款的商品、货物或者其他财产的税收保全措施。税务机关采取上述规定的措施应当书面通知纳税人并制作现场笔录。

税收保全主要包括实施保全、实施保全（简易）、提前处理保全财产、解除保全、税收保全延期处理。

（1）实施保全。税务机关对从事生产、经营的纳税人以前纳税期的纳税情况依法进行税务检查时，发现纳税人有逃避纳税义务行为，并有明显的转移、隐匿其应纳税的商品、货物以及其他财产或者应纳税的收入的迹象；或者在责令限期缴纳应纳税款限期内，发现纳税人有明显的转移、隐匿其应纳税的商品、货物以及其他财产或者应纳税的收入的迹象，责成纳税人提供纳税担保，纳税人不能提供纳税担保的；或者实施税收强制执行前需要采取税收保全措施的；经县以上税务局（分局）局长批准，可以采取扣押、查封纳税人的价值相当于应纳税款的商品、货物或者采取书面通知纳税人开户银行、其他金融机构冻结纳税人的金额相当于应纳税款的存款。

（2）实施保全（简易）。税务机关对未按照规定办理税务登记的从事生产、经营的纳税人以及临时从事经营的纳税人［包括到外县（市）从事生产、经营而未向营业地税务机关报验登记的纳税人］核定其应纳税额，责令缴纳，不缴纳的，可以扣押其价值相当于应纳税款的商品、货物。

此业务处理完成后，税务人员应当在24小时内向行政机关负责人报告，并补办批准手续。若未批准，需撤销该实施保全措施。

（3）提前处理保全财产。税务机关对从事生产、经营的纳税人以前纳税期的纳税情况依法进行税务检查时采取扣押查封措施，在税收保全期内，已采取税收保全措施的财物符合提前处理法定情形的，可以制作《税务事项通知书》，书面通知纳税人及时协助处理。

（4）解除保全。纳税人在税务机关采取税收保全措施后，按照税务机关规定的期限缴纳税款的或者税务机关依法采取强制执行措施的，税务机关应当自收到税款或者银行转回的完税凭证之日起1日内解除税收保全，对被冻结的存款解除冻结，归还所扣押、查封的商品、货物或者其他财产。

有下列情形之一的，应当依法及时解除税收保全措施：①纳税人已按履行期限缴纳税款的。②税收保全措施被复议机关决定撤销的。③税收保全措施被人民法院裁决撤销的。④其他法定应当解除税收保全措施的。

（5）税收保全延期处理。税务机关对从事生产、经营的纳税人以前纳税期的纳税情况依法进行税务检查时，需要采取的查封、扣押期限一般不得超过6个月，重大案件需要延长税收保全期限的，应当逐级报请国家税务总局批准；其他情形下采取的税收保全措施，期限为30日，情况复杂的，可由批准采取税收保全的税务机关负责人批准，延长期限不得超过30日。税务人员制作《税务事项通知书》，告知纳税人税收保全延长的决定。

5. 强制执行。

税务机关发现税务行政相对人在税款、滞纳金、罚款限缴期限到期后仍不缴纳时，经催告后，通知银行或其他金融机构扣缴税务行政相对人的存款或扣押，查封、拍卖、变卖部分财产以抵缴税款、滞纳金或罚款。

强制执行包括强制执行登记、催告处理、强制扣缴、现金扣缴、拍卖变卖、申请法院强制执行、强制执行（解除）中止、强制执行终结处理、强制执行协议签订。

（1）强制执行登记。对符合强制执行条件的案件进行登记，并选择强制执行措施。

（2）催告处理。税务机关作出强制执行决定前，应当事先催告当事人履行义务。税务机关申请人民法院强制执行前，应当催告当事人履行义务；催告书送达10日后当事人仍未履行义务的，税务机关可以依法采取强制执行，或向有管辖权的人民法院申请强制执行。对于实施加处罚款的，在告知当事人30日后，也要进行催告处理。

（3）强制扣缴。当税务行政管理相对人未按限缴期限缴纳税款、滞纳金、罚款时，税务机关通过内部审批文书报经有审批权限的税务局局长批准后，决定对税务行政管理相对人采取强制扣缴措施，向其下达强制扣缴的书面文书，通知银行及其他金融机构从税务行政管理相对人存款中扣缴税款、滞纳金及罚款。

用人单位逾期仍未缴纳或者补足社会保险费的，社会保险费征收机构可以向银行和其他金融机构查询其存款账户；并可以申请县级以上有关行政部门作出划拨社会保险费的决定，书面通知其开户银行或者其他金融机构划拨社会保险费。

（4）现金扣缴。现金扣缴税务机关对税务行政管理相对人采取的强制执行措施的一种。当税务行政相对人未按限缴期限缴纳税款、滞纳金、罚款，且有处于保全状态或担保状态的现金时，税务机关通过内部审批文书报经有审批权限的税务局局长批准后，决定对税务行政管理相对人采取现金扣缴措施，向其下达现金扣缴的书面文书，通知税务行政管理相对人扣缴税款、滞纳金及罚款决定及结果。

（5）拍卖变卖。当纳税人、扣缴义务人未在限期内缴纳或解缴税款，纳税担保人未按照规定的期限缴纳所担保的税款时，或者在稽查过程中对税收保全的商品、货物或者其他财产需要提前进行拍卖变卖处理的，经有审批权限的税务局局长批准，税务机关可以采取依法拍卖或者变卖所扣押、查封的商品、货物或者其他财产的措施，以拍卖或者变卖所得继续实施保全或者抵缴税款。

（6）申请法院强制执行。税务机关向法院申请强制执行有以下情形：

①在当事人对税务机关的征收行为、处罚决定逾期不申请行政复议也不向人民法院起诉又不履行时；复议申请人逾期不起诉又不履行行政复议决定的，或者不履行最终裁决的行政复议决定的，税务机关可以依法申请人民法院强制执行。

②当事人拒绝履行人民法院发生法律效力的判决、裁定的，税务机关可以依法向第一审人民法院申请强制执行。

税务机关向法院提出申请后，由法院采取强制执行措施。法院强制执行完毕，通知税务机关将税款、滞纳金、罚款、没收违法所得征收入库时，通知征收开票部门将上述款项征收入库。当事人包括从事生产经营的纳税人、扣缴义务人和非生产经营纳税人、扣缴义务人。

③用人单位未足额缴纳社会保险费且未提供担保的，社会保险费征收机构可以申请人民法院扣押、查封、拍卖其价值相当于应当缴纳社会保险费的财产，以拍卖所得抵缴社会保险费。

（7）强制执行（解除）中止。有下列情形之一的，税务机关中止执行：

①当事人履行行政决定确有困难或者暂无履行能力的。

②第三人对执行标的主张权利，确有理由的。

③执行可能造成难以弥补的损失，且中止执行不损害公共利益的。

④行政机关认为需要中止执行的其他情形。

中止执行的情形消失后，税务机关应当恢复执行。

（8）强制执行终结处理。强制执行终结处理，是指对没有明显社会危害，当事人确无能力履行，中止执行满 3 年未恢复执行的，行政机关不再执行。

有下列情形之一的，终结执行：

①公民死亡，无遗产可供执行，又无义务承受人的。

②法人或者其他组织终止，无财产可供执行，又无义务承受人的。

③执行标的灭失的。

④据以执行的行政决定被撤销的。

⑤行政机关认为需要终结执行的其他情形。

（9）强制执行协议签订。税务机关在实施行政强制执行的过程中，可以在不损害公共利益和他人合法利益的情况下，与当事人达成执行协议。

6. 行使代位权、撤销权。

欠缴税款的纳税人怠于行使到期债权，对国家税收造成损害的，税务机关依法申请人民法院行使代位权。

欠缴税款的纳税人放弃到期债权，无偿转让财产，或者以明显不合理的低价转让财产而受让人知道该情形，对国家税收造成损害的，税务机关依法申请人民法院行使撤销权。

7. 阻止出境。

阻止出境是为了保证国家税收，防止逃避纳税义务，税务机关对欠缴税款的纳税人在离开国境前采取的限制性措施。欠缴税款的纳税人或者其法定代表人需要出境的，应当在出境前向税务机关结清应纳税款、滞纳金或者提供担保。未结清税款、滞纳金，又不提供纳税担保的，税务机关可以通知出境管理机关阻止其出境。阻止出境包括布控、撤控。

（1）布控，是指欠缴税款的纳税人或其法定代表人需要出境，但尚未结清应纳税款、滞纳金，又不提供担保的，税务机关在其出境前通知出境管理机关阻止其出境。

（2）撤控，是指税务机关在被阻止出境的欠税人结清所欠税款或提供纳税担保后，依法解除其出境限制。

8. 审计（财政）监督检查决定意见处理。

被审计、检查单位有税收违法行为的，审计、检查单位下达决定、意见书，责成被审计、检查单位向税务机关缴纳税款、滞纳金时，税务机关应当根据有关机关的决定、意见书，依照税收法律、行政法规的规定，将应收的税款、滞纳金按照国家规定的税收征收管理范围和税款入库预算级次缴入国库。

二、违反社保费及非税收入征收管理行为的处理

（一）违反社保费征收管理行为的处理

1. 社保费登记。

缴费单位必须向当地社会保险经办机构办理社会保险登记，参加社会保险。登记事项包括：单位名称、住所、经营地点、单位类型、法定代表人或者负责人、开户银行账号以及国务院劳动保障行政部门规定的其他事项。

企业在办理登记注册时，同步办理社会保险登记。

上述规定以外的缴费单位应当自成立之日起 30 日内，向当地社会保险经办机构申请办理社会保险登记。

缴费单位未按照规定办理社会保险登记、变更登记或者注销登记，或者未按照规定申报应缴纳的社会保险费数额的，由劳动保障行政部门责令限期改正；情节严重的，对直接负责的主管人员和其他直接责任人员可以处以 1 000 元以上 5 000 元以下的罚款；情节特别严重的，对直接负责的主管人员和其他直接责任人员可处以 5 000 元以上 10 000 元以下的罚款。

2. 社会保险费核定。

社会保险经办机构负责社会保险缴费核定等工作。

缴费单位必须按月向社会保险经办机构申报应缴纳的社会保险费数额，经社会保险经办机构核定后，在规定的期限内缴纳社会保险费。

缴费单位不按规定申报应缴纳的社会保险费数额的，由社会保险经办机构暂按该单位上月缴费数额的 110% 确定应缴数额；没有上月缴费数额的，由社会保险经办机构暂按该单位的经营状况、职工人数等有关情况确定应缴数额。缴费单位补办申报手续并按核定数额缴纳社会保险费后，由社会保险经办机构按照规定结算。

缴费单位违反有关财务、会计、统计的法律、行政法规和国家有关规定，伪造、变造、故意毁灭有关账册、材料，或者不设账册，致使社会保险费缴费基数无法确定的，除依照有关法律、行政法规的规定给予行政处罚、纪律处分、刑事处罚外，依照《社会保险费征缴暂行条例》第十条的规定征缴；迟延缴纳的，由劳动保障行政部门或者税务机关依照《社会保险费征缴暂行条例》第十三条的规定决定加收滞纳金，并对直接负责的主管人员和其他直接责任人员处 5 000 元以上 20 000 元以下的罚款。

3. 社会保险费费款申报。

用人单位应当按照法律法规规定，按月在规定的申报期限内，将本单位应缴纳的社会保险费和职工应缴的社会保险费一并向税务部门申报缴纳。

用人单位账户余额少于应当缴纳的社会保险费的，社会保险费征收机构可以要求该用人单位提供担保，签订延期缴费协议。

4. 未按时足额缴纳社会保险费的处理。

(1) 责令其限期缴纳或者补足。

用人单位未按时足额缴纳社会保险费的，由税务机关责令其限期缴纳或者补足。

(2) 申请划拨社会保险费。

用人单位逾期仍未缴纳或者补足社会保险费的，税务机关可以向银行和其他金融机构查询其存款账户；并可以申请县级以上有关行政部门作出划拨社会保险费的决定，书面通知其开户银行或者其他金融机构划拨社会保险费。

(3) 申请人民法院强制执行。

用人单位未足额缴纳社会保险费且未提供担保的，税务机关可以申请人民法院扣押、查封、拍卖其价值相当于应当缴纳社会保险费的财产，以拍卖所得抵缴社会保险费。

(4) 滞纳金。

用人单位未按时足额缴纳社会保险费的，由税务机关责令限期缴纳或者补足，并自欠缴之日起，按日加收 0.5‰的滞纳金，逾期仍不缴纳的，由有关行政部门处欠缴数额 1 倍以上 3 倍以下的罚款。

（二）违反非税收入征收管理行为的处理

非税收入，是指除税收以外，由各级国家机关、事业单位、代行政府职能的社会团体及其他组织依法利用国家权力、政府信誉、国有资源（资产）所有者权益等取得的各项收入。具体包括：行政事业性收费收入；政府性基金收入；罚没收入；国有资源（资产）有偿使用收入；国有资本收益；彩票公益金收入；特许经营收入；中央银行收入；以政府名义接受的捐赠收入；主管部门集中收入；政府收入的利息收入；其他非税收入。不包括社会保险费、住房公积金（指计入缴存人个人账户部分）。

自 2022 年 1 月 1 日起，由自然资源部门负责征收的国有土地使用权出让收入、矿产资源专项收入、海域使用金、无居民海岛使用金四项政府非税收入（以下简称四项政府非税收入），全部划转给税务部门负责征收。自然资源部（本级）按照规定负责征收的矿产资源专项收入、海域使用金、无居民海岛使用金，同步划转税务部门征收。

非税收入费款申报，是指缴费人应当依照非税收入法律、法规、规章及其他有关规定，在履行缴费义务时，填写应缴费项目所适用的非税收入类申报表，以及其他要求报送的相关资料，向税务部门进行缴费申报，税务部门根据缴费人报送的信息和资料征收费款的活动。

缴纳义务人、扣缴义务人和受托代征人应当按照规定的期限和程序，采用自行申报方式向税务部门办理非税收入费款申报等有关事项。

1. 残疾人就业保障金。

《财政部 国家税务总局 中国残疾人联合会关于印发〈残疾人就业保障金征收使用管理办法〉的通知》（财税〔2015〕72 号）第二十六条规定，用人单位未按规定缴纳残疾人就业保障金的，按照《残疾人就业条例》的规定，由残疾人就业保障金征收机关提交财政部门，由财政部门予以警告，责令限期缴纳；逾期仍不缴纳的，除补缴欠缴数额外，还应当自欠缴之日起，按日加收 5‰的滞纳金。

2. 国家重大水利工程建设基金。

《财政部 国家发展改革委 水利部关于印发〈国家重大水利工程建设基金征收使用管理暂行办法〉的通知》（财综〔2009〕90 号）第十四条规定，如逾期不缴纳国家重大水利工程建设基金的，征收机关应责令其限期缴纳，并从滞纳之日起按日加收滞纳部分 2‰的滞纳金。

3. 大中型水库移民后期扶持基金。

《财政部关于印发〈大中型水库移民后期扶持基金征收使用管理暂行办法〉的通知》（财综〔2006〕29 号）第九条规定，如发生延期缴纳大中型水库移民后期扶持基金的，征收机关应责令其尽快足额缴纳基金，并从逾期之日起按每日 2‰的标准加收滞纳金。

4. 核电站乏燃料处理处置基金。

《核电站乏燃料处理处置基金征收使用管理暂行办法》（财综〔2010〕58 号印发）第

九条规定，核电厂应按照本办法规定及时足额上缴乏燃料处理处置基金，不得拖欠。凡无正当理由拖欠缴纳乏燃料处理处置基金的，征收机关应责令其尽快补缴，并从逾期之日起按日加收滞纳金额1‰的滞纳金。

5. 石油特别收益金。

《财政部关于印发〈石油特别收益金征收管理办法〉的通知》（财企〔2006〕72号）第十三条规定，石油开采企业在规定的期限内未足额缴纳石油特别收益金的，由财政机关责令限期缴纳，并从滞纳之日起按日加收0.5‰的滞纳金。

6. 国家留成油收入。

未按规定期限缴纳国家留成油变价款的，征收机关除责令缴纳外，应当从滞纳之日起，按日加收滞纳款0.5‰的滞纳金。

7. 水土保持补偿费。

《中华人民共和国水土保持法》第五十七条规定，违反本法规定，拒不缴纳水土保持补偿费的，由县级以上人民政府水行政主管部门责令限期缴纳；逾期不缴纳的，自滞纳之日起按日加收滞纳部分0.5‰的滞纳金，可以处应缴水土保持补偿费三倍以下的罚款。

8. 废弃电器电子产品处理基金。

《废弃电器电子产品处理基金征收使用管理办法》（财综〔2012〕34号印发）第三十六条规定，电器电子产品生产者违反基金征收管理规定的，由国家税务局比照税收违法行为予以行政处罚。进口电器电子产品的收货人或者其代理人违反基金征收管理规定的，由海关比照关税违法行为予以行政处罚。

9. 土地闲置费。

《国家税务总局等五部门关于土地闲置费 城镇垃圾处理费划转有关征管事项的公告》（国家税务总局 财政部 自然资源部 住房和城乡建设部 中国人民银行公告2021年第12号）第一条规定，土地闲置费由自然资源部门向缴纳义务人（土地使用权人）出具《征缴土地闲置费决定书》等文书，并向税务部门推送《征缴土地闲置费决定书》等费源信息。缴纳义务人依据《征缴土地闲置费决定书》向税务部门申报缴纳，税务部门开具缴费凭证。土地闲置费申报期限按现行规定执行，未按时缴纳的，由税务部门出具催缴通知，并通过涉税渠道及时追缴。缴纳义务人或代征单位拒不缴纳的，按现行有关规定执行。

10. 城镇垃圾处理费。

《国家税务总局等五部门关于土地闲置费 城镇垃圾处理费划转有关征管事项的公告》（国家税务总局 财政部 自然资源部 住房和城乡建设部 中国人民银行公告2021年第12号）第二条规定，城镇垃圾处理费由缴纳义务人或代征单位自行向税务部门申报缴纳，申报期限和程序按现行规定执行。未按时缴纳的，由税务部门出具催缴通知，并通过涉税渠道及时追缴。缴纳义务人或代征单位拒不缴纳的，按现行有关规定执行。

11. 民航发展基金。

《民航发展基金征收使用管理暂行办法》（财综〔2012〕17号印发）第三十三条规定，单位和个人未按规定征收、缴纳或者截留、挤占、挪用民航发展基金，以及违反财政票据管理规定的，责令改正，并依照《财政违法行为处罚处分条例》（国务院令第427号）等国家有关规定追究法律责任。

第六节　习题演练

一、单项选择题

1. 按照深化税收征管改革总体要求，智慧税务建设以服务（　）为中心。

A. 人民群众　　B. 经济发展

C. 基层税务部门　　D. 纳税人缴费人

【参考答案】D

【答案解析】参见本章第一节“深化税收征管改革”内容。深化税收征管制度改革，着力建设以服务纳税人缴费人为中心、以发票电子化改革为突破口、以税收大数据为驱动力的具有高集成功能、高安全性能、高应用效能的智慧税务。

2. 到2023年，基本建成的税务执法新体系不包括（　）。

A. 无风险不打扰　　B. 有风险要跟踪

C. 有违法要追究　　D. 全过程强智控

【参考答案】B

【答案解析】参见本章第一节“深化税收征管改革”内容。到2023年，基本建成“无风险不打扰、有违法要追究、全过程强智控”的税务执法新体系。

3. 自然人税费服务与监管体系的主要内容不包括（　）。

A. 数据集成　　B. 高效服务　　C. 提醒纠错　　D. 依法查处

【参考答案】B

【答案解析】参见本章第一节“深化税收征管改革”内容。健全以“数据集成＋优质服务＋提醒纠错＋依法查处”为主要内容的自然人税费服务与监管体系。

4.（　）年实现税务执法、服务、监管与大数据智能化应用深度融合、高效联动、全面升级。

A. 2022　　B. 2023　　C. 2024　　D. 2025

【参考答案】D

【答案解析】参见本章第一节“深化税收征管改革”内容。2025年实现税务执法、服务、监管与大数据智能化应用深度融合、高效联动、全面升级。

5. 到2023年，税费服务新体系的特点不包括（ ）。

A. 精细化 B. 智能化 C. 个性化 D. 无差别

【参考答案】D

【答案解析】参见本章第一节“深化税收征管改革”内容。到2023年，基本建成“线下服务无死角、线上服务不打烊、定制服务广覆盖”的税费服务新体系，实现从无差别服务向精细化、智能化、个性化服务转变。

6. 2022年1月1日起，可向主管税务机关申请纳税信用修复的纳税人是（ ）。

A. 破产企业或其管理人在重整或和解程序中，已依法缴纳税款、滞纳金、罚款，并纠正相关纳税信用失信行为的

B. 因确定为重大税收违法失信主体，纳税信用直接判为D级的纳税人，失信主体信息已按照国家税务总局相关规定不予公布或停止公布，申请前连续3个月没有新增纳税信用失信行为记录的

C. 由纳税信用D级纳税人的直接责任人员注册登记或者负责经营，纳税信用关联评价为D级的纳税人，申请前连续3个月没有新增纳税信用失信行为记录的

D. 因其他失信行为纳税信用直接判为D级的纳税人，已纠正纳税信用失信行为、履行税收法律责任，申请前连续3个月没有新增纳税信用失信行为记录的

【参考答案】A

【答案解析】参见本章第二节“纳税服务”内容。

7. 2020年11月1日起，纳税人对指标评价情况有异议的，可在评价年度次年（ ）月填写《纳税信息复评（核）申请表》，向主管税务机关提出复核。

A. 1 B. 2 C. 3 D. 4

【参考答案】C

【答案解析】参见本章第二节“纳税服务”内容。

8. 以下不属于纳税人满意度调查类型的是（ ）。

A. 全面调查 B. 重点调查 C. 专项调查 D. 日常调查

【参考答案】B

【答案解析】参见本章第二节“纳税服务”内容。纳税人满意度调查类型分为全面调查、专项调查和日常调查。

9. 税务机关开展纳税人需求管理包括需求征集、需求分析、需求响应和（　）四个环节。

A. 改进工作　　B. 定期公开　　C. 辅助决策　　D. 结果运用

【参考答案】 D

【答案解析】 参见本章第二节“纳税服务”内容。

10. 以下不属于纳税服务内容的有（　）。

A. 税法宣传　　B. 纳税咨询

C. 办税服务和权益保护　　D. 纳税筹划

【参考答案】 D

【答案解析】 参见本章第二节“纳税服务”内容。

11. 主张身份证件被冒用于登记注册为法定代表人，根据（　），更改该法定代表人与纳税人的关联关系。

A. 其出具的个人声明

B. 根据登记机关登记信息的变化情况

C. 公安机关接报案回执

D. 其出具的个人声明、公安机关接报案回执等相关资料

【参考答案】 B

【答案解析】 参见本章第三节“税费基础管理”内容。主张身份证件被冒用于登记注册为法定代表人，根据登记机关登记信息的变化情况，更改该法定代表人与纳税人的关联关系。

12. 从事生产、经营的纳税人应当自开立基本存款账户或者其他存款账户之日起（　）日内，向主管税务机关书面报告其全部账号。

A. 5　　B. 15　　C. 20　　D. 30

【参考答案】 B

【答案解析】 参见本章第三节“税费基础管理”内容。从事生产、经营的纳税人应当自开立基本存款账户或者其他存款账户之日起 15 日内，向主管税务机关书面报告其全部账号。

13. 自 2019 年 10 月 1 日至 2022 年 12 月 31 日，允许生活性服务业纳税人按照当期可抵扣进项税额加计（　），抵减应纳税额。

A. 5%　　B. 10%　　C. 15%　　D. 20%

【参考答案】 C

【答案解析】 参见本章第三节“税费基础管理”内容。自 2019 年 10 月 1 日至 2022 年 12 月 31 日，允许生活性服务业纳税人按照当期可抵扣进项税额加计 15%，抵减应纳税额。

14. 税务机关为符合条件的首次申领增值税发票的新办纳税人办理发票票种核定，增值税专用发票最高开票限额不超过 ______ 万元，每月最高领用数量不超过 ______ 份。（　）

A. 1；25　　B. 10；25　　C. 1；50　　D. 10；50

【参考答案】B

【答案解析】参见本章第三节“税费基础管理”内容。税务机关为符合条件的首次申领增值税发票的新办纳税人办理发票票种核定，增值税专用发票最高开票限额不超过 10 万元，每月最高领用数量不超过 25 份。

15. 实行纳税辅导期管理的小型商贸批发企业，领用专用发票的最高开票限额不得超过（　）万元。

A. 0.1　　B. 1　　C. 10　　D. 100

【参考答案】C

【答案解析】参见本章第三节“税费基础管理”内容。实行纳税辅导期管理的小型商贸批发企业，领用专用发票的最高开票限额不得超过 10 万元。

16. 纳税信用 A 级的纳税人可一次领取不超过（　）个月的增值税发票用量。

A. 1　　B. 2　　C. 3　　D. 4

【参考答案】C

【答案解析】参见本章第三节“税费基础管理”内容。纳税信用 A 级的纳税人可一次领取不超过 3 个月的增值税发票用量。

17. 自 2022 年 4 月 1 日至 2022 年 12 月 31 日，增值税小规模纳税人适用（　）预征率的预缴增值税项目，暂停预缴增值税。

A. 2%　　B. 3%　　C. 1%　　D. 5%

【参考答案】B

【答案解析】参见本章第三节“税费基础管理”内容。自 2022 年 4 月 1 日至 2022 年 12 月 31 日，增值税小规模纳税人适用 3% 预征率的预缴增值税项目，暂停预缴增值税。

18. 下列选项中，（　）使用《财产和行为税纳税申报表》进行申报。

A. 企业所得税　　B. 房产税　　C. 增值税　　D. 车辆购置税

【参考答案】B

【答案解析】参见本章第三节“税费基础管理”中“税费申报缴纳管理”相关内容。

19. 某税务局税收管理员小夏、小王、小李、小陈在一起讨论税收风险管理的意义，下列说法错误的是（　）。

A. 小夏认为，税收风险管理是现代税收管理的先进理念和国际通行做法，是构建科学严密的税收征管体系的核心工作

B. 小王认为，税收风险管理是完成组织收入目标的重要抓手，有助于找准税收漏洞，促进税收收入的可持续增长

C. 小李认为，税收风险管理可以实现税收管理效能的最大化，不断提高税收管理的水平和质量

D. 小陈认为，税收风险管理可以把有限的征管资源优先配置到中低风险领域和特定行业税收领域

【参考答案】D

【答案解析】根据《国家税务总局关于加强税收风险管理工作的意见》（税总发〔2014〕105 号）的规定，税收风险管理可以把有限的征管资源优先配置到高风险领域和大企业税收领域。

20. 某市税务局在推进纳税人差别化精准管理工作中，根据辖区企业风险定级情况，制定分级分类管理方案。下列说法错误的是（　）。

A. 对暂未发现风险的纳税人不打扰　　B. 对低风险纳税人予以提醒辅导

C. 对中风险纳税人加强辅导　　D. 对中高风险纳税人重点监管

【参考答案】C

【答案解析】根据《国家税务总局关于进一步加强税收风险管理工作的通知》（税总发〔2016〕54 号）的规定，通过加强税收风险管理，对纳税人实施差别化精准管理，对暂未发现风险的纳税人不打扰，对低风险纳税人予以提醒辅导，对中高风险纳税人重点监管。

21. 税收风险管理的关键环节或者基础环节是（　）。

A. 风险识别　　B. 信息采集

C. 目标规划　　D. 风险等级排序

【参考答案】A

【答案解析】根据《国家税务总局关于加强税收风险管理工作的意见》（税总发〔2014〕105 号）的规定，风险识别是税收风险管理技术层面的第一个环节，是整个风险管理的关键环节或者基础环节。

22. 税收风险管理是一个分层的结构化的流程，是一个循环往复的流程，包括：①目标规划；②风险识别；③等级排序；④风险应对；⑤实施过程监控评估和评价反馈；⑥信息收集等环节。这些环节循环的顺序是（　）。

A. ①②③④⑤⑥　　B. ⑥④⑤③②①

C. ①②③⑥⑤④　　D. ①⑥②③④⑤

【参考答案】D

【答案解析】根据《国家税务总局关于加强税收风险管理工作的意见》（税总发〔2014〕105 号）的规定，税收风险管理的基本内容包括目标规划、信息收集、风险识别、等级

排序、风险应对、过程监控和评价反馈，以及通过评价成果应用于规划目标的修订校正，从而形成良性互动、持续改进的管理闭环。

23. 在主营业务收入变动率与主营业务成本变动率弹性分析中，主营业务收入变动率与主营业务成本变动率弹性系数＝主营业务收入变动率 ÷ 主营业务成本变动率，下列分析正确的是（ ）。

A. 正常情况下二者基本同步增长，比值接近 1

B. 当弹性系数＜ 1，且相差较大，二者都为正时，可能存在企业多列成本费用、扩大税前扣除范围等问题

C. 当弹性系数＞ 1，且相差较大，二者都为负时，可能存在企业多列成本费用、扩大税前扣除范围等问题

D. 当弹性系数为负数，且前者为负后者为正时，可能存在企业多列成本费用、扩大税前扣除范围等问题

【参考答案】A

【答案解析】根据《纳税评估管理办法（试行）》（国税发〔2005〕43 号印发）的规定，正常情况下二者基本同步增长，比值接近 1。当比值＜ 1，且相差较大，二者都为负时，可能存在企业多列成本费用、扩大税前扣除范围等问题；当比值＞ 1，且相差较大，二者都为正时，可能存在企业多列成本费用、扩大税前扣除范围等问题；当比值为负数，且前者为正后者为负时，可能存在企业多列成本费用、扩大税前扣除范围等问题。

24. 下列对纳税人进行评估发现的问题，应由主管税务机关约谈纳税人的是（ ）。

A. 企业因计算和填写错误，少申报税款 3 000 元

B. 企业因政策和程序理解偏差，少申报税款 4 000 元

C. 需要提请企业进行陈述说明、补充提供举证资料等问题

D. 企业存在的疑点问题经核实不具有偷税等违法嫌疑

【参考答案】C

【答案解析】企业因计算和填写错误，少申报税款 3 000 元和企业因政策和程序理解偏差，少申报税款 4 000 元可由企业自行改正；企业存在的疑点问题经核实不具有偷税等违法嫌疑可以结案处理，无需约谈纳税人。

25. 扣缴义务人依法履行代扣、代收税款义务时，纳税人不得拒绝。纳税人拒绝的，扣缴义务人应当（ ）。

A. 采取税收保全措施

B. 及时报告税务机关处理

C. 采取税收强制措施

D. 责令限期改正

【参考答案】B

【答案解析】根据《中华人民共和国税收征收管理法》第三十条的规定，扣缴义务人

依法履行代扣、代收税款义务时，纳税人不得拒绝。纳税人拒绝的，扣缴义务人应当及时报告税务机关处理。

26. 纳税人未按规定的期限办理纳税申报和报送纳税资料，情节严重的，税务机关可以处（　）的罚款。

A. 2 000 元以下　　B. 2 000 元以上 5 000 元以下

C. 2 000 元以上 10000 元以下　　D. 10 000 元以上

【参考答案】C

【答案解析】根据《中华人民共和国税收征收管理法》第六十二条的规定，纳税人未按照规定的期限办理纳税申报和报送纳税资料的，或者扣缴义务人未按照规定的期限向税务机关报送代扣代缴、代收代缴税款报告表和有关资料的，由税务机关责令限期改正，可以处 2 000 元以下的罚款；情节严重的，可以处 2 000 元以上 10 000 元以下的罚款。

27. 税务机关采取税收强制执行措施，须经（　）批准。

A. 税务所长　　B. 县以上税务局（分局）局长

C. 县级税务局（分局）农村分局长　　D. 省以上税务局局长

【参考答案】B

【答案解析】根据《中华人民共和国税收征收管理法》第四十条的规定，从事生产、经营的纳税人、扣缴义务人未按照规定的期限缴纳或者解缴税款，纳税担保人未按照规定的期限缴纳所担保的税款，由税务机关责令限期缴纳，逾期仍未缴纳的，经县以上税务局（分局）局长批准，税务机关可以采取相关强制执行措施。

28. 社会保险费缴费单位不按规定申报应缴纳的社会保险费数额的，由社会保险经办机构暂按该单位上月缴费数额的（　）确定应缴数额。

A. 110%　　B. 115%　　C. 105%　　D. 120%

【参考答案】A

【答案解析】根据《社会保险费征缴暂行条例》第十条的规定，缴费单位不按规定申报应缴纳的社会保险费数额的，由社会保险经办机构暂按该单位上月缴费数额的 110% 确定应缴数额；没有上月缴费数额的，由社会保险经办机构暂按该单位的经营状况、职工人数等有关情况确定应缴数额。

29. 税务机关查询从事生产、经营的纳税人、扣缴义务人在银行或者其他金融机构的存款账户，须经（　）批准。

A. 开户银行负责人

B. 设区的市、自治州以上税务局（分局）局长

C. 县以上税务局（分局）局长

D. 银行县、市支行或者市分行负责人

【参考答案】 C

【答案解析】 根据《中华人民共和国税收征收管理法》第五十四条的规定，经县以上税务局（分局）局长批准，凭全国统一格式的检查存款账户许可证明，查询从事生产、经营的纳税人、扣缴义务人在银行或者其他金融机构的存款账户。税务机关在调查税收违法案件时，经设区的市、自治州以上税务局（分局）局长批准，可以查询案件涉嫌人员的储蓄存款。

30. 从事生产、经营的纳税人、扣缴义务人有《中华人民共和国税收征收管理法》规定的税收违法行为，拒不接受税务机关处理的，税务机关可以采取的措施是（ ）。

A. 扣留其发票　　B. 停止对其的一切纳税服务

C. 收缴其发票或者停止向其发售发票　　D. 让负责人到税务机关接受处理

【参考答案】 C

【答案解析】 根据《中华人民共和国税收征收管理法》第七十二条的规定，从事生产、经营的纳税人、扣缴义务人有本法规定的税收违法行为，拒不接受税务机关处理的，税务机关可以收缴其发票或者停止向其发售发票。

二、多项选择题

1.《关于进一步深化税收征管改革的意见》提出，推动建立“四个有人管”风险管理机制。“四个有人管”包括（ ）。

A. 风险该发现没发现有人管　　B. 发现后没及时推送有人管

C. 推送后没及时处置有人管　　D. 处置后没及时改进有人管

【参考答案】 ABCD

【答案解析】《关于进一步深化税收征管改革的意见》对构建全面覆盖、全程防控、全员有责的税务执法风险信息化内控监督体系等作出部署，将推动建立“四个有人管”风险管理机制，即风险该发现没发现有人管、发现后没及时推送有人管、推送后没及时处置有人管、处置后没及时改进有人管，从而实现抓早抓小、防微杜渐、持续改进。

2. 根据《关于进一步深化税收征管改革的意见》，到 2022 年要基本实现的智能归集包括（ ）。

A. 法人税费信息“一户式”　　B. 税务机关信息“一局式”

C. 自然人税费信息“一人式”　　D. 税务人员信息“一员式”

【参考答案】 AC

【答案解析】 参见本章第一节“深化税收征管改革”内容。2022 年基本实现法人税费信息“一户式”、自然人税费信息“一人式”智能归集。

3. 税费服务新体系包括（　）。

A. 线下服务无死角　　B. 线上服务不打烊

C. 网上服务广覆盖　　D. 定制服务广覆盖

【参考答案】 ABD

【答案解析】 参见本章第一节“深化税收征管改革”内容。到 2023 年，基本建成“线下服务无死角、线上服务不打烊、定制服务广覆盖”的税费服务新体系，实现从无差别服务向精细化、智能化、个性化服务转变。

4. 不断完善税务执法制度和机制的措施有（　）。

A. 健全税费法律法规制度　　B. 严格规范税务执法行为

C. 不断提升税务执法精确度　　D. 加强税务执法区域协同

【参考答案】 ABCD

【答案解析】 参见本章第一节“深化税收征管改革”中“不断完善税务执法制度和机制”相关内容。

5. 2022 年基本构建起全面覆盖、全程防控、全员有责的税务执法风险信息化内控监督体系，将税务执法风险防范措施嵌入信息系统，实现（　）。

A. 事前预警　　B. 事前管理　　C. 事中阻断　　D. 事后追责

【参考答案】 ACD

【答案解析】 参见本章第一节“深化税收征管改革”内容。2022 年基本构建起全面覆盖、全程防控、全员有责的税务执法风险信息化内控监督体系，将税务执法风险防范措施嵌入信息系统，实现事前预警、事中阻断、事后追责。

6. 应当由具有税务师事务所、会计师事务所、律师事务所资质的涉税专业服务机构从事，相关文书应由税务师、注册会计师、律师签字，并承担相应的责任的涉税业务有（　）。

A. 一般税务咨询　　B. 专业税务顾问

C. 税收策划　　D. 涉税鉴证

【参考答案】 BCD

【答案解析】 参见本章第二节“纳税服务”内容。

7. 纳税咨询的形式主要包括（　）。

A. 电话咨询　　B. 互联网咨询　　C. 办税服务大厅咨询　　D. 面对面咨询

【参考答案】 ABD

【答案解析】参见本章第二节“纳税服务”内容。

8. 便利服务，是指税务机关在为纳税人提供办税服务时，为减轻纳税人办税负担而提供的各项办税便利化措施。主要包括（　）。

A. 免填单服务　　B. 24 小时自助服务

C. 通办服务　　D. 预约服务

【参考答案】ABC

【答案解析】参见本章第二节“纳税服务”内容。

9. 不适用“多证合一”“两证整合”的纳税人，满足（　）情形的纳税人应办理纳税人（扣缴义务人）身份信息报告。

A. 未取得统一社会信用代码但经有关部门批准设立的

B. 因经营地址变更等原因，注销后恢复开业的

C. 从事生产、经营的纳税人，应经有关部门批准设立但未经有关部门批准的

D. 非境内注册居民企业收到居民身份认定书的

【参考答案】ABCD

【答案解析】参见本章第三节“税费基础管理”中“纳税人（扣缴义务人）身份信息报告”相关内容。

10. 符合一定条件的纳税人可选择按小规模纳税人纳税，该一定条件包括（　）。

A. 非企业性单位

B. 不经常发生应税行为的企业

C. 年应税销售额超过规定标准但不经常发生应税行为的单位和个体工商户

D. 年应税销售额超过规定标准且经常发生应税行为的个体工商户

【参考答案】ABC

【答案解析】参见本章第三节“税费基础管理”内容。符合下列条件的纳税人可选择按小规模纳税人纳税：(1) 非企业性单位、不经常发生应税行为的企业。(2) 年应税销售额超过规定标准但不经常发生应税行为的单位和个体工商户。

11. 适用增值税加计抵减政策的生产、生活性服务业纳税人，是指提供（　）取得的销售额占全部销售额的比重超过 50% 的纳税人。

A. 邮政服务　　B. 电信服务　　C. 现代服务　　D. 生活服务

【参考答案】ABCD

【答案解析】参见本章第三节“税费基础管理”内容。生产、生活性服务业纳税人，是指提供邮政服务、电信服务、现代服务、生活服务取得的销售额占全部销售额的比重超过 50% 的纳税人。

12. 涉税数据主要包括（　）。

A. 纳税人报送的数据　　B. 税务机关采集的数据

C. 相关第三方数据　　D. 国际情报交换数据

【参考答案】 ABCD

【答案解析】 纳税人报送的数据、税务机关采集的数据、相关第三方数据、国际情报交换数据为涉税数据的主要范围。

13. 税收风险管理是指税务机关运用风险管理的理念和方法，合理配置管理资源，通过实施差异化的风险应对措施，不断提高纳税遵从度的过程和方法。上述差异化的风险应对措施包括（　）。

A. 风险提醒　　B. 纳税评估　　C. 反避税调查　　D. 税务稽查

【参考答案】 ABCD

【答案解析】 根据《国家税务总局关于加强税收风险管理工作的意见》(税总发〔2014〕105 号）的规定，税收风险管理贯穿于税收工作的全过程，是税务机关运用风险管理理论和方法，在全面分析纳税人税法遵从状况的基础上，针对纳税人不同类型不同等级的税收风险，合理配置税收管理资源，通过风险提醒、纳税评估、税务审计、反避税调查、税务稽查等风险应对手段，防控税收风险，提高纳税人的税法遵从度，提升税务机关管理水平的税收管理活动。

14. 纳税评估中发现的下列问题，属于需要移交稽查部门处理的情况的有（　）。

A. 纳税人计算错误问题　　B. 纳税人政策和程序理解偏差

C. 纳税人有逃避追缴欠税嫌疑　　D. 纳税人涉嫌虚开增值税专用发票行为

【参考答案】 CD

【答案解析】 根据《纳税评估管理办法（试行)》(国税发〔2005〕43 号印发）的规定，纳税人存在偷、逃、骗、抗税行为以及税收违法行为涉嫌犯罪的应移交稽查部门处理。

15. 在纳税评估时可能导致企业所得税税收负担率低于同行业同期和本企业基期所得税负担率的情况包括（　）。

A. 少列费用　　B. 多列成本

C. 不计或少计收入　　D. 擅自扩大税前扣除范围

【参考答案】 BCD

【答案解析】 企业所得税税收负担率低于同行业同期和本企业基期所得税负担率可能存在不计或少计销售（营业）收入、多列成本费用、扩大税前扣除范围等问题。

16. 实地调查核实可以采用的方法包括（　）。

A. 实物盘存法　　B. 观察法　　C. 查对法　　D. 账表核对法

【参考答案】ABC

【答案解析】账表核对法通常是在案头分析阶段采用的方法。

17. 按照《中华人民共和国税收征收管理法》的规定，纳税人偷税的，税务机关应（ ）。

A. 追缴其不缴或者少缴的税款

B. 处不缴或者少缴的税款 5 倍以下的罚款

C. 加收滞纳金

D. 处不缴或者少缴的税款 50% 以上 5 倍以下的罚款

【参考答案】ACD

【答案解析】根据《中华人民共和国税收征收管理法》第六十四条的规定，纳税人、扣缴义务人编造虚假计税依据的，由税务机关责令限期改正，并处 5 万元以下的罚款。纳税人不进行纳税申报，不缴或者少缴应纳税款的，由税务机关追缴其不缴或者少缴的税款、滞纳金，并处不缴或者少缴的税款 50% 以上 5 倍以下的罚款。

18. 纳税人有一定情形的，税务机关可要求其提供纳税担保，该一定情形包括（ ）。

A. 纳税人因有特殊困难，不能按期缴纳税款的

B. 纳税人有逃避纳税义务的行为，并在限期缴纳税款的期限内有明显转移其应纳税商品的迹象

C. 欠缴税款的纳税人或者他的法定代表人需要出境的

D. 纳税人同税务机关在纳税上发生争议时，需要申请行政复议的

【参考答案】BCD

【答案解析】根据《中华人民共和国税收征收管理法》第三十八条的规定，税务机关有根据认为从事生产、经营的纳税人有逃避纳税义务行为的，可以在规定的纳税期之前，责令限期缴纳应纳税款；在限期内发现纳税人有明显的转移、隐匿其应纳税的商品、货物及其他财产或者应纳税的收入的迹象的，税务机关可以责成纳税人提供纳税担保。根据《中华人民共和国税收征收管理法》第四十四条的规定，欠缴税款的纳税人或者他的法定代表人需要出境的，应当在出境前向税务机关结清应纳税款、滞纳金或者提供担保。未结清税款、滞纳金，又不提供担保的，税务机关可以通知出境管理机关阻止其出境。根据《中华人民共和国税收征收管理法》第八十八条的规定，纳税人、扣缴义务人、纳税担保人同税务机关在纳税上发生争议时，必须先依照税务机关的纳税决定缴纳或者解缴税款及滞纳金或者提供相应的担保，然后可以依法申请行政复议。

19. 关于税收保全和强制执行措施涉及的主体的范围，下列说法正确的有（ ）。

A. 税收保全措施只能对从事生产、经营的纳税人行使

B. 税收保全措施可以对纳税人、扣缴义务人、纳税担保人行使

C. 税收强制执行措施可以对纳税人、扣缴义务人、纳税担保人行使

D.《中华人民共和国税收征收管理法》第三十八条、第四十条、第四十二条所称个人所扶养家属是指与纳税人共同居住生活的配偶、直系亲属以及无生活来源并由纳税人扶养的其他亲属

【参考答案】ACD

【答案解析】根据《中华人民共和国税收征收管理法》第三十八条的规定，税务机关有根据认为从事生产、经营的纳税人有逃避纳税义务行为的，可以在规定的纳税期之前，责令限期缴纳应纳税款；在限期内发现纳税人有明显的转移、隐匿其应纳税的商品、货物以及其他财产或者应纳税的收入的迹象的，税务机关可以责成纳税人提供纳税担保。如果纳税人不能提供纳税担保，经县以上税务局（分局）局长批准，税务机关可以采取一定的税收保全措施。根据《中华人民共和国税收征收管理法》第四十条的规定，从事生产、经营的纳税人、扣缴义务人未按照规定的期限缴纳或者解缴税款，纳税担保人未按照规定的期限缴纳所担保的税款，由税务机关责令限期缴纳，逾期仍未缴纳的，经县以上税务局（分局）局长批准，税务机关可以采取一定的强制执行措施。根据《中华人民共和国税收征收管理法实施细则》第六十条的规定，《中华人民共和国税收征收管理法》第三十八条、第四十条、第四十二条所称个人所扶养家属，是指与纳税人共同居住生活的配偶、直系亲属及无生活来源并由纳税人扶养的其他亲属。

20. 自2022年1月1日起，由自然资源部门负责征收的国有土地使用权出让收入及（ ）等政府非税收入，全部划转给税务部门负责征收。

A. 矿产资源专项收入　　B. 海域使用金

C. 土地闲置费　　D. 无居民海岛使用金

【参考答案】ABD

【答案解析】根据《财政部 自然资源部 税务总局 人民银行关于将国有土地使用权出让收入、矿产资源专项收入、海域使用金、无居民海岛使用金四项政府非税收入划转税务部门征收有关问题的通知》（财综〔2021〕19号）第一条的规定，将由自然资源部门负责征收的国有土地使用权出让收入、矿产资源专项收入、海域使用金、无居民海岛使用金四项政府非税收入，全部划转给税务部门负责征收。

三、判断题

1. 2025年基本实现发票全领域、全环节、全要素电子化，着力降低制度性交易成本。（ ）

【参考答案】✓

【答案解析】参见本章第一节“深化税收征管改革”内容。

2. 2021年建成全国统一规范的电子税务局，不断拓展“非接触式”“不见面”办税缴费服务。（ ）

【参考答案】×

【答案解析】参见本章第一节“深化税收征管改革”内容。2022年建成全国统一规范的电子税务局，不断拓展“非接触式”“不见面”办税缴费服务。

3. 扩大部门间数据共享范围，加快企业出口退税事项全环节办理速度，2022年税务部门办理正常出口退税的平均时间压缩至8个工作日以内，对高信用级别企业进一步缩短办理时间。（ ）

【参考答案】×

【答案解析】参见本章第一节“深化税收征管改革”内容。扩大部门间数据共享范围，加快企业出口退税事项全环节办理速度，2022年税务部门办理正常出口退税的平均时间压缩至6个工作日以内，对高信用级别企业进一步缩短办理时间。

4. 税务机关在日常工作中开展的宣传，其内容可以分为税收政策宣传和办税流程宣传两大类。（ ）

【参考答案】✓

【答案解析】参见本章第二节“纳税服务”内容。

5. 涉税咨询、依申请公开信息属于涉税信息查询。（ ）

【参考答案】×

【答案解析】参见本章第二节“纳税服务”内容。涉税咨询、依申请公开信息不属于涉税信息查询。

6. 自2022年度纳税信用评价起，税务机关按照“首违不罚”相关规定对纳税人不予行政处罚的，相关记录不纳入纳税信用评价。（ ）

【参考答案】×

【答案解析】参见本章第二节“纳税服务”内容。自2021年度纳税信用评价起，税务机关按照“首违不罚”相关规定对纳税人不予行政处罚的，相关记录不纳入纳税信用评价。

7. 纳税人对税务机关的纳税申报软件系统进行的投诉，属于纳税服务投诉范围。（ ）

【参考答案】×

【答案解析】参见本章第二节“纳税服务”内容。纳税服务投诉范围包括：纳税人对税务机关工作人员服务言行进行的投诉；纳税人对税务机关及其工作人员服务质效进行的投诉；纳税人对税务机关及其工作人员在履行纳税服务职责过程中侵害其合法权益的行为进行的其他投诉。

8. 涉税信息查询结果可以作为涉税证明使用。( )

【参考答案】 ×

【答案解析】 参见本章第二节“纳税服务”内容。涉税信息查询结果不作为涉税证明使用。

9. 纳税人合同延期的，既可向经营地的税务机关，也可向机构所在地的税务机关发起《跨区域涉税事项报告表》延期。( )

【参考答案】 √

【答案解析】 参见本章第三节“税费基础管理”内容。纳税人跨省（自治区、直辖市和计划单列市）临时从事生产经营活动的，向机构所在地的税务机关填报《跨区域涉税事项报告表》。机构所在地的税务机关受理，发送给经营地的税务机关。纳税人合同延期的，既可向经营地的税务机关，也可向机构所在地的税务机关发起延期。

10. 年应税销售额未超过规定标准的纳税人，会计核算不健全，不能够提供准确税务资料的，可以向主管税务机关办理增值税一般纳税人资格登记。( )

【参考答案】 ×

【答案解析】 参见本章第三节“税费基础管理”内容。年应税销售额未超过规定标准的纳税人，会计核算健全，能够提供准确税务资料的，可以向主管税务机关办理增值税一般纳税人资格登记。

11. 从事成品油销售的加油站、航空运输企业、电信企业总机构及其分支机构，一律由主管税务机关登记为增值税一般纳税人。( )

【参考答案】 √

【答案解析】 参见本章第三节“税费基础管理”中“增值税一般纳税人登记”相关内容。

12. 异地不动产转让和租赁业务适用跨区域涉税事项管理相关制度规定。( )

【参考答案】 ×

【答案解析】 参见本章第三节“税费基础管理”中“跨区域涉税事项报告”相关内容。异地不动产转让和租赁业务不适用跨区域涉税事项管理相关制度规定。

13. 实施税收风险管理，就是要把有限的征管资源优先配置到高风险领域和大企业税收领域，实现税源管理专业化，推动服务管理方式创新和税收管理体制变革。( )

【参考答案】 √

【答案解析】 根据《国家税务总局关于加强税收风险管理工作的意见》(税总发〔2014〕105 号) 的规定，实施税收风险管理，就是要把有限的征管资源优先配置到高风险领域和大企业税收领域，实现税源管理专业化，推动服务管理方式创新和税收管理体制变革。

14. 对风险等级为中的风险任务，应采取的应对方式只能是纳税评估。（ ）

【参考答案】×

【答案解析】按风险等级高低不同，风险应对方式一般遵循的原则为：高风险任务采取税务稽查方式应对，中风险任务采取纳税评估、税务审计和反避税调查等应对方式，低等级风险采取提示提醒方式。

15. 收集涉税信息主要是要收集税务机关掌握的内部数据，其他外部数据只作参考。（ ）

【参考答案】×

【答案解析】根据《国家税务总局关于加强税收风险管理工作意见》（税总发〔2014〕105号）的规定，各级税务机关要落实信息管税的工作思路，将挖掘和利用好内外部涉税信息作为税收风险管理工作的基础。注重收集宏观经济信息、第三方涉税信息、企业财务信息、生产经营信息、纳税申报信息，整合不同应用系统信息。建立企业基础信息库，并定期予以更新。对于集团性大企业，还要注重收集集团总部信息。

16. 纳税人状态为非正常的，可列入风险应对纳税人清册，实施风险应对。（ ）

【参考答案】×

【答案解析】纳税人状态为非正常的，暂不列入风险应对纳税人清册，待解除非正常户后再列入风险应对纳税人清册。

17. 某区税务局风险评估岗小郑在风险识别过程中用到了速动比率，并将该指标划分为企业经营能力指标。（ ）

【参考答案】×

【答案解析】速动比率主要用于衡量企业的偿债能力，属于企业财务状况指标。

18.《中华人民共和国税收征收管理法》规定的行政处罚，罚款额在2 000元以下的，可以由税务所决定。（ ）

【参考答案】√

【答案解析】依据是《中华人民共和国税收征收管理法》第七十四条规定。

19. 对经责令限期缴纳税款，逾期仍不缴纳的从事生产、经营的纳税人，税务机关可依法采取强制执行措施。（ ）

【参考答案】√

【答案解析】依据是《中华人民共和国税收征收管理法》第三十七条规定。

20. 经县以上税务局（分局）局长批准，凭全国统一格式的检查存款账户许可证明，税务机关可以查询税务案件涉嫌人员的储蓄存款。（ ）

【参考答案】×

【答案解析】 根据《中华人民共和国税收征收管理法》第五十四条第（六）项的规定，经县以上税务局（分局）局长批准，凭全国统一格式的检查存款账户许可证明，查询从事生产、经营的纳税人、扣缴义务人在银行或者其他金融机构的存款账户。税务机关在调查税收违法案件时，经设区的市、自治州以上税务局（分局）局长批准，可以查询案件涉嫌人员的储蓄存款。

四、简答题

1. 纳税人存在哪些情形的，税务机关有权核定其应纳税额？

【参考答案】

纳税人存在《中华人民共和国税收征收管理法》第三十五条或者第三十七条规定的情形之一的，税务机关有权核定其应纳税额。

（1）依照法律、行政法规的规定可以不设置账簿的。

（2）依照法律、行政法规的规定应当设置账簿但未设置的。

（3）擅自销毁账簿或者拒不提供纳税资料的。

（4）虽设置账簿，但账目混乱或者成本资料、收入凭证、费用凭证残缺不全，难以查账的。

（5）发生纳税义务，未按照规定的期限办理纳税申报，经税务机关责令限期申报，逾期仍不申报的。

（6）纳税人申报的计税依据明显偏低，又无正当理由的。

（7）未按照规定办理税务登记从事生产、经营的以及临时从事经营的。

2. 简述什么是税收风险管理。

【参考答案】

税收风险管理贯穿于税收工作的全过程，是税务机关运用风险管理理论和方法，在全面分析纳税人税法遵从状况的基础上，针对纳税人不同类型不同等级的税收风险，合理配置税收管理资源，通过风险提醒、纳税评估、税务审计、反避税调查、税务稽查等风险应对手段，防控税收风险，提高纳税人的税法遵从度，提升税务机关管理水平的税收管理活动。

第七章

涉税法律基础

第一节　行政法基础

一、行政法概述

（一）行政法界定

1. 行政法是规范行政权力的授予与行使、对行政权力的运行进行监督和对其消极后果进行补救的法律规范的总称。

2. 行政法的基本原则是贯穿于行政法中，指导和规范行政法的制定和实施，体现着行政法的基本价值观念。行政合法性原则、行政合理性原则与行政应急性原则，是行政法的三大基本原则。

（二）依法行政的基本要求

1. 依法行政，是指行政机关必须根据法律的授权依法行使行政权力，并对行政行为的后果承担相应的责任。基本内容包括行政主体合法、行政权的设定和行使合法、行使行政权必须承担相应的责任，权责统一。

2. 依法行政基本要求：合法行政、合理行政、程序正当、高效便民、诚实守信、权责统一。

二、税务行政法律关系和税务行政行为

（一）税务行政法律关系的概念

1. 税务行政法律关系，是指由税法设立并受税法规范和调整的税务机关与其税务行

政相对人之间的权利义务关系。

2. 税务行政法律关系的特征：

(1) 税务行政法律关系中，有一方当事人必须是税务机关。

(2) 税务行政法律关系中，税务行政机关与其行政相对人之间的权力义务具有不对等性，主要表现为行政主体在作出行政行为时，无需征得行政相对人的同意；行政主体作出的生效的行政行为，行政相对人必须履行；行政诉讼中主要由行政机关负举证责任。

(3) 税务行政法律关系中，税务行政机关与行政相对人之间的权利义务是法定的，税务行政机关与其相对人必须依法享有权利与承担义务。

(二) 税务行政法律关系的要素

1. 税务行政法律关系的要素包括主体、客体和内容。

2. 税务行政主体主要是各级税务机关，它是指依法享有国家征税权，能够以自己的名义进行税务行政管理活动，并独立承担由此产生的法律责任的税务行政组织，包括各级税务机关和法律、法规授权的税务机构。

3. 税务行政相对人，是指在税务行政法律关系中被税务行政主体管理的一方当事人，即与税务行政主体相对应的，受行政权力作用或行政行为约束的另一方主体。

(三) 税务行政法律关系的内容和客体

1. 税务行政法律关系的内容，是指税务行政法律关系主体在税务行政法律关系中所享有的权力和所承担的义务。税务行政法律关系的内容是连接税务行政法律关系主体之间的纽带，既包括税务行政主体的权力与义务，也包括税务行政相对人的权利与义务。

2. 税务行政职权主要表现为：行政立法权、行政决策权、行政决定权、行政命令权、行政制裁权、行政强制权、行政司法权等。税务行政主体的职权是国家征税权的具体表现形式。

3. 税务行政相对人的权利，是指税务行政法律关系中的税务行政相对人依照税法规定享有的为一定行为或不为一定行为的资格，即税务行政相对人可以选择是否为一定行为，也可以自动放弃。

4. 税务行政关系的客体，是指税务行政法律关系主体的权力义务所指向的标的、目标或对象，包括物和行为两大类。

(四) 税务行政行为的概念

1. 税务行政行为，是指税务行政主体为实现国家税务行政管理目的所实施的具有法律意义并产生法律效果的活动。

2. 税务行政行为的主体是税务行政主体。税务机关的工作人员，其在职权范围之内以税务机关名义行使行政职权时，作出的行为也属于税务行政行为。

3. 税务行政行为的目的是为了履行国家税务行政管理的职责，实现国家税务行政管理的目标。

4. 税务行政行为的表现形式是行使税务行政权力，是国家行政权的直接体现。

5. 税务行政行为是具有法律意义、产生行政法律效果的行为。具有法律意义是指法律明确规定了该税务行政行为实施的法律依据。产生的法律效果是指能够产生法律上规定的状态或结果。

（五）税务行政行为的分类

1. 以行政行为的对象是否特定为标准，行政行为分为抽象行政行为与具体行政行为。抽象行政行为，是指行政主体以不特定的人或事为管理对象，制定具有普遍约束力的规范性文件的行政行为。具体行政行为，是指行政主体在行政管理过程中，针对特定的人或事采取具体措施的行为，其行为的内容和结果将直接影响某一个人或组织的权利或义务，其最突出的特点就是行为对象的特定化和具体化。

2. 以行政行为的适用与效力作用的对象范围为标准，行政行为分为内部行政行为与外部行政行为。内部行政行为，是指行政主体在内部行政组织管理过程中所作出的只对行政组织内部产生法律效力的行政行为。外部行政行为，是指行政主体在对社会实施行政管理过程中，针对公民、法人或其他组织作出的行政行为。

3. 以行政行为受法律约束的程度为标准，行政行为分为羁束行政行为与自由裁量行政行为。羁束行政行为，是指法律规范对行政行为的范围、条件、标准、方式、程序等作了较详细、具体、明确规定的行政行为。自由裁量行政行为，是指法律规范仅对行为目的、行为范围等作出原则性的规定，而将行为具体条件、标准、幅度、方式等留给行政主体自行选择、决定的行政行为。

4. 以行政主体是否可以主动作出行政行为为标准，行政行为分为依职权的行政行为与依申请的行政行为。依职权行政行为，是指行政行为依据法律设定或授予的职权，无需相对方的申请而主动实施的行政行为。依申请的行政行为，是指行政主体必须根据相对方的申请才能实施的行政行为，未经相对方的请求，行政主体不能主动作出行政行为。

5. 以行政行为是否应当具备一定的法定形式为标准，行政行为分为要式行政行为与非要式行为。要式行政行为，是指必须具备某种法定形式或遵守法定程序才能成立生效的行政行为。非要式行政行为，是指无须一定方式和程序，无论采取何种形式都可以成立的行政行为。

（六）税务行政行为的生效要件

1. 即时生效，是指税务行政行为一经作出立即生效，在这种情况下，税务行政行为成立的时间就是生效时间。

2. 受领生效，是指税务机关的税务行政行为必须经行政相对人受领相关法律文书后方能生效。

3. 附条件生效是指税务行政行为的生效附有一定期限或条件，当期限来到或条件满足时，税务行政行为才能够生效。

第二节　税务行政执法

一、税务行政许可、税务行政处罚、税务行政强制及其他税收保障措施

（一）税务行政许可

1. 行政许可的基本知识。

（1）行政许可是国家管理社会经济事务的一种有效手段，是行政机关根据公民、法人或者其他组织的申请，经依法审查，准予其从事特定活动的行为。

（2）行政许可是依申请的行政行为，行政许可是要式行政行为，行政许可是授益性行政行为，行政许可是外部行政行为，行政许可的内容是国家一般禁止的活动。

（3）行政许可分为一般许可、特许、认可、核准等，并针对不同许可的特点有不同程序。

（4）行政许可的基本原则包括合法性原则、公开公平公正原则、便民原则、救济原则及信赖保护原则。

2. 税务行政许可的概念。

（1）税务行政许可，是指税务机关根据纳税人或者其他当事人的申请，经依法审查，准予其从事特定税务活动的行为。

（2）税务行政许可由具有行政许可权的税务机关在法定权限内实施，各级税务机关下属的事业单位一律不得实施行政许可。税务机关是否具有行政许可权，由设定税务行政许可的法律、法规确定。没有法律、法规的规定，税务机关不得委托其他机关实施税务行政许可。

（3）税务行政许可的实施程序一般包括公示许可事项、提出申请、受理审查、审查、变更与延续。

（4）申请人申请材料存在可以当场更正的错误的，应当告知并允许申请人当场更正。申请材料不齐全或者不符合法定形式的，应当当场或者在5日内一次告知申请人需要补正的全部内容，逾期不告知的，自收到申请材料之日起即为受理。

（5）听证不是作出税务行政许可决定的必经程序，但是对于下列事项，税务机关应当举行听证：

①法律、法规、规章规定实施税务行政许可应当听证的事项。

②税务机关认为需要听证的其他涉及公共利益的许可事项。

③税务行政许可直接涉及申请人与他人之间重大利益关系的事项。

（6）作出许可决定的期限有三种情形：一是当场作出许可决定；二是行政机关应当自受理行政许可申请之日起20日内作出行政许可决定，20日内不能作出决定的，经本行政机关负责人批准，可以延长10日，并应当将延长期限的理由告知申请人；三是行政许可采取统一办理或者联合办理、集中办理的，办理的时间不得超过45日。

（7）税务行政许可有有效期限的，被许可人需要延续依法取得的行政许可的有效期的，应当在该行政许可有效期届满30日前向作出行政许可决定的行政机关提出申请。

（8）税务行政许可所依据的法律、法规修改或废止，或者准予行政许可所依据的客观情况发生重大变化的，为了公共利益的需要，税务机关可以依法变更或者撤回已经生效的税务行政许可。对被依法撤回的税务行政许可，税务机关应当依法办理相关注销手续。

（二）税务行政处罚

1. 税务行政处罚的概念及特征。

（1）税务行政处罚就是税务行政处罚主体依法对行政相对人违反税收征管制度和税收征管秩序的行为所实施的制裁。

（2）税务行政处罚的主体是拥有处罚权的税务机关。拥有处罚权的行政机关或者法律、法规授权的组织，才可以实施行政处罚。

（3）税务行政处罚的对象是行政相对人。

（4）税务行政处罚的前提是行政相对人实施了税收违法行为，这表明行政处罚是行政相对人因违法而承担的一种行政责任，不是刑事责任或民事责任。

（5）税务行政处罚是税务机关依法作出的一种具体行政行为，具有惩治和制裁性质。

2. 税务行政处罚的基本原则。

（1）处罚法定原则。公民、法人或其他组织的人身和财产权利非经法定程序不受剥夺或限制。行政处罚是因行政相对人违法而对其人身自由、经营活动和财产权利的一种限制，所以实施处罚时必须严格遵循法定原则。税务行政处罚法定原则主要包含处罚依据法定、处罚主体法定、处罚权限法定和处罚程序法定等。

（2）处罚公正、公开原则。行政处罚遵循公正、公开的原则。设定和实施行政处罚必须以事实为依据，与违法行为的事实、性质、情节及社会危害程度相当。对违法行为给予行政处罚的规定必须公布；未经公布的，不得作为行政处罚的依据。

（3）处罚与教育相结合原则，是指设定和实施行政处罚既要体现对违法行为的制裁，又要贯彻教育违法者自觉守法的精神，实现制裁与教育的双重功能。

（4）保障相对人权利原则。纳税人在行政处罚过程中享有知情权、陈述权和申辩权等；在处罚决定作出后，当事人如对处罚决定不服，则享有依法提起行政复议、行政诉讼和申请国家赔偿等权利。

（5）职能分离原则。在行政机关内部运用分权原则，要求行政机关将其内部的某些相关职能加以分离，使之分属于不同的机构或不同的工作人员掌管或行使，以便在行政机关内部建立起相互制约机制，控制权力专断。税务行政处罚领域的职能分离原则主要体现在以下方面：①税务机关对涉税违法行为的调查机构与审理机构分离。②作出罚款决定的税务机关与收缴罚款的机构分离。③税务处罚案件听证主持人与调查、检查人员分离。④行政机关执法人员当场作出的处罚决定应向所属行政机关备案等。

（6）行政处罚不免除民事责任、不取代刑事责任原则。税务机关依法对涉税违法行为给予的行政处罚，并不免除施害方对第三方应承担的民事赔偿责任，也不能取代其应承担的刑事责任。需要移交司法机关的，税务机关要依法将案件进行移交。

3. 税务行政处罚的种类及设定。

（1）《行政处罚法》将处罚种类归纳总结为六种：

①警告、通报批评。

②罚款、没收违法所得、没收非法财物。

③暂扣许可证件、降低资质等级、吊销许可证件。

④限制开展生产经营活动、责令停产停业、责令关闭、限制从业。

⑤行政拘留。

⑥法律、行政法规规定的其他行政处罚。

（2）目前法律、法规、规章明确的税务行政处罚的种类有罚款、没收违法所得、停止出口退税权以及吊销税务行政许可证件四种。

（3）法律可以设定各种行政处罚，且限制人身自由的行政处罚只能由法律设定；行政法规可以设定除限制人身自由以外的其他种类的行政处罚；地方性法规可以设定除限制人身自由和吊销企业营业执照以外的行政处罚；部门规章和地方政府规章可以设定警告或者一定数量罚款的行政处罚。

（4）税收规范性文件虽不能设定税务行政处罚，却可以在上位法对行政处罚设定的基础上，进一步细化和完善。不过无论如何细化和完善，都不能突破上位法设定的行政处罚的种类、范围和幅度。

4. 税务行政处罚注意事项。

（1）税务行政处罚的主体包括各级税务局、税务分局、税务所和省以下税务局的稽查局。

（2）税务行政处罚的相对人也就是受处罚的对象，既可以是纳税人、扣缴义务人，也可以是纳税担保人和其他税务行政相对人。税务行政处罚的相对人依法享有知情权、陈述权和申辩权、申请听证权、拒绝不正当处罚的权利、其他法定权利。

(3) 对当事人的同一个违法行为，不得给予两次以上罚款的行政处罚。

(4) 下列三种情形可免于处罚：①违法行为超过处罚时效，不予处罚。②未满 14 周岁的未成年人和精神病人在不能辨认或不能控制自己行为时实施的行为，不予处罚。③违法行为轻微并及时纠正，未造成危害后果的，不予处罚。

(5) 从轻、减轻处罚的情形。在下列情形下可以从轻或减轻处罚：①主动消除或者减轻违法行为危害后果的。②受他人胁迫有违法行为的。③配合行政机关查处违法行为有立功表现的。④已满 14 周岁不满 18 周岁的人有违法行为的。⑤其他依法从轻或者减轻行政处罚的。

(6) 违法行为在两年内未被发现的，不再给予行政处罚。法律另有规定的除外。

(7) 违反税收法律、行政法规应当给予行政处罚的行为，在 5 年内未被发现的，不再给予行政处罚。

(三) 税务行政强制

1. 行政强制的概念和原则。

(1) 行政强制，是指法定的行政强制主体为维持公共秩序或为履行已经生效的行政决定，而对行政相对人的人身、财产或行为采取强制性措施的具体行政行为。

(2) 行政强制分为行政强制措施与行政强制执行。行政强制措施一般是行政机关在行政决定作出前所采取的强制手段；行政强制执行是在行政决定作出后，为了执行和实现行政决定内容所采取的强制手段。行政强制措施都是暂时性的；行政强制执行是终局性的。

(3) 行政强制遵循合法性原则、合理性原则、教育与强制相结合原则、权利救济原则。

2. 行政强制的种类和设定。

(1) 行政强制措施，是指行政机关在行政管理过程中，为制止违法行为、防止证据损毁、避免危害发生、控制危险扩大等情形，依法对公民的人身自由实施暂时性限制，或者对公民、法人或者其他组织的财物实施暂时性控制的行为。

(2) 行政强制措施的种类包括限制公民人身自由，查封场所、设施或者财物，扣押财物，冻结存款、汇款以及其他行政强制措施等。

(3) 行政强制措施由法律设定；尚未制定法律且属于国务院行政管理职权事项的，行政法规可以设定除限制人身自由和冻结存款、汇款以及应当由法律规定的行政强制措施以外的行政强制措施；地方性法规只有在尚未制定法律、行政法规，且属于地方性事务的，才可以设定查封、扣押措施。注意法律、法规以外的其他规范性文件不得设定行政强制措施。

（4）行政强制执行，是指行政机关或者行政机关申请人民法院对不履行行政决定的公民、法人或者其他组织依法强制履行义务的行为。

（5）行政强制执行的方式包括：加处罚款或者滞纳金；划拨存款、汇款；拍卖或者依法处理查封、扣押的场所、设施或者财物；排除妨碍、恢复原状；代履行以及其他强制执行方式等。

3. 行政强制注意事项。

（1）实施行政强制措施应当遵循一定的外部程序和内部程序，基本规定如下：①实施前须向行政机关负责人报告并经批准。②由两名以上行政执法人员实施。③出示执法身份证件。④通知当事人到场。⑤当场告知当事人采取行政强制措施的理由、依据及当事人依法享有的权利、救济途径。⑥听取当事人的陈述和申辩。⑦制作现场笔录。⑧现场笔录由当事人和行政执法人员签名或者盖章，当事人拒绝的，在笔录中予以注明。⑨当事人不到场的，邀请见证人到场，由见证人和行政执法人员在现场笔录上签名或者盖章。

（2）行政机关实施查封、扣押措施，查封、扣押的期限不得超过 30 日；情况复杂的，经行政机关负责人批准，可以延长，但是延长期限不得超过 30 日。

（3）当事人没有违法行为；查封、扣押的场所、设施或者财物与违法行为无关；行政机关对违法行为已经作出处理决定不再需要采取行政强制措施；查封、扣押期限已经届满以及其他不再需要采取行政强制措施的，作出查封、扣押的行政机关应当立即解除行政强制措施。

（4）行政机关作出强制执行决定前，除紧急情况即时适用强制以外，应当事先以书面形式催告当事人履行义务。

（5）行政强制执行决定书应当直接送达当事人。当事人拒绝接收或者无法直接送达当事人的，应当按照《中华人民共和国民事诉讼法》的有关规定送达。行政机关采用公告方式送达强制执行文书时，要适用民事诉讼法满 30 日方视为送达的期限规定。

（6）行政机关依法作出金钱给付义务的行政决定，当事人逾期不履行的，行政机关可以依法加处罚款或者滞纳金。加处罚款或者滞纳金的数额不得超出金钱给付义务的数额。

4. 税务行政强制执行的注意点。

（1）《行政强制法》和《税收征收管理法》《税收征收管理法实施细则》的规定相冲突时，原则上按照《行政强制法》的规定执行；《行政强制法》规定法律、法规另有规定除外的事项，按照《税收征收管理法》《税收征收管理法实施细则》的规定执行；《行政强制法》规定法律另有规定除外的事项，按照《税收征收管理法》的规定执行。

（2）税收保全措施的手段一般是查封、扣押和冻结，税务行政强制执行的方式是扣缴和拍卖、变卖，但这并不妨碍税务机关在实施强制执行前，先行采取查封、扣押手段限制相对人的财产，然后再依法拍卖、变卖进行处理。

（3）税务行政强制执行会产生一定数额的费用，比如扣押、查封、保管、拍卖、变卖等费用，拍卖或者变卖所得应该先扣除相关费用后，再按照税款、滞纳金、罚款和加处罚款顺序进行清偿。清偿后剩余部分应当在 3 日内退还被执行人。需要注意的是，税务机关因查封、扣押而产生的保管费用，依据《行政强制法》的规定由行政机关承担。

（四）相关税收保障措施

1. 税收保全措施。

（1）《税收征收管理法》第三十七条规定的税收保全措施针对的对象是未按照规定办理税务登记的从事生产、经营的纳税人以及临时从事经营的纳税人，对于办理了税务登记的纳税人和非生产、经营的纳税人这两类对象不适用该规定。这是《税收征收管理法》第三十七条与第三十八条和第五十五条规定的保全之间的主要区别。

（2）保全措施的标的范围：包括纳税人开始生产、经营以来至税务机关检查前的所有应纳税款、滞纳金。

（3）《税收征收管理法》第三十八条规定的税收保全措施被定位为税收征管中的保全措施，实施时注意以下要点：①保全的对象是已办理税务登记的从事生产、经营的纳税人。②保全的标的范围是纳税人当期的应纳税款，不包含滞纳金。③保全的手段包括冻结、扣押、查封。④在法定的纳税期以前实施，也称“期前保全”。⑤程序要求：税务机关有根据认为纳税人有逃避纳税义务行为——责令限期缴纳应纳税款——在限期内发现纳税人有明显转移、隐匿其应纳税的商品、货物以及其他财产或者应纳税的收入迹象的——责成纳税人提供纳税担保——纳税人不提供纳税担保的——经县以上税务局长批准，依法实施保全。⑥该项保全必须经县以上税务局（分局）局长批准。

（4）《税收征收管理法》第五十五条规定的税收保全措施被定位为税务检查中的保全措施，实施时要注意以下要点：①保全的对象是从事生产、经营的纳税人。②保全的适用前提条件：发生在税务机关对从事生产经营的纳税人以前纳税期进行纳税检查过程中，发现纳税人有逃避纳税义务行为，并有明显的转移、隐匿其应纳税的商品、货物以及其他财产或者应纳税的收入的迹象为前提。针对的是从事生产经营的纳税人以前纳税期至税务检查实施前的税款、滞纳金。③经县以上税务局（分局）局长批准方可采取保全措施。

2. 针对税款的强制执行。

（1）《税收征收管理法》第三十七条、第三十八条规定的税收强制执行，两者的区别：一是对象不同。依据《税收征收管理法》第三十七条实施的强制执行，对象是未办理税务登记的从事生产、经营的纳税人以及临时从事经营的纳税人；依据《税收征收管理法》第三十八条实施的强制执行，对象是办理了税务登记的从事生产、经营的纳税人。二是强制的方式不同。依据《税收征收管理法》第三十七条实施的强制执行，只能由税务机关依法拍卖或者变卖所扣押的商品、货物，以拍卖或者变卖所得抵缴税款；依据

《税收征收管理法》第三十八条实施的强制执行，税务机关可以书面通知纳税人开户银行或者其他金融机构从其冻结的存款中扣缴税款，也可依法拍卖或者变卖所扣押、查封的商品、货物或者其他财产，以拍卖或者变卖所得抵缴税款。

（2）《税收征收管理法》第四十条规定的税收强制执行，实施时注意以下要点：①适用对象包括各种未按规定期限缴纳税款或解缴税款的从事生产经营的纳税人、扣缴义务人，以及未按规定期限履行担保义务的纳税担保人。②强制执行的手段包括扣缴存款，扣押、查封、依法拍卖、变卖商品、货物或其他财产，以拍卖或变卖所得抵缴税款和滞纳金。③需要先责令相对人限期缴纳，逾期未缴的才能实施强制执行。④应当经县以上税务局（分局）局长的批准。

（3）《税收征收管理法》第五十五条规定的税收强制执行，税务机关对从事生产、经营的纳税人进行纳税检查，作出处理决定后，纳税人不按决定书补缴税款、滞纳金的，税务机关可以实施强制执行。该项强制执行可以在税收保全后实施，也可以直接实施。在实施该项强制执行时，也应按照《税收征收管理法》第四十条规定的权限由县以上税务局（分局）局长进行批准。

二、税务行政执法证据

（一）举证责任和期限

1. 举证责任。

（1）被告对作出的具体行政行为负有举证责任，应当在收到起诉状副本之日起 10 日内，提供据以作出被诉具体行政行为的全部证据和所依据的规范性文件。被告不提供或者无正当理由逾期提供证据的，视为被诉具体行政行为没有相应的证据。

（2）原告或者第三人提出其在行政程序中没有提出的反驳理由或者证据的，经人民法院准许，被告可以在第一审程序中补充相应的证据。

（3）在诉讼过程中，被告及其诉讼代理人不得自行向原告和证人收集证据。

（4）原告可以提供证明被诉具体行政行为违法的证据。原告提供的证据不成立的，不免除被告对被诉具体行政行为合法性的举证责任。

2. 举证期限。

（1）原告或者第三人应当在开庭审理前或者人民法院指定的交换证据之日提供证据。因正当事由申请延期提供证据的，经人民法院准许，可以在法庭调查中提供。逾期提供证据的，视为放弃举证权利。

（2）原告或者第三人在第一审程序中无正当事由未提供而在第二审程序中提供的证据，人民法院不予接纳。

(3) 对当事人无争议，但涉及国家利益、公共利益或者他人合法权益的事实，人民法院可以责令当事人提供或者补充有关证据。

（二）证据的提供和调取

1. 提供证据的要求。

(1) 当事人向人民法院提供书证的，应当符合下列要求：①提供书证的原件，原本、正本和副本均属于书证的原件。提供原件确有困难的，可以提供与原件核对无误的复印件、照片、节录本。②提供由有关部门保管的书证原件的复制件、影印件或者抄录件的，应当注明出处，经该部门核对无异后加盖其印章。③提供报表、图纸、会计账册、专业技术资料、科技文献等书证的，应当附有说明材料。④被告提供的被诉具体行政行为所依据的询问、陈述、谈话类笔录，应当有行政执法人员、被询问人、陈述人、谈话人签名或者盖章。

(2) 当事人向人民法院提供物证的，应当符合下列要求：①提供原物。提供原物确有困难的，可以提供与原物核对无误的复制件或者证明该物证的照片、录像等其他证据。②原物为数量较多的种类物的，提供其中的一部分。

(3) 当事人向人民法院提供计算机数据或者录音、录像等视听资料的，应当符合下列要求：①提供有关资料的原始载体。提供原始载体确有困难的，可以提供复制件。②注明制作方法、制作时间、制作人和证明对象等。③声音资料应当附有该声音内容的文字记录。

(4) 当事人向人民法院提供证人证言的，应当符合下列要求：①写明证人的姓名、年龄、性别、职业、住址等基本情况。②有证人的签名，不能签名的，应当以盖章等方式证明。③注明出具日期。④附有居民身份证复印件等证明证人身份的文件。

(5) 被告向人民法院提供的现场笔录，应当载明时间、地点和事件等内容，并由执法人员和当事人签名。当事人拒绝签名或者不能签名的，应当注明原因。有其他人在现场的，可由其他人签名。

(6) 当事人向人民法院提供的在中华人民共和国领域外形成的证据，应当说明来源，经所在国公证机关证明，并经中华人民共和国驻该国使领馆认证，或者履行中华人民共和国与证据所在国订立的有关条约中规定的证明手续。

2. 证据的调取。

(1) 有下列情形之一的，人民法院有权向有关行政机关以及其他组织、公民调取证据：①涉及国家利益、公共利益或者他人合法权益的事实认定的。②涉及依职权追加当事人、中止诉讼、终结诉讼、回避等程序性事项的。

(2) 原告或者第三人不能自行收集，但能够提供确切线索的，可以申请人民法院调取下列证据材料：①由国家有关部门保存而须由人民法院调取的证据材料。②涉及国家秘密、商业秘密、个人隐私的证据材料。③确因客观原因不能自行收集的其他证据材料。

（3）人民法院不得为证明被诉具体行政行为的合法性，调取被告在作出具体行政行为时未收集的证据。

（三）证据的审查

1. 证据的审查概述。

（1）应当根据案件的具体情况，从以下方面审查证据的合法性：①证据是否符合法定形式。②证据的取得是否符合法律、法规、司法解释和规章的要求。③是否有影响证据效力的其他违法情形。

（2）应当根据案件的具体情况，从以下方面审查证据的真实性：①证据形成的原因。②发现证据时的客观环境。③证据是否为原件、原物，复制件、复制品与原件、原物是否相符。④提供证据的人或者证人与当事人是否具有利害关系。⑤影响证据真实性的其他因素。

2. 不能作为定案依据的证据。

（1）下列证据材料不能作为定案依据：①严重违反法定程序收集的证据材料。②以偷拍、偷录、窃听等手段获取侵害他人合法权益的证据材料。③以利诱、欺诈、胁迫、暴力等不正当手段获取的证据材料。④当事人无正当事由超出举证期限提供的证据材料。⑤在中华人民共和国领域以外或者在中华人民共和国香港特别行政区、澳门特别行政区和台湾地区形成的未办理法定证明手续的证据材料。⑥当事人无正当理由拒不提供原件、原物，又无其他证据印证，且对方当事人不予认可的证据的复制件或者复制品。⑦被当事人或者他人进行技术处理而无法辨明真伪的证据材料。⑧不能正确表达意志的证人提供的证言。⑨不具备合法性和真实性的其他证据材料。

（2）以违反法律禁止性规定或者侵犯他人合法权益的方法取得的证据，不能作为认定案件事实的依据。

（3）被告在行政程序中依照法定程序要求原告提供证据，原告依法应当提供而拒不提供，在诉讼程序中提供的证据，人民法院一般不予采纳。

（4）下列证据不能作为认定被诉具体行政行为合法的依据：①被告及其诉讼代理人在作出具体行政行为后或者在诉讼程序中自行收集的证据。②被告在行政程序中非法剥夺公民、法人或者其他组织依法享有的陈述、申辩或者听证权利所采用的证据。③原告或者第三人在诉讼程序中提供的、被告在行政程序中未作为具体行政行为依据的证据。

（5）复议机关在复议程序中收集和补充的证据，或者作出原具体行政行为的行政机关在复议程序中未向复议机关提交的证据，不能作为人民法院认定原具体行政行为合法的依据。

3. 证据的证明力。

（1）证明同一事实的数个证据，其证明效力一般可以按照下列情形分别认定：①国家机关以及其他职能部门依职权制作的公文文书优于其他书证。②鉴定结论、现场笔录、勘验笔录、档案材料以及经过公证或者登记的书证优于其他书证、视听资料和证人证言。③原件、原物优于复制件、复制品。④法定鉴定部门的鉴定结论优于其他鉴定部门的鉴定结论。⑤法庭主持勘验所制作的勘验笔录优于其他部门主持勘验所制作的勘验笔录。⑥原始证据优于传来证据。⑦其他证人证言优于与当事人有亲属关系或者其他密切关系的证人提供的对该当事人有利的证言。⑧出庭作证的证人证言优于未出庭作证的证人证言。⑨数个种类不同、内容一致的证据优于一个孤立的证据。

(2) 以有形载体固定或者显示的电子数据交换、电子邮件以及其他数据资料，其制作情况和真实性经对方当事人确认，或者以公证等其他有效方式予以证明的，与原件具有同等的证明效力。

(3) 在庭审中一方当事人或者其代理人在代理权限范围内对另一方当事人陈述的案件事实明确表示认可的，人民法院可以对该事实予以认定。但有相反证据足以推翻的除外。

(4) 在行政赔偿诉讼中，人民法院主持调解时当事人为达成调解协议而对案件事实的认可，不得在其后的诉讼中作为对其不利的证据。

(5) 在不受外力影响的情况下，一方当事人提供的证据，对方当事人明确表示认可的，可以认定该证据的证明效力；对方当事人予以否认，但不能提供充分的证据进行反驳的，可以综合全案情况审查认定该证据的证明效力。

(6) 下列证据不能单独作为定案依据：①未成年人所作的与其年龄和智力状况不相适应的证言。②与一方当事人有亲属关系或者其他密切关系的证人所作的对该当事人有利的证言，或者与一方当事人有不利关系的证人所作的对该当事人不利的证言。③应当出庭作证而无正当理由不出庭作证的证人证言。④难以识别是否经过修改的视听资料。⑤无法与原件、原物核对的复制件或者复制品。⑥经一方当事人或者他人改动，对方当事人不予认可的证据材料。⑦其他不能单独作为定案依据的证据材料。

第三节 税收的刑法保障

一、相关刑法知识概述

详见本书第二篇第四章“刑法”相关内容。

二、危害税收征管罪

（一）危害税收征管罪总体特征

1. 从犯罪主体角度分析，既有特殊主体又有一般主体，既包括自然人也包括单位。依据刑法规定，除抗税罪外，单位均可以构成其他危害税收征管犯罪。

2. 从犯罪主观方面分析，在主观上均为故意犯罪，且是直接故意，过失不能构成危害税收征管罪各罪。

3. 从犯罪目的看，基本上都是牟利性犯罪：有的是为了不缴、少缴、骗取税款；有的是为了利用发票获取非法利益。

4. 从罚则上看，刑法对危害税收征管犯罪普遍规定了罚金刑或者没收财产刑。

（二）涉税犯罪主要罪名

1. 逃税罪，是指纳税人、扣缴义务人采用欺骗、隐瞒方式进行虚假纳税申报或不申报，逃避缴纳、解缴税款的行为。逃税行为情节严重，达到刑法规定的追究刑事责任标准的，作为逃税罪追究刑事责任。

2. 抗税罪，是指以暴力、威胁方法拒不缴纳税款的行为。抗税罪是危害税收征管罪中手段最恶劣、影响最坏的行为。它会直接危害税务人员的人身安全。抗税罪也是危害税收征管犯罪中唯一涉及侵犯人身权利的犯罪，是一种行为犯。

3. 逃避追缴欠税罪，是指纳税人欠缴应纳税款，并采取转移或者隐匿财产的手段，致使税务机关无法追缴欠缴的税款，数额较大，应受刑罚处罚的行为。

4. 骗取出口退税罪，是指采取以假报出口等欺骗手段，骗取国家出口退税款数额较大的行为。

5. 虚开增值税专用发票、用于骗取出口退税、抵扣税款发票罪，是指违反国家发票管理制度和国家税收经济秩序，为他人虚开、为自己虚开、让他人为自己虚开、介绍他人虚开增值税专用发票或者虚开用于骗取出口退税、抵扣税款的其他发票，情节严重、依法应受刑罚处罚的行为。

6. 虚开发票罪，是指虚开增值税专用发票、用于骗取出口退税、抵扣税款发票以外的其他发票，情节严重，依法应受处罚的行为。

虚开发票罪与虚开增值税专用发票、用于骗取出口退税、抵扣税款发票罪的区别主要体现为虚开发票的类型不同，虚开增值税专用发票、用于骗取出口退税、抵扣税款发票罪限于虚开具有增值税抵扣功能和用于出口退税的发票，而虚开发票罪包括除上述三类发票外的其他各种发票。

7. 伪造、出售伪造的增值税专用发票罪，是指非法印制、复制或者使用其他方法伪造增值税专用发票或者非法销售、倒卖伪造的增值税发票的行为。增值税专用发票依法应由国家税务总局审批的企业印制，其他单位或者个人私自印制的，或者通过其他方式制作假发票的，即构成伪造。

8. 非法出售增值税专用发票罪，是指违反国家税收管理制度和发票管理法规，将增值税专用发票出售的行为。增值税专用发票是增值税抵扣税款的凭证，是计征增值税的依据。增值税专用发票由国家税务机关依照规定发售，只限于增值税的一般纳税人领购使用。除此之外，任何单位和个人不得出售。

9. 非法购买增值税专用发票、购买伪造的增值税专用发票罪，是指违反国家发票管理法规，非法购买增值税专用发票或者购买伪造的增值税专用发票的行为。

10. 持有伪造的发票罪，是明知是伪造的发票而持有，数量较大的行为。

（三）危害税收征管罪立案标准

1. 逃税罪立案标准。

(1) 纳税人采取欺骗、隐瞒手段进行虚假纳税申报或者不申报逃避缴纳税款数额较大并且占应纳税额 10% 以上的即构成逃税罪，有数额和比例的双重要求。

(2) 扣缴义务人不缴或者少缴已扣、已收税款，数额较大的即可构成逃税罪，且没有比例的限制。

(3)《最高人民检察院 公安部关于公安机关管辖的刑事案件立案追诉标准的规定(二)》中将“数额较大”界定为“10 万元”。

2. 抗税罪立案标准。

(1) 造成税务工作人员轻微伤以上的。

(2) 给税务工作人员及其亲友的生命、健康、财产等造成损害为威胁抗拒缴纳税款的。

(3) 聚众抗拒缴纳税款的。

(4) 以其他暴力、威胁方法拒不缴纳税款的。

3. 逃避追缴欠税罪立案标准。

(1) 在客观上应当同时具备四个条件：一是必须有违反税收法规，欠缴应纳税款的事实；二是必须有采取转移或隐匿财产的手段以逃避追缴的行为；三是必须致使税务机关无法追缴欠缴的税款；四是无法追缴的税数额需达法定的量刑标准，即 1 万元以上。

(2) 数额在 1 万元以上 10 万元以下的，处 3 年以下有期徒刑或者拘役，并处欠缴税款 1 倍以上 5 倍以下罚金；数额在 10 万元以上的，处 3 年以上 7 年以下有期徒刑，并处欠缴税款 1 倍以上 5 倍以下罚金。单位犯逃避追缴欠税罪的，实行双罚制。

4. 骗取出口退税罪立案标准。

(1)“数额较大”即骗取国家出口退税款 10 万元以上。

(2) 认定骗取出口退税罪时需要注意的是，纳税人缴纳税款后，采取假报出口或者其他欺骗手段，骗取所缴纳税款的，依照逃税罪的规定定罪处罚；骗取税款超过所缴纳的税款部分，依照骗取出口退税罪定罪处罚。

5. 其他罪的立案标准及注意点。

（1）虚开增值税专用发票或者虚开用于骗取出口退税、抵扣税款的其他发票，虚开的税款数额在 10 万元以上或者致使国家税款被骗数额在 5 万元以上的，应予追诉。“虚开的税款数额”和“国家税款被骗数额”成为衡量是否构成该罪的标准。只要其中一个达到法定数额，就可立案侦查。

（2）虚开发票情节严重的，处 2 年以下有期徒刑、拘役或者管制，并处罚金。情节特别严重的，处 2 年以上 7 年以下有期徒刑，并处罚金。

（3）非法出售增值税专用发票的行为。主要包括两种情况：第一，出售主体不合法，即除税务机关及其有关工作人员之外的任何单位和个人有出售行为，如一般纳税人正常途径购买增值税专用发票后又出售的，即为非法出售。第二，购买主体不合法，即有权出售的税务机关及其工作人员，明知购买人不符合购买条件而予以出售的，亦属于非法出售。

（4）非法购买增值税专用发票或者购买伪造的增值税专用发票后又虚开或者出售的，不能数罪并罚，而是购买行为被后行为所吸收，分别依照虚开增值税专用发票罪、伪造或者出售伪造的增值税专用发票罪和非法出售增值税专用发票罪的规定定罪处罚。

（5）持有伪造的发票的行为，并非都要追究刑事责任，“数额较大”作为持有伪造的发票罪的构成要件之一。只有达到“数额较大”的程度，才可以作为犯罪处理。

（四）涉嫌危害税收征管犯罪案件的移送

1. 移送的基本规定。

（1）违法行为构成犯罪的，行政机关必须将案件移送司法机关，依法追究刑事责任。

（2）纳税人、扣缴义务人有违反《税收征收管理法》第六十三条、第六十五条、第六十六条、第六十七条、第七十一条规定的行为涉嫌犯罪的，税务机关应当依法移交司法机关追究刑事责任。税务人员徇私舞弊，对依法应当移交司法机关追究刑事责任的不移交，情节严重的，依法追究刑事责任。

（3）行政执法机关对应当向公安机关移送的涉嫌犯罪案件，应当立即指定 2 名或者 2 名以上行政执法人员组成专案组专门负责，核实情况后提出移送涉嫌犯罪案件的书面报告，报经本机关正职负责人或者主持工作的负责人审批。

（4）行政执法机关正职负责人或者主持工作的负责人应当自接到报告之日起 3 日内作出批准移送或者不批准移送的决定。决定批准的，应当在 24 小时内向同级公安机关移送；决定不批准的，应当将不予批准的理由记录在案。

2. 移送的注意事项。

（1）行政执法机关对应当向公安机关移送的涉嫌犯罪案件，不得以行政处罚代替移送。

（2）行政执法机关向公安机关移送涉嫌犯罪案件前已经作出的警告，责令停产停业，暂扣或者吊销许可证、暂扣或者吊销执照的行政处罚决定，不停止执行。

（3）行政执法机关对公安机关决定立案的案件，应当自接到立案通知书之日起 3 日内将涉案物品以及与案件有关的其他材料移交公安机关，并办结交接手续；法律、行政法规另有规定的，依照其规定。

（4）依照《行政处罚法》的规定，行政执法机关向公安机关移送涉嫌犯罪案件前，已经依法给予当事人罚款的，人民法院判处罚金时，依法折抵相应罚金。

3. 移送的法律责任。

（1）行政执法机关违反规定，逾期不将案件移送公安机关的，由本级或者上级人民政府，或者实行垂直管理的上级行政执法机关，责令限期移送，并对其正职负责人或者主持工作的负责人根据情节轻重，给予记过以上的处分；构成犯罪的，依法追究刑事责任。

（2）行政执法机关违反规定，对应当向公安机关移送的案件不移送，或者以行政处罚代替移送的，由本级或者上级人民政府，或者实行垂直管理的上级行政执法机关，责令改正，给予通报；拒不改正的，对其正职负责人或者主持工作的负责人给予记过以上的处分；构成犯罪的，依法追究刑事责任。

第四节 税务行政法律救济

一、税务行政复议

（一）税务行政复议概述

1. 税务行政复议，是指纳税人及其他当事人认为税务机关及其工作人员作出的税务具体行政行为侵犯其合法权益，依法向上一级税务机关或本级人民政府提出审查该具体行政行为的申请，由复议机关对该具体行政行为的合法性和适当性进行审查并作出决定的制度和活动。

2. 行政机关是代表国家行使行政管理职权的法定机关，其具体行政行为一经作出，就具有法律的确定力、拘束力和执行力，在没有被有权机关依法定程序否定其效力前，不停止具体行政行为的执行。

3. 禁止不利变更，是指行政复议机关在审查具体行政行为的合法性和适当性过程中，禁止作出对行政复议申请人较原具体行政行为更为不利的行政复议决定。

4. 除非法律另有规定，对引起争议的具体行政行为一般只经一级复议机关复议。申请人对复议决定不服，原则上不能再向其他复议机关申请复议，但可以向人民法院提起行政诉讼。如果申请人在法定期限内不向法院起诉，复议决定即产生终局的法律效力。

5. 行政复议机关审查案件，原则上通过书面方式审查；行政复议机构根据申请人要求或者认为必要时，可以听取申请人、被申请人和第三人的意见，并可以向有关组织和人员调查了解情况；对重大、复杂的案件，申请人提出要求或者复议机构认为必要时，可以采取听证的方式审查。

（二）税务行政复议受案范围规定

1. 税务行政复议受案范围：

（1）征税行为。征税行为包括确认纳税主体、征税对象、征税范围、减税、免税、退税、抵扣税款、适用税率、计税依据、纳税环节、纳税期限、纳税地点和税款征收方式等具体行政行为，征收税款、加收滞纳金，扣缴义务人、受税务机关委托的单位和个人作出的代扣代缴、代收代缴、代征行为等。

（2）行政许可、行政审批行为。

（3）发票管理行为。发票管理行为包括发售、收缴、代开发票等。

（4）税收保全措施、强制执行措施。

（5）行政处罚行为。行政处罚行为包括罚款、没收财物和违法所得以及停止出口退税权行为。

（6）不依法履行职责的行为。不依法履行职责的行为包括颁发税务登记，开具、出具完税凭证、外出经营活动税收管理证明，行政赔偿，行政奖励以及其他不依法履行职责的行为。

（7）资格认定行为。

（8）不依法确认纳税担保行为。

（9）政府信息公开工作中的具体行政行为。

（10）纳税信用等级评定行为。

（11）通知出入境管理机关阻止出境行为。

（12）其他具体行政行为。

2. 纳税人对税务机关作出的征税行为不服时，必须先依照税务机关根据法律、法规确定的税额、期限，先行缴纳或者解缴税款和滞纳金，或者提供相应的担保，才能提出行政复议申请。对其他具体行政行为不服以及要求税务机关依法履行法定职责未按规定履行的，可直接申请行政复议。

3. 申请人认为税务机关的具体行政行为所依据的下列规定不合法，在对具体行政行为申请行政复议时，可一并向复议机关提出对该有关规定的审查申请，申请人对具体行政行为提出行政复议申请时不知道该具体行政行为所依据的规定的，可以在行政复议机关作出行政复议决定以前提出对该规定的审查申请：

(1) 国家税务总局和国务院其他部门的规定。

(2) 其他各级税务机关的规定。

(3) 地方各级人民政府的规定。

(4) 地方人民政府工作部门的规定。

(三) 税务行政复议的管辖

1. 对各级税务局的具体行政行为不服的，向其上一级税务局申请行政复议。

2. 对计划单列市税务局的具体行政行为不服的，向国家税务总局申请行政复议。

3. 对税务所（分局）、各级税务局的稽查局的具体行政行为不服的，向其所属税务局申请行政复议。

4. 对两个以上税务机关共同作出的具体行政行为不服的，向共同上一级税务机关申请行政复议；对税务机关与其他行政机关共同作出的具体行政行为不服的，向其共同上一级行政机关申请行政复议。

5. 对被撤销的税务机关在撤销以前所作出的具体行政行为不服的，向继续行使其职权的税务机关的上一级税务机关申请行政复议。

6. 对税务机关作出逾期不缴纳罚款加处罚款的决定不服的，向作出行政处罚决定的税务机关申请行政复议。但是对已处罚款和加处罚款都不服的，一并向作出行政处罚决定的税务机关的上一级税务机关申请行政复议。

(四) 税务行政复议的参加人

1. 申请人，是指对税务机关作出的税务具体行政行为不服，依据法律、法规的规定，以自己的名义向行政复议机关提起复议申请的纳税人、扣缴义务人、纳税担保人等税务行政相对人。

2. 合伙企业申请行政复议的，应当以工商行政管理机关核准登记的企业为申请人，由执行合伙事务的合伙人代表该企业参加行政复议；其他合伙组织申请行政复议的，由合伙人共同申请行政复议；不具备法人资格的其他组织申请行政复议的，由该组织的主要负责人代表该组织参加行政复议，没有主要负责人的，由共同推选的其他成员代表该组织参加行政复议。

3. 股份制企业的股东大会、股东代表大会、董事会认为税务具体行政行为侵犯企业合法权益的，可以以企业的名义申请行政复议。

4. 有权申请行政复议的公民死亡的，其近亲属可以申请行政复议；有权申请行政复议的公民为无行为能力人或者限制行为能力人，其法定代理人可以代理申请行政复议。

5. 有权申请行政复议的法人或者其他组织发生合并、分立或终止的，承受其权利义务的法人或者其他组织申请行政复议。

6. 行政复议期间，申请人以外的公民、法人或者其他组织与被审查的税务具体行政行为有利害关系的，也可以向行政复议机关申请作为第三人参加行政复议。

7. 非具体行政行为的行政管理相对人，但其权利直接被该具体行政行为所剥夺、限制或者被赋予义务的公民、法人或其他组织，在行政管理相对人没有申请行政复议时，可以单独申请行政复议。

8. 同一行政复议案件申请人超过5人的，应当推选1名至5名代表参加行政复议。申请人可以委托1名至2名代理人参加行政复议。

9. 在税务行政复议中，公民、法人或者其他组织对税务机关的具体行政行为不服申请税务行政复议的，作出具体行政行为的税务机关是被申请人。

10. 申请人对扣缴义务人的扣缴税款行为不服的，以主管该扣缴义务人的税务机关为被申请人；对代征行为不服的，以作出委托的税务机关为被申请人。对税务机关与法律、法规授权的组织共同作出的具体行政行为不服的，以税务机关和该组织为共同被申请人；对税务机关与其他组织以共同名义作出具体行政行为不服的，以税务机关为被申请人。对依照法律、法规和规章规定而经上级税务机关批准作出具体行政行为不服的，以批准机关为被申请人。对经重大税务案件审理程序作出的决定不服的，以审理委员会所在税务机关为被申请人。对税务机关设立的派出机构、内设机构或者其他组织未经法律、法规授权而以自己名义作出的具体行政行为不服的，以税务机关为被申请人。

11. 税务行政复议中的第三人，是指因与被申请复议的具体行政行为有利害关系而参加到行政复议中去的公民、法人或其他组织。第三人可以以自己名义参加复议，也可以委托1名至2名代理人参加行政复议。

（五）行政复议程序

1. 申请人可以在知道税务机关作出具体行政行为之日起60日内提出行政复议申请。因不可抗力或者被申请人设置障碍等耽误法定申请期限的，申请期限的计算应当扣除被耽误时间。申请期限按以下情况计算：

（1）当场作出具体行政行为的，自具体行政行为作出之日起计算。

（2）载明具体行政行为的法律文书直接送达的，自受送达人签收之日起计算。

（3）载明具体行政行为的法律文书邮寄送达的，自受送达人在邮件签收单上签收之日起计算；没有邮件签收单的，自受送达人在送达回执上签名之日起计算。

（4）具体行政行为依法通过公告形式告知受送达人的，自公告规定的期限届满之日起计算。

（5）税务机关作出具体行政行为时未告知申请人，事后补充告知的，自该申请人收到税务机关补充告知的通知之日起计算。

（6）被申请人能够证明申请人知道具体行政行为的，自证据材料证明其知道具体行政行为之日起计算。

税务机关作出具体行政行为，依法应当向申请人送达法律文书而未送达的，视为该申请人不知道该具体行政行为。

2. 申请人必须依照税务机关根据法律、法规确定的税额、期限，先行缴纳或者解缴税款和滞纳金，或者提供相应的担保，才可以在缴清税款和滞纳金之日起或者所提供的担保得到作出具体行政行为的税务机关确认之日起 60 日内提出行政复议申请。申请人依照《行政复议法》的规定申请税务机关履行法定职责，税务机关未履行的，有履行期限规定的，自履行期限届满之日起计算，没有履行期限规定的，自税务机关收到申请满 60 日起计算。

3. 税务行政复议机关收到复议申请以后，应当在 5 日内审查，决定是否受理。对不符合规定的税务行政复议申请，决定不予受理，并书面告知申请人。对不属于该税务机关受理的行政复议申请，应当告知申请人向有关行政复议机关提出。税务行政复议机关收到行政复议申请以后未按照规定期限审查并作出不予受理决定的，视为受理。

4. 行政复议机构应当自受理行政复议申请之日起 7 日内将复议申请书副本或者行政复议申请笔录复印件发送被申请人。被申请人应当自收到复议申请书副本或行政复议申请笔录复印件之日起 10 日内提出书面答复，并提交当初作出具体行政行为的证据、依据和其他有关材料。被申请人拒不提供具体行政行为的证据、依据及有关材料的，视为没有举证，要承担具体行政行为被撤销的风险；在行政复议过程中，被申请人不得自行向申请人和其他有关组织或个人收集证据。

5. 税务行政复议活动中止的具体情形包括：

（1）作为申请人的公民死亡，其近亲属尚未确定是否参加行政复议的。

（2）作为申请人的公民丧失参加行政复议的能力，尚未确定法定代理人参加行政复议的。

（3）作为申请人的法人或者其他组织终止，尚未确定权利义务承受人的。

（4）作为申请人的公民下落不明或者被宣告失踪的。

（5）申请人、被申请人因不可抗力，不能参加行政复议的。

（6）行政复议机关因不可抗力原因暂时不能履行工作职责的。

（7）案件涉及法律适用问题，需要有权机关作出解释或者确认的。

（8）案件审查需要以其他案件的审理结果为依据，而其他案件尚未审结的。

（9）其他需要中止行政复议的情形。

6. 行政复议终止情形包括：

（1）申请人要求撤回行政复议申请，行政复议机构准予撤回的。

（2）作为申请人的公民死亡，没有近亲属，或者其近亲属放弃行政复议权利的。

（3）作为申请人的法人或者其他组织终止，其权利义务的承受人放弃行政复议权利的。

(4) 申请人与被申请人依照《税务行政复议规则》第八十七条的规定，经行政复议机构准许达成和解的。

(5) 行政复议申请受理以后，发现其他行政复议机关已经先于本机关受理，或者人民法院已经受理的。依照行政复议中止情形 (1)、(2)、(3) 中止行政复议，满 60 日行政复议中止的原因未消除的，行政复议终止。

7. 按照自愿、合法的原则，申请人和被申请人在行政复议机关作出行政复议决定以前可以达成和解，行政复议机关也可以调解。具体事项包括：行使自由裁量权作出的具体行政行为，如行政处罚、核定税额、确定应税所得率等；行政赔偿；行政奖励；存在其他合理性问题的具体行政行为。申请人与被申请人在行政复议决定作出前自愿达成和解协议，经行政复议机构准许后终止行政复议，但申请人不得以同一事实和理由再次申请行政复议；行政复议机关可以按照自愿、合法的原则进行调解。

8. 税务行政复议机关应当在收到复议申请之日起 60 日内，根据事实和法律，对有争议的具体行政行为的合法性和适当性进行审查，依法作出复议决定或作出相应处理。

二、税务行政诉讼

(一) 行政诉讼的概念和特征

1. 在行政诉讼中，人民法院主要审查行政行为的合法性；原告请求对行政行为所依据的规章以下的规范性文件进行审查的，审查其合法性。但行政诉讼的合法性审查原则不是绝对的，行政处罚明显不当，或者其他行政行为涉及对款额的确定、认定确有错误的，人民法院可以判决变更。

2. 行政诉讼主要审查被告作出的行政行为是否合法，被告应当就其行政行为合法有效承担举证责任。

3. 原告不能以起诉为由停止履行原行政行为所确定的义务和责任，被告有权在行政诉讼期间开展执行工作。不停止执行也不是绝对的，有些情况下可以停止执行，主要包括：被告认为需要停止执行的；原告或者利害关系人申请停止执行，人民法院认为该行政行为的执行会造成难以弥补的损失，并且停止执行不损害国家利益、社会公共利益的；人民法院认为该行政行为的执行会给国家利益、社会公共利益造成重大损害的；法律、法规规定停止执行的。

4. 人民法院审理行政案件，不适用调解。行政权的行使往往具有羁束性，行政机关也不能任意处分，因而行政诉讼中不适用调解。但行政赔偿、补偿以及行政机关行使法律法规规定的自由裁量权的案件可以调解。

（二）税务行政诉讼的受案范围

1. 税务行政诉讼的受案范围，是指人民法院审理税务行政争议的范围，即公民、法人或者其他组织对税务机关的哪些行政行为不服可以向人民法院提起税务行政诉讼。与税务工作关联性较强的行政诉讼范围有：对暂扣或者吊销许可证和执照、责令停产停业、没收违法所得、没收非法财物、罚款、警告等行政处罚不服的；对限制人身自由或者对财产的查封、扣押、冻结等行政强制措施和行政强制执行不服的；申请行政许可，行政机关拒绝或者在法定期限内不予答复，或者对行政机关作出的有关行政许可的其他决定不服的；对征收、征用决定及其补偿决定不服的；申请行政机关履行保护人身权、财产权等合法权益的法定职责，行政机关拒绝履行或者不予答复的；认为行政机关违法集资、摊派费用或者违法要求履行其他义务的；认为行政机关侵犯其他人身权、财产权等合法权益的。

2. 公民、法人或者其他组织认为行政行为所依据的国务院部门和地方人民政府及其部门制定的规章以外的规范性文件不合法，在对行政行为提起诉讼时，可以一并请求对该规范性文件进行审查。人民法院在审理行政案件中，发现上述规范性文件不合法的，不作为认定行政行为合法的依据，并向制定机关提出处理建议。

（三）税务行政诉讼管辖

1. 一般案件由基层法院管辖。

2. 中级人民法院管辖对国务院部门或者县级以上地方人民政府所作的行政行为提起诉讼的案件；海关处理的案件；本辖区内重大、复杂的案件；其他法律规定由中级人民法院管辖的案件。

3. 高级、最高人民法院管辖本辖区内重大、复杂的第一审行政诉讼案件。

4. 行政案件一般由最初作出行政行为的行政机关所在地人民法院管辖。

5. 经复议的案件，可以由最初作出行政行为所在地法院管辖，也可以由复议机关所在地人民法院管辖。

6. 对限制人身自由的行政强制措施不服而提起诉讼的，由被告所在地或原告所在地管辖。原告所在地包括原告户籍所在地、经常居住地和被限制人身自由地。

7. 因不动产提起诉讼的，由不动产所在地人民法院专属管辖。

8. 两个以上人民法院都有管辖权的案件，原告可以选择其中一个人民法院提起诉讼。原告向两个以上有管辖权的人民法院提起诉讼的，由最先立案的人民法院管辖。

（四）税务行政诉讼参加人

1. 税务行政行为的相对人以及其他与行政行为有利害关系的公民、法人或其他组织，有权作为原告提起行政诉讼。有权提起诉讼的公民死亡，其近亲属可以作为原告提起税务行政诉讼。有权提起诉讼的法人或者其他组织终止，承受其权利的法人或者其他组织可以作为原告提起税务行政诉讼。

2. 一般情况下，作出争议行政行为的税务机关是被告。特殊情况下，按以下方法规定被告：（1）经复议的案件，复议机关决定维持原行政行为的，作出原行政行为的行政机关和复议机关是共同被告；复议机关改变原行政行为的，复议机关是被告。（2）复议机关在法定期限内未作出复议决定，公民、法人或者其他组织起诉原行政行为的，作出原行政行为的行政机关是被告；起诉复议机关不作为的，复议机关是被告。（3）两个以上行政机关作出同一行政行为的，共同作出行政行为的行政机关是共同被告。（4）行政机关委托的组织所作的行政行为，委托的行政机关是被告。（5）行政机关被撤销或者职权变更的，继续行使其职权的行政机关是被告。

3. 公民、法人或者其他组织同被诉行政行为有利害关系但没有提起诉讼，或者同案件处理结果有利害关系的，可以作为第三人申请参加诉讼，或者由人民法院通知参加诉讼。人民法院判决第三人承担义务或者减损第三人权益的，第三人有权依法提起上诉。

（五）税务行政诉讼程序

1. 当事人起诉必须符合下列条件：一是原告必须是行政行为的相对人以及其他与行政行为有利害关系的公民、法人或者其他组织。二是有明确的被告。三是有具体的诉讼请求和事实根据。四是属于人民法院受案范围和受诉人民法院管辖。

2. 行政诉讼的起诉期限一般为 6 个月内，自知道或者应当知道作出行政行为之日起计算。经复议而不服复议决定起诉期限为收到复议决定书之日起 15 日。复议机关逾期不作决定的，起诉原行政行为的，起诉期限为复议期满之日起 15 日；起诉复议机关不作为的，可以在复议期满之日起 15 日内向人民法院提起诉讼。行政机关未告知起诉权利或期限的，按最长诉讼时效执行。最长诉讼时效为：因不动产提起诉讼的案件自行政行为作出之日起 20 年，其他案件自行政行为作出之日起 5 年。因不可抗力或者其他不属于其自身的原因耽误起诉期限的，被耽误的时间不计算在起诉期限内。

3. 行政诉讼的判决的方式包括：判决驳回原告诉讼请求；判决撤销或者部分撤销行政行为、重新作出行政行为；判决限期履行法定职责和履行给付义务；判决变更原行政行为；判决确认原行政行为无效；判决责令被告采取补救措施并承担赔偿责任；判决确认原行政行为违法但不撤销原行政行为。

4. 符合下列条件的第一审行政案件，事实清楚、权利义务关系明确、争议不大的，可以适用简易程序：被诉行政行为是依法当场作出的；案件涉及款额 2000 元以下的；属于政府信息公开案件的。其他案件，当事人各方同意适用简易程序的，也可以适用简易程序。人民法院在审理过程中，发现案件不宜适用简易程序的，裁定转为普通程序。发回重审、按照审判监督程序再审的案件不适用简易程序。适用简易程序审理的行政案件，由审判员一人独任审理，并应当在立案之日起45日内审结。

5. 当事人不服人民法院第一审判决的，有权在判决书送达之日起15日内向上一级人民法院提出上诉。当事人不服人民法院第一审裁定的，有权在裁定书送达之日起10日内向上一级人民法院提起上诉。逾期不提起上诉的，人民法院的第一审判决或者裁定发生法律效力。人民法院审理上诉案件应当在收到上诉状之日起3个月内作出终审裁判。

三、税务行政赔偿

（一）税务行政赔偿概述

1. 税务行政赔偿，是指税务机关和税务机关工作人员违法行使税收征管职权，对公民、法人和其他组织的合法权益造成损害的。由国家承担赔偿责任，并由税务机关具体履行义务的一项法律制度。

2. 税务行政机关及其税务人员在行使行政职权时有下列侵犯财产权情形之一的，受害人有取得赔偿的权利：（1）违法实施罚款等行政处罚的。（2）违法对财产采取查封、扣押、冻结等行政强制措施的。（3）造成财产损害的其他违法行为。

（二）税务行政赔偿的构成要件

1. 侵权主体是行使国家税收征管职权的税务机关及其工作人员。

2. 必须是税务机关及其工作人员行使税收征管职权的行为。

3. 必须是行使税收征管职权的行为具有违法性。

4. 必须有公民、法人和其他组织的合法权益受到损害的事实。

5. 必须是违法行为与损害后果有因果关系。

（三）赔偿范围

1. 违反国家税法规定作出征税行为损害纳税人合法财产权的征税行为。

2. 违反国家法律作出税务行政处罚行为损害纳税人合法财产权的。

3. 违法作出责令纳税人提供纳税保证金或纳税担保行为给纳税人的合法财产造成损害的。

4. 违法作出税收保全措施给纳税人的合法财产权造成损害的。

5. 违法作出通知出入境管理机关阻止纳税人出境给纳税人的合法权益造成损害的。

6. 违法作出税收强制执行措施造成纳税人合法财产权损害的。

7. 违法拒绝颁发税务登记证、审批认定为一般纳税人、发售发票或不予答复造成纳税人合法财产权损害的。

（四）受理时限

1. 赔偿请求人请求税务行政赔偿的时效为两年，自税务行政人员行使职权时的行为被依法确认为违法之日起计算。

2. 赔偿请求人在赔偿请求时效的最后6个月内，因不可抗力或者其他障碍不能行使请求权的，时效中止。从中止时效的原因消除之日起，赔偿请求时效期间继续计算。

（五）赔偿方式和标准

1. 赔偿方式，是指国家承担赔偿责任的各种形式。依据《国家赔偿法》的规定，国家赔偿以支付赔偿金为主要方式，赔偿义务机关能够通过返还财产或者恢复原状实施国家赔偿的，应当返还财产或者恢复原状。

2. 侵犯公民人身自由的，每日赔偿金按照国家上年度职工日平均工资计算。

3. 造成公民身体伤害的，应当支付医疗费，以及赔偿因误工减少的收入。减少的收入每日赔偿金按照国家上年度职工日平均工资计算，最高限额为国家上年度职工平均工资的5倍。

4. 造成部分或者全部丧失劳动能力的，应当支付医疗费，以及残疾赔偿金。造成部分丧失劳动能力的，赔偿最高额为国家上年度职工平均工资的10倍，全部丧失劳动能力的为国家上年度职工平均工资的20倍。造成全部丧失劳动能力的，对其抚养的无劳动能力的人，还应当支付生活费。

5. 造成死亡的，应当支付死亡赔偿金、丧葬费，总额为国家上年度职工平均工资的20倍。对死者生前抚养的无劳动能力的人，还应当支付生活费。

6. 上述规定的生活费发放标准参照当地民政部门有关生活救济的规定办理。被抚养的人是未成年人的，生活费给付至18周岁为止；其他无劳动能力的人，生活费给付至死亡时为止。

7. 违反征收税款，加收滞纳金的，应当返还税款及滞纳金。违法对应予出口退税而未退税的，由赔偿义务机关办理退税。处罚款、没收非法所得或者违反国家规定征收财物、摊派费用的，返还财产。查封、扣押、冻结财产的，解除对财产的查封、扣押、冻结，造成财产损坏或者灭失的，应当恢复原状或者给付相应赔偿金。应当返还的财产损坏的，能恢复原状的恢复原状，不能恢复原状的，按照损害程序给付赔偿金。应当返还财产丢失的，给付相应的赔偿金。财产已经拍卖的，给付拍卖所得的款项。对财产权造成损害的，按照直接损失给予赔偿。

8. 按照《国家赔偿法》和国家赔偿费用管理办法的规定，税务行政赔偿费用列入各级财政预算，由各级财政按照财政管理体制分级负担。

第五节 税务执法者及其责任

一、税务违法违纪及其行政法律责任

（一）公务员法规定的监督与惩戒

1. 对公务员监督发现问题的，应当区分不同情况，予以谈话提醒、批评教育、责令检查、诫勉、组织调整、处分。对公务员涉嫌职务违法和职务犯罪的，应当依法移送监察机关处理。

2. 公务员执行公务时，认为上级的决定或者命令有错误的，可以向上级提出改正或者撤销该决定或者命令的意见；上级不改变该决定或者命令，或者要求立即执行的，公务员应当执行该决定或者命令，执行的后果由上级负责，公务员不承担责任；但是，公务员执行明显违法的决定或者命令的，应当依法承担相应的责任。

3. 公务员因违纪违法应当承担纪律责任的，依照《中华人民共和国公务员法》给予处分或者由监察机关依法给予政务处分；违纪违法行为情节轻微，经批评教育后改正的，可以免予处分。

4. 对同一违纪违法行为，监察机关已经作出政务处分决定的，公务员所在机关不再给予处分。

5. 处分分为：警告、记过、记大过、降级、撤职、开除。对公务员的处分，应当事实清楚、证据确凿、定性准确、处理恰当、程序合法、手续完备。

6. 公务员在受处分期间不得晋升职务、职级和级别，其中受记过、记大过、降级、撤职处分的，不得晋升工资档次。

7. 受处分的期间为：警告，6 个月；记过，12 个月；记大过，18 个月；降级、撤职，24 个月。受撤职处分的，按照规定降低级别。

8. 公务员受开除以外的处分，在受处分期间有悔改表现，并且没有再发生违纪违法行为的，处分期满后自动解除。解除处分后，晋升工资档次、级别和职务、职级不再受原处分的影响。但是，解除降级、撤职处分的，不视为恢复原级别、原职务、原职级。

（二）税收执法责任制的基本内容

1. 税收执法责任制是依法确定执法主体资格，明确执法责任，规范执法程序，考核执法质量，追究执法过错责任的一种执法监督制度，是行政执法责任制的重要组成部分。

2. 税收执法责任由岗位职责、工作规程、评议考核和过错责任追究四部分构成。其中岗位职责是基础，工作规程是关键，评议考核是保障。四部分内容有机结合，相互衔接。

3. 岗位职责就是将税收征管流程内的征收、管理、稽查等执法工作，细化为具体对执法岗位及各级税务机关负责人的职权责任和具体标准的确认。岗位职责以事定岗、以岗定责、权责相当。

4. 工作规程就是执法人员履行岗位职责必须遵守的规定和操作程序。工作规程要明确工作步骤、顺序、时限、形式和标准。

5. 评议考核是通过内部考核、外部评议执法人员的执法行为，以执法质量作为考核依据的评价方法。

6. 过错责任追究是对因过失或者故意造成税收执法过错行为的责任人给予经济惩戒和行政处理。

7. 过错责任追究应当按照税务总局《税收执法考评和过错责任追究暂行办法》的统一规定实施，对过错责任人员应当给予行政处分或者应当追究刑事责任的，不适用《税收执法考评和过错责任追究暂行办法》，依照现行法律、法规、规章的规定执行。

（三）税收执法过错责任追究

1. 税收执法过错责任，是指税务执法人员在执行职务过程中，因故意或者过失导致执法行为违法而应承担的责任。 税收执法过错责任追究则是指税务机关依法给予税收执法过错责任人的行政处理和经济惩戒。

2. 税收执法过错责任追究有以下特征：（1）税收执法过错责任追究从性质上讲是一种行政纪律责任追究。（2）税收执法过错责任追究是税务机关实施的内部行政纪律责任追究途径之一，税务机关还有其他机制对其工作人员追究行政纪律责任。（3）对过错责任人员应当给予行政处分，追究行政法律责任的，或者应当追究刑事责任的，依照其他法律、行政法规及规章的规定执行，不属于这里所称的税收执法过错责任追究的范围。

3. 税收执法过错责任追究的形式，包括行政处理和经济惩戒两种方式。

4. 行政处理是对存在税收执法过错的责任人，实施批评教育、责令作出书面检查、通报批评、责令待岗、取消执法资格等惩戒措施。批评教育的处理形式要书面记载并附卷。责令待岗期限为1~6个月，待岗人员需接受适当形式的培训后方可重新上岗。取消执法资格期限为一年，被取消执法资格人员需接受适当形式的培训后方可重新取得执法资格。

5. 经济惩戒是对存在税收执法过错的责任人，实施扣发一定数额的奖金或岗位津贴的措施。

（四）责任追究机制

1. 税收执法过错责任追究的实施主体是县级以上税务局，其他税务机关不负责实施税收执法过错责任追究。对执法过错行为的调查和对过错责任的初步定性由各级税务机关具备执法督察工作职能的部门负责。

2. 因承办人的个人原因造成执法过错的，由承办人承担全部过错责任；承办人为两人或两人以上的，根据过错责任大小分别承担主要责任、次要责任。承办人的过错行为经过批准的，由承办人和批准人共同承担责任，批准人承担主要责任，承办人承担次要责任。因承办人弄虚作假导致批准错误的，由承办人承担全部过错责任。承办人的过错行为经复议维持的，由承办人和复议人员共同承担责任，其中复议人员承担主要责任，承办人承担次要责任。执法过错行为由集体研究决定的，主要领导承担主要责任，其他人员承担次要责任。

3. 税务执法人员因以下情形导致执法过错的不予追究责任：执行上级机关的答复、决定、命令、文件，导致执法过错的；行为人因所适用的法律、行政法规、规章的规定不明确，导致执法过错的；在集体研究中申明保留不同意见的；因不可抗力导致执法过错的。

4. 执法过错责任人主动承认过错并及时纠正错误、有效阻止危害结果发生、挽回影响的；经领导批准同意后实施，导致执法过错的，可以从轻或者减轻责任。过错行为情节显著轻微，没有造成危害后果的，可以对责任人免予追究。

（五）税收违法违纪及其行政法律责任的主体

1. 有税收违法违纪行为的单位，其负有责任的领导人员和直接责任人员，以及有税收违法违纪行为的个人，应当承担纪律责任。

2. 属于下列人员的，由任免机关或者监察机关按照管理权限依法给予处分：(1) 行政机关公务员。(2) 法律、法规授权的具有公共事务管理职能的组织中从事公务的人员。(3) 行政机关依法委托从事公共事务管理活动的组织中从事公务的人员。(4) 企业、事业单位、社会团体中由行政机关任命的人员。

法律、行政法规、国务院决定和国务院监察机关、国务院人力资源社会保障部门制定的处分规章对税收违法违纪行为的处分另有规定的，从其规定。

（六）税收违法违纪及其行政法律责任的责任追究

1. 税务机关及税务人员有下列行为之一的，对有关责任人员，给予警告或者记过处分；情节较重的，给予记大过或者降级处分；情节严重的，给予撤职处分：(1) 违反法定权限、条件和程序办理开业税务登记、变更税务登记或者注销税务登记的。(2) 违反规定发放、收缴税控专用设备的。(3) 违反规定开具完税凭证、罚没凭证的。(4) 违反法定程序为纳税人办理减税、免税、退税手续的。

2. 税务机关及税务人员有下列行为之一的，对有关责任人员，给予记过或者记大过处分；情节较重的，给予降级或者撤职处分；情节严重的，给予开除处分：(1) 违反规定发售、保管、代开增值税专用发票以及其他发票，致使国家税收遭受损失或者造成其他不良影响的。(2) 违反规定核定应纳税额、调整税收定额，导致纳税人税负水平明显不合理的。

3. 税务机关及税务人员有下列行为之一的，对有关责任人员，给予警告或者记过处分；情节较重的，给予记大过或者降级处分；情节严重的，给予撤职处分：(1) 违反规定采取税收保全、强制执行措施的。(2) 查封、扣押纳税人个人及其所扶养家属维持生活必需的住房和用品的。

4. 税务机关及税务人员有下列行为之一的，对有关责任人员，给予记过或者记大过处分；情节较重的，给予降级或者撤职处分；情节严重的，给予开除处分：(1) 对管辖范围内的税收违法行为，发现后不予处理或者故意拖延查处，致使国家税收遭受损失的。(2) 徇私舞弊或者玩忽职守，不征或者少征应征税款，致使国家税收遭受损失的。

5. 税务机关及税务人员违反规定要求纳税人、扣缴义务人委托税务代理，或者为其指定税务代理机构的，对有关责任人员，给予记过或者记大过处分；情节较重的，给予降级或者撤职处分；情节严重的，给予开除处分。

6. 税务机关领导干部的近亲属在本人管辖的业务范围内从事与税收业务相关的中介活动，经劝阻其近亲属拒不退出或者本人不服从工作调整的，给予记过或者记大过处分；情节较重的，给予降级或者撤职处分；情节严重的，给予开除处分。

7. 税务人员有下列行为之一的，对有关责任人员，给予记过或者记大过处分；情节较重的，给予降级或者撤职处分；情节严重的，给予开除处分：(1) 在履行职务过程中侵害公民、法人或者其他组织合法权益的。(2) 滥用职权，故意刁难纳税人、扣缴义务人的。(3) 对控告、检举税收违法违纪行为的纳税人、扣缴义务人以及其他检举人进行打击报复的。

8. 税务机关及税务人员有下列行为之一的，对有关责任人员，给予记过或者记大过处分；情节较重的，给予降级或者撤职处分；情节严重的，给予开除处分：(1) 索取、接受或者以借为名占用纳税人、扣缴义务人财物的。(2) 以明显低于市场的价格向管辖范围内纳税人购买物品的。(3) 以明显高于市场的价格向管辖范围内纳税人出售物品的。(4) 利用职权向纳税人介绍经营业务，谋取不正当利益的。(5) 违反规定要求纳税人购买、使用指定的税控装置的。

9. 税务机关私分、挪用、截留、非法占有税款、滞纳金、罚款或者查封、扣押的财物以及纳税担保财物的，对有关责任人员，给予记大过处分；情节较重的，给予降级或者撤职处分；情节严重的，给予开除处分。

10. 税务机关及税务人员有下列行为之一的，对有关责任人员，给予记过或者记大过处分；情节较重的，给予降级或者撤职处分；情节严重的，给予开除处分：(1) 隐匿、毁损、伪造、变造税收违法案件证据的。(2) 提供虚假税务协查函件的。(3) 出具虚假涉税证明的。

11. 有下列行为之一的，对有关责任人员，给予警告或者记过处分；情节较重的，给予记大过或者降级处分；情节严重的，给予撤职处分：(1) 违反规定作出涉及税收优惠的资格认定、审批的。(2) 未按规定要求当事人出示税收完税凭证或者免税凭证而为其办理行政登记、许可、审批等事项的。(3) 违反规定办理纳税担保的。(4) 违反规定提前征收、延缓征收税款的。

12. 有下列行为之一的，对有关责任人员，给予记过或者记大过处分；情节较重的，给予降级或者撤职处分；情节严重的，给予开除处分：(1) 违反法律、行政法规的规定，摊派税款的。(2) 违反法律、行政法规的规定，擅自作出税收的开征、停征或者减税、免税、退税、补税以及其他同税收法律、行政法规相抵触的决定的。

13. 不依法履行代扣代缴、代收代缴税款义务，致使国家税款遭受损失的，对有关责任人员，给予记过或者记大过处分；情节较重的，给予降级或者撤职处分；情节严重的，给予开除处分。

14. 未经税务机关依法委托征收税款，或者虽经税务机关依法委托但未按照有关法律、行政法规的规定征收税款的，对有关责任人员，给予警告或者记过处分；情节较重的，给予记大过或者降级处分；情节严重的，给予撤职处分。

15. 有下列行为之一的，对有关责任人员，给予记大过处分；情节较重的，给予降级或者撤职处分；情节严重的，给予开除处分：(1) 违反规定为纳税人、扣缴义务人提供银行账户、发票、证明或者便利条件，导致未缴、少缴税款或者骗取国家出口退税款的。(2) 向纳税人、扣缴义务人通风报信、提供便利或者以其他形式帮助其逃避税务行政处罚的。(3) 逃避缴纳税款、抗税、逃避追缴欠税、骗取出口退税的。(4) 伪造、变造、非法买卖发票的。(5) 故意使用伪造、变造、非法买卖的发票，造成不良后果的。税务人员有上述第 (2) 项所列行为的，从重处分。

（七）税收违法违纪及其行政法律责任的其他规定

1. 受到处分的人员对处分决定不服的，可以依照《中华人民共和国行政监察法》《中华人民共和国公务员法》《行政机关公务员处分条例》等有关规定申请复核或者申诉。

2. 任免机关、监察机关和税务行政主管部门建立案件移送制度。任免机关、监察机关查处税收违法违纪案件，认为应当由税务行政主管部门予以处理的，应当及时将有关案件材料移送税务行政主管部门。税务行政主管部门应当依法及时查处，并将处理结果书面告知任免机关、监察机关。

3. 税务行政主管部门查处税收管理违法案件，认为应当由任免机关或者监察机关给予处分的，应当及时将有关案件材料移送任免机关或者监察机关。任免机关或者监察机关应当依法及时查处，并将处理结果书面告知税务行政主管部门。

4. 有税收违法违纪行为，应当给予党纪处分的，移送党的纪律检查机关处理。涉嫌犯罪的，移送司法机关依法追究刑事责任。

二、税收职务犯罪及其刑事法律责任

（一）税务职务犯罪的概念

1. 广义上的税务职务犯罪是指税务人员在执法过程中，利用自己所掌握的税收执法权或行政管理权，以牺牲国家或集体权益为手段，为个人或他人谋取私利，应受刑法处罚的行为。包括其他国家机关工作人员和其他社会团体、企（事）业单位中依照法律法规或组织章程等从事公务的人员都可能出现的犯罪行为，如贪污受贿、挪用公款等。狭义的税务职务犯罪，即严格意义上的税务职务犯罪指只有税务工作人员才有可能发生的犯罪行为。

2. 狭义的税务职务犯罪，专指《刑法》规定的只能由税务人员构成的职务犯罪，包括两个罪名：徇私舞弊不征、少征税款罪和徇私舞弊发售发票、抵扣税款、出口退税罪。

（二）税务职务犯罪的成因

1. 思想根源。理想信念动摇、法纪观念淡薄是产生职务犯罪的根本原因。

2. 体制、制度根源。目前，我们国家的经济已经基本完成向市场经济转型的巨大转变，但是管理体制中的一些制度还不完善，使社会抑制职务犯罪的机制在一定程度上有所削弱，从而增强了那些意志比较薄弱的税务干部的侥幸心理和投机心理，利用职务之便实施犯罪。一是权力配属体制的不规范。二是制度落实不到位。三是监督机制弱化。四是财政体制不合理。“以支定收”的财政体制，导致税收工作陷入“计划或任务之税”。

3. 法制根源。我国现行法制对预防税务职务犯罪还存在许多缺陷：一是在预防环节的立法相当薄弱，缺乏超前性和预见性，对一般税收违法行为的发生以及一般税收违法行为转化为税务职务犯罪的抑制性不强。二是现行税收法律、法规中对罚款规定的弹性过大，导致税收执法自由裁量权和随意性过大。三是税务部门内部的执法制约机制不够健全。

（三）税务职务犯罪的表现形式

1. 占有型职务犯罪。这类犯罪人员利用职务上的便利，将国家税款或公款据为己有，使国家利益遭受重大损失，构成挪用公款罪、贪污罪、私分国有资产罪。具体表现有：收税不开票，开大头小尾票、贪污税款、异地转移税款、从中谋取非法利益予以私分，中饱私囊，将公款、公物占为己有。

2. 渎职型职务犯罪。这类犯罪人员在工作中严重不尽职、不负责，导致国家税款严重流失。具体表现为：收人情税、关系税，超越权限减免税收，不符合一般纳税人认定标准的擅自认定，不该停业、废业的办理停业废业；玩忽职守，致使税收少征漏征，误退、多退；违反执法程序，超越职权，滥用税收保全、税收强制执行措施，不该查封扣押的违法查扣，严重侵犯纳税人的权利，造成严重政治影响。

3. 交易型职务犯罪。这类犯罪人员利用工作职务作为交换资本，以权谋私，以税谋私，具体表现为利用税务检查、违法违章处罚、人事管理等权利索贿受贿、收受礼品礼金或有价证券，严重影响公务活动；利用职务之便向纳税人或下级机关私人开支的费用；以各种名义和借口向所管辖的纳税人借钱借物，借交通工具和通讯工具；收受或索要纳税人礼品、礼金和证券。

4. 徇私舞弊型职务犯罪。这类犯罪人员往往出于个人的不法或不正当目的，以这种徇私舞弊的行为，损害国家和人民利益，具体表现为：工作责任心差，随心所欲，徇私枉法，不能尽职尽责，该收不收，该查不查，少征或不征税款。

（四）税务职务犯罪的刑事责任追究

根据《刑法》第三百九十七条的规定，国家机关工作人员滥用职权或者玩忽职守，致使公共财产、国家和人民利益遭受重大损失的，处 3 年以下有期徒刑或者拘役；情节特别严重的，处 3 年以上 7 年以下有期徒刑。

国家机关工作人员徇私舞弊，犯前款罪的，处 5 年以下有期徒刑或者拘役；情节特别严重的，处 5 年以上 10 年以下有期徒刑。

（五）税务职务犯罪的预防

1. 加大教育力度，营造预防税务职务犯罪的浓厚氛围。要始终不渝、坚持不懈地开展思想政治工作，在每个税务干部的思想上筑起反腐倡廉、恪尽职守的防火墙，让大家在思想上不想犯法。

2. 进一步健全完善各种工作制度，完善监督制约机制。必须要用制度来规范税收执法权力和行政管理权力，在税收征收、管理、稽查各个工作环节，明晰工作标准，健全和完善工作制度，从税务登记，一般纳税人认定，发票出售，税款缴纳，户籍巡查，税收检查、审理、执行，以及税款入库等各个方面实行规范管理；在行政事务管理方面从车辆管理，基建招标及物品采购登记等方面进一步完善并严格执行各项规章制度。

3. 查处案件，惩治腐败。查处也是一种预防，是对税务职务犯罪的特殊预防。对税务违法犯罪的查处，既惩治了腐败问题，维护了党纪国法的严肃性，又能起到警示作用，达到威慑效果。

第六节　习题演练

一、单项选择题

1. 国家机关工作人员滥用职权或者玩忽职守，致使公共财产、国家和人民利益遭受重大损失的，情节特别严重的应处以（　）。

A. 处 3 年以下有期徒刑或者拘役　　B. 处 3 年以下有期徒刑

C. 处 3 年以上 7 年以下有期徒刑　　D. 处 7 年以上有期徒刑

【参考答案】C

【答案解析】依据是《刑法》第三百九十七条的规定。

2. 税务行政相对人是税务行政法律关系要素中的（　）。

A. 客体　　B. 主体　　C. 内容　　D. 对象

【参考答案】B

【答案解析】税务行政相对人是在税务行政法律关系中被税务行政主体管理的一方当事人，即与税务行政主体相对应的，受行政权力作用或行政行为约束的另一方主体。

3. 以行政行为的对象是否特定为标准，行政行为可分为（　）。

A. 抽象行政行为与具体行政行为

B. 内部行政行为与外部行政行为

C. 羁束行政行为与自由裁量行政行为

D. 依职权的行政行为与依申请的行政行为

【参考答案】A

【答案解析】以行政行为的适用与效力作用的对象范围为标准，行政行为分为内部行政行为与外部行政行为。以行政行为受法律约束的程度为标准，行政行为分为羁束行政行为与自由裁量行政行为。以行政主体是否可以主动作出行政行为为标准，行政行为分为依职权的行政行为与依申请的行政行为。以行政行为的对象是否特定为标准，行政行为分为抽象行政行为与具体行政行为。

4. 违反税收法律、行政法规应当给予行政处罚的行为，在（　）年内未被发现的，不再给予行政处罚。

A. 2　　B. 3　　C. 5　　D. 10

【参考答案】C

【答案解析】违法行为在 2 年内未被发现的，不再给予行政处罚。但是根据《税收征收管理法》，违反税收法律、行政法规应当给予行政处罚的行为，在5年内未被发现的，不再给予行政处罚。

5. 行政机关采用公告方式送达强制执行文书时，要适用《中华人民共和国民事诉讼法》满（ ）日方视为送达的期限规定。

A. 30　　B. 60　　C. 90　　D. 15

【参考答案】 A

【答案解析】《中华人民共和国民事诉讼法》规定，公告满30日视为送达。

6. 行政诉讼中，原告提供的证据不成立的，（ ）被告的举证责任。

A. 不免除　　B. 免除

C. 减轻　　D. 加重

【参考答案】 A

【答案解析】 根据《中华人民共和国行政诉讼法》第三十七条的规定，原告提供的证据不成立的，不免除被告的举证责任。

7. 下列选项中，属于危害税收征管犯罪中唯一涉及侵犯人身权利的犯罪，并且是一种行为犯的是（ ）。

A. 逃税罪　　B. 逃避追缴欠税罪

C. 抗税罪　　D. 骗取出口退税罪

【参考答案】 C

【答案解析】 抗税罪是以暴力、威胁方法拒不缴纳税款的行为。抗税罪是危害税收征管罪中手段最恶劣、影响最坏的行为。它会直接危害税务人员的人身安全。

8. 逃税罪的立案标准是（ ）。

A. 纳税人采取欺骗、隐瞒手段进行虚假纳税申报或者不申报

B. 逃避缴纳税款数额较大并且占应纳税额10%以上

C. 同时符合AB条件

D. 符合AB条件之一

【参考答案】 C

【答案解析】 纳税人采取欺骗、隐瞒手段进行虚假纳税申报或者不申报逃避缴纳税款数额较大并且占应纳税额10%以上的即构成逃税罪，有数额和比例的双重要求。

9. 下列行政案件中，中级人民法院没有管辖权的是（ ）。

A. 对县级以上地方人民政府所作的行政行为提起诉讼的案件

B. 海关处理的案件

C. 本辖区内重大、复杂的案件

D. 涉及专利权纠纷的案件

【参考答案】D

【答案解析】D选项应由基层人民法院管辖。

10. 两个以上人民法院都有管辖权的案件，可以选择其中一个人民法院提起诉讼的主体是（　）。

A. 原告　　B. 被告　　C. 法院　　D. 原告和被告

【参考答案】A

【答案解析】按照行政诉讼法的规定，由原告选择。

11. 公务员辞去公职或者退休的，原系领导成员、县处级以上领导职务的公务员在离职______年内，其他公务员在离职______年内，不得到与原工作业务直接相关的企业或者其他营利性组织任职，不得从事与原工作业务直接相关的营利性活动。（　）

A. 3；2　　B. 2；1　　C. 3；3　　D. 2；2

【参考答案】A

【答案解析】依据是《中华人民共和国公务员法》第一百零七条的规定。

12. 税收执法责任由岗位职责、工作规程、评议考核和过错责任追究四部分构成。下列说法，错误的是（　）。

A. 岗位职责是基础　　B. 工作规程是关键

C. 评议考核是保障　　D. 过错责任追究是前提

【参考答案】D

【答案解析】过错责任追究是具体承担形式。

13. 税收执法过错责任追究的实施主体是（　）以上税务局，其他税务机关不负责实施税收执法过错责任追究。

A. 市级　　B. 县级　　C. 乡级　　D. 省级

【参考答案】B

【答案解析】按照规定，县级以上税务局实施行政责任追究职责。

14. 未经税务机关依法委托征收税款，或者虽经税务机关依法委托但未按照有关法律、行政法规的规定征收税款的，情节严重的，对有关责任人员，给予（　）处分。

A. 警告　　B. 记过　　C. 撤职　　D. 开除

【参考答案】C

【答案解析】未经税务机关依法委托征收税款，或者虽经税务机关依法委托但未按照有关法律、行政法规的规定征收税款的，对有关责任人员，给予警告或者记过处分；情节较重的，给予记大过或者降级处分；情节严重的，给予撤职处分。

15. 对税务所（分局）、各级税务局的稽查局的具体行政行为不服的，向（ ）申请行政复议。

A. 所属税务局　　B. 所属税务局的上级税务局

C. 原行为单位　　D. 当地人民政府

【参考答案】 A

【答案解析】 根据《税务行政复议规则》的规定，应向所属税务局申请行政复议。

16. 税收保全措施的手段，一般不包括（ ）。

A. 查封　　B. 拍卖　　C. 扣押　　D. 冻结

【参考答案】 B

【答案解析】 税收保全措施的手段一般是查封、扣押和冻结，税务行政强制执行的方式是扣缴和拍卖、变卖。

17. 以暴力、威胁方法拒不缴纳税款，造成税务工作人员（ ）以上的，应予立案追诉。

A. 轻微伤　　B. 轻伤　　C. 重伤　　D. 骨折

【参考答案】 A

【答案解析】 造成税务工作人员轻微伤以上的，应予立案追诉。

18. 纳税人欠缴应纳税款，采取转移或者隐匿财产的手段，致使税务机关无法追缴欠缴的税款，数额在（ ）万元以上的，应予立案追诉。

A.1　　B.2　　C.5　　D.10

【参考答案】 A

【答案解析】 数额在1万元以上的，应予立案追诉。

19. 虚开增值税专用发票或者虚开用于骗取出口退税、抵扣税款的其他发票，虚开的税款数额在10万元以上或者造成国家税款损失数额在（ ）万元以上的，应予立案追诉。

A.1　　B.2　　C.5　　D.10

【参考答案】 C

【答案解析】 造成国家税款损失数额在5万元以上的，应予立案追诉。

20. 税收执法过错情节显著轻微，主动发现并及时纠正，未造成危害后果的，可以（ ）。

A. 从轻追究　　B. 免予追究

C. 不予追究　　D. 从轻或免予追究

【参考答案】 D

【答案解析】可以从轻或者免予追究。

21. 行政复议机关应当自受理申请之日起______日内作出行政复议决定；情况复杂，可以适当延长，并告知申请人和被申请人，但是延长期限最多不超过______日。(　)

A. 60；60　　B. 60；10　　C. 30；20　　D. 60；30

【参考答案】D

【答案解析】依据是《中华人民共和国行政复议法》第三十一条的规定。

22. 行政强制措施包括(　)。

①限制公民人身自由

②查封场所、设施或者财物

③扣押财物

④冻结存款、汇款

⑤其他行政强制措施

A. ①②③　　B. ①②④

C. ①③④⑤　　D. ①②③④⑤

【参考答案】D

【答案解析】依据是《中华人民共和国行政强制法》第九条的规定。

23. 下列关于政务处分的种类和期间的说法，对应关系错误的是(　)。

A. 警告，6 个月　　B. 记过，12 个月

C. 记大过，15 个月　　D. 降级，24 个月

【参考答案】C

【答案解析】《中华人民共和国公职人员政务处分法》第八条规定，政务处分的期间为：警告，6 个月；记过，12 个月；记大过，18 个月；降级、撤职，24 个月。

24. 我国最高监察机关是(　)。

A. 国家监察委员会　　B. 全国人大　　C. 中央政治局　　D. 中央纪委

【参考答案】A

【答案解析】依据是《中华人民共和国监察法》第七条的规定。

25. 下列关于渎职罪的说法，正确的是(　)。

A. 徇私舞弊不征、少征税款罪与违法提供出口退税凭证罪侵犯的客体不同

B. 徇私舞弊不征、少征税款罪与违法提供出口退税凭证罪的犯罪主体都是税务机关工作人员

C. 徇私舞弊不移交刑事案件罪的犯罪主体是行政执法人员

D. 渎职罪的犯罪主体都是一般主体，任何自然人或单位都能成为渎职罪的犯罪主体

【参考答案】C

【答案解析】徇私舞弊不征、少征税款罪与违法提供出口退税凭证罪侵犯的客体都是行政执法机关的正常执法活动。违法提供出口退税凭证罪的犯罪主体是海关、外汇管理等国家工作人员而不是税务机关工作人员。渎职罪的犯罪主体为特殊主体，即只能是国家机关工作人员，但法律另有规定除外。

26. 对涉及增值税专用发票的犯罪案件，下列处理错误的是（ ）。

A. 非法购买增值税专用发票的，按非法购买增值税专用发票罪定罪处罚

B. 非法购买增值税专用发票后又虚开的，按非法购买增值税专用发票罪和虚开增值税专用发票罪并罚

C. 非法购买增值税专用发票后又出售的，按非法出售增值税专用发票罪定罪处罚

D. 非法购买伪造的增值税专用发票后又出售的，按出售伪造的增值税专用发票罪定罪处罚

【参考答案】B

【答案解析】根据《刑法》的规定，如果行为人非法购买增值税专用发票或者购买伪造的增值税专用发票又虚开或者出售的，则不再定前罪，而应当按照虚开增值税专用发票、出售伪造的增值税专用发票罪、非法出售增值税专用发票罪定罪处罚。

27. 下列不属税收执法过错责任追究程序的是（ ）。

A. 执法申请　　B. 听取陈述意见

C. 异议处理　　D. 结果告知

【参考答案】A

【答案解析】税收执法责任制追究程序为执法考核、听取陈述意见、异议处理、结果告知等。

28. 公务员内部行政纪律责任的惩戒措施不包括（ ）。

A. 批评教育　　B. 责令作出书面检查

C. 通报批评　　D. 降职

【参考答案】D

【答案解析】内部行政纪律责任是指行政法律责任之外，违反内部行政纪律，由行政机关对其成员给予惩戒的相关责任。一般而言，主要包括批评教育、责令作出书面检查、通报批评、取消评先资格、责令待岗、调离执法岗位、取消执法资格。

29. 纳税人与税务机关发生纳税争议，可以直接向法院起诉的是（ ）。

A. 应纳税额争议

B. 以拍卖扣押的纳税人货物所得扣缴税款争议

C. 冻结纳税人银行存款争议

D. 滞纳金问题争议

【参考答案】C

【答案解析】冻结纳税人银行存款争议、罚款金额争议可以直接向法院起诉。

30. 可以撤销行政许可的情形是（ ）。

A. 按照法定职权作出准予行政许可决定的

B. 行政许可所依据的法律、法规、规章修改或者废止的

C. 违反法定程序作出准予行政许可决定的

D. 准予行政许可所依据的客观情况发生重大变化的

【参考答案】C

【答案解析】有下列情形之一的，作出行政许可决定的行政机关或者其上级行政机关，根据利害关系人的请求或者依据职权，可以撤销行政许可：行政机关工作人员滥用职权、玩忽职守作出准予行政许可决定的；超越法定职权作出准予行政许可决定的；违反法定程序作出准予行政许可决定的；对不具备申请资格或者不符合法定条件的申请人准予行政许可的；依法可以撤销行政许可的其他情形。

二、多项选择题

1. 税务工作人员职务犯罪的类型包括（ ）。

A. 占有型职务犯罪　　B. 渎职型职务犯罪

C. 交易型职务犯罪　　D. 徇私舞弊型职务犯罪

【参考答案】ABCD

【答案解析】以上四个选项都是职务犯罪的类型。

2. 下列关于行政许可的说法，正确的有（ ）。

A. 行政许可是依申请的行政行为　　B. 行政许可是要式行政行为

C. 行政许可是授益性行政行为　　D. 行政许可是外部行政行为

【参考答案】ABCD

【答案解析】行政许可是国家管理社会经济事务的一种有效手段，是行政机关根据公民、法人或者其他组织的申请，经依法审查，准予其从事特定活动的行为，以上说法都是行政许可的特征。

3. 税务行政处罚的基本原则包括（ ）。

A. 处罚法定原则　　B. 处罚公正、公开原则

C. 处罚与教育相结合原则　　D. 职能统一原则

【参考答案】ABC

【答案解析】在行政机关内部运用分权原则，要求行政机关将其内部的某些相关职能加以分离，使之分属于不同的机构或不同的工作人员掌管或行使，以便在行政机关内部建立起相互制约机制，控制权力专断。因此，D 选项错误。

4. 目前法律、法规、规章明确的行政处罚的种类包括（ ）。

A. 警告　　B. 通报批评

C. 暂扣许可证件　　D. 没收违法所得

【参考答案】ABCD

【答案解析】行政处罚的种类包括：(1) 警告、通报批评。(2) 罚款、没收违法所得、没收非法财物。(3) 暂扣许可证件、降低资质等级、吊销许可证件。(4) 限制开展生产经营活动、责令停产停业、责令关闭、限制从业。(5) 行政拘留。(6) 法律、行政法规规定的其他行政处罚。

5. 行政强制措施的种类包括（ ）。

A. 限制公民人身自由　　B. 查封场所、设施或者财物，

C. 冻结存款、汇款　　D. 加处罚款或者滞纳金

【参考答案】ABC

【答案解析】加处罚款或者滞纳金是行政强制执行。

6. 当事人向人民法院提供证人证言的，应当符合的要求有（ ）。

A. 写明证人的姓名、年龄、性别、职业、住址等基本情况

B. 有证人的签名，不能签名的，应当以盖章等方式证明

C. 注明出具日期

D. 附有居民身份证复印件等证明证人身份的文件

【参考答案】ABCD

【答案解析】以上都是人民法院对提供证人证言的要求。

7. 下列证据不能单独作为定案依据的有（ ）。

A. 与一方当事人有亲属关系或者其他密切关系的证人所作的对该当事人有利的证言

B. 未成年人所作的证言

C. 应当出庭作证而无正当理由不出庭作证的证人证言

D. 无法与原件、原物核对的复制件或者复制品

【参考答案】ACD

【答案解析】B选项应为未成年人所作的与其年龄和智力状况不相适应的证言。

8. 税务行政复议由复议机关对该具体行政行为的（　）性进行审查并作出决定。

A. 合法性　　B. 真实性　　C. 适当性　　D. 正当性

【参考答案】AC

【答案解析】税务行政复议是指纳税人及其他当事人认为税务机关及其工作人员作出的税务具体行政行为侵犯其合法权益，依法向上一级税务机关或本级人民政府提出审查该具体行政行为的申请，由复议机关对该具体行政行为的合法性和适当性进行审查并作出决定的制度和活动。

9. 税务行政复议活动中止的具体情形包括（　）。

A. 作为申请人的公民死亡，其近亲属尚未确定是否参加行政复议的

B. 作为申请人的公民丧失参加行政复议的能力，尚未确定法定代理人参加行政复议的

C. 作为申请人的法人或者其他组织终止，尚未确定权利义务承受人的

D. 作为申请人的公民下落不明或者被宣告失踪的

【参考答案】ABCD

【答案解析】以上都是中止的情况。

10. 以下关于行政诉讼被告的说法，正确的有（　）。

A. 经复议的案件，作出原行政行为的行政机关和复议机关是共同被告

B. 复议机关在法定期限内未作出复议决定，公民、法人或者其他组织起诉原行政行为的，作出原行政行为的行政机关是被告

C. 两个以上行政机关作出同一行政行为的，共同作出行政行为的行政机关是共同被告

D. 行政机关委托的组织所作的行政行为，委托的行政机关是被告

【参考答案】BCD

【答案解析】经复议的案件，复议机关决定维持原行政行为的，作出原行政行为的行政机关和复议机关是共同被告；复议机关改变原行政行为的，复议机关是被告。

11. 国家对行政机关中初次从事（　）的公务员实行统一法律职业资格考试制度。

A. 行政处罚决定审核　　B. 行政复议

C. 行政裁决　　D. 法律顾问

【参考答案】ABCD

【答案解析】国家对行政机关中初次从事行政处罚决定审核、行政复议、行政裁决、法律顾问的公务员实行统一法律职业资格考试制度。

12. 公务员在受处分期间不得晋升职务、职级和级别，其中受（ ）处分的，不得晋升工资档次。

A. 记过　　B. 记大过　　C. 降级　　D. 撤职

【参考答案】ABCD

【答案解析】除警告处分外，其他处分都不得晋升工资档次。

13. 下列关于执法过错责任的说法，正确的有（ ）。

A. 因承办人的个人原因造成执法过错的，由承办人承担全部过错责任

B. 承办人为两人或两人以上的，根据过错责任大小分别承担主要责任、次要责任

C. 承办人的过错行为经过批准的，由承办人和批准人共同承担责任，批准人承担主要责任，承办人承担次要责任

D. 因承办人弄虚作假导致批准错误的，由承办人承担全部过错责任

【参考答案】ABCD

【答案解析】以上说法均符合《税收执法考评和过错责任追究暂行办法》的规定。

14. 以下关于强制执行费用的说法，正确的有（ ）。

A. 税务行政强制执行会产生一定数额的费用，应该先扣除相关费用后，再按照税款、滞纳金、罚款和加处罚款顺序进行清偿

B. 清偿后剩余部分应当在 3 日内退还被执行人

C. 税务机关因查封、扣押而产生的保管费用，由行政机关承担

D. 税务机关因查封、扣押而产生的保管费用，由行政相对方承担

【参考答案】ABC

【答案解析】根据《中华人民共和国行政强制法》第二十六条的规定，税务机关因查封、扣押而产生的保管费用，由行政机关承担。

15. 原告或者第三人不能自行收集，但能够提供确切线索的，可以申请人民法院调取下列证据材料的情形有（ ）。

A. 由国家有关部门保存而须由人民法院调取的证据材料

B. 涉及国家利益、公共利益或者他人合法权益的事实认定的

C. 涉及国家秘密、商业秘密、个人隐私的证据材料

D. 确因客观原因不能自行收集的其他证据材料

【参考答案】ACD

【答案解析】涉及国家利益、公共利益或者他人合法权益的事实认定属于人民法院有权向有关行政机关以及其他组织、公民调取证据的情形。

16. 税务行政赔偿的构成要件包括（ ）。

A. 侵权主体是行使国家税收征管职权的税务机关及其工作人员

B. 必须是税务机关及其工作人员行使税收征管职权的行为

C. 必须有公民、法人和其他组织的合法权益受到损害的事实

D. 必须是违法行为与损害后果有因果关系

【参考答案】ABCD

【答案解析】根据税务赔偿的规定，以上表述都正确。

17. 伪造或者出售伪造的增值税专用发票，应予立案追诉的情形有（　）。

A. 票面税额累计在 10 万元以上的

B. 伪造或者出售伪造的增值税专用发票 10 份

C. 非法获利数额在 1 万元以上的

D. 票面税额在 6 万元以上的

【参考答案】AC

【答案解析】选项 B、D 两个条件应同时满足，才予立案追诉。

18. 逃避缴纳税款，应予立案追诉的情形有（　）。

A. 纳税人采取欺骗、隐瞒手段进行虚假纳税申报或者不申报，逃避缴纳税款，数额在 10 万元以上并且占各税种应纳税总额 10% 以上，经税务机关依法下达追缴通知后，不补缴应纳税款、不缴纳滞纳金或者不接受行政处罚的

B. 纳税人 5 年内因逃避缴纳税款受过刑事处罚或者被税务机关给予二次以上行政处罚，又逃避缴纳税款，数额在 10 万元以上并且占各税种应纳税总额 10% 以上的

C. 扣缴义务人采取欺骗、隐瞒手段，不缴或者少缴已扣、已收税款，数额在 10 万元以上的。纳税人在公安机关立案后再补缴应纳税款、缴纳滞纳金或者接受行政处罚的，不影响刑事责任的追究

D. 扣缴义务人采取欺骗、隐瞒手段，不缴或者少缴已扣、已收税款，数额在 5 万元以上的。纳税人在公安机关立案后再补缴应纳税款、缴纳滞纳金或者接受行政处罚的，不影响刑事责任的追究

【参考答案】ABC

【答案解析】选项 D 的数额应为 10 万元以上。

19. 税收执法过错责任追究形式包括（　）。

A. 批评教育

B. 责令作出书面检查

C. 通报批评

D. 取消评选先进的资格

【参考答案】ABCD

【答案解析】四个选项都是税收执法过错责任追究的形式。

20. 关于执法过错责任追究，下列说法正确的有（ ）。

A. 税收执法过错责任人已经调任税务系统其他单位的，原有权追究的税务机关应当向有权处理的税务机关提出处理建议，由有权处理的税务机关进行追究

B. 税收执法过错责任追究决定作出前，可以听取过错责任人的陈述意见

C. 税收执法过错责任追究决定应当告知过错责任人

D. 适用通报批评的，由税收执法责任制工作领导小组办公室以本机关名义行文

【参考答案】ACD

【答案解析】税收执法过错责任追究决定作出前，应当听取过错责任人的陈述意见。

三、判断题

1. 狭义的税务职务犯罪专指《刑法》规定的只能由税务人员构成的职务犯罪。（ ）

【参考答案】√

【答案解析】符合狭义的税务职务犯罪的定义。

2. 税务行政关系的客体是指税务行政相对人。（ ）

【参考答案】×

【答案解析】税务行政关系的客体是指税务行政法律关系主体的权力义务所指向的标的、目标或对象，包括物和行为两大类。

3. 听证是作出税务行政许可决定的必经程序。（ ）

【参考答案】×

【答案解析】根据税务行政许可的相关规定，听证不是作出税务行政许可决定的必经程序。

4. 对当事人的同一个违法行为，不得给予两次以上的行政处罚。（ ）

【参考答案】×

【答案解析】应为不得给予两次以上罚款的行政处罚。

5. 行政强制措施是指行政机关或者行政机关申请人民法院对不履行行政决定的公民、法人或者其他组织依法强制履行义务的行为。（ ）

【参考答案】×

【答案解析】行政强制措施是指行政机关在行政管理过程中，为制止违法行为、防止

证据损毁、避免危害发生、控制危险扩大等情形，依法对公民的人身自由实施暂时性限制，或者对公民、法人或者其他组织的财物实施暂时性控制的行为。题干是行政强制执行的定义。

6. 原告提供的证据不成立的，不免除被告对被诉具体行政行为合法性的举证责任。（ ）

【参考答案】√

【答案解析】被告对作出的具体行政行为负有举证责任，被告不提供或者无正当理由逾期提供证据的，视为被诉具体行政行为没有相应的证据。

7. 虚开发票罪是指虚开增值税专用发票、用于骗取出口退税、抵扣税款发票，情节严重，依法应受处罚的行为。（ ）

【参考答案】×

【答案解析】虚开发票罪是指虚开增值税专用发票、用于骗取出口退税、抵扣税款发票以外发票的行为。

8. 公民、法人或者其他组织同被诉行政行为有利害关系但没有提起诉讼，或者同案件处理结果有利害关系的，可以作为第三人申请参加诉讼，或者由人民法院通知参加诉讼。（ ）

【参考答案】√

【答案解析】以上说法符合《中华人民共和国行政诉讼法》的规定，没有提起诉讼的，也可以作为第三人申请参加诉讼，或者由人民法院通知参加诉讼。

9. 赔偿请求人请求税务行政赔偿的时效为3年，自税务行政人员行使职权的时点起计算。（ ）

【参考答案】×

【答案解析】赔偿请求人请求税务行政赔偿的时效为2年，自税务行政人员行使职权时的行为被依法确认为违法之日起计算。

10. 对违法行为给予行政处罚的规定必须公布；未经公布的，不得作为行政处罚的依据。（ ）

【参考答案】√

【答案解析】依据是《中华人民共和国行政处罚法》第五条的规定。

11. 公民、法人或者其他组织向人民法院提起行政诉讼，人民法院已经依法受理的，在法定行政复议期限内不得申请行政复议。（ ）

【参考答案】√

【答案解析】依据是《中华人民共和国行政复议法》第十六条的规定。

12. 行政强制的设定和实施，均必须采用强制手段，以达到行政管理的目的。( )

【参考答案】×

【答案解析】《中华人民共和国行政强制法》第五条规定，行政强制的设定和实施，应当适当。采用非强制手段可以达到行政管理目的的，不得设定和实施行政强制。

13. 一切法律、行政法规和地方性法规都不得同宪法相抵触。( )

【参考答案】√

【答案解析】《中华人民共和国宪法》第五条的规定表明宪法在法律体系中具有最高的权威，一切法律、行政法规和地方性法规的内容和精神不得与宪法的原则和规定相违背，否则，就会因违宪而无效。

14.《税收违法违纪行为处分规定》由监察部、人力资源社会保障部、国家税务总局联合发布。( )

【参考答案】√

【答案解析】2012 年 6 月 6 日，监察部、人力资源社会保障部、国家税务总局联合发布了《税收违法违纪行为处分规定》，自 8 月 1 日起施行。《税收违法违纪行为处分规定》的出台，对于进一步完善税收违法违纪行为责任追究制度，确保国家税收法律法规的贯彻落实，保障公平竞争的市场经济环境，维护社会主义市场经济秩序和人民群众的根本利益具有重要意义。

15. 税务行政处罚是指罚款、没收财物和违法所得。( )

【参考答案】×

【答案解析】税务行政处罚还包括停止出口退税权。

16. 行政法规可以设定各种行政处罚。( )

【参考答案】×

【答案解析】行政法规可以设定除限制人身自由以外的行政处罚。

17. 违法事实确凿并有法定依据，对公民处以 200 元以下、对法人或者其他组织处以 3 000 元以下罚款或者警告的行政处罚的，可以当场作出行政处罚决定。( )

【参考答案】√

【答案解析】依据是《中华人民共和国行政处罚法》第五十一条的规定。

18. 案件情况疑难复杂、涉及多个法律关系的，在行政机关负责人作出行政处罚的决定之前，应当由从事行政处罚决定法制审核的人员进行法制审核；未经法制审核或者审核未通过的，不得作出决定。( )

【参考答案】 √

【答案解析】 依据是《中华人民共和国行政处罚法》第五十八条的规定。

19. 行政执法机关对公安机关决定立案的案件，应当自接到立案通知书之日起 3 日内将涉案物品以及与案件有关的其他材料移交公安机关，并办结交接手续。(　)

【参考答案】 √

【答案解析】 依据是《行政执法机关移送涉嫌犯罪案件的规定》第十二条的规定。

20. 纳税人未按照《税收征收管理法》及其实施细则等有关规定将其全部银行账号向税务机关报送，危害后果轻微，在税务机关发现前主动改正或者在税务机关责令限期改正的期限内改正的，不予行政处罚。(　)

【参考答案】 √

【答案解析】 符合税务行政处罚"首违不罚"的规定。

四、简答题

1. 简述公职人员适用开除处分的情形。

【参考答案】

公职人员犯罪，有下列情形之一的，予以开除：

(1) 因故意犯罪被判处管制、拘役或者有期徒刑以上刑罚（含宣告缓刑）的。

(2) 因过失犯罪被判处有期徒刑，刑期超过 3 年的。

(3) 因犯罪被单处或者并处剥夺政治权利的。

因过失犯罪被判处管制、拘役或者 3 年以下有期徒刑的，一般应当予以开除；案件情况特殊，予以撤职更为适当的，可以不予开除，但是应当报请上一级机关批准。公职人员因犯罪被单处罚金，或者犯罪情节轻微，人民检察院依法作出不起诉决定或者人民法院依法免予刑事处罚的，予以撤职；造成不良影响的，予以开除。

2. 请你结合岗位实际，谈谈税务职务犯罪如何预防？

【参考答案】

(1) 加大教育力度，营造预防税务职务犯罪的浓厚氛围。要始终不渝、坚持不懈地开展思想政治工作，在每个税务干部的思想上筑起反腐倡廉、恪尽职守的防火墙，让大家在思想上不想犯法。

(2) 进一步健全完善各种工作制度，完善监督制约机制。必须要用制度来规范税收执法权力和行政管理权力，在税收征收、管理、稽查各个工作环节，明晰工作标准，健全和完善工作制度，从税务登记，一般纳税人认定，发票出售，税款缴纳，户籍巡查，税收检查、审理、执行，以及税款入库等各个方面实行规范管理；在行政事务管理方面从车辆管理、基建招标及物品采购登记等方面进一步完善并严格执行各项规章制度。

（3）查处案件，惩治腐败。查处也是一种预防，是对税务职务犯罪的特殊预防。对税务违法犯罪的查处，既惩治了腐败问题，维护了党纪国法的严肃性，又能起到警示作用，达到威慑效果。

第八章
财会知识

第一节　会计基础知识

一、会计核算基本原理

（一）会计的基本概念

会计是以货币为主要计量单位，反映和监督特定会计主体经济活动的一种经济管理工作。

会计的职能，是指会计在经济管理活动中所具有的内在功能。主要表现在两个方面：一是对经济活动进行会计核算；二是对经济活动进行会计监督。

（二）会计核算的基本前提

会计核算的基本前提也叫会计假设，是对会计核算所处的时间、空间环境所作的合理设定。会计核算具体对象的确定、会计政策的选择、会计要素的确认、会计金额的计量都要以会计基本前提为依据。会计核算的基本前提包括会计主体、持续经营、会计分期和货币计量四项。

1. 会计主体假设。会计主体不同于法律主体。会计主体是会计信息反映的特定单位或者组织，法律主体是法律上承认的可以独立承担义务和享受权利的个体，也称为法人。法律主体往往是会计主体，任何一个法人都要按规定开展会计核算，会计主体不一定是法律主体。一个法律主体可以有多个会计主体，一个会计主体也可以有多个法律主体。

2. 持续经营假设。持续经营是指会计主体的经营活动将按照现在的规模和状态继续经营下去，不会停业，也不会大规模削减业务。它所持有的资产将按照预定的目的在正常的经营过程中被耗用、出售或转让，它所承担的债务也将会如期偿还。

3. 会计分期假设。会计分期是指将一个企业持续的生产经营活动划分为一个个连续的、长短相同的期间，又称会计期间。会计年度通常以“一年”为标准。如果企业营业周期长于一年的，也可以以“长于一年的一个营业周期”为会计年度。

4. 货币计量假设。国家统一会计制度规定，企业的会计核算以人民币为记账本位币。业务收支以人民币以外的货币为主的企业，可以选定其中一种货币作为记账本位币，但是在编制财务会计报告时应当折算为人民币，境外企业向国内报送报表时应折算为人民币反映。

（三）权责发生制

企业会计的确认、计量和报告应当以权责发生制为基础。权责发生制要求，凡是当期已经实现的收入和已经发生或应当负担的费用无论款项是否收付，都应当作为当期的收入和费用，计入利润表；凡是不属于当期的收入和费用，即使款项已在当期收付，也不应当作为当期的收入和费用。

（四）会计信息质量

会计信息质量要求是对企业财务报告中所提供会计信息质量的基本要求，是对会计信息使用者决策应具备的基本特征。包括可靠性、相关性、可理解性、可比性、实质重于形式、重要性、谨慎性和及时性八项要求。

（五）计量属性

计量属性，是指企业在将符合确认条件的会计要素登记入账并列报于会计报表及其附注时，应当按照规定的计量标准和计量方法进行计量，确定其金额的基础。计量属性包括历史成本、重置成本、可变现净值、现值和公允价值五种。

历史成本，是指取得或制造某项财产物资时所实际支付的现金或者其他等价物，是取得时点的实际成本。

重置成本，又称现行成本，是指按照当前市场条件，重新取得同样一项资产所需支付的现金或现金等价物金额。

可变现净值，是指在正常生产经营过程中，以预计售价减去进一步加工成本和销售所必需的预计税金、费用后的净值。

现值，是指对未来现金流量以恰当的折现率进行折现后的价值，是考虑货币时间价值因素等的一种计量属性。

公允价值，是指市场参与者在计量日发生的有序交易中，出售一项资产所能收到者转移一项负债所需支付的价格。

（六）会计要素

会计要素是根据交易或者事项的经济特征所确定的财务会计对象的基本分类，是会计核算对象的具体化。会计要素包括资产、负债、所有者权益、收入、费用和利润等要素。

会计要素通过会计报表列报，资产负债表要素反映企业的财务状况，包括资产、负债和所有者权益要素，是资金运动在某一时点处于相对静止状态时的表现；利润表要素反映企业的经营成果，包括收入、费用和利润要素，是资金运动在一定时期处于运动状态时的表现。

（七）会计基本等式

资产＝负债＋所有者权益

收入－费用＝利润

二、会计科目与账户

（一）会计科目

会计科目是对会计要素的具体内容进行分类核算的项目，会计科目可简称为科目。

会计科目按其所归属的会计要素不同，分为资产类、负债类、所有者权益类、成本类、损益类五大类，执行《企业会计准则》的企业还包括共同类。每一大类会计科目可按一定标准再分为各个具体科目，构成了会计科目的内容。会计科目一般由国家统一会计制度作出统一规定，会计科目的内容说明各会计科目之间的横向联系。

会计科目按其提供信息的详细程度及其层级关系不同，可以分为总分类科目和明细分类科目，形成了会计科目之间的级次。总分类科目也称总账科目或一级科目，它是对会计对象的具体内容进行总括分类、提供总括信息的会计科目。明细分类科目是对总分类科目作进一步分类，提供更详细更具体的会计信息的科目。

企业在不违反会计准则中确认、计量和报告规定的前提下，可以根据本单位的实际情况自行增设、分拆、合并会计科目。企业不存在的交易或者事项，可不设置相关会计科目。

会计科目编号供企业填制会计凭证、登记会计账簿、查阅会计账目、采用会计软件系统参考，企业可结合实际情况自行确定会计科目编号。

（二）会计账户

会计账户是根据会计科目设置的，具有一定格式和结构，用于分类反映会计要素增减变动情况及其结果的载体。设置账户是会计核算的重要方法之一。同会计科目的分类相对应，账户也分为总分类账户和明细分类账户。根据总分类科目设置的账户称为总分类账户，根据明细分类科目设置的账户称为明细分类账户。

账户的结构是指账户的格式。账户的基本结构分左右两方，分别记录经济业务的增加额或减少额。在借贷记账法下，账户的左方称为“借方”，右方称为“贷方”。账户的基本结构为“T”型账户。

三、会计记账方法

（一）记账方法

记账方法是将发生的经济业务，根据一定的记账原理和记账规则，运用特定的计量手段，利用文字和数字记录将其登记到账户中去的方法。记账方法在会计史上经历了由单式记账法发展到复式记账法的过程。单式记账法是对发生的每一项经济业务只在一个账户中作单方面记录的方法。复式记账法是对发生的每一项经济业务都以相等的金额在两个或两个以上相互联系的账户中同时进行登记的方法。

（二）借贷记账法

借贷记账法，是以“借”“贷”为记账符号，以“有借必有贷，借贷必相等”为记账规则的一种复式记账方法。

借贷记账法以“借”和“贷”为记账符号。为了便于记账，采用复式记账法时，对所设立的账户，都要固定记账方向。表示记账方向的记号，就是记账符号。记账符号是区分各种复式记账法的重要标志。

借贷记账法下，账户的借贷两方按相反方向记录经济业务，即对于每一个账户来说，如果规定借方用来记录经济业务的增加额，那么该账户的贷方一定是用来记录减少额；如果规定贷方用来记录经济业务的增加额，那么该账户的借方一定是用来记录减少额。究竟账户的哪一方用来记录增加额或减少额，要根据账户的性质和经济业务的内容来确定。

账户的余额、本期发生额之间的关系，可用以下公式表示：

期末借方余额＝期初借方余额＋本期借方发生额－本期贷方发生额期末贷方余额＝期初贷方余额＋本期贷方发生额－本期借方发生额

第二节　会计凭证与账簿

一、会计凭证

（一）会计凭证的概念

会计凭证是用来记录经济业务，明确经济责任，作为记账依据的书面证明。填制和审核会计凭证，是会计核算的基本方法之一，也是会计核算工作的起点。

会计凭证按照编制的程序和用途不同，分为原始凭证和记账凭证。原始凭证的主要作用在于记录经济业务，明确经济责任。记账凭证的主要作用在于确定会计分录，作为登账的依据。

记账凭证是会计人员根据审核无误的原始凭证，按照经济业务事项的内容加以归类，并据以确定会计分录后所填制的会计凭证，它是登记账簿的直接依据。

（二）会计凭证的分类

原始凭证按照来源不同，分为外来原始凭证和自制原始凭证。

原始凭证按照填制手续及内容不同，分为一次凭证、累计凭证和汇总凭证。

原始凭证按照格式不同，分为通用凭证和专用凭证。

记账凭证按内容不同，分为收款凭证、付款凭证和转账凭证。

记账凭证按填列方式不同，分为复式凭证、单式凭证和汇总记账凭证。

二、会计账簿

（一）会计账簿的概念

会计账簿，是指由一定格式的账页组成的，以经过审核的会计凭证为依据，全面、系统、连续地记录各项经济业务的账簿。

设置和登记账簿，是编制会计报表的基础，是连接会计凭证与会计报表的中间环节。各单位应当按照国家统一的会计制度的规定和会计业务的需要设置会计账簿。

账簿与账户的关系，是形式和内容的关系。账户存在于账簿之中，账簿中的每一账页就是账户的存在形式和载体，没有账簿，账户就无法存在；账簿序时、分类地记载经济业务，是在个别账户中完成的。因此，账簿只是一个外在形式，账户才是它的真实内容。

（二）会计账簿的种类

账簿按其用途不同，可分为序时账簿、分类账簿和备查账簿。

账簿按账页格式的不同，可以分为两栏式、三栏式、多栏式和数量金额式。

账簿按其外形特征不同，可分为订本账、活页账和卡片账。

（三）会计账簿启用规则

各单位应当按照国家统一会计制度的规定和会计业务的需要设置会计账簿。会计账簿包括总账、明细账、日记账和其他辅助性账簿。

现金日记账和银行存款日记账必须采用订本式账簿，不得用银行对账单或者其他方法代替日记账。

实行会计电算化的单位，用计算机打印的会计账簿必须连续编号，经审核无误后装订成册，并由记账人员和会计机构负责人、会计主管人员签字或者盖章。

第三节 企业主要经济业务的核算

一、筹资活动

筹资业务，是指导致企业资本及债务规模和构成发生变化的活动。这里所说的资本，既包括实收资本（股本），也包括资本溢价（股本溢价）；这里所说的债务，指对外举债，包括向银行借款、发行债券以及偿还债务等，主要涉及的会计科目包括：

1.“实收资本”账户属于所有者权益类账户，用来核算投资人投入企业的资本。企业实际收到投资人投入的资产时，登记在该账户的贷方，投资人收回投资时登记在该账户的借方，账户余额在贷方表示投入企业的资本总额。

2.“股本”账户属于所有者权益类账户，是股份有限公司核算实收资金的科目，是一级科目。“股本”和实收资本只是科目名称不同，核算内容相同。

3.“资本公积”账户属于所有者权益类账户，用来核算企业收到投资者出资超出其在注册资本或股本中所占的份额以及直接计入所有者权益的利得和损失等。

4.“短期借款”账户属于负债类账户，核算企业向银行或其他金融机构等借入的期限在1年以下（含1年）的各种借款。该账户贷方登记短期借款的增加，借方登记短期借款的减少，即偿还借款，期末账户余额在贷方，表示尚未偿还的短期借款金额。

5.“长期借款”账户属于负债类账户，核算企业向银行或其他金融机构借入的期限在1年以上（不含1年）的各种借款的借入、归还等情况，一般用于固定资产的购建、改扩建工程、大修理工程、对外投资以及为了保持长期经营能力等方面。该科目可按照贷款单位和贷款种类设置明细账，分别设置“本金”“利息调整”等明细科目进行明细核算。该科目的贷方登记长期借款本息的增加额，借方登记本息的减少额，贷方余额表示企业尚未偿还的长期借款。

【例】某有限责任公司设立时股东A投入500万元银行存款，股权份额为500万元。应作会计处理如下（单位：万元）：

借：实收资本　　500

　　贷：银行存款　　500

二、投资业务

投资业务，是指企业资产的购建和不包括在现金等价物范围内的投资及其处置活动，主要涉及的会计科目包括：

1.“交易性金融资产”属于资产类科目，核算企业分类为以公允价值计量且其变动计入当期损益的金融资产。

2.“债权投资”属于资产类科目，核算企业以摊余成本计量的债权投资的账面余额。

3.“债权投资减值准备”属于资产类科目，核算企业以摊余成本计量的债权投资以预期信用损失为基础计提的损失准备。

4.“其他债权投资”属于资产类科目，核算企业分类为以公允价值计量且其变动计入其他综合收益的金融资产（债券投资）。

5.“其他权益工具投资”属于资产类科目，核算企业指定为以公允价值计量且其变动计入其他综合收益的非交易性权益工具投资。

6.“长期股权投资”核算企业准备长期持有的权益性投资。长期股权投资，是指投资方对被投资单位实施控制、重大影响的权益性投资，以及对其合营企业的权益性投资。本科目应当按照被投资单位进行明细核算。长期股权投资核算采用权益法的，应当分别设置“投资成本”“损益调整”“其他综合收益”“其他权益变动”明细科目进行明细核算。

【例】某有限责任公司支付500万元银行存款购买某股票，企业分类为以公允价值计量且其变动计入当期损益的金融资产，应作会计处理如下（单位：万元）：

借：交易性金融资产　　500

　　贷：银行存款　　500

三、经营业务

企业投资业务和筹资业务以外的所有交易和事项。各类企业由于行业特点不同，对经营活动的认定存在一定差异。对于制造企业而言，一般包括采购、生产、销售等业务 。

（一）采购业务

企业购入物资的采购成本由下列各项组成：买价；运杂费（包括运输费、装卸费、保险费、仓储费等）；运输途中的合理损耗；入库前的挑选整理费用（包括挑选整理中发生的人工、费用支出和必要的损耗，并减去回收的下脚废料价值）；购买物资负担的税金和其他费用。

组成物资采购成本的各项支出中，除买价之外，凡属于由多种物资共同负担的采购成本，应按物资的重量或买价等标准确定分摊比例，分摊计入各种物资的采购成本。

采购费用分配率 = 采购费用总额 ÷ 物资总重量（或买价总额）

某种物资应分摊的采购费用 = 该种物资重量（或买价）× 采购费用分配率

“在途物资”账户属于资产类账户，用来核算企业购入材料、商品等物资的采购成本。该账户借方登记购入物资（材料、商品）时支付的买价及采购费用，贷方登记已完成验收入库手续，验收入库的各种物资的实际成本，期末余额在借方，反映企业尚未验收入库的材料或商品等的采购成本。

“原材料”账户属于资产类账户，用来核算企业库存的各种材料，包括原料及主要材料、辅助材料、外购半成品（外购件）、修理用备件（备品备件）、包装材料、燃料等的实际成本或计划成本。该账户的借方登记各种已验收入库材料的实际成本或计划成本，贷方登记库存材料发出、领用的实际成本或计划成本，期末余额在借方，表示企业库存各种材料的实际成本或计划成本。“应付账款”账户属于负债类账户，用来核算企业因购买材料、商品，接受劳务等经营活动应支付的款项。该账户贷方登记应付账款的增加，借方登记已偿还的欠款，一般期末余额在贷方，反映尚未支付的应付账款。

“应交税费”账户属于负债类账户，用来核算企业按照税法等规定计算应缴纳的各种税费，包括增值税、消费税、企业所得税、资源税、土地增值税、城市维护建设税、房产税、城镇土地使用税、车船税、教育费附加、矿产资源补偿费等。企业代扣代缴的个人所得税等，也通过该账户核算。企业缴纳的印花税、耕地占用税以及其他不需要预计应缴数的税金，不在该账户中核算。

“其他应收款”账户属于资产类账户，用来核算企业除应收账款、应收票据、预付账款等以外的其他各种应收、暂付款项，具体包括备用金、应收的各种赔款、罚款，应向职工收取的各种垫付款项。

（二）生产业务

在计算产品成本时，一般把各种生产费用划分成4个成本项目：直接材料，是指构成产品实体的原材料以及有助于产品形成的主要材料和辅助材料。燃料和动力，是指直接用于产品生产的燃料和动力。直接人工，是指直接从事产品生产的工人的职工薪酬。制造费用，是指企业为生产产品和提供劳务而发生的各项间接费用，包括企业生产部门（如生产车间）发生的水电费、固定资产折旧、无形资产摊销、管理人员的职工薪酬、劳动保护费、国家规定的有关环保费用、季节性和修理期间的停工损失等。

制造费用分配率＝制造费用总额 ÷ 生产工人工资（或生产工时等）总额

某产品应分配的制造费用＝某产品生产工人工资（或生产工时等）× 制造费用分配率

生产业务涉及的主要会计科目包括：

1.“生产成本”账户属于成本类账户，用来核算工业企业生产各种产品（包括产成品、自制半成品等）所发生的各项生产费用，并据此计算产品实际生产成本。该账户借方登记本月发生的生产成本，贷方登记应结转的完工产品的实际生产成本，期末余额在借方，表示尚未完工的在产品成本。

2.“制造费用”账户属于成本类账户，用来核算工业企业为生产产品和提供劳务而发生的各项间接费用，包括车间管理人员的职工薪酬、折旧费、办公费、水电费、机物料消耗、劳动保护费、季节性和修理期间的停工损失等。该账户借方登记本月发生的各种制造费用，贷方登记分配结转应由各产品负担的制造费用，月末一般无余额。

3.“库存商品”账户属于资产类账户，用来核算企业库存的各种商品的成本。包括库存的外购商品、自制产品等。“库存商品”账户借方登记本月增加的外购商品或已完工并验收入库的产品成本，贷方登记发出的商品（产品）成本结转金额，月末账户余额在借方，表示企业库存商品（产品）的结存金额。

4.“应付职工薪酬”账户属于负债类账户，用来核算企业根据有关规定应付给职工的各种薪酬。本账户贷方登记企业职工薪酬的提取，借方登记企业实际支付的职工薪酬，期末贷方余额，反映企业应付未付的职工薪酬。该账户可按“工资”“职工福利”“社会保险费”“住房公积金”“工会经费”“职工教育经费”“非货币性福利”“辞退福利”“股份支付”等项目进行明细核算。

（三）销售业务

销售业务涉及的主要会计科目包括：

1.“主营业务收入”账户属于损益类账户，用来核算企业确认的销售商品、提供服务等主营业务的收入，期末，应将本科目的余额转入“本年利润”科目，结转后本科目应无余额。本科目可按主营业务的种类进行明细核算。其主要账务处理包括：

（1）企业在履行了合同中的单项履约义务时，应按照已收或应收的合同价款，加上应收取的增值税额，借记“银行存款”“应收账款”“应收票据”“合同资产”等科目，按应确认的收入金额，贷记本科目，按应收取的增值税额，贷记“应交税费——应交增值税（销项税额）”“应交税费——待转销项税额”等科目。

（2）合同中存在企业为客户提供重大融资利益的，企业应按照应收合同价款，借记“长期应收款”等科目，按照假定客户在取得商品控制权时即以现金支付而需支付的金额（即现销价格）确定的交易价格，贷记本科目，按其差额，贷记“未实现融资收益”科目；合同中存在客户为企业提供重大融资利益的，企业应按照已收合同价款，借记“银行存款”等科目按照假定客户在取得商品控制权时即以现金支付的应付金额（即现销价格）确定的交易价格，贷记“合同负债”等科目，按其差额，借记“未确认融资费用”科目。涉及增值税的，还应进行相应的处理。

（3）企业收到的对价为非现金资产时，应按该非现金资产在合同开始日的公允价值，借记“存货”“固定资产”“无形资产”等有关科目，贷记本科目。涉及增值税的，还应进行相应的处理。

2.“其他业务收入”账户属于损益类账户，用来核算企业确认的除主营业务活动以外的其他经营活动实现的收入，包括出租固定资产、出租无形资产、出租包装物和商品、销售材料、用材料进行非货币性交换（非货币性资产交换具有商业实质且公允价值能够可靠计量）或债务重组等实现的收入。企业（保险）经营受托管理业务收取的管理费收入，也通过本科目核算，期末，应将本科目的余额转入“本年利润”科目，结转后本科目应无余额。本科目可按其他业务的种类进行明细核算。其主要账务处理包括企业确认其他业务收入的主要账务处理参见“主营业务收入”科目。

3.“主营业务成本”账户属于损益类账户，用来核算企业确认销售商品、提供服务等主营业务收入时应结转的成本，期末，应将本科目的余额转入“本年利润”科目，结转后本科目应无余额。本科目可按主营业务的种类进行明细核算。期末，企业应根据本期销售各种商品、提供各种服务等实际成本，计算应结转的主营业务成本，借记本科目，贷记“库存商品”“合同履约成本”等科目。采用计划成本或售价核算库存商品的，平时的营业成本按计划成本或售价结转，月末，还应结转本月销售商品应分摊的产品成本差异或商品进销差价。

4.“其他业务成本”账户属于损益类账户，用来核算企业确认的除主营业务活动以外的其他经营活动所发生的支出，包括销售材料的成本、出租固定资产的折旧额、出租无形资产的摊销额、出租包装物的成本或摊销额等。除主营业务活动以外的其他经营活动发生的相关税费，在“税金及附加”科目核算。采用成本模式计量投资性房地产的，其投资性房地产计提的折旧额或摊销额，也通过本科目核算。本科目可按其他业务成本的种类进行明细核算。企业发生的其他业务成本，借记本科目，贷记“原材料”“周转材料”等科目。期末，应将本科目的余额转入“本年利润”科目，结转后本科目无余额。

5.“税金及附加”属于损益类账户，核算企业经营活动发生的消费税、城市维护建设税、教育费附加、资源税、房产税、城镇土地使用税、车船税、印花税等相关税费。其中，按规定计算确定的与经营活动相关的消费税、城市维护建设税、资源税、教育费附加、房产税、城镇土地使用税、车船税等税费，企业应借记“税金及附加”科目，贷记“应交税费”科目。期末，应将“税金及附加”科目余额转入“本年利润”科目，结转后，“税金及附加”科目无余额。企业自行购买印花税票交纳的印花税，不会发生应付未付税款的情况，不需要预计应纳税金额，同时也不存在与税务机关结算或者清算的问题。因此，企业缴纳的印花税不通过“应交税费”科目核算，于购买印花税票时，直接借记“税金及附加”科目，贷记“银行存款”科目。

6.“合同履约成本”属于资产类账户，核算企业为履行当前或预期取得的合同所发生的、不属于其他企业会计准则规范范围且按照《企业会计准则》应当确认为一项资产的成本。企业因履行合同而产生的毛利不在本科目核算。本科目可按合同，分别“服务成本”“工程施工”等进行明细核算。企业发生上述合同履约成本时，借记本科目，贷记“银行存款”“应付职工薪酬”“原材料”等科目；对合同履约成本进行摊销时，借记“主营业务成本”“其他业务成本”等科目，贷记本科目。涉及增值税的，还应进行相应的处理。本科目期末借方余额，反映企业尚未结转的合同履约成本。

7.“合同履约成本减值准备”属于资产类账户，核算与合同履约成本有关的资产的减值准备。本科目可按合同进行明细核算。与合同履约成本有关的资产发生减值的，按应减记的金额，借记“资产减值损失”科目，贷记本科目；转回已计提的资产减值准备时，做相反的会计分录。本科目期末贷方余额，反映企业已计提但尚未转销的合同履约成本减值准备。

8.“合同取得成本”属于资产类账户，核算企业取得合同发生的、预计能够收回的增量成本。本科目可按合同进行明细核算。企业发生上述合同取得成本时，借记本科目，贷记“银行存款”“其他应付款”等科目；对合同取得成本进行摊销时，按照其相关性，借记“销售费用”等科目，贷记本科目。涉及增值税的，还应进行相应的处理。本科目期末借方余额，反映企业尚未结转的合同取得成本。

9.“合同取得成本减值准备”属于资产类账户，核算与合同取得成本有关的资产的减值准备。本科目可按合同进行明细核算。与合同取得成本有关的资产发生减值的，按应减记的金额，借记“资产减值损失”科目，贷记本科目；转回已计提的资产减值准备时，做相反的会计分录。本科目期末贷方余额，反映企业已计提但尚未转销的合同取得成本减值准备。

10.“应收退货成本”属于资产类账户，核算销售商品时预期将退回商品的账面价值，扣除收回该商品预计发生的成本（包括退回商品的价值减损）后的余额。本科目可按合同进行明细核算。企业发生附有销售退回条款的销售的，应在客户取得相关商品控制权时，按照已收或应收合同价款，借记“银行存款”“应收账款”“应收票据”“合同资产”等科目，按照因向客户转让商品而预期有权收取的对价金额（即不包含预期因销售退回将退还的金额），贷记“主营业务收入”“其他业务收入”等科目，按照预期因销售退回将退还的金额，贷记“预计负债——应付退货款”等科目；结转相关成本时，按照预期将退回商品转让时的账面价值，扣除收回该商品预计发生的成本（包括退回商品的价值减损）后的余额，借记本科目，按照已转让商品转让时的账面价值，贷记“库存商品”等科目，按其差额，借记“主营业务成本”“其他业务成本”等科目。涉及增值税的，还应进行相应处理。本科目期末借方余额，反映企业预期将退回商品转让时的账面价值，扣除收回该商品预计发生的成本（包括退回商品的价值减损）后的余额，在资产负债表中按其流动性计入“其他流动资产”或“其他非流动资产”项目。

11.“合同资产”属于资产类账户，核算企业已向客户转让商品而有权收取对价的权利，仅取决于时间流逝因素的权利不在本科目核算。本科目应按合同进行明细核算。企业在客户实际支付合同对价或在该对价到期应付之前，已经向客户转让了商品的，应当按因已转让商品而有权收取的对价金额，借记本科目或“应收账款”科目，贷记“主营业务收入”“其他业务收入”等科目；企业取得无条件收款权时，借记“应收账款”等科目，贷记本科目。涉及增值税的，还应进行相应的处理。

12.“合同资产减值准备”属于资产类账户，核算合同资产的减值准备。本科目应按合同进行明细核算。合同资产发生减值的，按应减记的金额，借记“资产减值损失”科目，贷记本科目；转回已计提的资产减值准备时，做相反的会计分录。本科目期末贷方余额，反映企业已计提但尚未转销的合同资产减值准备。

13.“合同负债”属于负债类账户，核算企业已收或应收客户对价而应向客户转让商品的义务。本科目应按合同进行明细核算。企业在向客户转让商品之前，客户已经支付了合同对价或企业已经取得了无条件收取合同对价权利的，企业应当在客户实际支付款项与到期应支付款项孰早时点，按照该已收或应收的金额，借记“银行存款”“应收账款”“应收票据”等科目，贷记本科目；企业向客户转让相关商品时，借记本科目，贷记“主营业务收入”“其他业务收入”等科目。涉及增值税的，还应进行相应的处理。企业因转让商品收到的预收款适用《企业会计准则》进行会计处理时，不再使用“预收账款”科目及“递延收益”科目。本科目期末贷方余额，反映企业在向客户转让商品之前，已经收到的合同对价或已经取得的无条件收取合同对价权利的金额。

14.“销售费用”属于损益类账户，用来核算企业销售商品、提供劳务过程中发生的各种费用，包括保险费、包装费、展览费和广告费、商品维修费、预计产品质量保证损失、运输费、装卸费等，以及为销售本企业商品而专设的销售机构（含销售网点、售后服务网点等）的职工薪酬、业务费、折旧费等经营费用。企业发生的与专设销售机构相关的固定资产修理费用等后续支出，也在本账户核算。

15.“应收账款”账户属于资产类账户，用来核算企业因销售商品、提供劳务等经营活动形成的应收取的款项。该账户的借方登记销售商品、提供劳务尚未收取款项而引起的应收账款增加数，贷方登记已从购货单位或接受劳务单位收回的应收账款数，期末余额一般在借方，表示企业尚未收回的账款。

第四节　财务会计报告

一、资产负债表

1. 资产负债表是反映企业在某一特定日期的财务状况的会计报表。资产负债表以“资产 = 负债 + 所有者权益”会计等式为基础，反映企业某一特定日期（如月末、季末、年末等）关于企业资产、负债、所有者权益及其相互关系的信息。

资产负债表列报应当如实反映企业在资产负债表日所拥有的资源、所承担的负债以及所有者所拥有的权益。资产负债表应当按照资产、负债和所有者权益三大类别分类列报。

企业资产负债表分为资产类、负债类、所有者权益（或股东权益）类三类。其中资产类分为流动资产和非流动资产；负债类分为流动负债和非流动负债。

2. 流动资产包括下列报表项目：(1) 货币资金。(2) 交易性金融资产。(3) 衍生金融资产。(4) 应收票据。(5) 应收账款。(6) 应收款项融资。(7) 预付款项。(8) 其他应收款。(9) 存货。(10) 合同资产。(11) 持有待售资产。(12) 一年内到期的非流动资产。(13) 其他流动资产。

3. 非流动资产包括下列报表项目：(1) 债权投资。(2) 其他债权投资。(3) 长期应收款。(4) 长期股权投资。(5) 其他权益工具投资。(6) 其他非流动金融资产。(7) 投资性房地产。(8) 固定资产。(9) 在建工程。(10) 生产性生物资产。(11) 油气资产。(12) 使用权资产。(13) 无形资产。(14) 开发支出。(15) 商誉。(16) 长期待摊费用。(17) 递延所得税资产。(18) 其他非流动资产。

4. 流动负债包括下列报表项目：(1) 短期借款。(2) 交易性金融负债。(3) 衍生金融负债。(4) 应付票据。(5) 应付账款。(6) 预收款项。(7) 合同负债。(8) 应付职工薪酬。(9) 应交税费。(10) 其他应付款。(11) 持有待售负债。(12) 一年内到期的非流动负债。(13) 其他流动负债。

5. 非流动负债包括下列报表项目：(1) 长期借款。(2) 应付债券（包括优先股、永续债）。(3) 租赁负债。(4) 长期应付款。(5) 预计负债。(6) 递延收益。(7) 递延所得税负债。(8) 其他非流动负债。

6. 所有者权益（或股东权益）包括下列报表项目：(1) 实收资本（或股本）。(2) 其他权益工具（包括优先股、永续债）。(3) 资本公积。(4) 库存股。(5) 其他综合收益。

7. 资产负债表采用账户式的格式，即左侧列报资产方，右侧列报负债方和所有者权益方，且资产负债表中的资产各项目的合计等于负债和所有者权益各项目的合计。

为了便于报表使用者比较不同时点资产负债表的数据，掌握企业财务状况的变动情况及发展趋势，企业需要提供比较资产负债表。资产负债表应就各项目再分为“年初余额”和“期末余额”两栏分别填列。

二、利润表

1. 利润表是反映企业在一定会计期间的经营成果的会计报表，反映了企业经营业绩的主要来源和构成。

利润表遵循了“收入－费用＝利润”这一会计恒等式的要求，把企业在某一特定会计期间实现的收入、发生的费用和实现的利润反映出来。

2. 企业利润表至少应当单独列示反映下列信息的项目，但其他会计准则另有规定的除外：(1) 营业收入。(2) 营业成本。(3) 税金及附加。(4) 销售费用。(5) 管理费用。(6) 研发费用。(7) 财务费用（包括利息费用、利息收入）。(8) 其他收益。(9) 投资收益。(10) 公允价值变动损益。(11) 信用减值损失。(12) 资产减值损失。(13) 资产处置损益。(14) 营业利润。

利润表一般采用多步式的格式，即通过对当期的收入、费用、支出项目按性质加以归类，按利润形成的主要环节列示一些中间性利润指标，便于使用者理解企业经营成果的不同来源。

三、现金流量表

现金流量表是反映企业在一定会计期间内现金和现金等价物流入和流出的报表。现金流量可以分为三类：经营活动产生的现金流量、投资活动产生的现金流量和筹资活动产生的现金流量。现金流量表的主要作用是决定公司短期生存能力，特别是缴付账单的能力。它是反映一家公司在一定时期现金流入和现金流出动态状况的报表。其组成内容与资产负债表和损益表相一致。通过现金流量表，可以概括反映经营活动、投资活动和筹资活动对企业现金流入流出的影响，对于评价企业的实现利润、财务状况及财务管理，要比传统的损益表提供更好的基础。

四、所有者权益变动表

所有者权益变动表是反映构成所有者权益的各组成部分当期的增减变动情况的报表。通过所有者权益变动表，既可以为报表使用者提供所有者权益总量增减变动的信息，也能为其提供所有者权益增减变动的结构性信息，特别是能够让报表使用者理解所有者权益增减变动的根源。

第五节　习题演练

一、单项选择题

1. 会计主体的经营活动将按照现在的规模和状态继续经营下去，不会停业，也不会大规模削减业务。它所持有的资产将按照预定的目的在正常的经营过程中被耗用、出售或转让，它所承担的债务也将会如期偿还。这是指会计核算的（　）假设。

A. 会计主体　　B. 持续经营　　C. 会计分期　　D. 货币计量

【参考答案】B

【答案解析】持续经营，是指会计主体的经营活动将按照现在的规模和状态继续经营下去，不会停业，也不会大规模削减业务。它所持有的资产将按照预定的目的在正常的经营过程中被耗用、出售或转让，它所承担的债务也将会如期偿还。

2. 企业会计的确认、计量和报告应当以（　）为基础。

A. 权责发生制　　B. 收付现实制

C. 预算执行制　　D. 收付统一制

【参考答案】A

【答案解析】权责发生制，是指凡是当期已经实现的收入和已经发生或应当负担的费用无论款项是否收付，都应当作为当期的收入和费用，计入利润表；凡是不属于当期的收入和费用，即使款项已在当期收付，也不应当作为当期的收入和费用。

3. 资产负债表日，其他债权投资的公允价值与账面余额的差额，一方面调整债权投资的账面余额，另一方面计入（　）。

A. 投资收益　　B. 公允价值变动损益

C. 公允价值变动　　D. 其他综合收益

【参考答案】D

【答案解析】其他债权投资按照公允价值进行后续计量，对于未实现的公允价值变动计入其他综合收益。

4.“短期借款”账户属于负债类账户，核算企业向银行或其他金融机构等借入的期限在（ ）的各种借款。

A. 1 年以下（不含 1 年）
B. 2 年以下（含 2 年）
C. 2 年以下（不含 2 年）
D. 1 年以下（含 1 年）

【参考答案】D

【答案解析】短期借款的期限是 1 年以下（含 1 年）。

5. 采用年数总和法计提折旧，下列关于各年折旧额的变化说法，正确的是（ ）。

A. 各年不变
B. 逐年递减
C. 有时增加有时减少
D. 逐年递增

【参考答案】B

【答案解析】年数总和法是指用固定资产原值减去预计残值后的净额，乘以一个逐年递减的分数，计算每年的折旧额。故逐年递减。

6. 投资方对被投资单位实施控制、重大影响的权益性投资，以及对其合营企业的权益性投资，指的是（ ）。

A. 交易性金融资产
B. 长期股权投资
C. 短期股权投资
D. 金融资产

【参考答案】B

【答案解析】以上表述是长期股权投资的定义。

7. 下列各项中，应当在“其他应付款”科目核算的是（ ）。

A. 应付股东的现金股利
B. 应收取的包装物的租金
C. 应付外购工程物资款
D. 收取的包装物押金

【参考答案】D

【答案解析】选项 A 计入应付股利；选项 B 计入其他应收款；选项 C 计入应付账款；选项 D 计入其他应付款。

8. 编制会计报表的基础，连接会计凭证与会计报表的中间环节是（ ）。

A. 设置和登记账簿
B. 设置会计科目
C. 编制现金流量表
D. 确定会计核算制度

【参考答案】A

【答案解析】会计账簿，是指由一定格式的账页组成的，以经过审核的会计凭证为依据，全面、系统、连续地记录各项经济业务的簿籍。设置和登记账簿，是编制会计报表的基础，是连接会计凭证与会计报表的中间环节。

9. 资产负债表是反映企业在（ ）的财务状况的会计报表。

A. 某一特定阶段　　B. 一个年度内

C. 某一特定日期　　D. 半年内

【参考答案】 C

【答案解析】 资产负债表反映的是某一特定日期财务状况的报表。它反映企业在某一特定日期所拥有或控制的经济资源、所承担的现时义务和所有者对净资产的要求权。

10. 企业资产负债表中的所有者权益类不单独列示以下（ ）项目。

A. 实收资本　　B. 资本公积

C. 盈余公积　　D. 已分配利润

【参考答案】 D

【答案解析】 所有者权益类不单独列示已分配利润。

11. 下列关于会计账簿启用规则的说法，错误的是（ ）。

A. 各单位应当按照国家统一会计制度的规定和会计业务的需要设置会计账簿

B. 实行会计电算化的单位，用计算机打印的会计账簿必须连续编号，经审核无误后装订成册

C. 可以用银行对账单或者其他方法代替日记账

D. 由记账人员和会计机构负责人、会计主管人员签字或者盖章

【参考答案】 C

【答案解析】 现金日记账和银行存款日记账必须采用订本式账簿，不得用银行对账单或者其他方法代替日记账。

12. 下列关于会计分期的说法，错误的是（ ）。

A. 会计分期是一个个连续的期间

B. 会计分期是长短相同的期间

C. 会计年度通常以“1 年”为标准

D. 如果企业营业周期长于 1 年的，仍以“1 年”为标准

【参考答案】 D

【答案解析】 也可以以“长于 1 年的一个营业周期”为会计年度。

13. 国家统一会计制度规定，企业的会计核算以（ ）为记账本位币。

A. 人民币　　B. 美元　　C. 欧元　　D. 日元

【参考答案】 A

【答案解析】 人民币是我国会计核算的本位币。

14. 会计核算的最终环节是（ ）。

A. 确认　　B. 计量　　C. 记录　　D. 报告

【参考答案】 D

【答案解析】 会计核算的环节包括确认、计量、记录和报告，报告是会计核算的最终环节。

15. 会计信息质量要求是对企业财务报告中所提供会计信息质量的基本要求，是对会计信息使用者决策应具备的基本特征，不包括下列选项中的（ ）。

A. 可靠性　　B. 相关性　　C. 直接性　　D. 可比性

【参考答案】 C

【答案解析】 基本特征包括可靠性、相关性、可理解性、可比性、实质重于形式、重要性、谨慎性和及时性八项，不包括直接性。

16. 一次凭证、累计凭证和汇总凭证是原始凭证按照（ ）不同进行的分类。

A. 来源　　B. 格式

C. 主体　　D. 填制手续及内容

【参考答案】 D

【答案解析】 原始凭证按照填制手续及内容不同，分为一次凭证、累计凭证和汇总凭证。

17. “应交税费”账户属于（ ）账户，用来核算企业按照税法等规定计算应缴纳的各种税费。

A. 负债类　　B. 资产类　　C. 成本类　　D. 损益类

【参考答案】 A

【答案解析】 “应交税费”账户属于负债类账户。

18. 车间管理人员福利费应计入的会计科目是（ ）。

A. 管理费用　　B. 财务费用　　C. 制造费用　　D. 营业费用

【参考答案】 C

【答案解析】 车间管理人员福利费计入制造费用。

19. “税金及附加”属于损益类账户，用来核算企业经营活动中应该缴纳的相关税费，其中不包括（ ）。

A. 营业税　　B. 消费税　　C. 资源税　　D. 增值税

【参考答案】 D

【答案解析】 增值税不在此科目核算。

20. 资金运动过程中，资金形态也相应发生变化，经历了：①生产资金②货币资金③储备资金④成品资金⑤结算资金等过程，下列各项中，正确反映资金形态变化顺序的是（ ）。

A. ①②③④⑤② B. ⑤②③①④⑤

C. ②③①④⑤② D. ③②①④⑤②

【参考答案】C

【答案解析】资金运动是从货币资金形态开始又回到货币资金的过程，即货币资金—储备资金—生产资金—成品资金—结算资金—货币资金。

21. 下列关于利润的说法，最为准确的是（ ）。

A. 利润是企业在某一特定阶段实现的经营成果

B. 利润是企业在一定会计期间实现的经营成果

C. 利润是企业在某一特定日期实现的经营成果

D. 利润是企业在 1 年内实现的经营成果

【参考答案】B

【答案解析】利润反映的是一定会计期间的情况。

22. 会计账簿不包括以下账簿中的（ ）。

A. 总账 B. 明细账 C. 日记账 D. 成本账

【参考答案】D

【答案解析】会计账簿包括总账、明细账、日记账和其他辅助性账簿。

23. 为了便于报表使用者比较不同时点资产负债表的数据，掌握企业财务状况的变动情况及发展趋势，企业需要提供（ ）。

A. 比较资产负债表 B. 资产负债表 C. 利润表 D. 现金流量表

【参考答案】A

【答案解析】企业需要为使用者提供的是比较资产负债表。

24. 下列关于现金流量表的说法，错误的是（ ）。

A. 主要作用是决定公司短期生存能力，特别是缴付账单的能力

B. 它是反映一家公司在一定时期现金流入和现金流出动态状况的报表

C. 其组成内容与资产负债表和损益表相一致

D. 现金流量表和传统的损益表基本一样

【参考答案】D

【答案解析】通过现金流量表，可以概括反映经营活动、投资活动和筹资活动对企业现金流入流出的影响，对于评价企业的实现利润、财务状况及财务管理，要比传统的损益表提供更好的基础。

25. 某设备的账面原价为 1 000 万元，预计使用年限为 5 年，预计净残值为 20 万元，采用双倍余额递减法计提折旧。该设备在第 1 年应计提的折旧额为（ ）万元。

A. 360　　B. 300　　C. 400　　D. 200

【参考答案】C

【答案解析】第 1 年的折旧额 =1 000 × 2 ÷ 5=400（万元）。

26. 下列各项关于无形资产会计处理的表述中，正确的是（ ）。

A. 计算机软件依赖于实物载体，应确认为无形资产

B. 计提的无形资产减值准备在该资产价值恢复时应予转回

C. 使用寿命不确定的无形资产账面价值均应按 10 年平均摊销

D. 无形资产属于非货币性资产

【参考答案】D

【答案解析】选项 A 错在该软件应作为固定资产处理，如果计算机软件不是相关硬件不可缺少的组成部分，则该软件应作为无形资产处理；选项 B 错在无形资产减值准备一经计提，在持有期间不得转回；选项 C 错在使用寿命不确定的无形资产不进行摊销，但应当至少于每年年末进行减值测试。

27. 下列关于无形资产会计处理的表述中，正确的是（ ）。

A. 将外购商誉确认为无形资产

B. 无形资产开发阶段的支出应当全部资本化

C. 研究开发活动无法区分研究阶段和开发阶段的，应当在发生时全部费用化

D. 将以支付土地出让金方式取得的自用土地使用权确认为固定资产

【参考答案】C

【答案解析】外购商誉不可辨认，不属于无形资产，选项 A 错误；无形资产开发阶段的支出符合资本化条件的资本化，不满足条件的费用化，选项 B 错误；将以支付土地出让金方式取得的自用土地使用权单独确认为无形资产，选项 D 错误。

28. 资产负债表日，计算确定的短期借款利息费用，贷记的会计科目是（ ）。

A. 银行存款　　B. 应付利息

C. 财务费用　　D. 短期借款

【参考答案】B

【答案解析】预提利息时，账务处理为“借：财务费用”“贷：应付利息”。

29. 下列支出中不属于资本性支出的是（ ）。

A. 购买设备　　B. 购买房屋　　C. 购买原材料　　D. 购买专利权

【参考答案】C

【答案解析】 资本性支出是指通过它所取得的财产或劳务的效益，可以给予多个会计期间所发生的那些支出。在企业的经营活动中，供长期使用的、其经济寿命将经历许多会计期间的资产，如固定资产、无形资产、递延资产等都要作为资本性支出。

30. 下列属于会计的基本职能的是（　）。

A. 会计核算　　B. 会计报告　　C. 会计确认　　D. 会计计量

【参考答案】 A

【答案解析】 会计具有会计核算和会计监督两项基本职能。

二、多项选择题

1. 会计核算的基本前提包括（　）。

A. 会计主体　　B. 持续经营　　C. 会计分期　　D. 货币计量

【参考答案】 ABCD

【答案解析】 会计核算的基本前提也叫会计假设，是对会计核算所处的时间、空间环境所作的合理设定。会计核算具体对象的确定、会计政策的选择、会计要素的确认、会计金额的计量都要以会计基本前提为依据。会计核算的基本前提包括会计主体、持续经营、会计分期和货币计量四项。

2. 会计要素通过会计报表列报，资产负债表要素反映企业的财务状况。资产负债表要素包括（　）。

A. 资产　　B. 负债　　C. 所有者权益　　D. 利润

【参考答案】 ABC

【答案解析】 利润是利润表的要素。

3. 收入的确认和计量五步法中，涉及收入计量的有（　）。

A. 识别与客户订立的合同

B. 识别合同中的各单项履约义务

C. 确定交易价格

D. 将交易价格分摊至各单项履约义务

【参考答案】 CD

【答案解析】 选项 A、B 都属于收入的确认范畴。

4. 下列选项属于“应付职工薪酬”科目核算内容的有（　）。

A. 基本工资　　B. 奖金　　C. 津贴补贴　　D. 社会保险费

【参考答案】ABCD

【答案解析】以上都属于“应付职工薪酬”科目核算内容。

5. 会计科目按其所归属的会计要素不同进行分类，包括（ ）。

A. 资产类 B. 负债类 C. 总分类 D. 明细分类

【参考答案】AB

【答案解析】总分类科目和明细分类科目是会计科目按其提供信息的详细程度不同进行的分类。

6. 企业购入物资的采购成本包括（ ）。

A. 运杂费（包括运输费、装卸费、保险费、仓储费等）

B. 运输途中的合理损耗

C. 入库前的挑选整理费用（包括挑选整理中发生的人工、费用支出和必要的损耗，并减去回收的下脚废料价值）

D. 购买物资负担的税金和其他费用

【参考答案】ABCD

【答案解析】4 个选项都是采购成本的内容。

7. 留存收益包括（ ）。

A. 资本公积 B. 盈余公积 C. 未分配利润 D. 所有者权益

【参考答案】BC

【答案解析】企业对净利润进行分配，要按照一定的顺序进行。首先弥补以前年度亏损，其次提取法定盈余公积金，再其次按有关协议或决议分配投资者利润，余下的部分形成未分配利润，结转至以后年度再进行分配。企业按规定提取的盈余公积金和剩余的未分配利润统称为“留存收益”。

8. 账簿按其用途不同，可分为（ ）。

A. 数量金额式账簿 B. 序时账簿 C. 分类账簿 D. 备查账簿

【参考答案】BCD

【答案解析】序时账簿、分类账簿和备查账簿是按用途进行的分类。

9. 必须采用订本式账簿的是（ ）。

A. 总分类账 B. 明细账 C. 现金日记账 D. 银行存款日记账

【参考答案】ACD

【答案解析】总分类账、现金日记账和银行存款日记账必须采用订本式账簿。

10. 资产负债表应当按照（ ）等类别分类列报。

A. 资产　　B. 负债　　C. 所有者权益　　D. 资本

【参考答案】 ABC

【答案解析】 资产负债表列报应当如实反映企业在资产负债表日所拥有的资源、所承担的负债以及所有者所拥有的权益，应当按照资产、负债和所有者权益三大类别分类列报。

11. 企业资产负债表中的负债类至少应当单独列示反映（　）。

A. 短期借款　　B. 预收款项　　C. 递延所得税　　D. 长期应付款

【参考答案】 ABD

【答案解析】 递延所得税属于资产项目。

12. 下列关于利润表基本科目的表述，正确的有（　）。

A. “营业收入”项目，反映企业经营主要业务和其他业务所确认的收入总额。根据“主营业务收入”“其他业务收入”科目的发生额分析填列

B. “营业成本”项目，反映企业经营主要业务和其他业务发生的实际成本总额。根据“主营业务成本”“其他业务成本”科目的发生额分析填列

C. “税金及附加”项目，反映企业经营业务应负担的营业税、消费税、城市维护建设税、资源税、土地增值税和教育费附加等。根据“税金及附加”科目的发生额分析填列

D. “销售费用”项目，反映企业在销售商品过程中发生的包装费、广告费等费用和为销售本企业商品而专设的销售机构的职工薪酬、业务费等经营费用。根据“销售费用”科目的发生额分析填列

【参考答案】 ABCD

【答案解析】 4个选项都符合相关科目的规定。

13. 下列各项中，关于无形资产的会计处理表述，正确的有（　）。

A. 使用寿命不确定的无形资产需要进行减值测试

B. 出租无形资产的摊销额应计入管理费用

C. 无形资产减值损失一经确认，在以后会计期间不得转回

D. 内部研发项目研究阶段的支出应当资本化，确认为无形资产

【参考答案】 AC

【答案解析】 出租无形资产的摊销计入其他业务成本；研究阶段的支出应当费用化；使用寿命不确定的无形资产需要进行减值测试。

14. 会计监督职能，是指会计人员在进行会计核算的同时，对特定主体经济活动的（　）进行审查，以达到预期的目的。

A. 合法性　　B. 全面性　　C. 合理性　　D. 正当性

【参考答案】 AC

【答案解析】 会计监督职能对特定主体经济活动的合法性、合理性进行审查。

15. 记账凭证按内容不同，分为收款凭证、付款凭证和转账凭证。在实际工作中，规模小、业务简单的单位，也可以使用一种格式的通用记账凭证。以下表述，正确的有（　）。

A. 收款凭证是指用于记录现金和银行存款收款业务的会计凭证

B. 付款凭证是指用于记录现金和银行存款付款业务的会计凭证

C. 转账凭证是指用于记录不涉及现金和银行存款业务的会计凭证

D. 通用记账凭证是指不分收款、付款及转账业务，而将所有的经济业务统一编号，在统一格式的凭证中进行记录的会计凭证

【参考答案】 ABCD

【答案解析】 4 个选项都符合记账凭证的特点。

16. 下列关于活页账的说法，正确的有（　）。

A. 活页账是在账簿登记完毕之前并不固定装订在一起，而是装在活页账夹中

B. 当账簿登记完毕之后（通常是半个会计年度结束之后）才将账页予以装订

C. 装订时要给各账页连续编号

D. 装订编号后，不得再抽换账页

【参考答案】 ACD

【答案解析】 通常是 1 个会计年度结束之后，才将账页予以装订。

17. 下列关于会计主体的说法，正确的有（　）。

A. 会计主体不同于法律主体

B. 法律主体往往是会计主体

C. 会计主体不一定是法律主体

D. 一个法律主体可以有多个会计主体，一个会计主体也可以有多个法律主体

【参考答案】 ABCD

【答案解析】 4 个选项都符合会计主体的说法。

18. 计量属性是指企业在将符合确认条件的会计要素登记入账并列报于会计报表及其附注时，应当按照规定的计量标准和计量方法进行计量，确定其金额的基础。计量属性包括（　）。

A. 历史成本　　B. 重置成本　　C. 可变现净值　　D. 现值和公允价值

【参考答案】 ABCD

【答案解析】4个选项都是计量的基本属性。

19. 以下关于会计等式的说法，正确的有（ ）。

A. 资产 = 权益　　B. 资产 = 负债 + 所有者权益

C. 收入 − 费用 = 利润　　D. 资产 + 费用 = 负债 + 所有者权益 + 收入

【参考答案】ABCD

【答案解析】4个选项都是基本会计等式。

20. 下列关于“固定资产”账户的说法，正确的有（ ）。

A. 属于资产类账户，用来核算企业固定资产的原值

B. 固定资产是指为生产商品、提供劳务、出租或经营管理而持有的

C. 使用寿命超过12个月的有实物形态的资产

D. 具体包括房屋、建筑物、机器、机械、运输工具以及其他与生产、经营有关的设备、器具、工具等

【参考答案】ABD

【答案解析】固定资产是使用寿命超过一个会计年度的有实物形态的资产。

三、判断题

1. 账户的基本结构分左右两方，分别记录经济业务的增加额或减少额，左方登记增加，右方登记减少。（ ）

【参考答案】×

【答案解析】哪一方登记增加，哪一方登记减少，取决于所记录经济业务的内容和账户的性质以及所采用的记账方法。

2. 成本与可变现净值孰低原则的“成本”是指存货历史成本，可变现净值是指存货当前市场价值。（ ）

【参考答案】×

【答案解析】这里的成本指期末存货的历史成本；可变现净值指存货的估计售价减去至完工估计将要发生的成本、估计的销售费用以及相关税金后的金额。

3. 某企业赊销商品时明知客户财务困难，不能确定能否收回货款，为了维持客户的长期合作关系仍将商品发出并开具销售发票，对于该赊销，不需要进行相关的会计处理。（ ）

【参考答案】×

【答案解析】正确的会计处理是：发出商品时：

借：发出商品

　　贷：库存商品

同时，因该企业销售该批商品时纳税义务已经发生，应确认增值税销项税额：

借：应收账款

　　贷：应交税费——应交增值税（销项税额）

4. 借贷记账法的记账规则是“有借必有贷，借贷必相等”。（ ）

【参考答案】√

【答案解析】略。

5. 如果企业将应收账款出售给金融机构，则应当将应收账款终止确认。（ ）

【参考答案】×

【答案解析】若双方约定，应收账款到期，如果银行向对方收不到款项，与甲公司没有任何关系，此时甲公司应终止确认。若双方约定，银行收不到款项时，银行可以向甲公司追索，此时风险报酬没有转移，则甲公司不能终止确认。

6.“主营业务收入”账户属于损益类账户，用来核算企业在销售商品、提供劳务等日常活动中取得的主营业务收入。（ ）

【参考答案】√

【答案解析】略。

7. 客户支付非现金对价的，企业应当按照非现金对价的账面价值确定交易价格。（ ）

【参考答案】×

【答案解析】按照非现金对价的公允价值确定交易价格。

8. 职工薪酬是指为获得职工提供的服务而给予各种形式的报酬和其他相关支出，包括提供给职工的全部货币性薪酬和非货币性福利。（ ）

【参考答案】√

【答案解析】根据《企业会计准则第9号——职工薪酬》的规定，职工薪酬是指为获得职工提供的服务而给予各种形式的报酬和其他相关支出，包括提供给职工的全部货币性薪酬和非货币性福利。

9.“所得税费用”账户属于损益类账户，用来核算企业确认的应从当期利润总额中扣除的所得税费用。期末结转后如果余额在借方，表示累计未弥补的亏损。（ ）

【参考答案】×

【答案解析】期末，应将本账户借方登记的发生额从贷方转入“本年利润”账户的借方，结转后该账户无余额。

10. 利润表是反映企业在某一特定时期的经营成果的会计报表，反映了企业经营业绩的主要来源和构成。( )

【参考答案】×

【答案解析】反映的是一定会计期间而不是某一特定时期的情况。

11. 所有者权益变动表是反映构成所有者权益的各组成部分当期的增减变情况的报表。( )

【参考答案】√

【答案解析】略。

12. 收入能够导致企业所有者权益增加，因此，导致所有者权益增加的一定都是收入。( )

【参考答案】×

【答案解析】导致所有者权益增加的不一定是收入，如接受投资者投资使所有者权益增加。

13. 卡片账是将账户所需格式印刷在硬卡上。严格说，卡片账也是一种活页账。( )

【参考答案】√

【答案解析】略。

14. 企业生产车间和行政管理部门发生的固定资产日常修理费用，都应计入管理费用。( )

【参考答案】√

【答案解析】根据会计准则规定，固定资产日常修理费无论是车间发生或管理部门发生均计入管理费用。

15. 股份有限公司发行股票等发生的手续费、佣金等交易费用，应从溢价中扣除，即冲减资本公积，溢价不足冲减的，应该计入财务费用。( )

【参考答案】×

【答案解析】股份有限公司发行股票等发生的手续费、佣金等交易费用，应从溢价中扣除，即冲减资本公积，溢价不足冲减的，应该冲减盈余公积和未分配利润。

16. 两栏式账簿是指只有明细和总额两个基本金额栏目的账簿。普通日记账和转账日记账一般采用两栏式。( )

【参考答案】×

【答案解析】两栏式账簿是只有借方和贷方两个基本金额栏目的账簿。

17. 会计凭证是用来记录经济业务，明确经济责任，作为记账依据的书面证明。(　)

【参考答案】 √

【答案解析】 略。

18. 企业已计提减值准备的无形资产的价值如果又得以恢复，则应在已计提减值准备的范围内将计提的减值损失予以全部或部分转回。(　)

【参考答案】 ×

【答案解析】 根据会计准则规定，计提的无形资产减值准备不允许转回。

19. 无形资产预期不能为企业带来未来经济利益的，应当将该无形资产的账面价值予以转销，计入营业外支出。(　)

【参考答案】 √

【答案解析】 无形资产预期不能为企业带来未来经济利益的，应当将该无形资产的账面价值予以转销，其账面价值计入营业外支出。

20. 企业以自产产品作为非货币性福利发放给职工时，应当按照产品的公允价值确认收入。(　)

【参考答案】 √

【答案解析】 企业以自产产品作为非货币性福利发放给职工时，应当根据受益对象，按照该产品的公允价值，计入相关资产成本或当期损益，同时确认应付职工薪酬，并视同销售确认收入。

四、简答题

1. 请简述收入确认与计量的五步法。

【参考答案】

第一步，识别与客户订立的合同；第二步，识别合同中的单项履约义务；第三步，确定交易价格；第四步，将交易价格分摊至各单项履约义务；第五步，履行各单项履约义务时确认收入。

2. 请简要说明一下“合同履约成本”“合同取得成本”和“合同资产”三个科目的区别。

【参考答案】

“合同履约成本”属于资产类账户，核算企业为履行当前或预期取得的合同所发生的、不属于其他企业会计准则规范范围且按照《企业会计准则》应当确认为一项资产的成本。企业因履行合同而产生的毛利不在本科目核算。

“合同取得成本”属于资产类账户，核算企业取得合同发生的、预计能够收回的增量成本。

“合同资产”属于资产类账户，核算企业已向客户转让商品而有权收取对价的权利。仅取决于时间流逝因素的权利不在本科目核算。

第九章

第一节　计算机终端基础知识

一、计算机系统的基本组成

计算机系统由两大部分组成：一部分是存储数据并执行各种运算和处理的电子设备，称为计算机硬件；另一部分是指挥计算机完成任务的指令序列，称为计算机软件。一个完整的计算机系统由硬件系统和软件系统组成。

二、硬件系统的组成部分和各部分功能

1. 计算机硬件一般由主机和外部设备组成。其中，主机包含中央处理器和内存储器；外部设备包含外部存储器、输入设备、输出设备等。

2. 中央处理器（Central Processing Unit，CPU），是一台计算机的运算核心和控制核心。其功能主要是解释计算机指令及处理计算机软件中的数据。CPU 由运算器、控制器、寄存器、高速缓存及实现它们之间联系的数据、控制及状态的总线构成。

3. 内存（Memory），也被称为内存储器，其作用是用于暂时存放 CPU 中的运算数据，以及与硬盘等外部存储器交换的数据。只要计算机在运行中，CPU 就会把需要运算的数据调到内存中进行运算，当运算完成后再将结果传送出来，内存的运行决定了计算机的运行。

4. 硬盘属于外部存储器，由金属磁片制成，由于磁片具有记忆功能，存储到磁片上的数据不论是在开机状态，还是关机状态，都不会丢失。硬盘接口有 IDE、SATA、SCSI

等，其中 SATA 最普遍。

固态硬盘较传统硬盘具有快速读写、质量轻、能耗低及体积小等特点，但也存在价格较为昂贵、容量较低、损坏后数据较难恢复等不足。

5. 常见输出设备。

（1）显示器。显示器有大有小，有薄有厚，品种多样，其作用是把计算机处理完的结果显示出来。它是一个输出设备，是计算机必不可少的部件之一，分为 CRT、LCD、LED 3 大类，主要的常见接口有 VGA、DVI 和 HDMI 3 类。

（2）音箱。音箱是一种输出设备，其作用是把音频电能转换成相应的声能，并把它辐射到空间中。

（3）打印机。通过打印机可以把计算机中的文件打印到纸上，它是重要的输出设备之一。打印机主要有针式打印机、喷墨打印机、激光打印机 3 种主流产品，各具优点，可满足用户不同的需求。

6. 常见输入设备。

（1）键盘。键盘是主要的输入设备，通常为 104 键或 107 键，用于现实文字、数字、字符等的输入。

（2）鼠标。当人们移动鼠标时，计算机屏幕上就会有一个箭头指针跟着移动，快速地在屏幕上定位，它是人们使用计算机不可缺少的部件之一。键盘鼠标接口有 PS/2、USB、无线 3 种。

（3）视频设备。视频设备属于输入设备，常见的视频设备包括摄像头、扫描仪、数码相机、数码摄像机、电视卡等，用于处理视频信号。

三、软件系统各部分功能

软件系统（Software Systems）是计算机系统中由软件组成的部分，可分为系统软件和应用软件两大类。

（一）系统软件

系统软件由一组控制计算机系统并管理其资源的程序组成，其主要功能包括启动计算机，存储、加载和执行应用程序，对文件进行排序、检索，将程序语言翻译成机器语言等。实际上，系统软件可以看作用户与计算机的接口，它为应用软件和用户提供了控制、访问硬件的手段，这些功能主要由操作系统完成。此外，编译系统和各种工具软件也属此类，它们从另一方面辅助用户使用计算机。

（二）应用软件

为解决各类实际问题而设计的程序系统称为应用软件，与系统软件相对应。从其服务对象的角度又可分为通用软件、专用软件、中间件 3 类。应用软件可以拓宽计算机系统的应用领域，放大硬件的功能。

1. 通用软件。

税务系统常见的通用软件有 Microsoft Office 系列软件、WPS 办公软件、360 天擎终端安全管理软件等。

2. 专用软件。

专用软件是为专业用途提供服务的软件，常见的专业软件有财务软件、图像处理软件、多媒体处理软件等。税务系统使用的综合办公系统、数字人事系统、金税三期征收管理系统等都属于专用软件的范畴。

3. 中间件。

中间件是一种独立的系统软件或服务程序，分布式应用软件借助这种软件可在不同的技术之间共享资源。中间件位于客户机 / 服务器的操作系统之上，管理计算机资源和网络通信，是连接两个独立应用程序或独立系统的软件。税务系统常用的中间件主要有 Web LogiC、Web Sphere MQ 及 Tomcat 等。

四、计算机操作系统的相关操作

1. 操作系统是管理、控制和监督计算机软件、硬件资源协调运行的程序系统，由一系列具有不同控制和管理功能的程序组成，它是直接运行在计算机硬件上的、最基本的系统软件，是系统软件的核心。

2. 操作系统主要用途有两个：一是方便用户使用计算机，是用户和计算机的接口。二是统一管理计算机系统的全部资源，合理组织计算机工作流程，以便充分、合理地发挥计算机的效率。

3. 目前常用的操作系统主要除了 Windows7、Windows10，还有国产的优麒麟、中标麒麟、银河麒麟等。国产操作系统多为以 Linux 为基础二次开发的操作系统，国产化操作系统能兼容不同硬件平台，各类软件对国产化操作系统的支持也会越来越高。

4. 操作系统的重装：

（1）在进行软件安装如果遇到机器故障需要重新安装操作系统时，首先需要备份原计算机数据，包括桌面、文档、收藏夹及 C 盘上其他重要数据。如需要对硬盘进行重新分区还需要备份其他盘符上的重要数据。

（2）安装系统指定的安全工具软件，如 360 天擎等。安装完毕后，使用安装工具软件及时给系统打补丁修补漏洞，定时给计算机查杀病毒，在接入外部存储设备时，先查杀病毒再使用。

（3）安装驱动软件。给个人计算机安装硬件驱动程序。

（4）安装办公软件。主要办公软件有办公处理软件套装（Office、WPS）、PDF 阅读软件、压缩软件、即时通信软件、浏览器、输入法等。

（5）接入税务专网的计算机需要做如下配置：按照信息管理部门分配的 IP 地址配置本机的 IP 地址、子网掩码、网关、DNS 等，并不得擅自改动；安装本系统指定的准入系统，输入用户名、密码接入税务专网，不安装准入系统的，不得接入税务专网；设置开机密码，启动屏幕保护程序。

第二节　常用软件应用

一、浏览器的使用

（一）浏览器的概念

网页浏览器常被简称为浏览器，是一种用于检索并展示万维网信息资源的应用程序。这些信息资源可为网页、图片、影音或其他内容，它们由统一资源标志符标志。信息资源中的超链接可使用户方便地浏览相关信息。网页浏览器虽然主要用于使用万维网，但也可用于获取专用网络中网页服务器之信息或文件系统内之文件。主流网页浏览器有 Mozilla Firefox、Internet Explorer、Microsoft Edge、Google Chrome 等。

（二）IE 浏览器的使用

1. 浏览器兼容性。

很多程序或软件是基于低版本的浏览器开发的，当在高版本浏览器中打开该程序或软件时，如果不使用兼容模式，就不能运行或是使用。IE 浏览器的兼容性设置，点击“工具”选项，在下拉菜单中，选择“兼容性视图设置”选项。进入兼容性视图设置之后，填入所需要设置兼容模式的网址，点击添加。

2. 可信站点设置。

打开 IE 浏览器，点击 Internet 选项，在弹出的界面点击安全，选中“受信任的站点”，点击旁边的“站点”。在弹出的“受信任的站点”窗口，输入地址，点击添加按钮，如果网址不是 HTTPS 类型，则将网站列表下“对该区域中的所有站点要求服务器验证”前面的复选框的对勾去掉，点击关闭。最后，回到 Internet 选项窗口，直接点击确定即可设置完成。

3. 安全区设置。

IE 包含了四个安全区域：Internet、本地 Intranet、可信站点、受限站点。系统默认的安全级别分别为中、中低、高和低。通过“工具 /Internet 选项”菜单打开选项窗口，切换至“安全”标签页，建议每个安全区域都设置为默认的级别，然后把本地的站点、限制的站点放置到相应的区域中，并对不同的区域分别设置。把该站点放入对应安全区域的操作步骤如下：通过“工具 /Internet 选项”菜单打开选项窗口；点“安全”标签页，点选相应的安全区域；点“站点”按钮，在弹出的窗口中，输入要添加的网址，添加到列表中即可。

4. Cookie 安全。

Cookie（或 Cookies）指某些网站为了辨别用户身份，进行 Session 跟踪而储存在用户本地终端上的数据。用户可以改变浏览器的设置，以使用或者禁用 Cookies。设置方法：选择工具—Internet 选项—隐私页，调节滑块或者点击“高级”，进行设置。

5. 分级审查。

通过设置分级审查功能，可帮助用户控制计算机可访问的 Internet 信息内容的类型。设置方法：通过“工具 /Internet 选项”菜单打开选项窗口；切换至“内容标签页”，在分级审查区域中单击“启用”按钮；在弹出的“内容审查程序”窗口中，点“分级”标签页将“分级级别”调到最低，也就是零；点“许可站点”标签页，添加网址单击“始终”按钮将保证该网站，用同样的办法加入网站；按“确定”按钮创建监护人密码。重新启动 IE 后，分级审查生效。IE11 的分级审查的设置方法为：打开组策略—理模板—Windows 组件—Internet Explorer—内容页—在“Internet 选项”上显示“内容审查程序”，该方法适合计算机本身有组策略功能。

二、税务系统行政办公类软件的使用

（一）数字人事

自 2017 年开始，国家税务总局及国税系统全面推行数字人事工作。通过采集工作人员日常工作、培训、成长和考核成绩相关信息，汇总形成“个人成长账户”大数据，为评优、晋升等重要人事管理工作提供全面、科学和准确的参考。数字人事可以概括为“一个基础、四个支柱、一个平台、一个顶子”。一个基础指职业基础，四个支柱是指日常绩效、公认评价、业务能力和领导胜任力，一个平台是指数字人事信息系统，一个顶子是指数据应用。通过数字人事管理切实增加干部考核管理的科学性、客观性，进一步激励干部干事创业、向上向善，促进税收现代化。

（二）电子公文系统

电子公文系统（总局版）与电子公文系统（省局版）实现了文件封发、请示在线管理、税收专报报送、信访件办理、规范性文件报备等功能的上下级互联互通。电子公文系统（省局版）省、市、县实现了文件管理、督查督办、信息采编、信访管理、规范性文件备案审查三级互通互联。电子公文系统（省局版）新增了每日要情、征求意见、规范性文件备案审查、建议提案 4 个模块。

电子公文系统需要安装 WPS 软件，安装完成后，在 IE 浏览器中启用 Activex 控件。若 IE 浏览器登录系统正文打不开，卸载之前的 WPS 版本，在内网下载安装税务局专用版 WPS，如果打开正文时，页面上方弹出拦截信息，点击鼠标右键，选择在所有网页上运行加载，在重新打开正文就可以了。为正常使用电子公文系统，需将浏览器模式设置为 IE8，取消兼容模式，清理浏览器缓存（清缓存的快捷键：Ctrl+Shift+Delete）。

三、金税三期征收管理系统的使用

（一）金税三期征收管理系统概述

金税三期征收管理系统是我国税收管理信息系统工程的总称。围绕着“一个平台、两级处理、三个覆盖、四个系统”的总体目标而建立。一个平台，指包含网络硬件和基础软件的统一的技术基础平台；两级处理，指依托 统一的技术基础平台，逐步实现数据信息在总局和省局集中处理；三个覆盖，指应用内容逐步覆盖所有税种、税收工作重要环节、各级税务局并与有关部门联网；四个系统，指通过业务重组、优化和规范，逐步形成一个以征管业务系统为主，包括行政管理、外部信息和决策支持在内的四大应用系统软件。

（二）登录设置

首次登录使用金税三期征收管理系统需要设置可信站点，关闭弹出窗口阻止程序，并安装相关控件。使用用户名、默认密码登录后，需要修改符合规格的密码。

四、杀毒软件的使用

（一）电脑中毒的症状

中病毒电脑的主要症状：莫名其妙地死机；突然重新启动或无法启动；程序不能运行；磁盘坏簇莫名其妙地增多；磁盘空间变小；系统启动变慢；数据和程序丢失；出现

异常的声音、音乐或出现一些无意义的画面问候语等显示；正常的外设使用异常，如打印出现问题，键盘输入的字符与屏幕显示不一致等；异常要求用户输入口令，等等。

（二）杀毒软件

1. 杀毒软件，也称反病毒软件或防毒软件，是用于消除电脑病毒、特洛伊木马和恶意软件等计算机威胁的一类软件。杀毒软件通常集成监控识别、病毒扫描和清除、自动升级、主动防御等功能，有的杀毒软件还带有数据恢复、防范黑客入侵、网络流量控制等功能，是计算机防御系统的重要组成部分。

2. 360 天擎终端安全管理系统是 360 面向政府、企业、金融、军队、医疗、教育、制造业等大型企事业单位推出的集防病毒与终端安全管控于一体的解决方案。目前，税务系统广泛使用 360 天擎终端安全管理系统。

（三）杀毒软件的使用

1. 选择合适的杀毒软件。杀毒软件种类繁多，各有优缺点，要结合自身和电脑的情况，选用合适的杀毒软件。例如，卡巴斯基和诺顿杀毒软件功能强大，防御性能好，但是占用系统资源较大，需要另外付费；360 杀毒软件功能齐全，内存占用不是太高，而且是免费的；金山杀毒软件内存占用小，也是免费的。

2. 不要在一台电脑上同时安装两款及以上杀毒软件。杀毒软件安全级别会有冲突，会造成卡机、无法上网，甚至无法启动等情况。

3. 养成定期查杀病毒的习惯。安装了杀毒软件，如果不能定期查杀病毒，那么杀毒软件的作用就会大打折扣。

4. 及时更新病毒库。长时间不更新病毒库，会造成新出现的病毒无法查杀的问题。

5. 对从网络下载的资源和外部拷贝过来的数据，应该先查杀病毒，再使用。

6. 有些不是病毒的程序会被杀毒软件误报，比如一些盗版软件的注册机，用来自动生成注册码的程序。

五、电子邮件的使用

（一）电子邮件概念

电子邮件是一种用电子手段提供信息交换的通信方式，是互联网应用最广的服务。电子邮件可以是文字、图像、声音等多种形式。人们可以通过电子邮件方便地在世界各地进行远程沟通交流。

（二）预防垃圾邮件

1. 避免泄露邮件地址。邮件地址不要轻易告诉别人，朋友之间互相留信箱地址时可采取图片方式替代文字方式。

2. 利用邮件服务提供商的邮件管理、过滤功能。用户可通过设置过滤器中的邮件域名、邮件主题、来源、长度等规则对邮件进行过滤。

3. 利用邮件服务提供商的黑名单功能。一旦发现同一个邮件地址发送垃圾邮件，登录邮箱设置“黑名单”或“拒收该地址”即可避免对方再发垃圾邮件。

4. 其他有益的方法。例如：使用反垃圾邮件的专门软件；不回复收到的垃圾邮件；收到垃圾邮件后，及时举报和反馈垃圾邮件；使用服务好的邮箱软件；多个邮箱分工使用等。

第三节　网络与网络安全

一、计算机网络分类

（一）计算机网络概念

1. 计算机网络是把分散的、具有独立功能的计算机系统通过通信设备和通信线路互相连接起来，在特定的通信协议和网络系统软件的支持下，彼此互相通信并共享资源的系统。

2. 计算机网络按逻辑功能分为通信子网与资源子网。资源子网由主机、终端及软件等组成，提供访问网络和处理数据的能力；通信子网由网络节点、通信链路及信号变换器等组成，负责数据在网络中的传输与通信控制。

（二）计算机网络分类

按网络覆盖的范围大小可分为局域网、城域网和广域网。局域网（Local Area Network，LAN）覆盖地理范围一般在一公里到几公里。城域网（Metropolitan Area Network，MAN）的使用范围是一个城市，它是适应多种业务、多种网络协议及多种数据传输速率的网络连接。广域网（Wide Area Network，WAN）使用范围通常为几十到几千公里，是长距离传输数据的网络连接。

二、互联网应用

（一）互联网应用概念

1. 互联网（Internet）指的是网络与网络之间所串连成的庞大网络。这些网络以一组通用的协定相连，形成逻辑上的单一巨大国际网络。

2. 互联网应用通常指在互联网上运行的各类网络应用程序。互联网应用的特征在于其互联网特性，部署在互联网的公众平台上，针对互联网的特性，在系统架构设计上考虑其可扩展性，来减轻互联网平台访问用户多面临的压力。由于互联网用户广泛，互联网应用的安全性尤其重要，互联网应用必须要做针对性的设计。

（二）互联网应用分类

互联网应用按其载体可以分为传统互联网应用和移动互联网应用。传统互联网应用，即 PC 互联网应用，依靠传统计算机联接的互联网运行的各类网络应用程序。移动互联网应用，即手机互联网应用，依靠移动通信和互联网结合为一体的移动互联网运行的各类网络应用程序。

（三）常见的互联网应用

1. 互联网金融，是指传统金融机构与互联网企业利用互联网技术和信息通信技术实现资金融通、支付、投资和信息中介服务的新型金融业务模式。互联网金融有网络支付、网上银行、数字货币等。

2. 即时通信，能即时发送或接收互联网消息的应用软件。目前常见的即时通信软件有微信、QQ、钉钉、Skype、MSN 等。

3. 搜索引擎，根据用户的需求，运用一定的算法和特定策略从互联网中检测出信息反馈给用户的检索技术。

4. 移动互联网的应用领域主要在手机游戏、移动音乐、移动 IM、手机视频、手机支付等。

5. 其他互联网应用有网络游戏、网络新闻、网上购物、视频网站、电子邮件、微博等。

三、税务系统网络安全防护体系

（一）网络安全

1. 访问控制。

税务系统多使用虚拟局域网（Virtual Local Area Network，VLAN）技术，防止跨部门之间的非法网络访问，在局域网与骨干网络边界处部署了防火墙、入侵检测、病毒网关等，一定程度实现了访问控制。

2. 内外网隔离。

物理隔离，是指内部网络与外部网络在物理上没有相互连接的通道，两个系统在物理上完全独立。物理隔离技术主要有用户级物理隔离和网络级物理隔离。

3. 病毒防范。

税务系统网络安装了 360 天擎终端管理系统，病毒代码库的更新采用统一升级、统一管理，统一分发到计算机终端。

（二）应用安全

1. 身份认证。

税务信息系统的身份认证大都基于操作系统或数据块管理系统的账号和口令，应用系统也采用基于账号和口令的身份认证技术。

2. 访问控制。

税务信息系统一般通过对账号进行授权，并通过账号进行访问控制。授权遵循“最小化”原则，并且禁止公用账户，使用别人账户，对调离、离岗、退休等人员及时收回账户权限。

3. 数据安全保护。

采用访问控制限制不同用户对信息的访问、使用和处理，实现对信息的安全保护。

4. 安全审计。

部署日志审计系统，收集操作系统、网络设备和安全设备等系统日志，并对日志进行关联分析。

（三）税务系统应急预案

1. 税务系统网络与信息安全应急预案分为：应急响应工作总体预案、应急工作综合预案、专项应急预案。

2. 专项预案分类依据网络与信息安全事件影响的对象、事件本身性质和响应单位（事件发现、事件处置、事件责任单位）不同划分为四类：基础环境类、业务系统类、安全事件类和其他类。

四、税务系统个人信息安全管理

（一）移动存储介质管理

移动存储介质主要包括 U 盘、移动硬盘、可刻录光盘、手机 /MP3/MP4/MD/SD 卡，以及各类 Flash Disk 产品等。在税务系统，可以采用安全 U 盘等方式，避免内外网病毒交叉感染和数据泄密。

（二）病毒防护

计算机终端使用 360 天擎终端安全管理系统，定时对使用的计算机进行全面查杀病毒，及时更新病毒库，对外来移动存储先查杀病毒，再使用。

（三）计算机终端管理

对个人的计算机终端，设置符合规定的系统开机密码，在离开计算机终端时，可以选择关机、注销或者启用“恢复时使用密码保护”的屏保。

（四）数据安全管理

妥善保管工作中使用的敏感数据，不得泄露纳税人相关税收数据、禁止在外网上使用电子邮箱、即时通信工具等不安全的方式传输敏感数据。

（五）应用权限管理

根据授权使用税务系统内部应用系统，禁止使用公用账户，不得借用他人账户操作，应按照最小化原则初始化权限。

（六）引起违规外联的情形

1. 税务专网计算机连接智能手机：连接手机无线热点；连接手机蓝牙；连接手机网络。

2. 税务专网计算机接入无线传输设备：接入无线上网卡；接入无线网络接收器。

3. 税务专网计算机维修：专网计算机终端接入互联网；专网计算机需要还原 GHOST 系统，原 GHOST 系统有违规外联记录，还原后数据上报，造成违规外联。

4. 税务专网设备连接其他网络：专网计算机通过代理服务器连接其他网络，造成违规外联；未按规定采取安全防护措施与当地电子政务外网直接连接，造成违规外联。

五、网络安全法、数据安全法等法律法规

（一）《中华人民共和国网络安全法》

《中华人民共和国网络安全法》（以下简称《网络安全法》）是为保障网络安全，维护网络空间主权和国家安全、社会公共利益，保护公民、法人和其他组织的合法权益，促进经济社会信息化健康发展而制定的法律。该法律属于基本法律，是网络安全法制体制

的重要基础。

网络空间主权是一国国家主权在网络空间中的自然延伸和表现。网络安全与信息化是一体之两翼、驱动之双轮，必须统一谋划、统一部署、统一推荐、统一实施。网络空间安全仅仅依靠政府是无法实现的，需要政府、企业、社会组织、技术社群和公民等网络利益相关者的共同参与。

《网络安全法》明确了网络空间主权的原则；明确了网络产品和服务提供者的安全义务；明确了网络运营者的安全义务；进一步完善了个人信息保护规则；建立了关键信息基础设施安全保护制度；确立了关键信息基础设施重要数据跨境传输规则。

《网络安全法》确定网络安全等级保护制度；网络产品和服务安全制度；关键信息基础设施运行安全保护制度；网络安全风险评估制度；用户实名制度；网络安全事件应急预案制度；网络安全检测预警和信息通报制度；用户信息保护制度；关键信息基础设施重要数据境内留存制度。

《网络安全法》的正式实施，标志着等级保护 2.0 的正式启动。《网络安全法》明确“国家实行网络安全等级保护制度（第二十一条）”“国家对一旦遭到破坏、丧失功能或者数据泄露，可能严重危害国家安全、国计民生、公共利益的关键信息基础设施，在网络安全等级保护制度的基础上，实行重点保护（第三十一条）”。上述要求为网络安全等级保护赋予了新的含义。

（二）安全法

《中华人民共和国数据安全法》（以下简称《数据安全法》）是为了规范数据处理活动，保障数据安全，促进数据开发利用，保护个人、组织的合法权益，维护国家主权、安全和发展利益制定的法律。

在《数据安全法》中，国家建立数据分类分级保护制度，根据数据在经济社会发展中的重要程度，以及一旦遭到篡改、破坏、泄露或者非法获取、非法利用，对国家安全、公共利益或者个人、组织合法权益造成的危害程度，对数据实行分类分级保护。

《数据安全法》要求开展数据处理活动应当依照法律、法规的规定，建立健全全流程数据安全管理制度，组织开展数据安全教育培训，采取相应的技术措施和其他必要措施，保障数据安全。明确国家建立数据安全应急处置机制和数据安全审查制度。

《数据安全法》要求开展数据处理活动应当加强风险监测，发现数据安全缺陷、漏洞等风险时，应当立即采取补救措施；发生数据安全事件时，应当立即采取处置措施，按照规定及时告知用户并向有关主管部门报告。

（三）个人信息保护法

《中华人民共和国个人信息保护法》（以下简称《个人信息保护法》）是为了保护个人

信息权益，规范个人信息处理活动，促进个人信息合理利用的法律，是一部分保护个人信息的专门法律。个人信息保护的原则是收集、使用个人信息的基本遵循，是构建个人信息保护具体规则的制度基础。

《个人信息保护法》紧紧围绕规范个人信息处理活动、保障个人信息权益，构建了以“告知—同意”为核心的个人信息处理规则。将生物识别、宗教信仰、特定身份、医疗健康、金融账户、行踪轨迹等信息列为敏感个人信息。《个人信息保护法》要求，只有在具有特定的目的和充分的必要性，并采取严格保护措施的情形下，方可处理敏感个人信息，同时应当事前进行影响评估，并向个人告知处理的必要性以及对个人权益的影响。国家机关处理个人信息的活动适用本法，并且处理个人信息应当依照法律、行政法规规定的权限和程序进行，不得超出履行法定职责所必需的范围和限度。

（四）密码法

《中华人民共和国密码法》（以下简称《密码法》）是总体国家安全观框架下，国家安全法律体系的重要组成部分。明确对核心密码、普通密码与商用密码实行分类管理的原则。

第四节　智慧税务与信息化

一、智慧税务有关信息化应用场景

（一）智慧税务的提出

《关于进一步深化税收征管改革的意见》中指出：加快推进智慧税务建设，充分运用大数据、云计算、人工智能、移动互联网等现代信息技术，着力推进内外部涉税数据汇聚联通、线上线下有机贯通，驱动税务执法、服务、监管制度创新和业务变革，进一步优化组织体系和资源配置。2022 年基本实现法人税费信息“一户式”、自然人税费信息“一人式”智能归集，2023 年基本实现税务机关信息“一局式”、税务人员信息“一员式”智能归集，深入推进对纳税人缴费人行为的自动分析管理、对税务人员履责的全过程自控考核考评、对税务决策信息和任务的自主分类推送。2025 年实现税务执法、服务、监管与大数据智能化应用深度融合、高效联动、全面升级。

深化税收大数据共享应用。探索区块链技术在社会保险费征收、房地产交易和不动产登记等方面的应用，并持续拓展在促进涉税涉费信息共享等领域的应用。不断完善税收大数据云平台，加强数据资源开发利用，持续推进与国家及有关部门信息系统互联互通。2025 年建成税务部门与相关部门常态化、制度化数据共享协调机制，依法保障涉税涉费必要信息获取；健全涉税涉费信息对外提供机制，打造规模大、类型多、价值高、颗粒度细的税收大数据，高效发挥数据要素驱动作用。完善税收大数据安全治理体系和管理制度，加强安全态势感知平台建设，常态化开展数据安全风险评估和检查，健全监测预警和应急处置机制，确保数据全生命周期安全。加强智能化税收大数据分析，不断强化税收大数据在经济运行研判和社会管理等领域的深层次应用。

（二）智慧税务的应用场景

1. 优质便捷的智慧税务服务体系。

电子税务局智能报税，根据数据分析比对，关联性预填申报表，提高申报数据质量。在线领取电子完税凭证，实现办税事项的网上申请、受理、审核、跟踪等功能。移动办税平台智能咨询，提供智能政策解答，根据纳税人上网行为数据，分析行为偏好，推送有针对性的涉税信息。

2. 精准全面的智慧税收征管体系。

智能分析预测，在税收大数据的基础上，分析挖掘数据内在规律，建立分析预测模型，为地方经济发展和税收决策提供支持。做好数据资源整合，对外部获取数据，做好数据的深度挖掘、多维分析、动态关联。优化流程整合，提升日常征管质效。

3. 高效精准的风险监管体系。

根据税收大数据平台，建立风险智能预警，精准识别税收风险。做好风险智能应对，税收疑点信息分级推送反馈。建立风险智能模型，完善风险特征库，整合预警监控关键指标。纳税人智能管理，建立纳税人涉税体检档案，实现风险扫描智能管理。

二、发票电子化相关政策和工作

《关于进一步深化税收征管改革的意见》指出：稳步实施发票电子化改革。2021 年建成全国统一的电子发票服务平台，24 小时在线免费为纳税人提供电子发票申领、开具、交付、查验等服务。制定出台电子发票国家标准，有序推进铁路、民航等领域发票电子化，2025 年基本实现发票全领域、全环节、全要素电子化，着力降低制度性交易成本。

2021 年 1 月 21 日起，在北京等 25 个地区的新办纳税人中实行专票电子化。实行增值税专用发票电子化的新办纳税人在完成增值税电子专用发票票种核定、增值税专用发票（增值税税控系统）最高开票限额审批、免费领取税务 UKey、下载并安装增值税发票开票软件（税务 UKey 版）后，即可开具增值税电子专用发票。增值税电子专用发票可以根据需要打印。

发行电子发票将大幅节省企业在发票上的成本，节约发票印制成本，而且不包括企业发票管理间接成本。而且电子发票系统可以与企业内部的 ERP、CRM、SCS 等系统相结合，发票资料全面电子化并集中处理，有助于企业本身的账务处理，并能及时给企业经营者提供决策支持。

三、电子税务局的特点和使用方法

1. 登录路径。各个省的电子税务局，可以通过域名地址登录，将电子税务局的地址收藏使用。各省税务局的门户网站一般也会有该省电子税务局的链接。登录后，首先进行环境检测，然后在下载区下载所需的控件和组件。

2. 注册及登录。电子税务局的注册有两种方式：一是在线注册；二是到所在地税务机关的办税大厅注册。电子税务局常用登录方式有 CA 数字证书登录、手机号码登录、短信登录、证件号码登录等方式。

3. 业务办理。各省的电子税务局页面设置不尽相同，但主要业务功能类似。电子税务局支持纳税人日常办理综合信息报告、发票使用、税费申报与缴纳、税收减免、证明开具、税务行政许可、核定管理、一般退（抵）税管理、出口退税管理、增值税抵扣凭证管理、纳税信用、涉税专业服务机构管理、服务事项、风险管理等业务事项。

4. 查询。纳税人可以查询相关的涉税信息，涵盖了办税进度及结果信息查询、发票信息查询、申报信息查询、缴款信息查询、欠税信息查询、优惠信息查询、个体工商户核定定额信息查询、证明信息查询、涉税中介机构信息查询、纳税信用状态信息查询、违法违章信息查询、历史办税操作查询、应申报清册查询、邮寄信息统计查询、物流信息查询、财务会计制度备案查询、失信行为查询等功能。

5. 便捷功能。电子税务局为纳税人提供待办工作、服务提醒等模块，待办工作涵盖纳税人征期内未申报等待办事项，服务提醒包括纳税人申请发起涉税实现处理进度等。

6. 互动与服务。纳税人可以通过电子税务局与税务机关进行在线交互，实现了互联互通。还可以通过电子税务局查看通知公告等信息，享受咨询辅导等服务，实现公众查询等功能。

四、自然人税收管理系统（ITS）的特点和使用方法

（一）ITS 概述

1. 根据国家税务总局部署。

原“金税三期个人所得税扣缴系统”升级为“自然人税收管理系统扣缴客户端”。

2. 税务大厅端。

面向税务人员的业务办理渠道，与金税三期统一门户，支持依申报的办税业务、依职权的日常管理业务办理。

3. 扣缴客户端。

面向扣缴单位办税人员的远程业务办理渠道，主要支持办税人员实名、个税预扣预缴申报和缴税业务办理。

4. 手机端。

直接面向自然人纳税人的远程业务办理渠道，采用手机 App 形式，主要支持个人实名注册、个税预扣预缴申报和缴税业务办理。

5. 网页端。

直接面向自然人纳税人的远程业务办理渠道，与各省电子税务局集成，主要支持个人实名注册、个税预扣预缴申报和缴税业务办理。

（二）ITS 客户端的使用

1. 实名管理。

自然人需要实名注册和登录，实名注册可以采用两种方式：税务大厅注册码注册和人脸识别认证注册。

2. 个人信息。

包括对个人信息、任职受雇信息、家庭成员信息、银行卡、安全中心等信息的完善。

3. 专项附加扣除。

专项附加扣除包括大病医疗专项附加扣除、子女教育专项附加扣除、房贷利息专项附加扣除、房屋租金专项附加扣除、继续教育专项附加扣除、赡养老人专项附加扣除。

4. 纳税申报。

自然人的申报纳税分为两部分：分类所得个人所得税自行申报和申报更正、作废。

（三）ITS 扣缴客户端的使用

1. 人员信息采集。

输入需要扣缴纳税人的个人信息，发送自然人税收管理系统服务器端进行审核。审核通过的方可办理扣缴业务。

2. 专项附加扣除。

可以下载模板，把所有员工的专项附加扣除信息表导入到系统内。若员工自己通过 App 端或 WEB 端采集过专项抵扣信息的，可以通过“更新”按钮下载，无须再次报送。

3. 预扣预缴申报。

选择使用自动导入正常工资、薪金数据向导，选择已采集过信息的员工，系统会自动带出已采集的专项附加扣除信息。

4. 申报辅助功能。

申报成功后，无论是否完成缴税，都可以进行“申报更正”。启动申报更正后，可以直接在原申报基础上进行修改。若该申报已经扣款，更正申报后多退少补，多交的税款可至办税服务厅办理退税。

5. 税款缴纳。

本次申报成功后，点击立即缴款可以跳转至网上缴款菜单，获取相关的三方协议等信息，选中报表点击立即缴款可发起缴税业务。没有立即缴款的，在下次系统登录时，会弹出缴款的提醒。

第五节　习题演练

一、单项选择题

1. 根据《中华人民共和国网络安全法》的规定，应当为公安机关、国家安全机关依法维护国家安全和侦查犯罪的活动提供技术支持和协助的部门是（　）。

A. 电信科研机构　　　　B. 电信企业

C. 网络合作商　　　　D. 网络运营者

【参考答案】 D

【答案解析】 网络运营者应当为公安机关、国家安全机关依法维护国家安全和侦查犯罪的活动提供技术支持和协助。

2. 某乡镇税务所在同一座大楼里办公，为办公需要，将大楼中分散的多个办公室的计算机连接成网络，该网络属于（　）。

A. 城域网　　B. 局域网　　C. 广域网　　D. 互联网

【参考答案】 B

【答案解析】 局域网是局部地区形成的一个区域网络，其特点就是分布地区范围有限，可大可小，大到一栋建筑楼与相邻建筑之间的连接，小到可以是办公室之间的联系。一栋楼各个办公室之间的网络连接属于局域网。

3. 在 Windows 7 操作系统中，显示桌面的快捷键是（　）。

A. “Win” + “D”　　　　B. “Win” + “P”

C. “Win” + “Tab”　　　　D. “Alt” + “Tab”

【参考答案】 A

【答案解析】 先按住 Win 键不放，然后再选择 D 键，这样就可以显示桌面。

4. 在日常税务工作中，税务干部小王使用 EXCEL 表处理数据，需要将 SHEET2 纳税人申报信息表中的税收数据按纳税人电子档案号关联导入至 SHEET1 纳税人基本信息表中，下列函数能满足该功能的是（　）。

A. FIND 函数　　B. ROUND 函数

C. COUNT 函数　　D. VLOOKUP 函数

【参考答案】 D

【答案解析】 VLOOKUP 函数是 Excel 中的一个纵向查找函数，可以用来核对数据、多个表格之间快速导入数据等。功能是按列查找，最终返回该列所需查询序列所对应的值。

5. 某市税务局因工作需要自行开发一套人事档案管理系统，此系统是（　）。

A. 工具软件　　B. 应用软件　　C. 系统软件　　D. 编辑软件

【参考答案】 B

【答案解析】 应用软件是为解决某一具体问题而编制的程序。税务人事档案管理程序是解决档案管理的软件，所以属于应用软件。

6. 税务工作中要遵循相应的网络安全规范，下列行为符合网络安全规范的是（　）。

A. 税务干部小王通过互联网即时通讯工具向科长发送了全市风险纳税人的税收数据

B. 办税服务厅工作人员小李通过 U 盘在内外网计算机上传输资料

C. 信息技术部门工作人员小张带外部技术人员进入单位机房维修设备须经领导审批并签订保密承诺书

D. 基层分局税务干部小赵从外网下载破解版 OFFICE 2019 安装在内网计算机上使用

【参考答案】 C

【答案解析】 敏感数据不得通过互联网发送；内外网计算机不能交叉使用 U 盘；不能使用盗版软件。

7.《中华人民共和国网络安全法》明确国家实行网络安全保护制度是（　）。

A. 分级　　B. 等级　　C. 标准　　D. 规范

【参考答案】 B

【答案解析】《中华人民共和国网络安全法》明确国家实行网络安全等级保护制度。

8. 关于电子邮件的使用，下列操作中正确的是（　）。

A. 收到垃圾邮件后，回复对方请勿再次发送

B. 收到不明来源的电子邮件，下载附件到本地

C. 对垃圾邮件设置黑名单

D. 为方便记忆，电子邮箱、微博等网上应用使用相同的用户名和密码

【参考答案】C

【答案解析】收到垃圾邮件后，将对方地址设置为黑名单；不随意打开来源不明的电子邮件；多个网上系统账号密码相同，有受到“撞库”攻击的风险。

9. 关于木马程序，下列叙述正确的是（　）。

A. 木马程序主要通过移动磁盘传播

B. 木马程序的客户端运行在攻击者的机器上

C. 木马程序的目的是使计算机或网络无法提供正常的服务

D. 木马程序具有自我复制特性

【参考答案】B

【答案解析】木马，是指隐藏在正常程序中的一段具有特殊功能的恶意代码，是具备破坏和删除文件、发送密码、记录键盘和攻击 DDoS 等特殊功能的后门程序。木马其实是计算机黑客用于远程控制计算机的程序，将控制程序寄生于被控制的计算机系统中，里应外合，对被感染木马程序的计算机实施操作。

10. 计算机内部用于处理数据和指令的编码是（　）。

A. 十进制码　　B. 二进制码　　C. ASCII 码　　D. 汉字编码

【参考答案】B

【答案解析】计算机内部的编码都是 0、1 的二进制编码。

11. 在 EXCEL 表中，录入身份证号码时，数字类型应选择的格式是（　）。

A. 常规　　B. 数值　　C. 科学计数　　D. 文本

【参考答案】D

【答案解析】身份证号码通常为 18 位，使用文本格式可以准确显示，其他格式可能会显示错误。

12. 在 Word 中，显示效果与打印预览基本一致的是（　）。

A. 普通　　B. 大纲　　C. 页面　　D. 主控文档

【参考答案】C

【答案解析】在 Word 中，页面格式显示效果与打印预览基本一致。

13. 在 Excel 中，在单元格输入公式，输入的第一个符号是（　）。

A. =　　B. +　　C. −　　D. $

【参考答案】A

【答案解析】输入公式，需要在单元格中先输入“=”。

14. 在 Excel 中，完成工作表管理的是（　）。

A. 文件　　B. 程序　　C. 工作簿　　D. 单元格

【参考答案】 C

【答案解析】 在 Excel 中，工作表的管理是由工作簿来完成的。

15. 在 Word 中，可以显示页面页脚的视图方式是（　）。

A. 普通视图　　B. WEB 视图　　C. 大纲视图　　D. 页面视图

【参考答案】 D

【答案解析】 在 Word 中，页面视图可以显示文档的打印结果外观，包括页眉、页脚、图形对象、分栏设置、页面边距等，是最接近打印结果的视图模式。

16. 在 Excel 中，运算符“&”表示（　）。

A. 逻辑值的与运算　　B. 字符串的比较运算

C. 数值型数据的和运算　　D. 字符串数据的连接

【参考答案】 D

【答案解析】 & 可以用来连接字符串。

17. 根据《中华人民共和国网络安全法》的规定，关键信息基础设施的运营者在中华人民共和国境内运营中收集和产生的个人信息和重要数据应当在（　）。

A. 境外存储　　B. 外部存储器存储

C. 第三方存储　　D. 境内存储

【参考答案】 D

【答案解析】 关键信息基础设施的运营者在中华人民共和国境内运营中收集和产生的个人信息和重要数据应当在境内存储。

18. 根据《中华人民共和国网络安全法》的规定，负责统筹协调网络安全工作和相关监督管理工作的部门是（　）。

A. 中国电信　　B. 信息部

C. 国家网信部门　　D. 公安部

【参考答案】 C

【答案解析】 国家网信部门负责统筹协调网络安全工作和相关监督管理工作。

19. 在办理移动电话入网手续时，若办理人不提供真实身份信息，则营业厅做法正确的是（　）。

A. 办理人不提供真实身份信息，营业厅不得为其提供相关服务

B. 营业厅不得擅自拒绝为顾客提供服务

C. 办理人可以借用他人身份办理入网业务，营业厅不得拒绝

D.《中华人民共和国网络安全法》未对用户的身份信息有明确规定

【参考答案】A

【答案解析】《中华人民共和国网络安全法》规定，网络身份管理制度即网络实名制，以保障网络信息的可追溯。因此，办理人不提供真实身份信息，营业厅应当拒绝提供相关服务。

20. 根据《中华人民共和国网络安全法》规定，网络运营者应及时处置系统漏洞、计算机病毒、网络攻击、网络侵入等安全风险，制定（ ）。

A. 网络安全事件应急预案　　B. 网络安全事件补救措施

C. 网络安全事件应急演练方案　　D. 网络安全规章制度

【参考答案】A

【答案解析】网络运营者应当制定网络安全事件应急预案，及时处置系统漏洞、计算机病毒、网络攻击、网络侵入等安全风险。

21. 计算机病毒的危害性一般表现为（ ）。

A. 破坏磁盘

B. 破坏计算机系统，破坏用户数据与程序

C. 损坏计算机内存芯片

D. 不会影响计算机运行速度

【参考答案】B

【答案解析】计算机病毒的危害主要表现为破坏计算机系统，破坏用户数据与程序。

22. 计算机病毒通常是（ ）。

A. 一段程序　　B. 一个命令　　C. 一个文件　　D. 一个标记

【参考答案】A

【答案解析】计算机病毒是特制的具有破坏性的程序。

23. 某市局为确保本市局域网的信息安全，防止来自局域网外的黑客攻击，具有一定防范作用的是（ ）。

A. 杀毒软件　　B. 网闸　　C. 防火墙　　D. 电脑管家

【参考答案】C

【答案解析】防火墙技术的功能主要在于及时发现并处理计算机网络运行时可能存在的安全风险、数据传输等问题，其中处理措施包括隔离与保护。因此保护局域网效果更好的是防火墙。

24. 没有高效的网络云计算就什么都不是，就不能提供很好的使用体验。基于此，云计算的特征是（ ）。

A. 按需自助服务　　B. 无处不在的网络接入
C. 资源池化　　D. 快速弹性伸缩

【参考答案】B

【答案解析】无处不在的网络云计算为用户提供很好的使用体验。

25. 依据《中华人民共和国数据安全法》规定，开展数据处理活动应当依照法律、法规的规定，建立健全的管理制度是（　）。

A. 全流程数据安全　　B. 谁处理谁负责
C. 风险评估　　D. 应急处置

【参考答案】A

【答案解析】依据《中华人民共和国数据安全法》规定，开展数据处理活动应当依照法律、法规的规定，建立健全全流程数据安全管理制度。

26. FTP 是互联网中（　）。

A. 发送电子邮件的软件　　B. 浏览网页的工具
C. 用来传送文件的一种服务　　D. 一种聊天工具

【参考答案】C

【答案解析】FTP 是用于在网络上进行文件传输的一套标准协议。

27. 下列不是电子邮件服务的优点的是（　）。

A. 方便迅捷　　B. 实时性强
C. 费用低廉　　D. 传输信息量大

【参考答案】B

【答案解析】通常来说，实时性不是电子邮件服务的优点，用户浏览电子邮件通常会有延时性，相对于即时聊天工具来说，实时性较差。

28. 下列网络属于局域网的是（　）

A. 因特网　　B. 某中学校园网
C. 税务专网　　D. 中国教育网

【参考答案】B

【答案解析】局域网覆盖地理范围一般在一公里到几公里，校园网一般属于局域网。

29. 计算机网络的体系结构是指（　）。

A. 计算机网络的分层结构和协议的集合
B. 计算机网络的连接形式
C. 计算机网络的协议集合

D. 由通信线路连接起来的网络系统

【参考答案】 A

【答案解析】 计算机网络的体系结构是指计算机网络的分层结构和协议的集合。

30. 互联网上的服务都是基于某种协议，WWW 服务基于的协议是（　）。

A. SNMP　　B. HTTP　　C. SMTP　　D. TELNET

【参考答案】 B

【答案解析】 WWW 服务基于 HTTP 协议。

二、多项选择题

1. 在税务工作中，税务人员的操作符合相关网络安全规范的有（　）。

A. 办税服务厅工作人员小王，在接受纳税人用 U 盘报送资料时，先对 U 盘查杀病毒

B. 办公室小李，精通计算机各类操作，在接入税务专网的扫描仪发生故障时，用手机做热点，去互联网上更新驱动

C. 基层税务所小孙，认为 360 软件对部分病毒无效，就又装上卡巴斯基杀毒软件

D. 业务科小张的电脑发生主板故障，单位核准的外部维修公司要将小张电脑带走维修，小张先将计算机硬盘拆下

【参考答案】 AD

【答案解析】 小李的做法会将内外网连通，造成违规外联，有安全风险。一般来说，同一台计算机不能同时装两套杀毒软件，否则会造成冲突。

2. 税务系统日常工作，下列为防范计算机病毒做法中正确的有（　）。

A. 安装 360 桌面管理系统，并设置自动更新病毒库的策略

B. 某内网终端中了勒索病毒，首先使用 360 桌面管理系统查杀

C. 使用 360 桌面管理系统定时查杀病毒

D. 应关闭危险的端口，以防范病毒泛滥，如 135、139、445 等端口

【参考答案】 ACD

【答案解析】 当内网终端中了勒索病毒后，首先要断开内网，使用勒索病毒专杀工具查杀。

3.《关于进一步深化税收征管改革的意见》中，为加快推进智慧税务建设，可以采取的信息技术有（　）。

A. 大数据　　B. 云计算

C. 人工智能　　D. 移动互联网

【参考答案】 ABCD

【答案解析】《关于进一步深化税收征管改革的意见》指出，加快推进智慧税务建设，充分运用大数据、云计算、人工智能、移动互联网等现代信息技术，着力推进内外部涉税数据汇聚联通、线上线下有机贯通，驱动税务执法、服务、监管制度创新和业务变革，进一步优化组织体系和资源配置。

4.《中华人民共和国密码法》明确实行分类管理的原则的有（ ）。

A. 核心密码　　B. 普通密码

C. 商用密码　　D. 国家标准密码

【参考答案】 ABC

【答案解析】《中华人民共和国密码法》明确对核心密码、普通密码与商用密码实行分类管理的原则。

5. 下列软件中，属于应用软件的有（ ）。

A. Windows 10　　B. Microsoft Office 2007

C. 360 安全卫士　　D. Firefox 浏览器

【参考答案】 BCD

【答案解析】 Windows 10 是操作系统，操作系统属于系统软件，其他的属于应用软件。

6. 某市税务局计划开发人事档案管理系统，为强化技术防范，严格安全管理，开发中需要遵循网络与信息安全“三同步”。“三同步”是指（ ）。

A. 同步规划　　B. 同步建设　　C. 同步使用　　D. 同步测试

【参考答案】 ABC

【答案解析】 互联网等基础信息网络要同步规划、同步建设、同步使用。

7. 根据《中华人民共和国个人信息保护法》的规定，下列信息属于个人敏感信息的有（ ）。

A. 公民甲的指纹　　B. 公民乙的宗教信仰

C. 公民丙的汽车行车轨迹　　D. 公民丁的股票账户

【参考答案】 ABCD

【答案解析】 生物识别、宗教信仰、特定身份、医疗健康、金融账户、行踪轨迹等信息都属于个人敏感信息。

8. 税务专网不得接入互联网，下列行为会造成违规外联的有（ ）。

A. 税务干部小王在内网工作电脑上安装双网卡接入互联网

B. 税务干部小张使用内网工作电脑给自己手机充电

C. 税务干部小李把内网工作电脑网线拔出后，再接入互联网

D. 税务干部小赵通过个人U盘将外网资料导入税务专网

【参考答案】 ABC

【答案解析】 使用U盘在内外网之间传递资料可能会感染病毒、木马等，属于不安全的行为规范，但是不会造成违规外联。

9. 根据《中华人民共和国网络安全法》的规定，任何个人和组织（ ）。

A. 不得从事非法侵入他人网络、干扰他人网络正常功能等危害网络安全的行为

B. 不得提供专门用于从事侵入网络、干扰网络正常功能等危害网络安全活动的程序

C. 明知他人从事危害网络安全的活动，不得为其提供技术支持

D. 明知他人从事危害网络安全的活动，可以为其进行广告推广

【参考答案】 ABC

【答案解析】 明知他人从事危害网络安全的活动，不得为其提供技术支持、广告推广等帮助行为。

10.《关于进一步深化税收征管改革的意见》中指出，加快推进智慧税务建设，下列关于大数据、云计算、人工智能、移动互联网等现代信息技术说法正确的有（ ）。

A. 大数据具有数据量大、处理速度快、来源多样性、价值密度高等特点

B. 云计算是指IT基础设施的交付和使用模式，云计算首要考虑云的效率

C. 人工智能是研究、开发用于模拟、延伸和扩展人的智能的理论、方法、技术及应用系统的一门新的技术科学

D. 区块链具有去中心化、不可篡改、开放性、自治性、匿名性等特征

【参考答案】 CD

【答案解析】 云计算首要考虑云安全，大数据价值密度低。

11.《中华人民共和国个人信息保护法》的立法宗旨有（ ）。

A. 为了保护个人信息权益　　B. 规范个人信息处理活动

C. 提高个人信息数据质量　　D. 促进个人信息合理利用

【参考答案】 ABD

【答案解析】《中华人民共和国个人信息保护法》的立法宗旨：为了保护个人信息权益、规范个人信息处理活动、促进个人信息合理利用。

12. 根据《中华人民共和国个人信息保护法》的规定，个人信息的处理包括个人信息的收集、提供等，下列属于个人信息的处理的有（ ）。

A. 存储　　B. 使用　　C. 加工　　D. 运输

【参考答案】 ABCD

【答案解析】 个人信息的处理包括个人信息的收集、存储、使用、加工、传输、提

供、公开、删除等。

13. 习近平总书记指出，要抓住区块链技术融合、功能拓展、产业细分的契机，发挥区块链在下列方面的作用（　）。

A. 促进数据共享　　B. 优化业务流程

C. 降低运营成本　　D. 提升协同效率

【参考答案】ABCD

【答案解析】习近平总书记指出，要抓住区块链技术融合、功能拓展、产业细分的契机，发挥区块链在促进数据共享、优化业务流程、降低运营成本、提升协同效率、建设可信体系等方面的作用。

14. 下列属于税务系统网络与信息安全应急预案的有（　）。

A. 应急响应工作总体预案　　B. 应急工作综合预案

C. 专项应急预案　　D. 一般应急预案

【参考答案】ABC

【答案解析】税务系统网络与信息安全应急预案有应急响应工作总体预案、应急工作综合预案、专项应急预案。

15. 计算机病毒是一种恶意程序代码，其特性有（　）。

A. 传染性　　B. 隐蔽性　　C. 破坏性　　D. 自生性

【参考答案】ABC

【答案解析】计算机病毒是程序代码，人为编写的，不具有自生性特点。

16. 计算机感染计算机病毒后，可能症状的有（　）。

A. 计算机运行速度变慢

B. 某些文件不能打开

C. 数据丢失

D. 计算机运行异常，比如异常重启或关机

【参考答案】ABCD

【答案解析】计算机感染计算机病毒后，可能造成计算机运行异常，速度变慢，程序无法执行，文件不能打开，数据丢失等。

17. 根据《中华人民共和国网络安全法》规定，事件发生后，网络安全事件应急预案对网络安全事件进行分级的因素有（　）。

A. 危害程度　　B. 影响范围　　C. 事件等级　　D. 关注程度

【参考答案】AB

【答案解析】网络安全事件应急预案在事件发生后按照危害程度、影响范围等因素对

网络安全事件进行分级。

18. 根据《中华人民共和国网络安全法》规定，任何个人和组织对危害网络安全的行为，有权接受举报的部门有（ ）。

A. 网信　　B. 电信　　C. 公安　　D. 工信

【参考答案】ABC

【答案解析】任何个人和组织有权对危害网络安全的行为向网信、电信、公安部门举报。

19. 按提供者与使用者的所属关系，云计算服务的主要形式有（ ）。

A. 公有云　　B. 私有云　　C. 政务云　　D. 混合云

【参考答案】ABD

【答案解析】政务云是按照行业分类。

20. 计算机网络按地理范围分类，可以分为（ ）。

A. 局域网　　B. 专用网　　C. 城域网　　D. 广域网

【参考答案】ACD

【答案解析】计算机网络按地理范围分类，可以分为局域网、城域网和广域网。专用网指专用于一些的保密性要求较高的部门的网络。

三、判断题

1. 税务干部小王需要暂时离开计算机时，应当锁定系统或者设置屏保锁定口令。（ ）

【参考答案】√

【答案解析】税务干部离开计算机时应锁定系统或设置屏保锁定口令，防止计算机上的文件被偷窥或被窃取。

2. 税务干部老李退休后，办公室直接将工作电脑交由拍卖公司报废处理。（ ）

【参考答案】×

【答案解析】应首先由信息部门将报废电脑硬盘做消磁处理后再交由拍卖公司处理。

3. 税务干部小王收到推荐股票的短信，短信末尾写着退订回复TD。小王认为这是垃圾短信，就回复TD给该号码，以免继续发送。（ ）

【参考答案】×

【答案解析】无论是垃圾邮件还是垃圾短信，都不要回复或者点击其中的链接，而应该使用系统的黑名单功能对其进行拦截。

4. 在 Excel 软件中，计算 A1 单元格到 A8 单元格中数字的个数所用的函数应是 SUM 函数。（ ）

【参考答案】 ×

【答案解析】 SUM 函数是对单元格中的数字求和，COUNT 函数是用来计算对应单元格中数字的个数。

5. 浏览器缓存和上网历史记录应定期清理，以避免他人获得并造成隐私泄密。（ ）

【参考答案】 √

【答案解析】 浏览器网页产生大量的浏览记录和操作记录，数量多了会影响电脑系统反应速度。同时应当定期清理这些信息以避免他人获得并造成隐私泄密。

6. 对需要临时接入税务专网的计算机终端，必须严格执行审批和准入制度，并纳入税务计算机终端统一管理。（ ）

【参考答案】 √

【答案解析】 外部计算机终端不得随意接入税务专网，必须履行审批和准入手续，并采取相关安全措施。

7. 小李是新入职的税务新兵，因工作需要，未参加初任培训中的网络安全教育培训，直接在办税服务厅窗口上岗工作。（ ）

【参考答案】 ×

【答案解析】 税务干部必须经过网络安全教育培训，才能上岗工作。

8. 内网计算机不得安装无线键盘、无线鼠标、无线网卡等无线互联功能的外围设备。（ ）

【参考答案】 √

【答案解析】 略。

9. 电子发票具有重复报销的风险，因此电子发票无法作为报销凭证入账。（ ）

【参考答案】 ×

【答案解析】 电子发票打印可以和纸质发票一样作为报销凭证。在将电子发票作为入账凭证的时候，应该要建立一套专门的电子发票报销台账，只有没有报销记录的发票才能进行报销，否则就是重复报销了。

10. 不同品牌的打印机须安装不同的驱动程序。（ ）

【参考答案】 √

【答案解析】 不同厂商、不同型号打印机使用的驱动也各不相同。

11. 根据《中华人民共和国个人信息保护法》的规定，个人信息处理者应当对其个人信息处理活动负责，并采取必要措施保障所处理的个人信息的安全。（ ）

【参考答案】 √

【答案解析】 个人信息处理者应当对其个人信息处理活动负责，并采取必要措施保障所处理的个人信息的安全。

12. 网信部门和有关部门在履行网络安全保护职责中获取的信息，用于维护网络安全的需要，可以用于其他用途。( )

【参考答案】 ×

【答案解析】 网信部门和有关部门在履行网络安全保护职责中获取的信息不得用于其他用途。

13.《中华人民共和国个人信息保护法》规定，个人信息是以电子或者其他方式记录的与已识别或者可识别的自然人有关的各种信息，包括匿名化处理后的信息。( )

【参考答案】 ×

【答案解析】《中华人民共和国个人信息保护法》规定，个人信息是以电子或者其他方式记录的与已识别或者可识别的自然人有关的各种信息，不包括匿名化处理后的信息。

14. 在公共场所安装图像采集、个人身份识别设备，所收集的个人图像、身份识别信息只能用于维护公共安全的目的，不得用于其他目的；取得个人单独同意的除外。( )

【参考答案】 √

【答案解析】 在公共场所安装图像采集、个人身份识别设备，应当为维护公共安全所必需，遵守国家有关规定，并设置显著的提示标识。所收集的个人图像、身份识别信息只能用于维护公共安全的目的，不得用于其他目的；取得个人单独同意的除外。

15. 对企业网络来说，最大的威胁来自于黑客攻击。( )

【参考答案】 ×

【答案解析】 内部员工的恶意攻击是企业网络的最大威胁。

16. 拒绝服务是指通过向服务器发送大量垃圾信息或干扰信息的方式，导致服务器无法向正常用户提供服务的网络攻击。( )

【参考答案】 √

【答案解析】 拒绝服务是以资源目标不能提供正常服务的攻击方式。

17. 云计算是分布式处理、并行处理和网格计算的发展，或者说是这些计算机科学概念的商业实现。( )

【参考答案】 √

【答案解析】 云计算是分布式处理、并行计算和网格计算等概念的发展和商业实现，其技术实质是计算、存储、服务器、应用软件等IT软硬件资源的虚拟化，云计算在虚拟化、数据存储、数据管理、编程模式等方面具有自身独特的技术。

18. 税务专网计算机必须安装杀毒软件，这样就不会感染病毒了。(　)

【参考答案】×

【答案解析】杀毒软件是用来发现病毒、查杀病毒的。

19. 物联网将各种信息传感设备与网络结合起来而形成的一个巨大网络，实现任何时间、任何地点，人、机、物的互联互通。(　)

【参考答案】✓

【答案解析】 物联网即“万物相连的互联网”，是互联网基础上的延伸和扩展的网络，将各种信息传感设备与网络结合起来而形成的一个巨大网络，实现任何时间、任何地点，人、机、物的互联互通 。

20. 根据《中华人民共和国个人信息保护法》规定，公民的宗教信仰是公开信息，不算敏感个人信息。(　)

【参考答案】×

【答案解析】《中华人民共和国个人信息保护法》将生物识别、宗教信仰、特定身份、医疗健康、金融账户、行踪轨迹等信息列为敏感个人信息。

四、简答题

1. 发现涉密计算机信息系统泄密后如何进行处理？

【参考答案】

保护现场，备份数据，上报有关部门。分析造成泄密的原因，提供补救方案和措施。

2.《中华人民共和国网络安全法》属于基本法律，是网络安全法制体制的重要基础，简述《中华人民共和国网络安全法》明确的相关制度。

【参考答案】

《中华人民共和国网络安全法》确定网络安全等级保护制度；网络产品和服务安全制度；关键信息基础设施运行安全保护制度；网络安全风险评估制度；用户实名制度；网络安全事件应急预案制度；网络安全检测预警和信息通报制度；用户信息保护制度；关键信息基础设施重要数据境内留存制度。

五、案例分析题

办税服务厅工作人员小赵，苦恼于内网应用系统太多，于是就将各系统用户名和密码写在纸条上，贴在显示器上，以方便工作。他的同事小钱为了方便登录，不同应用系统使用同一个密码“888888”。一天，小钱公休，纳税人办理业务，小赵就借用小钱的账号为纳税人办理了业务。为工作方便，小赵请市税务局负责金税三期征收管理系统的管理员，将自己的查询权限设置成全市范围。小赵内网计算机存放有纳税人财务数据，一日该计算机硬盘损坏，便电话联系自己熟悉的电脑维修公司，维修公司上门检修时更换新硬盘，并将旧硬盘带走销毁。

就上述行为回答下面的问题：

1. 请问上述案例中，哪些行为不符合税务部门的安全规范？

2. 上述不当行为，正确的做法是什么？

3. 论述如何做好税务数据的安全管理工作？

【参考答案】

1. 不符合安全规范的有：将密码贴在显示器上；不同系统使用同样的密码；借用他人账号；随意扩大应用系统权限；私自联系电脑维修公司维修计算机；将旧硬盘交由电脑维修公司销毁。

2. 正确的做法是：系统密码应妥善管理；不同应用系统不得使用相同的密码；不得借用他人应用系统的账号密码；应用系统授权应遵循最小化原则；电脑损坏应交由信息技术管理部门，由信息技术管理部门联系符合税务网络管理要求的电脑维修公司，须与该公司和维修者签订保密协议；应由信息技术管理部门使用专业工具进行旧硬盘的销毁。

3. 可以从以下两个方面加强税务数据的安全管理工作：

（1）各应用系统进行身份认证。应用系统的登录通过用户名、密码，密码须不小于八位，并用数字与字母的组合。

（2）访问控制。税务信息系统一般通过对账号进行授权，并通过账号进行访问控制；授权遵循“最小化”原则；并且禁止公用账户、禁止使用他人账号，对调离、离岗、退休等人员应及时收回账户权限；采用堡垒机等信息技术手段对数据访问进行控制；部署日志审计系统，收集操作系统、数据库、应用系统等系统日志，并对日志进行关联分析。